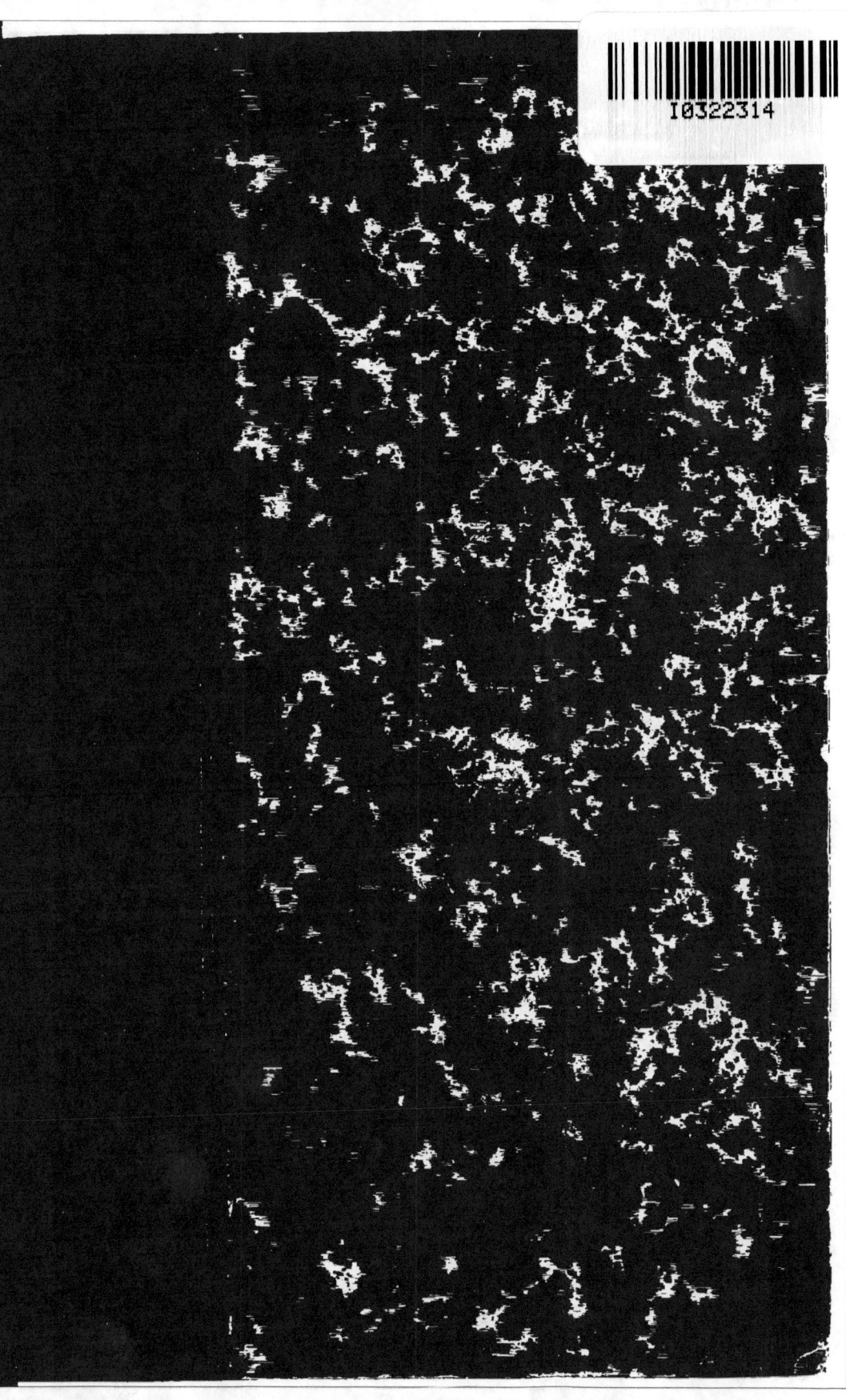

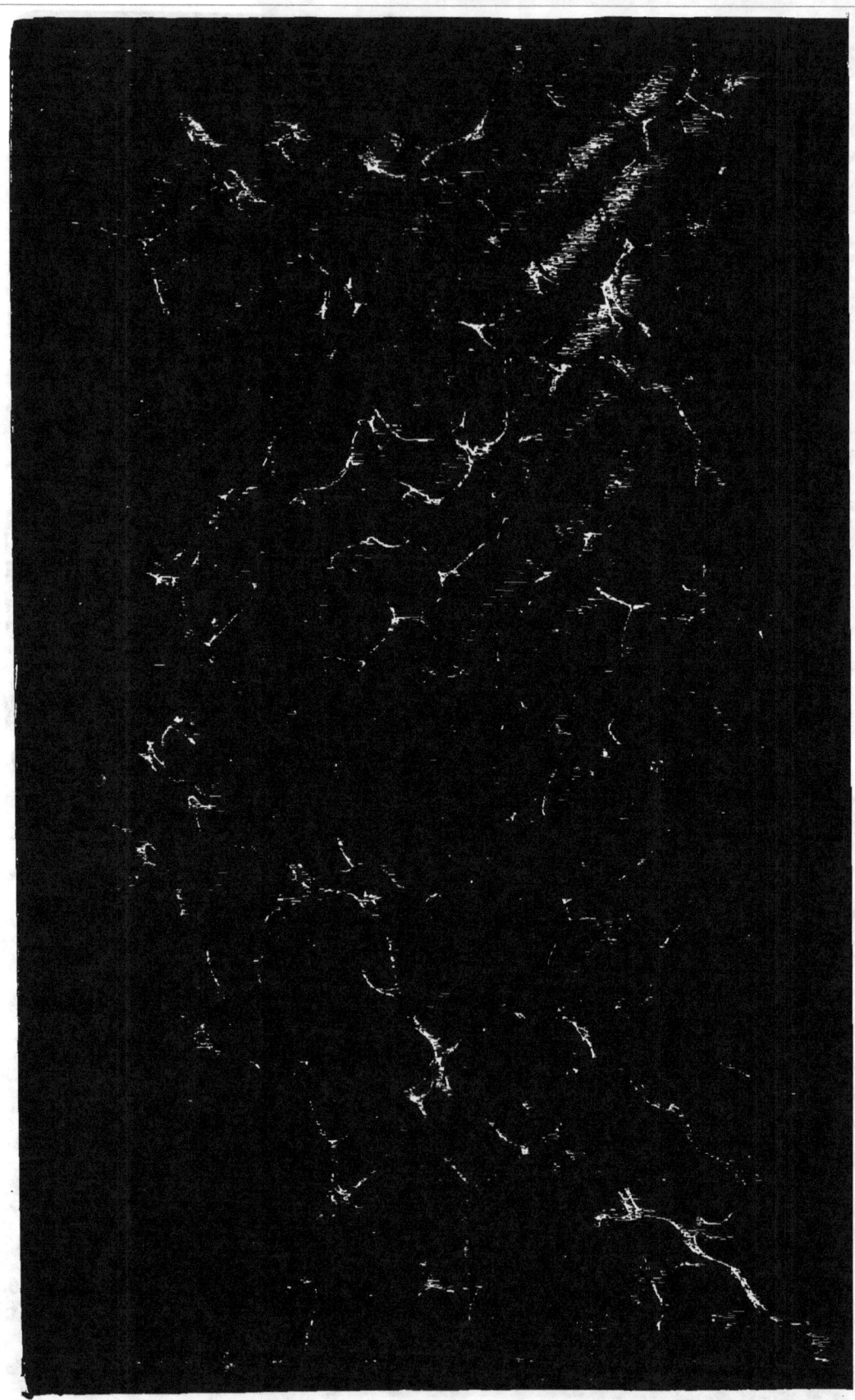

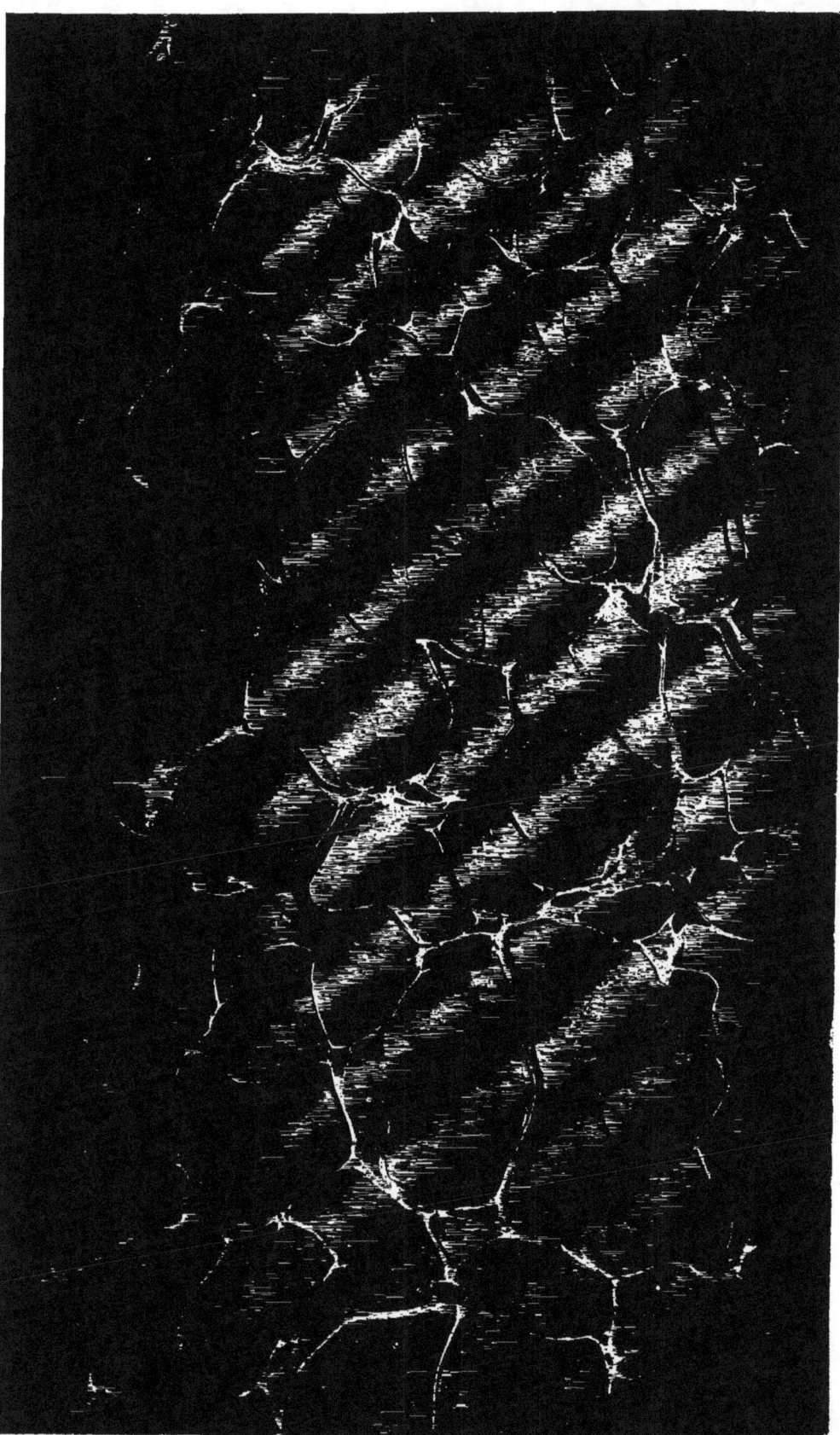

S 108

Lk 4
2305

LA

GUERRE DE 1870-71

LES OPÉRATIONS AUTOUR DE METZ
Du 13 au 18 Août

III
Journées des 17 et 18 Août

DOCUMENTS ANNEXES

Publié par la **Revue d'Histoire**

rédigée à la Section historique de l'État-Major de l'Armée

LA
Guerre
DE
1870-71

LES OPÉRATIONS AUTOUR DE METZ
Du 13 au 18 Août

III
Journées des 17 et 18 Août

DOCUMENTS ANNEXES

PARIS
LIBRAIRIE MILITAIRE R. CHAPELOT ET Cᵉ
IMPRIMEURS-ÉDITEURS
30, Rue et Passage Dauphine, 30

1905
Tous droits réservés.

SOMMAIRE

DOCUMENTS ANNEXES

La journée du 17 août en Lorraine.

Grand quartier général	1
2ᵉ corps	15
3ᵉ corps	24
4ᵉ corps	35
6ᵉ corps	40
Garde impériale	50
Réserve de cavalerie	58
Commandement de l'artillerie de l'armée et réserve générale d'artillerie.	59
Place de Metz	63
Renseignements	66

La journée du 18 août.

Grand quartier général	75
2ᵉ corps	92
3ᵉ corps	144
4ᵉ corps	232
6ᵉ corps	342
Garde impériale	448
Réserve de cavalerie	491
Commandement de l'artillerie de l'armée et réserve générale d'artillerie.	494
Place de Metz	514
Renseignements	519

DOCUMENTS ANNEXES.

La journée du 17 août en Lorraine

GRAND QUARTIER GÉNÉRAL.

a) Journaux de marche.

Journal de marche de l'armée du Rhin.
                                                            17 août.

Le Maréchal commandant en chef donne l'ordre de prendre des positions en arrière afin de faciliter le ravitaillement en vivres et en munitions. Le mouvement doit commencer au point du jour, et les corps occuper les positions suivantes :

Le 2ᵉ corps entre le Point-du-Jour et Rozérieulles.

Le 3ᵉ corps vers les fermes de Moscou et de Leipsick.

Le 4ᵉ corps vers Montigny-la-Grange et Amanvillers.

Le 6ᵉ corps, installé d'abord à Vernéville, se porte plus tard à Saint-Privat-la-Montagne et Roncourt.

La Garde entre Plappeville et Lessy.

La 1ʳᵉ division de la réserve de cavalerie, réduite à un régiment de chasseurs d'Afrique, à Vernéville.

La 3ᵉ division entre le Point-du-Jour et Rozérieulles.

La réserve générale d'artillerie entre Lessy et Plappeville.

En opérant ce mouvement, l'armée n'est pas sérieusement inquiétée par l'ennemi. La 3ᵉ division (Metman) du 3ᵉ corps est chargée de couvrir la retraite. Le soir, toute l'armée a occupé les positions indiquées.

Le grand quartier général se porte à Plappeville.

Les communications cessent complètement à partir de ce jour avec les 1ᵉʳ, 5ᵉ et 7ᵉ corps. On sait seulement que les 1ᵉʳ et 5ᵉ corps se dirigent sur le camp de Châlons, et qu'à cette date, les 2ᵉ et 3ᵉ divisions du 7e corps sont encore à Belfort. Le 5e corps a laissé la 1re brigade de sa 2e division (Lapasset) avec le 2e corps qu'elle a rallié le 6 au soir.

b) Administration.

Le maréchal Bazaine aux Commandants des corps d'armée et aux Chefs de services.

Plappeville, 17 août.

Je m'occupe avec la plus grande activité des moyens de sortir de la situation actuelle en ce qui concerne les besoins de nos troupes. Tous mes soins tendent à arriver à une avance de quatre jours de vivres dans le sac. En même temps les munitions seront complétées, et les hommes qui ont perdu leurs effets de campement seront mis, autant que possible, en possession de ce qui leur manque. Pour arriver à ce résultat qu'il sera très difficile, du reste, d'atteindre d'une manière satisfaisante, je vous prie de vouloir bien me faire connaître le plus tôt possible quels sont vos besoins en effets de campement, en havresacs, en chaussures, etc.....

Je désire qu'on profite du temps que nous consacrerons à cette opération, pour que les armes soient nettoyées et mises en état. Je demande en même temps avec instance que les états des pertes éprouvées par les corps me soient envoyés le plus tôt possible, et que des propositions me soient envoyées afin de me mettre à même de remplir promptement les vacances. Cet envoi sera naturellement accompagné des propositions que vous croirez devoir faire pour l'admission ou l'avancement dans la Légion d'honneur. Dans leur nouvelle position, les corps devront exécuter les travaux de défense nécessaires pour s'établir solidement. Il y aura lieu aussi de reconnaître les communications en arrière à travers les bois, et de faire occuper certains points.

Je recommande à votre sollicitude toutes les questions que je viens de traiter dans cette lettre. De mon côté, en ce qui concerne les besoins qui ressortent de l'administration, je fais appel au zèle et à l'activité de l'intendant général, et je l'invite à employer tous les moyens possibles pour se procurer les nombreux objets qui manquent aux soldats.

P.-S. — 1° Pour faciliter à l'intendance les moyens de ravitailler les corps, il sera nécessaire de mettre à sa disposition tous les transports dont nous disposons. Certaines voitures d'artillerie pourraient peut-être nous être bien utiles..... Je vous prie de ne pas négliger ce moyen s'il vous paraît urgent de l'employer;

2° Le convoi d'administration n'ayant pas pu monter jusqu'à Plappeville, je l'envoie au Ban-Saint-Martin, où je vous prie d'envoyer ce qui vous est nécessaire pour ravitailler vos troupes. Je vous recommande spécialement de n'employer à cet usage que les voitures militaires ;

3° Au commencement de l'affaire d'hier, les bagages du général Bachelier ont été enlevés par l'ennemi, et la série des mots d'ordre se trouvait dans une de ses cantines. Je vous envoie en conséquence une nouvelle série des mots d'ordre jusqu'au 31 août.

L'intendant de Préval au maréchal Bazaine.

Plappeville, 17 août.

Je me suis rendu cette nuit à Metz, où j'ai réuni un convoi d'environ 450 voitures contenant : biscuit, vivres de campagne et avoine. Ce convoi, qui était à 8 heures du matin au-dessus de Moulins, a dû rétrograder par suite des ordres du général Coffinières et être dirigé sur Plappeville ; il y arrive en ce moment, mais la marche est retardée par celle de colonnes d'artillerie. Les sous-intendants, qui ont rejoint le quartier général, s'occupent de la direction d'un convoi partiel sur chacun des corps d'armée, où les distributions commenceront aussitôt après l'arrivée du convoi.

Note du maréchal Bazaine (Urgent) (1).

Plappeville, 17 août.

Donner des ordres à tous les commandants des corps pour que tous les moyens de transport administratifs soient employés à aller chercher des vivres aux points qu'indiquera l'intendant.

Le Général, chef d'état-major général, à tous les Commandants de corps d'armée et Chefs de services.

Plappeville, 17 août.

L'intendant général de l'armée est en mesure de faire distribuer aujourd'hui sur le plateau de Plappeville : un jour de biscuit, deux jours de vivres de campagne, un jour d'avoine, pour toutes les parties prenantes de l'armée. Je vous prie de vouloir bien donner les ordres nécessaires pour que vos équipages militaires viennent prendre, le plus tôt possible, les denrées qui constituent cette distribution sur le plateau de Plappeville.

---

(1) Sans doute adressée au chef d'état-major général.

Note du sous-intendant de Boisbrunet (1) *sur le convoi du grand quartier général de l'armée du Rhin.* — (*Pour la commission de liquidation des comptes.*)

Paris, 20 juillet 1872.

Le 17 au matin, vers 4 h. 30, le dernier convoi de blessés se mettait en route, quand le sous-intendant reçut l'ordre par lequel le commandant en chef prescrivait à l'armée de rentrer sous Metz. Les routes se trouvèrent encombrées par les troupes et tout espoir de retour des voitures dut être abandonné.

Le sous-intendant se préoccupa immédiatement de sauver les denrées déchargées. M. Chapplain (2), son collègue, voulut bien se rendre auprès du Maréchal commandant en chef, pour lui proposer de faire distribuer la plus grande quantité possible aux troupes, qui se trouvaient à proximité du point où elles étaient déposées. Les distributions se firent notamment à la 2e division du 6e corps, au 9e de ligne; à la division Metman, aux pontonniers, à quelques batteries d'artillerie, mais sans que, en raison de la précipitation, on pût constater les quantités ainsi sauvées. Des caisses de biscuit furent transportées sur la route de Gravelotte à Metz au milieu de la côte de Gravelotte afin que, en passant, les troupes puissent y puiser.

Le sous-intendant se rendit à Gravelotte dans l'espoir qu'il pourrait mettre les denrées déchargées sous la sauvegarde des autorités civiles et les conserver ainsi pour l'éventualité d'un retour offensif, mais les autorités avaient abandonné le pays.

Dans cette situation le sous-intendant Chapplain se décida à faire mettre le feu à ce qui restait du chargement de la compagnie du train campée au Nord de la route de Conflans, et pareille mesure fut prise par le sous-intendant du grand quartier général pour le petit nombre de caisses à biscuit qui avaient été déchargées dans le fond, au Nord-Ouest de la route de Gravelotte, à proximité de son ambulance, et qui n'avaient pu être prises par les troupes à leur passage.

---

(1) Sous-intendant chargé de l'administration du grand quartier général.
(2) Sous-intendant à la disposition de l'intendant général de l'armée.

ÉTAT de l'emploi des denrées composant le convoi du grand quartier général de l'armée du Rhin le 16 août 1870.

EMPLOI.	PAIN.	BISCUIT.	FARINE.	SEL.	CAFÉ.	SUCRE.	VIN.	EAU-DE-VIE.	FOIN.	AVOINE.	OBSERVATIONS.
	rations.	kilogr.	kilogr.	kilogr.	kilogr.	kilogr.	litres.	litres.	kilogr.	kilogr.	
Composition du convoi le 16 au matin........	6,000	94,633	76,006	10,000	12,000	13,000	5,085	19,879	5,000	132,450	(1) Il n'a pas été recueilli de bons pour les distributions faites précipitamment le 17 au matin, pas plus que pour les denrées que chaque homme a pu prendre à son passage; on ne peut également pas savoir quel était le chargement exact des voitures disparues. Il est donc impossible de déterminer dans quelles proportions chacune a concouru à la disparition des denrées comprises dans cet article. (2) Chiffres relevés sur les comptes. (3) 173,060 rations à 0,550. (4) 136,804 rations à 0,750. Nota. C'est à tort que le rapport de M. Chapplain mentionnait une perte de 26 quintaux de riz; il n'existait pas de riz sur le convoi.
Distribué le 16 au matin.	3,400	13,788	»	»	»	»	1,996	»	»	»	
Pillé par les troupes le 16 au soir...........	»	5,000	»	»	»	»	»	»	»	»	
Distribué à la date du 17 au matin ou emporté par les soldats dans la marche en retraite ou perdu par des convoyeurs civils qui n'ont pas reparu, ou détruit (1)............	»	19,332	7,995	»	»	»	443	4,233	4,000	20,270	
Ramené sur le convoi de Plapperville (2).....	2,600	56,513	68,011	10,000	12,000	13,000	2,646	18,646	4,000	112,180	
TOTAL ÉGAL.....	6,000	94,633(3)	76,006(4)	10,000	12,000	13,000	5,085	19,879	5,000	132,450	

Le Ministre de la guerre au maréchal Bazaine, à Verdun ou à Metz (D. T. Ch.).

Paris, 17 août, 7 h. 5 soir.

Ce matin, à 4 heures, il est arrivé, à Verdun, un convoi comprenant 12,000 cartouches chassepot sous la conduite du commandant Portes. Il y a un convoi en partance au camp de Châlons sous la conduite du commandant Aubert, comprenant 8,000 coups de 4, 720 de 12, 340,920 cartouches chassepot. Verdun est bondé de biscuits et je fais continuer les envois.

L'Intendant général aux Sous-Intendants et aux Commandants de place de Sedan, Longwy et Montmédy.

Metz, 17 août.

Faites diriger sur Longuyon, pour y être arrivé demain soir, tout ce que vous pourrez en pain, biscuit, riz, café, sucre, vin et eau-de-vie, et faites connaître au maire de Longuyon, par le télégraphe, ce qu'il devra recevoir.

L'intendant général Wolff à l'Intendant militaire de la 5ᵉ division, à Metz.

Plappeville, 17 août.

L'armée se trouvant encore une fois sous les murs de Metz, il importe que vous donniez toute l'exécution possible aux moyens de fabrication qui avaient été organisés pour subvenir aux besoins de nos troupes; je vous prie, en conséquence, de donner tout le développement possible aux fournitures faites par la boulangerie civile et notamment par M. Bouchotte. Il importe que pour obtenir ce résultat vous n'hésitiez pas à dépasser le prix de la mercuriale, si c'est à ce prix seulement que vous pouvez obtenir une plus importante production.

Je demande au Ministre de faire diriger journellement sur Metz, les 180,000 rations de biscuit, dont l'envoi lui avait été précédemment demandé et dont l'expédition avait dû être provisoirement ajournée, en raison de notre situation.

Si ce moyen ne peut pas vous permettre de satisfaire aux demandes qui vous seront adressées par MM. les intendants des corps d'armée et par le grand quartier général, je vous prie de rechercher ceux qui pourraient permettre d'atteindre ce but.

N'ayant pas reçu de situation de la place de Metz depuis plusieurs jours, j'ignore si les ressources de cette place permettront de satisfaire aux demandes de vivres de campagne qui pourront vous être faites par MM. les intendants des corps d'armée. Je vous prie, en conséquence, de me transmettre ces situations tant que la place de Metz devra pourvoir aux besoins et de me signaler, dès à présent, ce qui devrait être demandé d'urgence au Ministre pour être en mesure de satisfaire aux demandes.

Je désire connaître si, comme je vous l'ai demandé, vous faites continuer la construction des dix fours de construction et, dans le cas de l'affirmative, quand vous pensez pouvoir les utiliser pour la fabrication.

Pièce trouvée à Tignaumont, chez le général Soleille, et paraissant écrite par cet officier général.

Je viens de visiter l'arsenal de Metz. Les ressources sont, en quelque sorte, nulles pour le réapprovisionnement de l'armée, et il n'a pu fournir que 800,000 cartouches d'infanterie. Je demande avec la plus grande instance que des approvisionnements soient envoyés par la voie de Thionville dans la journée de demain. Le maréchal Bazaine doit faire surveiller cette voie par de la cavalerie pendant la journée. Prévenir de l'arrivée à Thionville.

Les consommations de la journée du 16 ont été énormes ; l'armée est dans une pénurie de munitions inquiétante.

Note du grand quartier général sur les ressources en munitions de la place de Metz.

Plappeville, 17 août.

Le général Soleille, consulté sur ce que la place de Metz peut fournir à l'armée en munitions de pièce de 4 et d'infanterie et sur ce qui manque à la pyrotechnie pour la fabrication des cartouches d'infanterie, répond ce qui suit :

« Seront distribuées demain matin, 18 du courant, à 8 heures :

836,766 cartouches d'infanterie (la place conserve pour elle 1,000,000 de cartouches).

On ne peut compter, pour le moment, sur la fabrication locale ; la place manque d'étoffe pour enveloppes et de pastilles fulminantes. (Ces éléments ont été demandés au Ministère à la date du 17 août.)

On a demandé également avec instance au Ministère d'envoyer demain sur Thionville un grand approvisionnement de cartouches d'infanterie et de cartouches à canons de 4, de 12 et de mitrailleuses.

Il y a de plus, en ce moment, sur le plateau de Plappeville, pour être distribués demain matin, à 8 heures :

794 coups de 12 ;
3,840 — de 4 ;
4,350 — de mitrailleuses (1).

Quatre batteries de 12 appartenant à la réserve générale, avec leur approvisionnement complet, ont rejoint, dans la journée, la réserve générale sur le plateau de Plappeville.

L'arsenal de la place de Metz, après l'envoi qu'il vient de faire, n'a plus aucune ressource pour l'armée.

On ne peut compter pour le réapprovisionnement que sur les ressources venant de Paris demandées au Ministère et qui ne peuvent arriver que par Thionville.

Les consommations de la journée d'hier ne peuvent être remplacées complètement dans les parcs de corps d'armée.

Le général commandant l'artillerie est obligé de faire répartir entre les corps, *au prorata* de leurs besoins, la petite quantité de munitions qu'a pu fournir aujourd'hui la place de Metz.

Le général fournira demain, à 10 heures, à Son Excellence, l'état des munitions par corps en cartouches d'infanterie et en cartouches à canon.

Comme exemple de l'insuffisance des ressources, le 2ᵉ corps, à lui tout seul demande, pour se compléter, 36 caissons de 4, et l'arsenal de Metz ne peut en donner que 32 pour toute l'armée.

Comme conclusion, le Maréchal ne saurait trop insister auprès du Ministre pour le prompt envoi de munitions, et surtout d'infanterie, par la voie de Thionville, sauf à laisser en dépôt, à Sedan et à Mézières, les approvisionnements que l'on pourrait appeler à soi par des convois de nuit. »

BAZAINE.

L'Empereur au Ministre de la guerre (D. T.).

Camp de Châlons, 17 août, 5 h. 55 soir. Expédiée à 6 h. 10 soir.

Envoyez par le chemin de fer de Thionville du biscuit et des cartouches au maréchal Bazaine.

---

(1) D'après une *Note* datée du 18 août et signée du colonel Vasse-Saint-Ouen, chef d'état-major de l'artillerie de l'armée, les munitions amenées sur le plateau de Plappeville comprenaient en réalité : 594 coups de 12; 3,840 coups de 4; 3,456 coups de mitrailleuses et 15,000 cartouches.

Le Ministre de la guerre à l'empereur Napoléon, au camp de Châlons (D. T.).

Paris, 17 août, 10 h. 5 soir.

Je fais envoyer d'urgence au maréchal Bazaine, par le chemin de fer de Thionville, des quantités considérables de munitions, de pain et de biscuit.

Le Ministre de la guerre au Commandant supérieur, à Thionville (D. T.).

Paris, 17 août, 11 h. 6 soir.

J'envoie à Thionville pour Metz, par Mézières, demain 18, trois convois de munitions partant du camp de Châlons, de La Fère et de Vincennes. A l'arrivée de chaque convoi, prévenez le maréchal Bazaine et le général Soleille, commandant l'artillerie. Informez-moi en même temps par télégramme de l'arrivée du convoi, en m'indiquant sa provenance.

c) Opérations; correspondance et comptes rendus.

Le Ministre de la guerre au maréchal Bazaine, à Metz, et au Commandant supérieur, à Verdun, avec ordre de faire parvenir sur la route au maréchal Bazaine et au Général de division, à Metz (D. T. Ch.).

Paris, 17 août, 2 h. 40 matin.

Est-il vrai que les Prussiens ont demandé un armistice pour enterrer leurs morts et relever leurs blessés ?
Réponse immédiate.

Le maréchal Bazaine au Ministre de la guerre, à Paris (D. T.).

Metz, 17 août, 2 h. 15 soir.

Je n'en ai pas connaissance, mais il est possible que la présence sur le champ de bataille, ce matin, des membres de la Société internationale, qui sont nombreux des deux côtés, et qui opéraient chez nous avec nos moyens d'ambulance, ait donné lieu à ce bruit.

Le Général commandant la 5ᵉ division militaire au Ministre de la guerre.

Metz, 17 août, 3 h. 35 soir.

Oui. Le lendemain de la bataille de Metz, les Prussiens ont demandé un armistice, qui a été accordé officiellement, de 2 heures à 5 heures de l'après-midi, pour enterrer les morts et relever les blessés des deux parties. Le surlendemain, il s'est prolongé à l'amiable, sur la demande des Prussiens.

Le général Coffinières, commandant supérieur à Metz, au maréchal Bazaine, à Gravelotte (D. T.).

Metz, 17 août, 9 heures du matin.

Le commandant supérieur à Metz demande quelle est la position actuelle des divers corps d'armée et, s'il est possible, quelle est la position des blessés.

Le maréchal Bazaine au général Coffinières, à Metz.

Plappeville, 17 août.

L'armée du Rhin a sa droite un peu au delà d'Amanvillers et sa gauche à Rozérieulles, face à la direction de Verdun.

Aide de camp de l'Empereur au général Coffinières, à Metz (D. T.).

Camp de Châlons, 17 août, 2 h. 5 soir.

Par ordre de l'Empereur : Avez-vous des nouvelles de l'armée du maréchal Bazaine? Envoyez-les d'urgence à Sa Majesté, au camp de Châlons.

Le Maréchal, commandant supérieur, à l'Empereur (1) (D. T.).

Metz, 17 août, 3 h. 15 soir.

Hier, 16, il y a eu une affaire très sérieuse du côté de Gravelotte; nous avons eu l'avantage dans le combat, mais nos pertes sont grandes. Le Maréchal s'est concentré sur Metz et campe sur les hauteurs de Plappeville. Nous demandons du biscuit et de la poudre. Metz est à peu près bloquée.

---

(1) Le maréchal Bazaine n'employait jamais l'expression : *commandant supérieur*. D'autre part, le général Coffinières, commandant supérieur à Metz, n'était pas maréchal..... A l'audience du 31 octobre, au procès Bazaine, on n'a pu fixer l'origine exacte de la dépêche ci-dessus.

Le maréchal Bazaine au Ministre de la guerre.

Metz, 17 août, 3 h. 30 soir.

Nous avons été attaqués le 14 dans nos lignes devant Borny, au moment où une partie de l'armée était déjà sur la rive gauche de la Moselle. Hier, 16 août, une bataille a été soutenue de 9 heures du matin à 8 heures du soir sur la position que nous occupions entre Doncourt et Vionville, contre les corps réunis du prince Frédéric-Charles et du général Steinmetz. L'ennemi a été repoussé dans les deux rencontres, en subissant des pertes considérables. Les nôtres sont sensibles.

L'Empereur a dû vous répondre d'Étain au sujet de la destination à donner au 7e corps.

Aide de camp de l'Empereur au maréchal Bazaine, à Metz (D. T.).

Camp de Châlons, 17 août, 4 h. 13 soir.

Par ordre de l'Empereur : Reçu votre dépêche. Donnez plus de détails. Pouvez-vous recevoir ce que vous demandez? (1).

Le maréchal Bazaine à l'Empereur, au camp de Châlons (D. T. Ch.).

Metz, 17 août, 4 h. 30 soir.

Hier soir, j'ai eu l'honneur d'écrire à Votre Majesté pour l'informer de la bataille soutenue de 9 heures du matin à 9 heures du soir contre l'armée prussienne, qui nous attaquait dans nos positions de Doncourt à Vionville. L'ennemi a été repoussé et nous avons passé la nuit sur les positions conquises. La grande consommation qui a été faite de munitions d'artillerie et d'infanterie, la seule journée de vivres qui restait aux hommes, m'ont obligé à me rapprocher de Metz pour réapprovisionner le plus vite possible nos parcs et nos convois. J'ai établi l'armée du Rhin sur les positions comprises entre Saint-Privat-la-Montagne et Rozérieulles. Je pense pouvoir me remettre en marche après-demain, en prenant une direction plus au Nord, de façon à venir déboucher sur la gauche de la position de Haudiomont, dans le cas où l'ennemi

---

(1) Cette dépêche est la réponse de l'Empereur à la dépêche, datée de Metz, 3 h. 15 du soir, signalée précédemment comme d'origine incertaine et attribuée sur le moment, par l'Empereur, au maréchal Bazaine.

l'occuperait en forces pour nous barrer la route de Verdun, et pour éviter des combats inutiles qui retarderaient notre marche. Le chemin de fer des Ardennes est toujours libre jusqu'à Metz, ce qui indique que l'ennemi a pour objectif Châlons et Paris. On parle toujours de la jonction des armées des deux princes. Nous avions devant nous hier le prince Frédéric-Charles et le général Steinmetz.

L'Empereur au maréchal Bazaine, à Metz (D. T. Ch.).

Camp de Châlons, 17 août, 5 h. 10 soir.

Dites-moi la vérité sur votre situation, afin de régler ma conduite ici. Répondez-moi en chiffres (1).

Le maréchal Bazaine à l'Empereur (D. T.).

Plappeville, 17 août.

Au moment où je reçois votre dépêche, j'écris à Votre Majesté. Le commandant Magnan porte une lettre et donnera à Votre Majesté tous les détails qui pourront l'intéresser, les rapports des commandants de corps ne m'étant pas encore parvenus.

Le maréchal Bazaine à l'Empereur.

Plappeville, 17 août (2).

Sire,

J'ai l'honneur de confirmer à Votre Majesté ma dépêche télégraphique en date de ce jour, et de joindre à cette lettre copie de celle que j'ai adressée à l'Empereur hier au soir à 11 heures.

Je ne puis connaître encore le chiffre exact de nos pertes. Dès que je l'aurai, je m'empresserai d'en adresser les états nominatifs au Ministre de la guerre. Le général Bataille a été blessé, mais aucun accident n'est venu compliquer son état.

On dit aujourd'hui que le roi de Prusse serait à Pange ou au château

---

(1) On lit en marge, de la main du maréchal Bazaine : « C'est par suite de la réception de cette dépêche que j'ai fait partir le commandant Magnan et le sous-intendant de Préval..... Le même jour, à 9 heures du soir, l'Empereur me complimentait. »

(2) Sans heure, mais probablement après 6 h. 30, puisque la lettre fut écrite *pendant* la canonnade dirigée sur le fort de Queuleu.

d'Aubigny ; qu'il est suivi d'une armée de 100,000 hommes, et qu'en outre, des troupes nombreuses ont été vues sur la route de Verdun, et dont l'avant-garde occuperait Fresnes et Mont-sous-les-Côtes.

Ce qui pourrait donner une certaine vraisemblance à cette nouvelle de l'arrivée du roi de Prusse, c'est qu'en ce moment où j'ai l'honneur d'écrire à Votre Majesté, les Prussiens, d'après le commandant supérieur de Metz, dirigent une attaque sérieuse sur le fort de Queuleu. Ils auraient établi des batteries à Magny, à Mercy-le-Haut et au bois de Pouilly. Dans ce moment, le tir est même assez vif.

Quant à nous, les corps sont peu riches en vivres ; je vais tâcher d'en faire venir par la ligne des Ardennes qui est encore libre.

Le général Soleille, que j'ai envoyé dans la place, me rend compte qu'elle est peu approvisionnée en munitions, et qu'elle ne peut nous donner que 800,000 cartouches, ce qui, pour nos soldats, est l'affaire d'une journée. Il y a également un petit nombre de coups pour pièces de 4, et enfin, il ajoute que l'établissement pyrotechnique n'a pas les moyens nécessaires pour confectionner des cartouches.

Le général Soleille a dû demander à Paris ce qui est indispensable pour remonter l'outillage, mais cela arrivera-t-il à temps ? Les régiments du corps du général Frossard n'ont plus d'ustensiles de campement et ne peuvent faire cuire leurs aliments.

Nous allons faire tous nos efforts pour reconstituer nos approvisionnements de toute sorte, afin de pouvoir reprendre notre marche dans deux jours, si cela est possible, et je prendrai la route de Briey. Nous ne perdrons pas de temps, à moins que de nouveaux combats ne déjouent mes combinaisons.

J'adresse à Votre Majesté la traduction d'un ordre de combat trouvé sur un colonel prussien tué à la bataille du 16. Il mettra Votre Majesté au courant des mouvements de l'ennemi pendant cette journée.

J'y joins une note du général Soleille commandant l'artillerie de l'armée qui indique le peu de ressources qu'offre la place de Metz pour le ravitaillement en munitions d'artillerie et d'infanterie (1).

Le maréchal Bazaine à l'Empereur (D. T. Ch.).

Metz, 17 août, 8 h. 14 soir. Transmise au quartier impérial à 8 h. 36 soir.

Comme je le dis à l'Empereur, dans ma dernière dépêche, le commandant Magnan part ce soir, pour lui porter une lettre et lui donner de vive voix plus de détails qu'elle n'en contient.

---

(1) Voir page 7.

L'Empereur au maréchal Bazaine, à Metz (D. T).

Camp de Châlons, 17 août, 9 heures soir.

Je vous félicite de votre succès ; je regrette de ne pas y avoir assisté. Remerciez en mon nom officiers, sous-officiers et soldats. La patrie applaudit à leurs travaux.

NAPOLÉON.

Le maréchal Lebœuf au maréchal Bazaine.

Bivouac (arbre), 17 août, 2 h. 30 soir.

Le 3e corps vient de prendre position, ainsi que vous me l'avez prescrit, sur le plateau entre le Point-du-Jour et la ferme de Leipsick en passant par la ferme de Moscou.

Le mouvement s'est fait sans être inquiété par l'ennemi ; toutefois, les éclaireurs de la division Clérembault, formant l'extrême arrière-garde, ont vu de l'infanterie ennemie s'établir dans les bois que nous leur avions enlevés hier à notre extrême droite et ont signalé un régiment de cavalerie près de Mars-la-Tour.

Je fais ravitailler en vivres et munitions. Les vivres surtout commençaient à manquer. Les consommations en munitions, sans être considérables dans la journée d'hier, nécessitaient cependant que l'on se réapprovisionnât.

J'ignore quels sont vos projets, mais je crois qu'il serait très désirable que les troupes eussent la soirée et au moins la matinée de demain pour se réapprovisionner.

Je suis installé de ma personne en arrière du centre de mes troupes, près de l'Arbre mort indiqué comme signal sur la carte entre les fermes de Leipsick et de Moscou.

Le maréchal Lebœuf au maréchal Bazaine.

17 août, 4 h. 30 soir.

Le 3e corps d'armée manque complètement de vivres, et à l'heure actuelle on m'assure que le convoi que l'intendant Friant avait envoyé prendre à Metz, y est retenu.

Je prie Votre Excellence de lever cette interdiction, car il y a indispensable nécessité que le ravitaillement en vivres ait lieu cette nuit même.

La présente dépêche vous sera remise par l'intendant Friant, qui vous exposera la situation.

Journée du 17 août.

2ᵉ CORPS.

a) Journaux de marche.

Journal de marche du 2ᵉ corps.

17 août.

A 4 heures du matin, l'ordre est donné au 2ᵉ corps de se replier dans la direction de Metz et d'aller prendre position sur les plateaux de Rozérieulles et de Châtel-Saint-Germain.

Le mouvement s'effectue en bon ordre : la division Bataille prend la tête de la colonne, la division Vergé la suit ; enfin, la brigade Lapasset forme l'arrière-garde. On ne peut se mettre en marche que lorsque la Garde impériale, qui était campée en partie derrière Gravelotte, eut évacué le terrain pour aller reprendre ses bivouacs à Plappeville.

A 10 heures du matin environ, les troupes du 2ᵉ corps étaient toutes campées sur leurs nouvelles positions. La division Vergé, sa droite appuyée au coude de la route de Verdun à l'auberge du Point-du-Jour, étend sa ligne le long de l'ancienne voie romaine ; la 2ᵉ division, sous les ordres du général Bastoul, se place à côté de la 1ʳᵉ, adossée au petit bois de Châtel, sa gauche à l'entrée du ravin par lequel l'ancienne voie romaine descend au moulin de Châtel.

La brigade Lapasset occupe l'extrémité de la position, à gauche et en avant sur la croupe qui domine Rozérieulles et Maison-Neuve, surveillant les villages de Sainte-Ruffine et de Jussy.

Une batterie est mise en position sur le mamelon, prête à battre toutes les têtes de colonne qui tenteraient de déboucher sur la gauche.

La division de cavalerie avait quitté la dernière le champ de bataille et s'était repliée en manœuvrant. Elle gagna, en suivant la voie romaine, le vallon de Châtel et s'établit en avant du village, ayant derrière elle la réserve du génie, les ambulances et le convoi.

Le parc d'artillerie se reporte en arrière pour se réapprovisionner sur Metz et va camper entre Moulins et Longueville.

L'artillerie de la réserve bivouaqua au centre du corps d'armée sur le plateau.

Le reste de la journée du 17 est employé à tracer des tranchées-abris et à s'établir fortement sur les positions occupées par le corps d'armée.

Le général Frossard établit son quartier général à Châtel-Saint-Germain.

1re DIVISION (VERGÉ).

Journal de marche de la 1re division du 2e corps.

17 août.

La division part à 4 heures du matin (1), suivant les ordres reçus, pour aller prendre une position défensive à Châtel-Saint-Germain, en arrière de Gravelotte. Dans la journée, une batterie de mitrailleuses est établie le long de la route de Gravelotte à Metz pour surveiller et gêner les mouvements de l'armée prussienne sur notre gauche. Elle est placée à côté d'une ferme dont la garde est confiée au 3e bataillon de chasseurs (2).

Cette ferme est mise en état de défense par la compagnie du génie de la division.

Journal de marche de la 2e brigade (Jolivet).

17 août.

Départ à 4 heures pour aller prendre une position défensive en arrière de la route de Verdun, entre Châtel-Saint-Germain et Rozérieulles; arrivée à 11 heures.

Dans la journée, on établit une batterie de mitrailleuses pour surveiller les mouvements de l'ennemi sur notre gauche.

2e DIVISION (BATAILLE).

Journal de marche de la 2e division.

17 août.

La division se met en route à 6 heures du matin. La 1re brigade est

---

(1) Il serait plus juste de dire : *quitte ses bivouacs*, car elle ne put s'engager sur la route que beaucoup plus tard.
(2) Au Point-du-Jour.

en tête, suivie par la 2º brigade et l'artillerie. Elle va s'établir sur le plateau de Rozérieulles, entre Gravelotte et Metz, en suivant la route de Verdun à Metz.

La 1ʳᵉ brigade occupe l'ancienne voie romaine qui relie la route de Verdun, à la ferme dite Point-du-Jour, au village de Longeau, parallèlement à la grande route de Verdun.

La 2ᵉ brigade occupe la lisière des bois de Châtel-Saint-Germain. L'artillerie place deux de ses batteries, dont la mitrailleuse, en arrière du talus de la voie romaine; la troisième est placée sur les pentes occidentales du mamelon de Jussy, occupé par la brigade Lapasset.

La compagnie du génie se trouve en avant du 66ᵉ. Le général Bastoul prend le commandement provisoire de la division; le colonel Ameller prend le commandement de la 2ᵉ brigade.

Journal de marche de la 1ʳᵉ brigade de la 2ᵉ division du 2ᵉ corps (général Mangin).

17 août.

La division se met en route à 6 heures du matin, la 1ʳᵉ brigade en tête; elle repasse par la route déjà suivie, fait une halte à la maison du Point-du-Jour, ayant derrière elle la 2ᵉ brigade, le 8ᵉ et le 23ᵉ en ligne, le bataillon de chasseurs en réserve.

3ᵉ DIVISION (DE LAVEAUCOUPET).

Journal de marche de la 3ᵉ division.

17 août.

Les blessés de Gravelotte et Rezonville continuent à entrer en ville; les habitants rivalisent de dévouement pour les recevoir et les installer dans les hôpitaux et dans les maisons particulières.

A 4 heures du soir, des batteries prussiennes établies en avant de Pouilly, commencent à lancer des projectiles sur le fort de Queuleu. Bientôt, la batterie change de place et vient s'établir près de l'avenue du château de Mercy-le-Haut. Une grêle de projectiles pleut sur le fort pendant deux heures.

La 7ᵉ batterie du 15ᵉ commence, à 5 heures, à répondre à l'artillerie ennemie, et le combat dure jusqu'à 8 heures du soir. La demi-batterie de gauche fait feu avec les pièces de gros calibre du fort. La demi-batterie de droite a à subir un feu très vif auquel elle répond avec ses pièces par 75 obus ordinaires. La canonnade ennemie produit peu d'effet; nous avons 1 tué, 4 blessés, 1 affût brisé.

Pendant cette canonnade, le Iᵉʳ bataillon du 24ᵉ, commandant Hervé, est porté du fort Moselle, en avant de la porte Serpenoise, prêt à appuyer la gorge du fort si l'ennemi tentait une attaque de vive force.

Dès le matin, les batteries de combat avaient reçu l'ordre de rentrer dans les forts de Queuleu, Bellecroix et Saint-Julien. Le reste des batteries et les chevaux rentrent dans Metz et vont camper derrière la courtine du front Saint-Vincent.

Journal de marche de l'artillerie de la 3ᵉ division du 2ᵉ corps (7ᵉ, 8ᵉ et 11ᵉ batteries du 15ᵉ régiment).

17 août.

7ᵉ *batterie.* — Une portion est destinée à la défense du fort de Queuleu et l'autre à l'arsenal de Metz; cette dernière est bivouaquée sur la courtine Saint-Vincent. Combat d'artillerie de 5 h. 30 à 8 heures La demi-batterie de gauche sert les pièces de siège; la demi-batterie de droite sert ses pièces.

8ᵉ *batterie.* — Est divisée comme la précédente : une portion à Bellecroix; une autre à la courtine du front Saint-Vincent, pour l'arsenal de Metz.

11ᵉ *batterie.* — Au fort Saint-Julien.

Brigade mixte.

Journal de marche de la brigade Lapasset.

17 août.

Départ de Rezonville à 6 heures du matin. Arrivée à 10 h. 30 sur le plateau de Rozérieulles, où l'on campe (1).

Division de cavalerie (de Valabrègue).

Journal de marche.

17 août.

Ayant bivouaqué sur le champ de bataille, près l'ancienne voie romaine, qui longe les bois le dominant au Nord, la division se met en marche au point du jour.

Passant à travers champs ou dans les bois, en dehors des routes

---

(1) Il n'y avait plus à Rezonville, le 17 au matin, que les Iᵉʳ et IIᵉ bataillons du 97ᵉ. Les heures paraissent très erronées.

encombrées, elle arrive, vers 11 h. 30, le long du ruisseau en aval de Châtel, où elle s'arrête, *les chevaux étant sellés et n'ayant pas bu depuis trente heures.*

Dans l'après-midi, le 2⁰ corps vient s'installer en avant d'elle, sur les crêtes; la division Forton et la cavalerie de la Garde, moins la brigade de cavalerie légère, s'établissent à côté d'elle, le long du ruisseau.

Des pelotons de partisans sont organisés dans la division; une lettre du général en chef les règlemente, à raison de 1 officier et 40 hommes par régiment.

Artillerie.

Journal de marche de l'artillerie du 2⁰ corps.

17 août.

État-major. — Retraite sur Metz. Le quartier général est transporté à Châtel-Saint-Germain.

1ʳᵉ division. — Retraite sur Metz. Le mouvement commence à la pointe du jour; les batteries viennent camper avec leur division sur le plateau de Rozérieulles.

2⁰ division. — Retraite sur Metz. Les batteries vont occuper avec leur division le plateau de Rozérieulles.

3⁰ division. — Les 7⁰ et 8⁰ batteries du 15⁰ sont partagées en deux parties : l'une restant aux forts (7⁰, Queuleu; 8⁰, Bellecroix), l'autre rentrant à Metz pour travailler à l'arsenal et bivouaquant sur la courtine du fort Saint-Vincent.

Le soir, de 5 heures à 8 heures, le fort de Queuleu soutient un combat d'artillerie contre les batteries prussiennes.

La 11⁰ batterie reste au fort Saint-Julien.

Brigade Lapasset. — Retraite sur Metz. La batterie quitte Rezonville à 7 heures du matin et arrive sur le plateau de Rozérieulles à 10 heures.

Réserve. — Retraite sur Metz. La réserve va camper avec le corps d'armée sur le plateau qui domine Rozérieulles et Châtel-Saint-Germain, en arrière du ravin de Gravelotte.

Parc. — Le parc participe au mouvement de retraite de l'armée et vient se placer d'abord entre Maison-Neuve et Moulins, dans une position qui lui permet de donner facilement aux batteries du 2⁰ corps campées sur le plateau de Rozérieulles, ce qui lui reste comme approvisionnement. Dans la soirée, craignant d'être surpris par les coureurs ennemis qui se répandent dans la vallée, il se transporte au Ban-Saint-Martin.

GÉNIE.

Journal de marche.

17 août.

Marche sur Rozérieulles ; l'état-major s'établit à Châtel-Saint-Germain. Les compagnies divisionnaires, avec leurs divisions, campent sur le plateau qui sépare la vallée de Montvaux (1) de la route de Verdun. Le parc et la réserve, qui continuent à suivre le parc d'artillerie, viennent camper au Ban-Saint-Martin, après s'être arrêtés un moment à Moulins. Dans la journée du 17, les compagnies divisionnaires organisent quelques tranchées-abris sur la position. La 9e, notamment, crénèle Bellevue (2) et Saint-Hubert et fait des abris pour quatre batteries. La compagnie de réserve reçoit l'ordre de venir sur le plateau, à côté de la réserve d'artillerie.

b) **Administration**.

Journal tenu par M. Bouteiller, adjoint à l'intendance du 2e corps.

17 août.

Le 17 août, l'armée reçut l'ordre de se replier en arrière de Gravelotte et de se rapprocher de Metz. Le prévôt du quartier général du 2e corps fut chargé de rallier les voitures composant le convoi et de les conduire à Rozérieulles, où il s'installa dans une prairie située entre la route de Gravelotte et le vieux chemin allant directement du Point-du-Jour à la Maison-Neuve, en passant par Rozérieulles. L'intendant s'établit dans l'usine qui se trouve près de la route, et à côté du parc du convoi. A peine installés dans ce campement, indiqué le matin par le commandant de Crény, de l'état-major du général Frossard, le même officier vint nous prévenir que, en raison de nouvelles dispositions, nous devions quitter ce point pour venir occuper Châtel-Saint-Germain. Les voitures, à peine dételées, furent remises en route de nouveau et arrivèrent, non sans peine, à Châtel-Saint-Germain, car elles durent, à la sortie de la prairie où elles étaient parquées, s'intercaler dans les convois descendant directement du Point-du-Jour, par Rozérieulles, ce qui ne put s'exécuter avec ensemble. En arrivant à la Maison-Neuve, de nouvelles difficultés se présentaient, causées par la jonction, sur ce

---

(1) C'est-à-dire de Châtel-Saint-Germain.
(2) Ancien nom du Point-du-Jour.

point, des convois venant par le vieux chemin, et de ceux qui avaient suivi la grande route.

Après plusieurs heures de recherches, on parvint à réunir le convoi à l'entrée de Châtel-Saint-Germain.

La cavalerie et la réserve d'artillerie (1) bivouaquaient à portée de cet emplacement, sur la gauche du chemin, en allant de la Maison-Neuve à Châtel-Saint-Germain, et les divisions d'infanterie du 2e corps occupaient les crêtes qui bordent le flanc droit du ravin.

Nous n'avions de pain, biscuit ou farine que jusqu'au 17 août inclus. L'intendant du corps d'armée se rendit à Metz aussitôt après l'installation du bivouac et obtint qu'on lui livrât du pain pour une journée, ainsi que de l'avoine pour les chevaux. On acheta à Châtel tout ce qu'on put trouver de foin et de paille, et l'existence du corps d'armée se trouva assurée pour la journée du 18 ; mais le pain et l'avoine ne furent reçus que pendant la nuit, car nos voitures furent souvent arrêtées par les convois de blessés qu'on évacuait du champ de bataille de Gravelotte sur Metz, et les hommes, qui ne purent recevoir leur pain que le 18 au matin, souffrirent encore, car le 16 une grande partie des sacs avaient encore été abandonnés sur le terrain, et il manquait à la fois et les ustensiles et les vivres de réserve sur lesquels on comptait.

On avait dû, sur l'ordre du Maréchal, décharger un certain nombre de voitures pour concourir à leur évacuation le 17 au matin. Comme si tous les genres de désordres avaient dû se produire, il eut la fâcheuse idée de faire prendre sur place par les troupes les vivres ainsi déchargés et incendier ce qu'on ne put emporter. Nous perdîmes ainsi une partie de notre réserve d'effets d'habillement et de campement. Que pense-t-on obtenir de troupes auxquelles on donne de pareilles habitudes ? Le soldat ne raisonne pas. Il a reçu l'ordre de son général un jour de piller un convoi, un autre jour il en a pillé impunément un autre, il s'habitue facilement à ces procédés et il n'y a plus de prévisions à arrêter pour la constitution des approvisionnements. Nous avons vu dans le même temps, le colonel du 4e de ligne, séparé de sa division (6e corps), s'emparer d'autorité de bestiaux dans le parc du 2e corps et les distribuer sans qu'aucune sanction vînt réprimer cet abus de la force. On trouvait que c'était se débrouiller et on se vantait de pareils actes. Le commandement impuissant à les prévenir les approuvait tout bas et les excusait tout haut.

Le 17, lorsqu'on s'attendait à reprendre la marche vers Verdun,

---

(1) Erreur en ce qui concerne l'artillerie. Il s'agit peut-être du *parc d'artillerie*.

arrêtée la veille par la bataille qui a pris le nom de Gravelotte chez les Français et de Mars-la-Tour chez les Allemands, l'armée reçut l'ordre au contraire de se rapprocher de Metz.

Le Maréchal a motivé cette retraite dans le rapport sommaire qu'il a publié par les raisons suivantes : « Manque d'eau à Gravelotte et aux environs ; obligation, avant de continuer la marche en avant, d'aligner les vivres et de remplacer les munitions consommées, principalement en projectiles de 4. Évacuer les blessés sur Metz. »

Il ajoute que l'ennemi recevant des renforts à chaque instant, la marche en avant dans la nuit du 16 au 17 n'était plus possible.

Ce n'est pas ici le lieu de discuter ces raisons. Bornons-nous à dire que le convoi du 2ᵉ corps fut ramené d'abord à la sortie de Rozérieulles où il établit son parc dans une prairie contiguë à l'usine située entre ce village et la grande route.

Ce premier mouvement s'opéra sans trop de difficultés. La route était assez large pour permettre aux voitures de suivre sur une file pendant que l'autre côté était livré exclusivement aux blessés. Au Point-du-Jour nous prîmes en sens inverse le chemin suivi l'avant-veille par les bagages impériaux, et notre convoi, arrivé assez à temps, campait à son bivouac. Le désordre avait été tel la veille, qu'entre Gravelotte et Saint-Hubert on trouva la route encombrée de voitures chargées de caisses de biscuit dont on ne put reconnaître la provenance. Le général Frossard prescrivit à l'intendant du 2ᵉ corps de les ramasser au passage. On en plaça une ou deux sur chaque voiture du train régulier, et nos ressources furent augmentées d'autant.

Une heure après l'arrivée au parc, choisi en arrière de Rozérieulles, le chef d'escadrons de Crény vint nous apporter l'ordre de quitter ce point et de nous porter à Châtel-Saint-Germain le plus tôt possible. Ces hésitations étaient d'ailleurs habituelles. Le général Frossard indiquait trop sommairement les lignes à occuper par son corps d'armée, ou son état-major traduisait imparfaitement sa pensée, et une fois les bivouacs installés, il était rare qu'il ne les bouleversât pas tous, parfois pour déplacer de 50 ou 100 mètres au plus l'une de ses ailes qui ne se trouvait pas au point mathématique qu'il avait eu en vue dans sa pensée.

Nos attelages étaient dételés, les hommes qui n'avaient pu faire la soupe la veille commençaient à organiser leur cuisine lorsqu'il fallut se remettre en route. Ici de sérieuses difficultés se présentèrent. Depuis notre installation dans la prairie, d'autres convois de vivres et d'artillerie s'étaient engagés dans le chemin de traverse passant par Rozérieulles, pendant que les blessés descendaient par la grande route. Il fallait pour nous reformer arrêter ce mouvement descendant et ce ne fut pas sans de nombreuses contestations, principalement avec les commandants de l'artillerie, que les officiers du train de notre convoi purent se reformer. Quant aux voitures de réquisition il n'en passait pas cinq à la suite les unes des autres sans que la file fut rompue d'autorité par le convoi arrêté dans Rozérieulles. Il fallait agir de même peu après et lancer ses voitures en travers du chemin pour les faire partir jusqu'à ce que la lenteur ou la négligence d'un conducteur laissât un vide dans lequel la tête de convoi arrêté se précipitait de nouveau. Deux cents mètres plus loin, le chemin regagne la grande route à la Maison-Neuve. Là, notre convoi dut tourner à gauche ; mais il y avait sur ce point un fouillis inextricable. Une partie de nos voitures continuèrent vers Metz. Heureusement que les ordres généraux donnés pour arrêter toutes les voitures jusqu'après le passage des blessés, les retinrent assez près. Enfin, tout se réunit dans une prairie à l'entrée de Châtel-Saint-Germain. Toutefois, on laissa encore sur la route un certain nombre de voitures de réquisition afin de faciliter le départ le lendemain.

Un convoi se rendit dans l'après-midi à Metz pour y prendre une ration de pain, et rentra fort avant dans la nuit.

Le général Gagneur, commandant l'artillerie du 2e corps, au général Frossard.

Châtel-Saint-Germain, 17 août.

Je crois devoir vous rappeler la triste situation, que j'ai déjà eu plusieurs fois l'honneur de vous signaler de vive voix ; je veux parler de l'état véritablement inquiétant de nos chevaux de la réserve d'artillerie, qui, non seulement ont subi depuis dix jours des fatigues exceptionnelles, mais auxquels les circonstances n'ont permis que rarement de distribuer une nourriture qui leur serait indispensable pour réparer leurs forces et les maintenir en état de service.

Le colonel commandant la réserve, justement préoccupé de cet état de choses, me renouvelle, à cet égard, les craintes sérieuses qu'il éprouverait si de prochains engagements avec l'ennemi devaient avoir lieu, de ne pouvoir, comme il l'a fait jusqu'ici, satisfaire aux conditions d'un bon service sur le champ de bataille.

Journée du 17 août.

3ᵉ CORPS.

a) Journaux de marche.

Journal de marche du 3ᵉ corps.

17 août.

Le 3ᵉ corps reçut pendant la nuit l'ordre d'aller prendre position sur le plateau qui, du Point-du-Jour, s'étend vers Amanvillers en arrière du bois des Génivaux; les fermes de la Folie et de Leipsig étaient indiquées comme la droite du corps d'armée. En conséquence la division Montaudon prit position entre ces deux fermes, la division Nayral appuya la droite à la ferme de Leipsig, la division Metman, à la gauche de la division Nayral, s'étendait jusqu'à la ferme de Moscou; la division Aymard de la ferme de Moscou au Point-du-Jour. Les réserves d'artillerie et du génie, ainsi que la cavalerie, étaient défilées des vues de l'ennemi par l'origine des pentes de Châtel-Saint-Germain. Le quartier général fut établi à l'arbre-signal (1). Le 3ᵉ corps se reliait par sa gauche au 2ᵉ vers le Point-du-Jour, et par sa droite au 4ᵉ corps vers Montigny-la-Grange. Les bois situés en avant du plateau furent fortement occupés. Ces positions étaient prises vers 2 heures et le reste de la journée fut consacré au ravitaillement de l'armée.

Le 17 août, le 3ᵉ corps a son quartier général à l'arbre mort.

La 1ʳᵉ division (Montaudon) est à la ferme de la Folie et à Montigny.

La 2ᵉ division (Castagny), à la ferme de Leipsig.

La 3ᵉ division (Metman), à la ferme de Moscou.

La 4ᵉ division (Aymard), de Moscou au Point-du-Jour.

Voilà les indications portées au registre de l'emplacement des troupes (Grand quartier général, 2ᵉ section.) Pour le 18 août, mêmes emplacements.

D'après mes souvenirs personnels, la brigade dont je faisais partie (80ᵉ et 85ᵉ de ligne) était placée à gauche de la ferme de Saint-Hubert, car son incendie nous éclaira *a giorno* toute la soirée, à notre droite.

On n'a qu'à jeter un coup d'œil sur la carte pour voir que le 3ᵉ corps était sensiblement placé dans les limites que lui assignait l'ordre susvisé du maréchal Bazaine, *à hauteur de Châtel-Saint-Germain.*

---

(1) Ou *Arbre mort.*

Le même jour, 17 août, le 4ᵉ corps est placé, dit le registre, « vers Montigny-la-Grange et Amanvillers ». Le lendemain, les indications portées sont les suivantes : « Quartier général à Montigny-la-Grange ; les trois divisions de Cissey, Grenier, Lorencez à Amanvillers. »

Rapport du maréchal Lebœuf sur la journée du 17 août.

Plappeville, 20 août.

Le 17 au soir, la division Montaudon avait rallié mon corps d'armée et prenait position aux fermes de la Folie et de Montigny-la-Grange.

La division Nayral avait son quartier général à la ferme de Leipsig.

La division Metman, à la gauche de la division Nayral, s'étendait jusqu'à la ferme de Moscou.

La division Aymard était en position de Moscou au Point-du-Jour.

Mes réserves du génie, d'artillerie et ma cavalerie, en arrière des crêtes occupées par l'infanterie, étaient défilées des vues de l'ennemi, à l'origine des pentes de Châtel-Saint-Germain, entre la route et le chemin qui passe à l'arbre-signal, où j'avais établi mon quartier général.

L'infanterie Nayral et Metman occupait les bois de Génivaux en avant du front.

Note du maréchal Lebœuf sur la défense des lignes d'Amanvillers (1).

17 août.

Le 17, le maréchal Bazaine m'écrit « qu'il s'occupe avec la plus grande activité de sortir de la situation actuelle, en ce qui concerne les besoins des troupes..... ». Il demande que je les lui fasse connaître.

Le 17, à 2 h. 30, je lui rends compte que je fais ravitailler « en vivres et munitions. Les vivres surtout commençaient à manquer..... J'ajoute que je crois qu'il serait très désirable que les troupes eussent la soirée et au moins la matinée du 18 pour se réapprovisionner ».

Le 17, à 4 h. 30, je lui écris que le 3ᵉ corps manque de vivres (sur le plateau) et que je le prie de lever l'interdiction qui pèse, m'assure-t-on, sur notre convoi, qui serait retenu à Metz.

Observation. — « Il fallait mettre le convoi en route pour Briey. Il aurait pu rejoindre, par la route de Briey à Étain, en le faisant escorter. »

D'après une dépêche de l'Impératrice à l'Empereur, du 13 août, 7 h. 45, on pouvait croire à une marche d'un corps ennemi par le

---

(1) Provenant de la succession du Maréchal.

Nord. Cependant dans la journée du 14, mieux renseignés sur les projets de l'ennemi, on devait savoir que l'ennemi n'avait pas commis la faute de se séparer en deux colonnes par rapport auxquelles nous aurions occupé une ligne intérieure.

Le maréchal Lebœuf, commandant le 3ᵉ corps, au Maréchal commandant en chef l'armée du Rhin.

Bivouac (Arbre), 17 août, 2 h. 30 soir.

J'ai l'honneur de vous rendre compte que le 3ᵉ corps vient de prendre position, ainsi que Votre Excellence l'a prescrit, sur le plateau entre le Point-du-Jour et la ferme de Leipsig, en passant par la ferme de Moscou.

Le mouvement s'est fait sans être inquiété par l'ennemi, toutefois les éclaireurs de la division Clérembault formant l'extrême arrière-garde ont vu de l'infanterie ennemie s'établir dans les bois que nous leur avions enlevés hier à notre extrême droite, et ont signalé un régiment de cavalerie près de Mars-la-Tour.

Je fais ravitailler en vivres et munitions, les vivres surtout commençaient à manquer. Les consommations en munitions, sans être considérables dans la journée d'hier, nécessitaient cependant que l'on se réapprovisionnât.

J'ignore quels sont les projets de Votre Excellence, mais je crois qu'il serait très désirable que les troupes eussent la soirée et au moins la matinée de demain pour se réapprovisionner.

Je me suis établi de ma personne en arrière du centre de mes troupes près de l'arbre mort indiqué comme signal sur la carte entre les fermes de Leipsig et la ferme de Moscou.

1ʳᵉ DIVISION (MONTAUDON).

Journal de marche de la 1ʳᵉ division.

17 août.

Au point du jour, le général commandant la division rallie ses différents bataillons disséminés pendant le combat de la veille et va se reformer auprès de Bagneux pour reprendre ses sacs.

On va ensuite camper à la ferme de Leipsig, la droite vers la ferme de la Folie, en ordre profond sur deux lignes.

Rapport du général de Montaudon sur la journée du 17 août.

La division a quitté Gravelotte ce matin, à 5 heures, et s'est dirigée vers la ferme de Leipsig où elle a campé vers 8 heures; sa gauche appuyée à cette ferme et la droite vers la ferme de la Folie.

Les vivres ont été distribués hier jusqu'au 17 inclus. L'intendant de la division, qui avait été obligé, par ordre, de laisser son convoi à Metz, a fait demander des vivres, qui ne sont pas encore assurés.

Des régiments d'autres corps d'armée se sont fait délivrer cinquante bœufs du troupeau, qui se trouve ainsi considérablement réduit.

J'ai l'honneur de rendre compte à Votre Excellence d'un fait qui cause un préjudice grave à l'administration de ma division. Les régiments appartenant à d'autres corps d'armée se sont fait livrer des animaux du troupeau malgré les réclamations de l'entrepreneur. Le 15e et le 33e de ligne en ont pris 3; le 26e, 10; le 54e, 3; le 2e bataillon de chasseurs à pied, 2; le 65e, 3. Le chef d'état-major de la division Lorencez en a pris 17. Si ces irrégularités devaient se reproduire, le service des vivres-viande de ma division, ne serait pas possible.

Je prie, Votre Excellence, de vouloir bien prendre des mesures pour que de pareils faits ne se puissent plus renouveler.

Réponse au rapport du 17 août (du général Montaudon).

La division doit, d'après de nouveaux ordres, défendre les bois de Vigneulles. M. le colonel Dauphin s'entendra avec M. le général Clinchant, pour les mesures à prendre pour le placement des grand'-gardes.

On devra observer la route de Briey et le village de Saulny.

Il sera fait des abatis aux emplacements où cette précaution sera jugée utile.

Des communications intérieures seront établies dans les bois, afin de prévenir toute surprise. On devra aussi éclairer et garder la route qui vient d'Amanvillers.

Le quartier général du général de division est établi sur le plateau, au centre de la division.

Rapport du colonel Collavier d'Albici, commandant le 81e de ligne (1re division, 2e brigade).

17 août.

Le 17, au point du jour, les trois bataillons du régiment reçurent l'ordre de se reporter sur les positions qu'ils avaient occupées la veille pour y reprendre les sacs qui y avaient été laissés, et le régiment vint prendre plus tard le nouveau campement qui lui fut indiqué, en servant d'escorte au convoi.

2ᵉ DIVISION (NAYRAL).

Journal de marche.

17 août.

La division quitte le champ de bataille au point du jour et va camper en arrière de Vernéville, sa droite à la ferme de Leipsig, sa gauche dans la direction de la ferme de Moscou, occupée par la division Metman.

3ᵉ DIVISION (METMAN).

Journal de marche.

17 août.

La division a été chargée de couvrir la retraite de toute l'armée. Par suite, elle ne quitte ses positions que la dernière.

Le défilé des autres troupes et des bagages, commencé dès le point du jour, dura jusqu'à 11 heures du matin. Pendant ce temps, de nombreuses colonnes ennemies passèrent en vue de la 3ᵉ division, et l'on put compter jusqu'à sept bataillons allant dans la direction de Rezonville. Ces mouvements faisaient supposer que la retraite serait inquiétée; cette supposition était d'autant plus probable qu'entre les sept bataillons appuyés à Rezonville et la 3ᵉ division s'étendait, à notre gauche, un bois qui venait sans interruption jusqu'au plateau de Jussy, bois dans lequel se trouvait le débouché de la vallée d'Ars.

Ces probabilités ne se justifièrent pas. La retraite se fit en échelons et en ordre parfait. Les flanqueurs seuls furent engagés avec les tirailleurs ennemis. Le 7ᵉ bataillon de chasseurs eut deux hommes blessés et le 71ᵉ de ligne, un homme tué et deux blessés. Quelques coups de mitrailleuse, tirés sur la lisière du bois qu'occupait l'ennemi, firent cesser son feu, et la retraite se termina sans autre difficulté.

A 1 h. 30, le 17, la 3ᵉ division d'infanterie était établie sur le plateau, à l'Ouest de Châtel-Saint-Germain, appuyée à la ferme de Moscou.

Rapport du général Metman sur la journée du 17 août.

23 août.

Le 17, j'étais chargé de couvrir la retraite de toute l'armée. Le défilé des troupes et des bagages, commencé dès le point du jour, dura jusqu'à 11 heures du matin. Pendant tout ce temps nous vîmes passer devant nous, en arrière de Rezonville, de nombreuses colonnes ennemies. Leurs mouvements me faisaient supposer que la retraite serait pénible, et cette supposition était d'autant plus probable que je voyais clairement devant moi sept bataillons, et qu'entre ces bataillons et nous s'étendait un bois qui venait sans interruption jusqu'au plateau de Jussy, bois dans lequel se trouvait le débouché de la vallée d'Ars. Ces probabilités ne se justifièrent pas. Ma retraite se fit en échelons et en ordre parfait. Seuls, les flanqueurs s'engagèrent avec les tirailleurs ennemis. Le 7⁰ bataillon de chasseurs à pied eut deux hommes blessés, le 71ᵉ de ligne, un tué et deux blessés.

Je fis tirer deux coups de mitrailleuse sur la lisière du bois qu'occupait l'ennemi et notre retraite put alors se terminer sans être inquiétée davantage.

A 1 h. 30, la 3ᵉ division d'infanterie était établie sur le plateau à l'Ouest de Châtel-Saint-Germain, appuyée à la ferme de Moscou.

Historiques des corps de la 3ᵉ division du 3ᵉ corps d'armée.

17 août.

7ᵉ bataillon de chasseurs (1ʳᵉ brigade). — Le 17, le bataillon, avec la brigade, protègent comme arrière-garde la retraite de l'armée sur les lignes d'Amanvillers. Dans cette marche deux hommes sont blessés.

7ᵉ régiment d'infanterie (1ʳᵉ brigade). — Le 17, au petit jour, la cavalerie et les zouaves de la Garde passent derrière le régiment et s'engagent sur la route d'Étain en passant par la Malmaison. A ce moment, le régiment reçoit l'ordre de se placer en bataille sur le plateau qui s'étend entre le bois de la Jurée et la route de Verdun. Il y reste jusqu'à 9 heures du matin. On voyait les masses ennemies d'infanterie et de cavalerie derrière le bois des Ognons, sur la route de Gorze à Vionville, se diriger rapidement du côté de Verdun. Vers 11 heures du matin, la brigade, déployée, reçoit l'ordre de battre en retraite en échelons. Elle traverse la route d'Étain, le ravin de Gravelotte, le bois des Génivaux et remonte sur le plateau de Châtel, entre les fermes de Leipsig et de Moscou. On prend le campement en colonne, les chasseurs à droite par divisions, le régiment au centre par bataillons, à une distance de 200 pas, le 29ᵉ à gauche, disposé de la même manière.

En quittant Gravelotte, le régiment voit brûler des approvisionnements de vivres et d'effets de toute nature.

Les grand'gardes furent placées dans les bois des Génivaux, à 1000 mètres environ du campement, jusqu'au petit ruisseau qui tombe dans la Moselle, près d'Ars.

Dans la nuit, de fausses alertes ont mis sur pied le camp, ainsi que les corps placés à la droite et à la gauche.

29ᵉ régiment d'infanterie (1ʳᵉ brigade). — L'armée se replie sur

Metz et prend position sur le plateau de Rozérieulles. Le 3ᵉ corps se forme entre la ferme de Leipsig et celle de Moscou, le 2ᵉ corps à gauche, le 4ᵉ à droite, le 6ᵉ à l'extrême droite.

59ᵉ régiment d'infanterie (2ᵉ brigade). — Le 17, nous venons prendre position en avant de Gravelotte ; nous n'y restons que peu de temps, le maréchal Bazaine ayant donné l'ordre de se replier en arrière des positions que l'armée a défendues la veille.

La nouvelle ligne à occuper s'étend de Rozérieulles à Saint-Privat-la-Montagne.

Le 3ᵉ corps, ayant à sa droite le 4ᵉ et à sa gauche le 2ᵉ, s'établit sur le plateau qui fait face à Gravelotte.

La division Metman, qui avait été chargée, en cas d'attaque, de protéger la retraite, arrive la dernière et campe à côté de la ferme de Moscou.

La journée se passe dans le calme le plus complet ; une batterie de mitrailleuses tire seule quelques coups sur le bois des Ognons.

71ᵉ régiment d'infanterie (2ᵉ brigade). — La division est portée en avant du bois des Ognons dans le but de soutenir et de protéger la retraite des troupes qui se replient sur le plateau de Moscou. Le 71ᵉ, à cheval sur la route d'Ars, est en première ligne et fait face au bois ; à sa gauche, le 7ᵉ bataillon de chasseurs occupe la gorge de Gorze. La lisière du bois est garnie de tirailleurs ennemis qui engagent une fusillade nourrie contre les lignes du 71ᵉ. Deux hommes sont tués au 3ᵉ bataillon qui prend, en arrière d'une crête, une position mieux abritée.

Toutes les troupes ayant achevé leur retraite, le 71ᵉ quitte à son tour les emplacements où il a été posté et vient prendre place dans le [campement de la division, au Nord-Est de la ferme de Moscou, dans laquelle est établi le quartier général.

Le Iᵉʳ et le IIᵉ bataillon bivouaquent en colonne en arrière du 59ᵉ, et le IIIᵉ bataillon couvre l'espace qui s'étend entre la division et le quartier général.

On exécute à la hâte des travaux défensifs sur tout le front de la division et quelques épaulements autour de la ferme de Moscou pour y abriter l'artillerie.

Historique du capitaine Mignot, commandant la 5ᵉ batterie du 11ᵉ régiment d'artillerie.

17 août.

Vers 7 heures du matin, on me fait atteler en hâte, et la batterie, avec la 1ʳᵉ brigade de la division, va prendre position en avant de la maison de poste de Gravelotte, sur la pente orientale du ravin du bois des Ognons.

Nous voyons passer sur l'autre pente et se dirigeant vers Rezonville 11 bataillons prussiens à la file; ils passent à une distance de 1600 mètres, à la meilleure portée de nos canons à balles. Mais par ordre supérieur, nous ne pouvons engager l'action.

Vers 3 heures, la division abandonne la position et se retire vers le plateau, en avant des bois de Châtel-Saint-Germain.

Entre l'auberge de Saint-Hubert et le Point-du-Jour, le général m'appelle à droite de la route et me donne l'ordre de fouiller le bois de Vaux.

La cavalerie prussienne, qui l'occupe, se hâte de l'évacuer aux premières salves.

La batterie vient camper sur le plateau, en avant du bois de Châtel-Saint-Germain.

4ᵉ DIVISION (AYMARD).

Journal de marche.

17 août.

A 5 heures du matin, la division bat en retraite sur Metz et vient prendre position, la droite, à la ferme de Moscou, la gauche, au Point-du-Jour (ou de l'Amitié) sur la route de Verdun, et occupant fortement la ferme de Saint-Hubert, en avant de son centre et en face de Gravelotte. Nuit tranquille.

DIVISION DE CAVALERIE (DE CLÉREMBAULT).

Journal de marche de la division de cavalerie du 3ᵉ corps (1).

17 août.

La division monte à cheval à 5 heures du matin, traverse le ravin de Saint-Marcel à Bruville, et va prendre position sur les crêtes dominant les bois, longeant la voie romaine pour couvrir la retraite de l'infanterie.

Des colonnes ennemies se montrèrent sur les hauteurs, en avant de Mars-la-Tour, vers 7 heures. A ce moment, le général de Berckheim se trouvant sans soutiens, demande au général de division deux esca-

---

(1) Reproduction intégrale du rapport du général de Clérembault, daté du 21 août.

drons, qu'il lui fit donner par le 2ᵉ dragons ; il mit en échange, à la disposition de la division, les deux batteries d'artillerie indispensables pour le cas où l'ennemi se serait porté en avant.

L'ennemi n'ayant fait aucune démonstration, la division et les deux batteries d'artillerie suivirent le mouvement de l'infanterie, et se dirigeant à travers champs entre les bois de Bagneux et de la Jurée sur Vernéville où se trouvaient le parc et les bagages de la division, y arrivèrent vers 11 heures.

Les hommes et les chevaux déjeunèrent et la division remonta à cheval à 12 h. 30 pour se diriger, en contournant le bois des Génivaux sur la ferme de Moscou, où par ordre du maréchal Lebœuf elle tourna à droite et vint s'établir en avant du ravin des bois des Rappes et de Châtel, son front parallèle au chemin de la ferme de Leipsig à Amanvillers et Saint-Privat, pour camper.

Artillerie.

Journal de marche de la réserve d'artillerie.

17 août.

La réserve et le parc d'artillerie, à la suite de la bataille du 16 août, bivouaquent sur le même emplacement que la veille. De bonne heure, on reçoit l'ordre d'aller prendre position en arrière, sur le plateau des fermes de Leipsig et de Moscou, faisant face à Gravelotte, dont on est séparé par la vallée de la Mance.

Le bivouac est établi, vers 1 heure, contre la petite route, qui conduit de Châtel-Saint-Germain à Vernéville.

b) Organisation et administration.

Le maréchal Lebœuf, commandant le 3ᵉ corps, au Maréchal commandant en chef l'armée du Rhin.

17 août, 4 h. 30 soir.

J'ai l'honneur de vous rendre compte que le 3ᵉ corps d'armée manque complètement de vivres, et qu'à l'heure où je vous écris, l'on m'assure que le convoi que l'intendant Friant avait envoyé prendre à Metz y est retenu.

Je prie Votre Excellence de vouloir lever cette interdiction, car il y a indispensable nécessité que le ravitaillement en vivres ait lieu cette nuit même.

La présente dépêche vous sera remise par l'intendant Friant, qui vous exposera la situation.

c) Situations.

Situation sommaire d'effectif du 3ᵉ corps le 17 août.

DÉSIGNATION DES CORPS.	OFFICIERS.	TROUPE.	CHEVAUX.
État-major général................	17	22	58
Services du quartier général.........	33	438	378
1ʳᵉ division d'infanterie.............	324	9,814	723
2ᵉ — —	280	8,887	886
3ᵉ — —	312	10,224	1,061
4ᵉ — —	304	9,606	849
Division de cavalerie...............	318	4,066	4,018
Réserve d'artillerie	41	1,317	1,278
Parc d'artillerie	19	759	1,076
Réserve du génie	15	215	149
Gendarmerie du quartier général......	1	12	12
Totaux........	1,664	45,360	10,488

Situation de la 1ʳᵉ brigade de la 3ᵉ division du 3ᵉ corps le 17 août.

DÉSIGNATION DES CORPS.	COMBATTANTS.		NON COMBATTANTS.		EFFECTIFS.		CHEVAUX.
	Officiers.	Hommes de troupe.	Officiers.	Hommes de troupe.	Officiers.	Hommes de troupe.	
7ᵉ de ligne	54	1,736	1	188	55	1,924	27
29ᵉ de ligne...............	56	2,157	»	97	56	2,254	30
7ᵉ chasseurs (manque).......	»	»	»	»	»	»	»
Totaux.......	110	3,893	1	285	111	4,178	57

Situation de la 2ᵉ brigade de la 3ᵉ division du 3ᵉ corps le 17 août.

DÉSIGNATION DES CORPS.	COMBATTANTS.		NON COMBATTANTS.		EFFECTIFS.		CHEVAUX.
	Officiers.	Hommes de troupe.	Officiers.	Hommes de troupe.	Officiers.	Hommes de troupe.	
État-major.............	2	»	»	»	2	»	9
59ᵉ de ligne............	55	2,009	8	353	63	2,362	31
71ᵉ de ligne............	49	1,862	2	67	51	1,929	25
Totaux.......	106	3,871	10	420	116	4,291	65

Situation de l'artillerie de la 3ᵉ division du 3ᵉ corps le 17 août.

DÉSIGNATION DES CORPS.	PRÉSENTS.			EFFECTIFS.		CHEVAUX	
	Officiers.	TROUPES		Officiers.	Troupes.	disponibles.	indisponibles.
		disponibles.	indisponibles.				
État-major.....................	3	»	»	3	»	7	»
5ᵉ batterie du 11ᵉ régiment.........	5	147	6	5	153	114	3
6ᵉ — —	4	139	4	4	143	116	4
7ᵉ — —	4	145	4	4	149	114	3
7ᵉ compagnie du 1ᵉʳ régiment du train.	1	43	2	1	45	75	1
Totaux.........	17	474	16	17	490	426	11

Journée du 17 août.

4ᵉ CORPS.

a) Journaux de marche.

Journal de marche du 4ᵉ corps.

17 août.

On a reçu l'ordre de se rabattre vers Metz pour se ravitailler ; le mouvement doit commencer à midi, mais une alerte donnée vers 10 heures par nos avant-postes fait avancer le départ.

Les bagages filent de suite ; viennent ensuite les trois divisions d'infanterie, la 1ʳᵉ en tête, la 3ᵉ formant l'arrière-garde. Elles peuvent marcher à travers champs. Elles sont flanquées par la cavalerie.

Elles sont arrêtées ; la 1ʳᵉ autour d'Amanvillers qu'elle quitte peu après, par suite de l'insuffisance de l'eau, pour se porter vers Saint-Privat.

La 2ᵉ campe entre Amanvillers et Montigny-la-Grange.

La 3ᵉ, dans les défrichements du bois de Lorry, à cheval sur la route qui conduit d'Amanvillers à Plappeville, près de la ferme Saint-Vincent.

Le parc et les réserves d'artillerie, dans le fond, entre Montigny, Amanvillers et le ravin de Châtel-Saint-Germain, dans lequel se trouve une source abondante où l'on peut abreuver les chevaux.

Le quartier général du corps d'armée est installé au château de Montigny-la-Grange.

1ʳᵉ DIVISION (DE CISSEY).

Journal de marche de la 1ʳᵉ division.

17 août.

La division reçoit l'ordre de battre en retraite sur Saint-Privat, où elle arrive dans le courant de la journée. Elle prend position entre Amanvillers et Saint-Privat, et a, à sa droite, le 6ᵉ corps d'armée.

Extrait des Souvenirs *du général de Cissey.*

17 août.

A 11 heures seulement, nous continuons notre mouvement de retraite sur Saint-Privat....

Ma division reçut l'ordre de s'établir, la droite à Saint-Privat et la gauche à Amanvillers, face à Metz, ce qui nous faisait tourner le dos à l'ennemi. Mais on avait persuadé au général de Ladmirault que les hauteurs boisées qui étaient en arrière de Saint-Privat et d'Amanvillers étaient occupées par des tirailleurs ennemis..... Le terrain étant trop resserré (1), je n'établis que trois régiments sur le tracé qui m'avait été indiqué; le 57e, le 20e bataillon de chasseurs et les sapeurs du génie prirent la position qu'aurait dû occuper ma division. Vers 4 heures du soir (2), le maréchal Canrobert arrive avec tout son corps d'armée et prend position à ma droite au village de Saint-Privat.

2e DIVISION (GRENIER).

Journal de marche de la 2e division.

17 août.

Le matin, de bonne heure, par ordre du général en chef, un bataillon du 43e va, sans sacs, à la ferme de Greyère, chercher les blessés qui y avaient été déposés et la compagnie du 98e, de grand'garde.

L'action du 16 ayant fait consommer beaucoup de munitions, il fut décidé que l'armée ferait un retour vers Metz, pour se ravitailler. La 2e division du 4e corps, vers 10 heures, prit position au Nord-Ouest de Doncourt et, sans avoir été inquiétée, elle se replia, à 2 heures, vers Jouaville, Habonville et Amanvillers, après la 1re division et les bagages des 1re, 2e et 3e divisions, suivie elle-même par la 3e division.

Arrêtée à Amanvillers, elle prend son campement entre ce village et le château de Montigny-la-Grange, où s'établit le quartier général du 4e corps.

3e DIVISION (DE LORENCEZ).

Journal de marche de la 3e division.

17 août.

Le général en chef ayant prescrit au 4e corps de se rapprocher de Metz, pour se ravitailler, il fut porté sur les positions de Montigny-la-Grange, Amanvillers et Sainte-Marie-aux-Chênes. La division, désignée pour former l'arrière-garde, resta en position entre Doncourt et Bruville jusqu'à midi; elle se retira ensuite par Jouaville et Habonville. Son

---

(1) Par suite de l'arrivée, non prévue, du 6e corps à Saint-Privat.
(2) Beaucoup plus tard. Il y a inversion avec la phrase précédente dans l'ordre chronologique des faits.

emplacement, déterminé d'abord entre Montigny-la-Grange et Amanvillers, fut changé par suite du manque d'eau ; elle alla gagner le plateau en arrière du bois, sur lequel se trouve située la ferme de Saint-Vincent. A 7 heures du soir, les troupes de la division étaient installées dans leurs bivouacs.

Rapport du général Berger, commandant la 2e brigade, sur la journée du 17 août.

Ferme de Saint-Maurice, 17 août.

La nuit du 16 fut très calme ; la matinée du 17 fut employée à faire manger la soupe et aller chercher à Doncourt les sacs qui y avaient été laissés en passant pour arriver plus promptement sur le champ de bataille, qui était éloigné de ce village de près de 6 kilomètres ; à 10 heures, une forte reconnaissance de cavalerie vint nous prévenir qu'une masse considérable de cavalerie s'approchait. Je fis fortement occuper le village de Jarny, qui était à ma droite, et pour éviter un changement de front en arrière sur mon aile droite dans un terrain très accidenté, j'ordonnai à ma brigade une marche en bataille en retraite pendant laquelle je lui fis exécuter plusieurs changements de direction. Pendant tout le temps que je mis à exécuter ce mouvement, aucun éclaireur ennemi ne parut, et ma brigade qui était perpendiculaire à la route se trouvait dans une position parallèle, ayant à sa droite le village de Jarny et sa gauche appuyée à Doncourt où les réserves étaient réunies. J'avais fait placer toute mon artillerie sur des petits monticules assez élevés pour dominer la plaine qui avait au moins 2,000 mètres d'étendue ; j'étais donc très en mesure de recevoir l'ennemi et surtout la cavalerie si c'était elle qui fût chargée de commencer l'attaque. Nous attendîmes jusqu'à midi ; l'ennemi n'ayant paru sur aucun point du vaste horizon que, de cette position, j'embrassais, je fis prévenir mon général de division, qui, ayant reçu l'ordre de se retirer, me fit connaître que ma brigade serait chargée de faire l'arrière-garde et de couvrir, avec ma cavalerie, une partie du flanc droit de la colonne ; pendant cette marche, quelques cavaliers se montrèrent sur notre flanc droit ; quant à l'arrière-garde, nous vîmes l'ennemi occuper les positions au fur et à mesure que nous les quittions ; il se tenait à très grande distance et ne chercha pas un instant à nous inquiéter. La division fut campée sur le plateau qui est à cheval sur la route entre les deux grandes fermes de Saint-Joseph et de Saint-Maurice ; la première fut assignée au quartier général de la division ; Saint-Maurice fut affectée aux états-majors de la 1re et de la 2e brigade.

Division de cavalerie (Legrand).

Journal de marche.

La division se rabat le 17 août sur le village d'Amanvillers où elle établit son bivouac.

Réserve d'artillerie.

Rapport du capitaine Maringer, commandant la 6ᵉ batterie du 8ᵉ.

17 août.

Le 17 au matin, nous nous sommes mis en route, suivant le mouvement de notre corps d'armée, sans trop savoir où nous allions. Arrivés au village de Doncourt où j'ai retrouvé ma réserve, notre colonel nous a donné l'ordre de former le parc et de mettre les chevaux à la corde. A peine avions-nous terminé qu'il a fallu atteler à la hâte et partir au plus vite, toujours sans savoir où nous allions. A 600 mètres de Doncourt, j'ai reçu l'ordre de me porter à droite de la route, sur un plateau un peu élevé et de placer ma batterie en bataille à intervalles de combat, les pièces tournées du côté du village que nous venions de quitter. Nous sommes restés dans cette position environ une heure, puis l'on nous a donné l'ordre de rompre et de nous diriger dans la direction de Montigny-la-Grange où nous avons fait halte près de la ferme. Vingt minutes après, on nous a donné l'ordre de camper là. Le 17, j'ai été rejoint par M. Cucu, vétérinaire attaché à la réserve du 4ᵉ corps à Doncourt. J'ai envoyé mon chef artificier avec mes caissons vides, chercher des munitions au parc qui se trouvait près de ce village.

Il a eu beaucoup de peine à s'en procurer et ce n'est que grâce à sa qualité d'artificier qu'il est parvenu à se servir lui-même et à me ramener mes caissons pleins. Il m'a rejoint sur le plateau où j'étais en bataille.

b) **Administration.**

L'intendant militaire Gayard (1) *au général de Ladmirault.*

Amanvillers, 17 août.

J'ai l'honneur de faire connaître à M. le Général en chef, que j'ai pris des dispositions pour que le convoi de voitures auxiliaires que j'ai

---

(1) Chef des services de l'intendance du 4ᵉ corps.

laissé à Metz, soit employé sous la direction de M. le sous-intendant Baratier, au ravitaillement de demain. Je profite de cette circonstance pour prier de nouveau M. le Général en chef de vouloir bien provoquer le renvoi au corps d'armée des 3e et 10e compagnies du train des équipages militaires que j'ai laissées à Metz, d'après ses ordres, en quittant le camp sous Metz.

Note du général Laffaille commandant l'artillerie du 4e corps, au colonel Luxer, directeur du parc du 4e corps.

17 août.

Le général prie le colonel Luxer d'écrire au général Soleille pour lui faire connaître la situation des approvisionnements du parc, de lui signaler l'urgence de pourvoir à leur renouvellement.

En arrivant au bivouac, il fera parvenir cette lettre par un sous-officier accompagné d'un homme, au grand quartier général de Plappeville.

Le colonel Luxer, directeur du parc du 4e corps, au général de Meckenheim, commandant l'artillerie de la place de Metz.

Doncourt, 17 août.

A la suite des deux combats qui ont eu lieu les 14 et 16 du courant, le parc du 4e corps d'armée a été dans la nécessité de livrer aux troupes une portion très notable de ses approvisionnements en munitions de guerre.

Leur remplacement est devenu de la plus grande urgence dans les circonstances actuelles. Aussi le général Laffaille, qui connaît notre position, vient-il de m'inviter à vous adresser une demande ayant pour objet de prescrire à l'arsenal de Metz de nous délivrer sans délai toutes les munitions nécessaires pour rétablir le parc au complet, tel qu'il se trouvait avant les deux combats précités.

Je ne puis, en ce moment, vous donner le chiffre exact de ce qui nous manque, mais il se rapproche beaucoup des quantités ci-après :

36 caissons à munitions de 4 rayé ;
18 caissons à munitions de 12 rayé ;
7 caissons à munitions, cartouches modèle 1866 ;
2 chariots de parc chargés en caisses, pour munitions de canons à balles.

c) Opérations et mouvements.

Ordre de mouvement du 4ᵉ corps pour la journée du 17.

Le bivouac sera levé aujourd'hui, 17, à 11 heures du matin.

Le 4ᵉ corps ira occuper des positions situées vers Montigny-la-Grange et Amanvillers. Pour s'y rendre il prendra la route qu'il a à peu près suivie hier, en passant par Jouaville et Habonville.

La 1ʳᵉ division, de Cissey, marchera en tête. Derrière la 1ʳᵉ division marcheront : le trésor, toute l'artillerie de réserve, le parc d'artillerie, l'ambulance et tous les bagages du corps.

A la suite du mouvement général qui va s'opérer aujourd'hui, l'armée occupera les positions suivantes :

Le 2ᵉ corps, entre le Point-du-Jour et Rozérieulles ;
Le 3ᵉ corps à la droite du 2ᵉ et à hauteur de Châtel-Saint-Germain ;
Le 4ᵉ corps vers Montigny-la-Grange et Amanvillers ;
La Garde à Lessy et à Plappeville, où sera le grand quartier général ;
Le 6ᵉ corps à Vernéville ;
La division de cavalerie du Barail se placera avec le 6ᵉ corps ;
La division de cavalerie de Forton sera avec le 2ᵉ corps.

Journée du 17 août.

6ᵉ CORPS.

a) Journaux de marche.

Journal de marche du 6ᵉ corps.

17 août.

Le 6ᵉ corps quitte son bivouac à 4 heures du matin et va prendre position autour du village de Vernéville situé entre la route de Verdun, par Conflans, et la route de Briey.

Vers 3 heures de l'après-midi, les troupes du 6ᵉ corps quittent les environs de Vernéville pour aller prendre position à Saint-Privat et Roncourt, à la droite du 4ᵉ corps établi en avant d'Amanvillers.

La division de cavalerie du Barail est attachée au 6ᵉ corps.

1re DIVISION (TIXIER).

Journal de marche de la 1re *division.*

17 août.

Dans la matinée, la 1re division couvre, comme arrière-garde, la retraite du 6e corps sur Vernéville; elle le fait en échelons par brigade.

A Vernéville, elle bivouaque en avant du village et fait face au Sud-Ouest.

Il est fait une distribution de viande à Vernéville, beaucoup trop tôt. A 2 heures de l'après-midi la division prend les armes et se met en mouvement sur Saint-Privat-la-Montagne (1); les batteries divisionnaires marchent entre les deux brigades.

La marche de la division est arrêtée à hauteur du chemin de fer de Metz à Verdun par le passage du 4e corps d'armée. La division arrive à Saint-Privat à 7 h. 30 du soir (2). La 1re brigade campe en avant de la route de Briey à Metz; la 2e brigade (3), l'artillerie et l'ambulance en arrière.

Dans la matinée du 17, le lieutenant-colonel, commandant l'artillerie de la 1re division, a pris sous ses ordres deux batteries de 12, détachées de la réserve du 6e corps (4), pour remplacer, à la 2e division (Bisson), les batteries de 4 qui sont restées au camp de Châlons, faute de pouvoir passer par la voie interceptée (Frouard à Metz).

Journal du lieutenant-colonel de Montluisant, commandant l'artillerie de la 1re *division.*

17 août.

A 4 heures du matin, l'ordre arrive de se diriger immédiatement sur Vernéville. Je rallie peu à peu mes batteries et je rencontre, à travers champs, le général Changarnier à cheval, suivi d'un seul soldat. J'arrive à Vernéville vers 8 heures. C'est à ce bivouac que je reçois sous mes ordres les deux batteries de 12 du 13e régiment, commandées par

---

(1) Il s'agit sans aucun doute de l'alerte provoquée par l'engagement de la division Montaudon, mais le départ pour Saint-Privat n'eut lieu que beaucoup plus tard.

(2) Très probablement plus tard, à moins que cette heure ne s'applique qu'à l'état-major de la division.

(3) Le 100e de ligne seulement.

(4) $\frac{9,\ 10}{13}$ affectées précédemment à la division Bisson.

le commandant Brunel. Le Maréchal, qui les avait réunies, pour la journée du 16, à la 2ᵉ division, les adresse aujourd'hui à la 1ʳᵉ division.

Après un repos de quelques heures, nous repartons à midi (?) de Vernéville à travers champs. Nous suivons les coteaux. Notre division nous perd, nous laisse sans direction à la nuit tombante, et nous allons, au bruit du clairon français, bivouaquer, à 10 heures du soir, à Saint-Privat, devant le front du 4ᵉ corps (1).

Journal de marche du génie de la 1ʳᵉ *division du* 6ᵉ *corps* (3ᵉ *compagnie du* 3ᵉ *régiment, capitaine Audier*).

17 août.

Départ à 5 heures par Saint-Marcel. Direction et arrivée sur Vernéville, au Nord (on a traversé à angle droit le chemin de Verdun suivi la veille depuis Saint-Hubert jusqu'à Villers-aux-Bois).

Halte de trois heures environ à Vernéville. On manque encore de vivres; le convoi égaré la veille n'ayant pas été retrouvé.

Arrivée le soir, à la nuit, à Saint-Privat-la-Montagne au Nord-Ouest et à 15 kilomètres de Metz, sur la route départementale de Briey.

Nous battons donc en retraite pour nous rallier sous les murs de Metz.

Les troupes souffrent toujours du manque de vivres, car à Saint-Privat on ne trouve qu'avec la plus grande peine un peu de pain et un peu d'eau.

Les pommes de terre, déterrées par les soldats, les sauvent de la faim conjointement avec une très maigre ration de viande provenant de la razzia d'un quart de bœuf payé par l'intendance.

2ᵉ DIVISION (BISSON).

Journal de marche de la 2ᵉ *division.*

17 août.

Marche de Rezonville à Vernéville, puis à Saint-Privat-la-Montagne.

La division reçoit l'ordre de se porter au Nord pour occuper, avec tout le 6ᵉ corps, la position de Vernéville, à environ deux lieues et demie de Rezonville. Le 9ᵉ bivouaque au Sud-Ouest du village, auprès de la tour du télégraphe. Le bataillon, qui avait campé près de Gravelotte, rejoint.

---

(1) C'est-à-dire devant la droite de la division de Cissey, lorsqu'elle évacua la place un peu plus tard.

Dans le courant de la journée, la division reçoit l'ordre de remonter encore au Nord; elle se met en route vers 5 h. 30 et va s'établir à deux lieues, entre les villages de Saint-Privat-la-Montagne et de Roncourt, appuyée à droite et à gauche par les autres divisions du 6e corps.

Distance parcourue : 18 kilomètres.

3e DIVISION (LA FONT DE VILLIERS).

Journal de marche de la 3e division.

17 août.

Le 6e corps va occuper le plateau de Vernéville; la 3e division s'étend sur deux lignes en avant de la tour de l'ancien télégraphe aérien, face aux bois d'Anoux-la-Grange (1).

Dans l'après-midi, le 6e corps va prendre position au village de Saint-Privat-la-Montagne, sur la route de Metz à Verdun, par Briey et Étain; la 3e division est établie en avant du village, la gauche appuyée à la route, la droite au village de Roncourt. Elle observe les bois qui s'étendent jusqu'à la forêt de Moyeuvre.

Journal de marche du génie de la 3e division du 6e corps (7e compagnie du 3e régiment, capitaine Belfort).

17 août.

Le 17 au matin on est parti avec la division pour gagner le village de Vernéville, et on a marché directement de la ferme de la Malmaison sur ce village, à portée duquel on est arrivé vers 11 heures du matin. On y a campé, et une section de la compagnie a été envoyée pour fortifier une ferme sur un point entre Gravelotte et Vernéville, du côté où on craignait une attaque. Vers 4 heures du soir, on a levé le camp et on s'est dirigé directement à travers champs sur le village de Saint-Privat-la-Montagne auprès duquel on a campé le soir à la nuit tombante.

4e DIVISION (LEVASSOR-SORVAL).

Journal de marche de la 4e division.

17 août.

Le 17 août, au lever du jour, le 6e corps quitta Rezonville, s'arrêta quelques heures à Vernéville, et vint, à la nuit, prendre position à

---

(1) *Lire* : les bois Doseuillons et de Bagneux, car les détails concor-

Saint-Privat, passant de l'extrême gauche à l'extrême droite. L'armée française, pivotant sur Gravelotte, se repliait en couvrant Metz et occupait alors les hauteurs qui bordent la gauche de la vallée de la Moselle.

Division de cavalerie (du Barail).

Journal de marche de la division de cavalerie du 6ᵉ corps.

17 août.

A 4 heures du matin (1) l'ordre est donné de monter à cheval et de se rendre à Vernéville. La division prend alors la route de Gravelotte et rencontre le 6ᵉ corps en mouvement à la ferme de Caulre où le maréchal Canrobert fait connaître au général du Barail que sa division est attachée au 6ᵉ corps. La colonne quitte immédiatement la route, et s'arrêtant deux heures près de la ferme, n'en repart que pour couvrir la retraite du 6ᵉ corps, qui se porte tout entier à Vernéville. Elle campe au Sud du village à 11 h. 30.

A 2 heures, une canonnade assez forte se fait entendre sur la gauche et occasionne une forte alerte à tout le corps d'armée (2). Le maréchal Canrobert ne se sentant pas suffisamment appuyé, donne alors l'ordre du départ, et l'on commence à l'effectuer à 4 heures du soir. Le 2ᵉ chasseurs de France, seul régiment de cavalerie du 6ᵉ corps d'armée, est mis sous les ordres du général du Barail et complète la brigade du général de La Jaille.

Cette brigade, appuyée d'un bataillon d'infanterie, forme l'arrière-garde et arrive à son bivouac à Saint-Privat, à 7 kilomètres de Vernéville, à 11 h. 30 du soir seulement par suite de la difficulté que les bagages éprouvent à traverser le chemin de fer de Metz à Verdun.

Pendant la nuit, des cris : « Aux armes ! » se font entendre dans le camp et il se produit une panique générale qui se calme rapidement.

---

dants donnés par les Historiques des 100ᵉ, 93ᵉ et 94ᵉ prouvent que la division était à la gauche de la division Tixier.

(1) Heure invraisemblable, car l'ordre de mouvement n'est parvenu que très tard à Doncourt. Le rapport du général de La Jaille dit 8 heures, ce qui est beaucoup plus admissible et s'accorde assez bien avec l'arrivée à 11 heures ou 11 h. 30 à Vernéville, après une halte de deux heures à la Caulre.

(2) Engagement de la division Montaudon.

Journal de marche de la 2ᵉ brigade (de La Jaille) de la division de cavalerie du 6ᵉ corps.

17 août.

Le régiment (1) monte à cheval à 8 heures pour se porter à Vernéville. Arrêté devant la ferme de Caulre par le 6ᵉ corps qui s'écoule de Saint-Marcel sur le même point, il n'arrive à Vernéville qu'à 11 heures.

Par ordre de M. le maréchal Canrobert, le 2ᵉ chasseurs de France, détaché de la brigade de Bruchard (1ʳᵉ de la division de Clérembault du 3ᵉ corps) est placé sous les ordres de M. le général de La Jaille pour former brigade avec le 2ᵉ chasseurs d'Afrique.

A 4 heures, le 6ᵉ corps quitte Vernéville pour se porter à Saint-Privat-la-Montagne ; la brigade reçoit l'ordre de faire l'arrière-garde. Elle arrive à Saint-Privat à minuit.

b) Opérations : correspondance, ordres et comptes rendus.

Note du maréchal Canrobert sur la journée du 17 août (2).

Le colonel Lamy, de l'état-major général, chargé de conduire le 6ᵉ corps de Rezonville à Vernéville, constate le danger de l'installation du 6ᵉ corps sur ce dernier point et porte au commandant en chef la demande de l'abandonner pour se porter à Saint-Privat.

Le maréchal Canrobert au maréchal Bazaine.

Vernéville, 17 août (3).

Un dragon, qui m'a rencontré au moment où je traçais le bivouac de mon corps d'armée, m'a dit qu'il était envoyé vers les commandants de corps d'armée pour les prévenir qu'ils devaient se tenir prêts à recevoir

---

(1) 2ᵉ chasseurs d'Afrique.
(2) Provenant de la succession du Maréchal.
(3) Probablement avant 1 heure de l'après-midi, ainsi qu'il ressort du compte rendu suivant du sous-lieutenant Thomas chargé de porter cette lettre au grand quartier général. A ce moment, le maréchal Canrobert n'avait certainement pas encore reçu l'autorisation de se rendre à Saint-Privat.

et à exécuter l'ordre de reprendre aujourd'hui les positions si glorieusement conservées hier par l'armée du Rhin.

Je suis prêt à exécuter cet ordre. Je vous demande avec instance de ne pas oublier que je n'ai plus de cartouches, plus de munitions d'artillerie (1); qu'en dehors de la viande, que je fais acheter sur place, je n'ai pas d'approvisionnements. Je vous prie de me faire expédier tout ce qui me manque le plus tôt possible. Nous ferons bien sans cela; nous ferions mieux si nous étions bien approvisionnés.

Comme détail, un habitant de Vaux me signale le retour dans ce village de blessés et de fuyards se dirigeant sur Novéant pour passer la Moselle. Deux prisonniers qu'on m'amène et que je fais interroger annoncent des pertes énormes dans l'armée prussienne.

D'un autre côté, des renseignements me disent que l'armée ennemie est restée en position à Tronville, compacte et résolue. On ajoute que ce sont des Bavarois qui occupent cette localité.

CANROBERT.

Un renseignement qui me vient à l'instant m'annonce que Gravelotte est attaqué par les Prussiens.

Par ordre :
Le Général chef d'état-major du 6ᵉ corps,
HENRY.

Note du sous-lieutenant Thomas, du 6ᵉ escadron du 6ᵉ régiment de chasseurs à cheval (escorte du maréchal Canrobert).

Le 17 août 1870, dans la matinée, lors de la marche rétrograde de l'armée sur la position d'Amanvillers, pendant la halte qui eut lieu au village de Vernéville, le maréchal Canrobert fit appeler un officier de son escorte pour porter une lettre au maréchal Bazaine. Je fus désigné pour remplir cette mission. J'allai trouver le Maréchal qui me remit lui-même une lettre qu'il venait d'écrire et me chargea de la porter au château de Plappeville, quartier général du maréchal Bazaine, et de la lui remettre en main propre.

Je partis, suivi d'un simple cavalier, et je me rendis au château de Plappeville où j'arrivai vers les 2 heures de l'après-midi. Introduit, suivant ma demande expresse, auprès du maréchal Bazaine, je lui remis

---

(1) En réalité, l'artillerie du 6ᵉ corps possédait encore dans ses caissons plus des 2/3 de l'approvisionnement normal des batteries.

la lettre dont j'étais porteur. Après l'avoir lue, le maréchal Bazaine me fit la réponse suivante : « Votre Maréchal est un halluciné », et voulut bien me montrer, sur la carte installée devant lui, les nouveaux emplacements assignés à son corps d'armée. Il dicta, à mi-voix, une lettre en réponse à celle du maréchal Canrobert et me la remit en me disant : « Vous direz au maréchal Canrobert qu'il sera probablement attaqué demain matin et qu'il organise immédiatement des tranchées (1). »

Vers 8 heures du soir, à Saint-Privat, je rendis compte de ma mission au maréchal Canrobert.

Le maréchal Bazaine au maréchal Canrobert, à Vernéville (2).

Plappeville, 17 août.

D'après les observations qui m'ont été transmises par le colonel Lamy au sujet de votre position à Vernéville, je vous autorise à quitter cette position et à aller vous établir sur le prolongement de la crête occupée par les autres corps. Vous pourriez occuper Saint-Privat-la-Montagne et vous relier par votre gauche au 4e corps, établi à Amanvillers. Je vous prie de me faire connaître la détermination à laquelle vous vous serez arrêté, et de me dire en même temps le point choisi pour votre quartier général, afin qu'il n'y ait pas de retard dans notre correspondance.

Ajouté de la main du maréchal Bazaine : « Cette position de Vernéville avait été indiquée pour protéger la retraite du général de Ladmirault qui est encore à Doncourt. »

Le maréchal Canrobert au maréchal Bazaine.

Vernéville, 17 août.

Le Maréchal commandant le 6e corps, d'après l'autorisation qui lui a été donnée par le Commandant en chef, quitte aujourd'hui à 4 h. 30 la position de Vernéville pour aller occuper celle de Saint-Privat-la-Montagne.

Il a l'honneur d'en rendre compte.

---

(1) Sur la position de Saint-Privat, car pendant l'absence du sous-lieutenant Thomas, le maréchal Canrobert avait reçu du maréchal Bazaine la lettre suivante, en réponse à la demande formulée par le colonel Lamy.

(2) En réponse à la demande du maréchal Canrobert (transmise par le colonel Lamy) de se porter à Saint-Privat.

Le maréchal Bazaine au maréchal Canrobert (1).

Plappeville, 17 août.

J'ignore complètement qui a pu inspirer le dragon dont vous me parlez dans votre dépêche. Il n'a jamais été question de faire pareil mouvement, et c'est un officier d'état-major qui en aurait transmis l'ordre, s'il avait dû avoir lieu.

Prenez donc en arrière de Vernéville, ou sur la droite d'Amanvillers, vers Saint-Privat, telle position que vous jugerez convenable, ainsi que je vous l'ai fait dire tantôt.

Quant aux vivres, je pousse l'intendant de Préval à vous approvisionner en toutes choses et il y a peu d'instants, l'ordre a été transmis d'envoyer sur Plappeville les voitures du train disponibles, pour y prendre des vivres destinés à votre corps.

Quant aux munitions d'artillerie ou d'infanterie, l'ordre a été donné par le général Soleille, qui s'est rendu à Metz, de presser l'exécution de mes ordres à cet égard.

Ordre du 6° corps (2).

17 août.

Maintenant que les bivouacs sont tracés, MM. les généraux de division sont invités à faire immédiatement la reconnaissance exacte et minutieuse des terrains qui couvrent leurs fronts. Les bois, dont se sert si habilement l'ennemi, doivent être l'objet d'un examen attentif; ils doivent être constamment occupés par des forces assez sérieuses pour pouvoir les défendre. Les chefs, à tous les degrés de la hiérarchie, doivent s'assurer que l'insouciance de nos soldats ne les porte pas à considérer comme puérile une précaution de la plus impérieuse nécessité. Tout régiment devant le front duquel une surprise aurait lieu en serait responsable.

Ce ne sont pas des tirailleurs qu'il faut, ce sont des détachements aussi nombreux qu'il sera jugé nécessaire, occupant, veillant et pouvant défendre en toutes circonstances ces importantes positions.

Il faut profiter de la circonstance actuelle pour rallier tous les hommes que la lutte a momentanément séparés de leur corps.

Il sera rendu compte jour par jour de la rentrée de ces hommes.

---

(1) Réponse à la lettre du commandant du 6° corps, apportée au grand quartier général par le sous-lieutenant Thomas; cette réponse fut remise vers 8 heures du soir au maréchal Canrobert à Saint-Privat.

(2) Le texte de cet ordre montre qu'il fut donné à Vernéville.

Ordre de la division de cavalerie du 6ᵉ corps (1).

17 août.

Le 10ᵉ régiment de chasseurs de France étant placé dans la division, les brigades sont constituées comme il suit :

1ʳᵉ brigade (de Bruchard) : 2ᵉ chasseurs de France, 3ᵉ chasseurs de France.

2ᵉ brigade (de La Jaille) : 2ᵉ chasseurs d'Afrique, 10ᵉ chasseurs de France.

Le général Margueritte au général du Barail, à Étain ou Conflans (D. T.).

Verdun, 17 août, 8 h. 40 matin.

Vous ai télégraphié hier que j'avais ordre de l'Empereur d'attendre ici ordres du maréchal Bazaine.

Refais hommes et chevaux en attendant.

c) Situations.

Situation de la 2ᵉ brigade de la 3ᵉ division du 6ᵉ corps le 17 août.

DÉSIGNATION des CORPS.	PRÉSENTS.		OFFICIERS ABSENTS.		TROUPE. (INDISPONIBLES.)		TOTAL.		CHEVAUX.
	Officiers.	Troupe.	Détachés.	Malades.	Détachés.	Malades.	Officiers.	Troupe.	
État-major........	2	»	»	»	»	»	2	»	5
93ᵉ de ligne	43	1,553	1	23	150	741	67	2,443	25
94ᵉ de ligne........	42	1,792	5	15	152	247	62	2,291	27
Total.....	87	3,345	6	38	302	988	131	4,734	57

---

(1) Cet ordre ne fut exécuté que le lendemain 18, sauf en ce qui concerne le 10ᵉ chasseurs qui resta, ce jour-là, au 3ᵉ corps.

Situation de la division de cavalerie du 6e corps.

Saint-Privat, 17 août au soir.

DÉSIGNATION des CORPS.	PRÉSENTS.			ABSENTS.	EFFECTIFS.	CHEVAUX					TOTAL.
						DISPONIBLES			INDISPONIBLES.		
	Officiers.	Troupe.	Total.			d'officiers.	de troupe.	de trait.	Troupe.		
2e chasseurs de France...	34	492	526	35	561	77	435(1)	7	15(3)		538
2e chasseurs d'Afrique...	35	501	536	107	643	65	444(2)	9	15(4)		572
5e batterie du 19e......	7	157	164	4	168	10	85	91	4		190
6e batterie du 19e......	6	155	161	3	164	11	81	85	2		179
TOTAL de l'artillerie.....	13	312	325	7	332	21	166	176	6		369

(1) Plus 3 mulets.   (2) Plus 39 mulets.   (3) Plus 1 mulet.   (4) Détachés.

Journée du 17 août.

GARDE IMPÉRIALE.

a) Journaux de marche.

Journal de marche de la Garde impériale.

17 août.

Le 17 août à 3 h. 30 du matin, les deux divisions se mettent en marche et se dirigent sur les hauteurs de Plappeville, en tournant le bois des Génivaux (1), et en passant par Châtel-Saint-Germain et Lessy.

---

(1) La 1re par le Sud, la 2e par le Nord.

Elles s'établirent : la 1ʳᵉ division sur le versant du mont Saint-Quentin ; la 2ᵉ division sur le versant du plateau de Plappeville.

L'artillerie de réserve et le parc d'artillerie sur le Saint-Quentin ; la cavalerie à l'extrémité de la vallée de Châtel-Saint-Germain, près du village de Moulins-lès-Metz (1).

Le quartier général est établi à Plappeville.

1ʳᵉ DIVISION (GÉNÉRAL DELIGNY).

Journal de marche de la division de voltigeurs.

17 août.

La division quitte le champ de bataille à 4 heures du matin pour aller s'établir dans le camp retranché de Metz. Elle passe par Châtel-Saint-Germain, Lessy et vient bivouaquer sur le versant Sud du col de Plappeville, protégée par les forts de Plappeville et du mont Saint-Quentin.

Journal de marche de la 2ᵉ brigade de voltigeurs (général Garnier).

17 août.

La brigade, après avoir passé la nuit sur la position prise la veille au soir, reçoit à 3 heures du matin l'ordre de se tenir prête à suivre le mouvement rétrograde de l'armée. Ce mouvement commence pour nous vers 4 heures ; les corps se dirigent sur Gravelotte et la brigade sur le Point-du-Jour où l'on fait halte pendant deux heures.

La marche est reprise à 10 heures et la brigade vient s'établir sur le Saint-Quentin ; le bivouac est installé sur les pentes Nord du mont, au débouché du ravin de Lessy.

2ᵉ DIVISION (GÉNÉRAL PICARD).

Journal de marche de la division de grenadiers.

17 août.

A 3 h. 30 du matin, le général de division ayant reçu l'ordre de

---

(1) La division de cavalerie était en réalité, non loin du moulin Longeau ; la brigade légère était sous Plappeville avec les divisions d'infanterie.

battre en retraite se met en marche avec sa division en passant par Gravelotte, la ferme de la Malmaison, la ferme Chantrenne, la ferme de Leipzig, le village de Châtel-Saint-Germain et celui de Lessy pour venir s'établir sur les hauteurs du fort de Plappeville vers 1 h. 30; la 1re brigade, l'artillerie et les guides sur le plateau avec le 2e grenadiers, le 3e grenadiers de l'autre côté du col, au-dessous de la division de voltigeurs.

Journal de marche de la 2e brigade de grenadiers (général de La Croix).

17 août.

A 3 h. 30 du matin, le 2e grenadiers reçoit l'ordre de rétrograder sur Gravelotte; il se met immédiatement en route. Arrivé à Gravelotte, ordre lui est donné de se diriger sur Châtel-Saint-Germain, Lessy et Plappeville.

Le régiment suit la route de Conflans jusqu'à la Malmaison, marche quelque temps dans la direction de Vernéville, puis, longeant le bois gagne à travers prés une ferme, et arrive au ravin qui débouche dans Châtel-Saint-Germain.

Grand'halte un peu au delà de Lessy.

Arrivée à 1 heure au camp de Plappeville sur le versant de la vallée tourné au Midi.

Journal du lieutenant de La Forest-Divonne, du 1er grenadiers.

17 août.

A 3 heures du matin (1), nous prenons les armes et nous filons à travers terres et bois du côté de Plappeville. Le régiment campe derrière le village de Plappeville. Tout le cirque des hauteurs qui nous environnent se couvre de tentes françaises. Il semble que l'on entend encore le canon. On dit que Canrobert est encore aux prises avec les Prussiens et que ceux-ci avaient demandé un armistice qui leur a été refusé.

A 4 heures de l'après-midi, nos bagages ne sont pas encore arrivés; c'est contrariant, car hier au soir et ce matin nous n'avons rien mangé sauf un peu de lard et de biscuit à la grand'halte.

Le drapeau du 93e lui a été rendu ce matin en passant devant son camp.

---

(1) Certainement plus tard.

A 7 heures du soir, pas encore de bagages; ils arrivent enfin à 8 h. 30.

Les Prussiens franchissent la Moselle sous le feu des forts Queuleu et Saint-Julien. Il paraît qu'hier derrière leurs batteries ils ont laissé des monceaux de cadavres.

Enfin, depuis cinq ou six nuits, je vais en passer une dans ma tente, quelle joie ! La nuit est très froide.....

Défense est faite aux hommes de s'éloigner du camp.

Division de cavalerie (Général Desvaux).

Journal de marche de la division de cavalerie de la Garde.

17 août.

A 5 heures du matin, la division exécute un mouvement de retraite sur Metz en passant par le village de Vernéville, et de là, à travers champs, pour aller bivouaquer au-dessous du village de Lessy à l'extrémité de la vallée de Châtel-Saint-Germain, près du village de Moulins-lès-Metz.

L'ordre était de prendre la route vicinale, mais cette route se trouvant encombrée par tous les convois de l'armée, le général de division prend un guide à Vernéville pour diriger les colonnes à travers champs jusqu'à Lessy.

b) **Administration.**

Exécution du service dans les ambulances de la Garde impériale (1).

Plappeville, 18 août.

Le 17 au matin, les troupes se sont mises en mouvement, et les ambulances restées sur le terrain ont fonctionné jusqu'à 9 heures. A ce moment des ordres impératifs ont été donnés pour abattre les tentes et transporter tout le matériel d'ambulance à Plappeville.

On s'est mis en mesure d'exécuter immédiatement ces ordres ; mais les moyens de transport nous faisaient défaut. Toutes les voitures du train régulier, qui avaient été déchargées de leur matériel, étaient employées aux évacuations et il n'existait aucune ressource dans le village ; il a donc fallu laisser à Gravelotte, dans les maisons de ce village transformées en ambulances provisoires, les blessés qui nous restaient encore, et qui n'ont pu, en raison de leur chiffre élevé, être

---

(1) Note du Service de santé de la Garde.

transportés à l'hôpital de Metz, et ces ambulances provisoires ont rejoint, hier 17, leurs divisions respectives.

Ordre de la Garde impériale.

Camp de Saint-Quentin, 17 août.

Il sera fait immédiatement une distribution de viande pour la journée du 18. Les corps qui n'en auraient pas touché hier la percevront pour les journées du 17 et du 18.

La distribution aura lieu au camp des subsistances près du quartier général. On s'y présentera dans l'ordre indiqué hier.

c) Opérations : ordres et comptes rendus.

Le général Bourbaki au maréchal Bazaine.

Metz, 17 août.

Le quartier général est à Plappeville, au château de M. de Ville, à gauche et à l'extrémité du village, près de la route conduisant à Metz.

Le général Bourbaki au général Deligny.

17 août.

De votre extrême droite, vous appuyez presque aux bois de Châtel, et vous avez un chemin qui, du plateau de Plappeville se rend à Châtel-Saint-Germain en traversant le bois. Quand le bois est dépassé, il y a un mamelon qui porte la cote 317 sur la carte des environs de Metz (1). Vous ferez porter un régiment sans sac jusque sur ce mamelon. S'il n'y a rien, il reprendra le bivouac ; et si demain le général Frossard était attaqué sur sa droite, le même régiment prendrait position sur ce mamelon.

P.-S. — C'est le Maréchal qui désire tout cela.

Le général Deligny au général Brincourt (Urgent).

Saint-Quentin, 17 août.

Je vous prie d'informer le colonel commandant le 1er voltigeurs qu'il doit tenir son régiment prêt à partir. Le régiment partira sans sacs aussitôt que l'ordre sera donné.

---

(1) Cote 313 de la carte de l'état-major ; au Nord-Ouest de Châtel.

Ordre du général Deligny.

Le colonel Dumont (1) ira prendre position avec son régiment sur la position indiquée à la cote 317 qui domine le village de Châtel-Saint-Germain. Ainsi posté, il servira d'appui au corps Frossard. Mais, responsable de la position, il ne devra obtempérer à aucune réquisition, si ce n'est du commandant de la Garde impériale, l'ordre présent émanant de lui.

Le général Bourbaki au général Picard.

Plappeville, 17 août.

Les corps d'armée, sous les ordres du maréchal Bazaine, occupent actuellement les emplacements suivants :

Le 2e corps occupe la position comprise entre le Point-du-Jour et Rozérieulles ;

Le 3e corps est placé à la droite du précédent, à hauteur et en avant de Châtel-Saint-Germain ;

Le 4e corps sur la droite du 3e, vers Montigny-la-Grange et Amanvillers ;

Le 6e corps enfin occupe Vernéville.

D'après les ordres du Maréchal vous aurez à vous éclairer très au loin avec de très petites fractions du régiment de cavalerie attaché à votre division. Vous voudrez bien, en conséquence, envoyer dès demain matin avant la pointe du jour, de petites reconnaissances jusqu'au delà d'Amanvillers et de Saulny. Aussitôt que ces reconnaissances seront rentrées, vous me rendrez compte de ce qu'elles auront fait et vu. La reconnaissance dirigée du côté d'Amanvillers devra se mettre en relations avec le 4e corps afin de savoir ce qui se passe en avant de ce corps.

En outre, vous aurez soin d'observer et de garder fortement, avec de l'infanterie, les débouchés des bois placés en avant de votre front afin d'éviter toute surprise de ce côté.

Le général Bourbaki au général Desvaux.

(*Même texte que la lettre précédente, sauf que le dernier alinéa était remplacé par le suivant*).

En outre vous aurez soin d'observer et de garder fortement les

---

(1) Du 1er voltigeurs.

débouchés, afin d'éviter toute surprise dans la direction d'Ars-sur-Moselle; il est inutile que vous envoyiez sur votre droite et en avant du front : le service de reconnaissance y sera fait par la division Picard et les corps bivouaqués près Rozérieulles et Amanvillers.

Dès que ces reconnaissances seront rentrées, vous m'en rendrez compte.

Compte rendu du général Desvaux au général Bourbaki.

Bivouac sous Lessy, 17 août.

Des reconnaissances envoyées dans la direction d'Ars-sur-Moselle, et le rapport d'un homme du pays digne de toute confiance, établissent que les Prussiens occupent ce point avec des forces assez importantes.

La situation du bivouac de la cavalerie de la Garde impériale est assez exposée à des attaques de nuit. J'ai pris les précautions que pouvaient me permettre une agglomération aussi considérable de chevaux et d'hommes dans une vallée aussi étroite et dont les points culminants ne sont pas occupés.

Ordre de la division de cavalerie de la Garde.

Bivouac sous Lessy, 17 août.

En cas d'alerte pendant la nuit, on sellera et on bridera en silence. L'artillerie attellera, et on restera à pied à la tête des chevaux en attendant de nouveaux ordres.

Les généraux et les chefs de service enverront de suite un officier chez le général de division pour recevoir des instructions.

Le général commandant la 2e brigade fera porter sur le point menacé un ou deux pelotons à pied pour soutenir l'attaque.

d) Situations.

Situation de la division de grenadiers le 17 août.

Plappeville, 18 août.

DÉSIGNATION DES CORPS.	PRÉSENTS.		AUX HOPITAUX.		ABSENTS.		EFFECTIF.		CHEVAUX.		
	Officiers.	Troupe.	Officiers.	Troupe.	Officiers.	Troupe.	Officiers.	Troupe.	Disponibles.	Indisponibles.	TOTAL.
État-major............	10	»	»	»	»	»	10	»	38	»	38
Services administratifs...	8	4	»	»	»	»	8	4	8	»	8
Trésor............	3	»	»	»	»	»	3	»	3	»	3
Zouaves............	42	1,104	»	9	2	63	44	1,176	28	»	28
1er grenadiers........	57	1,572	10	170	»	33	67	1,775	28	3	31
2e grenadiers........	49	1,232	»	20	15	565	64	1,859	30	»	30
3e grenadiers........	25	1,720	»	24	22	445	47	2,185	23	»	23
Artillerie........	17	463	»	18	»	5	17	486	396	4	397
Génie............	2	58	»	1	»	»	2	59	7	»	7
Gendarmerie........	4	16	»	»	»	»	4	16	11	»	11
Train............	1	50	»	»	»	»	1	50	69	4	73
Infirmiers........	»	45	»	»	»	»	»	45	»	»	»
Ouvriers........	»	11	»	»	»	»	»	44	»	»	»
Guides............	41	522	1	11	7	126	49	659	654	»	654
TOTAUX........	256	5,756	11	250	46	1,437	313	7,290	1,291	10	4,301

Journée du 17 août.

RÉSERVE DE CAVALERIE.

3º DIVISION (GÉNÉRAL DE FORTON).

a) Journaux de marche.

Journal de marche de la 3ᵉ division de cavalerie.

Le 17, départ de Gravelotte pour Châtel-sous-Metz (1).
La division bivouaque.

Relation du chef d'escadrons Le Flem (alors adjudant au 9ᵉ dragons).

17 août.

La division monte à cheval vers 6 h. 30 du matin. Après avoir contourné le village de Gravelotte par le Sud, nous remontâmes vers le Nord pour franchir le défilé près de la ferme Saint-Hubert, mais sans passer sur la route.

Notre marche était des plus lentes.

Vers 10 h. 30 du matin nous étions sur le plateau près de la ferme du Point-du-Jour. Un convoi de subsistances se trouvait en cet endroit. On fit une distribution de sucre et de café, de lard salé et d'avoine.

Nous étions à quelques pas de la route de Verdun à Metz, sur sur laquelle passaient les cacolets et les voitures d'ambulance, se dirigeant sur Metz avec leurs blessés.

Le bivouac fut établi au Nord de Rozérieulles, près du ruisseau de Châtel-Saint-Germain.

---

(1) Châtel-Saint-Germain.

b) Situations.

Situation de la 3ᵉ division de cavalerie le 17 août.

DÉSIGNATION DES CORPS.	OFFI-CIERS.	TROUPE.	TOTAUX.	CHEVAUX.
1ᵉʳ dragons................	41	446	487	538
9ᵉ dragons................	39	461	500	465
7ᵉ cuirassiers............	37	507	544	475
10ᵉ cuirassiers...........	41	463	504	467
Artillerie................	7	261	268	288
Gendarmerie..............	1	20	21	22
Train.....................	»	8	8	16
Totaux.......	166	2,166	2,372	2,271

Journée du 17 août.

COMMANDEMENT DE L'ARTILLERIE DE L'ARMÉE

ET

RÉSERVE GÉNÉRALE D'ARTILLERIE.

a) Journaux de marche.

Journal des opérations du général Soleille.

17 août.

Le 17, le mouvement de retraite sur Plappeville s'effectua avec ordre, sans être inquiété par l'ennemi qui avait à panser ses plaies de la veille. Nous fûmes malheureusement obligés de laisser aux mains des Prussiens une partie de nos ambulances; tous les blessés ne purent être évacués. Les corps d'armée occupaient, le soir, les positions qui leur avaient été assignées sur le plateau entre Rozérieulles et Saint-Privat.

Dès son arrivée au quartier général de Plappeville, le commandant de l'artillerie de l'armée ordonna au colonel de Girels (1) de tenir prêtes toutes les voitures de munitions qui avaient été désignées, le 14, pour former le parc de la réserve générale, et, aussitôt que les équipages de pont des 2ᵉ et 4ᵉ corps seraient rentrés dans la place de Metz, d'employer leurs attelages à conduire ces voitures sur le plateau en avant du fort de Plappeville. Tous les corps furent prévenus de la formation de ce parc; ils reçurent pour instruction d'y venir le lendemain 18 échanger, dans la proportion de leurs besoins, des caissons vides contre des caissons pleins.

Les quatre batteries de 12 du 13ᵉ régiment, laissées à Metz pour le service des forts Moselle et de Bellecroix, étaient intactes; elles furent appelées sur le plateau du mont Saint-Quentin et destinées à prendre désormais une part active aux opérations de l'armée. Les effets produits par la batterie prussienne de position de Flavigny, qui était armée de canons de 12, redonnaient à ce calibre supérieur une faveur nouvelle.

b) Administration et ravitaillement en munitions.

Le général Soleille au général Canu, commandant la réserve générale d'artillerie.

Gravelotte, 16 août.

L'état-major général me fait prévenir que 6,000 rations de biscuit sont mises à la disposition de l'artillerie, ainsi que des vivres de campagne. Les biscuits se trouvent dans un convoi du train arrêté entre Gravelotte et Rezonville. Les vivres de campagne pourront se toucher à la sortie du village de Gravelotte à l'emplacement occupé par l'intendance.

Je vous prie de donner des ordres pour que les troupes sous vos ordres se rendent immédiatement à ces lieux indiqués avec les bons et les moyens nécessaires pour toucher trois jours de vivres.

Le général Soleille au général Coffinières, à Metz.

Gravelotte, 16 août.

Le maréchal Bazaine expédie cette nuit sur Metz la division Metman pour conduire ses blessés et ramener des vivres (?); j'en profite pour me

---

(1) Directeur de l'artillerie à Metz.

faire expédier tout ce qu'il y a de disponible en fait de munitions à l'arsenal de Metz.

Je vous demande de me renvoyer par le retour du convoi les quatre batteries de 12. La réserve générale a énormément souffert, et nous avons fait aujourd'hui l'affaire de la place de Metz.

Ces batteries avaient été mises par moi à votre disposition à titre temporaire et pour subvenir aux besoins urgents de la place de Metz dans ces jours de détresse. Par réciprocité je les réclame aujourd'hui au nom des besoins urgents de l'armée, et j'y compte ; je l'ai dit au maréchal Bazaine ; songez que la compagnie de pontonniers et la batterie de montagne suppléent largement aux quatre batteries que je vous enlève.

Je compte donc, je vous le répète, sur leur renvoi d'une manière absolue. C'est aujourd'hui à Gravelotte que nous avons secouru et peut-être débloqué votre place.

Le Maréchal vous aura sans doute fait connaitre de quelle importance il serait que les ponts de la Moselle qui ont servi de passage à l'armée prussienne fussent détruits.

Le général Soleille au colonel de Girels, à Metz.

Gravelotte, 16 août.

Envoyez-moi de suite, et par le retour du convoi que le maréchal Bazaine fait partir ce soir pour Metz, tout ce que vous aurez de disponible en munitions de 4 et de 12, surtout de mitrailleuses, et en cartouches d'infanterie modèle 1866. Pour les cartouches d'infanterie, vous pourrez activer la confection de nouvelles cartouches dans la place ; il faut aller au plus pressé ; les consommations de la journée ont été des plus considérables ; faites charger vos munitions sur des voitures de réquisition.

Vous rendrez compte au général Coffinières et au général de Mecquenem (1).

Dans le cas où un convoi de blessés ne serait pas arrivé, envoyez vos voitures par la route de Plappeville.

Le général Soleille au général Canu.

Camp de Plappeville, 17 août.

J'ai l'honneur de vous prier de m'adresser immédiatement par un officier ou par une ordonnance à cheval, à mon quartier général, les

---

(1) Commandant l'artillerie de la place.

états que je vous ai demandés par ma lettre d'hier, des consommations en munitions et des pertes en hommes et en chevaux survenues dans les batteries sous vos ordres à la suite de la bataille d'hier.

Vous voudrez bien envoyer demain, à 8 heures du matin, sur le plateau en avant du fort de Plappeville, où est parqué le convoi de munitions venu de Metz, des caissons attelés pour recevoir la part de munitions à canon et de cartouches d'infanterie, qui revient à vos batteries dans le peu de ressources dont nous pouvons disposer. Cette répartition ne pourra être faite que sur les états qui m'auront été envoyés.

Note des munitions délivrées par la Direction d'artillerie de Metz pendant la journée du 17 août.

Metz, 18 août.

Néant.

Signé : De Girels.

Le général Soleille au général Canu.

Plappeville, 17 août.

Les quatre batteries du 13ᵉ revenant de Metz sont remises entièrement à votre disposition. Je vous prie de vouloir bien prendre des mesures pour les faire camper, ainsi que pour faire parquer le convoi qui les accompagnera.

Le convoi d'administration destiné au grand quartier général n'ayant pu monter jusqu'à Plappeville a été envoyé au Ban-Saint-Martin, où vous enverrez chercher les denrées nécessaires aux batteries sous vos ordres. Vous ne devrez employer à cet usage que des voitures militaires.

c) Opérations : ordres.

Le général Jarras au général Canu.

Gravelotte, 17 août, minuit et demi.

Vous devrez partir ce matin à 4 heures avec tout le personnel et le matériel placés sous vos ordres. Vous suivrez le mouvement de la Garde impériale et vous vous établirez en prenant position derrière elle entre Lessy et Plappeville.

Le colonel d'Andlau dirigera votre marche et vous indiquera le point sur lequel vous devez vous établir.

Journée du 17 août.

PLACE DE METZ.

a) Journaux de marche.

Journal du général Coffinières.

17 août.

L'armée se retire sur le plateau d'Amanvillers et de Saint-Privat-la-Montagne et s'établit dans une belle position, la droite à Roncourt et la gauche sur la route de Verdun.

Vers 5 heures du soir, nous voyons des batteries prussiennes à Mercy-le-Haut et sur la lisière du bois de Pouilly. Ces batteries tirent sur le fort de Queuleu de 5 heures à 7 heures du soir; nous avons eu un homme tué et six blessés; le fort riposte avec avantage.

De fortes colonnes ennemies traversent la plaine entre Seille et Moselle se dirigeant vers Corny; des feux de signaux sont allumés pendant la nuit dans les camps prussiens. Le commandant supérieur envoie des vivres et des munitions à l'armée; la place se trouve réduite à trois millions de cartouches et 420,000 kilogrammes de poudre (l'approvisionnement normal devait être de 20,000,000 de cartouches et 800,000 kilogrammes de poudre). Il est vrai de dire que la poudrerie de Metz travaille sans relâche nuit et jour et produit environ 1300 kilos de poudre et 30,000 cartouches par vingt-quatre heures.

Les blessés arrivent en grand nombre; la place en contient déjà près de 10,000. Je fais construire des ambulances sur tous les emplacements disponibles; toutes les casernes sont transformées en hôpitaux; les habitants reçoivent chez eux environ 2,000 malades. La garde mobile rend de très bons services dans cette organisation des ambulances.

Le chemin de fer de Thionville étant encore libre, je fais partir un convoi de 500 blessés par les Ardennes.

Il y avait à Metz des détachements de réservistes ou autres appartenant à plus de 90 régiments différents et donnant ensemble un effectif de près de 2,000 hommes. Je forme avec ces isolés quatre bataillons, dits bataillons de Metz. Je fais camper ces bataillons en avant de la citadelle; ils sont destinés à la défense de la ligne du chemin de fer.

Je fais prolonger le chemin de fer depuis la gare jusque dans l'intérieur de la ville pour mettre en sûreté les wagons et les marchandises qu'ils contiennent.

Je retire deux bataillons des forts pour former une réserve dans la place qui était exclusivement confiée à la garde mobile et à la garde nationale.

Rapport du Commandant du fort de Queuleu au général Coffinières.

Fort de Queuleu, 17 août, 9 heures soir.

J'ai l'honneur de vous rendre compte de ce qui s'est passé ce soir au fort et j'espère, avant de faire partir ma lettre demain matin, vous faire connaître les événements de la nuit s'il y en a.

Nous avions suivi pendant plusieurs heures de la journée le défilé d'une immense quantité de voitures se dirigeant vers Fey, comme j'ai eu l'honneur de vous en prévenir par dépêche télégraphique (1). Vers 5 heures, nous aperçumes des mouvements de cavalerie vers Magny et au delà ; quelques colonnes d'infanterie remontaient de la Moselle, lorsque tout à coup, d'une crête située vers Fleury, à 4,500 mètres environ du fort, nous vîmes la fumée d'un premier coup de canon, puis d'un second, etc., dont les projectiles vinrent éclater dans la vallée de la Seille, entre nous et Montigny. Nous ripostâmes avec nos pièces de 24 et nous fûmes émerveillés de la rapidité avec laquelle les Prussiens rectifièrent leur tir. En trois coups ils arrivèrent à écrêter nos parapets du cavalier. Bientôt une seconde batterie fut établie à gauche de la première, puis une troisième vers Fleury-le-Haut, avec l'intention évidente d'enfiler les crêtes du cavalier. Ce fut alors une pluie de projectiles tombant dans la cour du fort, où le feu fut mis à des tentes du campement et où des chevaux de l'entrepreneur furent blessés. Nous avons riposté de notre mieux, mais nos canonniers improvisés étaient trop novices pour faire beaucoup de mal à l'ennemi ; ils ont au moins prouvé que nous étions sur nos gardes.

La gorge de Queuleu était inhabitable ; sa garnison et la réserve étaient massées devant la caserne, les autres bastions étaient occupés par leurs garnisons respectives, qui y passèrent la nuit par mesure de prudence et de sûreté.

Tous les projectiles étaient percutants, et si le tir a été d'une justesse extrême, les projectiles sont très mauvais ; par leur explosion ils n'ont presque rien brisé ni enflammé. Cette petite affaire a fait du bien à nos sapeurs.

---

(1) A 1 h. 5 de l'après-midi. Voir aux *Renseignements.*

Dans la journée, j'ai envoyé une compagnie en avant pour couper la haie devant le front 2-3. On y a pris un cantinier prussien après avoir tué le cheval de sa voiture.

Journal de siège du fort de Queuleu.

17 août.

De 6 h. 30 à 9 h. 15 du soir, les Prussiens ont canonné le fort avec 60 pièces de campagne de 6 et de 4 mises en batterie devant Pouilly à la Maison carrée (distance 4,500 mètres) ; auprès de Peltre (distance 3,000 mètres) ; dans l'avenue de peupliers de Mercy-le-Haut (distance 3,105 mètres) et à la Grange-aux-Bois (distance 3,000 mètres). Ces batteries ont marché de notre droite à notre gauche pour se dérober à notre feu, et pour mieux prendre d'écharpe le cavalier. Leur feu était très vif; leur pointage a été rectifié très promptement lorsque nous avons démasqué nos pièces par notre feu. Les projectiles étant munis de fusées percutantes éclataient généralement au fond des entonnoirs à $1^m,10$ de profondeur ou contre les murs d'escarpes des fronts (2-3) (3-4); quelques hommes ont été contusionnés; un homme a été tué par la chute d'une corniche de la caserne. Un triqueballe et quelques roues d'affûts et de caissons ont été fortement endommagés. Nos pièces du cavalier (capitaine Giraud) ont tiré environ 300 coups d'une manière très efficace. Le centre (capitaine Lemardeley, du génie et lieutenant Lottin) a fait sauter un caisson. L'aile gauche (lieutenant Chastang) a tiré sur Mercy ; l'aile droite (lieutenant Déplanches), sur Pouilly. L'artillerie et l'infanterie prussienne ont rétrogradé au delà de Pouilly. Les bastions 2, 3 et 4 ont fait feu.

b) Administration.

Le général de Ladmirault au général Coffinières, à Metz.

Doncourt-sous-Jarny, 16 août.

La journée a été sérieuse et le village de Doncourt est encombré de blessés des deux armées. Comme cette localité ne possède aucune ressource, je vous prie de me faire envoyer demain matin, le plus tôt possible, tous les moyens de transport dont vous pouvez disposer afin d'évacuer tous les blessés de la journée sur Metz.

RENSEIGNEMENTS

Le Ministre de la guerre au maréchal Bazaine, à Metz (D. T. Ch.).

Paris, 17 août, 1 h. 5 matin.

Je reçois les renseignements suivants qui me sont fournis par le préfet de la Meuse, et je vous les envoie parce qu'ils me sont confirmés par ce même préfet :

« Corps d'armée considérable dans les environs d'Apremont. Depuis trois jours le pays de Vigneulles est envahi. Les communications avec Vigneulles sont coupées ; les télégraphes ne vont plus et l'affluence des ennemis est telle qu'il n'y a aucun moyen de passer. Le 15 au soir, 150 ou 200 cuirassiers de la Garde royale ont occupé Saint-Mihiel. 5,000 à 6,000 hommes sont à Apremont outre lanciers et cuirassiers. 500 hommes d'infanterie sont logés dans la ville. Il y a de l'artillerie. Des détachements se trouvent dans presque tous les villages autour d'Apremont. On attend 6,000 ou 8,000 hommes devant se diriger sur Ars. Tout le monde dit les troupes d'Apremont démoralisées ; elles seraient commandées par le prince Charles. »

Le Ministre de la guerre au maréchal Bazaine, à Metz.

Paris, 17 août, 8 h 17 matin.

Le sous-préfet de Schlestadt me télégraphie la dépêche suivante :

« Communications télégraphiques coupées du côté de Strasbourg avec Sundhausen, Benfeld, Erstein, Obenheim. Chemin de fer, ponts coupés par soins Compagnie Est. Toutes nos communes avoisinantes, Erstein, Benfeld, Ebersheim, Dambach, Barr, Obernai, occupées par détachements cavalerie badoise, de 30 à 40 hommes. Ne crois pas cette occupation bien redoutable. On m'assure qu'elle compte trois brigades.

« Phalsbourg aurait fait défense héroïque et forcé ennemi à rétrograder. Après trois attaques successives en deux jours, elle aurait fait subir pertes sensibles à l'ennemi. On me dit aussi qu'à Bitche les Prussiens auraient perdu 1500 hommes. Ces renseignements proviennent d'hommes sûrs qui arrivent de Saverne. L'un d'eux a été prisonnier au retour au moment où il essayait passer Strasbourg. Il me dit qu'armée prince Charles forte 170,000 à 180,000 hommes aurait passé vendredi par la vallée Drusenheim. 10,000 hommes auraient passé par Saverne avec 70 pièces de canon, et obligés reprendre vallée Drusenheim par suite résistance Phalsbourg. Le prince Charles aurait couché à Monswiller vendredi. »

Le préfet de la Meuse me télégraphie la dépêche suivante :

« Un nouveau renseignement qui me paraît certain, porte à 5,000 hommes les troupes prussiennes qui sont près de Saint-Mihiel ; savoir : deux régiments de cavalerie, lanciers et dragons de la Garde dit-on ; un régiment d'infanterie, un régiment d'artillerie. La cavalerie est campée dans le village de Fresnes-au-Mont ; l'infanterie et l'artillerie dans les bois voisins. Ces troupes ne paraissent pas rassurées ; elles disent qu'elles ne savent pas où aller et qu'on veut les faire tomber dans un piège. Fresnes-au-Mont est à 16 kilomètres de Bar, et 8 kilomètres de Saint-Mihiel. »

Le Ministre de la guerre au maréchal Bazaine, à Metz ou à Verdun (D. T. Ch).

17 août.

Général Uhlrich me télégraphie en date du 17, 8 heures soir :

« De nombreuses troupes ennemies passent en vue de Strasbourg se dirigeant vers le Sud. Quelques obus nous ont été envoyés le 15 ; peu de dommages importants. »

Agent spécial de Thionville au Major général, à Metz.

Thionville, 17 août.

4,000 hommes de la Landwehr des 7e et 65e de ligne venus par Bittburg ont quitté hier soir Trèves pour se diriger sur Sarrebruck.

Aucun autre mouvement n'a été remarqué dans la vallée de la Sarre.

Les troupes qui campaient hier et avant-hier entre Metzervisse, Luttange, Tremery..... ont de nouveau disparu. Elles paraissent s'être repliées sur Boulay.

Le corps d'armée qui rôdait ces jours derniers autour de Perl, Sierck, etc., paraît être composé d'assez tristes soldats. On dit qu'on n'en voyait que de tout jeunes et de tout vieux. Tous avaient l'air malheureux et abattus.

Agent spécial de Thionville au Major général, à Metz.

Thionville, 17 août, 7 h. 40 soir.

4,000 landwheriens du 7e et du 65e venus par Bittburg ont quitté

Trèves pour se diriger vers Sarrebruck. Aucun autre mouvement n'est signalé.

Note établie au grand quartier général (1).

Les prisonniers faits le 16 août me paraissent dénoter la présence de quatre corps d'armée ou fractions de corps devant nous.

Ont été pris : un soldat du *8e* grenadiers (Leibgrenadier) du IIIe corps, deux hommes du *72e* de ligne, mais dont l'un affirmait appartenir au VIIIe corps, ce qui est inadmissible ; c'est la *8e* division. Plusieurs soldats du *11e* grenadiers (2e de Silésie) appartenant à la *4e* brigade du IXe corps (*36e*) formée des *11e* grenadiers et *85e* (Holstein). Ces soldats m'ont affirmé que le IXe corps faisait partie du corps de Steinmetz avec le XIIe (Saxe royale), la Garde et le VIIIe ; le quatrième corps de cette armée pourrait être le IIe, l'armée de Frédéric-Charles étant formée des IIIe, IVe, X^e et VIIe corps et celle du Prince royal (1re portion) des Ve, XIe, IIe bavarois et XIIIe (Hessois et Badois) et du Wurtemberg (XIVe) ; l'armée de Vogel de Falkenstein (2e portion du Prince royal) dont le point de départ était le Lerhfeld et le camp de Lorrach près Vieux-Brisach et qui sauf erreur serait composée des Ier et VIe corps prussiens et du XVe corps (Ier bavarois). Dans cette hypothèse, il n'y aurait sur la Baltique et la mer du Nord ainsi que dans les duchés de l'Elbe que des troupes de dépôt et de la landwehr.

Il ressort de l'ordre de marche pour le 16 août signé Voigts-Rhetz (chef du Xe corps, mais probablement chef d'état-major réel du prince Frédéric-Charles) que le Xe corps ainsi que le XIIe (Saxe royale) se trouvaient devant nous le 16 août. Le général Rheinbaben est le commandant de la cavalerie du Xe corps ou du IIIe corps. Le général Schwarzkoppen, commandant de la *19e* division (*1re* du Xe corps), a avec lui les dragons de la Garde (deux régiments).

La deuxième armée serait donc celle de Steinmetz, Frédéric-Charles ayant la IIIe ou la Ire. La présence du VIIIe corps est probable puisqu'il y avait un ou deux prisonniers du *40e* de ligne. Les cavaliers prisonniers appartenaient sans doute au Xe corps (hussards de Brunswick n° *17*, deux hussards de Westphalie n° *11*), en outre au IVe corps (cuirassiers n° *7* et hulans n° *16* de la vieille Marche). Un seul cavalier du 3e lanciers (*1er* de Brandebourg) ; des cavaliers d'un régiment rouge vineux à brandebourgs blancs, que je n'ai pas vus, indiqueraient la présence de la cavalerie appartenant, autrefois du moins, au IIIe corps et au IIe (hussards de Blücher n° *5*). Le *13e* dragons (du Sleswig-Hols-

---

(1) Non signée.

tein) appartient aussi au IIIe corps, à moins qu'il n'ait été rendu à son corps véritable, le IXe. Il y aurait aussi eu des prisonniers des *3°* hussards et des hussards de la Garde rouges et blancs et rouges et or. Je ne les ai pas vus.

Les Prussiens avaient des vivres et la portion de trois jours dite Eiserneportion (portion de fer ou de réserve) à laquelle il ne peut être touché qu'à la dernière extrémité.

Le général Coffinières au maréchal Bazaine.

Metz, 17 août, 5 h. 45 soir.

Les Prussiens dirigent une attaque sérieuse sur Queuleu. Des batteries sont établies à Magny, à Mercy-le-Haut et au bois de Pouilly.

Le Commandant du fort de Queuleu au général Coffinières, à Metz.

Queuleu, 1 h. 5 soir.

Mouvements de troupes à l'horizon : colonnes avec bagages descendent la côte des Génivaux avec ordre. Fortes colonnes ennemies se dirigent dans la direction de Fey vers Pont-à-Mousson.

Queuleu, 7 h. 5 soir.

Feu très vif de l'ennemi pendant deux heures ; très juste. Cour couverte d'obus ; mesures bien prises ; tout le monde à son poste en cas d'attaque de nuit ; quelques dégâts matériels dans la cour ; aucune pièce touchée ; un mort, cinq ou six blessés.

L'ennemi semble avoir protégé un mouvement de retraite circulaire.

Le Commandant du fort de Saint-Quentin au général Coffinières, à Metz.

Saint-Quentin, 17 août, 10 h. 40 matin.

Depuis 9 heures, on voit du côté de Fey des troupes considérables se diriger en arrière des bois de Jouy, de la gauche vers la droite en regardant vers le Sud.

Saint-Quentin, 17 août, 1 h. 25 soir.

Il semble que la plus grosse poussière soit à un coude de la route de Verny à Metz, à 15 kilomètres de Metz, près de Pournoy-la-Grasse. C'est là que les Prussiens traverseront la Seille et quitteront la route de Metz. On la revoit vers la droite en deux ou trois points se dirigeant à l'Ouest sur Corny ou Pont-à-Mousson. L'itinéraire inverse est possible, mais paraît moins probable. Si nous avions une forte lunette nous pourrions préciser.

Saint-Quentin, 17 août, 6 h. 40 soir.

1er bataillon du 24e parti à 6 h. 30 du soir.

Toute la journée on a vu sur la route de Nomény et entre cette route et la Moselle, des colonnes considérables se dirigeant du côté de la rivière en passant en arrière des bois du château Saint-Blaise. L'attaque sur le fort Queuleu paraît destinée à détourner l'attention des mouvements des troupes vers la Moselle.

Le Commandant du fort de Plappeville au général Coffinières, à Metz (D. T.).

Plappeville, 17 août, 8 h. 40 matin.

On vient de m'amener 67 prisonniers. Je demande à les évacuer de suite sur Metz : ces hommes et l'escorte qui les conduit n'ont rien mangé depuis hier matin. Je prends des mesures pour les nourrir ce matin.

Plappeville, 17 août, 11 h. 28 matin.

On aperçoit à 10 kilomètres sur la rive droite une longue colonne de cavalerie paraissant se diriger sur Novéant. La route d'Ars est libre.

Dans l'affaire d'hier, le 2e grenadiers et les cuirassiers de la Garde ont beaucoup souffert. Les troupes reviennent vers nous. Dans le fort, tout est prêt pour recevoir l'ennemi. L'affaire a eu lieu à Doncourt. Une batterie postée à Rezonville nous a fait beaucoup de mal. Les voltigeurs de la Garde n'ont pu l'enlever.

Plappeville, 17 août, 10 h. 23 soir.

On a aperçu à 10 h. 15 un feu rouge très brillant dans la direction de Queuleu. On voit des feux à travers les bois au delà de Saulny.

Dépêches télégraphiques du poste de la cathédrale au général Coffinières, à Metz.

17 août, 8 h. 45 matin.

Vedettes prussiennes du côté de Noisseville, au delà de Borny, sur la côte de Mercy-le-Haut et en avant d'Augny. On ne voit pas de mouvements de troupes en arrière. Les troupes françaises sont en grand nombre sur le plateau au-dessus de Rozérieulles et de Châtel-Saint-Germain ; on voit même quelques tentes à gauche de la route.

17 août, 9 heures matin.

Troupes françaises à droite et à gauche de la route de Verdun, au-dessus de Rozérieulles et de Châtel-Saint-Germain, paraissant se diriger sur Metz. Convoi de bagages sur la route. Quelques vedettes prussiennes en avant d'Augny et de Marly. Rien du côté de Sainte-Barbe.

17 août, 11 h. 45 matin.

Une colonne d'artillerie prussienne défile derrière Marly et Augny, se dirigeant vers la Moselle. Nos troupes occupent toujours la même position. Quelques coups de canon du côté de Gravelotte.

17 août, 1 h. 50 soir.

Quelques petites colonnes de cavalerie sur les routes transversales entre Seille et Moselle, du côté de Cuvry, se dirigeant vers la Moselle.
Convois de voitures marchant en sens inverse sur les mêmes routes.
Rien de nouveau pour nos troupes.
Nombreux convois de blessés.

17 août, 4 h. 20 soir.

De la basse Moselle à la côte de Mercy-le-Haut, au-dessus de Peltre, quelques groupes isolés de cavaliers prussiens, mais pas de mouvements de troupes de Peltre à la haute Moselle. Par les chemins déjà indiqués, convois nombreux de voitures dans un sens et dans l'autre. Ce sont sans doute les blessés prussiens que l'on conduit à Peltre pour les évacuer en chemin de fer. Nos troupes occupent toujours la même position.

17 août, 5 heures soir.

Des colonnes considérables d'infanterie, de cavalerie et d'artillerie défilent entre Magny et Pouilly se dirigeant sur Peltre. Vedettes sur la route de Magny, à hauteur des Sablons.

17 août, 5 h. 10 soir.

Batterie prussienne établie sur la lisière du bois de Pouilly et faisant feu sur le fort de Queuleu sans doute.

17 août, 5 h. 15 soir.

Les Prussiens établissent des batteries sur la crête de Mercy-le-Haut. Attaque sur le fort de Queuleu. Prévenir le fort. Batteries près de Magny.

17 août, 5 h. 25 soir.

Colonnes considérables d'infanterie prussienne descendent de Pouilly sur Magny, attaque sérieuse.

17 août, 6 h. 15 soir.

Une colonne d'artillerie suivie de fortes colonnes d'infanterie prend la route de Pouilly, sans doute pour aller passer la Seille à Marly. Faire suivre à Queuleu.

17 août, 7 h. 15 soir.

Un convoi sur la route de Colligny au pont de Domangeville. Une colonne d'infanterie descend de Mercy-le-Haut vers la Grange-aux-Bois en suivant la lisière du bois. La colonne en avant de Pouilly, immobile, semble se disposer à bivouaquer.

Les pièces d'artillerie qui ont tiré sur le fort de Queuleu étaient attelées de six chevaux. Tout se tait du côté de Queuleu depuis une demi-heure. Un détachement français occupe la lunette de la Horgne. Rien à Saint-Privat.

17 août, 9 heures soir.

On ne distingue aucun feu de bivouac ennemi. Les troupes signalées près de Pouilly font-elles une marche de nuit? Pendant plus d'une demi-heure on a observé des signaux de feu partant de Mardigny. Des feux de signaux isolés ont été vus vers Vezon, Marly et Coin-les-Cuvry, peut-être aussi à Augny.

Bulletin de renseignements du grand quartier général.

17 août.

On a peu de renseignements exacts sur la position des Prussiens; on sait cependant que les troupes de la IIe armée (général de Steinmetz) ont en entier passé la Moselle à Ars et que nous sommes coupés de la route de Verdun. Les convois circulent encore du côté de Thionville par les voies ferrées des Ardennes.

Bulletin de renseignements du 3e corps pour la journée du 17 août.

Des reconnaissances ont été exécutées dans la soirée par la cavalerie. Il résulte de leurs rapports :

1° Que l'ennemi occupe Gravelotte et qu'il paraît vouloir s'y établir et y construire des épaulements de batteries;

2° Qu'il exécute des mouvements du côté de Vernéville,

Bulletin de renseignements du 6ᵉ corps.

17 août.

Un paysan arrivant de Gorze a voyagé avec une partie de l'armée prussienne ; il explique le retour offensif de 5 heures par l'arrivée de 10,000 hommes venant de Pont-à-Mousson et ayant passé par le pont de Novéant. Ils sont arrivés sur le champ de bataille vers 5 heures.

Il dit qu'il doit encore en arriver demain matin 1000 venant de Nancy et que nous serons encore attaqués.

La journée du 18 août en Lorraine.

GRAND QUARTIER GÉNÉRAL.

a) Journaux de marche.

Journal de marche de l'armée du Rhin.

18 août.

La 1re brigade (Bruchard) de la 2e division de cavalerie du 3e corps est mise tout entière avec le 2e chasseurs d'Afrique, à la disposition du 6e corps, pour former une division de cavalerie sous les ordres du général du Barail. Elle se rend, dès le 18 au matin, derrières les lignes du 6e corps (1).

Les corps d'armée restent sur les emplacements de la veille. A 11 heures du matin, ils sont attaqués dans les lignes d'Amanvillers qu'ils occupent. Le feu s'engage sur tout notre front, et le principal effort de l'ennemi se concentre sur notre droite. Le 6e corps, contraint par des forces supérieures d'abandonner le village de Sainte-Marie-aux-Chênes, repousse le mouvement tournant prononcé sur Roncourt, prend l'offensive et, soutenu par des charges de cavalerie, gagne du terrain sur l'ennemi (2). Un effort sur la gauche du 6e corps n'a pas plus de succès.

Le 4e corps arrête, de son côté, les efforts de l'ennemi et lui prend sept canons; deux d'entre eux seulement furent conservés.

Le 3e corps maintient également ses positions. A la gauche, le 2e corps n'est sérieusement engagé qu'à 5 heures du soir. A ce moment, il fait échouer un mouvement tournant entrepris sur sa gauche (3).

---

(1) Le 2e chasseurs était affecté au 6e corps depuis le 16. Le 3e chasseurs rejoignit le 18; le 10e chasseurs le 19 seulement.
(2) Allusion à la contre-attaque de la division La Font de Villiers.
(3) Par la *26e* brigade prussienne.

A 6 heures du soir, les attaques de l'ennemi étaient partout repoussées. La Garde, en réserve au-dessus de Châtel-Saint-Germain et à l'entrée du bois de Saulny, n'avait pas été engagée.

L'ennemi fait alors un violent retour offensif sur notre droite, avec des troupes fraîches. Le 6ᵉ corps, ayant épuisé ses munitions et se trouvant assailli par des masses supérieures, est obligé d'évacuer le village de Saint-Privat, et de se mettre en retraite dans la direction de Saulny et de Woippy. Le 4ᵉ corps, ayant ainsi sa droite découverte, est contraint de se retirer, à son tour, sur le plateau de Plappeville. La Garde arrive alors sur le plateau de Montigny-la-Grange (?) et protège la retraite, pendant que le 3ᵉ corps et le 2ᵉ corps résistent avec succès aux efforts de l'ennemi.

La nuit arrive, le feu cesse et la retraite s'effectue sans que l'ennemi puisse l'inquiéter.

Rapport du maréchal Bazaine sur la défense des lignes d'Amanvillers.

18 août.

Après la victoire de Rezonville, l'armée avait dû être reportée en arrière pour se ravitailler en vivres et en munitions, avant de reprendre sa marche sur Verdun, et le 17 elle prenait les positions suivantes, assez fortes pour y soutenir une nouvelle attaque de l'ennemi, assez rapprochées de Metz pour en recevoir tout ce qui leur manquait.

Le 6ᵉ corps à droite, occupant Roncourt, Saint-Privat-la-Montagne, et s'étendant sur le plateau jusqu'au 4ᵉ corps, en face des villages de Saint-Ail et d'Habonville.

Le 4ᵉ corps, sur la continuation du plateau de Saint-Privat, tenant Amanvillers, Montigny-la-Grange, avec deux divisions en première ligne, la division Lorencez en arrière comme réserve.

Le 3ᵉ corps, à la gauche du 4ᵉ, appuyant son front aux fermes de la Folie, de Leipzig, de Moscou, jusqu'à l'auberge du Point-du-Jour située sur la route de Metz à Gravelotte, et occupant, en avant, le bois des Génivaux. Le 2ᵉ corps, sur le plateau en arrière de Gravelotte, jusqu'à l'extrémité des pentes qui dominent le village de Rozérieulles; enfin la Garde, en réserve sur les hauteurs de Saint-Quentin et de Plappeville.

J'avais donné, comme instructions, à tous les commandants de corps d'armée de maintenir leurs lignes contre toute attaque, et de ne se reporter sur les positions en arrière qu'à la dernière extrémité.

A 11 heures (1), le feu s'engage sur tout notre front, comme à Rezon-

---

(1) Vers midi, en réalité.

ville, par une violente canonnade, à la suite de laquelle les colonnes prussiennes s'ébranlent de tous côtés; mais le principal effort de l'ennemi se concentre sur notre droite, qu'il semble vouloir essayer, tout à la fois, de séparer et de tourner. Le maréchal Canrobert fait occuper par le 94e le village de Sainte-Marie-aux-Chênes qu'il est bientôt obligé d'abandonner sous la masse des projectiles qu'y dirige l'artillerie prussienne.

L'ennemi se porte alors sur Roncourt, prononçant ainsi son mouvement tournant.

La division La Font de Villiers, soutenue d'une brigade de la division Tixier, l'arrête, et, prenant l'offensive, le fait rétrograder, pendant que la division de cavalerie du général du Barail soutient notre flanc droit et contribue, par des charges successives, à arrêter la marche de l'infanterie prussienne (?)

Sur la gauche du 6e corps, où se trouve la division Lavassor-Sorval, l'ennemi tente en même temps un gros mouvement offensif ; la 2e brigade de la division Tixier s'y porte et vient appuyer la résistance de cette division, qui maintient solidement sa position.

Au 4e corps, l'attaque n'avait pas été moins vive. La division Lorencez avait dû renforcer la première ligne; l'artillerie avait combattu partout avec succès celle de l'ennemi, dont une batterie avait été complètement éteinte; sept de ses pièces étaient restées entre nos mains. La suite des événements de la journée ne permit d'en conserver que deux.

Le 3e corps repoussait, en même temps, les attaques qui étaient dirigées sur notre front. Le bois des Génivaux, que l'ennemi voulait enlever, restait toute la journée au pouvoir de la brigade qu'y commandait le colonel de Courcy. Les troupes étaient couvertes par des tranchées abris et les pièces par des épaulements. On put ainsi se maintenir dans les positions, sans trop souffrir de la violente canonnade qu'entretenait l'artillerie prussienne.

Devant le général Frossard, l'ennemi se bornait évidemment à une simple démonstration, pour empêcher le 2e corps de se porter au secours de notre droite. Il prononça même, vers les 5 heures, une sorte de mouvement tournant avec quelques bataillons, dans la direction de Jussy et de Sainte-Ruffine, comme pour menacer notre ligne de retraite.

La brigade Lapasset, qui forme l'extrême gauche, le repousse et le feu cesse devant le 2e corps

Les choses se maintinrent ainsi. Vers les 6 heures du soir, tous nos corps sont sur les positions qu'ils avaient au début du combat, les attaques de l'ennemi restant partout sans succès.

La Garde n'avait pas eu besoin d'être engagée; elle était en réserve, prête à agir. Une brigade de voltigeurs, au-dessus de Châtel-Saint-Germain, à la disposition du maréchal Lebœuf; la division de grenadiers, avec le général Bourbaki, sur le plateau de Plappeville et plus tard à l'entrée du bois de Saulny, avec la réserve d'artillerie ; enfin, au col de Lessy, le général Deligny avec sa 2ᵉ brigade.

Mais, à ce moment, de nouvelles troupes prussiennes entrent en ligne, se dirigeant sur la droite du 6ᵉ corps pour l'envelopper ; un feu d'artillerie des plus violents converge sur le village de Saint-Privat que l'infanterie est contrainte d'évacuer.

Les troupes du maréchal Canrobert, épuisées par cette longue lutte, ont dépensé jusqu'à leur dernière cartouche ; les caissons de nos pièces sont vides ; la résistance devient à peu près impossible devant les masses qui se renouvellent sans cesse et le Maréchal (1) se voit forcé de donner l'ordre de la retraite qui se fait face à l'ennemi, avec un ordre parfait, dans la direction de Saulny et de Woippy. Elle est couverte par le 100ᵉ de ligne, par la division du Barail et par quelques batteries qui ont pu se réapprovisionner et revenir défendre l'entrée du débouché du bois de Saulny.

Ce mouvement a pour conséquence de découvrir la droite du 4ᵉ corps, sur laquelle les Prussiens dirigent alors le feu de leur nombreuse artillerie. Le général de Ladmirault maintient quelque temps ses divisions, qui sont battues d'écharpe et à revers. La Garde, qu'il avait envoyé prévenir, ne peut arriver assez vite par l'étroit chemin du bois de Saulny, et les troupes du 4ᵉ corps sont forcées, à leur tour, de se retirer sur le plateau de Plappeville, où elles s'établissent.

Un de ses bataillons se maintient seul dans la ferme de Montigny-la-Grange et y passe la nuit. Il contribue à protéger la retraite que soutiennent en même temps l'artillerie de réserve du 4ᵉ corps et les batteries de la Garde.

La division Picard, des grenadiers, atteint alors, non sans peine, le sommet du plateau, où elle se déploie à droite et à gauche de l'artillerie, face à Saint-Privat, protégeant ainsi tout à la fois, la retraite du maréchal Canrobert et celle du général de Ladmirault. Sa présence, aussi bien que la contenance des corps qui se retirent, en imposent à l'ennemi qui n'ose pas s'aventurer au delà des premières maisons de Saint-Privat.

Le 3ᵉ corps résistait, pendant tout ce temps, à toutes les attaques de l'ennemi aussi bien que le 2ᵉ.

M. le maréchal Lebœuf, dont la droite n'était plus appuyée depuis la retraite du 4ᵉ corps, y porte rapidement une brigade et deux batteries de réserve qui contiennent les progrès de l'ennemi.

La nuit arrive, le feu cesse et je donne l'ordre aux différents corps de

---

(1) Canrobert.

venir occuper, dans la matinée du 19, des positions plus rapprochées de la place, autour des forts de Saint-Quentin et de Plappeville.

L'ennemi qui avait subi des pertes énormes, au dire des prisonniers, n'inquiéta pas ce mouvement. Quelques attaques partielles qu'il avait tentées la nuit sur le 3e corps, avaient été partout repoussées avec succès.

Pertes (1).

DÉSIGNATION DES CORPS.	OFFICIERS			TROUPES		
	TUÉS.	BLESSÉS.	DIS-PARUS.	TUÉS.	BLESSÉS.	DIS-PARUS.
2e corps..................	3	24	»	57	342	195
3e corps..................	16	79	15	206	1,399	445
4e corps	45	184	17	450	3,095	1,016
6e corps..................	24	109	79	343	1,477	2,653
Garde impériale.........	»	»	»	»	»	»
Cavalerie de la Garde...	»	»	»	»	»	»
Cavalerie de réserve....	»	»	»	»	»	»
Artillerie de réserve.....	»	»	»	»	»	»
Totaux.....	88	396	111	1,056	6,313	4,309
Totaux généraux...	595			11,678		

Historique du 1er escadron du 2e régiment de chasseurs.

18 août.

L'escadron ne prit aucune part à cette journée dont il ne put soupçonner l'importance que le soir, la direction du vent ayant emporté vers le Nord-Ouest tous les bruits du combat. Vers le milieu du jour un brigadier et quelques hommes escortèrent seuls le Maréchal au fort des Carrières (2) où ce dernier demeura jusque vers le soir.

---

(1) Les chiffres de ce tableau, outre qu'ils sont incomplets, ne sont qu'approximatifs.
(2) Fort de Plappeville.

b) Organisation et administration.

Compte rendu de l'Intendance de l'armée (1).

18 août au matin.

On est venu, cette nuit, toucher au Ban-Saint-Martin, des vivres pour deux divisions du 2e corps.

Pour les havresacs du 2e corps, on en confectionne 2,000 par jour à Metz.

Des ordres sont donnés pour acheter des cordes d'attache pour 200 chevaux.

Des ordres sont donnés pour avoir des tentes-abris, des ustensiles de campement; on en fait confectionner et on en achète.

Dans le 6e corps, on n'a pas reçu de vivres hier, 17 août. La division Bisson a reçu hier, à Gravelotte, un ou deux jours de vivres, par les soins de M. le sous-intendant Chapplain, du grand quartier général.

M. le sous-intendant Bousilioux (2) emmène un jour de vivres pour le 6e corps, à Saint-Privat-la Montagne.

L'intendant de Préval au maréchal Bazaine (D. T.).

Reims, 18 août, 7 h. 29 matin. Transmise à 8 h. 15 matin.

Douze wagons pain, partis à 4 heures du matin de Reims pour Metz. Vitesse accélérée.

Extrait du registre-correspondance du grand quartier général (4e section) à l'Intendant général.

Je suis informé par une dépêche télégraphique qui m'est adressée par M. l'intendant de Préval, que douze wagons de pain sont partis à 4 heures du matin de Reims pour Metz (vitesse accélérée).

Je vous prie de vouloir bien faire surveiller l'arrivée de ce convoi à Metz et prendre des mesures pour que la distribution du pain soit faite sans retard.

---

(1) Note non signée remise le 18 au matin au lieutenant-colonel Ducrot du grand quartier général.

(2) *Sic* (?)

Au même.

Il est utile de prévoir le cas où notre ligne d'évacuation de blessés serait coupée par l'ennemi vers Longuyon. Veuillez examiner la question de savoir s'il n'y aurait pas lieu, en prévision de cette éventualité, de diriger un millier de nos blessés sur Thionville. Cette mesure dégagerait Metz et augmenterait la garnison de Thionville de ceux de ces blessés qui deviendraient promptement disponibles.

Au même.

J'ai décidé, sur votre proposition, que l'une des demi-compagnies légères (1) du grand quartier général serait employée au service des évacuations, de Metz sur le chemin de fer, Devant-les-Ponts, des blessés dirigés sur les hôpitaux en arrière.

Cette demi-compagnie sera campée à la Porte de France, en face du Ban-Saint-Martin, mais elle ne sera affectée à ce service que pendant la durée de votre séjour sous les murs de Metz.

Je vous prie de donner des ordres pour assurer, en ce qui vous concerne, l'exécution de cette disposition, dont je donne avis à M. le général commandant militaire de Metz.

Le Ministre de la guerre à l'Intendant général, à Metz (D. T.).

Paris, 18 août, 7 h. 50 soir. Expédiée à 11 h. 16 soir.

Deux mille cinq cent cinquante quintaux (2,550) de biscuit sont en route de Paris pour Metz en deux trains à la vitesse des voyageurs.

Le premier est parti à midi; le second partira à 9 heures du soir.

L'Intendant général de l'armée au maréchal Bazaine.

Plappeville, 18 août.

Par lettre en date de ce jour, M. l'Intendant militaire de la 5ᵉ division me prie de faire mettre à sa disposition une compagnie légère du train pour faire le transport, de Metz à la gare du chemin de fer Devant-les-Ponts, des blessés évacués sur les hôpitaux en arrière.

Je pense qu'on pourrait affecter provisoirement à ce service une des deux compagnies légères du grand quartier général pour le temps que nous resterons sous les murs de Metz. Mais il y aurait de grands inconvénients à distraire complètement du service les deux demi-compagnies légères qui sont attachées au grand quartier général. M. l'Intendant

---

(1) Du train des équipages.

militaire de la 5e division pourra d'ailleurs, à défaut de voitures louées, recourir à la voie des réquisitions dans l'intérieur de la ville de Metz pour l'emploi des voitures qui s'y trouvent et qui sont toujours préférables aux cacolets.

En conséquence, j'ai l'honneur de proposer à Votre Excellence de vouloir bien m'autoriser à employer provisoirement au service des évacuations une demi-compagnie légère, qui serait campée à la Porte de France, en face du Ban-Saint-Martin, de manière à être toujours et à toute heure à même de recevoir vos ordres et de les exécuter immédiatement.

En marge : Approuvé. *Signé :* BAZAINE.

Le général Coffinières au maréchal Bazaine.

Metz, 18 août.

J'ai l'honneur de rendre compte à Votre Excellence qu'aucun ordre n'a été donné pour empêcher les convois de sortir de la place de Metz ; vos instructions à cet égard ont été et seront ponctuellement exécutées.

Extraits du registre de correspondance du grand quartier général. (Résumé sommaire des lettres.)

18 août.

Réquisition à la Compagnie de l'Est, dans la personne de M. Benigton, intérimaire au chemin de fer de l'Est, de mettre tous ses moyens de camionnage à la disposition de l'armée, à dater de ce jour.

18 août.

Réquisition à MM. de Wendel et Cie de mettre les voies ferrées de ses usines à la disposition de l'armée.

18 août.

Ordre au général commandant supérieur de Metz de laisser entrer et sortir M. Benigton, ainsi que les agents de son service de camionnage.

L'Inspecteur de la Compagnie de l'Est au Directeur de l'Exploitation (D. T.).

Devant-les-Ponts, 18 août. Expédiée à 3 h. 55 soir.

J'ai besoin, pour évacuer blessés, de wagons et de voitures. Maréchal Bazaine demande d'urgence, sur Metz, 6,000 blessés.

L'Inspecteur en chef du matériel de la Compagnie de l'Est au Chef de traction, à Reims (D. T.).

Paris, gare Est, 18 août. Expédiée à 6 h. 45 soir.

Concertez-vous avec M. Baignères pour diriger sur Thionville 100 voitures et 150 wagons N, pour évacuer des blessés au départ de Metz, avec 12 machines et le personnel; un chef de dépôt partant par le train 39 prendra vos instructions à Reims.

Le Ministre de la guerre au Commandant supérieur, à Thionville (D. T.).

Paris, 18 août, 9 h. 5 matin. Transmise à Thionville à 9 h. 25 matin.

Outre les trains de munitions que je vous ai annoncés par ma dépêche d'hier soir (1), je dirige sur Metz, par Thionville, d'autres trains venant par Mézières de la ligne du Nord ou de celle de Reims. Veillez à ce que tous ces trains partent sans retard pour Metz, si la ligne est libre, en prévenant toujours le maréchal Bazaine et le général Soleille.

Le Ministre de la guerre au général Soleille (D. T.).

Paris, 18 août, 10 h. 25 soir.

Je vous envoie des munitions dans la limite du possible, mais nous usons des ressources précieuses, et en présence de consommations semblables, je ne voudrais envoyer qu'à coup sûr, c'est-à-dire par envois successifs et après avoir acquis la certitude que vous avez reçu les envois précédents. Je vous supplie donc instamment de m'informer par télégramme et sur-le-champ de chaque arrivage. Adressez vos dépêches au général Susane (2).

c) Opérations : ordres, correspondance et comptes rendus.

M. Piétri au maréchal Bazaine (D. T. Ch.).

Camp de Châlons, 18 août, 12 h. 15 soir. Reçue à Metz à 12 h. 45.

Nouveau chiffre.
Commandant Magnan part pour Reims et Thionville. Arrivera ce soir.

---

(1) Datée du 17 août, 7 h. 5 du soir.
(2) Direction de l'artillerie au Ministère.

Le maréchal Bazaine au Directeur du télégraphe, à Metz (D. T.).

Plappeville, 18 août, 2 heures soir. Expédiée à 2 h. 13 soir.

Demandez à Thionville ce qui se passe dans les environs, avec invitation à se mettre en relation avec la ligne des Ardennes et de me tenir au courant de tout ce qu'il apprendra, mais autant que possible, de ne donner que des renseignements certains.

Le maréchal Bazaine au maréchal de Mac-Mahon, au camp de Châlons (D. T. Ch.).

Metz, 18 août, 4 h. 5 soir. Reçue au camp de Châlons à 5 h. 20 soir, transmise au Ministère de la guerre à 6 h. 30 soir.

Par suite des combats successifs que j'ai livrés le 14 et le 16, ma marche sur Verdun a été arrêtée et je suis obligé de séjourner dans la partie Nord de Metz, pour me ravitailler en munitions surtout et en vivres.

Depuis ce matin, l'ennemi montre de fortes masses, qui paraissent se diriger vers Briey et qui peuvent avoir l'intention d'attaquer le maréchal Canrobert, qui occupe Saint-Privat-la-Montagne, se reliant par la gauche avec Amanvillers, point d'appui de la droite du 4e corps.

Nous sommes donc de nouveau sur la défensive, jusqu'à ce que je sache la véritable direction des troupes qui sont devant nous et surtout celle de l'armée de réserve que l'on dit être à Pange, sur la rive droite de la Moselle, sous les ordres du Roi, dont le quartier général serait au château d'Aubigny.

Transmettez cette dépêche à l'Empereur et au Ministre de la guerre. Je crains pour la voie ferrée des Ardennes.

Le maréchal Bazaine à l'Empereur (D. T.).

Metz, 18 août, 4 h. 15 soir. Transmise à 4 h. 35 soir.

J'extrais du rapport du général de Ladmirault que le général de division Legrand a été tué ; son chef d'état-major, le colonel Campenon, a été blessé, ainsi que tous les officiers de son état-major. Le général de Montaigu a disparu dans la charge.

Le colonel Bilhau, du 3e dragons, a été tué, ainsi que le général de brigade Brayer.

Un bataillon du 93e a détruit un régiment de lanciers prussiens, auquel il a enlevé son étendard.

Nous avons déjà réuni environ 600 prisonniers.

En ce moment, 4 heures, une attaque, conduite par le roi de Prusse en personne, avec des forces considérables, est dirigée sur tout le front de notre ligne.

Les troupes tiennent bon jusqu'à présent, mais des batteries ont été obligées de cesser leur feu.

Le maréchal Bazaine au Ministre de l'intérieur, à Paris (D. T.).

Metz, 18 août, 5 heures soir.

Dans l'affaire du 16, le corps du général Ladmirault, qui formait l'extrême droite, a fait à l'ennemi 600 prisonniers. Un drapeau a été pris. Il y a eu plusieurs charges de cavalerie très brillantes. Dans l'une d'elles, le général Legrand a été tué en chargeant à la tête de sa division ; le général Montaigu est disparu. Le prince Albert de Prusse, commandant la cavalerie ennemie aurait été tué.

A la chute du jour, nous étions maîtres des positions occupées par l'ennemi.

Le lendemain 17, l'armée a pris les positions comprises entre Saint-Privat et Rozérieulles pour se réapprovisionner. Il y a eu près de Gravelotte quelques combats d'arrière-garde ; mais ils n'ont pas gêné sérieusement le défilé de nos convois.

Il y a eu également une petite attaque sur le fort de Queuleu.

Les diverses reconnaissances envoyées dans la journée ont ramené quelques prisonniers. On peut estimer approximativement à 150,000 hommes les forces que l'ennemi avait engagées contre nous dans la journée du 16. Nous n'avons pas encore l'état de nos pertes d'une manière exacte.

L'Empereur au maréchal Bazaine (D. T. Ch.).

Camp de Châlons, 18 août, 5 h. 25 soir. Expédiée à 6 h. soir.

Nouveau chiffre.

Faut-il laisser à Verdun le grand approvisionnement qui y est?

Le maréchal Bazaine à l'Empereur (D. T.).

Camp de Fort-Plappeville, 18 août, 8 h. 20 soir.

J'ignore l'importance de l'approvisionnement de Verdun. Je crois qu'il est nécessaire de n'y laisser que ce dont a besoin la place.

J'arrive du plateau. L'attaque a été très vive. En ce moment,

7 heures, le feu cesse (1). Nos troupes, constamment restées sur leurs positions.

Un régiment, le 60ᵉ, a beaucoup souffert en défendant la ferme de Saint-Hubert (2).

Le Directeur du télégraphe, à Metz, au maréchal Bazaine (D. T.).

Metz, 18 août, 8 h. 50 soir.

Toutes nos communications avec Paris sont interrompues. Les fils télégraphiques viennent d'être coupés par les Prussiens entre Hagondange et Uckange.

Les dépêches de Votre Excellence pour Sa Majesté l'Empereur et pour Mᵐᵉ la Maréchale ne peuvent être transmises.

Ordre de mouvement pour la matinée du 19 août.

Plappeville, 18 août.

La Garde restera provisoirement dans ses campements. Elle aura en avant d'elle et sur sa gauche le 3ᵉ corps.

Le 2ᵉ corps se portera sur la grand'route en arrière de Longeville, s'établira perpendiculairement à la route, la droite à la **montagne de Saint-Quentin**. Il aura de forts avant-postes en avant de Longeville. Il aura en avant de son extrême droite la gauche du 3ᵉ corps établie à Scy, et, en arrière, la division de cavalerie de Forton.

Le 3ᵉ corps prendra les deux routes qui aboutissent à Châtel-Saint-Germain et viendra occuper le plateau de Plappeville de la manière suivante : son extrême gauche sera aux villages de Scy et de Lessy, occupant par une forte grand'garde le moulin de Longeau. Le reste du corps sera sur le plateau de Plappeville, et sa droite atteindra le village de Lorry. On fera faire les travaux de défense nécessaires à Scy, Longeau, Lessy, sur le plateau et à Lorry. Les parties Sud-Ouest des bois de Châtel-Saint-Germain et de Vigueulles devront être occupées, on y fera des abatis, des communications et des embuscades pour prévenir toute surprise de l'ennemi. Il aura à sa gauche le 2ᵉ corps et à sa droite le 4ᵉ corps.

---

(1) La dépêche ne fut cependant datée qu'à 8 h. 20 et le bureau télégraphique de Metz ne l'expédia qu'à minuit.

(2) Il faut sans doute lire : 80ᵉ.

Il aura soin de ne pas se servir de la route de Saint-Privat à Plappeville par les bois de Lorry, qui est réservée au mouvement du 4ᵉ corps.

Le 4ᵉ corps prendra la route de Saint-Privat à Plappeville par les bois de Lorry, puis descendant du plateau à ce village, il établira sa gauche un peu au delà, contournant le pied de la montagne de Plappeville et descendant par l'arête du coteau du Coupillon jusqu'au Sansonnet où sera sa droite. Il aura à sa gauche le 3ᵉ corps et à sa droite le 6ᵉ corps.

Le 6ᵉ corps prendra la route de Briey pour venir occuper sa nouvelle position. La droite au saillant Nord du fort Moselle et sa gauche au Sansonnet. Il aura à sa gauche le 4ᵉ corps.

La division du Barail sera provisoirement attachée au 6ᵉ corps et campera avec lui. Un régiment sera toujours chargé d'éclairer la route de Thionville par de petits détachements poussés très au loin.

La division de Forton campera derrière le 2ᵉ corps établi en arrière de Longeville et sera spécialement chargée de la surveillance de la Moselle en amont de sa position. Un régiment sera toujours chargé d'éclairer la route vers Ars-sur-Moselle. Ne pas occuper le Ban-Saint-Martin, destiné à la réserve d'artillerie de l'armée.

Les batteries de réserve de l'armée iront au Ban-Saint-Martin. Elles seront prêtes à marcher à 11 heures du matin, mais ne commenceront leurs mouvements que lorsqu'elles en recevront l'ordre.

A tout le monde : Une distribution sera faite aussitôt que possible, les voitures rechargées et tout préparé pour le mouvement, ainsi que les bagages.

Les bagages et toutes les voitures partiront à 3 heures du matin.

Les prévôts des corps et des divisions s'occuperont, avec le plus grand soin, de faire écouler les convois et de dégager les routes. Ils empêcheront le bruit et les cris. Les troupes se mettront en marche au jour, mais au plus tard à 4 h. 30 du matin. On ne fera aucune sonnerie, sauf la diane, et on se mettra en marche sans batterie, ni sonnerie.

Dans les campements on ménagera les vignes autant que possible.

d) Situations et emplacements.

Tableau d'effectif des troupes de l'armée du Rhin réunies autour de Metz, au 18 août 1870, après la bataille de Saint-Privat.

CORPS ET DIVISIONS.	HOMMES.	CHEVAUX.	EMPLACEMENTS.
2ᵉ CORPS.			A Longeville.
1ʳᵉ division.	7,133	624	
2ᵉ division.	7,565	596	
3ᵉ division.	»	»	Restée à Metz dans les forts.
Divers.	12	37	
Division de cavalerie.	2,366	2,079	
Réserve d'artillerie et du génie.	1,099	862	
Totaux.	18,175	4,198	
3ᵉ CORPS.			A Plappeville.
1ʳᵉ division.	10,138	723	
2ᵉ division.	9,467	886	
3ᵉ division.	10,536	1,061	
4ᵉ division.	9,910	849	
Divers.	523	448	
Division de cavalerie.	4,384	4,018	1ʳᵉ brigade détachée au 6ᵉ corps.
Réserve d'artillerie et du génie.	2,366	2,503	
Totaux.	47,024	10,488	
4ᵉ CORPS.			De Tignomont au Sansonnet.
1ʳᵉ division.	6,764	711	
2ᵉ division.	7,519	677	
3ᵉ division.	8,680	664	
Divers.	813	643	
Division de cavalerie.	2,253	2,482	
Réserve d'artillerie et du génie.	1,675	1,633	
Totaux.	27,704	6,807	
5ᵉ CORPS.			Marche avec le 2ᵉ corps.
Brigade Lapasset (2ᵉ division).	3,592	195	
Divers.	447	212	
3ᵉ lanciers.	397	401	
Totaux.	4,436	808	

CORPS ET DIVISIONS.	HOMMES.	CHEVAUX.	EMPLACEMENTS.
6ᵉ CORPS.			
1ʳᵉ division.	8,628	604	Du Sansonnet au fort Moselle.
2ᵉ division (état-major et 9ᵉ de ligne).	1,944	58	Le reste de la division au camp de Châlons.
3ᵉ division.	9,861	619	
4ᵉ division.	8,483	127	
Divers.	86	92	
Division de cavalerie.	2,853	2,400	Comprenant le 2ᵉ et 3ᵉ chasseurs, le 2ᵉ chasseurs d'Afrique et des détachements du 1ᵉʳ et du 3ᵉ.
Réserve d'artillerie et du génie.	»	»	Au camp de Châlons.
TOTAUX.	31,855	3,900	
7ᵉ CORPS.			
1ʳᵉ division.	»	»	A Belfort.
2ᵉ division.	»	»	Ibid.
3ᵉ division.	»	»	Ibid.
Division de cavalerie.	»	»	Ibid.
Réserve d'artillerie et du génie.	»	»	Ibid.
TOTAUX.	23,240	4,644	Pour mémoire.
GARDE IMPÉRIALE.			Au Ban-Saint-Martin.
1ʳᵉ division.	7,981	174	
2ᵉ division.	6,144	154	
Divers.	456	634	
Division de cavalerie.	3,998	3,648	
Artillerie et génie.	2,125	2,045	
TOTAUX.	20,704	6,655	
RÉSERVE DE CAVALERIE.			
1ʳᵉ division (2ᵉ chasseurs d'Afrique).	»	»	Marche avec le 6ᵉ corps.
2ᵉ division.	»	»	Marche avec le 1ᵉʳ corps.
3ᵉ division.	2,500	2,282	A Chambières.
TOTAUX.	2,500	2,282	
RÉSERVE DE L'ARTILLERIE.	2,086	1,960	Au Ban-Saint-Martin.

CORPS ET DIVISIONS.	HOMMES.	CHEVAUX.	EMPLACEMENTS.
RÉCAPITULATION GÉNÉRALE.			
1er corps...	»	»	Au camp de Châlons.
2e corps...	18,175	4,198	
3e corps...	47,024	10,488	
4e corps...	27,704	6,507	
5e corps...	4,436	808	
6e corps...	31,855	3,900	
7e corps...	»	»	
Garde impériale...	20,701	6.655	
Réserve de cavalerie...	2,500	2,282	
Réserve de l'artillerie...	2,086	1,960	
TOTAUX...	154,481	36,798	

Emplacements des troupes au 18 août.

1er corps : MAC-MAHON...	Camp de Châlons.
1re division : Ducrot...	*Ibid.*
2e — N...	*Ibid.*
3e — N...	*Ibid.*
4e — de Lartigue...	*Ibid.*
Division de cavalerie : Duhesme...	*Ibid.*
Réserve d'artillerie...	*Ibid.*
2e corps : FROSSARD...	Quartier général, Lessy (1), au-dessus de Châtel-Saint-Germain.
1re division : Vergé...	Entre le Point-du-Jour et Rozérieulles.
2e — Bataille...	*Ibid.*
3e — Laveaucoupet...	Metz et les forts.
Brigade Lapasset...	Au-dessus de Rozérieulles.
Division de cavalerie de Valabrègue.	Au Point-du-Jour, en arrière.
Réserve d'artillerie...	*Ibid.*

---

(1) En réalité à Châtel-Saint-Germain.

3e corps : LEBŒUF .... L'Arbre-Mort.

1re division : Montaudon........		Ferme de la Folie et Montigny.
2e	— Castagny............	Ferme de Leipzig.
3e	— Metman	Ferme de Moscou.
4e	— Aymard	De Moscou au Point-du-Jour.
Division de cavalerie : Clérembault.		En arrière de la ligne des fermes.
Réserve d'artillerie..............		*Ibid.*

4e corps : DE LADMIRAULT........ Montigny-la-Grange.

1re division : de Cissey		Amanvillers.
2e	— Grenier.............	*Ibid.*
3e	— de Lorencez	*Ibid.*
Division de cavalerie.		»
Réserve d'artillerie.		»

5e corps : DE FAILLY.

1re division : Goze.		»
2e	— de l'Abadie d'Aydren (moins la brigade Lapasset).	
3e	— Guyot de Lespart.	»
Division de cavalerie.		»
Réserve d'artillerie.		»

6e corps : CANROBERT............ Saint-Privat-la-Montagne.

1re division : Tixier		Roncourt.
2e	— Bisson	Entre Roncourt et Saint-Privat.
3e	— La Font de Villiers..	*Ibid.*
4e	— Levassor-Sorval.....	Face à Saint-Ail et Habonville.
Division de cavalerie de Salignac-Fénelon		Châlons.
Réserve d'artillerie.....		Châlons.

7e corps : DOUAY.

1re division : Conseil-Dumesnil.		»
2e	— Liébert.	»
3e	— Dumont.	»
Division de cavalerie : Ameil.		»
Réserve d'artillerie.		»

Garde impériale : BOURBAKI ... .. Plappeville.

1re division : Deligny............		Sur le plateau de Plappeville.
2e	— Picard...............	*Ibid.*

Division de cavalerie : Desvaux ... Ban-Saint-Martin (1).
Réserve d'artillerie............. *Ibid* (2).

Réserve de cavalerie.

1re division : du Barail........... Avec le 6e corps.
2e   —   de Bonnemains...... *Ibid* (3).
3e   —   de Forton.......... En arrière du 2e corps.

Réserve d'artillerie............... Plappeville.
Réserve du génie................   »

Journée du 18 août.

2e CORPS.

a) **Journaux de marche.**

Journal de marche du 2e corps.

18 août.

Les rapports des reconnaissances signalent dès le matin de nombreux mouvements dans les colonnes prussiennes et l'établissement de quelques batteries de position à gauche de Gravelotte.

Vers 11 heures du matin, le général Frossard monte sur le plateau de Rozérieulles et dès midi les batteries prussiennes ouvrent une canonnade, assez modérée d'abord, à laquelle les nôtres ripostent immédiatement.

La division Vergé déploie une première ligne le long des fossés de la route, surveillant la lisière des bois en avant de leur front (4).

Les batteries placées un peu en arrière de la position, l'une à droite, l'autre derrière le centre, tirent par-dessus la ligne.

La 2e division sous les ordres du général Bastoul reste sous les armes, prête à soutenir la 1re division.

---

(1) Dans la soirée seulement.
(2) Sur le mont Saint-Quentin.
(3) En réalité à l'armée de Châlons.
(4) Ce déploiement avait été exécuté dans la matinée. Il y a inversion de l'ordre chronologique avec la phrase précédente.

La brigade Lapasset prend les armes et reste dans ses lignes.

Vers 1 heure, le feu de l'artillerie s'accentue de plus en plus. Les autres corps d'armée sont vivement engagés sur la droite du 2e corps.

A 2 heures, des groupes de tirailleurs prussiens sortant du ravin de Gravelotte à 600 mètres en avant du Point-du-Jour, engagent une fusillade nourrie avec deux compagnies placées dans les maisons qu'elles défendent vaillamment, malgré des feux convergents d'artillerie qui les criblent d'obus.

Pendant ce temps, la 2e division a reçu l'ordre de porter sa première ligne en avant pour soutenir au besoin la division Vergé ; mais peu à peu, les Prussiens semblent renoncer à l'attaque de ce côté et le bruit de la fusillade diminue sur toute la ligne. Quelques tirailleurs qui cherchent à déboucher du bois de Vaux sont immédiatement repoussés.

Vers 5 heures, trois ou quatre bataillons ennemis suivis de fortes colonnes tentent un effort sur le village de Sainte-Ruffine (1); les tirailleurs de la brigade Lapasset masqués dans les vignes et dans les bois, soutenus par le feu d'une batterie de la Garde (2) et de la batterie en position sur la croupe qui domine Rozérieulles, les contiennent avec succès.

Le général Lapasset, qui anime et soutient ces lignes, dirige avec la plus grande habileté ce combat de tirailleurs.

A 6 heures, le feu se ralentit de plus en plus et la lutte semble terminée. Ce calme dure une heure environ.

Les bataillons les plus fatigués sont relevés dans leurs positions (3); ils vont reprendre leurs emplacements de bivouac lorsqu'à 7 heures, au moment où le jour baisse sensiblement, une fusillade nourrie, accompagnée d'une canonnade des plus meurtrières recommence sur toute la ligne ; notre extrême droite semble même un instant menacée.

Le général Frossard fait aussitôt reporter en avant toutes les troupes de la 2e division (4) et le combat recommence avec acharnement pendant plus d'une heure. La nuit est complète et la fusillade dure encore ; mais nous restons maîtres de nos positions dans toute leur étendue.

Jusqu'à 10 heures des tirailleurs échangent des coups de fusil avec l'ennemi qui se retire enfin des bois.

La brigade Lapasset soutient encore avec succès une dernière lutte

---

(1) Attaque de la *26e* brigade prussienne sur Jussy.

(2) $\frac{1\,c}{G}$.

(3) Il s'agit maintenant des positions du Point-du-Jour.

(4) Allusion probable à l'intervention du 66e et au maintien du 23e en position de soutien.

très vive (?) autour de Sainte-Ruffine; c'est le dernier épisode de cette journée.

A 11 heures, tout rentre dans le silence et chacun bivouaque à la place où il se trouve.

Bien que les troupes du 2ᵉ corps aient été dans cette journée moins engagées que dans les combats des 6 et 16 août, elles n'en ont pas moins eu à lutter contre un ennemi entreprenant et supérieur en nombre qu'elles ont constamment repoussé, et à supporter le feu d'une nombreuse artillerie qui leur a fait éprouver des pertes sensibles.

Le 2ᵉ corps a eu 27 officiers tués ou blessés et 594 sous-officiers et soldats tués, blessés ou disparus (1).

Total 621 hommes hors de combat.

L'effectif du 2ᵉ corps à la date du 18 était de :

	Hommes.	Chevaux.
1ʳᵉ division	7,133	624
2ᵉ division	7,565	596
Brigade Lapasset	4,436	808
Cavalerie	2.366	2,079
Réserve d'artillerie	907	783
Réserve du génie	192	79
Totaux	22,599	4,969

La division de cavalerie n'a pas paru sur le champ de bataille; elle est restée dans la plaine devant Châtel. A 4 heures de l'après-midi, elle reçoit l'ordre de se replier sur Metz; elle prend des sentiers dans les vignes pour éviter l'encombrement des routes, passe entre Plappeville et le mont Saint-Quentin et arrive à 9 heures du soir à l'extrémité du Ban-Saint-Martin, derrière Longeville où elle campe au pied du fort, moins la cavalerie divisionnaire de la 1ʳᵉ division et un escadron du 12ᵉ dragons qui restent pour garder le débouché de la route de Châtel sur celle de Metz.

Rapport du général Frossard, commandant le 2ᵉ corps.

Au Ban-Saint-Martin, 20 août.

Le 18 août au matin, les troupes du 2ᵉ corps sont bivouaquées sur le plateau situé en arrière du village de Gravelotte et qui domine celui de Rozérieulles. Le quartier général est établi à Châtel-Saint-Germain.

---

(1) Chiffres approximatifs.

La 1re division a sa droite appuyée au coude de la route, entre les auberges Saint-Hubert et Bellevue (1); sa ligne s'étend le long de l'ancienne voie romaine. La 2e division, placée à côté de la 1re, est adossée aux bois; elle a sa gauche à l'entrée du ravin qui aboutit au moulin de Châtel.

La brigade Lapasset occupe l'extrême position de gauche, sur la croupe qui domine Rozérieulles et Maison-Neuve (2), en se prolongeant vers le village de Sainte-Ruffine et la Moselle. Une batterie est en position sur le mamelon, prête à battre toutes les têtes de colonne qui pourraient chercher à déboucher sur notre gauche.

La division de cavalerie reste en réserve dans la vallée de Châtel-Saint-Germain.

Les batteries de la réserve sont placées entre les deux divisions d'infanterie, vers le Sud du plateau.....

(Le reste du rapport a été reproduit intégralement par le Journal de marche du 2e corps. Voir plus haut.)

1re DIVISION (VERGÉ).

Journal de marche de la 1re division.

18 août.

Dès le matin, on s'aperçoit que l'ennemi a construit, en face de la position, à environ 2,000 mètres, de fortes batteries avec épaulement. Le général de division, informé, envoie les batteries divisionnaires prendre position à droite et à gauche des deux maisons qui composent la ferme, et les fait épauler par des levées en terre.

Un bataillon du 32e (3) est déployé en tirailleurs, en arrière d'une chaussée qui couvre le front du régiment. Les deux autres sont portés en arrière et placés en réserve, en colonnes serrées par division.

Pendant toute la matinée, on aperçoit de fortes colonnes prussiennes qui sortent des bois de gauche et se dirigent vers la droite, pour prendre des positions de combat.

Vers 10 heures du matin, le 55e prend les armes, et deux de ses bataillons sont embusqués en tirailleurs le long de la route, à gauche de la ferme, dans les fossés. Le IIIe bataillon est placé en réserve derrière la ligne des tirailleurs.

---

(1) Ancien nom du Point-du-Jour.
(2) Ou Longeau.
(3) $\frac{1}{32}$.

La 2ᵉ brigade est également établie en position défensive le long de la route de Metz, à gauche du 55ᵉ : le 77ᵉ, déployé en avant, et le 76ᵉ en réserve (1). Entre le front du 77ᵉ et les bois, se trouvent des carrières dont les talus, extrêmement rapides du côté de l'ennemi, servent d'abri à un bataillon prussien (?).

A midi, l'attaque commence d'une manière très vive; mais on remarque tout de suite que nos batteries sont de trop petit calibre pour contre-battre l'artillerie prussienne, dont les pièces portent à 2,000 mètres, et bientôt le feu supérieur de ces batteries force les nôtres à se retirer. Pendant sept ou huit heures consécutives, une pluie incessante d'obus tombe sur nos lignes.

Le bataillon de chasseurs (2) est renforcé de quelques compagnies des 32ᵉ et 55ᵉ de ligne, et garde ses positions pendant toute la journée, sans éprouver de pertes très considérables.

Le bataillon du 32ᵉ, déployé en tirailleurs, essuie un feu tellement violent que ses grand'gardes se replient et se portent en arrière avec le bataillon de tirailleurs.

Ce bataillon est renforcé immédiatement par un deuxième (3), qui se déploie en arrière des fossés de la route, et garde cette position jusqu'à 9 heures du soir, avec le premier bataillon rallié. A 9 heures (?), le IIIᵉ bataillon, resté en réserve, se porte sur la ligne occupée par les deux premiers et essuie, pendant sa marche, un feu très vif, malgré l'obscurité qui commence à régner.

Le 55ᵉ tient bon pendant toute la journée. Quelques-unes de ses compagnies se portent en avant pendant l'action, débusquent les tirailleurs prussiens, font des prisonniers et repoussent l'ennemi jusqu'à la lisière des bois.

Vers la gauche, vis-à-vis des positions occupées par le 77ᵉ, on voit sortir, dans le courant de la journée et tout à fait inopinément, une forte colonne d'infanterie prussienne, qui s'arrête à environ 150 mètres du bois. Le général Jolivet fait porter en avant les deux bataillons du 76ᵉ restés en réserve, la droite de ces bataillons appuyée à la gauche du bataillon de chasseurs, contre la ferme. L'ennemi cherche alors à nous déloger par un mouvement offensif très prononcé; mais le bataillon du 76ᵉ qui est placé vis-à-vis des carrières, se lance en avant et isole de la colonne prussienne le bataillon de tirailleurs placé dans ces

---

(1) $\frac{I}{76}$, $\frac{I, II}{77}$ se déploient ; $\frac{III}{77}$ est relevé de ce fait et passe en réserve.

(2) 3 B. Ch.

(3) $\frac{II}{32}$.

carrières. Ce bataillon est presque entièrement anéanti, et la colonne prussienne opère un mouvement de retraite.

La position est enlevée et occupée jusqu'à la fin de la journée.

A 6 heures, l'ennemi ne tirait plus, sur la gauche, que quelques coups de fusil partant de la lisière du bois à peine occupée par les troupes prussiennes; mais, à droite, une forte colonne d'infanterie (1) s'avançait dans la direction de la ferme, et paraissait vouloir forcer notre ligne.

A environ 700 ou 800 mètres, le général allait faire exécuter sur elle des feux de peloton, quand le bruit courut dans les troupes que c'étaient des chasseurs à pied du 3e corps qui se rabattaient sur nous après avoir repoussé l'ennemi. On fit cesser le feu sur toute la ligne, mais bientôt, reconnaissant son erreur, le général, qui avait aperçu un drapeau prussien, ordonna des feux d'ensemble qui produisirent un effet terrible. La colonne prussienne fut dispersée et battit en retraite dans la direction de Gravelotte.

L'heure avançait; la fusillade continua encore pendant quelque temps (2), mais s'éteignit peu à peu.

Vers la fin de la journée, on eut à déplorer un fâcheux événement. Quelques corps, envoyés comme soutien, n'attendirent pas pour tirer qu'ils fussent en première ligne, et plusieurs hommes furent ainsi atteints par des balles françaises (3).

La 2e brigade (Jolivet) passa la nuit sur les emplacements qu'elle occupait.

La 1re brigade (Letellier-Valazé) et l'artillerie se rallièrent en arrière de la position, à proximité de la route de Metz, en avant de la Maison-Neuve.

Les pertes de cette journée ont été, en hommes, de : 11 officiers blessés; 36 hommes tués, 182 blessés, 134 disparus; en chevaux, de : 9 chevaux tués, 4 blessés, 4 disparus (4).

Rapport du général Vergé, commandant la 1re division.

Au Bivouac, 21 août.

La division avait été établie à gauche et en arrière de la route de

---

(1) Sans doute la *32e* brigade descendant dans le ravin de la Mance.
(2) Jusqu'à 9 heures. (Rapport Jolivet.)
(3) Allusion au déploiement du 8e de ligne.
(4) Chiffres approximatifs.

Metz. III. — Docum.

Metz à Verdun, sur les mamelons qui dominent le village de Gravelotte et à hauteur d'une ferme appelée Bellevue.

Les corps campaient en colonne : la 1re brigade reliée à la gauche du 3e corps d'armée, la 2e brigade à la gauche de la 1re ; le bataillon de chasseurs à pied étant posté dans la ferme qui se composait de deux maisons séparées qu'on avait crénelées et reliées par un retranchement.

Pendant la soirée du 17, pendant la nuit et enfin toute la matinée du 18, l'ennemi avait réuni des troupes et porté des batteries à Gravelotte et dans le ravin qui descend à Ars-sur-Moselle. Il avait même construit des batteries de position sur la crête que suit le chemin qui se dirige de Gravelotte vers les bois que nous occupions le 17 au matin (1). On devait donc s'attendre à une attaque de ce côté. En effet, vers midi, les batteries de position prussiennes ouvrirent un feu très vif, qui fut soutenu par d'autres batteries placées sur le mamelon de Gravelotte, entre le village et les bois ; en même temps, les tirailleurs ennemis se montraient à la lisière des bois et venaient même se poster assez près de la route, dans des carrières qui la longent pendant près de 200 mètres.

En prévision de cette attaque, j'avais, dans la matinée, fait placer la batterie de canons à balles près de la ferme (2). Une batterie divisionnaire fut mise à sa droite. Elles étaient protégées par des épaulements. Les batteries de la réserve étaient prêtes à prendre position en arrière.

Je disposai l'infanterie de la manière suivante : le 3e bataillon de chasseurs était toujours retranché dans la ferme et derrière le retranchement qui en reliait les deux bâtiments ; il y a tenu toute l'après-midi, protégeant l'artillerie et arrêtant les tirailleurs ennemis.

Les deux régiments d'infanterie de la 1re brigade furent, dès l'ouverture du feu, placés en arrière de la crête, de manière à ne pas souffrir du feu de l'artillerie.

La 2e brigade fut disposée en entier le long de la route, à partir de la ferme, le 77e venant ensuite. Les hommes étaient protégés par les déblais de l'autre côté de la route, qui formaient une véritable tranchée-abri pour eux. De là, ils observaient tout le terrain en avant du bois de Gravelotte, qui forme un vrai glacis en pente douce. Le 77e surveillait les bois situés en face de notre gauche qui, de ce côté, se rapprochent beaucoup de la route. Une partie du 76e fut placée en réserve, abritée par les petits ravins que forme le terrain.

L'artillerie ennemie entretenait contre nous un feu des plus vifs ; nos batteries produisaient peu d'effet contre celles mises en position ;

---

(1) Bois des Ognons.

(2) $\frac{12}{5}$.

celles de la réserve elles-mêmes n'obtenaient que peu de résultats. On dut retirer la batterie de canons à balles; le tir de l'ennemi étant assuré, chaque coup portait; elle eût été détruite.

Profitant de cet avantage, les colonnes prussiennes tentèrent de déboucher en avant des bois, sur le glacis qui monte à la route. Je dus alors faire renforcer ma 2ᵉ brigade et garnir la route à droite de la ferme. J'envoyai deux bataillons du 32ᵉ, gardant le troisième en réserve, plus deux bataillons du 55ᵉ (1). Le 76ᵉ, se sentant appuyé, exécuta alors une charge sur les tirailleurs prussiens postés dans les carrières et les y fusilla à bout portant. Cette charge fut fort bien conduite par le commandant Brauneck. Le 77ᵉ continuait à maintenir les tirailleurs cachés dans les bois; quatre batteries, placées en arrière, protégeaient du reste notre gauche. L'ennemi ne put parvenir à prononcer de ce côté son mouvement en avant.

Vers le soir, la lutte devint très vive à la ferme de Bellevue et à sa droite où se trouvait la 4ᵉ division du 3ᵉ corps. Le IIIᵉ bataillon du 32ᵉ fut envoyé pour soutenir les deux autres; le 55ᵉ se trouvait déjà en entier sur ce point.

Ces deux corps combattirent avec la brigade du 3ᵉ corps qui se trouvait à leur droite et se maintinrent là jusqu'à la nuit.

La 2ᵉ brigade conserva ses positions toute la nuit et ne se retira qu'au jour, pour effectuer sa retraite, qui devait être protégée par la brigade Lapasset.

J'avais rallié la 1ʳᵉ brigade en arrière, sur le chemin qui descend à Châtel-Saint-Germain. C'est là que je reçus l'ordre de me rendre à Longeville et de me mettre en route à 5 heures du matin.

Telle est la relation du combat du 18 août, en ce qui concerne la 1ʳᵉ division d'infanterie. Tous les corps qui la composent ont pris une large part à l'action et, d'une manière très énergique, ils ont bravement supporté le feu des batteries prussiennes.

L'artillerie a été, comme toujours, admirable de dévouement et de courage.

Le 3ᵉ bataillon (de chasseurs) s'est montré à hauteur de sa belle conduite dans les affaires précédentes.

Les 32ᵉ et 55ᵉ de ligne ont fait leur devoir.

La 2ᵉ brigade a fait le coup de feu toute l'après-midi; elle a tenu en respect les tirailleurs prussiens cachés dans les bois; le colonel du 77ᵉ

---

(1) Le Rapport confond fréquemment les dispositions prises dès le matin avec celles qui ne le furent qu'après l'ouverture du feu. Le 1ᵉʳ bataillon du 32ᵉ et les deux premiers du 55ᵉ avaient été déployés dès le matin.

a été blessé grièvement. L'officier d'ordonnance de M. le général Jolivet a reçu deux blessures. Cet officier général a été plein d'entrain et d'énergie et a pris les meilleures dispositions pour ne pas être entamé.

En résumé, la division a conservé ses positions; l'ennemi n'a pas abordé la route et ne s'y est établi qu'après notre départ.

Nos pertes sont de : 11 officiers blessés, 352 hommes tués, blessés ou disparus; 17 chevaux tués ou blessés.

Historique du 3e bataillon de chasseurs à pied (commandant Petit).

18 août.

Vers midi, les retranchements construits la veille par l'ennemi se garnirent subitement d'artillerie, et un feu des plus violents fut dirigé sur la position occupée par le bataillon. Les deux maisons (1) qu'il occupait furent incendiées et les batteries qui étaient à sa droite et à sa gauche, en partie démontées, durent se retirer. Le bataillon conserva sa position toute la journée et contribua, avec d'autres corps de la division, à repousser les attaques des troupes prussiennes; à 8 heures du soir, il fut relevé et alla bivouaquer dans le ravin en avant de Rozérieulles. Cette journée coûta, au bataillon, 50 hommes (?) tués ou blessés; parmi les derniers, il faut compter le commandant Petit qui eut le bras gauche fracturé par une balle et le capitaine Mignot blessé à la tête.

Rapport du colonel Merle, commandant le 32e de ligne.

Camp sous Metz, 20 août.

A midi, l'ennemi ouvrit le feu sur toute la ligne. Le régiment, campé en arrière de la route de Gravelotte à Metz et placé en réserve se retira un peu en arrière du mouvement de terrain qui était devant lui pour se mettre à l'abri des obus qui arrivaient devant son front (2).

Vers 2 heures, il se porta en bataille sur la route dont il garnit les fossés, et ouvrit son feu contre l'ennemi posté devant le bois qui était en face. Le mouvement du régiment fut aperçu par l'ennemi qui lança

---

(1) Du Point-du-Jour.

(2) D'après le Journal de marche de la division et d'après l'Historique du 32e (man. de 1871), le Ier bataillon fut déployé dans la matinée dans les fossés de la grande route et les IIe et IIIe furent, seuls, reportés derrière la crête.

aussitôt une grêle d'obus sur le terrain où se faisait ce mouvement. Le régiment garda sa position sur la route, faisant continuellement feu sur l'ennemi qui fut toujours tenu à distance.

A dix heures du soir, un nouveau régiment vint relever le 32e qui regagna sa première position où il bivouaqua jusqu'au jour; il suivit alors le mouvement général sur Metz.

Historique du 55e régiment d'infanterie (colonel de Waldner-Freundstein).

18 août.

A 10 heures du matin, les grand'gardes engagent un combat de tirailleurs assez vif. Le 55e quitte son camp et vient prendre sa position de combat; il est déployé, moins quelques compagnies conservées en réserve le long de la route de Verdun, à gauche de la ferme du Point-du-Jour, formant l'extrême gauche de sa ligne de bataille; il a à sa droite le 3e bataillon de chasseurs et les deux batteries d'artillerie qui, ayant leur gauche au Point-du-Jour, s'étendent dans la direction de la ferme de Moscou.

Le régiment est engagé de 10 heures du matin à 10 heures du soir dans une position très favorable; le combat, sur cette partie du champ de bataille, est purement défensif; deux ou trois compagnies seulement du IIe bataillon font une charge à la baïonnette pour charger les Prussiens qui s'étaient avancés jusque dans des carrières situées à 150 mètres environ en avant du front de la position.

Quoique engagé pendant douze heures et exposé à un feu des plus violents partant des bois de Vaux et de la batterie prussienne de Gravelotte, le régiment n'éprouve, grâce à son excellente position, que des pertes minimes : 3 officiers et 100 hommes (1) environ tués et blessés.

Vers 10 heures du soir, le feu ayant cessé, le régiment est relevé dans son poste de combat, et retourne bivouaquer dans son campement du matin.

Journal de marche de la 2e brigade de la 1re division (2).

18 août.

Le 18, à 9 h. 30 du matin, la brigade fut mise en position défensive sur la route de Metz à Verdun, vis-à-vis les plateaux faisant face à

---

(1) Chiffre très exagéré.
(2) Reproduction intégrale du Rapport du général Jolivet.

Rezonville, sa droite appuyée à l'embranchement de l'ancienne et de la nouvelle route, et à quelque distance d'une ferme occupée par les chasseurs à pied, près de laquelle une batterie d'artillerie avait été établie.

Le 76ᵉ était en réserve et avait envoyé sur cette droite quelques compagnies pour renforcer les grand'gardes. Le 77ᵉ formait la gauche, vis-à-vis les bois occupés par les Prussiens, sur une étendue d'environ 1800 mètres en arrière des retranchements formés par les déblais des fossés de la route. Les hommes s'y firent de petites embuscades, derrière lesquelles ils étaient bien défilés.

Entre le front de ces régiments et les bois se trouvaient des carrières dont les talus étaient extrêmement rapides, surtout du côté de l'ennemi. L'une de ces carrières était occupée par un bataillon prussien (?).

A midi, de fortes colonnes sortaient du bois pour se porter, non sur notre front, mais du côté de la route de Conflans passant derrière le village de Gravelotte et paraissant vouloir faire un mouvement tournant vers la droite de l'armée, dans la direction occupée par le 3ᵉ corps.

De nombreuses vedettes ennemies sortaient du bois, parcouraient le plateau, sans doute pour signaler nos mouvements.

La batterie d'artillerie divisionnaire commença alors une forte canonnade sur les troupes qui étaient en arrière de Gravelotte. Je ne crois pas que cette canonnade ait produit beaucoup d'effet.

A ce moment, l'ennemi paraissait plus nombreux et, derrière les tirailleurs prussiens, postés dans les bois et dans les carrières, on vit sortir une forte colonne d'infanterie qui s'arrêta à 150 mètres environ en avant du bois, derrière un pli de terrain qui les garantissait à peu près de nos projectiles. Nos hommes, bien embusqués, ne bougèrent pas et répondirent à leur feu.

J'ordonnai alors aux deux bataillons du 76ᵉ qui formaient ma réserve de se placer sur la ligne des avant-postes, leur droite appuyée au bataillon de chasseurs qui occupait la maison. Mais l'ennemi était trop près de nous pour ne pas chercher à le débusquer (le 76ᵉ).

Comprenant l'importance de la position, je donnai l'ordre au commandant de Brauneck, du 76ᵉ, dont le bataillon était placé vis-à-vis des carrières, de se lancer en avant et de tâcher de séparer le bataillon qui se tenait dans les carrières du reste de la colonne qui se trouvait vis-à-vis du bois. Ce mouvement eut un plein succès, détermina la retraite de la colonne prussienne dans le bois, et le bataillon qui s'était imprudemment engagé dans les carrières fut presque entièrement anéanti.

Cette position avancée fut maintenue jusqu'à la fin de la journée.

L'ennemi, qui avait établi deux batteries au coin du bois et sur la route de Conflans, nous envoyait des obus pour tâcher de désorganiser notre ligne ; ces obus nous firent peu de mal.

Pendant l'action de la gauche, une vive canonnade avait lieu vers la droite ; une batterie divisionnaire, placée à la droite de la ferme occupée par les chasseurs à pied, était démontée et la maison incendiée un moment après. Les hommes qui l'occupaient purent en sortir sans accident. Quelques-uns d'entre eux furent blessés par des éclats de pierres ou d'obus. La batterie de mitrailleuses, qui était venue remplacer la batterie divisionnaire, n'était pas placée dans une position avantageuse et dut se retirer sous le canon ennemi, dont les boulets ne cessaient de tomber aux environs de la ferme. La ligne se trouva ainsi dégarnie d'artillerie et celle de l'ennemi resta en position et continua ses feux jusqu'à la fin de la journée.

Vers 6 heures, la colonne ennemie, qui avait été refoulée dans les bois, n'en sortait plus et se contentait de tirer de la lisière ; mais à droite, une forte colonne d'infanterie s'avançait dans la direction de la ferme et paraissait vouloir forcer notre ligne. Elle marchait avec le plus grand ordre et sans tirer (1).

A environ 700 ou 800 mètres, j'allais faire exécuter des feux de de peloton, lorsque plusieurs officiers et un grand nombre d'hommes vinrent me dire que c'étaient des chasseurs à pied du 3e corps qui se rabattaient sur nous après avoir refoulé les régiments ennemis. Je fis alors suspendre le feu sur toute la ligne. Mais, apercevant un drapeau prussien au milieu d'un des régiments, je reconnus l'erreur et fis immédiatement exécuter des feux à commandement qui produisirent un effet terrible, car la colonne ennemie se trouvait à environ 300 mètres de nous. Elle fut obligée de battre tout de suite en retraite dans la direction de Gravelotte. Je ne crus pas devoir la faire poursuivre, ayant reçu l'ordre de me tenir continuellement dans une position défensive.

Jusqu'à 9 heures, la fusillade continua, mais à grande distance et sans qu'il y eut beaucoup de blessés de notre côté.

Pendant l'action, plusieurs régiments avaient été envoyés pour nous soutenir. Les uns furent employés à renforcer la ligne, les autres placés en réserve. Le nombre de ces régiments envoyés comme soutien était bien trop élevé et n'a servi, pendant quelque temps, qu'à amener une confusion qui aurait pu nous être fatale, car plusieurs corps arrivant à la nuit sur le théâtre de l'action, ont commencé à tirer bien avant qu'ils fussent sur la ligne de défense, et j'ai eu ainsi plusieurs hommes atteints par des balles françaises. La nuit fut assez calme. Les Prussiens, avec des lanternes, en profitèrent pour ramasser leurs morts.

---

(1) Sans doute la 32e brigade, mais après 7 heures seulement.

Historique du 76ᵉ régiment d'infanterie (colonel Brice).

18 août.

Le 18, dès 4 heures du matin, les grand'gardes commencèrent à tirailler et prévinrent que des forces considérables défilaient devant elles.

C'était, en effet, l'armée prussienne tout entière qui, n'ayant pas considéré la journée du 16 comme décisive, avait résolu de nous attaquer de nouveau. A cet effet, l'ennemi avait réuni, par des marches convergentes, huit corps d'armée présentant un effectif de 230,000 hommes et se portait avec ces masses à l'attaque de nos positions défendues par environ 125,000 combattants.

A 8 h. 30, nos grand'gardes sont obligées de reculer et de venir s'appuyer sur les régiments de la 1ʳᵉ brigade (Valazé).

A 11 heures, la canonnade commence; le 76ᵉ reçoit l'ordre de se porter en avant; le Iᵉʳ bataillon, avec le 77ᵉ de ligne, s'établit le long des fossés de la route de Verdun, à la gauche des maisons du Point-du-Jour; les excavations de ces fossés sont pour nos troupes une tranchée toute faite. Le IIᵉ et le IIIᵉ bataillon sont placés en réserve, un peu en arrière, dans le pli du terrain formé par le ravin qui descend vers Rozérieulles.

Devant nous, de l'autre côté du ravin, le terrain est nu et forme une espèce de glacis de près d'un kilomètre de largeur, qui remonte en pente douce vers les bois de Vaux et de Gravelotte, alors occupés par l'ennemi. Au milieu de ce terrain se trouvent des carrières dans lesquelles l'ennemi avait envoyé quelques tirailleurs. Vers 3 h. 30, le 33ᵉ régiment prussien, sortant des bois, parut vouloir occuper ces carrières et menacer notre gauche. Une charge vigoureuse à la baïonnette, conduite par le commandant de Brauneck, qui montra dans cette circonstance la plus grande énergie, et exécutée par une partie du 1ᵉʳ bataillon, les força à reculer. Ils abandonnèrent dans les carrières un assez grand nombre des leurs, qui furent tous massacrés ou faits prisonniers par nos soldats.

Dès le commencement de ce mouvement, le IIᵉ bataillon avait reçu l'ordre de se porter en avant, ne laissant en réserve que le IIIᵉ bataillon, qui vint s'établir, en dernière ligne, derrière la gauche de la position. Pendant toute la journée, nos feux de mousqueterie et celui des mitrailleuses arrêtèrent les colonnes ennemies, qui ne purent déboucher du bois de Vaux et du ravin de Gravelotte. A la tombée de la nuit, l'ennemi tenta un dernier effort; une forte colonne, profitant de l'obscurité, s'approcha de nous, vers notre droite; il y eut d'abord de l'hésitation à reconnaître que c'était l'ennemi; mais, dès qu'on put le distinguer, un feu violent de mousqueterie l'accueillit à 400 mètres et dut lui causer des pertes considérables, car on ne le revit plus.

Vers 9 h. 30, alors que la nuit était complètement venue, une tentative semblable se produisit devant le front du 77ᵉ de ligne et vers la gauche du 76ᵉ ; il s'ensuivit une fusillade très vive qui ne s'éteignit complètement que vers 10 h. 30.

La brigade Jolivet reçut l'ordre de passer la nuit sur les positions qu'elle occupait, pendant que la 1ʳᵉ brigade descendait dans le ravin pour y établir son bivouac. On essaya d'établir une grand'garde du 76ᵉ dans la ferme de Moscou, mais l'incendie qui, pendant toute la journée, avait dévoré ses bâtiments, éclairait encore de ses sinistres lueurs le terrain environnant, de sorte que nos soldats furent aperçus par l'ennemi, qui se mit aussitôt à tirailler et les força de se retirer.

En résumé la journée du 18 fut glorieuse pour le 2ᵉ corps, qui vit échouer devant sa résistance énergique et calme toutes les entreprises de la Iʳᵉ armée prussienne contre son importante position du Point-du-Jour.

Dans cette grande lutte, où l'armée française avait combattu en si forte disproportion numérique, presque un contre deux, les pertes des Allemands furent énormes ; les nôtres furent relativement peu considérables. Pour le 76ᵉ, elles s'élevèrent à 5 officiers et 46 hommes tués, blessés ou disparus.

MM. Caillot, capitaine adjudant-major, blessé ; Biset, capitaine, contusionné ; Piedanna, lieutenant, contusionné ; Crouan, lieutenant, blessé ; Malick, sous-lieutenant, contusionné.

En outre furent cités à l'ordre du jour de l'armée du Rhin, pour leur conduite dans cette journée :

MM. de Brauneck, chef de bataillon ; Ferey, capitaine.

Historique du 77ᵉ régiment d'infanterie (colonel Février).

18 août.

Dans la matinée du 18, on vit l'ennemi s'avancer en masses profondes, vers Saint-Privat, Amanvillers et Saint-Hubert ; on prit presque aussitôt les dispositions nécessaires pour les recevoir.

Le IIIᵉ bataillon, qui avait été placé en grand'garde pendant la journée de la veille, se porta en réserve sur les crêtes en arrière de la route, surveillant la gauche de la ligne et fut remplacé par les 1ᵉʳ et IIᵉ bataillons, qui occupaient l'espace compris entre la ferme Saint-Hubert et les hauteurs de Jussy, la gauche dans la direction de Rozérieulles ; ces bataillons, établis dans les fossés de la route, eurent à supporter toute la journée une vive fusillade dans laquelle des bandes de tirailleurs prussiens, embusqués dans la forêt de Vaux et masqués aux nôtres par un pli de terrain, nous tuèrent ou blessèrent un assez grand nombre d'hommes ; le III⁰ bataillon envoya dans l'après-midi quatre compagnies qui s'établirent à la gauche du II⁰ bataillon.

Une compagnie du III⁰ bataillon (M. Girons, capitaine) avait été placée en grand'garde en avant de notre ligne dans une carrière qui se trouvait à environ 100 mètres du bois de Vaux occupé par l'ennemi.

Vers midi, cette compagnie fut vivement attaquée ; elle soutint le feu de l'ennemi pendant plus de trois heures, lui faisant éprouver des pertes sensibles ; elle fut obligée de faire renouveler ses cartouches ; cependant l'ennemi s'avançait toujours, gagnant du terrain en avant, sur la droite et sur la gauche, en s'abritant derrière les nombreux obstacles qui se trouvaient sur son chemin.

Vers 4 h. 30, le commandant de la compagnie, menacé d'être enveloppé, fit mettre la baïonnette et sonner la charge ; ce mouvement appuyé vigoureusement par les 1ʳᵉ et 2ᵉ compagnies du Iᵉʳ bataillon qui s'étaient portées bravement en avant en entendant la charge eut un plein succès ; l'ennemi fort de 300 hommes au moins se retira précipitamment de la carrière en laissant entre nos mains plusieurs prisonniers non blessés.

Quelque temps avant, vers 3 heures de l'après-midi, le commandant du régiment, colonel Février, avait été grièvement blessé.

Dans la soirée, les Prussiens tentèrent à plusieurs reprises de déboucher en force des bois qui leur servaient d'abri, mais chaque fois, accueillis par un feu bien dirigé, ils durent battre en retraite ; ceux d'entre eux qui réussirent à s'approcher de nos lignes furent vivement chargés à la baïonnette et laissèrent le terrain jonché de leurs morts. Vers 9 heures du soir, le reste du II⁰ bataillon fut appelé pour soutenir notre gauche ; à ce moment les Prussiens réitérèrent leur tentative, et à la faveur de l'obscurité arrivèrent jusqu'à une très faible distance de la route, dans les fossés de laquelle était établi le III⁰ bataillon (commandant Lemontagner).

La fusillade s'engagea presque à bout portant, et l'ennemi décimé dut encore une fois abandonner le terrain et rentrer précipitamment dans le bois de Vaux.

Tous les efforts de l'ennemi sur notre gauche avaient ainsi complètement échoué, grâce à la vigoureuse défense de la 1ʳᵉ division.

Ce ne fut que plus tard que nous pûmes nous rendre un compte exact du plan de l'ennemi, plan qui, s'il eût réussi, ne tendait à rien moins qu'à nous couper entièrement la retraite sur Metz et nous rejeter sur le gros de l'armée ennemie ; le meilleur garant de la ténacité de la défense de la gauche française est l'état-major prussien lui-même qui dit en propres termes dans son rapport sur la journée du 18 :

« Tous les efforts de notre droite vinrent se briser contre des tranchées-abris admirablement défendues. »

(On avait à la hâte exhaussé les talus bordant la route et c'est ce qui explique le mot tranchées-abris dont se sert le rapport allemand.)

Dans cette bataille meurtrière où l'artillerie, comme toujours, joua le premier rôle, où le régiment sut encore conserver ses positions, M. Février, colonel, fut grièvement blessé ; M. Boucherot, sous-lieutenant, également blessé : 190 (1) sous-officiers, caporaux et soldats, tués, blessés et disparus.

Historique de la 9ᵉ compagnie de sapeurs du 3ᵉ régiment du génie (1ʳᵉ division).

18 août.

A Gravelotte, la compagnie exécute dans la matinée des retranchements et des épaulements au bord de la route, près de la maison du Point-du-Jour qu'elle fortifie. Vers 10 heures, les Prussiens commencent à tirer sur les épaulements encore inachevés ; les artilleurs pressés de répondre à l'ennemi, se mettent d'eux-mêmes au travail pour aider les sapeurs, et la tâche est terminée en quelques minutes. La compagnie resta ensuite simple spectatrice de la bataille. Le soir, elle bivouaqua sur un revers de terrain, à peu près abritée des projectiles qu'on entendit siffler toute la nuit.

2ᵉ DIVISION (FAUVART-BASTOUL).

Journal de marche de la 2ᵉ division (2).

18 août.

Le 18 août, la division était établie le long de l'ancienne voie romaine, formant la corde de l'arc que forme la route de Metz à Verdun, entre le moulin de Longeau et la ferme du Point-du-Jour : la 1ʳᵉ brigade le long de cette voie, la 2ᵉ occupant la lisière du bois de Châtel-Saint-Germain. L'artillerie avait placé deux de ses batteries, dont les mitrailleuses, en arrière du talus de la voie romaine, qui constituait un excellent parapet. La troisième se trouvait sur les pentes occidentales du mamelon de Jussy, occupé par la brigade Lapasset. Toutes les pièces observaient les débouchés des bois de Vaux.

---

(1) Chiffre très exagéré.
(2) Reproduction intégrale du rapport du général Fauvart-Bastoul.

A midi et demi, au premier coup de canon, la 1re brigade est déployée sur deux lignes, à 100 mètres l'une de l'autre. Toutes les troupes sont placées derrière leurs faisceaux, prêtes à marcher. D'après les instructions du général commandant la division, la compagnie du génie, aidée par des travailleurs du 23e de ligne, creuse une tranchée-abri parallèle aux crêtes, dans laquelle le 12e bataillon de chasseurs prend position.

Vers 2 heures, le général de division, commandant le corps d'armée, donne l'ordre de soutenir la division Vergé, placée en première ligne. Le 23e de ligne est aussitôt porté en avant et occupe, par deux bataillons, une position à la droite de la route de Verdun et un peu en arrière de la crête, tandis que le IIIe bataillon s'établit sur la gauche, vers la ferme du Point-du-Jour.

A 2 h. 30, sur la demande instante du général commandant la 1re division, la batterie de mitrailleuses (1) (capitaine Dupré) est dirigée sur le Point-du-Jour, pour y battre, dit-on, des colonnes ennemies en retraite. Mais cette batterie, accueillie par un formidable feu croisé de mousqueterie et de batteries prussiennes de position, après avoir pu tirer deux salves seulement, avait en quelques minutes perdu 23 chevaux tués et deux caissons qui avaient sauté. Un bataillon du 23e et le 12e bataillon de chasseurs, aussitôt lancés comme soutiens, secondèrent les énergiques efforts du commandant Collangettes de l'artillerie, et du capitaine Dupré, pour enlever les mitrailleuses, malgré le manque d'attelages et les reporter en arrière. Aussitôt la batterie dégagée, le bataillon du 23e et le bataillon de chasseurs furent placés sur la route de Verdun, le premier à droite, derrière un épaulement formé par le revers du fossé ; le deuxième à gauche des maisons, couvert également par les tranchées de la route.

A 6 h. 30, le 23e de ligne, qui avait été toute l'après-midi en position, fut relevé par le 8e, dont le colonel, presque aussitôt blessé grièvement, est obligé de laisser à un capitaine le commandement du régiment.

Le 66e de ligne, qui avait conservé toute la journée son emplacement sur la lisière du bois, reçut, à 7 heures, l'ordre de se porter sur les positions, à hauteur de la ferme incendiée. Le colonel Ameller allait y installer deux bataillons, lorsque le général Sanglé-Ferrière, qui commandait la ligne, le fit prévenir qu'il n'avait pas besoin de renfort. Cependant, comme les troupes, composées de différents corps, qui étaient à sa disposition, se retiraient peu à peu, elles furent remplacées par le 1er bataillon du 66e à la droite, et le IIIe bataillon à la gauche

---

(1) $\frac{9}{5}$.

de la ferme du Point-du-Jour. Le II⁰ bataillon restant en soutien à 200 mètres en arrière. C'est dans cette position que le 66⁰ passa la nuit.

Le 67⁰ de ligne avait occupé les tranchées-abris après le départ des chasseurs à pied (1). Il se maintint toute la nuit sur cette ligne, prêt à porter son appui partout où il serait nécessaire.

Les 7⁰ et 8⁰ batteries du 5⁰ régiment, dans les positions qu'elles occupaient, ont pu tirer quelques coups heureux sur les troupes ennemies qui sortaient du bois.

En résumé, sans être sérieusement engagée, la division a soutenu efficacement les troupes du 2⁰ et du 3⁰ corps d'armée engagées en avant d'elle.

Les pertes sont sensibles : parmi les officiers 1 tué, 10 blessés ; dans la troupe, 5 tués, 106 blessés, 46 disparus (2). Parmi les blessés, il y a actuellement à signaler le colonel Haca, du 8⁰ de ligne, assez gravement atteint pour que l'amputation de l'avant-bras soit nécessaire.

Rapport du général Mangin, commandant la 1ʳᵉ brigade de la 2⁰ division.

18 août.

La brigade campée en première ligne de la division et en deuxième ligne du corps d'armée dans une position à peu près parallèle à la route de Verdun, reçut au premier coup de canon l'ordre de rester couchée derrière ses faisceaux, après s'être au préalable déployée sur deux lignes, à 100 mètres l'une de l'autre de manière à offrir le moins de prise aux projectiles de l'ennemi.

23⁰ de ligne. — Le 23⁰, qui était en seconde ligne, reçut vers 2 heures l'ordre de se porter en avant pour soutenir la division Vergé placée en première ligne et aux prises avec l'ennemi.

Notre feu d'artillerie avait à peu près cessé sur le plateau. La position y était intenable pour les servants et pour les chevaux, par suite des projectiles ennemis de toutes sortes (boîtes à balles et obus) envoyés par une batterie de position ennemie, composée, dit-on, de dix-huit pièces de gros calibre.

Ce régiment fut obligé de rester couché à plat ventre, deux bataillons occupant une position à droite, un peu en arrière de la crête, et le troisième se portant à gauche, pour soutenir une batterie de mitrailleuses très compromise.

Ce bataillon servit à les dégager, leurs attelages étant à peu près

---

(1) C'est-à-dire vers 3 heures.
(2) Chiffres approximatifs.

détruits ; il se plaça ensuite sur la route de Verdun, derrière un épaulement formé par le fossé. Une compagnie creusa une tranchée-abri, et occupa ensuite une batterie à embrasure sur la route de Verdun.

Dans cette position, le capitaine s'étant porté en avant avec quelques hommes fut tué, deux de ses hommes blessés, et le reste obligé de se replier derrière l'épaulement.

Vers 6 heures du soir le régiment, relevé par le 8e, avait à peine commencé son mouvement de retraite, que le général en chef, entendant une recrudescence assez vive dans la canonnade ennemie, le fit rétrograder, et servir de ligne de soutien au 8e. Dans ces différents mouvements, qui attirèrent malheureusement l'attention de l'ennemi, deux capitaines furent blessés grièvement et plusieurs hommes tombèrent.

12e bataillon de chasseurs. — Le bataillon de chasseurs qui tenait la droite, reçut vers 3 heures l'ordre de se porter au secours des mitrailleuses, vers les deux maisons appelées le *Point-du-Jour*, sur la route, à l'une desquelles l'ennemi avait déjà mis le feu. A son arrivée, la dernière mitrailleuse se retirait. Le commandant plaça alors son bataillon à gauche des maisons, derrière les tranchées de la route, déjà occupées par des hommes d'autres corps. Il y resta pendant six heures, jusqu'au moment où un officier supérieur du 66e vint dire au commandant qu'il venait le relever, ce que celui-ci eut tort de faire, n'en ayant pas reçu l'ordre de son général. Pas un homme de ce bataillon ne quitta sa position, malgré les mouvements de retraite par trop précipitée qui eurent lieu à droite et à gauche.

8e régiment de ligne. — Le 8e de ligne était en réserve, lorsqu'il reçut à 7 heures du soir l'ordre de relever le 23e de ligne. Dans ce malheureux mouvement, le colonel fut immédiatement blessé sérieusement à la main et obligé de laisser le commandement de son régiment à un capitaine, qui amena son régiment avec un ordre suffisant, dans les abris qui garnissaient la position, malgré les difficultés éprouvées par cet officier pour faire déloger de ces abris des hommes de tous les corps, qui, y ayant épuisé toutes leurs cartouches, refusaient de battre en retraite pour ne pas avoir à traverser le terrain couvert de feux en arrière.

Un mouvement offensif de l'ennemi fut arrêté par le feu de ce régiment.

Vers la nuit, le capitaine commandant le second bataillon, par mesure de prudence, donna l'ordre au drapeau de se porter dans une tranchée à 50 mètres en arrière.

A ce moment une charge exécutée par un bataillon du 85e, et bientôt repoussée, produisit par son insuccès un mouvement en arrière, bientôt contenu. Un peu plus tard, une sorte de panique se produisit au moment où le 66ᵉ se portait en avant, sans autre cause assignable que le départ précipité des retardataires de tous les corps Une fraction minime de ce régiment se laissa malheureusement entraîner. Mais les positions confiées au 8ᵉ ne furent pas compromises et restèrent garnies par un nombre d'hommes suffisant.

Le général, se portant lui-même au point où avait eu lieu cette panique, rétablit l'ordre et plaça ce régiment en arrière de la ferme de Moscou, en attendant le jour.

Dans cette journée, tout le monde a fait son devoir, et il faut savoir tenir compte du manque complet du colonel et du lieutenant-colonel dans les deux régiments, et des difficultés que le capitaine, commandant le 8ᵉ de ligne, à dû éprouver pour maintenir son régiment dans une position aussi délicate (1).

Dans cette journée, les pertes sont (2) :

12ᵉ *bataillon de chasseurs*. — 2 officiers tués, 2 hommes tués, 28 blessés ou disparus.

8ᵉ *régiment de ligne*. — 4 officiers blessés, 2 hommes tués et 44 blessés ou disparus.

23ᵉ *régiment de ligne*. — 1 officier tué, 3 blessés, 1 homme tué et 57 blessés ou disparus.

Ce qui fait un total de 144 atteints.

Historique du 12ᵉ *bataillon de chasseurs* (*commandant Jouanne Beaulieu*).

18 août.

Les débris du 12ᵉ bataillon sont de soutien à l'artillerie à la bataille de Saint-Privat, près de la ferme de Saint-Hubert. Ils parviennent à maintenir l'ennemi à bonne distance des pièces, et s'acquittent de leur rôle sans subir de nouvelles pertes sérieuses.

Historique du 8ᵉ *régiment d'infanterie* (*colonel Haca*).

18 août.

Il était midi lorsque retentit le premier coup de canon ; bientôt, d'après la vivacité de la canonnade, il fut évident qu'une bataille générale s'engageait.

---

(1) Le colonel et le lieutenant-colonel du 23ᵉ avaient été blessés le 16 août.

(2) Chiffres approximatifs.

La 2ᵉ division devant former la réserve du 2ᵉ corps, les bataillons du 8ᵉ reçurent l'ordre de se coucher à terre sur le lieu même de leur campement et d'observer les bois de Vaux que l'ennemi occupait et d'où il pouvait essayer de tourner la gauche de l'armée française entre Jussy et le Point-du-Jour. Le régiment resta dans cette position jusqu'à 6 heures du soir.

En première ligne, à 900 ou 1000 mètres en avant du 8ᵉ, se trouvait sur la route de Verdun la brigade Lapasset, couverte par des tirailleurs embusqués dans des tranchées-abris ; pendant toute la journée, on vit ces tirailleurs échanger une fusillade plus ou moins vive avec ceux de l'ennemi qui garnissaient la lisière des bois de Vaux ; les Prussiens essayèrent plusieurs fois de se porter en avant, mais ils durent toujours se replier devant le feu des Français. Ces démonstrations furent, en résumé, sans importance.

Les grandes attaques de l'ennemi étaient dirigées contre le plateau des Génivaux, qui est situé entre le ravin de la Mance et celui de Châtel, au Nord du Point-du-Jour et surtout contre la droite française qui défendait les bois de Jaumont et les villages de Saint-Privat, de Sainte-Marie-aux-Chênes et d'Amanvillers.

La division Vergé défendait la partie Sud du plateau des Génivaux vers l'auberge de Bellevue. Pendant toute la journée, les Prussiens couvrirent d'obus les positions françaises.

Ils réussirent à s'emparer du plateau des Génivaux, mais toutes leurs tentatives pour dépasser le ravin de la Mance furent infructueuses. Ils éprouvèrent des pertes énormes.

La journée se passa pour le 8ᵉ à attendre l'ordre de marcher en avant et à recevoir des obus et des balles perdues.

Cependant, vers le soir, le 23ᵉ d'abord, puis le 8ᵉ, reçurent l'ordre d'aller au Point-du-Jour relever les troupes de la division Vergé, qui combattaient depuis midi.

Il était 7 heures du soir environ lorsque le 8ᵉ rompit en colonne par peloton et se mit en marche la droite en tête, en longeant le côté droit de la voie romaine. Il déboucha bientôt après sur la partie du plateau qui se trouve à l'Est des fermes de Leipzig et de Moscou, et au Nord de l'auberge de Bellevue.

Le colonel Haca indiquait la direction à suivre au guide de la tête, lorsqu'une balle lui brisa la main droite. Tous les officiers supérieurs du 8ᵉ étant tués ou blessés, il remit le commandement du régiment au capitaine Francot.

Le capitaine adjudant-major Lacapelle prit le commandement du Iᵉʳ bataillon ; le capitaine Turc commandait le IIᵉ depuis la mort de M. Avril de l'Enclos à Spicheren, et le capitaine Loubeyre le IIIᵉ depuis la blessure du commandant Colonna à Rezonville.

Le 8ᵉ se forma vers la gauche en avant en bataille; le Iᵉʳ bataillon fut déployé à la droite de la voie romaine, un peu en arrière de l'angle droit que fait la route de Verdun avant de franchir le défilé de la Mance. Les IIᵉ et IIIᵉ bataillons furent placés sur la route de Verdun, au Sud de la voie romaine.

La nuit tombait; les fermes de Moscou, de Leipzig et de Bellevue incendiées projetaient leurs lueurs sur le champ de bataille jonché de cadavres.

En ce moment, la droite française évacuait Saint-Privat-la-Montagne; Steinmetz voulut tenter un dernier effort contre la gauche. Vers 8 heures, les Prussiens ouvrirent contre le plateau un feu terrible; les hauteurs de Gravelotte semblaient embrasées par les éclairs des batteries; pendant une demi-heure, le sol fut bouleversé par les obus. Les bataillons, couchés, supportèrent cette rude épreuve sans en être ébranlés, et lorsque l'infanterie prussienne s'avança à l'attaque des positions, marchant principalement sur les IIᵉ et IIIᵉ bataillons, elle fut accueillie par une telle fusillade qu'elle se rejeta vivement dans les ravins, en couvrant sa retraite par une mousqueterie très vive; puis le feu s'éteignit de part et d'autre.

On n'entendait plus au loin que des sonneries de ralliement et, de temps en temps, des coups de mitrailleuses. La nuit était très obscure. Vers 9 h. 30, tout à coup, l'infanterie prussienne rouvrit le feu. Le 8ᵉ et les autres régiments ripostèrent. En ce moment, et sans que la situation se fut aggravée, un grand désordre se manifesta aux abords de la route de Verdun; 3,000 ou 4,000 hommes de différents corps se rejetaient vivement sur les lignes françaises.

Fort heureusement, des officiers énergiques se jetèrent au milieu d'eux et, afin d'empêcher de tirer, firent mettre la baïonnette au canon et sonner la charge; cette masse confuse s'arrêta, puis, changeant de sentiment, s'avança vigoureusement en poussant de grands cris. Mais déjà les Prussiens se retiraient fusillés par les troupes qui avaient conservé leurs positions et parmi lesquelles figuraient heureusement la plus grande partie des IIᵉ et IIIᵉ bataillons du 8ᵉ et le Iᵉʳ bataillon entier.

Vers 11 heures du soir, on échangea encore quelques coups de fusil avec les Prussiens, puis le calme revint.

Dans ce combat, le régiment, quoique très exposé, ne perdit que 46 hommes tués ou blessés, grâce aux tranchées-abris, aux fossés dans lesquels les IIᵉ et IIIᵉ bataillons furent abrités et à la position couchée employée par le Iᵉʳ bataillon.

Outre le colonel Haca, MM. Turc et Raffarra, capitaines, furent également blessés et le dernier mourut de sa blessure. Le 8ᵉ ne perdit aucun prisonnier.

Historique du 23ᵉ régiment d'infanterie (lieutenant-colonel de Linière).

18 août.

L'ennemi avait déjà réussi à empêcher notre marche sur Verdun et, en nous livrant la bataille de Saint-Privat, il continue son œuvre en rejetant complètement dans le camp retranché de Metz l'armée française.

La bataille de Saint-Privat commença vers midi. La 1ʳᵉ division du 2ᵉ corps fut d'abord engagée. Le 23ᵉ fut envoyé, vers 2 heures de l'après-midi, pour la soutenir. Malgré un feu formidable d'artillerie qui balaye nos positions, le régiment se porte résolument en avant, le Iᵉʳ et le IIᵉ bataillon se déploient à sa droite, sur la crête du plateau, le IIIᵉ bataillon prend position près de la ferme Saint-Hubert (1), sa gauche se prolongeant sur la route de Metz du côté de Rozérieulles; des tirailleurs entretiennent avec l'ennemi un feu nourri. Vers 6 heures du soir le 8ᵉ vient renforcer nos lignes. A ce moment l'ennemi fait déboucher sur notre gauche des forces considérables qui sont arrêtées par le feu du IIIᵉ bataillon.

Telle fut la part que prit le régiment à cette bataille. On sait comment, à la fin de la journée, le XIIᵉ corps ennemi tourna notre aile droite, attaqua de flanc le corps Canrobert qui, exténué de la lutte acharnée qu'il avait dû soutenir contre la Garde prussienne, fut forcé de battre en retraite. Ce mouvement, que l'arrivée de la Garde aurait pu empêcher, nous força au milieu de la nuit à abandonner nos positions, que l'ennemi n'avait pu enlever, et à nous retirer, en silence, sous le canon de Metz.

A la bataille de Saint-Privat, les capitaines La Chesnais, Achard, le sous-lieutenant Bazin furent tués; le capitaine Dario fut blessé de nouveau. Pour la troupe les pertes furent de 11 tués et 47 blessés.

Rapport du colonel Ameller, commandant le 66ᵉ de ligne.

Pendant toute la journée du 18, le régiment conserva sa position de bivouac sur la lisière Ouest du bois qui bornait, à l'Est, l'emplacement du camp de la 2ᵉ division; la troupe en arrière des faisceaux, prête à marcher au premier ordre.

---

(1) *Lire :* Point-du-Jour.

Vers 6 h. 30 du soir, ordre me fut donné d'aller relever dans ses positions, à droite et à gauche de la ferme incendiée (1), mais à droite surtout, le 8ᵉ de ligne dont le colonel venait d'être blessé et qui restait par ce fait sans officier supérieur pour le commander.

Je me mis en route immédiatement pour me conformer aux ordres que j'avais reçus. Le régiment une fois abrité contre le talus de la route parallèle, à 200 mètres environ du rideau de peupliers (2), j'expédiai successivement le Iᵉʳ, puis le IIᵉ bataillon. Dès l'envoi de ce premier renfort le général Sanglé-Ferrière, qui se trouvait avec des troupes plus que suffisantes à la maison brûlée, me fit prier de cesser l'envoi de renforts et d'aller lui parler : ce que je fis sans retard en arrêtant en route le IIᵉ bataillon du 66ᵉ que je venais de lancer. Le général Sanglé-Ferrière me dit que loin d'avoir besoin de renforts, il y avait encombrement de troupes et qu'il me priait de retirer les miennes ; ce que je fis incontinent, en le prévenant que j'allais rendre compte de cette disposition à mon général de brigade qui m'avait envoyé, et que néanmoins j'allais me tenir à sa disposition, avec mon régiment, derrière le talus de la route. Cela fut exécuté ainsi. Mais petit à petit, la plupart des troupes mélangées qui formaient la masse dont se plaignait le général, se retiraient, battant en retraite avec ou sans ordre. Aussi le général Sanglé ne tarda-t-il pas à m'envoyer son aide de camp pour me prier de relever, avec mes troupes, le peu qui finissait par lui rester dans ses embuscades. J'envoyai immédiatement le Iᵉʳ bataillon du 66ᵉ à la droite, et le IIIᵉ bataillon à la gauche de la maison brûlée, en le faisant prévenir que je me tenais en réserve avec le IIᵉ bataillon à 200 mètres en arrière. La nuit se passa dans ces conditions. Vers minuit (?) une panique insensée s'empara des troupes mélangées placées à la droite de mon Iᵉʳ bataillon et traversa en courant le plateau sur lequel nous étions, dans le désordre d'un sauve-qui-peut général. J'ai la satisfaction de pouvoir affirmer que mes trois bataillons restèrent à leur poste sans se laisser influencer, et en se conformant aux ordres impératifs des officiers, et que les deux bataillons en position ne brûlèrent même pas une amorce.

Peu après, le général Mangin, traversant ma ligne, venait replacer les fuyards dans leurs positions respectives (c'étaient donc, je crois, des troupes de sa brigade). Le reste de la nuit se passa sans autre incident, et vers 4 heures je reçus l'ordre, auquel je me conformai sans retard, de battre en retraite sur Longeville.

Quoique le régiment n'ait pas été précisément engagé, je regrette

---

(1) Le Point-du-Jour.
(2) Bordant la grande route.

d'avoir à signaler quelques blessés pendant que les bataillons se rendaient à leur position.

Le lieutenant Demazière de Chambon a eu la cuisse traversée par une balle. Huit ou dix hommes de troupe environ reçurent également des blessures, dont une assez grave, celle du sergent Drion, frappé par devant ; il est tombé, la balle étant allée se loger dans la colonne vertébrale, croit-on, et n'a pu encore être extraite.

Rapport du colonel Thibaudin, commandant le 67e de ligne.

A la bataille du 18 août, le 67e de ligne, formé en arrière de la 1re division du corps d'armée, est resté en réserve une partie de la journée. A 4 heures du soir (?), l'ennemi ayant prononcé un fort mouvement offensif sur la gauche de la 1re division, où une batterie de mitrailleuses en position paraissait courir quelques dangers, le régiment, formé en bataille, fut porté, par ordre du général Bastoul, contre l'ennemi en prenant pour direction la maison en feu située sur la grande route, dont les troupes de la 1re division occupaient encore les abords (1). Après avoir dépassé les batteries du plateau et les tranchées-abris auxquelles elles s'appuyaient, ce mouvement offensif a été arrêté par ordre du général ; le Ier bataillon, le IIIe et trois compagnies du IIe bataillon furent destinés à occuper les tranchées-abris (2), formant ainsi un appui solide pour les troupes de la 1re division qui, formées en première ligne, avaient à supporter à ce moment un feu violent de mousqueterie et d'artillerie. Les trois autres compagnies du IIIe bataillon restèrent en réserve à 100 mètres environ des tranchées-abris, sur le revers du plateau.

Tout le régiment passa la nuit dans cette position, où il n'a eu à essuyer que des pertes insignifiantes, grâce aux couverts derrière lesquels il s'est trouvé abrité.

Au jour, les trois bataillons ont couvert la retraite des troupes de la division qui avaient relevé en avant de lui, la veille au soir, les régiments de la 1re division. Il commença lui-même son mouvement de retraite à 4 heures du matin, en suivant par le bois le chemin de Saint-Germain pour se rendre au village de Longeville au-dessus duquel il devait camper.

Les pertes dans cette journée ont été de : un sergent et quatre soldats blessés.

---

(1) Le Point-du-Jour.
(2) Précédemment occupées par le 12e bataillon de chasseurs.

Le colonel cite, comme s'étant particulièrement distingués, M. le capitaine Borreil, le sergent Tappret, blessé; le sergent Dincc, déjà cité à l'affaire du 6 août; le sergent Consolat, blessé à la main droite et également cité à l'affaire du 6 août; le nommé Montel, soldat de 1re classe. Ces trois derniers avaient déjà été proposés pour la médaille à la suite du combat du 6 août.

Rapport du chef d'escadron Collangettes, commandant l'artillerie de la 2e division (7e, 8e et 9e batteries du 5e régiment).

Camp de Longeville, 21 août.

7e batterie. — Dans la soirée du 17 août, la 7e batterie avait pris position en arrière de la voie romaine, près de la route de Moulins à Gravelotte, avec mission d'observer le débouché des bois situés à 1800 mètres en avant. Le 18, vers 1 heure de l'après-midi, elle reçut l'ordre d'aller se porter un peu en avant et à gauche, pour soutenir l'infanterie de la division qui paraissait devoir être attaquée par sa gauche. L'ennemi ne fit, de ce côté-là, que des démonstrations insignifiantes; quelques coups de canon furent tirés (1) et la batterie, vers 8 h. 30 du soir, put regagner son campement, à quelques centaines de mètres en arrière.

8e batterie. — Le 18, dans la matinée, la 8e batterie fut placée par mes ordres le long de la voie romaine, avec mission de surveiller les mouvements des tirailleurs prussiens qui commençaient à déboucher des bois de Vaux. Elle les arrêta en tirant quelques obus à balles et, à la tombée de la nuit, toute attaque ayant cessé, cette batterie regagna son ancien campement, n'ayant éprouvé aucune perte, malgré le feu d'une batterie prussienne placée à droite de la route de Metz à Gravelotte.

9e batterie. — Dans la matinée du 18 août, la 9e batterie (mitrailleuses, capitaine Dupré) avait été mise en batterie en arrière d'un talus formé par la voie romaine, avec mission d'observer les tirailleurs qu'on supposait cachés dans les bois de Vaux, à 1800 mètres en avant. Vers 3 heures de l'après-midi, deux officiers d'état-major vinrent apporter l'ordre d'aller se mettre en batterie sur la grande route de Metz à Mars-la-Tour, entre les deux maisons placées au bord de cette route, pour tenir l'ennemi en échec et l'empêcher de gravir le plateau sur lequel étaient postées nos troupes qui, depuis 10 heures du matin, supportaient un feu très vif.

---

(1) 229 obus ordinaires et 16 obus à balles.

A peine la mitrailleuse avait-elle pris la position qui lui avait été indiquée malheureusement, et commencé son feu sur des colonnes d'infanterie à demi cachées par la poussière et la fumée, et qui, disait-on, lâchaient pied, qu'elle fut accueillie par un épouvantable feu croisé d'infanterie et de plusieurs batteries prussiennes retranchées au pied d'un ravin. En moins de dix minutes, 23 chevaux dont 2 d'officiers furent tués ; le capitaine en second de la batterie (M. Cornet) tombait, frappé d'une balle à la tête ; le capitaine Dupré avait son képi enlevé par un éclat de projectile ; 2 caissons, atteints par des projectiles ennemis, sautaient en l'air et enfin le personnel et le matériel de la batterie étaient menacés d'une destruction complète.

Le commandant Collangettes, qui avait accompagné la batterie sur le lieu du combat au milieu des projectiles qui tombaient de tous côtés, donna l'ordre de se retirer, d'après l'avis d'un général qui n'avait pas tardé à s'apercevoir que l'arrivée de la mitrailleuse avait attiré un feu des plus meurtriers sur les troupes voisines. A l'aide de nouveaux attelages conduits au milieu du feu, et du concours de quelques soldats d'infanterie, la batterie put se retirer, avec ses six pièces, dans un endroit moins dangereux.

Dans cette circonstance, le capitaine commandant et les officiers sous ses ordres, les chefs de pièce et tous les servants ont montré un courage et un sang-froid remarquables, et leur conduite mérite les plus grands éloges.

Historique de la 12e compagnie de sapeurs du 3e régiment du génie (2e division).

18 août.

Pendant la bataille de Gravelotte, la compagnie exécute avec un grand sang-froid et une célérité merveilleuse, une tranchée-abri, sous un feu très vif de mousqueterie et d'artillerie. Puis elle est mise en réserve jusqu'à la fin de la journée.

3e DIVISION (DE LAVEAUCOUPET).

Journal de marche de la 2e division.

18 août.

Pendant toute la journée, une vive canonnade s'engage sur toute la ligne de bataille de l'armée française, en avant des forts de Saint-Quentin et Plappeville, vers Saint-Privat-la-Montagne.

A 6 heures du soir, commencent à arriver en ville des officiers et des soldats des 4e et 6e corps.

Ceux de ce dernier, particulièrement, apportent des nouvelles peu satisfaisantes. Le maréchal Canrobert, qui occupait l'aile droite, repoussé, a dû se replier en désordre. Le général de Ladmirault, découvert sur sa droite par ce mouvement, a également battu en retraite.

A la nuit tombante, la bataille cesse, l'armée se replie sous le canon de la place et des forts. Les blessés commencent à affluer en ville.

Dans le but de parer à toute surprise que l'ennemi pourrait tenter de nuit, au milieu d'une certaine confusion qui règne au Ban-Saint-Martin :

Le bataillon du 24ᵉ de ligne établi la veille à la porte Serpenoise, va prendre position en avant des ouvrages de l'île Saulcy, où sont établis le magasin à fourrage et la poudrerie ;

A la même heure, le bataillon du 40ᵉ, établi la veille à la gare, est placé à la porte de France, pour la garder et concourir, au besoin, à la défense du fort Moselle.

Historique du 10ᵉ bataillon de chasseurs.

18 août.

Depuis le 14, le bataillon occupe le fort Moselle.

Historique du 2ᵉ régiment d'infanterie.

18 août.

On entend toute la journée le canon de l'autre côté de Saint-Privat-la-Montagne.

Historique du 63ᵉ régiment d'infanterie.

18 août.

Le Iᵉʳ et le IIᵉ bataillon travaillent de concert avec le IVᵉ bataillon du 60ᵉ de ligne à la défense du fort Saint-Julien.

Des coups de fusil sont échangés entre l'ennemi et nos grand'gardes.

Historique du 24ᵉ régiment d'infanterie.

18 août.

Le 18 au soir, le Iᵉʳ bataillon, sous les ordres du commandant Hervé, vint prendre position en avant des ouvrages de l'île Saulcy.

Historique du 40ᵉ régiment d'infanterie.

18 août.

Dans cette journée, le Iᵉʳ bataillon est envoyé à la porte de France, au fort Moselle, où il fournit le service jusqu'au 23 août, époque à laquelle il remonte au fort de Plappeville.

Historique des 7e, 8e et 11e batteries du 15e régiment d'artillerie (3e division).

18 août.

7e *batterie*. — Séjour au fort de Queuleu.

8e *batterie*. — Séjour au fort Bellecroix.

11e *batterie*. — Les mitrailleuses sont mises en batterie aux endroits jugés les plus convenables (fort Saint-Julien).

Brigade Lapasset.

Rapport du général Lapasset, commandant la brigade mixte.

Dès le 17 au matin, en prenant possession de l'éperon de Rozérieulles, que Votre Excellence avait elle-même assigné à ma brigade mixte, je reconnus bien vite que pour couvrir nos débouchés et assurer nos communications avec Metz, il fallait occuper le village de Sainte-Ruffine et garder la hauteur qui domine le village de Jussy. Trois compagnies du 97e et autant du 84e furent chargées de ce soin.

Le lendemain matin 18, ayant quelques inquiétudes sur le village de Sainte-Ruffine, j'y envoyai, de bon matin, le IIIe bataillon du 97e. Les choses étaient en cet état lorsque l'attaque de l'ennemi se prononça sur la droite de l'armée (1).

Vers 3 heures de l'après-midi, trois bataillons ennemis, protégés par de nombreux tirailleurs et soutenus par une batterie d'artillerie, s'avancèrent sur Sainte-Ruffine, sur le village de Jussy et sur la pointe de la crête qui domine ce dernier village. Le combat s'engagea aussitôt sur tous ces points. Prévenu que de nouvelles forces ennemies se disposaient à appuyer celles déjà en ligne, j'envoyai le Ier bataillon du 97e à Sainte-Ruffine soutenir le IIIe. Le capitaine Combart, commandant le IIe bataillon, rallia, sur la pointe de la crête boisée qui domine Jussy, le restant de sa troupe et les trois compagnies de grand'garde du 84e, qui n'avaient pu tenir dans leurs positions et dans le village. Ce brave officier fut tué en défendant ce point important.

Cependant, les Prussiens, maîtres du village de Jussy, y établirent une batterie et commencèrent à tirer sur Sainte-Ruffine, secondés par une batterie de position établie près de Tournebride (2); ils forcèrent à

---

(1) Le renforcement successif des grand'gardes du 84e par le IIe bataillon du 97e est passé sous silence. (Voir l'Historique du 97e.)

(2) Sur la rive droite de la Moselle.

s'éloigner une batterie de la Garde qui s'était établie sur la droite de Sainte-Ruffine.

Dès lors, le rôle des défenseurs de ce dernier village se borna à se préparer à repousser une attaque de vive force, si elle venait à se produire, et à se garer de la double canonnade à laquelle ils étaient en butte.

Sur les 7 h. 30 du soir (1), de nouvelles forces estimées à une division (?) apparaissant à Jussy et sur les crêtes boisées qui le dominent, le II⁰ bataillon du 97⁰ et les trois compagnies du 84⁰ durent opérer leur mouvement de retraite : le premier sur Sainte-Ruffine, où tout ce régiment se trouva rallié; les secondes sur la pointe de Rozérieulles (2), que j'occupais avec le 84⁰ de ligne et une batterie. Durant toute la journée, nos tirailleurs, secondés de temps à autre par quelques salves, avaient contribué à ralentir les progrès de l'ennemi sur notre droite et notre front.

Vers 10 heures du soir, j'eus l'honneur de rendre compte à Votre Excellence de la nouvelle situation qui nous était faite par la prise de possession des hauteurs boisées, qui, dominant notre camp, allait rendre impraticable l'occupation de Sainte-Ruffine et, par suite, intercepter nos communications avec Metz.

Sur les 2 heures du matin, vous me transmîtes l'ordre de me replier sur Longeville, en faisant l'arrière-garde du corps d'armée.

Ce mouvement s'est opéré avec ordre et ensemble et par positions successivement échelonnées, entre lesquelles le gros des troupes défilait.

Quelques tirailleurs ennemis, auxquels les nôtres répondirent, nous accompagnèrent pendant quelque temps.

Dans ces deux journées, les pertes de ma brigade mixte ont été de 4 officiers et 60 hommes de troupe (3) qui, ajoutés aux 45 officiers et 859 hommes de la bataille du 16, portent nos pertes à 49 officiers et 919 hommes.

Je sais que le commandant en chef de l'armée se préoccupe de l'urgence de pourvoir aux vacances d'officiers.

Je n'insisterai donc pas.

Mais il est grandement opportun que les nominations se fassent rapidement, afin d'encadrer mes hommes, qui en ont grand besoin.

---

(1) Certainement vers 6 heures, car cette phrase ne peut viser que les troupes de la *26⁰* brigade après la prise de Jussy.

(2) C'est-à-dire la croupe 332. Mais les trois compagnies du 84⁰ s'étaient d'abord arrêtées sur la lisière du village de Rozérieulles.

(3) Chiffres exacts.

Historique de la 2ᵉ compagnie du 14ᵉ bataillon de chasseurs à pied.

18 août.

Bataille de Saint-Privat, appelée par les Prussiens bataille de Gravelotte. La brigade y prend part; elle est placée à l'aile gauche, près des carrières (1); la 2ᵉ compagnie est déployée en tirailleurs sur le versant faisant face au bois de Vaux. Elle a contribué par son feu à grande distance à empêcher l'ennemi d'approcher en masse des villages de Rozérieulles et Sainte-Ruffine, défendus par trois bataillons du 97ᵉ de ligne. La 2ᵉ compagnie a conservé cette position pendant toute l'action et pendant la nuit.

Historique du 84ᵉ régiment d'infanterie (colonel Benoît).

18 août.

Le 18, le régiment se reporta sur les hauteurs et servit de réserve, en même temps qu'il appuyait l'artillerie de la brigade mixte; le soir, il contribua à maintenir l'ennemi.

Les trois compagnies du régiment de grand'garde étaient restées en face du bois qui domine Jussy et Sainte-Ruffine et, de concert avec le 97ᵉ, qui fut engagé en entier toute la journée, elles prirent une grande part à l'action et contribuèrent à arrêter la diversion que l'ennemi tentait de ce côté. Établies entre Rozérieulles et Jussy, soutenues par le IIᵉ bataillon du 97ᵉ, dont les deux autres bataillons étaient à Sainte-Ruffine, elles furent attaquées par une brigade entière de l'ennemi, qui les délogea de leur position, qu'elles reprirent deux fois, mais qu'elles furent obligées d'abandonner quand leurs munitions furent épuisées. Elles battirent alors en retraite sur Rozérieulles et rejoignirent le régiment à 10 heures sur les positions qu'il avait conservées.

Ces compagnies étaient la 6ᵉ du Iᵉʳ (lieutenant Gillon), la 5ᵉ du IIᵉ (capitaine Terrière) et la 4ᵉ du IIIᵉ (capitaine Guéritte).

Historique du 97ᵉ régiment d'infanterie (commandant Doumenjou).

18 août.

Le matin, de forts mouvements de l'ennemi sont signalés du côté de Saint-Privat, de Vaux et d'Ars-sur-Moselle. Au moyen des ponts de ce

---

(1) Sur le revers de la croupe 332-334.

dernier village, les Prussiens communiquaient d'une rive à l'autre de la Moselle.

La canonnade commence à la droite de la ligne vers midi. C'est le 6ᵉ corps qui se trouve engagé ; en prévision d'une attaque sérieuse, on renforce les postes ; une compagnie du 84ᵉ était de grand'garde au-dessus de Jussy, au bois dit du Peuplier ; à 1 heure, le capitaine Ermenge, avec deux compagnies du IIᵉ bataillon, va occuper ce bois ; à 2 heures, les quatre compagnies restantes, sous les ordres du capitaine Combart viennent le renforcer ; le Iᵉʳ bataillon appuie le IIIᵉ à Sainte-Ruffine (1). M. le commandant Doumenjou, qui commande le régiment, complète les dispositions de défense parfaitement prises par le commandant du IIIᵉ bataillon. Le village de Jussy et les bois avoisinants ayant été attaqués par des forces supérieures, le IIᵉ bataillon, après une lutte vigoureuse, et seulement le soir, a dû abandonner sa position et s'est rallié au régiment à Sainte-Ruffine. C'est à ce moment que, dans un dernier effort, le brave capitaine Combart est tué par une balle et que les capitaines Verharne et Rohmer sont blessés. Sainte-Ruffine, dominée par Jussy, est écrasée d'abord par les feux d'une batterie établie à Ars-sur-Moselle et ensuite par trois pièces qui ont pris position à Jussy. Le Iᵉʳ et le IIIᵉ bataillon n'ont eu qu'à se préparer à repousser une attaque de front que l'ennemi n'a pas osé tenter ; pendant l'action, les compagnies en réserve se sont mises autant que possible à l'abri des feux d'artillerie et de mousqueterie qui enfilaient quelques rues du village. L'église, son clocher et beaucoup d'habitations sont frappés par les obus. Le feu a cessé vers 8 heures. Pendant la nuit, chaque compagnie est restée à son poste de combat ; la plus grande surveillance a été exercée. Le résultat des deux journées du 16 et du 18 a été de couper entièrement les communications de Metz avec l'extérieur. De ce jour, date la mise en état de blocus de la ville.

Pertes du régiment pendant ces deux affaires :

Le 16 août :

Officiers blessés : MM. Copmartin, colonel ; Grandvalet, lieutenant-colonel ; Palanque, Renouard, Malfait, capitaines ; de Saint-André, Weyl, Saint-Arroman, lieutenants ; Nigond, Blanc, sous-lieutenants.

Officiers tués : MM. Blondy, chef de bataillon ; Four, adjudant-major ; Miotte, porte-drapeau ; Tain, capitaine ; Miquel, Carré, lieutenants.

---

(1) Après le commencement de l'attaque prussienne, d'après le Rapport du général Lapasset.

Officiers morts des suites de blessures : le 19 août, Saint-Arroman, lieutenant ; le 20 août, Renouard, capitaine ; le 30 août, Saint-André, lieutenant ; le 22 septembre, Nigond, lieutenant ; le 9 octobre, Blanc, lieutenant.

Officier disparu : Beaubras, capitaine.

Hommes de troupe : tués, 49 ; blessés, 286 ; disparus 101.

Le 18 août :

Officiers blessés : MM. Verharne, Rohmer, capitaines.

Officiers tués : MM. Cambard, capitaine adjudant-major, Yung, chef de musique.

Hommes de troupe : tués, 11 ; blessés, 29 ; disparus, 9 (1).

Historique du 3ᵉ régiment de lanciers (colonel Torel).

18 août.

A midi et demi, les Prussiens, que l'on croyait avoir rejetés de l'autre côté de la Moselle et délogés des bois, reprennent l'offensive toujours avec une artillerie formidable. C'est une vraie bataille d'artillerie qui recommence. Les projectiles arrivent jusque dans le bivouac du 3ᵉ lanciers ; le régiment est forcé de l'évacuer, ne pouvant agir sur un terrain coupé d'excavations et dans une position trop en l'air. On se retire vers Metz et on bivouaque couvert par les forts de la place. C'était la bataille de Saint-Privat qui se livrait.

Historique de la 7ᵉ batterie du 2ᵉ régiment d'artillerie.

18 août.

A midi, le capitaine Dulon reçoit l'ordre d'atteler sa batterie de combat pour aller prendre position en avant et sur la droite de l'endroit où elle est campée, de manière à battre le terrain découvert et les bois qui dominent le village de Jussy.

A midi et demi, elle est en batterie. Au moyen de salves réglées, elle contient et refoule dans les bois de Vaux, à plusieurs reprises, les nombreux tirailleurs ennemis, qui ont l'air de masquer le rassemblement en ce lieu de troupes d'infanterie.

Vers 2 heures (2), une colonne d'infanterie ennemie, qui s'est massée

---

(1) Chiffres approximatifs.

(2) Entre 5 heures et 6 heures, car il ne peut s'agir que des compagnies de la *26ᵉ* brigade parvenues sur la croupe 305, à l'Ouest de Jussy.

à l'extrême gauche de la forêt, tente de déboucher sur le terrain dénudé qui se trouve de ce côté.

La batterie dirige le feu de deux pièces sur cette colonne, qui est coupée en deux. La majeure partie rentre dans le bois avec précipitation ; le reste (trois compagnies environ) s'abrite derrière un pli de terrain et entretient pendant toute la journée un feu assez vif contre nos tirailleurs.

Quelques obus tirés sur ces compagnies paraissent produire de bons effets, en ralentissant le tir de l'ennemi, mais ils ne peuvent cependant réussir à le déloger.

Entre 5 heures et 6 heures, sur l'ordre du général commandant en chef du 2ᵉ corps, une pièce dirige son tir sur des colonnes ennemies qui défilent dans la plaine, sur la droite de la Moselle, à une distance d'environ 3,200 mètres (1). Les points d'éclatement des projectiles, armés de fusées percutantes, sont très précis et l'ennemi paraît être inquiété.

Vers 9 heures du soir, de nombreuses troupes d'infanterie ennemie débouchent du bois de Vaux vers l'auberge de Saint-Hubert. Elles ouvrent une fusillade terrible qui dure jusque vers minuit. Ces troupes n'ont pas pris part au combat de la journée (?) Elles font feu en marchant et se dirigent vers Saint-Privat et Sainte-Marie-aux-Chênes (?).

L'ennemi achève son mouvement tournant et nous cerne complètement autour de Metz.

La batterie tire au jugé sur cette infanterie et dans la direction d'où vient la fusillade ; l'obscurité empêche le pointage. Elle conserve sa position pendant toute la nuit et bivouaque sur le champ de bataille, étant restée au feu pendant plus de onze heures. Le lendemain, à 6 h. 30, elle se met en mouvement avec la brigade mixte, qui forme l'arrière-garde du 2ᵉ corps.

Elle arrive à 10 h. 30 au camp de Longeville. Dans la journée du 18, un sous-officier a été blessé à la tête d'un coup de feu ; cinq chevaux ont été blessés. La batterie a tiré 258 coups de canon, dont 244 obus ordinaires et 14 obus à balles.

Division de cavalerie (Valabrègue).

Journal de marche de la division de cavalerie du 2ᵉ corps.

18 août.

Des reconnaissances sont envoyées, par petits paquets, de tous les côtés ; dans l'une d'elles, un brigadier du 5ᵉ chasseurs est blessé.

---

(1) 4ᵉ brigade prussienne.

Vers 11 heures, on entend le canon (1); un combat considérable d'artillerie s'engage sur les hauteurs. Le feu de l'ennemi se rapproche. Le 3e lanciers, attaché à la brigade Lapasset incorporée au 2e corps, et le 4e chasseurs, qui était séparé de la division depuis sa reconnaissance le soir de la bataille du 16 août, descendent également dans la vallée.

Le commandant de l'artillerie du fort Saint-Quentin envoie prévenir que la cavalerie doit abandonner sa position pour laisser à l'artillerie le champ libre contre les colonnes prussiennes que l'on voit s'avancer.

Dans cet état de choses, de 14 régiments de cavalerie entassés dans une vallée sans débouchés, les deux routes de Lessy et de Moulins étant complètement encombrées par les convois, en l'absence d'ordres supérieurs, la division rompt par de petits chemins dans les vignes. Partie à 4 heures, elle traverse le chemin de fer de Thionville (2) passe au Sud de Lessy, entre Plappeville et le mont Saint-Quentin, et vient s'établir, à 9 heures, au pied du fort, après les dernières maisons du Ban-Saint-Martin.

Historique du 4e régiment de chasseurs (colonel du Ferron).

18 août.

La cavalerie du 2e corps n'y prend pas part. Le régiment reste une partie de la journée dans un petit vallon au Sud de Châtel-Saint-Germain. Vers 5 heures du soir il se dirige vers le Ban-Saint-Martin, près de Metz, où il campe avec toute la division de cavalerie vers 8 heures du soir.

Historique du 5e régiment de chasseurs à cheval (colonel de Séréville).

18 août.

Le régiment vint camper au Ban-Saint-Martin et y resta jusqu'au 25.

Historique du 7e régiment de dragons (colonel de Gressot).

18 août.

Près du ruisseau, en aval de Châtel, dans une vallée qui n'offrait pas de débouché possible, 14 régiments de cavalerie entassés les uns sur les autres passèrent la journée.

---

(1) Vers midi seulement.
(2) *Lire:* le chemin de fer de Verdun, alors en construction.

Vers 4 heures du soir, les obus ayant commencé à tomber dans la vallée, on recevait l'ordre de monter à cheval et la division rompait en colonne par petits paquets à travers les vignes.

On traversa le chemin de fer de Thionville (1), on passa entre Plappeville et le mont Saint-Quentin et vers les 9 heures du soir, le régiment s'installa au bivouac au pied du fort Saint-Quentin près des dernières maisons du Ban-Saint-Martin.

Bientôt l'investissement de Metz sera complet et le rôle joué par la cavalerie pendant le siège n'offrira pas grand intérêt.

Historique du 12ᵉ régiment de dragons (colonel d'Avocourt).

18 août.

Le régiment assistait à cette grande journée de Saint-Privat sans pouvoir comme l'avant-veille, mettre le sabre à la main, la nature du sol, les accidents de terrain ne pouvant que le gêner dans tous ses mouvements. Au reste, toute cette cavalerie que nous venons de voir bivouaquée dans cet entonnoir de Châtel-Saint-Germain fut vers les 4 heures du soir obligée de se retirer.

La quantité de projectiles dirigés sur ce point força la division de Valabrègue à faire la serpentine sur les pentes du fort Plappeville et après une marche lente et en colonne par un et qui dura plus de trois heures, le régiment vint s'établir près du village de Ban-Saint-Martin sous le fort Saint-Quentin. A peine arrivé, l'ordre fut donné de réduire à une pour deux les cantines d'officiers, de façon à diminuer le plus possible les convois qui suivent l'armée ; pendant deux jours les chevaux restèrent presque constamment sellés, mais un séjour jusqu'au 26 août permit de prendre le repos demandé par de si dures fatigues.

Réserve d'artillerie.

Rapport du général Gagneur, commandant l'artillerie du 2ᵉ corps.

Le 17 août, lendemain de la bataille de Rezonville, le 2ᵉ corps opéra, de grand matin, un mouvement de retraite sur Metz et alla camper en arrière de Gravelotte, de l'autre côté de la vallée de Longeau par rapport au mont Saint-Quentin.

Les troupes furent placées de la manière suivante :

---

(1) *Lire :* de Verdun.

La 1ʳᵉ division, parallèlement à la route de Metz à Verdun qui passe sur le plateau ;

La 2ᵉ division, dans une position perpendiculaire, entre l'ancienne voie romaine qui descend à Maison-Neuve, et l'ancienne route qui descend à Rozérieulles ;

La brigade Lapasset, à gauche de la 2ᵉ division ;

Les quatre batteries de 4 de la réserve (deux batteries montées et deux batteries à cheval), en arrière des deux divisions, dans l'angle formé par elles ;

Les deux batteries de 12 de la réserve, entre la 2ᵉ division et la brigade Lapasset.

Le 18 août au matin, comme l'on craignait d'être attaqué, les trois batteries de la 1ʳᵉ division furent mises en batterie le long de la route de Metz à Verdun, à droite et à gauche de la ferme dite de Bellevue (1), et couvertes par quelques levées de terre rapides.

Les batteries Benoît et Dupré, de la 2ᵉ division, furent placées derrière la voie romaine, observant le débouché entre le bois de gauche et la ferme de Bellevue. Ces batteries étaient couvertes, en partie, par le relief de la voie romaine.

Les deux batteries de 12 de la réserve furent disposées : la 11ᵉ près de la ferme de Bellevue, pouvant battre le terrain dans la direction de Gravelotte ; la 10ᵉ au-dessus du ravin de Rozérieulles, observant le terrain entre la partie descendante de la route de Verdun et le bois.

Dans la nuit du 17 au 18, les Prussiens avaient construit des épaulements entre le village de Gravelotte et le bois. Au moment où ils attaquèrent, ils purent faire feu avec une quarantaine de pièces placées en amphithéâtre, sur deux lignes bien distinctes (?), sur la pente faisant face aux positions que nous occupions.

Dès les premiers coups de canon, la 5ᵉ batterie du 5ᵉ régiment (capitaine Maréchal), placée à droite de la ferme de Bellevue, passa à gauche de cette ferme, pour chercher à se couvrir par elle, et prit part à une action vigoureuse entamée contre les batteries ennemies par la 6ᵉ batterie du 5ᵉ régiment (batterie à balles, capitaine Besançon) et la 11ᵉ batterie du même régiment (batterie de 12, capitaine Humann), appuyées bientôt, un peu plus à droite, par des batteries du 3ᵉ corps.

Après l'épuisement de leurs munitions, les batteries Maréchal et Humann furent remplacées par la 12ᵉ batterie du 5ᵉ régiment (capitaine Martimor) et la 10ᵉ batterie du même régiment (batterie de 12, capitaine Petitpas).

Le tir des deux batteries de 4 de la 1ʳᵉ division ne dut pas avoir un

---

(1) Le Point-du-Jour.

très grand effet sur les batteries ennemies dont la plupart étaient abritées derrière des épaulements. La batterie à balles Besançon ne put même tirer que quelques coups, sous peine d'être compromise. Elle se porta en arrière, sur l'ordre du général Frossard.

L'effet des deux batteries de 12 fut beaucoup plus sérieux. Cependant la 10ᵉ batterie, qui entra la seconde en ligne, prise en rouage par une artillerie très supérieure, ne put occuper exactement la position qu'avait la 11ᵉ et dut s'abriter d'abord derrière une dépression de terrain, ce qui lui permit, peu de temps après la mise en batterie, de tirer avec avantage sur une colonne prussienne qui quittait Gravelotte; cette batterie alla ensuite se placer à la gauche des batteries de réserve du 3ᵉ corps, et enfin se retira en arrière, ne voulant pas épuiser toutes ses munitions dans une lutte d'artillerie contre artillerie, qui semblait ne devoir amener aucun résultat décisif.

Pendant ce temps, la 12ᵉ batterie du 5ᵉ (capitaine Martimor) avait été forcée d'abandonner la position qu'elle occupait à la gauche de la ferme de Bellevue. On chercha à la remplacer dans cette position par la 7ᵉ batterie du 17ᵉ régiment à cheval (capitaine Saget); mais le lieutenant-colonel de Franchessin, chef d'état-major (1), envoyé en avant avec le capitaine commandant, ayant reconnu que la batterie serait bientôt écrasée par les batteries prussiennes très supérieures en nombre, l'on renonça à soutenir, sur la droite de notre corps d'armée, une lutte d'artillerie contre artillerie.

Le feu de l'artillerie prussienne se ralentit alors, jusqu'au moment où la batterie à balles du capitaine Dupré (9ᵉ du 5ᵉ), demandée par le général commandant la 1ʳᵉ division, alla se mettre en batterie sur la route de Metz à Verdun, pour tirer sur des colonnes qui allaient renforcer la gauche de l'armée ennemie.

Cette batterie, en butte à un feu violent, eut en peu de temps 7 tués, 2 blessés, dont le capitaine en second, et 23 chevaux, dont trois d'officiers hors de service. Elle essaya cependant de tirer quelques coups, mais deux caissons sur les trois qu'elle avait amenés, ayant sauté, elle fut forcée de se retirer.

A partir du moment de sa retraite jusqu'à la tombée de la nuit, le feu de l'artillerie sur notre droite ne fut plus qu'insignifiant.

La gauche de notre position était, dès le principe, comme nous l'avons dit, défendue par deux batteries de la 2ᵉ division (batteries Benoît et Dupré) et une batterie de 12 (batterie Petitpas). La batterie de 12, ayant été appelée sur la droite, fut remplacée derrière son épaulement par la 7ᵉ batterie du 5ᵉ régiment (capitaine Bobet), et deux

---

(1) De l'artillerie du 2ᵉ corps.

autres batteries furent placées sur la même ligne qu'elle, entre la voie romaine et l'ancienne route de Rozérieulles. L'une de ces batteries (la 10e du 15e régiment, capitaine Petelle), placée à la gauche de la batterie Bobet, voyait le ravin de Rozérieulles et le débouché des bois ; l'autre, la 7e du 2e régiment (capitaine Dulon), placée tout à fait à la gauche du plateau, voyait les villages de Sainte-Ruffine et de Jussy et la vallée de la Moselle.

Ces trois batteries n'eurent que peu à agir pendant toute la journée, l'attaque sur la gauche ayant été réduite à un combat de tirailleurs. Quelques coups furent cependant tirés, avec assez de succès, sur des troupes prussiennes que l'on apercevait dans les éclaircies des bois et, cherchant à pénétrer dans le village de Jussy, pour de là dominer la position qu'occupait une batterie de la Garde, au delà du village de Sainte-Ruffine.

A la tombée de la nuit, les Prussiens recommencèrent leur feu avec une grande intensité, pendant une demi-heure, pour protéger un retour offensif assez vigoureux qu'ils essayèrent sur la ferme de Bellevue. Ce retour ayant été repoussé par notre infanterie, et l'obscurité étant devenue trop grande pour permettre de continuer le tir, les batteries reprirent, une à une, sur le plateau, le campement qu'elles avaient dans la matinée.

Ainsi se termina la part que prit le 2e corps à l'affaire du 18, dite « bataille de Saint-Privat », dans laquelle furent très vigoureusement engagés, à notre droite, les 3e, 4e et 6e corps. L'action fut même beaucoup plus sérieuse à l'extrême droite, où se porta le principal effort des Prussiens.

Quoique, dans la journée du 18, l'artillerie du 2e corps ait eu moins à souffrir que dans les combats précédents, l'on peut dire que, grâce au calme avec lequel, à deux reprises différentes, elle a supporté le feu convergent et très supérieur de l'artillerie ennemie, elle a fortement contribué à permettre au 2e corps de conserver toute la journée sa position, et d'éviter ainsi une retraite de jour qui aurait pu devenir désastreuse, vu la difficulté des communications en arrière. Les capitaines commandants commencent à comprendre qu'il vaut mieux ne pas engager de lutte sérieuse d'artillerie contre une artillerie presque toujours très supérieure en nombre, et qu'il est préférable de supporter passivement les pertes, tant en hommes qu'en matériel, que les projectiles peuvent occasionner quand ils tombent dans nos batteries, que d'épuiser les munitions sans obtenir un résultat sérieux, et de ne plus pouvoir ensuite être d'aucun secours pour l'infanterie, quand les positions que nous occupons sont attaquées par les colonnes prussiennes.

Nos pertes sont les suivantes : 2 officiers blessés, l'un assez grièvement (M. Cornet, capitaine en second de la 9e batterie à balles du

5e régiment); l'autre légèrement (M. le chef d'escadron Gougis, commandant les deux batteries à cheval de la réserve); 7 hommes tués, 29 blessés, 2 disparus; 48 chevaux tués, 12 disparus.

Ces pertes montrent combien le tir de l'artillerie prussienne a été violent, au commencement et à la fin de la journée. L'agglomération de l'artillerie du 2e corps, sur un plateau élevé où tous les coups ennemis avaient chance de porter, les a assurément beaucoup augmentées.

Rapport journalier du commandant de la réserve d'artillerie du 2e corps.

Metz, 19 août.

Toutes les batteries de la réserve d'artillerie étaient présentes à l'affaire du 18.

Les 10e et 11e batteries du 5e; la 10e batterie du 15e; les 7e et 8e batteries du 17e ont été engagées. Les pertes qu'elles ont éprouvées sont données dans l'état qui est ci-joint (1).

M. le commandant Gougis a été légèrement blessé par un éclat d'obus.

Des ordres ont été donnés aux batteries de la réserve et à l'artillerie divisionnaire, pour qu'elles renouvellent leurs approvisionnements en munitions d'artillerie et d'infanterie, autant que le parc du 2e corps d'armée pourra le faire.

Historique des 5e, 6e, 7e, 8e, 9e, 10e, 11e et 12e batteries du 5e régiment d'artillerie (1re division, 2e division et réserve du 2e corps).

18 août.

Les colonnes ennemies continuent leur marche pendant toute la matinée. La 5e batterie va prendre la place occupée la veille par la 6e, à droite de l'auberge, elle est remplacée à 11 heures par la 12e.

Ces batteries, que l'on a négligé de réapprovisionner la veille et qui n'ont que 80 obus ordinaires par pièce, ne tirent pas pour ménager leurs munitions. Le génie continue à travailler à de petits épaulements. A midi, le canon se fait entendre à droite. Les batteries prennent de suite les positions qui leur ont été assignées. Les trois batteries de la 1re division derrière la route. La 5e à droite du Point-du-Jour. La 12e à gauche, la 6e à droite de la 12e au delà de laquelle est placée une

---

(1) N'a pas été retrouvé dans les archives.

batterie du 3ᵉ corps. Les pièces sont couvertes par de petits épaulements, ainsi que les compagnies du 3ᵉ bataillon de chasseurs.

Sur le plateau, à 100 mètres à peu près derrière la 12ᵉ batterie, se place la 11ᵉ conduite par le commandant Rébillot; disposition vicieuse qui rendra plus meurtrier le tir de l'ennemi.

Ces quatre batteries voient le terrain découvert autour et en arrière de Gravelotte à droite du bois des Ognons. A 700 ou 800 mètres sur la voie romaine, les batteries de la 2ᵉ division sous les ordres du commandant Collangettes, à quelque distance l'une de l'autre, la 8ᵉ à droite, la 9ᵉ au centre, la 7ᵉ à gauche, font face au Sud-Ouest et surveillent les débouchés du bois de Vaux.

Les réserves des batteries se retirent contre le bois au haut du terrain qui descend à Longeau.

Le mouvement de l'ennemi n'a pas cessé et des colonnes nombreuses sortent toujours du bois des Ognons se dirigeant vers le Nord, hors de portée de nos canons; mais bientôt, de derrière Gravelotte, des batteries viennent en colonne vers nous pour prendre position. Les batteries de la 1ʳᵉ division ouvrent le feu contre elles, mais le général Frossard le fait cesser de peur que le bruit d'une canonnade trop vive n'induise en erreur le Maréchal commandant en chef sur le véritable point d'attaque de l'ennemi.

L'artillerie allemande se place sans être inquiétée et commence à 2,000 mètres un feu qui ne cesse qu'à la nuit.

Nos batteries répondent enfin pendant trois heures d'un combat d'artillerie qui nous fait peu de mal. (Le VIIᵉ corps prussien qui luttait contre nous a subi des pertes considérables.)

Les 5ᵉ et 12ᵉ batteries épuisent leurs munitions (80 coups) (1). La 5ᵉ a tiré quelques obus à balles sans décoiffer les fusées.

Le commandant Rey, qui depuis deux heures a le commandement des trois batteries de la 1ʳᵉ division, les fait retirer, en même temps que le commandant Rébillot envoie à son camp du matin, pour le même motif, la 11ᵉ fort éprouvée. La 6ᵉ suit le mouvement.

Le commandant Rébillot revient avec la 10ᵉ, mais à droite de la voie romaine elle croise ses feux avec ceux du 3ᵉ corps vers Saint-Huber et Moscou.

Des batteries de 4 de la réserve viennent défendre le Point-du-Jour, mais restent aussi derrière la voie.

Les batteries de la 1ʳᵉ division se retirent contre le bois au-dessus du ravin qui descend à Châtel. Les réserves divisionnaires sont descendues sur le chemin de Moulins.

---

(1) Par pièce.

Les caissons vont se réapprovisionner au parc de Plappeville, ils reviennent seulement à la nuit.

Les 7e et 8e batteries conservent leur position jusqu'à 8 heures. Elles tirent quelques coups seulement sur des tirailleurs sortant du bois. Vers 5 heures, la 6e batterie va se placer à côté d'elles et tire quelques salves.

Au moment où se retirent les batteries de la 1re division, le général Gagneur a placé la 9e batterie (canons à balles) à droite de la voie romaine à quelques centaines de mètres de la route pour surveiller les crêtes du ravin de Mance, et s'opposer à une attaque de l'infanterie. Pendant que la batterie est en observation un capitaine d'état-major vient demander au capitaine Dupré, de la part du général, qu'il ne manque pas de se porter entre les deux maisons du Point-du-Jour qui n'est plus occupé que par l'infanterie pour faire feu sur des colonnes profondes qui battent en retraite.

Le capitaine Dupré s'élance au galop suivi de sa batterie, mais celle-ci a à peine le temps de se déployer et de tirer deux salves. Elle est assaillie par un feu très vif d'artillerie et de mousqueterie ; 23 chevaux sont tués ; le capitaine Cornet et 6 hommes blessés ; 2 caissons qui ont suivi les pièces brûlés. (Les canonniers ont été préservés par l'épaulement qui ne peut couvrir les chevaux.)

Les pièces sont ramenées ; les chevaux tombent encore dans les traits.

La batterie se retire enfin et descend le ravin pour aller rejoindre sa réserve sur le chemin de Moulins.

Vers 5 heures du soir, à l'extrême gauche, quelques obus tirés un peu au hasard par l'ennemi du haut de la hauteur de Jussy (?) viennent éclater au milieu des batteries replacées contre le bois mais ne produisent aucun effet.

A 8 heures, le feu de l'artillerie s'éteint. Les 7e et 8e batteries reviennent à leur camp derrière la voie, mais les tirailleurs peuvent toute la nuit échanger des balles dont beaucoup vont se perdre dans le bois en passant par-dessus nos têtes.

A 2 heures du matin, nous recevons l'ordre de nous diriger vers le Ban-Saint-Martin et de descendre le ravin au bas duquel nous attendent nos réserves sur la route de Saint-Privat, Moulins.

Pertes : 1 officier blessé ; 9 hommes tués, 26 blessés ; 63 chevaux tués ; 2,970 coups de canon tirés.

Historique des 6e et 10e batteries du 15e régiment d'artillerie (réserve du 2e corps).

18 août.

6e *batterie*. — La batterie prend position vers 10 heures du matin en arrière de la ferme Saint-Hubert; elle n'a pas à faire feu, elle reçoit quelques coups perdus et a un homme blessé par une balle.

Le soir, elle reprend son campement, où elle bivouaque jusqu'à 2 heures du matin; puis elle se retire avec le corps d'armée par la voie romaine, Châtel-Saint-Germain et Moulins; on campe le soir entre le Ban-Saint-Martin et Longeville.

10e *batterie*. — Les batteries de réserve du 2e corps étaient campées sur un plateau dominant le village de Châtel-lez-Metz. L'armée allemande occupait les pentes boisées situées en face de ce plateau, dont elle était séparée par des plaines et la route de Metz à Verdun. Vers 11 heures, le bruit de la canonnade annonçait qu'une nouvelle action allait s'engager; vers 11 h. 30, le colonel Beaudoin (1) donna l'ordre à la batterie de se porter à 150 mètres de la route de Metz à Verdun et de s'y établir à côté d'une batterie de position appartenant au 5e d'artillerie, pour laquelle on avait fait quelques ouvrages de campagne. Il était recommandé d'observer la lisière du bois qui se trouve de 1000 à 1200 mètres de l'autre côté de la route et de faire feu sur les colonnes profondes qui, venant de Sainte-Ruffine, pourraient déboucher du bois.

La batterie exécuta l'ordre qui lui était donné; elle fut continuellement inquiétée par de nombreux tirailleurs, qu'il n'était pas possible d'apercevoir et qui envoyaient des projectiles dans la batterie.

A différentes reprises, elle crut devoir tirer sur des groupes de tirailleurs que l'on apercevait à la lisière du bois et qui menaçaient de débusquer les tirailleurs français cachés dans les carrières en avant de notre position. Le général en chef du 2e corps donna lui-même l'ordre de cesser de tirer pour épargner les munitions dont on craignait de manquer, et de ne tirer que si l'attaque prenait un caractère plus sérieux.

Cette attaque, que l'on redoutait, n'eut pas lieu sur ce point et, vers 9 heures du soir, le colonel de Franchessin donna l'ordre de retourner à la position que l'on occupait le matin; dans cette affaire, la batterie a eu deux hommes et un cheval blessés.

Vers 11 heures du soir, au moment où les six batteries de la réserve étaient parquées sur le plateau, elles furent sérieusement inquiétées par les nombreux projectiles qui passaient par-dessus les batteries et allaient atteindre les réserves placées en arrière. Le colonel Beaudoin prenait déjà des mesures pour quitter cet emplacement lorsque le feu de l'ennemi vint à cesser.

---

(1) Commandant la réserve d'artillerie du 2e corps.

Historique des 7ᵉ et 8ᵉ batteries du 17ᵉ régiment d'artillerie à cheval (réserve du 2ᵉ corps).

18 août.

7ᵉ *batterie*. — Vers 10 heures du matin (1), les projectiles tombèrent tout à coup dans le camp. Les pièces furent aussitôt attelées, et, vers 11 heures, on chercha au delà de la vieille route de Rozérieulles une position d'où on put essayer de lutter contre l'artillerie ennemie. Deux pièces, mises en batterie sur la grande route, attirèrent immédiatement sur elles le feu d'un grand nombre de pièces prussiennes; trop exposées dans cette position, elles reçurent l'ordre de rejoindre en arrière les autres pièces de la batterie pour concourir avec les batteries voisines à la défense du plateau de Châtel, dans le cas où il viendrait à être assailli par les colonnes prussiennes. On demeura ainsi jusqu'à 9 heures du soir, exposé au tir des obus et de la mousqueterie sans riposter. A 9 heures du soir, la batterie se retira un peu en arrière, sous le feu de l'ennemi, pour se mettre en bataille avec toute la réserve de l'artillerie. L'ordre de battre en retraite n'arriva qu'à 2 heures du matin. Alors seulement la batterie abandonna le plateau, se repliant sur Metz, et vint s'arrêter au Ban-Saint-Martin à 6 heures du matin.

8ᵉ *batterie*. — De même que le 16, les projectiles vinrent, vers 9 heures du matin (1), nous surprendre dans nos camps.

Le camp fut levé en un instant et le colonel Beaudoin fit porter sa réserve en avant pour la former en bataille devant notre front de bandière.

Au bout d'un instant, je reçus l'ordre de me porter à la crête du coteau, en avant et à droite de notre position primitive, de manière à découvrir l'artillerie prussienne, qui se trouvait dans la plaine (2). Je venais de faire mettre en batterie et j'allais commencer le feu, lorsque l'ordre m'arriva de me reporter à la place que j'occupais précédemment à la gauche de la réserve.

C'est sur cet emplacement que la batterie est restée en batterie depuis 11 heures du matin jusqu'à 10 heures du soir, sans tirer un seul coup de canon, mais recevant bon nombre de projectiles, puisqu'il y eut un maréchal des logis, un conducteur et un servant qui furent blessés; deux chevaux furent tués par des éclats d'obus et quatre furent blessés par des balles.

A 10 heures du soir, toute la réserve fut réunie en bataille et les

---

(1) En réalité, 12 h. 45.
(2) De Gravelotte.

Prussiens recommençant à tirer très vivement en face de nous, le colonel Beaudoin envoya demander des ordres au général pour savoir ce qu'il devait faire.

Réserve du génie.

Journal de marche du génie du 2ᵉ corps.

18 août.

On est attaqué vers 10 heures (1). Pendant le combat, les compagnies divisionnaires font des tranchées sous le feu de l'ennemi. La compagnie de réserve (2), arrivée à Rozérieulles pendant le combat, ne peut s'engager sur le plateau, à cause des voitures. Elle retourne le soir à son campement du Ban-Saint-Martin. Tous les corps d'armée bivouaquent, la nuit, sur le champ de bataille.

Historique de la 2ᵉ compagnie de sapeurs du 3ᵉ régiment du génie (réserve du 2ᵉ corps).

18 août.

La compagnie fut appelée sur le champ de bataille de Gravelotte pour construire des tranchées-abris. Mais elle trouva, en arrivant, l'action déjà engagée et ne put travailler (3).

b) **Organisation et administration.**

Le général Frossard au Capitaine commandant les compagnies réunies du train des équipages militaires.

Châtel-Saint-Germain, 18 août.

Le Maréchal commandant en chef m'écrit ce qui suit :

« La division de cavalerie de Forton n'ayant aucun moyen de transport, et les circonstances exigeant impérieusement qu'elle en soit immédiatement pourvue, j'ai décidé que votre corps d'armée, qui possède les 4ᵉ, 5ᵉ et 6ᵉ compagnies du 3ᵉ régiment du train des équipages militaires, cédera à la division de Forton la moitié d'une de ces trois compagnies, matériel, hommes et chevaux. J'ai l'honneur de prier Votre Excellence de vouloir bien donner des ordres pour la prompte exécution de cette décision. »

---

(1) A 12 h. 45.
(2) 2ᵉ du 3ᵉ régiment.
(3) En contradiction partielle avec le journal de marche.

Je vous prie de vous conformer immédiatement aux dispositions de la dépêche ci-dessus et de vous concerter avec l'intendance du 2ᵉ corps, auquel je donne communication de la dépêche de Son Excellence.

Journal tenu par M. Bouteiller, adjoint à l'intendance du 2ᵉ corps.

18 août.

Le 18, vers 11 heures du matin, la canonnade des Prussiens se fit entendre de nouveau. Sur les indications du chef d'état-major du corps d'armée, le convoi du quartier général se forma et se retira par Lessy, en suivant le chemin qui conduit de Châtel-Saint-Germain à Plappeville. Afin de ne pas gêner les mouvements de l'artillerie et les régiments de la Garde qui occupaient le col de Plappeville, le convoi fut arrêté et parqué une première fois sous le fort Saint-Quentin, au-dessous du col qui réunit les deux forts; mais après deux heures d'attente sur ce point, un éclat d'obus étant arrivé dans l'espèce d'entonnoir occupé par nos voitures, on les remit en route et elles furent ramenées sur le versant qui s'étend du fort Saint-Quentin au Ban-Saint-Martin, où elles passèrent la nuit, sans nouvelles des troupes du 2ᵉ corps. La nuit se passa au milieu du bruit incessant produit par le roulement des voitures descendant du Nord et dont le mouvement était la conséquence de la retraite du 6ᵉ corps, de Saint-Privat sur Woippy.

Note du sous-intendant Courtois, de la brigade Lapasset.

Situation du magasin au 18 août, matin.

Pain...............................	1,400	rations (1).
Biscuit............................	12,800	—
Riz................................	79,200	—
Sel................................	106,250	—
Café...............................	937,500	—
Sucre..............................	960,000	—
Avoine.............................	1,200	—

Le parc présente 24 bêtes, répondant à deux jours de consommation.
La brigade est servie jusqu'au 17 inclus.
L'importance de cet approvisionnement résulte de l'arrivée à Metz,

---

(1) Demandées spécialement.

hier au soir, d'un convoi de 22 voitures civiles du 3ᵉ corps, chargée par l'administration, à l'adresse du sous-intendant militaire de la brigade, mais qui doit vraisemblablement être destiné à l'ensemble du 2ᵉ corps.

Le sous-intendant militaire a pris à cet égard l'avis et les ordres de M. l'intendant militaire Bagès (1).

c) Ordres.

Le maréchal Bazaine au général Frossard.

Plappeville, 18 août.

A la suite des événements d'aujourd'hui, M. le maréchal Canrobert m'a fait connaître qu'il était dans l'obligation de se retirer, par la route de Briey, de la position qu'il occupait à Saint-Privat-la-Montagne. Ce mouvement découvre votre droite et je m'empresse de vous en prévenir afin que vous recommandiez la plus grande vigilance de ce côté. J'ajoute que vous recevrez pendant la nuit, c'est-à-dire bientôt après la présente lettre, mes instructions relatives aux dispositions à prendre pour vous mettre dans les positions que commande la situation actuelle.

En marge, au crayon, de la main du général Frossard : Le Maréchal écrit, dans la soirée, cette lettre aux commandants des corps d'armée qui bivouaquent sur leurs positions de combat.

---

(1) Directeur de l'intendance du 2ᵉ corps.

d) Situations et emplacements.

Situation d'effectif du 2ᵉ corps (18 août).

CORPS.	OFFICIERS.	SOUS-OFFICIERS et SOLDATS.	TOTAUX.	CHEVAUX.
État-major général................	12	»	12	37
1ʳᵉ division d'infanterie.				
État-major...................	10	»	10	30
1ʳᵉ brigade. { 3ᵉ bataillon de chasseurs.....	10	451	461	10
32ᵉ régiment d'infanterie.....	32	1,328	1,360	32
55ᵉ régiment d'infanterie.....	52	1,763	1,815	30
2ᵉ brigade.. { 76ᵉ régiment d'infanterie.....	31	1,225	1,256	28
77ᵉ régiment d'infanterie.....	56	1,483	1,539	30
Artillerie.......................	16	422	438	357
Génie..........................	5	151	156	21
Services administratifs...........	5	47	52	14
Train des équipages..............	1	45	46	72
Totaux........	218	6,915	7,133	624
2ᵉ division d'infanterie.				
État-major...................	12	»	12	20
1ʳᵉ brigade. { 12ᵉ bataillon de chasseurs.....	12	599	611	9
8ᵉ de ligne.................	41	1,569	1,610	23
23ᵉ de ligne.................	44	1,666	1,710	24
2ᵉ brigade.. { 66ᵉ de ligne.................	36	1,523	1,559	19
67ᵉ de ligne.................	39	1,276	1,315	21
Artillerie.......................	17	489	506	411
Génie..........................	4	156	160	16
Services administratifs...........	10	43	53	7
Train des équipages..............	»	29	29	46
Totaux........	215	7,350	7,565	596
Cavalerie.				
1ʳᵉ brigade. { 4ᵉ chasseurs...............	47	585	632	589
5ᵉ chasseurs...............	41	611	652	572
2ᵉ brigade.. { 7ᵉ dragons.................	34	489	523	470
12ᵉ dragons.................	36	523	559	448
Totaux.	158	2,208	2,366	2,079

CORPS.	OFFICIERS.	SOUS-OFFICIERS et SOLDATS.	TOTAUX.	CHEVAUX.
Artillerie de réserve.				
1re division. { 10e batterie du 5e régiment... 11e batterie du 5e régiment... }	4	265	269	218
2e division. { 6e batterie du 15e régiment.. 10e batterie du 15e régiment.. }	7	359	366	308
3e division. { 7e batterie du 17e régiment à cheval... 8e batterie du 17e régiment à cheval............ }	8	264	272	257
Totaux.........	19	888	907	783
Génie.				
2e compagnie de sapeurs-conducteurs du 3e régiment........................	»	8	8	12
2e compagnie de sapeurs-conducteurs du 1er régiment........................	»	39	39	63
2e compagnie de sapeurs du 3e régiment....	3	142	145	4
Totaux.........	3	189	192	79
Totaux généraux du 2e corps.	625	17,550	18,175	4,198
5e CORPS (Brigade mixte).				
État-major de la brigade...............	3	9	12	17
7e batterie du 2e régiment.............	4	125	129	116
14e bataillon de chasseurs (2e compagnie)...	2	103	105	»
Brigade du général Lapasset. { 84e de ligne............ 97e de ligne............ 3e lanciers............. Train des équipages......... }	41 48 26 3	1,575 1,682 371 180	1,616 1,730 397 183	36 26 401 212
Isolés..... { 11e de ligne............ 46e de ligne............ 86e de ligne............ }	2 3 3	67 91 98	69 94 101	» » »
Totaux de la brigade.....	135	4,301	4,436	808
Totaux généraux........	760	21,851	22,611	5,006

LA GUERRE DE 1870-1871.

CORPS.	OFFICIERS					TROUPE					CHEVAUX OU MULETS		
	disponibles.	indisponibles.	aux hôpitaux.	aux ambulances.	TOTAL.	disponibles.	indisponibles.	aux hôpitaux.	aux ambulances.	TOTAL.	disponibles.	indisponibles.	TOTAL.
État-major général............	2	»	»	»	3	»	»	»	»	»	6	»	6
État-major et officiers d'ordonnance..........	10	»	10	1	11	»	»	»	»	»	14	2	16
12e bataillon de chasseurs.....	42	11	2	1	44	599	276	263	13	1,151	9	1	10
8e régiment d'infanterie......	41	22	»	16	64	1,569	3	287	229	2,088	23	»	23
23e régiment d'infanterie......	44	23	7	»	67	1,666	604	»	47	2,374	24	3	27
66e régiment d'infanterie......	36	3	21	8	54	1,523	»	22	443	1,988	19	4	23
67e régiment d'infanterie......	39	»	»	»	60	1,276	12	440	500	2,228	21	1	22
5e escadron du 5e régiment de chasseurs..........	6	»	»	1	7	98	24	7	7	136	104	10	114
Génie. { 12e compagnie du 3e régiment..........	4	»	»	»	4	448	»	2	»	150	»	»	»
Sapeurs-conducteurs.......	»	»	»	»	»	8	»	1	»	9	16	»	16
Artillerie. { Officiers supérieurs et médecins........	3	»	»	1	4	»	»	»	»	»	»	»	»
5e / 7e batterie......	4	»	»	»	4	448	»	4	2	154	114	»	114
régiment. { 8e batterie......	4	»	»	»	4	143	»	3	5	154	142	»	142
9e batterie......	6	»	»	»	6	149	»	1	11	161	119	»	119
Détachement de la 4e compagnie du 2e régiment..	»	»	»	»	»	49	»	»	»	49	66	»	66
Services administratifs........	10	»	»	»	10	43	»	»	1	44	7	»	7
Train des équipages...........	»	»	»	»	»	29	»	»	1	30	46	»	46
Prévôté.....................	4	»	»	»	4	14	»	1	»	15	42	»	42
TOTAUX......	222	39	40	29	340	7,462	976	1,031	1,259	10,728	742	21	733

Situation d'effectif de la 3e division du 2e corps à la date du 18 août.

CORPS.	OFFICIERS					TROUPE					CHEVAUX OU MULETS			Tués ou disparus compris dans l'effectif ci-contre. (Pour mémoire).	
	disponibles.	indisponibles.	aux hôpitaux.	aux ambulances.	TOTAL.	disponibles.	indisponibles.	aux hôpitaux ou détachés.	aux ambulances.	TOTAL.	disponibles.	indisponibles.	TOTAL.	Officiers.	Troupe.
État-major divisionnaire....	7	»	1	»	8	»	»	»	»	»	33	5	38	»	»
Intendance................	2	»	»	»	2	1	»	»	»	1	8	»	8	»	»
Génie.....................	3	»	»	»	3	134	»	1	»	135	16	»	16	»	»
10e bataillon de chasseurs.	10	»	3	»	20	633	»	20	»	842	7	»	7	7	489
2e de ligne...............	41	»	»	»	64	1,550	»	»	»	1,915	33	»	33	23	365
63e de ligne..............	48	1	»	10	63	1,486	39	6	426	1,988	24	»	24	14	496
24e de ligne..............	44	»	2	19	65	1,834	26	12	473	2,350	27	»	27	9	342
40e de ligne..............	33	1	1	»	61	1,750	8	18	»	2,263	26	4	30	7	296
Artillerie................	10	1	1	»	12	448	»	7	»	455	454	5	459	»	22
Train d'artillerie........	»	»	»	»	»	50	»	»	»	50	77	»	77	»	»
Ambulance.................	6	»	»	»	6	20	»	»	»	20	6	»	6	»	»
Subsistances militaires...	2	»	»	»	2	26	»	»	»	26	32	»	32	»	»
Train des équipages.......	»	»	»	»	»	30	»	»	»	30	»	»	»	»	»
Force publique............	1	»	»	»	4	14	»	1	»	15	41	»	41	»	»
TOTAUX............	207	3	8	29	307	7,943	73	65	299	10,090	754	14	768	60	4,740

Emplacements des troupes du 2ᵉ corps.

18 août.

Quartier général. — Châtel-Saint-Germain (bataille d'Amanvillers, reçue dans nos positions).

1ʳᵉ *division.* — Plateau de Rozérieulles (Bellevue (1), sur la route de Verdun).

2º *division.* — Mamelon coté 342 (2) (au-dessus de Châtel-Saint-Germain).

Brigade Lapasset. — Plateau au-dessus de Rozérieulles.

Cavalerie. — Châtel-Saint-Germain, dans la plaine, du côté de la Moselle.

---

(1) Ancien nom du Point-du-Jour.
(2) Sur la carte 1/80,000 de l'état-major, c'est-à-dire entre la voie romaine et le bois de Châtel.

Journée du 18 août.

3ᵉ CORPS.

a) Journaux de marche.

Journal de marche du 3ᵉ corps.

18 août.

Le 18 de grand matin, la marche des colonnes ennemies qu'on apercevait du plateau (1), et les rapports des reconnaissances, ayant indiqué l'intention de l'ennemi de livrer la bataille, le maréchal Lebœuf prit aussitôt ses dispositions de combat, et prévint le général en chef qui lui fit répondre de se borner à tenir ferme dans la position qu'il occupait. Les fermes de Moscou, de Leipzig et de la Folie furent mises en état de défense par le général Vialla, commandant le génie du 3ᵉ corps. On couvrit la première ligne d'infanterie par des tranchées-abris en échelons, tandis que les réserves, à distance convenable, étaient défilées des feux par les bords du ravin de Châtel. En même temps, des épaulements expéditifs étaient préparés pour placer des batteries dans des positions avantageuses que le général de Rochebouët, commandant l'artillerie du 3ᵉ corps, avait reconnues d'avance.

A la gauche, le feu ouvert à 1 heure de l'après-midi par une batterie de 12 placée en avant de la ferme de Moscou, contraignit d'abord l'ennemi à replier l'artillerie qu'il avait placée en avant de Gravelotte (?), et arrêta la marche de ses colonnes; mais peu à peu, ses moyens d'action en artillerie augmentèrent, et 54 pièces établies entre la Malmaison et Gravelotte réussirent, vers 3 h. 30 du soir, à désemparer les batteries placées près de la ferme de Moscou et cette ferme prit feu. Néanmoins, le 44ᵉ (lieutenant-colonel Chanteclair) et le 60ᵉ (colonel Boissie) se maintinrent toute la journée sous un feu écrasant d'artillerie et de mousqueterie, dans la position qu'ils étaient chargés de garder autour de cette ferme incendiée. C'est sur ce point que fut atteint mortellement de deux blessures le brave commandant Avril, du 44ᵉ, au moment où il s'élançait, à la tête de son bataillon, pour soutenir le 60ᵉ, assailli avec acharnement par des forces supérieures.

---

(1) C'est-à-dire depuis l'*Arbre-Mort*.

A 600 ou 700 mètres en avant et au-dessous de la ferme de Moscou, se trouve la ferme de Saint-Hubert sur la route de Gravelotte. Cette ferme, située en contre-bas de la position qu'occupait l'ennemi, était d'une défense difficile; mais il était important de la tenir le plus longtemps possible pour ne pas abandonner à l'ennemi un point d'appui si rapproché de nos lignes.

Le IIe bataillon du 80e, chargé de l'occuper, s'y maintint énergiquement jusque vers 3 heures. A ce moment, des tirailleurs prussiens étant parvenus à se loger vers la pointe du bois de Vaux, dominaient et prenaient à revers les défenseurs de Saint-Hubert. Le général Aymard se vit contraint de la faire évacuer. Le IIe bataillon du 80e mérite une mention spéciale pour sa brillante conduite dans cette circonstance, où il éprouva des pertes sérieuses et où son vaillant chef, le commandant Molière, fut blessé. Le commandant Bertrand, du Ier bataillon du 80e, fut tué dans les tranchées-abris élevées entre Moscou et la voie romaine.

L'ennemi, encouragé par ce succès partiel, accentua très vivement ses attaques sur le Point-du-Jour où le 3e corps se reliait au 2e. Le général Sanglé-Ferrière s'y porta de sa personne avec un bataillon et demi du 80e (colonel Janin), et y fut soutenu par un bataillon du 32e et par une batterie de mitrailleuses qui lui furent envoyés par le général Vergé (2e corps). Grâce à ces efforts combinés, toutes les attaques de l'ennemi, vives et réitérées, furent énergiquement repoussées, et nos troupes se maintinrent dans des ruines incendiées, sans être ébranlées par une pluie de mitraille et de balles. C'est dans la défense du Point-du-Jour que fut blessé le lieutenant-colonel de Langourian, du 80e, après avoir eu un cheval tué sous lui.

Pendant ce temps, vers le centre du 3e corps, les bois des Génivaux étaient défendus de la gauche à la droite par le 7e bataillon de chasseurs à pied (commandant Rigaud) et par deux bataillons du 29e de ligne sous les ordres du lieutenant-colonel Isnard (front de la 3e division), par le 90e de ligne et un bataillon du 69e sous les ordres du colonel de Courcy (front de la 2e division); par les 81e de ligne (colonel Colavier d'Albici) et 95e (colonel Davout d'Auerstædt) sous les ordres du général Clinchant. Ces bois, vivement abordés par l'ennemi à plusieurs reprises après avoir été fortement battus par son artillerie, furent le théâtre d'une lutte très vive; mais les troupes qui les occupaient, après avoir perdu et repris plusieurs fois la lisière, s'y maintinrent définitivement. L'angle Ouest, après avoir été défendu énergiquement jusqu'à 3 heures de l'après-midi, dut être abandonné en même temps que la ferme de Saint-Hubert qui le dominait (?); mais les bataillons du 29e prirent position sur la lisière, firent face à gauche et ne permirent pas à l'ennemi de déboucher de la route de Gravelotte.

Dans la partie de droite, occupée par la brigade Clinchant, l'ennemi attaqua à six reprises différentes. Avant chaque attaque, une forte batterie placée sur la crête, près de Vernéville, couvrait le bois de projectiles pendant une demi-heure. Puis les colonnes ennemies formées entre Vernéville et Chantrenne descendaient sur le bois. L'ennemi, toujours repoussé, fit de grosses pertes sur ce point; mais le général Clinchant fut obligé d'engager successivement toutes ses réserves. Vers la fin de la journée, le général Montaudon dut lui envoyer comme renfort deux bataillons du 62e. Entre le bois des Génivaux et Montigny-la-Grange la lutte avait commencé dès midi.

Prévenu vers 11 h. 30, par une reconnaissance de cavalerie, que l'ennemi venait d'occuper Vernéville et le bois de la Cusse, le général Montaudon porta rapidement son artillerie sur la crête courant de Montigny-la-Grange à l'angle Nord-Est du bois des Génivaux. Une tranchée, ouverte promptement, abrita le soutien de l'artillerie, composé d'une compagnie du 18e bataillon de chasseurs à pied et de trois compagnies du 51e de ligne.

A peine le feu de notre artillerie avait-il commencé sur les colonnes ennemies débouchant de Vernéville que de fortes batteries, se déployant sur la lisière du bois de la Cusse, à 2,000 mètres environ, prirent d'écharpe l'artillerie de la 1re division. Le général de Berckheim reçut aussitôt l'ordre de porter sur ces points quatre batteries de la réserve, qui, combinant d'ailleurs leurs feux avec l'artillerie du 4e corps, assurèrent parfaitement la droite du 3e. La batterie de mitrailleuses (1re division), parfaitement commandée par le capitaine Barbe (1), mérite d'être signalée spécialement pour l'efficacité de son tir et pour sa ténacité. Elle subit des pertes sensibles. Les Prussiens avaient accumulé une masse d'artillerie entre Chantrenne et le bois de la Cusse, et leur infanterie occupait le bois; leurs rapports accusent quinze de leurs pièces démontées et des pertes considérables éprouvées par le IXe corps prussien dans le bois de la Cusse. L'honneur en revint, comme nous venons de le signaler, aux batteries du 4e corps, aux batteries de la réserve du général de Berckheim, à celles de la 1re division et à la batterie de mitrailleuses du capitaine Barbe. La 1re brigade de la 1re division (colonel Dauphin) garnissait les crêtes de nombreux tirailleurs; elle contribua puissamment à faire échouer sur ce point les attaques de l'ennemi.

La division de dragons avait été placée en arrière des crêtes, entre Montigny-la-Grange et la Folie, seule partie du champ de bataille où cette arme put avoir devant elle un terrain favorable à son action.

---

(1) $\frac{8}{4}$.

Dès le matin, la brigade Bruchard, 2ᵉ, 3ᵉ et 10ᵉ chasseurs, avait été mise à la disposition du 6ᵉ corps qu'elle ne quitta plus pour le reste de la campagne (1).

La lutte, engagée entre notre artillerie placée entre la ferme de Moscou et la ferme de Leipzig, et l'artillerie ennemie placée sur la route entre Gravelotte et la Malmaison, fut très vive jusque vers 4 heures du soir. 2,500 mètres environ séparaient les deux artilleries, et on sait qu'à cette distance notre artillerie de campagne est encore très efficace. Elle éprouva quelques pertes, et d'après les rapports prussiens, l'artillerie ennemie fut également éprouvée. Vers 4 heures, on fit ralentir le feu de notre artillerie pour éviter de trop grandes consommations. Nos troupes d'infanterie, placées dans des tranchées-abris, supportaient avec un calme remarquable, un feu d'artillerie d'ailleurs plus vif que sérieusement efficace. Les troupes détachées dans les bois furent plus éprouvées par les feux de l'artillerie ennemie.

Le 3ᵉ corps maintenait donc énergiquement et avec succès l'ensemble des positions qui lui avaient été confiées, lorsque vers 7 heures du soir un officier d'état-major, qui avait été envoyé jusqu'à Saint-Privat pour avoir des nouvelles, revint en toute hâte apporter l'avis que le 6ᵉ corps, après avoir soutenu longtemps une lutte glorieuse contre des forces supérieures qui tendaient à le tourner, se retirait en bon ordre par le bois et la gorge de Saulny. Par suite de ce mouvement, la droite du 4ᵉ corps ne se trouvant plus soutenue et attaquée elle-même avec une grande vivacité, commençait sa retraite par le ravin de Châtel, mouvement qui découvrait la droite du 3ᵉ corps. Le 3ᵉ corps couvrait les défilés, il n'y avait donc pas à hésiter, et le maréchal se résolut à tenir ferme en en prévenant le général Frossard qui promit de garder ses positions. Dans cette situation, il devenait indispensable de renforcer la droite du 3ᵉ corps vers Montigny-la-Grange. Deux batteries de la réserve et le 41ᵉ (colonel Saussier) qui était en deuxième ligne et n'avait pas encore été engagé, furent dirigés immédiatement sur Montigny-la-Grange. A la gauche d'Amanvillers, le terrain était encore violemment disputé à l'ennemi par une division du 4ᵉ corps qui avait beaucoup souffert. Le colonel Saussier déploya ses deux premiers bataillons, forma le IIIᵉ en colonne et marcha à l'ennemi dans cet ordre. Enlevé par son colonel, le 41ᵉ aborda (?) résolument l'ennemi ; grâce à la nuit qui commençait à se faire, le 41ᵉ souffrit peu de la grêle de balles qui l'accueillit et reconquit définitivement la position (?).

---

(1) Mais le 3ᵉ chasseurs ne se porta à Saint-Privat que dans le courant de l'après-midi. Le 10ᵉ resta avec le 3ᵉ corps auquel il fournissait les escadrons divisionnaires.

Le colonel Saussier eut un cheval tué sous lui. Ce mouvement fut exécuté avec un tel entrain, que l'ennemi, fortement éprouvé par les pertes de la journée, dut, à l'arrivée de la Garde et des renforts considérables, abandonner la position (?) et ne put renouveler ses attaques.

A dater de ce moment, la lutte s'apaisa en avant de la 1re, de la 2e et de la 3e division; mais elle se ranima avec une grande vivacité devant le front de la 4e division (Aymard) entre la ferme de Moscou et le Point-du-Jour. Nous avons vu la 4e division lutter toute la journée avec succès : d'abord contre le VIIe corps prussien, puis, vers midi, contre les VIIe et VIIIe corps ; à 3 heures, la masse énorme d'artillerie accumulée contre le Point-du-Jour avait réussi à incendier cette ferme, et, malgré cela, à part l'évacuation de la ferme de Saint-Hubert, devenue indispensable, les attaques de l'ennemi avaient complètement échoué. Mais, à 6 heures du soir (1), l'arrivée à Gravelotte du IIe corps prussien, venant s'ajouter aux deux autres, fit espérer à l'ennemi qu'une nouvelle attaque le rendrait maître du Point-du-Jour et séparant ainsi le 2e corps français du 3e, les contraindrait à une retraite précipitée.

Profitant de l'appui que lui donnait la ferme de Saint-Hubert, l'ennemi marcha en forces, à plusieurs reprises, contre nos lignes ; mais attendu à bout portant, il fut chaque fois repoussé avec des pertes sérieuses. La solidité de nos troupes ne put être ébranlée par ces attaques ; aussi, à partir de minuit (?), l'ennemi, éprouvé par des pertes énormes, ne les renouvela plus, et lorsque le 19 au matin, le mouvement de retraite ayant été effectué comme nous le verrons tout à l'heure, les compagnies de grand'garde du 80e, abandonnèrent à leur tour une position si vaillamment défendue, l'ennemi ne les inquiéta point. La 4e division avait lutté depuis 10 heures du matin jusqu'à minuit (2) contre les efforts successifs, et ensuite simultanés, de trois corps d'armée prussiens appuyés par une artillerie nombreuse. Un régiment de voltigeurs de la Garde, détaché de la brigade Brincourt, et qui occupait les bois sur la berge droite du ravin de Châtel, avait été mis vers le soir à la disposition du général Aymard, qui eut beaucoup à se louer de son concours.

Le général Aymard et les troupes sous ses ordres peuvent être fiers de cette journée.

Dans cette bataille, le 3e corps eut à soutenir, d'après les rapports prussiens, l'effet des VIIe, VIIIe et IIe corps prussiens sur sa gauche ; IXe et IIIe corps appuyés par une brigade de la Garde royale sur sa droite.

---

(1) Plus tard.
(2) Heures erronées.

Devant de telles forces, et d'après la configuration du terrain qu'il occupait, prendre l'offensive lui était impossible ; de plus les instructions du Maréchal commandant en chef étaient formelles : conserver la position coûte que coûte.

Le 3e corps maintint toutes ses positions de Montigny-la-Grange au Point-du-Jour et rendit à l'armée un service signalé en se dévouant pour couvrir les défilés.

Les pertes subies par le 3e corps dans la bataille du 18 août, se répartirent ainsi qu'il suit (1) :

1re division Montaudon : 3 officiers tués, 16 blessés ; 62 hommes tués, 399 blessés, 50 disparus ;

2e division Nayral : 2 officiers tués, 1 blessé ; 8 hommes tués, 61 blessés, 9 disparus ;

3e division Metman : 4 officiers tués, 25 blessés, 13 disparus ; 63 hommes tués, 359 blessés, 181 disparus ;

4e division Aymard : 7 officiers tués, 33 blessés, 2 disparus ; 69 hommes tués, 533 blessés, 205 disparus ;

Artillerie de réserve : 2 officiers blessés ; 4 hommes tués, 47 blessés.

Au total : 16 officiers tués, 77 blessés, 15 disparus ; 206 hommes tués, 1399 blessés, 445 disparus.

Rapport du maréchal Lebœuf, commandant le 3e corps.

Plappeville, 20 août.

Le 17 au soir, la division Montaudon avait rallié mon corps d'armée et prenait position aux fermes de la Folie et de Montigny-la-Grange.

La division Nayral avait son quartier général à la ferme Leipzig.

La division Metman, à la gauche de la division Nayral, s'étendait jusqu'à la ferme de Moscou.

La division Aymard était en position, de Moscou au Point-du-Jour.

Mes réserves d'artillerie, du génie et ma cavalerie, en arrière des crêtes occupées par l'infanterie, étaient défilées des vues de l'ennemi à l'origine des pentes de Châtel-Saint-Germain, entre la route et le chemin qui passent à l'Arbre signal où j'avais établi mon quartier général. L'infanterie Metman et Nayral occupait les bois des Génivaux en avant du front.

Dès que j'eus reconnu les progrès de l'ennemi, les fermes de

---

(1) Chiffres approximatifs.

Moscou, de Leipzig et de la Folie furent mises en état de défense; des tranchées-abris exécutées rapidement sur la position me permirent d'y assurer ma première ligne d'infanterie, pendant que mes réserves se tenaient en arrière et à distance convenable et défilées des feux.

En même temps, des épaulements expéditifs permettaient de placer des batteries dans des positions avantageuses que j'avais reconnues d'avance.

Le feu, ouvert de mon côté vers 1 heure de l'après-midi par une batterie de 12 placée près de la ferme de Moscou, contraignit d'abord l'ennemi à replier l'artillerie qu'il avait placée en avant de Gravelotte (?). Mais bientôt et peu à peu, ses moyens d'action en artillerie augmentèrent d'une façon considérable et toute une ligne de batteries, s'établissant entre la Malmaison et Gravelotte, en nombre beaucoup supérieur aux nôtres, réussit à désemparer les batteries placées près de la ferme de Moscou dont les bâtiments prirent feu.

La portée beaucoup plus grande que nous ne le supposions de l'artillerie ennemie, la précision de son tir, non moins que sa grande supériorité numérique, la crainte de consommer trop de munitions, m'engagèrent à ralentir mon feu ; mais l'infanterie resta dans ses positions, calme sous le feu et ne cédant pas un pouce de terrain.

Pendant ce temps, les bois vigoureusement défendus par le 7ᵉ bataillon de chasseurs à pied, un bataillon du 29ᵉ de ligne et par le 90ᵉ, restaient, malgré tous les efforts de l'ennemi pour s'en emparer, en la possession du colonel de Courcy, commandant les troupes réunies sur ce point (1).

Plusieurs attaques, dirigées contre la ferme incendiée de Moscou, vinrent échouer devant la résistance des troupes de la division Aymard qui, assaillies pendant plusieurs heures par des forces supérieures, parvinrent à repousser tous les assauts et à se maintenir dans leurs lignes malgré un feu écrasant d'artillerie et de mousqueterie, qui leur faisait éprouver des pertes sensibles. L'arrivée d'un régiment de voltigeurs de la Garde de la brigade Brincourt, mis à ma disposition par vous pour remplacer les réserves engagées, fut employée par le général Aymard qui en avait tiré un excellent parti. Je dois vous signaler particulièrement la belle conduite d'un bataillon du 80ᵉ dans la défense d'une ferme en avant de la position Aymard. Le 3ᵉ corps put ainsi, jusqu'à la fin de la journée, s'acquitter de la tâche que vous lui aviez assignée

---

(1) Partie méridionale du bois des Génivaux.

dans vos instructions en lui prescrivant de se maintenir ferme dans les positions qu'il occupait le matin du 18.

A la droite, la situation du général Montaudon, à la Folie et à Montigny-la-Grange, était maintenue énergiquement en restant lié au 4e corps; mais vers 7 heures, je fus informé qu'après une lutte des plus vives, le 4e corps, débordé par sa droite du côté de Saint-Privat et ne pouvant plus tenir en avant d'Amanvillers, battait en retraite sur Lorry. Je venais, quelques instants auparavant, de mettre à sa disposition et de faire diriger en toute hâte sur ma droite pour soutenir le 4e corps, deux batteries de ma réserve d'artillerie (1) ainsi que les 41e et 71e de ligne, les seules troupes dont il fût possible de disposer en ce moment. Ces renforts, vigoureusement conduits, réussirent à contenir les progrès de l'ennemi et à couvrir mon aile droite, dont la situation n'a pas été un instant ébranlée.

Je donnai l'ordre de tenir pour couvrir le défilé et je conservai mes positions, malgré plusieurs attaques de nuit, jusqu'au moment où me parvint, à 1 h. 30 du matin, votre ordre me prescrivant de quitter le plateau que j'occupais pour venir avec tout mon corps d'armée prendre position sous les forts entre Lorry, Lessy et Scy.

Je fis aussitôt filer mon artillerie, en ne laissant que ce qui était nécessaire pour appuyer les arrière-gardes.

Les parcs suivirent le mouvement qui se continua sans bruit et sans que l'ennemi ait paru en avoir connaissance; il était complètement terminé le matin à 11 heures. J'avais eu soin, avant de commencer mon mouvement, d'en prévenir le général Frossard, commandant le 2e corps d'armée placé à ma gauche. La marche, difficile à travers les défilés de Châtel-Saint-Germain et de Lessy, effectuée de nuit par trois routes différentes, s'est exécutée dans un ordre parfait et sans être inquiétée par l'ennemi.

La continuité de nos mouvements ne m'a pas permis encore de recevoir des divisions les états de nos pertes en hommes et de la consommation des munitions. Je crois les premières peu considérables; j'ai demandé d'urgence les uns et les autres.

J'ai hâte d'affirmer à Votre Excellence que, malgré les privations de toutes sortes et les fatigues des troupes du 3e corps (après trois combats, en position le jour et marchant la nuit), elles ont fait très vaillante contenance et que l'on peut entièrement compter sur elles.

---

(1) $\frac{1,\,2}{17}$.

Notes *du maréchal Lebœuf sur la défense des lignes d'Amanvillers* (1).

18 août.

Le 18 août, je rendis compte que nos caissons vides purent se réapprovisionner à Metz.

Un premier rapport de reconnaissance du 18, mais effectuée par la cavalerie dans la soirée du 17, dit que dans cette soirée, des colonnes ennemies filaient de notre droite vers notre gauche.

Mais avant 7 heures du soir (2), j'envoyai un officier prévenir le 2ᵉ corps que des colonnes ennemies nombreuses passaient en vue, marchant de notre gauche à notre droite et paraissant se diriger sur Doncourt.

Dans un autre rapport de reconnaissance, daté du 18 à 8 h. 25 du matin, on dit que les forces principales de l'ennemi semblent se diriger sur Saint-Marcel.

Vers 11 h. 30, l'artillerie de la 1ʳᵉ division ouvre le feu sur des colonnes ennemies qui débouchaient de Vernéville.

A 1 h. 34, je préviens le Maréchal que l'attaque s'est prononcée sur toute la ligne.

A 3 h. 10, je préviens que la droite fait des progrès, le centre tient bon, que la gauche est fortement attaquée et demande du renfort : « Puis-je disposer de la brigade des voltigeurs de la Garde pour soutenir le général Aymard ? »

J'ajoute que je m'attends à un mouvement offensif vers 4 heures.

Les attaques se renouvelèrent avec une grande vivacité sur la gauche jusqu'après minuit, sans que l'ennemi obtînt d'autre succès qu'en faisant évacuer la ferme Saint-Hubert et la pointe Sud du bois des Génivaux.

Vers 7 heures, j'envoyai à la droite, que la retraite d'une partie du 4ᵉ corps laissait en l'air, deux régiments, les 41ᵉ et 71ᵉ, avec deux batteries de la réserve pour assurer ma droite. Le mouvement suffit pour arrêter le progrès de l'ennemi, et le 3ᵉ corps put tenir toute la nuit pour couvrir les défilés.

Dans la soirée, à une heure avancée, je reçus du Maréchal l'ordre de me replier sur le plateau de Plappeville, la gauche vers Scy et Lessy, la droite vers Lorry.

La cavalerie avait déjà suivi le mouvement du 4ᵉ corps.

Le mouvement des divisions d'infanterie commença vers 3 heures. Ce n'est qu'à 8 h. 30 que les derniers petits postes se retirent sans être inquiétés par l'ennemi.

---

(1) Provenant de la succession du Maréchal. *Notes* non datées.
(2) *Lire* : du matin.

Dans la journée du 18, l'artillerie du 3ᵉ corps avait consommé environ 9,700 coups de canon. Les pertes s'élevaient à 2,158 officiers et soldats tués, blessés ou disparus (1).

P.-S. — Reconnaissance de ma cavalerie, signalant l'ennemi filant de notre droite vers notre gauche, ce qui n'est pas en contradiction avec l'avis que le matin du 18 j'ai fait donner au Maréchal par Émile (?)

8 h. 45. — Rapport des reconnaissances du matin. Les forces préparées de l'ennemi semblent se diriger sur Saint-Marcel.

1 h. 34. — Dépêche annonçant une attaque sur toute la ligne.

3 h. 10. — Demande de disposer de la brigade de la Garde pour appuyer la division Aymard.

Historique de la 1ʳᵉ compagnie du 1ᵉʳ régiment du train des équipages militaires. (Détachement du quartier général du 3ᵉ corps.)

18 août.

Le camp était levé à 5 heures du matin, et les troupes marchèrent en toute hâte au canon de Saint-Privat. La compagnie arriva à 9 heures sur l'emplacement qui lui était assigné en arrière du 3ᵉ corps, et déboucha sur le champ de bataille par le petit village d'Amanvillers; mais déjà ce village était en feu; depuis plus d'une heure les artilleries française et allemande se disputaient le terrain. La compagnie s'installa à côté de l'administration, parce que depuis la veille elle transportait un matériel de fours de campagne avec tous leurs accessoires.

A 9 heures du soir, la compagnie quittait le champ de bataille de Saint-Privat. Elle avait enlevé autant de blessés qu'elle l'avait pu, mais le nombre de cacolets fut insuffisant, et elle fut forcée de prendre en surcharge sur les voitures d'administration 40 soldats blessés, parmi lesquels se trouvait un lieutenant d'infanterie qui avait le bras droit emporté par un éclat d'obus. Ce ne fut qu'à 2 kilomètres de Saint-Privat que la compagnie put remettre les 210 blessés à une ambulance étrangère au corps d'armée. La marche avait été très lente et surtout rendue très pénible par suite de l'horrible confusion qui régnait sur la route.

Historique du détachement de la 10ᵉ compagnie du 1ᵉʳ régiment du train des équipages militaires.

Quartier général du 3ᵉ corps, 18 août.

Le détachement tourna le fort de Plappeville et s'avança sur la route

---

(1) Chiffres approximatifs.

de Saint-Privat. Il avait ordre de se rapprocher autant que possible du 3ᵉ corps d'armée, qui était engagé depuis le matin. Le soir, l'armée battait en retraite et se mettait sous la protection des forts. C'est sous cet abri que le détachement ravitaillait sa division.

Historique de la 13ᵉ compagnie du 3ᵉ régiment du train.

18 août.

La compagnie assista à la bataille de Saint-Privat pour y enlever les blessés.

1ʳᵉ DIVISION (Montaudon).

Journal de marche de la 1ʳᵉ division.

18 août.

La division envoie des reconnaissances de cavalerie qui lui signalent l'approche de l'ennemi, en colonnes nombreuses, vers Vernéville et sur la route de Gravelotte à la Malmaison.

On prend les armes à 10 heures du matin, et on occupe fortement les bois en avant du front, s'appuyant à gauche sur la division Nayral, et se reliant à droite avec le 4ᵉ corps (général Ladmirault), qui, malgré tous les avertissements ne paraît pas se douter de l'approche de l'ennemi.

A midi, la canonnade commence à Vernéville, où l'ennemi débouche entre deux bois ; celui de gauche est occupé par nous (1).

Le 4ᵉ corps prend alors les armes par alerte et son artillerie se joint à la nôtre pour contre-battre l'artillerie ennemie. Au bout de deux heures de feu, notre artillerie est réduite au silence et l'ennemi se porte en nombre sur notre droite, contre le 4ᵉ corps (Ladmirault).

La lutte dure jusqu'à 9 heures du soir, sans que la division perde un pouce de terrain ; mais, comme la droite de l'armée est débordée, la division reste sur la défensive, dans ses positions, sans bivouaquer.

1 officier tué, 5 blessés, 34 hommes tués, 200 blessés, au 81ᵉ ; 2 officiers tués, 7 blessés, 14 hommes tués et 120 blessés au 95ᵉ (2).

La 1ʳᵉ brigade conservée en réserve, a perdu peu de monde.

Rapport sommaire du général Montaudon, commandant la 1ʳᵉ division.

Au camp, le 20 août.

La division, qui était campée à la ferme de Leipzig, a pris les armes le 18 à midi. L'attaque de l'ennemi a commencé vers la droite de la

---

(1) Les Génivaux.
(2) Chiffres approximatifs.

division. La canonnade part de Vernéville, d'où débouche une colonne qui menace Montigny-la-Grange et manvillers.

La division se maintient dans sa position toute la journée. La 2e brigade occupe les bois vers la gauche, sous la direction du général Clinchant; la droite, vers Montigny, est soutenue par le 51e et un bataillon du 62e et le bataillon de chasseurs à pied.

A 8 heures du soir, le combat n'est pas terminé et le feu ne cesse que vers 9 heures.

A 3 heures du matin, les troupes se replient par un chemin de traverse au-dessous de Montigny, pour se diriger vers Châtel-Saint-Germain. On n'est pas inquiété dans cette retraite et l'on arrive vers 7 heures du matin, sur le plateau de Lorry. A 6 heures du soir, la division quitte son campement, pour aller s'établir sur le versant du fort de Plappeville, la droite vers le village de Tignomont, la gauche vers le col (?) de Lorry. Les corps sont campés vers 10 heures du soir.

Le quartier général du général de division est installé chez le maire de Tignomont.

Rapport détaillé du général Montaudon, commandant la 1re division.

Au camp, le 20 août.

Dans la matinée du 18, la 1re division, campée sur le plateau de la ferme de Leipzig, se disposait à modifier son campement quand vers les 7 heures du matin, des colonnes ennemies furent signalées marchant vers Rezonville et Saint-Marcel.

Dans la prévision d'une attaque prochaine, le général de division envoya prendre les ordres du maréchal commandant le 3e corps et se prépara, en les attendant, à se porter rapidement sur la ligne de bataille.

Le maréchal ayant prescrit de se relier à droite avec le 4e corps, à gauche avec la 2e division du 3e corps et d'occuper les bois en avant des crêtes, le général prit les dispositions suivantes : la 2e brigade sous les ordres du général Clinchant, formée des 81e et 95e de ligne, fut chargée de la défense de la portion du bois des Génivaux, depuis la pointe Nord du bois jusqu'au chemin de Chantrenne à Leipzig, se reliant là avec le 90e de ligne de la 2e division;

Le 95e de ligne occupa la partie Nord du bois, couvrant la lisière de tirailleurs abrités par les broussailles; un bataillon fournit ces tirailleurs, les deux autres bataillons, furent placés en réserve en arrière de la crête;

Le 81e de ligne, avec son IIe bataillon, fit face à l'Est et occupa avec trois compagnies en tirailleurs la lisière du bois, les trois autres compagnies dans l'intérieur du bois, servant de réserve;

Le IIIe bataillon fut placé dans une clairière, à gauche du IIe, se reliant avec le bois occupé par le 90e de ligne. Le 1er bataillon, réserve du régiment, fut massé sur le chemin de Leipzig à Vernéville, à la lisière Ouest du bois.

La 1re brigade sous les ordres du colonel Dauphin du 62e de ligne, fut alors disposée de la manière suivante : un bataillon du 51e de ligne vint se placer entre la ferme de la Folie et la crête, qui est en avant et au Nord; trois compagnies occupèrent la ferme de la Folie; les trois autres, ainsi que le dernier bataillon, restèrent massées sur le plateau de la ferme de Leipzig; le 62e de ligne et le 18e bataillon de chasseurs à pied y demeurèrent également.

Vers 11 h. 30, les reconnaissances fournies par le 1er escadron du 3e chasseurs à cheval, vinrent prévenir que l'ennemi entrait dans le village de Vernéville et se prolongeait sur la droite dans le bois de la Cusse.

Le général, qui avait appelé la batterie de canons à balles, commandée par le capitaine Barbe et la batterie de 4 commandée par le capitaine Crassous, établit ces deux batteries sur la crête allant de Montigny-la-Grange à l'angle Nord Ouest du bois des Génivaux et fit ouvrir le feu sur les colonnes ennemies dès qu'elles débouchèrent de Vernéville. Une tranchée-abri avait été rapidement ouverte sur la crête (la compagnie de chasseurs à pied servant de soutien aux batteries) et deux compagnies du 51e se placèrent dans cette tranchée.

A peine la canonnade avait-elle commencé, que les batteries ennemies de fort calibre, placées sur la lisière Sud-Ouest du bois de la Cusse à 2,000 mètres environ, répondirent à la nôtre. Ces batteries prenant d'écharpe la batterie de canons à balles, celle-ci fut bientôt obligée de se replier, deux affûts ayant été mis hors de service et le mécanisme de trois pièces ayant besoin d'être arrangé. Quatre batteries de 4 de la réserve vinrent alors se placer sur la crête et avec deux batteries du 4e corps, placées au Sud-Est de Montigny-la-Grange, répondirent au feu de l'ennemi, ainsi que la batterie du capitaine Crassous assez abritée par un petit épaulement.

Le général, pour soutenir cette artillerie, fit descendre du plateau de Leipzig un bataillon du 51e de ligne, qui fut placé à droite en avant de la ferme de la Folie, se reliant au 35e de ligne, placé à gauche de Montigny-la-Grange.

Le bois occupé par la 2e brigade et formant le centre et la gauche de la position fut attaqué de la manière la plus violente à six reprises différentes, à partir de midi jusqu'à 9 heures du soir. Avant chaque attaque, une batterie, formée d'un grand nombre de pièces et placée sur la crête près de Vernéville, couvrait le bois de mitraille pendant une demi-heure; alors s'avançaient les colonnes prussiennes formées entre Vernéville et Chantrenne, dont elles avaient pris possession dès le début de la bataille.

Grâce aux habiles dispositions prises par le général Clinchant, toutes les attaques furent repoussées avec de grosses pertes pour l'ennemi, mais toutes les réserves du 95e et du 81e durent s'engager successivement. Afin d'avoir de nouveaux soutiens, le général de division fit descendre du plateau de Leipzig deux bataillons du 62e de ligne, et quatre compagnies de ce régiment durent même s'engager dans le bois.

Sur le plateau de Leipzig, le 18e bataillon de chasseurs se plaça dans une tranchée-abri, surveillant le débouché des bois, afin de protéger par son feu la 2e brigade, si celle-ci avait été obligée à quitter sa position. Trois compagnies du dernier bataillon du 62e de ligne occupèrent la ferme de Leipzig et les trois autres, avec la 2e batterie de 4, restèrent en réserve en arrière. Le plateau fut, à partir de 2 heures, battu par un violent feu d'artillerie, l'ennemi ayant placé des batteries de gros calibre en avant de la ferme de la Malmaison, à droite de la route de Vernéville.

A droite de la position, l'artillerie, après avoir soutenu très longtemps un feu excessivement violent, fut obligée de quitter la crête; le capitaine Barbe, qui avait réparé sa batterie de canons à balles, resta seul en position, plus d'une heure encore, répondant au feu de six batteries prussiennes et mitraillant en même temps les colonnes ennemies, qui paraissaient en avant de Vernéville.

Le général de division, au moment de la retraite de l'artillerie, étant au milieu des batteries, eut son cheval blessé d'un éclat d'obus. Afin d'empêcher l'ennemi de s'emparer de la crête abandonnée par l'artillerie, le général fit descendre de Leipzig les trois dernières compagnies du 51e. Du bois à Montigny, la crête fut alors gardée par un bataillon et demi du 51e, se reliant avec le 33e de ligne. Comme soutien, il y avait un bataillon du 62e près du bois, servant en même temps à la 2e brigade, les trois compagnies du 51e et la compagnie du génie retranchées dans la ferme de la Folie.

Malgré la cessation du feu de l'artillerie, l'ennemi ne fit point attaquer la droite par son infanterie, craignant surtout de traverser la plaine nue en avant de la crête.

Le général de division ne saurait rendre trop bon compte des troupes placées sous ses ordres. Les soldats ont montré le plus grand calme et la plus grande ténacité, conservant toujours leurs positions et ne fléchissant jamais sous l'attaque de l'ennemi.

A 9 heures du soir, le feu s'éteignit sur toute la ligne; le général prit alors des nouvelles dispositions pour passer la nuit sur le champ de bataille. Le 95e de ligne ne conserva qu'un bataillon dans le bois; les deux autres furent massés sur la lisière, ainsi que le 62e, un bataillon du 81e et deux bataillons du 71e, mis par le Maréchal à la disposition du général de division.

A 3 heures du matin, l'ordre de se replier vers Metz fut donné au général, qui rallia rapidement la division et exécuta la marche prescrite sans le moindre incident.

Rapport du chef de bataillon Rigault, commandant le 18e bataillon de chasseurs à pied.

Pendant le combat livré le 18 août dans la plaine de Verneville, le 18e bataillon, ayant deux compagnies (1) de garde à l'artillerie et quatre compagnies en réserve dans les tranchées-abris qui couvraient le centre des positions de la division, ne prit aucune part directe au combat ; il fut néanmoins exposé au feu de l'artillerie ennemie et eut dans cette affaire 2 hommes tués et 7 blessés, dont un sous-officier.

Rapport du colonel Delebecque, commandant le 51e de ligne.

18 août.

Aussitôt l'ennemi signalé, le IIIe bataillon, commandé par le capitaine Kincher, allait occuper avec deux compagnies en tirailleurs et les autres en soutien, la crête qui faisait face à notre bivouac et derrière laquelle l'ennemi pouvait se présenter. On fit appuyer un peu plus tard ce bataillon vers la gauche pour se relier avec la 2e brigade.

Quand l'ennemi parut, le Ier bataillon vint occuper cette crête, sur laquelle on avait creusé des tranchées-abris. Le Ier bataillon occupa, pendant pendant toute la journée les tranchées-abris et ferma complètement la ligne qui reliait la droite de la division à la 2e brigade avec les hommes couchés et en tirailleurs.

Le IIe bataillon occupa la ferme de la Folie avec trois compagnies et les autres furent gardées en réserve en ce même point pour pouvoir être portées où besoin serait.

Le rôle le plus actif fut celui du IIIe bataillon, qui eut constamment toutes ses compagnies en tirailleurs soit dans le bois, soit en avant du bois. Ce bataillon a éprouvé des pertes assez sensibles : 1 officier tué, 2 officiers blessés, 1 soldat tué et 25 blessés.

---

(1) 1re et 8e compagnies détachées auprès des batteries postées en avant de la tranchée-abri occupée par le bataillon, c'est-à-dire sur le mamelon 343.

Le Ier bataillon a pu, sous un feu d'artillerie des plus violents, montrer sa fermeté et n'a eu, grâce à sa bonne position, que 8 blessés. Un officier a disparu en escortant de l'artillerie qui appuyait vers la ferme de Montigny.

Rapport du lieutenant-colonel Louis, commandant le 62e de ligne.

18 août.

Dès le matin, la division avait l'ordre d'être prête à prendre les armes pour combattre ; à 11 heures on était sur les rangs, à midi la bataille commençait.

Le 62e était disposé en deuxième ligne, en une ligne de bataillons en colonne par division à distance de pelotons. Vers 2 heures, le IIIe bataillon était envoyé sur la gauche pour être mis à la disposition du général Clinchant, commandant la 2e brigade, et chargé d'occuper le bois qui se trouve dans le vallon de la ferme dite : la Folie.

Le général Clinchant fit établir ce bataillon en colonne par pelotons sur le côté droit du bois, puis lui fit envoyer deux compagnies en tirailleurs entre ce bois et la batterie d'artillerie établie dans la direction du château de Montigny (1). Ces deux compagnies sont restées toute la journée dans cette position sous un feu violent de l'artillerie prussienne. Deux autres compagnies furent peu après appelées par le général à servir de soutien aux 81e et 95e de ligne établis dans le bois et contre lesquels l'ennemi faisait de fréquents efforts pour les en débusquer ; ces deux compagnies sont également restées dans cette position toute la journée et ne l'ont quittée qu'après l'évacuation complète du bois par la brigade Clinchant, vers 3 h. 30 du matin. La 3e compagnie, a eu particulièrement à souffrir de la mousqueterie et de l'artillerie prussiennes. Quant aux deux dernières compagnies du IIIe bataillon, elles sont restées en réserve à l'angle du bois le plus rapproché des lignes françaises, avec mission de surveiller toute tentative que l'ennemi pourrait faire pour opérer sur ce point un mouvement tournant.

Vers 2 heures également, deux compagnies du IIe bataillon furent envoyées en avant du château de Montigny pour creuser des tranchées-abris ; l'une de ces deux compagnies rejoignit le régiment, après le travail achevé ; l'autre resta en position dans les tranchées-abris jusqu'à la fin de la journée. Les cinq compagnies disponibles du IIe bataillon furent envoyées, vers 4 heures, occuper un bois au-dessous de la ferme

---

(1) $\frac{6}{4}$.

de Leipzig et y restèrent jusqu'au milieu de la nuit; elles n'eurent pas à agir, mais elles furent sous le feu de l'ennemi pendant ce temps.

Le 1er bataillon, resté le dernier sur le plateau, fut scindé en deux : trois compagnies furent envoyées rejoindre la brigade Clinchant et furent placées en soutien sur le flanc droit du bois où était déjà placé le IIIe bataillon; trois autres compagnies restèrent sur le plateau central et y occupèrent, de concert avec le 18e bataillon de chasseurs, les tranchées-abris établies pour assurer la conservation de ce plateau, où vinrent tomber à plusieurs reprises des projectiles ennemis.

Vers 3 heures du matin, le régiment se ralliait, quittait les différentes positions qui lui avaient été assignées et se portait à la ferme de Montigny, pour, de là, suivre la division dans son mouvement sur Metz.

Le régiment a perdu dans cette journée : 1 officier blessé, 7 hommes tués, 31 blessés, 6 disparus (1).

Rapport du général Clinchant, commandant la 2e brigade de la 1re division.

Dans la journée du 18 août, vous m'aviez donné pour mission d'empêcher l'ennemi de percer la ligne entre la ferme de Leipzig et celle de la Folie.

Une grande partie du terrain à défendre était couverte de bois. Un de ces bois (2), le plus rapproché de notre ligne, était isolé, entouré presque partout d'un fossé qui permettait d'y faire une résistance sérieuse et d'appuyer ainsi les défenses environnantes. Je fis occuper ce bois par deux bataillons du 81e, et la crête découverte à sa droite, jusque vers la ferme de la Folie, par trois compagnies du 95e en tirailleurs. J'envoyai ensuite un bataillon du 95e dans un bois (3), en avant et à gauche de celui occupé par le 81e. Ce bataillon me reliait à la 2e division, et empêchait l'ennemi d'attaquer trop vivement la position du 81e.

Je conservai en réserve un bataillon du 81e et un bataillon et demi du 95e.

Un bataillon du 51e occupait en même temps la crête qui se prolongeait à notre droite, jusqu'à l'emplacement qu'occupèrent successivement différentes batteries.

L'attaque de l'ennemi commença par l'envoi d'une compagnie de tirailleurs soutenue par une colonne d'environ 1500 hommes, qui s'établit près de la ferme de Chantrenne, trop éloignée de nous pour être

---

(1) Chiffres approximatifs.
(2) Celui de la Charmoise.
(3) Celui des Génivaux.

occupée. Une autre troupe, dont je ne connais pas l'importance, occupa également la pointe des bois des Génivaux. Le feu commença entre nos tirailleurs et les lignes ennemies. La batterie de mitrailleuses nous soutint d'abord, puis, successivement, plusieurs autres batteries qui durent toutes cesser le feu devant la grande batterie de position que les Prussiens avaient établie dans les environs de la Malmaison (1).

Pendant sept heures, les défenseurs du bois eurent à soutenir un combat continu, et principalement cinq attaques parfaitement accusées, et faites par des troupes considérables appuyées par une nombreuse artillerie et surtout par la batterie de position qui, avant chacune de ces attaques, criblait les bois de projectiles. Je dus, pour résister, engager successivement mon bataillon de réserve du 81e, toutes les troupes restantes du 95e, puis un bataillon et demi environ du 62e que vous aviez mis à ma disposition.

Nos troupes ont montré beaucoup de ténacité dans la défense de nos positions, et, malgré l'acharnement qu'y mit l'ennemi, malgré le manque d'artillerie qui se fit sentir vers 5 heures, et auquel je dus suppléer par une grande quantité de tirailleurs pris dans le 95e et dans un bataillon du 51e, les Prussiens ne purent gagner un pouce de terrain de notre côté.

Vers 7 heures du soir, presque toutes mes réserves étaient engagées, et, alors qu'on ne savait pas si le dernier effort de l'ennemi ne se porterait pas de notre côté, je reçus un renfort d'un bataillon du 71e, que je n'eus pas occasion d'employer.

Toutes les troupes, surtout les officiers et sous-officiers, ont parfaitement fait leur devoir; mais je dois signaler à votre attention particulière le commandant Doussau, du 81e de ligne, qui défendait la partie la plus exposée du bois et qui resta au feu, malgré trois blessures sérieuses, et ne se retira que lorsqu'il eut la cuisse cassée.

Rapport du colonel Colavier d'Albici, commandant le 81e de ligne.

Dans la matinée du 18, la brigade se disposait à changer de campement. Vers les 7 heures du matin, l'ennemi montra son avant-garde sur le plateau situé à la gauche du camp et les forces commencèrent bientôt à se déployer. Par votre ordre, la brigade fut portée en avant dans la direction de Verneville et les trois bataillons du régiment furent établis de la manière suivante :

Le IIe bataillon, 1re, 3e et 5e compagnies dans un bois (2) couvrant la

---

(1) Il faut évidemment lire : *Champenois.*
(2) Bois de la Charmoise.

gauche de notre position, face à l'Est (?) et ayant pour réserve les 2e, 4e et 6e compagnies.

Le IIIe bataillon dans une clairière située à la gauche du bois précédent et reliant ce bois aux positions occupées par la 2e division du 3e corps.

Le Ier bataillon en réserve derrière les bois occupés par le IIe bataillon.

Les compagnies du 95e, qui avaient d'abord occupé la partie Nord du bois, furent peu après relevées par la 6e compagnie du IIe bataillon et par les 5e et 6e du Ier bataillon. Le feu s'ouvrit à midi et l'ennemi tâta successivement tous les points de notre ligne de défense. Il comprit bientôt, que le bois occupé par le IIe bataillon était la clef réelle de la position et que cherchant à nous déborder par nos ailes, son succès serait complet s'il pouvait, sur ce point, nous percer par le centre.

Aussi porta-t-il de ce côté les efforts les plus vigoureux, si bien qu'il fallut engager successivement nos compagnies des Ier et IIe bataillons laissées en réserve et plus tard quatre compagnies du 62e de ligne.

A cinq reprises différentes, le bois fut battu par un feu d'artillerie des plus violents, qui nous causa des pertes très sensibles; cinq fois les colonnes ennemies, appuyées par ce feu, cherchèrent à enlever nos positions; cinq fois elles furent repoussées, malgré la différence du nombre, par l'énergie et la ténacité de nos troupes, et le combat commencé à midi ne cessa qu'à 9 heures du soir, sans que l'ennemi, malgré son écrasante supériorité numérique (?) et le feu de son artillerie, ait pu gagner un pouce de terrain devant les positions confiées à la garde du 81e.

1 officier tué, 3 blessés, telles sont les pertes du régiment en officiers.

Rapport du colonel Davout d'Auerstædt, commandant le 95e de ligne.

Vous m'avez donné l'ordre à 8 heures (?) du matin de me porter en avant avec le régiment pour occuper un bois, dont la position paraissait très importante dans le cas d'un engagement. Je partis tout de suite avec le IIe bataillon, qui était le plus près, et j'arrivai à la lisière extérieure du bois (1) au moment où quelques hulans y entraient. Je fis tirer sur eux, ils se réfugièrent dans le bois vis-à-vis (2), en laissant un cavalier sur le terrain.

En observant attentivement le bois et le village, qui était à notre droite (3), nous vîmes quelques bataillons d'infanterie qui étaient déjà

---

(1) De la Charmoise.
(2) Des Génivaux (rive gauche).
(3) Vernéville.

massés et s'apprêtaient vraisemblablement à occuper le bois avant nous. Ce bois est un peu en contre-bas, je jugeai à propos pour le défendre de placer une compagnie sur la crête, — mesure que vous avez approuvée. Le reste du bataillon occupa fortement la lisière du bois, jusqu'à ce que le 81e vint le remplacer. Il alla rejoindre le Ier bataillon du régiment placé derrière la crête, qui formait le front de notre ligne. Ces deux bataillons envoyèrent successivement en tirailleurs toutes leurs compagnies, quelques-unes furent déployées deux fois.

Placées en arrière de la crête, elles voyaient parfaitement l'ennemi auquel elles purent faire le plus grand mal, sans toutefois souffrir beaucoup. Six colonnes débouchèrent successivement du village, de la route de gauche et du bois vis-à-vis ; elles ne purent résister à notre feu et se replièrent en désordre.

Pendant toute la journée, la grande batterie de gauche, placée à 1200 mètres de notre position, fit pleuvoir sur notre ligne et sur le bois une nuée de projectiles. Nos tirailleurs étaient si bien défilés, qu'ils en souffrirent peu. C'était surtout au moment où, écrasés de fatigue et manquant de munitions, je les faisais relever, que les batteries les couvraient de mitraille. Ils défilaient homme par homme pour offrir moins de prise. Les compagnies relevées venaient successivement se placer en colonne en arrière de la crête et formaient ma réserve, prête à se porter en avant dans le cas où l'ennemi, après avoir repoussé nos tirailleurs, serait parvenu à couronner les crêtes.

Pendant ce temps, le IIIe bataillon concourait largement à la défense du bois. Placé sur la lisière du bois vis-à-vis, il lança des postes avancés dans l'intérieur même du bois. Cette tactique, que vous lui aviez prescrite, eut un plein succès. Les Prussiens furent reçus par un feu très vif chaque fois qu'ils se présentèrent. Ils crurent à un partage du bois entre eux et nous ; ils ne se rendaient pas compte du petit nombre d'hommes qu'ils avaient devant eux et ils ne purent occuper la lisière du bois qui faisait face, ce qui nous a évité de grandes pertes et empêché l'ennemi de nous attaquer avec des masses. Il a fait cependant de grands efforts de 6 heures à 8 heures ; il n'eut aucun succès.

Personne n'ignorait dans le régiment l'importance que vous attachiez à la possession du bois et de la crête, qui formait notre front. Les officiers et les soldats ont déployé en général, pendant toute la journée, une ténacité et un calme qui n'appartiennent d'ordinaire qu'à de vieilles troupes.

Nos pertes se sont élevées : en officiers, à 2 tués et 8 blessés ; pour la troupe, 14 tués, 118 blessés, 12 disparus. Le petit nombre de disparus semble témoigner de la manière dont les capitaines on tenu leurs compagnies dans la main pendant les neuf heures qu'a duré le combat.

Rapport du lieutenant-colonel Fourgous, commandant l'artillerie de la 1re division (5e, 6e et 8e batteries du 4e).

18 août.

Le 18, dès 10 heures du matin, le général commandant la 1re division prit ses dispositions pour recevoir une attaque des colonnes ennemies que l'on voyait défiler dans la direction de Gravelotte à Vernéville. La brigade Clinchant fut placée dans le bois des Génivaux ; un épaulement fut construit par les soins du génie en arrière et à droite de la ferme de la Folie.

Vers 11 heures, des masses profondes débouchaient de Vernéville ; la batterie Barbe (canons à balles) et la batterie Crassous reçurent l'ordre d'ouvrir le feu contre elles. La batterie Crassous plaça une partie de ses pièces derrière l'épaulement ; la batterie Barbe un peu en avant et à gauche. L'artillerie ennemie riposta avec vivacité. Pendant une heure, ces deux batteries luttèrent seules contre plusieurs pièces ennemies établies sur la lisière du bois de la Cusse. Puis arrivèrent deux batteries de 12 (?) de la réserve ; leur présence permit aux deux batteries de la division de se retirer momentanément derrière la ferme de la Folie pour nettoyer les pièces et réapprovisionner les coffres. La batterie de canons à balles avait de plus une pièce hors de service.

Une fois remise en état, la batterie Barbe vint se placer derrière l'épaulement, tandis que la batterie Crassous se met en position en arrière de la crête et à gauche de l'épaulement. Pendant cette nouvelle période de tir, et protégée par l'épaulement, la batterie Barbe soutient les troupes du 4e corps en butte à une violente attaque des Prussiens ; elle démonte les batteries ennemies et dirige son feu contre une éclaircie que traversent les colonnes prussiennes ; elle semble leur causer beaucoup de pertes ; elle favorise aussi une brillante sortie, exécutée par l'infanterie du corps Ladmirault.

Après avoir contre-battu les puissantes batteries placées sur la lisière du bois de la Cusse, la batterie Barbe doit de nouveau se retirer pour mettre ses culasses en état. Elle restait d'ailleurs seule à notre droite, exposée au feu de nombreuses pièces de fort calibre. Après avoir remis ses pièces en état, elle se retira sur un mamelon un peu en arrière, se tenant prête à recevoir la charge de cavalerie que l'on disait imminente.

La batterie Barbe avait tiré 170 coups par pièce. La batterie Crassous environ 100 par pièce (1). La nuit venue, elles se retirèrent sur le terrain de campement.

---

(1) Chiffres erronés.

Quant à la batterie commandée par le capitaine en second Josselin (5e), elle fut conservée sur le plateau de gauche pour servir de réserve et se tenir prête à contre-battre les colonnes qui pourraient s'avancer de ce côté. Elle rallia les autres à la nuit.

La batterie Barbe avait eu 11 hommes blessés, 8 chevaux tués, 4 blessés, 1 disparu ; la batterie Crassous : 5 hommes tués, 3 blessés, 7 chevaux tués (1).

Historiques des 5e, 6e et 8e batteries du 4e régiment d'artillerie (1re *division du* 3e *corps*).

18 août.

5e *batterie*. — Position en batterie derrière la ferme de Leipzig. La batterie reste en réserve toute la journée.

6e *batterie*. — La batterie établie en avant de la ferme de la Folie ouvre le feu à 10 heures (?) contre les batteries prussiennes de Vernéville et soutient la lutte jusqu'à 5 heures du soir. Elle bivouaque sur le champ de bataille. 3 hommes tués, 5 blessés, 1 disparu, 12 chevaux tués ou abandonnés sur le terrain par suite de blessures.

8e *batterie*. — Entre 9 heures et 10 heures du matin la batterie est placée par les ordres du général Montaudon entre les fermes de la Folie et de Montigny-la-Grange.

Elle ouvre son feu à 11 heures (?). A partir de cet instant le feu ne cesse guère que vers 5 heures du soir. Cependant il y a une interruption de trois quarts d'heure pour le motif suivant : les systèmes des mitrailleuses, encrassés par un tir vif et prolongé, ont dû être nettoyés ; c'est ce que l'on a fait en se retirant sous les murs de la ferme de la Folie. Après le nettoyage, la batterie reprend la position qu'elle avait auparavant.

Son objectif est alors le bois de la Cusse, où le IXe corps prussien éprouve des pertes énormes de la part de notre mousqueterie et de nos mitrailleuses. Ce n'est pas du reste sans perte que la batterie put produire un effet efficace. Elle eut plusieurs hommes blessés dont quelques-uns très grièvement, et environ 15 chevaux tués. A partir de 5 heures, la batterie est placée en réserve derrière la ferme de la Folie. Elle a tiré dans la journée environ 300 coups par pièce (2). Dans la soirée, entre 9 et 10 heures, la batterie vient bivouaquer tout près de l'endroit où elle a campé la veille.

---

(1) Chiffres approximatifs.
(2) Chiffre erroné.

Rapport du chef de bataillon Marchand, commandant le génie de la 1re division (6e compagnie du 1er régiment).

La 6° compagnie du génie, attachée à la 1re division, était campée, le matin du 18, près de la ferme de Leipzig, et depuis 4 heures du matin elle se tenait prête à partir. Le commandant du génie alla reconnaître le terrain sur lequel allait probablement avoir lieu le combat qu'on pressentait.

Après s'être entendu avec le commandant de l'artillerie et avoir pris les ordres de M. le général commandant la division, il fit exécuter les travaux suivants :

1° Sur le point culminant de la crête qui sépare la ferme de Leipzig de la ferme de Montigny-la-Grange, un épaulement fut établi pour une batterie d'artillerie. Cet épaulement faisait face au village de Vernéville. La partie droite de l'épaulement fut retirée en arrière, afin d'éviter qu'il pût être tourné, le plan général de l'ennemi paraissant être constamment de tourner notre droite;

2° Cet épaulement fut soutenu, à gauche et à droite, par deux tranchées-abris d'environ 50 mètres chacune.

L'épaulement n'avait encore que 3 mètres d'épaisseur lorsque, à midi précis, une colonne prussienne déboucha de Vernéville; une batterie de mitrailleuses commença le feu immédiatement. La compagnie rassembla tous les outils qui lui avaient servi, ainsi que ceux de l'infanterie, et les rapporta à la ferme de la Folie qu'elle occupa et mit en état de défense.

Les murs du jardin furent rasés à 1^m,30 de hauteur, des créneaux furent percés dans les murs des bâtiments, et les issues barricadées du côté des attaques.

Quelques heures après, trois compagnies d'infanterie vinrent s'adjoindre à la compagnie du génie pour le maintien de cette position. Mais elle ne fut point attaquée, et reçut seulement un bon nombre de projectiles qui ne blessèrent personne.

L'épaulement fut très utile et permit à une seule batterie de mitrailleuses de lutter pendant plusieurs heures contre plusieurs batteries ennemies. Un grand nombre d'obus s'y logèrent sans le traverser, et il faut en conclure que, dans un cas pressant, on ne doit pas hésiter à faire des épaulements de 3 mètres d'épaisseur seulement à la base, quitte à les épaissir si on en a le temps.

La ferme de la Folie servit, pendant toute la journée et la nuit suivante, à protéger les blessés qu'on y apportait de toutes parts.

La compagnie du génie partit à 4 heures du matin, pour obéir à un ordre de concentration sur Metz et, par le bois de Lorry, arriva sur le plateau de Plappeville, où elle campe en ce moment avec sa division.

2ᵉ DIVISION (NAYRAL).

Journal de marche de la 2ᵉ division (1).

La 2ᵒ division était au bivouac sur les hauteurs de Châtel-Saint-Germain, lorsque le 18 août, à 9 heures du matin, elle reçut l'ordre de lever le camp et de se déployer sur l'emplacement de son bivouac, en refusant son aile gauche en arrière de la ferme de Moscou.

A 10 heures, le maréchal Lebœuf prescrivit d'occuper très fortement un bois situé dans une vallée parallèle au front de la position et de s'y maintenir à tout prix (2). Pour garder la partie qui incombait à la 2ᵉ division, le général Nayral, commandant la division, y envoya le 90ᵉ régiment d'infanterie en entier et un bataillon du 69ᵉ. Celui-ci, placé en avant d'une clairière vers la droite, se reliait avec les 81ᵉ et 95ᵉ de ligne de la division Montaudon. Le 90ᵉ mit un bataillon à gauche du 69ᵉ en avant de la clairière et ses deux autres bataillons en arrière de celle-ci, couverts sur leur front par des abatis, à gauche par le 7ᵉ bataillon de chasseurs à pied et le 29ᵉ de ligne (division Metman), également placés dans le bois. Les deux autres bataillons du 69ᵉ étaient en avant de la ferme de Leipzig, dans un petit bois dont la lisière était couverte par une tranchée-abri se prolongeant sur le mamelon voisin.

Trois compagnies du 19ᵉ d'infanterie occupaient la ferme de Leipzig mise rapidement en état de défense par la compagnie du génie divisionnaire.

Les autres fractions du 19ᵉ étaient déployées sur la ligne de bataille, à droite et à gauche d'une batterie de position construite sur un petit contrefort, à peu près au milieu de la ligne qui relie les deux fermes de Moscou et de Leipzig.

Quelques fragments de tranchée-abri avaient été faits à la hâte, mais étaient restés inachevés.

Le 15ᵉ bataillon de chasseurs, le 41ᵉ par bataillons en colonne de division à demi-distance, étaient en réserve, défilés des vues de l'ennemi par une crête sur laquelle passe la route de Châtel-Saint-Germain à Vernéville.

L'artillerie divisionnaire fut appelée à armer la batterie de position précitée, en remplacement d'une batterie de 12 de la réserve. La seconde batterie de 4 fut placée vers la droite, la batterie de mitrailleuses en arrière du centre.

---

(1) Le journal de marche de la 2ᵒ division est la reproduction intégrale du rapport du général Nayral daté du 23 août.
(2) Bois des Génivaux.

Le combat commença par une lutte d'artillerie, et la batterie de mitrailleuses battit des colonnes profondes d'infanterie et de cavalerie, qui se dirigeaient parallèlement à la ligne de bataille. La batterie de position, une demi-batterie du 4e régiment, eut successivement à lutter contre six batteries d'un calibre supérieur au sien et qui la couvrirent de projectiles. Cette lutte fut longue, malgré la disproportion des forces, et glorieuse pour cette batterie. Mais, à la fin, elle dut se retirer, accompagnée d'une grêle de boulets. Peu de temps après, le maréchal Lebœuf fit envoyer la seconde batterie divisionnaire de 4 pour réarmer la batterie de position; elle arriva sous un feu violent et commença à tirer; mais le Maréchal vint de sa personne lui donner l'ordre de réserver son feu pour mitrailler les colonnes prussiennes, qui auraient pu déboucher du bois situé en avant du front de la position.

Cette batterie, vers 8 heures et à la tombée de la nuit, joignit son feu à celui de la batterie de mitrailleuses pour couvrir de projectiles les masses prussiennes accumulées vers notre gauche.

Pendant ce temps, l'infanterie qui défendait le bois n'était pas restée inactive. A 3 heures, trois tentatives préparées par un feu violent d'obus, furent faites par l'ennemi sur les bois occupés par les 69e et 90e, et repoussées.

A 5 heures, notre gauche fut démasquée, puis complètement abandonnée vers 6 heures par le 29e de la division Metman. L'ennemi continuant à porter ses efforts sur ce point et y amenant des colonnes profondes, fut rejeté en arrière par quelques feux à commandements exécutés à bonne portée.

Les 69e et 90e, sous le commandement du colonel de Courcy du 90e, gardèrent leurs positions toute la nuit jusqu'à 3 heures du matin, heure où ils sortirent des bois pour suivre le mouvement de la division. Ils avaient tenu leur position pendant 17 heures consécutives avec une énergie digne des plus grands éloges.

Le 19e doit être cité également pour le calme inébranlable avec lequel il resta pendant tout le jour sous un feu d'artillerie très soutenu.

Le 41e, placé en réserve, fut appelé, vers 7 heures du soir, comme renfort à la gauche du 4e corps (Ladmirault). Il se porta promptement de la ferme de Leipzig à celle de Montigny-la-Grange en passant derrière la division Montaudon. Le combat avait lieu à la gauche du village d'Amanvillers; ce terrain était violemment disputé par quelques régiments qui avaient beaucoup souffert. Le colonel Saussier fit former immédiatement les échelons de ses deux premiers bataillons déployés, le IIIe en colonne et marcha à l'ennemi. Enlevés par leur colonel, entraînés par leurs officiers, les soldats du 41e se portèrent résolument au combat, tambours et clairons battant la charge, aux cris mille fois répétés de : « Vive l'Empereur ! » C'est la deuxième fois que le colonel Saussier se signalait par son intelligence, sa vigueur et son entrain. Accueilli par une grêle de balles qui fit fort peu de mal, grâce à la nuit tombante, le 41ᵉ reconquit (?) définitivement la position que disputait depuis le matin le corps Ladmirault.

Le 15ᵉ bataillon de chasseurs resta en réserve toute la journée. La 2ᵉ division d'infanterie coucha sur le champ de bataille et forma le lendemain matin l'arrière-garde du corps d'armée.

Les pertes éprouvées le 18 par la division sont les suivantes : 18 tués, 111 blessés, 4 disparus ; 13 chevaux tués, 1 blessé (1).

Historique du 15ᵉ bataillon de chasseurs à pied (commandant Lafouge).

18 août.

Les Prussiens attaquent vers 11 heures. Le bataillon est placé en soutien de l'artillerie, à peu de distance de son bivouac et passe la nuit sur le champ de bataille.

Historique du 19ᵉ régiment d'infanterie (colonel Delaunay).

18 août.

A 8 heures du matin, la division Nayral prit les armes ; des travailleurs pris dans le régiment creusèrent sous la direction du génie quelques tranchées-abris un peu en avant du front de bandière de son camp de la veille. A midi le feu commença ; la brigade Nayral se trouvait encore en seconde ligne. Le Iᵉʳ bataillon déployé était presque entièrement couvert par les petites tranchées faites le matin même ; le IIᵉ bataillon déployé et le IIIᵉ en colonne par division servaient de soutien à l'artillerie établie entre les fermes de Leipzig et de Moscou. Ils ne prirent pas une part active à la sanglante bataille de ce jour, mais ils reçurent tout le temps une pluie d'obus dirigée sur les batteries françaises dont ils formaient le soutien. Ils eurent plusieurs hommes tués et blessés par les éclats des projectiles ennemis ; M. Sanguinetti, sous-lieutenant fut fortement contusionné par l'un d'eux.

Vers la fin de la journée, le 41ᵉ régiment fut envoyé à l'aile droite de l'armée, vers Amanvillers, pour porter aide au 4ᵉ corps (général Ladmirault).

La canonnade cessa à 8 heures du soir, et le 19ᵉ resta dans ses positions durant toute la nuit.

---

(1) Chiffres erronés.

Historique du 41ᵉ régiment d'infanterie (colonel Saussier).

18 août.

A 7 h. 20, l'on aperçoit de grandes colonnes ennemies sur la route de Metz à Verdun vers le lieu dit le Point-du-Jour (?); d'autres colonnes sortent du bois de Vaux.

A 8 heures (?) les Prussiens établissent leurs lignes de bataille.

Nous prenons les armes et essayons en vain d'incendier le bois des Génivaux.

De 8 h. 30 à 9 h. 30, les lignes françaises se forment; l'on construit des tranchées-abris pour placer des troupes en avant de l'artillerie qui forme une énorme batterie s'étendant suivant la crête du plateau, presque parallèlement à une ancienne voie romaine.

A 11 heures, le feu commence à l'aile gauche (Sud-Est).

A midi la bataille devient générale; c'est surtout une canonnade très intense.

Le régiment, déployé par bataillons en colonne à distance de peloton, sert de soutien à la grande batterie. On prend la position à genou pour se défiler des nombreux projectiles ennemis.

Vers 2 heures, le tir très juste de l'artillerie prussienne force nos batteries à changer d'emplacement, elles se retirent donc à environ 500 mètres en arrière, et le régiment, qui suit le mouvement, s'établit en arrière de la crête à hauteur de l'arbre signal (situé entre les fermes de Moscou et de Leipzig).

Les obus ennemis vont jusqu'au grand parc, dans le bois de Châtel, en arrière de nous.

A notre gauche, une brigade des voltigeurs de la Garde fortifie le ravin de Châtel-Saint-Germain.

A 6 heures, le feu de l'artillerie française se ralentit sensiblement.

A 6 h. 30, le régiment reçoit l'ordre de se porter rapidement vers la droite où, malgré une défense énergique, les Prussiens font des progrès et gagnent beaucoup de terrain.

Le régiment part au pas gymnastique, s'arrête d'abord à la ferme de la Folie et y prend position; mais bientôt rejoint par une batterie à cheval qui doit l'accompagner, le régiment reprend sa course et arrive vers 8 heures du soir au château de Montigny-la-Grange, en face d'Amanvillers.

Les villages de Vernéville, Amanvillers et Saint-Privat-la-Montagne sont en feu; trois batteries prussiennes croisent leurs feux entre Vernéville et Amanvillers. Les Prussiens se sont emparés de tout le terrain du camp. Un régiment (le 15ᵉ de ligne), presque épuisé, se maintient avec peine près du château contre les attaques redoublées de l'infanterie ennemie.

Notre arrivée, vu la nuit, fait croire à un grand renfort et augmente le courage des hommes du 15e.

Pour reprendre les positions conquises par l'ennemi, une brusque attaque est résolue.

La batterie à cheval, qui nous a accompagnés, se place à notre droite et ouvre son feu contre les batteries placées près d'Amanvillers (1).

Les deux premiers bataillons se déploient; le IIIe bataillon en colonne forme la réserve; les tambours battent et, sous une grêle de balles, l'on charge à la baïonnette aux cris de : Vive la France !

Les tirailleurs du 15e de ligne accompagnent la charge en faisant un feu très nourri.

En moins d'un quart d'heure, les ennemis sont repoussés; tout le terrain entre Montigny-la-Grange et Amanvillers est reconquis (?), ainsi que la hauteur entre Amanvillers et Vernéville (?), ce qui assure les positions sur la droite des lignes françaises. Ce beau résultat est dû à l'énergie et à la rapidité de l'attaque habilement dirigée par M. le colonel Saussier, commandant le 41e, qui, pour cette action, fut cité à l'ordre général du 4 octobre.

Le régiment, qui avait un effectif de 53 officiers et 1807 hommes de troupe, a perdu 9 hommes : 6 blessés et 3 disparus.

Nous étions grandement protégés par l'obscurité qui régnait alors de notre côté, tandis que les Prussiens étaient fortement éclairés par la lueur des incendies; aussi leurs pertes doivent-elles être considérables.

A 8 h. 45, craignant un retour offensif de l'ennemi, le régiment se reforme en bataille près du château de Montigny-la-Grange. Des grand'gardes sont placées à 800 mètres en avant de notre front.

A 9 heures, le combat est terminé; les hommes s'endorment sur les rangs, le fusil à côté d'eux.

Cette charge fut faite avec tant d'entrain et d'à-propos que, dès le lendemain, le maréchal Lebœuf vint féliciter le colonel et le régiment pour sa brillante conduite. Une autre fois, ayant l'occasion de parler avec des officiers blessés du régiment, il s'exprima en ces termes : « Je vous félicite, Messieurs, d'appartenir au 41e; ce brave régiment, brillamment conduit dans la journée du 18, a sauvé le 4e corps d'armée. »

Note du général Saussier, ancien colonel commandant le 41e de ligne.

Paris, le 8 juin 1901.

Le 18 août, à 6 heures du matin, la division Nayral prend les

---

(1) Erreur. Les deux premières batteries du 17e dont il s'agit n'ont pas tiré à ce moment.

armes. A 3 ou 4 kilomètres du camp, dans la direction de Gravelotte, on distingue des colonnes prussiennes qui se prolongent sur la route de la Malmaison, à l'abri des bois. Il paraît évident que ces colonnes cherchent à découvrir la droite de nos lignes. Elles accomplissent avec une grande méthode et beaucoup de sang-froid ce que l'on appelle une marche de flanc sous les yeux de l'ennemi. Si réellement cette opération est aussi délicate que le pensent certains auteurs militaires, c'était bien le cas d'en profiter. Il est vrai que le prince Frédéric-Charles avait pris des dispositions pour faire face, suivant les éventualités, en avant ou vers la droite.

Cependant nous ne resterons pas tout à fait inactifs pendant ce défilé. Sur l'ordre du maréchal Lebœuf, l'artillerie prend position à 8 heures et l'on se hâte de creuser des tranchées-abris en avant des batteries.

A 11 heures, la canonnade commence du côté du bois de Vaux. Elle s'étend rapidement vers Gravelotte et la Malmaison.

Certains de nos régiments se sont enfoncés dans le bois des Génivaux, où ils tiendront tête à l'ennemi jusqu'à la fin de la journée.

Maintenu en réserve, le 41e assiste, dans les tranchées qu'il a creusées, à un violent combat d'artillerie. Après deux heures d'une lutte ininterrompue, les batteries allemandes prennent une supériorité marquée. Nos pièces de 12 sont en effet les seules qui puissent soutenir le combat et leur nombre est restreint. Encore ces pièces ont-elles bien vite épuisé leurs munitions, ce qui les oblige à quitter leurs positions; elles reculent de 500 mètres. Le 41e se maintient néanmoins dans les tranchées-abris, en attendant les événements.

Une mission importante lui était réservée. Vers 6 h. 30 du soir, le lieutenant-colonel d'état-major Saget vient, de la part du général de Ladmirault, demander au général Lebœuf d'envoyer, ne serait-ce qu'un régiment, du renfort à la gauche du 4e corps, qui est très vivement pressé. Il s'agit de dégager la division de Lorencez qui avait perdu, après l'avoir énergiquement disputé, le terrain en avant de Montigny et d'Amanvillers.

C'est le 41e qui est désigné pour cette opération.

Le colonel Saussier, après avoir reçu les ordres du maréchal Lebœuf, porte rapidement ses trois bataillons sur la ferme de la Folie. Là devaient se rallier deux batteries que l'on avait mises à sa disposition. Mais les pièces ne sont pas arrivées, et il n'y a pas de temps à perdre. Aussi, sans les attendre, le colonel reprend sa marche sur Montigny-la-Grange. Le but était de rejoindre le plus tôt possible des troupes en danger, qui avaient un besoin immédiat de secours. Le colonel prend donc des dispositions en rapport avec l'urgence de sa mission. Il essayera de frapper et d'influencer l'ennemi, s'il est possible, avant même de l'aborder.

Deux bataillons sont déployés en première ligne ; le troisième suit en soutien, prenant double intervalle entre les compagnies. Puis, sur l'ordre du chef de corps, tous les hommes se mettent à crier : « Vive la France ! Vive l'Empereur ! » et ne cessent de pousser de formidables hourras.

Ces clameurs donnent le change aux Allemands qui croient à l'arrivée de renforts puissants dans l'ombre vague du crépuscule dont le voile, qui s'épaissit de plus en plus, vient encore ajouter à l'effet moral de la démonstration.

Il est 8 heures lorsque le régiment aborde Montigny-la-Grange. L'horizon n'est plus éclairé, alors, que par les lueurs du vaste incendie dans lequel se consument les villages de Vernéville, d'Amanvillers et des fermes environnantes. On distingue enfin le 15e d'infanterie français luttant avec acharnement autour de son drapeau.

C'est le moment d'agir. Le colonel Saussier brusque l'attaque. Après avoir fait mettre pied à terre à tous ses officiers, lui seul devant rester à cheval pour mieux diriger l'opération et parer aux événements, il donne le signal de la charge. Tambours battant, baïonnette au canon, le régiment s'élance à l'assaut. L'ennemi, déjà fort impressionné, est hésitant. Il cherche d'abord à nous arrêter par des feux ; mais son tir, mal ajusté, ne produit pas d'effet. Finalement, il n'ose pas attendre l'attaque à l'arme blanche ; il lâche pied et recule dans le bois de la Cusse.

De ce fait, tout le terrain précédemment perdu par la gauche du 4e corps est reconquis.

La charge fut menée si rapidement et avec tant d'énergie par les braves officiers et soldats du 41e, que le régiment perdit seulement 9 hommes, dont 6 tués. Ce fut l'effort suprême de la journée et ses résultats valurent d'être consignés dans l'ordre général n° 31 de l'armée de Metz.

Le 41e passe toute la nuit sur les positions conquises, se couvrant par des grand'gardes que le voisinage de l'ennemi oblige à tenir très rapprochées et par des patrouilles volantes qui se rencontrent souvent avec celles des Allemands.

Affaire du 18 août. (Note du commandant du 4e corps.)

Le général commandant en chef le 4e corps de l'armée du Rhin se plaît à constater que le 41e de ligne, commandé par M. le colonel Saussier, a appuyé, d'une manière très efficace et très brillante, les mouvements de la gauche du 4e corps, entre le château de Montigny-la-Grange et le village d'Amanvillers, le 18 août 1870.

Ce régiment avait été mis à la disposition du général commandant le 4ᵉ corps d'armée, par Son Excellence le Maréchal commandant le 3ᵉ corps d'armée.

LADMIRAULT.

Historique du 69ᵉ régiment d'infanterie (colonel Le Tourneur).

18 août.

Dès 5 heures du matin, l'ennemi paraît sur les hauteurs de Gravelotte, marche parallèlement à la route de Verdun et semble vouloir exécuter un mouvement de flanc sur notre droite. A 11 heures, il ouvre son feu sur les positions de l'armée française et, jusqu'à 9 heures du soir, ne cesse d'entretenir une canonnade des plus violentes. On bivouaque, au 69ᵉ, sur les emplacements du combat.

Historique du 90ᵉ régiment d'infanterie (colonel de Courcy).

18 août.

Vers 1 heure du matin, une alerte aussitôt apaisée mit en éveil le camp, qui est levé à la pointe du jour; dès 8 heures, d'immenses colonnes prussiennes passent impunément à 3,000 ou 4,000 mètres de nous; un peu plus tard, nos sapeurs du génie essayent, mais inutilement, de mettre le feu au bois. C'est le 90ᵉ qui l'occupe alors; le Iᵉʳ bataillon est à droite, le IIIᵉ à gauche, le IIᵉ au centre. Les compagnies Lacassin et Guilbert sont en tirailleurs dans le bois à droite de la clairière, avec des compagnies du 69ᵉ à droite et en soutien, et du 7ᵉ bataillon de chasseurs en avant. Le bois de droite est occupé par le 81ᵉ et le 95ᵉ.

Pendant toute la journée, le 90ᵉ reste dans ses positions; le désordre dans un régiment s'étant communiqué à une section du IIᵉ bataillon placée dans un endroit qu'elle ne pouvait défendre seule, la compagnie de M. Drappier est portée sur ce point pour la renforcer; c'est dans ce mouvement que le capitaine est d'abord blessé, puis tué.

Vers 8 heures du soir, toutes les compagnies du régiment sont réunies sur la lisière d'un seul bouquet de bois (1), ayant à sa droite le 69ᵉ dans une position analogue et le 19ᵉ à gauche dans des tranchées-abris.

Les pertes s'élèvent à 8 tués et 37 blessés.

---

(1) Près de la ferme de Leipzig.

Historiques des 9ᵉ, 11ᵉ et 12ᵉ batteries du 4ᵉ régiment d'artillerie (2ᵉ division).

18 août.

9ᵉ *batterie*. — Le matin, vers 8 heures (1), le feu commença sur la droite du 3ᵉ corps dans la direction d'Amanvillers. Dès l'aube, on avait pu voir le défilé des masses prussiennes se dessiner à l'horizon, à la sortie du bois, et leur mouvement s'étendre principalement sur notre droite.

En face des positions du 3ᵉ corps, au lieu dit la Malmaison, ils avaient établi derrière un parapet huit batteries formidables qui, à une distance de 3,200 mètres environ, nous inondèrent de feux toute la journée du 18, sans que notre artillerie put riposter à cette distance. Il était impossible d'avancer à cause d'un ravin profond qui séparait les combattants. Néanmoins, nos batteries ne reculèrent pas, mais elles ralentirent leur feu, attendant les colonnes d'attaque.

Ce qui nous fut d'un grand secours en cette circonstance et nous sauva de la destruction, c'est que la plus grande partie des projectiles ennemis, tombant sur des terres légères et friables, s'enfonçaient profondément et n'éclataient pas. De plus, nous avions mis de grands intervalles entre nos pièces, intervalles que nous faisions varier au fur et à mesure qu'ils rectifiaient leur tir.

Vers 2 heures environ, voyant notre immobilité et nous croyant démoralisés, les Prussiens montrèrent leurs têtes de colonnes d'infanterie qui s'étaient cachées dans les bois situés au delà du ravin profond qui nous séparait.

La 9ᵉ batterie fit alors un mouvement en avant et à gauche pour mieux les voir de face et commença un feu à balles par salves, de la plus grande efficacité, sous les yeux du maréchal Lebœuf, commandant le 3ᵉ corps ; les colonnes d'attaque furent rejetées en désordre dans les bois et ne tentèrent plus de franchir le ravin. Le combat d'artillerie continua jusqu'à la nuit avec des incidents divers, et nous couchâmes sur le champ de bataille.

Relativement à l'intensité du feu, la batterie n'avait fait que des pertes minimes, grâce aux conditions indiquées plus haut, savoir :

1 sous-officier gravement contusionné ; 2 chevaux tués, 3 blessés. On avait tiré près de 200 coups par pièce (2).

11ᵉ *batterie*. — La batterie, conservant sa position de la veille, ouvrit

---

(1) Heure évidemment très erronée.
(2) Chiffre très exagéré : 493 pour toute la batterie, d'après un rapport daté du 20 août.

son feu vers 10 heures du matin (1) sur de profondes colonnes venant de Gravelotte; elle leur fit éprouver de grandes pertes; la batterie garda cette position jusqu'à 3 h. 30 du soir, moment où elle dut se porter en avant avec ses pièces seulement pour aller occuper une position que venait de quitter une batterie de 4, derrière un épaulement de peu d'importance; elle opéra son mouvement sous une grêle de projectiles, qui lui firent perdre quelques hommes et beaucoup de chevaux; arrivée à son poste, elle dut ne pas tirer et, à la nuit tombante, il ne lui fut possible de se retirer qu'après un feu très vif des batteries de réserve du corps d'armée qui forcèrent les batteries de l'ennemi de cesser leur feu. La batterie dut atteler ses chevaux de selle pour pouvoir ramener ses pièces et vint bivouaquer en arrière de l'Arbre mort, sur les hauteurs de Châtel.

La batterie a eu dans cette journée 1 homme tué, 5 hommes blessés et 20 chevaux tués.

12e batterie. — La batterie a reçu l'ordre de se porter en avant, d'aller remplacer une batterie de 12, établie derrière un épaulement construit à la hâte, et de diriger son feu sur les batteries ennemies placées sur les hauteurs, entre les fermes de Moscou et de Leipzig; la batterie est restée deux heures en position; revenue à sa première position, elle a encore envoyé quelques projectiles, puis elle est allée bivouaquer sur les hauteurs de Châtel. Dans cette bataille, la batterie a eu 5 hommes hors de combat, dont 1 artificier tué sur le coup par l'explosion d'un coffre à munitions atteint par un projectile, et de plus 8 chevaux tués ou blessés.

Historique de la 10e compagnie de sapeurs du 1er génie (2e division).

18 août.

La compagnie a pris une part active à la bataille de Saint-Privat, en construisant un grand développement de tranchées-abris avec l'aide d'auxiliaires d'infanterie et en élevant sous le feu de l'ennemi un épaulement de batterie sur le plateau à l'Ouest de la ferme de Leipzig, qui a été crénelée et retranchée.

3e DIVISION (METMAN).

Journal de marche de la 3e division.

18 août.

La concentration des masses ennemies aperçues dans la journée du 17 et la matinée du 18 août, faisait, avec raison, supposer de sa part

---

(1) Heure très erronée.

l'intention de nous attaquer très promptement. Dès 8 heures du matin, les tentes furent pliées, les bagages chargés sur les voitures et renvoyés, et l'on se prépara à une résistance énergique, dans les lignes d'Amanvillers.

La 3ᵉ division était à son ordre de bataille, c'est-à-dire au centre de la position du 3ᵉ corps. Sa gauche était appuyée à la ferme de Moscou, que la 11ᵉ compagnie du 1ᵉʳ régiment du génie mit en état de défense. Vers 11 heures, la 3ᵉ division céda la ferme à la 4ᵉ, par ordre du Maréchal commandant le 3ᵉ corps, et l'on mit, en avant de cette ferme, une batterie de 12 rayé.

Le général Metman fit faire, devant le front de la division et aux endroits les plus favorables au tir, des tranchées-abris et des batteries de position. Le Maréchal commandant le 3ᵉ corps visita ces travaux et approuva ou rectifia, selon le cas, les tracés faits. Les mesures défensives étaient terminées dès 11 h. 30, et nous étions prêts à la lutte.

A midi précis, l'attaque des Prussiens commença partout en même temps. Dans le commencement, l'ennemi tira lentement, et seulement pour assurer ses dispositions préliminaires. A 1 heure, le feu s'accentua davantage et l'attaque devint générale.

Les Prussiens avaient 54 pièces en batterie, contre les 24 qui étaient sur le front de la position du 3ᵉ corps. Ces 24 pièces étaient : une batterie de 12 rayé et les trois batteries divisionnaires. Les pièces de l'ennemi étaient à longue portée, et il fit, toute la journée, un feu très violent. La ferme voisine de Gravelotte et qu'il occupait (1), fut incendiée par nos projectiles dès le commencement de l'action, et la ferme de Moscou, que nous occupions, fut incendiée par l'ennemi vers 5 heures du soir.

De 7 heures à 8 h. 30, il y eut une reprise générale du tir ennemi sur toute la ligne, au moment où le corps Canrobert fléchissait. Il y eut là une heure et demie de canonnade d'une violence inouïe.

Les troupes d'infanterie de la 3ᵉ division étaient placées sur trois lignes : la première, dans les tranchées-abris, les deux autres en arrière, à environ 200 mètres, déployées et couchées dans un sillon. Nos troupes restèrent immobiles pendant huit heures et demie sous un feu extrêmement violent d'artillerie, sans bouger et sans tirer un seul coup de fusil.

Le général Metman, conformément aux ordres du maréchal Lebœuf, avait fait occuper le bois (2), qui était à la droite de notre position et descendait dans le ravin qui nous séparait de Gravelotte, par le 7ᵉ bataillon de chasseurs (commandant Rigaud), un bataillon du 29ᵉ de ligne (commandant d'Aubigny) et une compagnie du 7ᵉ de ligne. Ces

---

(1) Mogador.
(2) Des Génivaux.

troupes étaient sous les ordres du lieutenant-colonel Isnard, du 29e de ligne. Le bois qu'elles avaient à défendre s'étendait de la route de Metz à Gravelotte, à la partie du bois située en avant de la 2e division et défendue par le 90e de ligne.

Les troupes du lieutenant-colonel Isnard se maintinrent énergiquement dans le bois ; elles furent plusieurs fois repoussées de la clairière où elles s'étaient établies, détachant leurs tirailleurs à la lisière du bois et chaque fois, par un retour offensif, elles s'en emparèrent de nouveau.

Le commandant du 7e bataillon de chasseurs à pied a signalé dans son rapport deux subterfuges employés par les Prussiens. En premier lieu, ils mettent des coiffures au bout de quelques fusils qu'ils élèvent et, lorsque nos hommes ont fait feu sur ces simulacres, ils tirent à leur tour sur nos soldats. En second lieu, ils s'avancent en levant la crosse en l'air et, lorsqu'ils voient de l'hésitation chez nous, ils changent brusquement d'attitude et font feu sur nos troupes. Ces stratagèmes ne leur ont pas toujours réussi, mais cependant quelques troupes s'y sont laissé prendre.

Le maréchal Lebœuf a assisté à la bataille, au milieu des troupes de la 3e division d'infanterie. Il est resté de midi à 8 heures du soir, à l'Arbre-Signal, qui est entre les fermes de Moscou et Leipzig, et c'est en ayant jugé par lui-même qu'il a hautement félicité, sur le champ de bataille, les troupes de la 3e division d'infanterie de leur attitude énergique et de leur sang-froid sous une pareille canonnade.

Les pertes de la 3e division d'infanterie dans la bataille du 18 août, on été de : 4 officiers tués et 27 blessés ; 59 hommes tués, 335 blessés et 159 disparus (1).

Les officiers tués sont les suivants : MM. Bochet, chef de bataillon au 59e de ligne ; de Farcy, lieutenant au 7e bataillon de chasseurs à pied ; Baumel, lieutenant au 29e de ligne ; Rigaud, lieutenant à la 7e batterie du 11e régiment d'artillerie.

Rapport du général Metman, commandant la 3e division du 3e corps.

La concentration des masses ennemies aperçues depuis la veille et pendant la matinée du 18, faisait, avec raison, supposer de sa part, l'intention de nous attaquer très promptement.

Dès 8 heures du matin, les tentes furent pliées, les bagages chargés sur les voitures et l'on se prépara à une énergique résistance. Je fis faire, devant le front de la division et aux endroits les plus favorables

---

(1) Chiffres approximatifs.

au tir, des tranchées-abris et des batteries de position. Votre Excellence a visité, et approuvé ou rectifié le tracé de la construction des unes et des autres. Ces tranchées-abris et ces batteries ont été construites par la 11ᵉ compagnie du 1ᵉʳ régiment du génie, aidée par des travailleurs d'infanterie, et dirigée par les officiers du génie de la division.

La mise en état de défense de la ferme de Moscou fut commencée par le génie de la 3ᵉ division et livrée ensuite, sur d'autres ordres, à la 4ᵉ division. Nos mesures étaient prises dès 11 h. 30. A midi précis, l'attaque des Prussiens commença partout en même temps.

Dans le commencement, l'ennemi tira lentement et seulement pour assurer ses dispositions préliminaires. A 1 heure, le feu s'accentua davantage et l'attaque devint générale. Votre Excellence ayant assisté d'un bout à l'autre à ce combat, je n'ai pas besoin de vous rendre compte des diverses phases de cette lutte, qui se sont passées sous vos yeux, puisque vous avez bien voulu féliciter vous-même les troupes de leur attitude sur le champ de bataille. Je signalerai seulement à Votre Excellence la conduite au-dessus de tout éloge des 5ᵉ, 6ᵉ et 7ᵉ batteries du 11ᵉ d'artillerie, dont le tir a été si admirablement dirigé par le lieutenant-colonel Sempé, et la défense du bois qui couvrait la position de la 3ᵉ division d'infanterie. J'avais mis, dans ce bois, le 7ᵉ bataillon de chasseurs à pied (commandant Rigaud), une compagnie du 7ᵉ de ligne et un bataillon du 29ᵉ de ligne (commandant d'Aubigny). Ces troupes étaient sous les ordres du lieutenant-colonel Isnard, du 29ᵉ.

Le bois qu'elles avaient à défendre s'étendait de la route de Metz à Gravelotte, à la partie du bois situé en avant de la 2ᵉ division et défendu par le 90ᵉ de ligne. Les troupes du lieutenant-colonel Isnard se maintinrent énergiquement dans le bois; elles furent plusieurs fois repoussées de la clairière où elles s'étaient établies, détachant leurs tirailleurs à la lisière du bois. Et chaque fois, par un retour offensif, elles s'en emparèrent de nouveau. Cette lutte acharnée permit à nos officiers et à nos soldats de déployer leur énergie. Il y a cependant encore une trop grande propension à tirer, et pas assez de calme dans les jeunes soldats de la réserve.

Le commandant Rigaud, du 7ᵉ bataillon de chasseurs à pied, signale deux subterfuges employés par les Prussiens. En premier lieu, ils mettent quelques-unes de leurs coiffures au bout de fusils qu'ils élèvent et, lorsque nos hommes ont fait feu sur ces simulacres, ils tirent à leur tour sur nos soldats. En second lieu, ils s'avancent en élevant la crosse en l'air et, lorsqu'ils voient de l'hésitation chez nous, ils changent brusquement d'attitude et font feu sur nos troupes.

Ces stratagèmes n'ont pas toujours réussi; mais il n'y a pas moins lieu de les signaler, afin que nous ne nous y laissions pas prendre.

Je n'ai pas besoin de venir, après Votre Excellence, louer l'énergie et le sang-froid de nos troupes. Je vous enverrai ultérieurement les propositions que je croirais devoir faire en faveur de ceux des militaires sous mes ordres qui se sont distingués dans la journée du 18 août.

Je ne veux pourtant pas terminer mon rapport sans vous signaler l'énergique attitude des officiers de mon état-major à un feu si violent, qu'il eût pu, sans qu'on s'en étonnât, en ébranler de plus vigoureux.

Nos pertes, dans cette journée, se sont élevées à 3 officiers tués et 27 blessés ; dans la troupe, à 59 tués, 335 blessés et 159 disparus.

Officiers tués : MM. de Farcy, lieutenant au 7ᵉ bataillon de chasseurs à pied ; Baumel, lieutenant au 29ᵉ de ligne ; Rigaud, lieutenant à la 7ᵉ batterie du 11ᵉ d'artillerie.

Rapport du chef de bataillon Rigaud, commandant le 7ᵉ bataillon de chasseurs à pied.

Fort Saint-Quentin, 20 août.

En exécution des ordres donnés, je me portai à la lisière du bois situé en face de ma brigade, pour me relier à la gauche de la 2ᵉ division. J'eus d'abord la plus grande difficulté à me placer. En effet, la gauche, représentée par le 90ᵉ, avait débordé mon front de plus de 100 mètres, et déjà le 71ᵉ et le 60ᵉ étaient engagés dans le bois, aux différents points que les instructions que j'avais reçues me faisaient un devoir d'occuper sans perdre de temps. Je fis part de ces difficultés au colonel de Courcy (90ᵉ de ligne), avec lequel je parvins enfin à m'entendre pour prendre les meilleures dispositions dans la partie du bois où il avait paru utile de nous établir.

Une clairière fut fortement occupée au milieu du bois, par quelques compagnies du 90ᵉ et par deux compagnies de mon bataillon ; le reste de ce dernier, c'est-à-dire les quatre autres compagnies, furent mises en réserve sur la gauche et à peu près à la même hauteur. Avec de semblables dispositions, aucune surprise n'était possible. Deux compagnies du 90ᵉ étaient en avant, sur la lisière du bois, face à l'ennemi et prêtes à le recevoir. Notre gauche devait être défendue avec des dispositions à peu près semblables aux précédentes, par différents régiments (le 29ᵉ, le 60ᵉ, le 71ᵉ, le 59ᵉ), autant que j'ai pu m'en rendre compte plus tard.

Malheureusement, quand l'ennemi nous attaqua, les dispositions dont je viens de parler venaient d'être changées. Les corps ne pouvant plus être reliés entre eux, puisque aucun ne connaissait la position de son voisin, il devait s'ensuivre une confusion qui ne tarda pas à se traduire par une vraie panique. Deux compagnies de mon bataillon furent tournées sur leur droite, par une pluie d'obus et par un peloton de tirailleurs qu'avaient éclairé quelques hulans, sur la lisière antérieure. La 5ᵉ compagnie, capitaine Fayol, fut également tournée par suite de la même faute. C'est là que le jeune lieutenant de Farcy fut tué. Conduite en bon ordre, cette compagnie se replia sur les chasseurs et le 90e, qui occupaient la clairière dont il a été fait mention. C'est à ce moment que je ralliai tout mon bataillon, pour reprendre l'offensive. L'élan de tout mon monde me réussit. La gauche du bois était aux Prussiens, mais nous devions conserver, pendant six heures encore, la position que nous venions de prendre de la manière la plus énergique. Les chasseurs et une ou deux compagnies du 29e se précipitèrent en avant contre l'ennemi ; en s'appuyant par la droite à la lisière du bois, l'ennemi recula. J'eus d'abord de la peine à empêcher (*sic*) tous ces jeunes soldats à ménager leurs cartouches, à se coucher, à ne plus tirer, en un mot, que quand la ligne ennemie se montrerait bien à découvert. J'y parvins néanmoins ; à plusieurs reprises j'avais fait cesser le feu ; je craignais les accidents inévitables en pareil cas, beaucoup d'hommes tirant en l'air et sans apercevoir l'ombre d'un Prussien. Enfin, quoi qu'il en soit, j'employai mes meilleurs tireurs à répondre au feu de l'ennemi, autant que faire se pouvait. Malgré ces soins, j'ai manqué de cartouches à trois reprises successives ; mon caisson avait fui l'action. Le lieutenant-colonel Isnard et le lieutenant-colonel Vilmette voulurent bien m'en faire parvenir. C'est grâce à ces deux officiers supérieurs que j'ai pu tenir aussi longtemps et grâce aussi à la manière dont mes officiers ont pris la direction du feu de leurs hommes. Mais ce résultat n'a pas été assuré sans de graves pertes.

Beaucoup d'hommes ont été tués, dans ces différents mouvements ; beaucoup de blessés ; deux capitaines, MM. Mallarmé et Mariotte ont été blessés à la jambe par les balles ennemies. M. l'adjudant-major Castaing, le sous-lieutenant Morel et le lieutenant d'Ivoley ont été blessés également, en entraînant les chasseurs et les soldats des régiments avec une vigueur digne d'un meilleur sort. Je signalerai également le sous-lieutenant Daudin-Clavaud, qui s'est porté deux fois en avant avec un courage exemplaire. Plusieurs sous-officiers ou soldats ont imité l'élan de leurs officiers. Les sergents-majors Fontaine et Hanocq ont été blessés en se portant vers l'ennemi. Le premier a été tué par une balle française, par la maladresse d'un soldat du 29e de ligne, un halluciné comme il y en a eu tant, dans ces heures d'anxiété que nous ont faites beaucoup de jeunes soldats de la réserve, en n'obéissant pas aux ordres de leurs chefs et aux sonneries de « cessez le feu ! ».

Enfin, après six heures de lutte que notre position rendait si dangereuse ; après avoir manqué de cartouches trois fois au moins ; n'entendant plus les feux d'artillerie de notre gauche, je n'ai pas hésité à faire sonner la retraite. C'était le seul moyen de ne laisser aucun des nôtres dans le bois et de les prévenir de ce mouvement rétrograde qui me parut indispensable dans ce moment suprême.

Je me retirai donc, le long du bois, vers notre droite, jusqu'à la position occupée par un bataillon du 90° derrière lequel je repris position, après avoir rallié, tant bien que mal, tous les hommes entraînés par ce mouvement. C'est alors que je reçus avis, de la part du colonel de Courcy, d'avoir à opérer ma retraite définitive, en me dirigeant d'abord le long du bois, et puis vers la droite de la 3° division, sur un point en arrière du front de bataille et défilé des projectiles ennemis. Là, je reformai mon bataillon et revins prendre la position que j'occupais dès le commencement de l'action, à la droite de la 3° division, en arrière et sur la gauche des mitrailleuses. C'est sur ce point, que je fis connaître pour me tenir à la disposition du commandement, que j'ai bivouaqué la nuit du 18 au 19 août.

Il est je crois utile, dans l'intérêt général, de signaler les faits suivants : la ligne de tirailleurs ennemie a souvent usé du stratagème de mettre un casque ou un vêtement au bout du fusil ou d'un bâton. Les Prussiens ont essayé aussi, par deux fois, de mettre la crosse en l'air dans le bois. Les chasseurs, qui connaissaient cette ruse, les ont tués raides et ont fait fuir le peloton qui les soutenait. Malgré cela, il faut dire que nos hommes manquaient de sang-froid; ils gaspillaient leurs munitions et tiraient dix coups contre un coup de fusil prussien.

Beaucoup d'hommes de la réserve n'ont jamais été à la cible avant de venir rejoindre.

L'unité a manqué dans le commandement de la défense du bois que nous n'aurions jamais dû quitter. On a changé trop souvent de plan d'attaque ou de défense. Il ne pouvait en résulter que confusion, panique même, et par conséquent encombrement funeste dont profitait bien vite l'ennemi avec ses balles et sa mitraille.

Le bois aurait dû être reconnu à l'avance, avec soin. Il eut été ainsi facilement défendu, sinon par un bataillon déterminé, du moins par un seul régiment. Les Prussiens connaissent le défaut de notre cuirasse et, malheureusement, il faut leur rendre cette justice, ils savent en profiter, et cette vieille bravoure française, cette manière noble et généreuse avec laquelle nous nous battons, viennent échouer contre eux.

MM. les médecins du bataillon ont fait aussi courageusement leur devoir et sont dignes d'éloges.

Rapport du colonel Cottret, commandant le 7º de ligne.

Camp près de Metz, 20 août.

Le 18 août, dès le réveil, une attaque de l'ennemi se présentant comme imminente, le 7° de ligne reçut l'ordre d'abattre ses tentes et de se préparer à combattre. L'armée fit en effet, dès ce moment, ses préparatifs de combat.

Le régiment resta disposé sur trois lignes, comme il avait campé : le Ier bataillon déployé en première ligne, sur la pente regardant le village de Gravelotte et la route de Verdun, entre les fermes de Leipzig et de Moscou, sa droite appuyée à une batterie, sa gauche au 29e de ligne ; le IIe bataillon en seconde ligne, à 300 mètres du Ier et en arrière d'une crête ; le IIIe bataillon en réserve derrière le second.

Le Ier bataillon reçut l'ordre, vers 10 heures du matin, de construire en avant de son front des tranchées-abris. La 6e compagnie de ce bataillon, qui était de grand'garde, était restée détachée en avant pour concourir, avec des compagnies du 29e de ligne et du 7e bataillon de chasseurs, à la défense du ravin boisé et des bois qui séparaient cette position de celle de l'ennemi.

A 11 h. 30, le feu commença et dura jusqu'à la nuit. Pendant tout ce temps, le 7e de ligne resta ferme dans ses positions, sous un feu de canon continu et très nourri, et sut, par son attitude, mériter les éloges de Son Excellence le Maréchal, transmis sur le terrain même par M. le général commandant la division.

La 6e compagnie du Ier bataillon, sous le commandement de M. le lieutenant Huet, combattit de son côté, dans le bois, pendant toute la journée et rallia son bataillon à 7 heures du soir environ, ayant eu 15 hommes hors de combat, dont 2 tués. Cette même compagnie, qui avait été déjà très éprouvée au combat du 14 août, où elle a fait également des pertes sensibles, s'est comportée dans ces deux circonstances d'une façon qui mérite d'être citée.

Un sous-officier a été en outre blessé dans la tranchée-abri, et dans la seconde ligne, un caporal a été tué et deux soldats blessés.

Rapport du colonel Lalanne, commandant le 29e de ligne.

Le bois situé en face du camp, entre l'ennemi et nous, n'était pas encore occupé par les Prussiens, lorsque le commandant Amiot reçut l'ordre de leur en défendre l'accès, concurremment avec des fractions d'autres régiments.

Cette mission fut accomplie jusque vers 4 heures du soir, où des forces prussiennes parvinrent à s'y établir.

Afin de les en déloger, le commandant d'Aubigny fut encore envoyé avec son bataillon.

Pendant plusieurs heures, un vif combat de tirailleurs s'engagea dans le bois où, malgré tous les efforts de nos soldats, l'ennemi, secondé par des décharges nombreuses d'artillerie qui forcèrent nos soldats à changer de position, parvint à s'y établir définitivement.

Historique du 59ᵉ régiment de ligne (colonel Duez).

18 août.

Pendant la journée du 17, l'ennemi a reçu des renforts et, dès le 18 au matin, l'on peut apercevoir de fortes colonnes qui se dirigent vers notre droite; tout faisant prévoir un nouvel engagement, le camp est rapidement levé et les troupes prennent leurs positions de combat.

Le 59ᵉ occupe la ferme de Moscou et se déploie à sa droite et à sa gauche.

Le maréchal Lebœuf, qui avait pris le 15 août le commandement du 3ᵉ corps en remplacement du général Decaen, passe devant le front des troupes et fait construire à la hâte des tranchées-abris.

Vers 10 heures (1), le feu est ouvert par une batterie de 12, qui incendie en peu d'instants une ferme située à environ 3,000 mètres de notre front. Les tirailleurs ennemis se déploient sur le versant opposé et cherchent à gagner le ravin. Le feu des mitrailleuses les force bientôt à se replier; mais pendant cette première phase du combat, l'ennemi est parvenu à installer plusieurs batteries de fort calibre sur la route de Gravelotte.

A son tour, il commence le feu en le dirigeant principalement sur les pièces qui couvrent notre front. Dans ce duel d'artillerie, la supériorité lui est bientôt acquise; nos projectiles atteignent à peine les batteries prussiennes qui balayent le plateau.

Malgré les terrassements exécutés à la hâte pour couvrir nos pièces, il leur devint impossible de se maintenir et de se ravitailler. Les artilleurs se retirent donc en laissant leurs batteries sous la protection des tranchées (?).

L'ennemi concentre alors son feu sur la ferme de Moscou, qui est bientôt en flammes.

Les deux compagnies qui l'occupaient sont forcées d'en sortir et viennent s'abriter derrière.

N'ayant plus à craindre nos projectiles, les Prussiens en profitent pour rapprocher leurs batteries. 50 pièces placées à 2,500 mètres de notre front couvrent d'obus tout le plateau. Ce feu violent ne nous cause cependant pas des pertes très considérables. Vers 4 heures, le calme se rétablit pendant quelques instants.

Nous voyons alors l'ennemi s'avancer sur notre gauche; il s'arrête bientôt devant une violente fusillade et ne peut parvenir à dépasser l'auberge Saint-Hubert. Cette tentative ayant échoué, l'ennemi couvre

---

(1) Heure très erronée.

de nouveau toutes nos positions de projectiles et continue son feu jusqu'à la nuit sans toutefois tenter une nouvelle attaque.

Le bruit du combat a cessé complètement à 10 heures du soir, et le 3ᵉ corps en entier couche sur ses positions. Cette affaire coûtait au régiment 14 officiers et 165 hommes hors de combat (1).

Historique du 71ᵉ régiment d'infanterie (colonel de Férussac).

18 août.

Dès le matin, l'ennemi est signalé de tous côtés ; ses colonnes s'avancent sur Gravelotte et une nombreuse artillerie vient s'établir à droite et à gauche de la route de Gravelotte à Mars-la-Tour. L'attaque devenant imminente, les trois compagnies de droite du IIᵉ bataillon, sous le commandement de M. Schmedter, capitaine, sont envoyées pour occuper le pont et le bois des Génivaux, qu'il importe de ne point laisser surprendre à proximité de nos lignes.

L'armée abat ses tentes et prend ses dispositions de combat. Le 71ᵉ est placé sous les ordres du maréchal Lebœuf, commandant le 3ᵉ corps ; il quitte la division et va se porter à l'Arbre-Mort, où le Maréchal établit son quartier général.

Les trois compagnies précédemment détachées avaient eu à subir une lutte très vive dans laquelle nos pertes furent de 63 hommes, dont 51 tués ou disparus et 12 blessés. M. Pauvrehomme, lieutenant, a été grièvement blessé. MM. Schmedter, capitaine, et Poli-Marchetti, lieutenant, blessés légèrement. Le terrain occupé par le régiment est battu par l'artillerie prussienne qui, tirant sans relâche depuis le milieu du jour, sillonne en tous sens le plateau de Moscou, brûle la ferme, incendie les caissons, démonte nos pièces et éteint le feu de nos batteries sur plusieurs points de nos lignes.

A 6 heures du soir, le IIᵉ bataillon est envoyé pour soutenir la brigade Clinchant de la 1ʳᵉ division, qui occupe le bois d'Amanvillers (2). A 7 h. 30, le Iᵉʳ et le IIIᵉ bataillons sont placés sur la lisière du bois de Châtel, face à Amanvillers. Une section par bataillon est portée en avant pour couvrir notre front par une ligne de tirailleurs. Depuis la nuit, le 71ᵉ avait été joint à la 1ʳᵉ division et participait aux opérations de cette division. Le général Montaudon vint prendre le IIᵉ bataillon du 71ᵉ, qui occupe la lisière du bois d'Amanvillers, et conduit en personne une reconnaissance de nuit pour explorer les bois

---

(1) Chiffres approximatifs.
(2) *Lire :* de la Charmoise.

et la route de Briey à Châtel, avant d'y engager sa division. Cette reconnaissance prend ensuite l'avant-garde de la division Montaudon.

Historiques des 5e, 6e et 7e batteries du 11e régiment d'artillerie.

18 août.

A la bataille de Saint-Privat, les batteries du 11e jouèrent un rôle des plus actifs. Plusieurs d'entre elles et entre autres la 6e et la 7e, donnèrent toute la journée et résistèrent, grâce à des épaulements construits à la hâte, au feu écrasant de l'artillerie prussienne qui fit converger par instants sur les 5e, 6e et 7e le feu de soixante et douze pièces.

Les batteries ne se retirèrent du champ de bataille que dans la nuit. Elles occupèrent jusqu'au dernier moment les positions qu'elles avaient prises au début de la bataille.

Historique du capitaine Mignot, commandant la 5e batterie du 11e régiment d'artillerie.

18 août.

A 8 heures environ, pendant que les deux autres batteries sont à l'abreuvoir, le colonel Sempé me fait atteler et me mène au galop à droite de la ferme de Moscou, sur la pente qui regarde Gravelotte et la route d'Étain. On voit de là de grosses masses d'artillerie prussienne. Je me mets à construire un épaulement pendant que l'infanterie et le génie creusent des tranchées-abris en arrière. A 10 heures, je cède ma place et mon épaulement à une batterie de 4 de la division et me retire par ordre derrière la crête.

A 11 h. 45, une batterie prussienne se détache de la route d'Étain et descend la pente. Je reçois l'ordre d'aller la contre-battre, et me porte au trot au-devant d'elle. Je subis en marche deux fois sa salve entière, puis à 2,000 mètres environ, j'ouvre à mon tour le feu : tir progressif à partir de 1800 mètres. Au bout de quelques salves, j'avais réussi à éteindre presque entièrement le feu de mon adversaire.

Mais les batteries prussiennes établies le long de la route d'Étain me couvraient d'obus, sans qu'il me fut possible de leur riposter à cause de la distance, 2,800 mètres environ. Heureusement, l'angle du terrain avec l'horizontale s'ajoutant à l'angle de chute, leurs obus s'enterraient presque normalement et partaient pour ainsi dire en fougasse, de sorte que les éclats ne me faisaient aucun mal et que je n'avais à redouter que les coups de plein fouet. Aussi, tout en me bornant à tirer sur les détachements d'infanterie que l'ennemi essayait de faire filer de la route de Gravelotte vers le bois des Génivaux, je pus tenir la position jusqu'à

3 heures passées; à ce moment je reçus l'ordre de me replier derrière la crête.

La batterie avait subi des pertes sérieuses; on avait remplacé sous le feu une roue brisée; M. le sous-lieutenant Moll avait été atteint d'un éclat d'obus, quand la batterie s'était déjà repliée derrière les crêtes.

Grâce à la proximité de ma réserve, qui se trouvait dans le bois de Châtel-Saint-Germain, je pus immédiatement remplacer les munitions, les chevaux et les hommes manquants. Je fis aussi changer les systèmes et nettoyer immédiatement ceux qui venaient de servir. Un seul percuteur avait été légèrement faussé, sans que le tir de la pièce en eût été légèrement ralenti; on le remplaça séance tenante.

Vers le soir, les Prussiens sortent de Gravelotte et prononcent une attaque vigoureuse sur la ferme de Moscou. Je reçois l'ordre de me porter à gauche de la ferme et de mitrailler leurs colonnes. Je vais en avant reconnaître le terrain et tombe de ma personne dans un effroyable feu d'infanterie. Heureusement les murs et le jardin de la ferme dessinent un angle droit relativement sûr où je puis former ma batterie. Mes dispositions prises, je lance mes pièces dans le feu, et j'ouvre à 600 mètres environ, le tir des cartouches à balles multiples. Je n'ai pu constater l'effet produit, la nuit était déjà presque arrivée. Mais les attaques de l'ennemi échouèrent complètement et de 9 à 10 heures je retirai ma batterie, fortement éprouvée de nouveau, derrière les crêtes, le long du chemin de Châtel-Saint-Germain. En épuisant les ressources de ma réserve je pus encore reformer ma batterie de combat presque au complet. Il me manquait seulement environ un coffre de munitions par pièce.

Rapport du capitaine commandant la 11ᵉ compagnie de sapeurs du 1ᵉʳ régiment du génie (3ᵉ division).

18 août.

Elle travaille à rendre défensive la ferme de Moscou et fait des abatis en avant. Elle commence des abris pour une batterie de six pièces. Ce travail est terminé par l'infanterie.

Elle fait également des tranchées-abris en avant du front de la division.

Elle reste pendant l'action à la disposition du général.

4ᵉ DIVISION (AYMARD).

Journal de marche de la 4ᵉ division.

18 août.

Les Prussiens sont en vue toute la matinée; les colonnes qu'on aperçoit en arrière du village de Gravelotte, semblent se diriger sur notre droite.

Les troupes de la division organisent la défense des fermes de Moscou, Saint-Hubert et Point-du-Jour et construisent des tranchées-abris, en avant de leur front.

Vers midi, les Prussiens ouvrent leur feu et, jusqu'à 10 heures du soir, la division essuie, sans perdre de terrain, un feu terrible d'artillerie et de mousqueterie qui lui fait éprouver des pertes sensibles. Les obus de l'ennemi mettent le feu aux trois fermes et obligent leurs défenseurs à les abandonner.

77 tués, 591 blessés, 56 disparus (1). (Un rapport spécial a été envoyé au commandant du corps.) La division bivouaque sur le champ de bataille.

Rapport du général de Brauer, commandant la 1re brigade de la 4e division.

Fort Saint-Quentin, 20 août.

Dans la journée du 18, le 44e et le 60e ont réussi à se maintenir solidement dans la position défensive qu'ils étaient chargés de conserver autour de la ferme de Moscou. L'incendie de cette ferme et une incroyable nuée de projectiles ennemis n'ont pas réussi à leur faire lâcher pied. Le 11e bataillon de chasseurs à pied était en réserve en seconde ligne ; il n'a quitté sa position pour se porter un peu sur la gauche que par votre ordre.

Les pertes ont été les suivantes : 2 officiers tués, 14 blessés ; 26 hommes tués, 193 blessés, 45 disparus (1).

Dans la journée du 18, les batteries placées devant la ferme de Moscou et à sa gauche ont cessé leur feu vers 3 h. 30. Celle la de réserve et la mitrailleuse se retirèrent en arrière de nos lignes, qui reçurent de ce moment jusqu'à 8 heures du soir, sans pouvoir répondre, le feu de six batteries ennemies. C'est sous le feu de ces six batteries réunies qu'il fallut renforcer, par le 60e d'abord, et ensuite par 300 hommes du 44e, les défenseurs très décimés et un instant ébranlés de cette ferme incendiée et criblée de projectiles.

Les tranchées-abris de mes tirailleurs et celles de ma première ligne, que le feu de l'ennemi n'a pas fait abandonner un seul instant, ont rendu les services les plus incontestables, et lorsque le 19 à 2 heures du matin, je les fis évacuer, je pus emmener à bras d'hommes les six pièces de la batterie établie à leur droite, laquelle était sans attelages et avait perdu la plupart de ses servants.

---

(1) Chiffres approximatifs.

Historique du 11ᵉ bataillon de chasseurs à pied (commandant de Paillot).

18 août.

A 10 heures du matin, l'ennemi qui toute la nuit a fait venir des forces par le défilé de Gravelotte, attaque nos positions.

La 4ᵉ division du 3ᵉ corps est chargée de défendre à tout prix le plateau de la ferme de Moscou qui est la clef du défilé par lequel on descend sur Châtel-Saint-Germain. Le 80ᵉ occupe la ferme ; les autres régiments occupent plusieurs lignes de tranchées-abris, creusées à la hâte, et le bataillon est placé en réserve un peu en arrière de la crête du plateau.

L'action s'engage par une vive canonnade, et le bataillon reçoit une grêle d'obus qui lui font subir quelques pertes ; M. le sous-lieutenant Sandherr est blessé ; dans la journée le bataillon appuie de quelques centaines de mètres à gauche et garde cette position jusqu'au 19 à 3 heures du matin. Pendant la bataille, la gauche du 11ᵉ bataillon de chasseurs se reliait à un bataillon du 67ᵉ (division Bataille, 2ᵉ corps) ; et vers la fin de la journée, un bataillon de voltigeurs vint prendre position en arrière de nous, dans le bois de Châtel-Saint-Germain. Le bataillon eut dans cette journée 26 hommes hors de combat.

Historique du 44ᵉ régiment d'infanterie (lieutenant-colonel Chanteclair).

18 août.

Pendant la matinée du 18, on voit défiler l'ennemi en colonnes profondes. Le corps d'armée prend position depuis la ferme de Moscou jusqu'à la ferme de Leipzig. Des épaulements pour une batterie de campagne et une batterie de mitrailleuses sont construits à la hâte par le Iᵉʳ bataillon du 44ᵉ, au Sud de la ferme de Moscou. Quatre compagnies de ce bataillon s'établissent dans des tranchées-abris très rapidement exécutées ; les deux autres compagnies ne peuvent trouver place dans les tranchées et restent en dehors. Le IIIᵉ bataillon, placé derrière la ferme de Moscou, occupe la ferme et ses dépendances ; le IIᵉ bataillon est massé sur le plateau, en arrière des batteries et des tranchées-abris.

Ces dispositions sont à peine prises, que les Prussiens commencent l'attaque. Pour donner une idée de la part que prit le 44ᵉ à cette grande bataille, il suffit de rappeler que depuis midi jusqu'à 8 h. 30 du soir, l'ennemi concentra sur le plateau de la ferme de Moscou un feu d'artillerie d'une violence sans exemple. Au dire des vieux officiers, on n'avait pas vu un feu pareil depuis l'attaque de Malakoff. Ces efforts redoublés de l'artillerie prussienne avaient pour but de favoriser l'attaque acharnée de leur infanterie contre nos tranchées. Mais bien que notre artillerie eût souffert au point de ne plus pouvoir répondre à celle de l'ennemi, toutes les attaques de l'infanterie prussienne furent vigoureusement repoussées. Les compagnies placées dans les tranchées épuisèrent contre elles toutes leurs cartouches. Vers le soir, ces compagnies se trouvant accablées de fatigue, le lieutenant-colonel commandant le régiment conduit dans les tranchées les réserves des bataillons, et l'on passe la nuit dans ces positions si énergiquement défendues, jusqu'à ce que l'on reçoive l'ordre de battre en retraite, à 3 heures du matin ; grâce aux tranchées-abris et au soin avec lequel le régiment a été masqué derrière les moindres replis de terrain, on n'a pas à déplorer des pertes en rapport avec le danger couru. Elles s'élèvent seulement pour la troupe : en tués, 4; blessés, 63.

Parmi les officiers, elles sont plus sensibles. Le brave commandant Avril, jeune et plein d'avenir, déjà couvert de blessures reçues en Crimée, en Italie et au Mexique, est atteint d'un éclat d'obus (blessure légère en apparence, mais dont il meurt un mois plus tard). Le même projectile tue le lieutenant de Blanchaud ; enfin, le jeune sous-lieutenant de Pailly est blessé mortellement d'une balle à la tête. Ont été blessés : MM. Pallarès, chef de bataillon ; Séguin, sous-lieutenant, porte-drapeau ; Bergez, capitaine adjudant-major; Maitrot et Billaron, sous-lieutenants.

Pendant la journée du 18, le régiment avait à sa droite la division Metman ; à sa gauche, le 80° et le 60° ; le 11° bataillon de chasseurs en réserve. Vers 4 heures, les régiments de voltigeurs de la Garde sont venus prendre position en arrière de notre ligne.

Historique du 60ᵉ régiment d'infanterie (colonel Boissié).

18 août.

Le matin, ordre est donné à tous les corps de la première ligne de construire à la hâte des tranchées-abris, en vue d'une attaque prochaine. Les tracés sont vite indiqués et les troupes se mettent au travail. Quelques-unes de ces tranchées, devant recevoir de l'artillerie, sont renforcées et reçoivent des embrasures ; telles sont celles qui sont à droite et à gauche de la ferme de Moscou, qui est mise en état de défense. Un soldat prussien fait prisonnier dans le bois de Génivaux par des hommes du IIIᵉ bataillon, annonce que beaucoup de troupes arrivent. En effet, du plateau où est établi le 3ᵉ corps, on peut apercevoir de grands mouvements de troupes ennemies qui incessamment se forment en bataille face à nos positions ; d'autres qui se dirigent sur notre droite. Personne ne songe à les inquiéter. Vers 10 heures, les tentes sont abattues, les bagages chargés et dirigés en arrière, sur Plappeville. Le poste de combat est assigné à chacun ; chaque corps de la première ligne se porte aux tranchées-abris. Le 60ᵉ est placé ainsi : le IIIᵉ bataillon dans le bois des Génivaux, à droite de la route qui va de Moscou à Gravelotte ; le IIᵉ bataillon à la ferme de Moscou, qu'il a mission de défendre, conjointement avec deux compagnies du 59ᵉ de ligne, qui est à droite. Les deux compagnies sont dans la ferme. Une compagnie du IIᵉ bataillon dans le verger, la 6ᵉ ; une autre, la 3ᵉ, dans la tranchée-abri de gauche ; le reste du IIᵉ bataillon en colonne derrière la ferme. Le Iᵉʳ bataillon est en deuxième ligne, à environ 300 mètres en arrière ; une batterie d'artillerie est devant la ferme, deux autres batteries sont sur l'un et l'autre flanc, dans des tranchées-abris.

Vers midi, le feu commence sur toute la ligne par une canonnade formidable. Le bois des Génivaux, couvert d'obus d'abord, attaqué ensuite par de grandes masses d'infanterie, est le théâtre d'un combat acharné soutenu par le IIIᵉ bataillon, quelques compagnies du 11ᵉ chasseurs (1) et deux compagnies du 71ᵉ. Mais, impuissantes pour lutter contre des forces supérieures, ces troupes se replient après avoir beaucoup souffert du feu de l'ennemi, mais non sans lui avoir fait subir de grandes pertes ; le IIIᵉ bataillon se rallie dans les tranchées-abris du voisinage de la ferme ; une autre partie au Iᵉʳ bataillon. La canonnade est continuelle, la ferme de Moscou ne tarde pas à être mise en feu par les obus ennemis ; beaucoup de défenseurs sont tués à leur poste ; elle est évacuée au dernier moment. Les défenseurs se placent dans les tranchées pour en défendre les abords ; l'artillerie française n'a pas tardé à se taire ; elle a vite épuisé ses munitions et les parcs ne sont pas à portée. Vers 5 heures, la canonnade cesse ; on s'attend à une attaque vigoureuse d'infanterie, mais l'infanterie ennemie est embusquée et se borne à tirailler chaque fois que de notre côté elle aperçoit le moindre mouvement, elle ne fait pas mine de vouloir enlever nos positions. La canonnade reprend avec une nouvelle violence vers 7 heures ; nous sommes de nouveau couverts de projectiles ; au bout d'une heure, elle cesse complètement, mais elle n'a fait qu'aller toujours en croissant sur notre droite, vers le village de Sainte-Marie-aux-Chênes, où l'on pense qu'il se produit un grand effort de part et d'autre. La nuit arrive ; le silence n'est troublé que par la chute des débris de la ferme, qui brûle toujours, et par quelques fusillades subites de part et d'autre.

Tout le monde est en éveil ; chacun s'attend à une attaque de masses d'infanterie qui ne bougent point. On dîne d'un biscuit.

---

(1) Il faut sans doute lire : 7ᵉ chasseurs, car le 11ᵉ ne fut pas engagé.

Le régiment a perdu le 18 : 1 officier supérieur blessé, le commandant de Rattazzi du 1er bataillon, le capitaine Chaillet tué, les capitaines Chataigné, Santori, Chaudron, blessés (morts quelques jours après des suites de leurs blessures) ; le capitaine Butez blessé ; MM. Sergent, lieutenant, Futrier et Sagot, sous-lieutenants, blessés. Troupe : 57 tués, 123 blessés (1). En outre, beaucoup de contusionnés parmi les officiers et les soldats.

Rapport du général Sanglé-Ferrière, commandant la 2e brigade de la 4e division.

Au camp, 19 août.

Le 18 août, la 2e brigade de la 4e division d'infanterie du 3e corps était campée sur le plateau situé entre les fermes de Moscou et du Point-du-Jour, la gauche (80e) à cheval sur la voie romaine, la droite (85e) dans la direction de la première ferme.

Les dispositions prises pour le campement étaient les suivantes : la brigade était sur trois lignes ; la première déployée (Ier bataillon du 80e à gauche, Ier bataillon du 85e à droite), la deuxième déployée aussi à 100 mètres de distance (IIIe bataillon du 80e, IIe bataillon du 85e), la troisième formée par le IIIe bataillon du 85e en colonne, se trouvait dans l'intervalle des lignes précédentes.

Le IIe bataillon du 80e était placé dans la ferme de Saint-Hubert, située à droite de la route de Gravelotte, avec ordre de s'y défendre à outrance. Une grand'garde du IIIe bataillon du même régiment était placée en avant.

Vers 10 heures, sur l'ordre du Maréchal commandant le 3e corps d'armée, des tranchées-abris furent construites en avant de la première ligne, qui les occupa, et les dispositions furent modifiées pour le combat comme il suit : Le Ier bataillon du 80e ne laissa plus que trois compagnies à droite de la voie romaine ; les trois autres furent placées en arrière de la crête du plateau. Les deux autres lignes furent reculées jusqu'au bois.

Vers 11 heures (2), le combat fut engagé ; le IIe bataillon du 80e, établi dans la ferme de Saint-Hubert, se trouvant en contre-bas des hauteurs occupées par l'ennemi, devient bientôt le point de mire d'un violent feu d'artillerie et de mousqueterie. La position de cette ferme sur un plan très incliné permettait à l'ennemi d'avoir des vues sur une grande partie de l'intérieur du jardin, dont les murs avaient moins d'un mètre de haut intérieurement et dans lequel la défense avait peu d'étendue.

---

(1) Chiffres approximatifs.
(2) Plus tard.

Lorsque l'ennemi eut pris possession des bois qui bordent le ravin en amont de la ferme de Moscou et établi une batterie d'obusiers (?) en face de Saint-Hubert, quelques coups suffirent pour éteindre le feu des deux faces latérales du jardin et en éloigner tous les défenseurs. Les tirailleurs ennemis ayant franchi le ravin, avaient pris à revers les défenses latérales et criblaient leurs défenseurs de feux dans le dos sans qu'ils pussent y répondre. La retraite devenait d'autant plus difficile que les portes avaient été fortement barricadées. Le bataillon, déjà éprouvé par un feu violent et à petite distance, quitta la position par deux brèches très étroites que le génie avait préparées à l'avance.

Cette retraite fut d'autant moins meurtrière qu'elle fut plus rapide, mais beaucoup d'hommes perdirent leur havresac. La position, du reste, n'était plus tenable; les grand'gardes en avant s'étaient depuis longtemps retirées et le bataillon aurait certainement été fait prisonnier ou massacré s'il eût voulu s'y maintenir plus longtemps; il était alors 2 heures (1).

A ce mouvement rétrograde et sur l'ordre qui m'avait été donné de défendre la ferme du Point-du-Jour jusqu'à la dernière extrémité, je me portai avec les trois compagnies du Ier bataillon du 80° à gauche et en avant de la voie romaine, sur le point qui était occupé par le 3° bataillon de chasseurs à pied (division Vergé, 2° corps).

Ces trois compagnies se placèrent à gauche de la première maison dans les tranchées qui y avaient été construites; craignant une attaque vigoureuse de l'ennemi enhardi par la retraite du II° bataillon du 80°, je fis soutenir par le III° bataillon du même régiment la ferme du Point-du-Jour : trois compagnies furent placées à droite et trois à gauche dans les épaulements construits pour l'artillerie. Le mouvement fut encore appuyé par un bataillon du 32°, qui fut envoyé par le général Vergé.

Vers 3 heures les progrès de l'ennemi furent complètement arrêtés par ces efforts successifs, et les troupes placées derrière les abris repoussèrent chaque fois par un feu très nourri les tentatives des Prussiens.

A 3 h. 30, voyant des masses considérables se former en arrière du bois situé à 600 ou 700 mètres de la ferme du Point-du-Jour, je fis prier le général Vergé de m'envoyer une batterie d'artillerie. Il m'arriva presque immédiatement une batterie de canons à balles, qui, mal placée entre les deux maisons composant la ferme du Point-du-Jour, fut en très peu de temps maltraitée au point de ne pouvoir se retirer qu'avec beaucoup de peine (2). A partir de ce moment tous les efforts de

---

(1) *Lire* : 3 heures.
(2) Il s'agit évidemment de la 9° batterie du 5°. Mais il était alors 3 heures.

Metz. III. — Docum.

l'artillerie prussienne furent dirigés sur les deux maisons. Celle de gauche fut incendiée, celle de droite presque complètement démolie. Malgré cette pluie de mitraille et de balles, les hommes ne quittèrent point leur position et repoussèrent avec une extrême énergie tous les mouvements de l'ennemi pour tourner nos lignes.

De 7 à 8 heures, trois régiments de soutien me furent envoyés, mais ils me furent inutiles, les tranchées-abris étant encore occupées dans toute leur longueur.

Vers 11 heures (1), par ordre du général de division, je fus relevé par le 66e de ligne. Toutefois, le 1er bataillon du 85e et une partie du IIIe restèrent jusqu'au lendemain matin à la partie droite des tranchées-abris. Ces troupes repoussèrent deux attaques de nuit, l'une vers 10 heures, l'autre vers minuit et demi ; elles attendirent l'ennemi silencieusement à moins de cinquante pas et firent sur lui une fusillade intense et meurtrière.

Les IIe et IIIe bataillons du 85e éprouvèrent dans les positions qui leur avaient été assignées des pertes très sensibles par les nombreux projectiles qui tombaient sur le plateau.

En résumé 46 tués, dont 5 officiers ; 278 blessés, dont 18 officiers et 181 disparus sont les pertes de la brigade (2).

Parmi les officiers blessés du 80e, se trouve le lieutenant-colonel, qui, avant de recevoir une grave blessure au poignet, avait eu un cheval tué sous lui aux maisons du Point-du-Jour.

Historique du 80e régiment d'infanterie (colonel Janin).

18 août.

Le réveil éclate en fanfares joyeuses ; tambours, clairons et trompettes sonnent à la corvée. On court à l'eau et aux diverses distributions ; le temps est magnifique et le soleil levant éclaire au loin les blanches lignes des tentes au-dessus desquelles s'élève la fumée des cuisines en plein air. Cependant là-bas derrière Gravelotte, sortant du ravin de Gorze, des masses profondes se meuvent et se déploient. C'est Mac-Mahon qui arrive ! C'est Canrobert qui se met en mouvement ! Ce n'est certes pas l'ennemi ; tout est tranquille aux avant-postes, et les reconnaissances n'ont rien signalé !

C'était l'armée prussienne qui commençait son grand mouvement de

---

(1) Heure certainement beaucoup trop tardive. Probablement vers 10 heures.

(2) Chiffres approximatifs

conversion à droite. Vers 9 heures enfin, les aides de camp circulent à cheval, les marches de régiment retentissent, on prend les armes. Les 3e, 5e et 6e compagnies du 1er bataillon, sous les ordres de M. le commandant Bertrand, se portent à une centaine de mètres environ de leur emplacement et, sur l'ordre du général de division, y établissent une tranchée-abri. Les 1re et 2e compagnies du même bataillon, sous les ordres de M. le capitaine Francey, prennent position entre les deux maisons du Point-du-Jour et les relient par une tranchée.

La 4e compagnie du 1er bataillon, capitaine Raynal de Tissonière se déploie en tirailleurs, la droite au coude que la route forme en descendant vers Saint-Hubert, la gauche au Point-du-Jour. Le IIIe bataillon reste en réserve derrière la crête. La batterie de mitrailleuses de la division et une des batteries de 4 (capitaine Bonnefond) prennent position en deçà de la route derrière la compagnie Raynal et y construisent à la hâte quelques épaulements. Des bataillons du 85e et du 44e établissent une tranchée-abri dans le prolongement de celle du 80e et en avant de la ferme de Moscou.

Quelques tirailleurs ennemis se déploient devant Gravelotte et disparaissent dans le ravin, ou se dirigent vers le bois des Génivaux, poussant devant eux les petits postes de la division de Castagny. Des batteries prennent place à gauche et à droite du village de Gravelotte; en arrière, sur la route qui va à Rezonville, d'épaisses colonnes paraissent immobiles et l'arme au pied. Vers midi, quelques coups de feu et bientôt une vive fusillade annoncent que la compagnie Lacombe est aux prises avec les tirailleurs ennemis. De part et d'autre, la canonnade commence; notre batterie de 4 et nos mitrailleuses essayent en vain d'atteindre les batteries ennemies qui, placées hors de leur portée, les écrasent de leurs projectiles. A deux heures, désemparée, à bout de munitions, perdant ses hommes et ses chevaux, notre artillerie se replie. La 2e section de la compagnie Raynal se place en réserve derrière les épaulements que cette retraite laisse libre; la 1re reste déployée dans le fossé qui borde la route.

En ce moment la compagnie Lacombe, ayant terminé ses munitions, se replie sur la ferme Saint-Hubert, et les tirailleurs ennemis franchissant le ravin, commencent à apparaître sur les mamelons qui dominent cette ferme à droite et à gauche.

Le IIe bataillon ouvre son feu, mais il n'a de place que pour deux compagnies; le reste du bataillon, massé dans les cours et les jardins de la ferme, reçoit, sans pouvoir y répondre, le feu plongeant des tirailleurs ennemis; une batterie prussienne tire sans relâche sur les bâtiments de Saint-Hubert, couvrant les défenseurs d'éclats et de débris. Pressé de tous côtés, ayant perdu plus du tiers de son monde, presque cerné, M. le commandant Molière se décide à ordonner la retraite, et le IIe bataillon remontant vers la voie romaine, va se reformer en arrière de la crête. M. le sous-lieutenant Martin de la 6ᵉ du IIIᵉ était tombé mort près de la ferme, et M. le capitaine Lamarle atteint de deux blessures, averti trop tard du mouvement de retraite, tombait avec quelques-uns de ses hommes, au pouvoir de l'ennemi. Parmi ces derniers défenseurs de Saint-Hubert, il convient de citer les sergents Grès et Jammet qui, préférant la mort à la captivité, continuèrent à tirer sur l'ennemi en refusant de se rendre jusqu'à ce qu'ils fussent l'un et l'autre massacrés. L'adjudant Lequien, le sergent-major Palat et nombre de braves sous-officiers payèrent aussi de leur vie une héroïque défense. M. le commandant Molière fut atteint au bras et à la tête; M. le capitaine Sajous fut renversé par l'explosion d'un obus. M. le lieutenant-colonel de Langourian, eut son cheval tué sous lui; M. le lieutenant Capbert fut gravement atteint au bras.

Il était 3 h. 30; sur le front du 80ᵉ l'ennemi était maître de Saint-Hubert et de là dirigeait ses feux sur la compagnie Raynal, qu'il prenait d'écharpe, ainsi que sur les 3ᵉ, 5ᵉ et 6ᵉ du 1ᵉʳ bataillon, qui, de leur tranchée-abri, ripostaient avec avantage. L'artillerie ennemie prenant ces tranchées pour objectif, essaya en vain de les rendre intenables pour les braves troupes qui les défendaient. M. le commandant Bertrand, M. le capitaine Grangié, furent frappés mortellement. M. le lieutenant Digonnet fut blessé gravement et dut quitter le champ de bataille. M. le capitaine adjudant-major Apchié prenant le commandement, dirigea jusqu'au soir, avec le plus grand sang-froid, le feu de ces trois compagnies sur la ferme Saint-Hubert.

Cependant une même ligne de tirailleurs s'avançait à découvert, sur le front de la compagnie Raynal sans tirer et en faisant des signaux; bientôt une batterie, escortée par un escadron, se plaçait derrière cette ligne et ouvrait son feu dans la direction du bois des Génivaux. Trompée par une ressemblance de tenue et aussi par un avis venu du 2ᵉ corps la 4ᵉ du Iᵉʳ prenant ces tirailleurs pour des chasseurs à pied, et cette batterie pour une batterie française, suspendit son feu dans cette direction, se bornant à repousser par des salves bien ajustées, les efforts d'une colonne prussienne qui, se formant chaque fois à l'abri des bâtiments de Saint-Hubert, tenta à plusieurs reprises de prendre pied en deçà de la route afin de marcher sur le Point-du-Jour. La grande batterie ennemie, établie à droite de Gravelotte, battit en vain de son feu les positions occupées par la 4ᵉ du Iᵉʳ et lui fit subir des pertes cruelles sans ébranler sa constance. Mais les prétendus chasseurs à pied s'étaient couchés à terre et bientôt leurs balles les signalaient comme ennemis. La 4ᵉ du Iᵉʳ ouvrit alors un feu à volonté sur eux et sur la batterie qu'ils couvraient. La batterie ayant perdu presque tous ses chevaux, emmena deux pièces, laissant les autres ainsi que ses caissons à 600 mètres environ du front de la compagnie, mais toujours sous la protection des tirailleurs qu'il était difficile d'atteindre à terre et surtout des occupants de la ferme Saint-Hubert. Il était 4 heures, la 4e du Ier faisait demander des cartouches : le IIIe bataillon reçut l'ordre d'aller l'appuyer et se porter en avant, sous les ordres de son chef M. le commandant Maréchal; conduit par le colonel Janin, il parcourut environ 300 mètres sous une grêle d'obus et de balles, et arriva dans le plus grand ordre sur la route où il devait prendre position. Les abris manquaient pour embusquer tout le monde ; les officiers se multipliaient pour assigner à chacun sa place et, pendant ce temps, les tirailleurs ennemis ajustant tout ce qui n'était pas en capote, atteignirent en quelques minutes tous les officiers présents sur ce point. M. le capitaine adjudant-major Sourdrille fut frappé mortellement d'une balle au ventre. M. le capitaine Moynier, M. le lieutenant Dieu, M. le sous-lieutenant Huguet furent atteints plus ou moins gravement. M. Dieu reçut trois balles dans le corps et deux dans ses vêtements. M. le commandant Maréchal, M. le lieutenant Renard furent frappés peu après, voulant se déplacer pour donner quelques ordres. M. Maréchal gravement au bras droit, M. Renard mortellement à l'épaule.

Les 4e et 5e compagnies du IIIe bataillon avaient renforcé la ligne formée par la 4e du Ier et, par suite de la blessure de M. Maréchal, passaient sous les ordres du capitaine Raynal de Tissonière; les 1re, 2e et 3e compagnies de ce bataillon, dirigées par le colonel, avaient renforcé les 1re et 2e du Ier entre les deux maisons du Point-du-Jour et à gauche de la 2e. Le lieutenant-colonel de Langourian s'étant porté de sa personne sur ce point, le colonel put aller s'assurer par lui-même de l'état où se trouvait le IIe bataillon après sa défense de Saint-Hubert. Bientôt atteint lui-même d'un éclat d'obus au poignet, M. de Langourian dut remettre le commandement aux mains du capitaine Francey. De ce côté aussi, les officiers payaient largement de leur personne : MM. le capitaine Barthe, les lieutenants Puech, Bernardeau, Lesbros, étaient successivement blessés ; partout le 80e faisait face avec vigueur aux attaques réitérées de l'ennemi. Un bataillon du 8e de ligne (2e corps), envoyé vers 6 heures pour l'appuyer, s'arrêta à 200 mètres en arrière du coude de la route et ouvrit le feu sur le 80e par derrière, sans l'ébranler un instant. M. le sous-lieutenant Tournebize de la 4e du Ier, sur l'ordre de son capitaine, s'élança sous une double grêle de balles, et alla prévenir ce bataillon de son erreur, avant qu'il n'eût fait trop de mal ; ses officiers le portèrent en avant et il dut, faute de place, se coucher à terre derrière les positions déjà trop remplies par trois compagnies du régiment, La nuit venait, l'ennemi redoublait ses efforts ; le 2e corps était vivement pressé vers Sainte-Ruffine et Rozérieulles. Le canon tonnait presque derrière notre gauche, la fusillade s'y faisait entendre. A droite, le corps Canrobert débordé était contraint de se replier vers Plesnois. Le corps Ladmirault découvert sur sa droite, commençait à s'engager dans le vallon de Châtel. M. de Moltke, se mettant à la tête du IIe corps prussien arrivé à l'instant de Pont-à-Mousson, le lançait sur Moscou et le Point-du-Jour afin de venir couper la ligne de retraite de l'armée vers Metz. Le maréchal Bazaine faisait monter les voltigeurs de la Garde sur le plateau derrière le 3e corps pour parer à cette éventualité terrible (1). L'énergie et la constance de la division Aymard rendirent ces précautions inutiles; en vain un parti de cavalerie tenta une charge qui échoua avant d'être partie (2); en vain une colonne sortie de Saint-Hubert et arrivée, grâce à l'obscurité, à quelques mètres du front des 4e du Ier, 4e et 5e du IIe attaqua ces compagnies à la baïonnette; l'ennemi fut repoussé, rejeté en désordre dans le ravin, et le 80e resta maître de ses positions. C'est à ce moment que M. le capitaine adjudant-major Apchié, croyant le drapeau compromis, donnait l'ordre à M. le lieutenant Guet (qui l'avait pris des mains du porte-drapeau, Klessy, blessé au moment de la prise de Saint-Hubert) de le rapporter au IIe bataillon et tombait mortellement frappé d'une balle pendant qu'il donnait à M. Guet ses instructions pour la route qu'il avait à suivre.

Cependant, le moment venait de relever ces braves troupes. La marche de la division Aymard et celle du 80e se firent entendre vers Châtel, accompagnées du refrain de la retraite. Un bataillon du 66e (2e corps) vint remplacer au Point-du-Jour les compagnies du 80e. Le IIIe bataillon et les 1re et 2e du Ier se ralliant derrière les débris enflammés des deux maisons, se portèrent vers Châtel-Saint-Germain, tandis que la 4e du Ier rejoignait dans la tranchée-abri le demi-bataillon dont elle faisait partie, resté sous les ordres de M. le capitaine Renouard ; M. le capitaine Raynal de Tissonière prit le commandement de ce détachement; il était 11 h. 30 environ. Dans le ravin du côté de Saint-Hubert, on entendait comme un bruit de foule; le canon se taisait; quelques coups de fusil isolés, rompaient seuls le silence. La ferme de Moscou brûlait à droite et la flamme atteignant l'étable à porcs arrachait à ses animaux des cris stridents. A gauche, les bâtiments du Point-du-Jour n'étaient plus qu'un brasier. En face, quelques maisons de Gravelotte étaient en feu. Un bataillon du 44e de ligne, un bataillon du 85e, les 3e, 4e, 5e et 6e du Ier du 80e garnissaient la tranchée-abri de Moscou à la voie romaine. Un bataillon du 66e occupait la route depuis sa rencontre avec la voie romaine jusqu'au Point-du-Jour,

---

(1) Erreur dans l'ordre chronologique.
(2) Probablement le 9e hussards.

un autre se repliait en potence face à Rozérieulles. En seconde ligne, derrière ce dernier, le III° bataillon du 66° et, derrière les tranchées-abri le 8° de ligne en entier, les uns et les autres couchés à terre. Le 3° corps, à l'abri de ce rideau, s'écoulait à son tour par Châtel-Saint-Germain, se retirant vers Lessy (?). Vers minuit, comptant sans doute trouver le plateau désert, une colonne ennemie sortie de Saint-Hubert, s'avançait en silence vers la tranchée du 85°. Accueillie presque à bout portant par une décharge de ce bataillon, surprise et déconcertée elle se rejeta en désordre sur le fond du ravin, poursuivie par une vive fusillade de toute la première ligne française dont les sonneries répétées des clairons arrêtèrent bientôt le feu.

Ce fut le dernier effort des Prussiens entre Moscou et le Point-du-Jour, et c'est à tort que dans leurs récits ils se vantent d'avoir enlevé ces positions le soir; s'ils l'eussent fait, ils n'auraient certes pas manqué de rendre très pénible la retraite de l'armée sur le Saint-Quentin, retraite qui continuait encore alors qu'il était grand jour le 19, et qui ne fut nullement inquiétée.

Historique du 85° régiment d'infanterie (colonel Plauchut).

18 août.

Le Ier bataillon (commandant Luccioni) se trouve en première ligne, encadré à droite par le 44°, à gauche par le 80°; ce bataillon reçoit l'ordre de tenir à tout prix.

A 10 heures environ, M. le lieutenant-colonel Fauchon et M. le commandant Luccioni se rapprochent de quelques centaines de mètres de la ferme Saint-Hubert, et ce dernier officier supérieur fait exécuter par le Ier bataillon, qui l'a suivi, des tranchées-abris qui vont lui être d'un grand secours; vingt minutes suffisent pour accomplir le travail. Les 1re et 2e compagnies sont envoyées plus en avant, du côté de la ferme occupée elle-même par un bataillon du 80°; elles sont placées un peu obliquement à la direction des quatre compagnies restées dans les tranchées.

L'armée ennemie, ayant hérissé de batteries les crêtes qui nous font face, commence un feu des plus nourris. Dans la plaine, la mousqueterie prussienne, bien dirigée, fait pleuvoir des balles sur les défenseurs qui veulent riposter. Mais, dès le début, une poignante inquiétude s'empare de nos troupes; le bruit court qu'un bataillon de chasseurs opérant devant nous se trouverait entre deux feux. Quelques officiers voient là des Prussiens; nos soldats n'osent plus tirer. Cependant les moments sont précieux; des pelotons ennemis dépêchés sur la gauche nous font subir presque d'enfilade un feu meurtrier. C'est alors que le commandant Luccioni, que tout le monde a admiré, n'écoutant que son courage, s'élance par-dessus le parapet et seul, affrontant mille morts, franchit une distance de 100 mètres au pas de course sur le plan incliné du côté de l'ennemi, dont il devient pendant quelques minutes le seul point de mire. Mais que lui importe ; il distingue tout, voit qu'il n'y a là que des Prussiens ; il les juge, il les compte et revient enfin, uniquement fier de pouvoir désormais frapper sûrement. En effet, le feu recommence à l'instant même et est dirigé à propos et avec une précision remarquable durant toute la journée. Bon nombre de faits en témoignent ; ainsi une batterie prussienne démontée n'a pu être rétablie malgré les efforts incessants des artilleurs ennemis.

Vers 2 heures (1), à la suite d'un mouvement exécuté par le 80e, la ferme Saint-Hubert tombe au pouvoir de l'ennemi et leur sert de point d'appui contre nous. Ils veulent s'emparer des tranchées ; aussi leurs attaques se multiplient-elles ; leurs bataillons font rage pour gravir la pente et arriver jusqu'à nos soldats. Par huit fois ils sont repoussés. M. le capitaine Faucon est percé de part en part. M. le lieutenant Prat et un bon nombre d'hommes sont blessés. M. le sous-lieutenant Boutteville, un fusil à la main, se fait remarquer par son sang-froid et la justesse de son tir. Tous ces efforts de notre part sont couronnés de succès ; la nuit vient sans que l'ennemi puisse entamer nos lignes.

Les deux compagnies placées en avant rejoignent le bataillon à 8 heures du soir.

A 10 heures, une forte attaque de l'ennemi est repoussée dans les mêmes conditions ; à minuit et demi, une nouvelle tentative n'a pas plus d'effets.

Dès le début de l'affaire, le IIe bataillon (commandant de Crousnilhon) et les 5e et 6e compagnies du IIIe bataillon sont placés en colonne serrée par division à gauche de la ferme de Moscou, en arrière d'une batterie d'artillerie qui avait pris position sur la crête. Toute la journée ils restent dans cette position et supportent avec fermeté le feu de l'artillerie ennemie. Les 1re, 2e, 3e et 4e compagnies du IIIe bataillon (commandant Nottet) reçoivent à midi l'ordre de se porter à quelques centaines de mètres de la ferme du Point-du-Jour, afin de soutenir plusieurs batteries amenées successivement et qui ne peuvent tenir.

Vers 3 heures, le feu devient tellement violent que ces compagnies sont forcées de s'abriter derrière un chemin creux, à gauche de leurs positions, où elles restent jusqu'à 5 heures, moment auquel elles sont appelées à remplacer des troupes postées en avant d'elles. A 9 heures,

---

(1) *Lire :* 3 heures.

elles prennent des dispositions pour garder militairement leurs nouvelles positions, ayant à leur droite le 66° et à leur gauche le 76°. A 3 heures du matin, le régiment quitte le champ de bataille, à l'exception des quatre compagnies du III° bataillon qui, vers 4 h. 30, ont un petit engagement avec des forces bien supérieures, engagement qui, du reste, n'a pas de suite. Les Prussiens faisaient mine de se rendre pour attirer dans un piège nos soldats, qui en ont été quittes pour quelques coups de feu qu'ils ont bien rendus.

Dans la journée du 18, le III° bataillon a admiré le courage et le calme de son commandant Nottet qui, malgré une forte contusion qu'il venait de recevoir, a porté son bataillon en avant, au plus fort de l'action, pour occuper une position dangereuse.

Cette journée a coûté au régiment : 4 officiers blessés ; 6 hommes tués, 93 blessés, 6 disparus. Mais celles de l'ennemi ont été bien plus considérables, et c'est surtout dans ces attaques successives contre nos tranchées-abris qu'il a éprouvé les pertes les plus sensibles. Cela résulte du rapport même du prince Frédéric-Charles, qui mentionne et admire la défense de cette partie du champ de bataille.

Les officiers blessés le 18 août sont : MM. le commandant Nottet, le capitaine Faucon, le capitaine Wanhout, le lieutenant Prat.

Rapport du lieutenant-colonel Maucourant, commandant l'artillerie de la 4° division (8°, 9° et 10° batteries du 11°).

Plappeville, 21 août.

Parties de Saint-Marcel le 17 au matin, les batteries de la division campaient dans l'après-midi entre le village de Moscou et la ferme de Châtel-Saint-Germain.

Le 18 au matin, en présence des mouvements de l'ennemi, la division dut prendre position entre la ferme de Moscou et le point où la route de Paris se retourne à angle droit pour se diriger sur Gravelotte ; les deux batteries de 4 furent installées l'une à gauche de la ferme de Moscou et l'autre à droite de la route. Comme il fallait avant tout conserver la position, et qu'à l'affaire du 16 on avait pu remarquer la résistance des batteries enterrées de l'ennemi, la 9° batterie, voisine de la ferme, fut installée derrière un épaulement construit par l'infanterie sous la direction des officiers de la batterie et avec des outils fournis par le génie ; les avant-trains et les caissons furent dérobés aux vues de l'ennemi par les murs de la ferme.

La 10° batterie put également faire quelques épaulements en avant de ses pièces, et bien qu'elle fût dans une position peu avantageuse, car elle était dominée par des batteries ennemies, elle eût pu tenir assez longtemps si les batteries qui étaient à sa gauche ne s'étaient retirées avant elles.

Quant à la batterie de canons à balles, elle prit position au centre après avoir commencé un épaulement qui ne put être terminé avant le combat. Elle contre-battait le terrain à droite du village de Gravelotte, en avant du ravin de la Mance.

Deux batteries, qui essayèrent de se former en avant de la route d'Étain, furent repoussées à deux reprises par les mitrailleuses.

Des colonnes, qui tentèrent de descendre par la route dans le ravin de la Mance, en ayant été empêchées, l'ennemi prit le parti d'y descendre par compagnies successives en passant à droite de la route; les mitrailleuses ouvrirent sur dix ou douze de ces compagnies un feu très vif qui leur fit éprouver de grandes pertes; mais elles durent se retirer au bout de deux heures, plusieurs batteries ennemies concentrant leur feu sur elles.

La 9e batterie avait, comme les mitrailleuses, dirigé son feu sur les colonnes ennemies qui descendaient dans le ravin; elle essaya ensuite de contre-battre les batteries ennemies, mais elle dut y renoncer, à cause de la supériorité du calibre de ces dernières, et se réserver pour le cas d'une attaque de l'ennemi contre la ferme. Quant à la 10e batterie, après avoir contrebattu pendant quelque temps les batteries ennemies établies à gauche du village, elle dut se retirer à 200 mètres en arrière de sa direction primitive, sur un terrain où elle était à découvert et où elle a eu à essuyer un feu violent, qui lui fit éprover des pertes sensibles.

La 9e, dont les caissons et les avant-trains avaient dû quitter la position qu'ils occupaient en arrière de la ferme, était restée intacte derrière son épaulement et put reprendre son feu lorsque l'ennemi tenta à plusieurs reprises d'enlever la ferme.

Dans cette journée, la batterie de canons à balles a tiré 611 coups; les deux batteries de canons de 4 en ont tiré 857. Il y a eu 3 hommes tués, 3 disparus et 19 blessés (1).

Historique de la 12e compagnie de sapeurs du 1er régiment du génie.

18 août.

A la bataille de Saint-Privat, la compagnie organise défensivement les fermes de Moscou et de Saint-Hubert et les relie par des tranchées-abris avec 500 auxiliaires d'infanterie. Le capitaine Verhille y est blessé.

---

(1) Chiffres approximatifs.

Historique du détachement de la 10ᵉ compagnie du 1ᵉʳ régiment du train des équipages militaires (4ᵉ division).

18 août.

Bataille de Saint-Privat : à 10 heures du matin l'artillerie commençait le feu ; à 5 heures une terrible fusillade succédait aux feux de l'artillerie ; pendant ce temps, le convoi déchargé de ses vivres, enlevait 230 blessés et les transportaient à l'ambulance établie à Châtel-Saint-Germain. Ce service ne cessa que fort avant dans la nuit.

Dans la nuit du 18 au 19, la division se replia sous les murs de Metz, le convoi s'établit au Ban-Saint-Martin et ravitailla sa division campée entre les forts Saint-Quentin et de Plappeville. Cette situation dura jusqu'au 21 inclus.

DIVISION DE CAVALERIE (DE CLÉREMBAULT).

Journal de marche de la division de cavalerie du 3ᵉ corps.

18 août.

A 5 heures du matin, les tentes furent abattues, les voitures chargées et les troupes prêtes à marcher.

A 11 heures, d'après les ordres du Maréchal commandant en chef, la brigade de Bruchard quitte la division pour aller à Saint-Privat se mettre à la disposition du maréchal Canrobert, commandant le 6ᵉ corps.

A midi, le canon tonne et la division prend position en bataille sur deux lignes, sur le terrain même où elle avait campé.

A 3 heures, le maréchal Lebœuf, craignant un effort de l'ennemi entre la droite du général Montaudon et la gauche du 4ᵉ corps, la division va s'établir, la brigade de Maubranche en arrière de la ferme de la Folie, la brigade de Juniac dans un pli de terrain, entre la ferme précitée et le château de Montigny-la-Grange. Heureusement défilées, les projectiles ennemis côtoyèrent (*sic*) ou dépassèrent les deux brigades sans les atteindre.

A 7 heures, le général de Ladmirault, commandant le 4ᵉ corps, passe devant le front de la division, annonce que l'ennemi a débordé la droite du 6ᵉ corps, et qu'il faut battre en retraite. La division regagne alors ses positions du matin, et, après avoir pris les ordres du maréchal Lebœuf établi à l'Arbre-Signal, se dirige sur Metz par Châtel-Saint-Germain et Longeville, et revient camper à 11 heures du soir sur l'emplacement qu'elle a quitté le 16 au matin, sur les glacis du Fort-Moselle, entre la porte de Thionville et la rivière.

Historique du 2ᵉ régiment de dragons (colonel du Paty de Clam).

18 août.

Bataille de Gravelotte ou Saint-Privat. Le régiment reste en position toute la journée sans prendre une part active à la bataille.

Historique du 4ᵉ régiment de dragons (colonel Cornat).

18 août.

Ce jour-là, les 13 chevaux qui avaient été pris à Gravelotte, furent distribués et répartis dans les escadrons.

A 7 heures du matin on leva le camp et l'on se tint prêt à monter à cheval. Vers les 9 heures (1), le canon commença à tonner sur la gauche et reprit avec intensité sur la droite. Le régiment monta à cheval et se porta de ce côté. Après avoir fait environ 1 kilomètre, on se forma en bataille adossé à un bois sans issue et en pente raide. Toute la journée la division de cavalerie assista, à cheval, sans y prendre part, à l'action qui se voyait fort bien de la hauteur où elle était placée. Tous les villages environnants étaient en flammes.

Vers les 7 heures du soir, on aperçut une sorte de panique dans les troupes sur le plateau dans la direction de Woippy. Le régiment reçut l'ordre de se retirer, et partit en colonne par le ravin de l'Abreuvoir situé sur la gauche. L'artillerie ennemie avait recommencé à tonner à gauche de très près, sachant que c'était notre seule issue, et faisait pleuvoir des obus dans le ravin. Le régiment parvint à passer et l'on se mit en retraite par Châtel-Saint-Germain. La route était encombrée de blessés, de voitures du train d'artillerie et de caissons; la nuit était très sombre et au milieu d'un désordre inévitable, il fut très difficile, en colonne par un, de se suivre. La plus grande partie du régiment arriva sous Metz vers les 11 heures du soir et reprit l'ancien bivouac du 15 août en face la porte Thionville, le reste du régiment rejoignit bientôt, et à 1 heure du matin tout le 4ᵉ dragons était réuni. Les bagages arrivèrent pendant la nuit.

Historique du 5ᵉ régiment de dragons (colonel Euchène).

18 août.

A 9 heures, on sonne à cheval; on sonne en même temps la distribu-

---

(1) Vers midi.

tion. Les hommes reçoivent pour quatre jours de lard et de biscuit. A midi, le canon se fait entendre sur notre droite. A 1 heure, l'engagement est général sur toute la ligne ; nous restons adossés au bois pendant toute l'action ; à 8 heures du soir, nous rompons par pelotons à gauche et regagnons Metz par le ravin qui descend à Moulins-lès-Metz. Toute la division de cavalerie engagée dans cet étroit défilé obstrué par l'évacuation des blessés, n'avance qu'avec peine et très lentement. Arrivés à Moulin-lès-Metz où la route est déblayée, nous partons au grand trot. Le sous-lieutenant Gaillard reçoit un coup de pied d'un cheval de main lâché, qui le force à entrer et rester un mois à l'hôpital.

Historique du 8ᵉ régiment de dragons (colonel de Fonscolombe).

18 août.

Dès 2 heures du matin, la division a envoyé en reconnaissance tous ses pelotons d'éclaireurs qui signalent sur toute la ligne un mouvement de l'ennemi se formant sur notre front. Vers 8 heures, la division Clérembault monte vivement à cheval par alerte. A 9 heures, elle prend position sur le plateau de Châtel-Saint-Germain et fait face à la ferme de Moscou. Elle est formée en échelons de régiments, ayant à dos un bois ; elle protège encore l'artillerie. Les obus tombant sur le point qu'elle occupe, vers 2 heures elle est portée plus à droite en longeant le bois de Châtel-Saint-Germain. La division se forme en bataille à 2 kilomètres au Sud de Montigny-la-Grange, en arrière d'un mamelon qui la défile. Là, le général de Clérembault dispose des 5ᵉ et 8ᵉ dragons pour charger les régiments prussiens que l'on voit s'avancer, mais ne les lance pas. A 7 heures du soir, la division bat en retraite et sous une pluie d'obus, longe le bois et passe près de la ferme de Moscou en flammes. En raison du grand encombrement, la division est obligée de traverser en colonne par un, le village de Châtel-Saint-Germain où sont établies des ambulances. Elle passe par Longeau et Moulins et la grande route de Metz. Arrivé à Moulins-lès-Metz, on part au trot et à 11 heures du soir, on s'établit aux bivouacs du 15 août, situés à la Maison-de-Planches en face de la porte de Thionville.

Historique du 3ᵉ peloton de la 1ʳᵉ compagnie du 1ᵉʳ régiment du train des équipages militaires.

18 août.

Le détachement arrivait à 8 heures du matin à Saint-Privat. La bataille commençait, mais ce fut d'abord un combat d'artillerie. Le détachement prit sa position à Sainte-Marie (?) et dès le commencement de l'action reçut de nombreux blessés qui furent abrités dans les maisons du village. Dans la soirée, à 5 heures, le détachement partait pour transporter ses blessés à Metz.

RÉSERVE D'ARTILLERIE.

Journal de marche de la réserve d'artillerie et du parc du 3e corps.

18 août.

Dans la matinée, on voit des masses considérables défiler en arrière de Gravelotte, et, vers 11 heures, l'armée prussienne attaque les Français dans les positions qu'ils occupent depuis la veille.

Le 3e corps est, en entier, sur le plateau qui fait face à Gravelotte, sauf la 1re division qui défend la trouée du bois située vis-à-vis la ferme de la Folie, et relie ainsi le 3e corps au 4e. Une forte batterie prussienne est établie sur une crête, derrière la ferme, et se livre toute la journée à une canonnade très vive.

Quatre batteries de la réserve sont successivement engagées avec cette batterie prussienne : les deux du 4e, la 1re et la 2e du 17e.

Sur toute la route de Gravelotte, les Prussiens ont de nombreuses pièces, qui battent le plateau situé entre Leipzig et Moscou. Les deux batteries de 12 contre-battent ces pièces, derrière des épaulements élevés à la hâte dans la matinée.

La réserve d'artillerie fait bravement son devoir ; mais elle lutte difficilement contre un ennemi aussi fort, contre des bouches à feu aussi nombreuses et aussi puissantes.

Les deux batteries du 17e, engagées le matin, aident le soir à maintenir les Prussiens devant le corps Ladmirault.

Les pertes de la journée sont : MM. Bomersbach, lieutenant en premier, blessé au pied ; Santigny, lieutenant en premier, amputé du bras ; 4 hommes tués, 51 blessés ; 26 chevaux tués, 28 blessés ou disparus (1).

Les consommations sont de : 405 obus ordinaires de 12 ; 2,474 obus ordinaires de 4. Total 2,879 coups.

Rapport du général de Rochebouët, commandant l'artillerie du 3e corps.

Saint-Julien, 25 août.

Les batteries de la 1re division furent chargées de lutter vers 11 heures du matin, contre les masses prussiennes, qui se dirigeaient

---

(1) Chiffres approximatifs.

de Gravelotte sur Vernéville. Pendant une heure, elles soutinrent seules le combat, et l'auraient peut-être continué avec succès, lorsqu'un grave accident se produisit dans la batterie Barbe. Les systèmes des culasses de ses mitrailleuses s'encrassèrent au point de compromettre leur solidité et d'annuler l'effet du tir. Le capitaine dut emmener sa batterie pour la réparer, et entraîna, dans sa retraite, la batterie Crassous. Deux batteries de réserve, amenées à propos à la ferme de la Folie, remplacèrent heureusement les deux batteries divisionnaires dans l'importante position qu'elles occupaient. Ces deux dernières revinrent dès qu'elles furent réparées et reformées et ne cessèrent de prêter leur concours au 4ᵉ corps pour l'aider à maintenir ses lignes. Vers la fin de la journée et à la nuit tombante, un nouvel encrassement des culasses obligea encore une fois le capitaine Barbe à se retirer. La batterie Josselin (ancienne batterie de Piciotto) fut maintenue en réserve toute la journée.

Les batteries de la 2ᵉ division, placées en arrière de la route romaine, derrière la crête, furent amenées à une heure déjà avancée de la bataille pour soutenir le feu des batteries de la ferme de Moscou. La batterie de mitrailleuses Bernadac battit, à 2,500 mètres, le débouché de Gravelotte. La batterie d'Hennin dut occuper un épaulement préparé pour une batterie de 12 ; mais une lutte inégale, deux fois reprise, dut être abandonnée comme étant sans résultat. La batterie Huet, engagée à son tour et dans les mêmes conditions, dut se retirer avec pertes et sans plus de succès.

Les trois batteries de la 3ᵉ division furent placées avant le commencement de la bataille près de la ferme de Moscou. Les deux batteries de 4, Bubbe et Perruchot, furent placées derrière des épaulements construits en toute hâte. La batterie de mitrailleuses Mignot resta à découvert. Malgré l'appui très utile que leur fournirent les épaulements, aucune des batteries de la division ne put tenir contre l'artillerie prussienne. La batterie Bubbe évacua le terrain à 2 heures, la batterie Perruchot, à 4 heures, la batterie Mignot à 3 heures. Les trois batteries essayèrent vers 7 heures un retour offensif qu'elles durent interrompre une seconde fois, ne pouvant pas plus que les batteries de la 2ᵉ division lutter dans un tir à grande portée contre des batteries plus nombreuses et douées d'une plus grande justesse de tir.

Dans la 4ᵉ division, les batteries de Guibert et Bonnefond, et la batterie de mitrailleuses Vivenot, se construisirent des épaulements placés entre la ferme de Moscou et la route de Paris. Ces épaulements, quoique très incomplets, leur eussent permis de tenir, si les batteries du 2ᵉ corps n'avaient pas entraîné dans leur retraite les batteries Bonnefond et Vivenot.

Quant à la batterie de Guibert, elle tint bon jusqu'au soir et contribua à repousser les tentatives dirigées, à nuit close, contre la ferme par des colonnes ennemies parties de Gravelotte.

Les batteries de la réserve, établies en bataille en arrière du chemin, qui va de Châtel à Leipzig, commencèrent à s'engager vers midi.

Les batteries de 4 (Lécrivain et Margot) envoyées près de la ferme de la Folie pour soutenir la division Montaudon, furent deux fois obligées de se replier avec de graves pertes, et occupèrent une position d'expectative qui leur eût permis de canonner les colonnes qui eussent débouché vers ce point.

Les deux batteries de 12 (Ducher et Brocard) occupèrent une partie de la journée des épaulements préparés pour elles sur le versant qui regarde la Malmaison. Elles se maintinrent convenablement tant qu'elles restèrent derrière ces ouvrages. Mais un changement de position, tenté sous un feu trop vif, eut les plus fâcheux résultats ; l'une d'elles ne put arriver à la position qui lui était assignée ; l'autre, ne pouvant réussir à se ravitailler, dut se retirer.

Quelques heures après, elles durent, par ordre, reprendre un feu violent contre les batteries de la Malmaison. Ce tir, dont il fut impossible de constater le résultat réel, fut suivi d'une retraite définitive sur la route de Châtel.

Les deux batteries à cheval de Maillier et Gebhart furent conduites par le colonel de la Jaille au secours de la 4ᵉ division, dans un moment où on pouvait craindre qu'elle ne fût compromise par les attaques dirigées contre le 2ᵉ corps. La batterie de Maillier fut très fortement engagée.

Les batteries Salmon et Loire, sous les ordres du lieutenant-colonel Delatte, furent envoyées près d'Amanvillers pour soutenir le 4ᵉ corps. Elles engagèrent et soutinrent heureusement un violent combat d'artillerie qui dura trois heures, et qu'elles reprirent, une fois ravitaillées, pour appuyer le retour offensif de la Garde qui termina la bataille.

Les pertes et les consommations dans cette journée ont été, tant dans l'artillerie divisionnaire que dans la réserve : 1 officier tué, 4 blessés ; 17 hommes tués, 125 blessés ; 98 chevaux tués, blessés ou disparus. Environ : 7,250 coups de canon de 4 ; 1000 coups de canon de 12 ; 1520 coups de mitrailleuses ; total : 9,770 coups (1).

Extrait d'une lettre du général Zurlinden (2) *au Ministre de la guerre, datée du 2 février* 1901.

18 août.

Le 18 août au matin, après avoir passé la nuit au bivouac à l'Ouest

---

(1) Chiffres approximatifs.
(2) Alors aide de camp du général de Berckheim.

du ravin de Châtel, nous voyons à la lorgnette et même à simple vue, les masses allemandes qui se portent au loin sur notre droite. Les troupes lèvent d'elles-mêmes leurs bivouacs sans ordre général.

Le maréchal Lebœuf installe son poste de combat auprès d'un arbre mort, qui était du reste indiqué sur la carte au 80,000°. J'ai eu bien des ordres à porter ce jour-là pendant la bataille ; partout, malgré les attaques furieuses des Allemands, le moral est resté excellent au 3° corps.

Vers le soir, j'étais auprès de l'Arbre mort, lorsque le général Ladmirault, commandant le 4° corps, fit demander du secours. Sur l'avis du vieux général Changarnier, qui ce jour-là était comme le 16, près du maréchal Lebœuf, le secours fut accordé et l'on fit partir le régiment du colonel Saussier avec deux batteries de la réserve d'artillerie, que j'ai été chargé de prévenir. A la nuit je rejoignis le général de Berckheim, près de la ferme de la Folie, auprès du général Montaudon, commandant une division du 3° corps. Tout se taisait du côté de l'ennemi ; la fusillade du régiment Saussier gagnait rapidement du terrain en avant ; nos canons seuls tiraient ; on se serrait la main sur le tertre où nous nous tenions, en disant : « Enfin la journée est à nous ».

Nous ignorions ce qui se passait à notre extrême droite, du côté du 6° corps. Je l'ai appris en détail, trois jours après, quand le général de Berckheim est allé prendre le commandement de l'artillerie du 6° corps. Là, j'ai entendu affirmer qu'un officier du 6° corps, envoyé auprès du maréchal Bazaine, au plus fort de la bataille, pour lui demander instamment du secours, l'avait trouvé dans son cantonnement en train de jouer au billard.

Le maréchal Bazaine ne parut pas en effet sur le champ de bataille ; j'ai toujours pensé qu'il avait été courbaturé à la suite de ses fatigues du 14 et surtout du 16. Il était gros, un peu lourd ; s'il avait été plus entraîné physiquement, s'il était venu sur les lieux, le 18 août, s'assurer que sa gauche et son centre étaient bien solides, que sa droite, au contraire, avait besoin d'être soutenue, les destinées de notre pays auraient peut-être été changées.

Historiques des 7° et 10° batteries du 4° régiment d'artillerie (réserve du 3° corps).

18 août.

7° *batterie*. — Vers 11 heures du matin, la batterie se porte au trot près de la ferme de la Folie, en la laissant à gauche. Elle ouvre de suite le feu, d'abord sur une batterie placée à l'angle du bois de la Cusse, près de Champenois, puis sur une autre batterie placée à gauche de la première sur la lisière du même bois. Ces batteries et d'autres encore sur notre gauche, répondent par un feu violent et bien dirigé.

La batterie éprouve des pertes sensibles en hommes et en chevaux et se voit obligée de se retirer à 12 h. 30 (?) pour se réorganiser. Elle se reporte ensuite avec cinq pièces sur la même ligne, mais un peu plus à droite et recommence son feu qui dure jusqu'à 4 heures du soir. Elle se retire alors sur un plateau en arrière et s'y met en batterie. Les pièces sont disposées en éventail de manière à parer aussi à une attaque qui viendrait de notre gauche et on se tient prêt à tirer à mitraille.

Dans cette journée, la 7e batterie, engagée comme la 10e à la droite du 3e corps, seconda les efforts de la division Montaudon. La batterie quitte le champ de bataille vers 8 h. 30, va s'établir en bataille près de son campement du matin et part au milieu de la nuit pour rentrer à Metz.

Pertes de la batterie en hommes : 1 chef de section et 1 chef de pièce gravement blessés, 5 hommes tués ou mortellement blessés et 7 blessés plus ou moins gravement.

10e *batterie*. — Les Prussiens vinrent livrer une nouvelle bataille qui s'engagea vers 10 heures du matin (?) ; la batterie formée d'abord en bataille en arrière de l'emplacement de son camp, reçut ensuite l'ordre d'aller se placer en batterie à la gauche de la position de la 7e batterie du 4e, du côté de la ferme de la Folie ; elle ouvrit le feu à 1900 mètres contre des batteries prussiennes placées en avant des bois de la Cusse, mais après deux heures de feu environ la position ne devint plus tenable, les batteries prussiennes ayant déjà exercé de grands ravages de notre côté ; la batterie dut se replier pour être reformée, puis elle vint se remettre en ligne sur une autre position (1) où elle rouvrit son feu contre l'ennemi à 2,000 mètres et réussit à se maintenir jusqu'à la fin de l'action.

Dans cette journée, l'approvisionnement de la batterie de combat fut presque entièrement consommé (2).

Les pertes s'élèvent à : 1 officier, 2 sous-officiers, 4 canonniers blessés et 1 canonnier tué.

11 chevaux furent tués, dont 2 du capitaine commandant.

---

(1) Un peu plus rapprochée de Montigny, d'après un croquis joint à l'*Historique*.

(2) Les 7e et 10e batteries du 4e ne consommèrent, à elles deux, que 508 projectiles.

La nuit étant arrivée, la batterie revint à son campement du matin.

Historiques des 5e, 6e, 7e, 8e, 9e, 10e, 11e et 12e batteries du 11e régiment d'artillerie (3e, 4e divisions et réserve du 3e corps).

18 août.

L'armée prussienne, à 11 heures du matin, prononce son attaque contre notre gauche et la prolonge bientôt, de la gauche à la droite, par un vaste mouvement sur la droite en bataille.

Vers 3 heures (?), le IXe corps prussien, parvenu à Vernéville, essaye d'enlever les bois des Génivaux, tandis qu'à sa droite les VIIe et VIIIe corps, à cheval sur la route de Rezonville-Gravelotte, attaquent, en cherchant à passer entre les bois de Vaux et des Génivaux, les positions du maréchal Lebœuf.

Les six batteries divisionnaires du 11e, établies derrière les épaulements au Sud de la ferme de Moscou, battent énergiquement les débouchés des bois, en même temps qu'elles cherchent et parviennent, pendant assez longtemps, à lutter contre une grande batterie de soixante-douze pièces, que les Allemands ont réunies sur les hauteurs au Nord de Gravelotte.

Au Nord de la ferme de Moscou, les 11e et 12e batteries du 11e, avec les autres batteries de la réserve du 3e corps, contre-battent l'artillerie ennemie établie à la Malmaison et réussissent, pendant plus d'une heure, à empêcher l'infanterie ennemie de prendre pied dans les bois des Génivaux.

Mais ce combat était trop inégal; vers 5 heures, les batteries de la 3e division sont quelque temps plus heureuses et continuent à interdire le débouché de Gravelotte. Cependant les 8e et 10e batteries, à moitié désemparées, sont à leur tour contraintes à la retraite; seule, la 9e batterie (de Guibert), mieux abritée et mieux disposée, parvient à se maintenir; elle contribue puissamment à repousser jusqu'à la nuit close toutes les tentatives dirigées contre Saint-Hubert et à empêcher, par conséquent, le corps d'armée d'être précipité dans les ravins en arrière.

Partout, en somme, sauf à l'extrême droite, l'armée française s'était maintenue dans ses positions. Mais elle était épuisée de fatigue et n'avait plus ni vivres ni munitions; les coffres de l'artillerie étaient vides et ses attelages terriblement réduits. Le Maréchal crut devoir se resserrer plus encore autour de Metz, de Vaux et Jussy à Woippy; le 3e corps, pour sa part, reçut l'ordre de reculer jusqu'à Scy, Lessy et Lorry.

Rapport du lieutenant-colonel Delatte, commandant les 1re, 2e, 3e et 4e batteries du 17e régiment d'artillerie (réserve du 3e corps).

Camp du glacis de Bellecroix, 25 septembre.

Vers 11 heures du matin, je reçus l'ordre de diriger deux de mes batteries vers la gauche de la ferme Montigny-la-Grange, où une vive canonnade se faisait entendre depuis environ 15 minutes.

Les huit batteries de la réserve étaient alors attelées en bataille entre les fermes de Leipzig et Moscou ; je désignai ma 2e division (3e et 4e batteries, commandant Bobet) et partis au galop avec elle, laissant à ma gauche la ferme de la Folie. En arrivant au bas du plateau qui descend de cette ferme vers Montigny et à 200 mètres environ de cette dernière localité, je trouvais le général de Berckheim qui m'indiqua l'emplacement que mes batteries devaient occuper sur la gauche à environ 1500 ou 1600 mètres des fermes de l'Envie et de Champenois (1). La position était clairement dessinée, non seulement par le feu de l'ennemi, mais encore en ce qu'au moment où nous arrivions, elle était abandonnée par deux batteries qui avaient dû se retirer, parce qu'elles avaient trop souffert, sans avoir consommé toutes leurs munitions. La canonnade en effet n'était pas engagée depuis plus d'une heure et, en se repliant, ces batteries laissaient une de leurs pièces sur la crête même, à droite de la batterie de mitrailleuses, laquelle faisait avec cette crête un angle d'environ 130 mètres (*sic*). Les 3e et 4e batteries furent établies face aux fermes de Champenois et de l'Envie, situées entre Vernéville et Amanvillers, ayant en arrière et à droite la ferme de Montigny. Les pièces furent arrêtées à environ 25 mètres en arrière de la crête, de façon que chaque bouche à feu arrasât cette crête et ne fût pour ainsi dire pas aperçue de l'ennemi. Grâce à cette précaution, les batteries purent supporter sans trop souffrir une pluie de projectiles pendant le temps nécessaire (trois heures) (2) pour consommer tous leurs obus ordinaires, dans un tir fait au commandement des chefs de section. Il y eut néanmoins 13 hommes blessés, 3 chevaux tués et 12 blessés, sans compter celui du lieutenant-colonel. Ces pertes en apparence légères,

---

(1) A droite desquelles des batteries prussiennes faisaient un feu des plus vifs. (*Note du lieutenant-colonel Delatte*).

(2) Évaluation certainement très exagérée, car on verra par la suite du rapport que les deux batteries étaient déjà depuis un certain temps sur le plateau de la ferme Saint-Vincent quand les grenadiers de la Garde y arrivèrent. Or, il était alors à peu près 4 heures.

sont néanmoins assez sensibles, si l'on considère que les caissons des batteries de combat laissés très en arrière et bien défilés, n'y ont pas participé.

Le tir avait lieu entre 1500 et 1800 mètres, selon l'emplacement des pièces prusiennes qui, d'abord établies à la droite des fermes, quittèrent sous notre feu cette position pour venir à leur gauche et la reprirent ensuite, mais en s'éloignant davantage sur la droite. Lorsqu'il n'y eut plus qu'environ vingt coups par pièce, je donnai l'ordre d'en conserver cinq et me rendis à la batterie de mitrailleuses pour en rendre compte au général de Berckheim, qui s'y était porté après avoir assisté à notre feu pendant une heure. Il venait de partir, mais le colonel Lanty y était encore. Je le mis au courant de ce qui se passait, le priai d'en avertir le général et revins chercher mes batteries que je ramenai en laissant à droite la ferme de la Folie, à hauteur de cette ferme à peu près et appuyées au bois du ravin de Châtel. Puis je me rendis de ma personne avec mon adjoint le capitaine Doyen auprès du général pour prendre ses ordres et retrouver mes deux autres batteries, mais ayant convenu avec le commandant Bobet qu'il enverrait des officiers en reconnaissance pour retrouver les réserves de nos batteries et le parc dont nous ignorions la position. Je rencontrai les généraux de Rochebouët et de Berckheim au gros Arbre mort entre les fermes de Moscou et de Leipzig, qui me dirent de réunir à ce point même mes quatre batteries. J'envoyai le capitaine Doyen transmettre cet ordre à ma 1re division et partis de ma personne pour le communiquer à la 2e. En route, je rencontrais M. Dedouvres, un des lieutenants envoyés en reconnaissance sur la route de Châtel. Il avait déjà rendu compte au commandant Bobet que cette route était impraticable, que notre parc n'avait pu la prendre, qu'il y tombait des obus, qu'il s'en était suivi une panique et que des voitures auxiliaires y étaient dételées et encombraient la voie au point de rendre la retraite impossible, si l'on venait à être réduit à cette extrémité. L'autre lieutenant, envoyé vers notre droite, était également de retour et annonçait que le parc et la réserve des batteries avaient pris la direction de Lorry, et que de ce côté, il n'y avait qu'une seule route libre : celle qui conduit d'Amanvillers à Lorry. Dans ces conditions, le commandant Bobet jugeant que la situation pouvait se compliquer, que notre droite et notre gauche pouvaient être coupées et que nous n'eussions plus eu que le ravin du Châtel comme moyen de retraite, m'envoyait M. Dedouvres pour me demander s'il ne ferait pas bien de se retirer sur un petit plateau au-dessus du ravin, à environ 200 mètres à vol d'oiseau de la position qu'il occupait, d'où l'on pouvait battre indéfiniment sans crainte d'être enlevé, et à 1000 mètres, le terrain que l'infanterie française se préparait à défendre sur notre centre, entre les fermes Leipzig et la Folie, où des tranchées-abris étaient établies depuis trois heures. Ce plateau se trouvait en outre avoir l'avantage d'être près de la route que devaient suivre, pour se rendre sur le champ de bataille, les munitions qu'on avait fait demander au parc.

Connaissant parfaitement tout le terrain en question, je trouvais très judicieuses les observations du commandant Bobet, et comme mon cheval était très fatigué, je chargeais M. Dedouvres d'aller les soumettre de ma part à l'approbation du général. Il revint, disant que le général s'en rapportait à moi. Nous nous rendîmes donc sur le plateau des Rappes (bois défrichés de Châtel) (1), où bientôt nous reçûmes des munitions et où nous mîmes en batterie, mais sans faire feu, l'ennemi n'apparaissant pas encore. Peu de temps après, nous entendîmes derrière nous un grand bruit provenant d'une panique produite par une compagnie prussienne qui, à la faveur des bois, était venue faire feu sur nos équipages arrêtés au bas du plateau sur lequel nous nous trouvions.

Des hommes, isolés, blessés ou non, des voitures de bagages remontaient en courant le plateau et défilaient à toute vitesse sur la route d'Amanvillers à Lorry. Je donnais l'ordre au commandant Bobet d'amener au galop ses batteries et de les placer à cheval sur la route, sur une petite crête, à environ 600 mètres du débouché par lequel se montraient les fuyards. Cet ordre fut exécuté très rapidement ; la batterie, qui devait traverser la route, arrêta même le mouvement de retraite pour se faire un passage ; cet arrêt forcé amena plus de calme dans tout ce désordre par la confiance que notre présence inspirait. Peu à peu la panique cessa et c'est alors qu'arriva la Garde et que ses batteries passèrent au galop à notre droite ; nous les suivîmes et mîmes en batterie à leur gauche, séparés d'elles par une petite pointe de bois et faisant un feu des plus vifs dans le but de faire croire à de grands renforts et d'arrêter les progrès rapides que les Prussiens faisaient alors pour tourner notre droite. Nous étions en batterie en face d'Amanvillers et faisions feu dans la direction de Saint-Privat, sur les batteries prussiennes établies dans cette direction et dont les obus tombaient tous à nos pieds sur la pente très abrupte et boisée qui termine ce plateau (2).

Comme la nuit arrivait à grands pas, nous n'avons pas pu juger de l'efficacité de notre tir, mais il est incontestable qu'il a eu un excellent résultat moral en ce qu'il a arrêté le mouvement en avant de l'armée prussienne, non seulement sur sa gauche, mais au centre et à droite.

---

(1) C'est-à-dire sur le plateau de la ferme Saint-Vincent.
(2) Les deux batteries étaient donc restées au Sud de la bande boisée qui relie le bois des Rappes au bois de Saulny.

Nous cessâmes le feu quand les batteries prussiennes cessèrent le leur, et, vers 10 heures du soir, nous nous retirâmes sans bruit, en même temps que la Garde, vers Lorry, pour rejoindre le parc et nous ravitailler. Nous avions tiré 30 à 40 coups par pièce (1), et comme nous n'avions reçu que quatre caissons du parc et trois de nos réserves, il nous restait peu de munitions. Nous dûmes bivouaquer près du fort Saint-Quentin, où nous étions arrivés vers 11 h. 30. A 2 heures, je fis faire une reconnaissance par un officier, sur le plateau où nous avions tiré la veille, pour savoir si nous pouvions rejoindre les six autres batteries de la réserve, et à son retour, cet officier nous rapporta l'ordre de nous diriger sur Plappeville.

Je dois ici rapporter un incident qui s'est passé vers la fin de cette canonnade. Un officier d'état-major vint me trouver pour me dire que nous tirions sur la division Lorencez, du 4ᵉ corps, laquelle se trouvait à Amanvillers. Je l'obligeai à passer derrière toutes nos pièces et je lui fis voir qu'elles étaient dirigées sur Saint-Privat, faisant avec Amanvillers un angle d'environ 45 degrés. J'ajoutai que comme la Garde n'était arrivée que le soir et n'avait pas, comme nous, la connaissance exacte de la position de nos troupes, si un projectile était tombé sur les nôtres, cela ne pouvait provenir que de son fait, mais que j'en doutais, attendu que, évidemment, les batteries de la Garde dirigeaient comme les miennes leur feu sur les batteries prussiennes. Le lendemain, à 4 heures du matin, je rencontrai le général de Ladmirault, que j'avais connu au camp de Châlons en 1867, et je crus prudent, dans la crainte d'un rapport inexact qui aurait pu lui être adressé, de lui parler de l'observation qui m'avait été faite par l'officier d'état-major et de la manière dont je l'avais accueillie, et c'est alors qu'il me félicita de cette vive canonnade qui avait produit, me dit-il, un excellent effet et avait arrêté le mouvement en avant de l'armée prussienne. Depuis, j'ai reçu des compliments de la part des officiers du 33ᵉ de ligne.

Ce régiment se trouvait avec le 2ᵉ bataillon de chasseurs près de Montigny-la-Grange et d'Amanvillers. Ils m'ont fait dire qu'au moment où la canonnade avait commencé, ils allaient être faits prisonniers par les Prussiens qui débouchaient en masse du bois, soutenus par de l'artillerie, et allaient les entourer, et qu'ils n'avaient dû leur salut qu'à notre tir rapide qui avait étonné l'ennemi et l'avait arrêté court.

Dans cette journée du 18, sous-officiers et soldats ont très bien fait

---

(1) Chiffres certainement très erronés. Voir les Historiques des batteries qui sont la reproduction intégrale des Rapports des capitaines commandants.

leur devoir. Le commandant Bobet, déjà proposé pour officier de la Légion d'honneur, à la suite du 14 et du 16, a parfaitement conduit ses batteries et surveillé leur tir, malgré la grêle de projectiles qui n'a cessé de tomber sur nous pendant trois heures; c'est à son initiative que nous avons dû de nous trouver sur le plateau de Châtel, au moment de la panique, d'en arrêter le mouvement désordonné, et de nous joindre ensuite à la Garde pour cette canonnade du soir qui a peut-être été diversement appréciée, mais qui a eu l'approbation du général de Ladmirault et, de l'avis de beaucoup d'officiers, a peut-être sauvé l'armée française d'un désastre.

Le capitaine Doyen et le lieutenant Girard, également proposés déjà pour les combats du 14 et du 16, ont été admirables d'entrain et d'énergie, et je ne saurais trop les recommander à la bienveillance de l'autorité supérieure.

Quant aux 1re et 2e batteries leur rôle a été moins important, mais elles ont été très exposées dans cette journée du 18. Vers 2 heures on leur donna l'ordre de se porter sur la gauche pour se mettre à la disposition du général Aymard. La 2e batterie fut laissée à la lisière du bois qui couvre le versant du ravin du Châtel et la 1re vint avec le commandant de Latouche et le colonel de Lajaille, se mettre en batterie sur la crête en avant et à côté d'une batterie de 12; mais le feu ennemi était tellement vif et nourri, que la 1re batterie fut obligée, après quelques coups tirés, de se replier, ainsi que la batterie de 12, en arrière de la crête; cette deuxième position dut également être abandonnée après un petit nombre de coups par pièce, et la batterie fut ramenée près de la lisière d'un bois où la 2e, trop inquiétée, est venue la rejoindre sans avoir fait feu.

A l'endroit où les deux batteries furent mises à l'abri, se trouvaient des batteries de la réserve du 2e corps qui n'avaient pas encore donné, ce qui fait qu'on s'explique difficilement pourquoi on avait fait venir celles de la réserve du 3e (1). Peu de temps après, les 1re et 2e batteries furent renvoyées à leur position primitive, entre les fermes de Moscou et de Leipzig, où l'on essaya encore mais inutilement de les utiliser avec la batterie Brocard (2). A peine étaient-elles arrivées en bataille, à la droite de celle-ci, que les batteries prussiennes ouvrirent un feu terrible, qui fit renoncer au projet de les contre-battre. Elles furent rame-

---

(1) Appréciation partiellement inexacte. $\frac{6}{15}$, $\frac{7,8}{17}$ seules, ne donnèrent pas. Il est vrai que les autres, sauf $\frac{11}{5}$, tirèrent très peu.

(2) $\frac{12}{11}$.

nées un peu plus en arrière dans une position encore très critique, où elles ne firent pas feu, mais où elles restèrent très exposées jusqu'à 6 heures du soir. Dans cette journée, les deux batteries eurent 9 hommes blessés dont 1 mortellement, 5 chevaux tués et 2 blessés.

Chacun a fait son devoir et le commandant de Latouche a acquis de nouveaux titres à la proposition pour officier de la Légion d'honneur, dont il avait été l'objet à la suite des combats des 14 et 16 août.

Rapport du chef d'escadron de Latouche, commandant les 1re et 2e batteries du 17e régiment d'artillerie à cheval (réserve du 3e corps).

Au début de la journée, les deux batteries furent placées en bataille, attendant les événements, sur le plateau au Nord de la route de Leipzig à Châtel, parallèlement à la route et à 100 mètres environ. Dans cette position, elles faisaient face au bois des Génivaux et à Gravelotte, ayant à leur droite et très peu en avant la ferme de Leipzig, et à leur gauche et plus en avant la ferme de Moscou. Dans cette première période de la bataille, le terrain en avant et en arrière des batteries était garni de nombreuses troupes d'infanterie, et le bois de la vallée de Mance, en avant, était rempli de tirailleurs.

Vers 2 heures, on vint donner l'ordre aux deux batteries de se porter à la gauche, pour se mettre à la disposition du général Aymard. Elles partirent au trot en colonne, ayant les pièces en tête et les caissons en queue, pour pouvoir se mettre en batterie le plus rapidement possible. Cette marche s'est effectuée en dessous de la crête qu'occupe la ferme de Moscou, à la lisière du bois qui couvre le versant du ravin de Châtel. Les projectiles tombaient en grande quantité sur le terrain que parcouraient les batteries, et la 2e eut, dans ce trajet, un homme et un cheval blessés. Au moment où le chef d'escadron venait de prendre les ordres du général Aymard, qui ne lui en avait d'ailleurs donné que d'assez vagues vu la difficulté de trouver un emplacement convenable pour produire un effet utile, le colonel de Lajaille est venu prendre le commandement supérieur des deux batteries. Il a donné l'ordre à la 2e batterie de se tenir en bataille à la lisière du bois pour y attendre des ordres ultérieurs, et avec les pièces seulement de la 1re batterie, il s'est dirigé vers la crête en avant, et a fait mettre en batterie à la gauche d'une batterie de 12 et à 100 mètres environ de cette batterie.

En cet endroit, le feu ennemi était tellement vif, tellement nourri et venait de si loin que la batterie de 12 renonça promptement à continuer la lutte et se retira à la prolonge jusqu'à la lisière du bois. La 1re batterie tira quelques coups dans cette position périlleuse et ne tarda pas, d'après les ordres du colonel de Lajaille, à se retirer un peu en arrière pour se couvrir légèrement de la crête. La deuxième position ne fut guère meilleure que la première, d'autant plus que la batterie de 12 s'étant retirée, tout le feu des batteries prussiennes s'était réuni contre la nôtre. On tira cependant un peu plus qu'à la première position, mais sans plus de succès probablement, les batteries ennemies se trouvant à plus de 3,000 mètres et l'infanterie ne se montrant nulle part à découvert. Aussi, après un petit nombre de coups par pièce, le colonel commanda de cesser le feu et nous fit retirer à gauche, à la lisière du bois, dans un endroit beaucoup moins exposé.

Dans les deux positions où la 1re batterie fit feu, elle se trouvait en butte aux coups des batteries de Gravelotte qui la prenaient de face, de celles qui étaient placées en avant des bois et qui la prenaient d'écharpe à droite et à gauche et enfin au feu des tirailleurs qui s'étaient avancés en avant des bois qui dominent le ruisseau de la Mance. Les pertes furent pendant le feu, pour la 1re batterie, de trois hommes blessés : l'un d'une balle à l'épaule, un autre d'une balle qui lui traversa les deux fesses et le troisième d'un éclat d'obus qui lui enleva un doigt.

Pendant ces différents mouvements de la 1re batterie, la 2e s'était d'abord placée en bataille en arrière de celle-ci, contre la lisière du bois ; mais tous les projectiles lancés contre la 1re, et qui passaient par-dessus, venaient tomber sur elle, de sorte que la position ne fut bientôt plus tenable.

Le capitaine avait cependant eu soin de faire mettre pied à terre à ses hommes pour les mettre à l'abri derrière leurs chevaux, mais les obus venaient éclater en si grand nombre, au milieu de ses voitures, qu'il était à craindre que quelques coffres ne sautassent ; aussi prit-il le parti de se porter un peu à gauche, vers l'emplacement où devait se retirer la 1re batterie, n'ayant éprouvé d'autre dommage que son cheval légèrement blessé au jarret.

A l'endroit où furent mises à l'abri les deux batteries, se trouvait également tout ou partie des batteries de la réserve du 2e corps, qui n'avaient pas tiré un seul coup de canon, ce qui fait qu'on s'explique difficilement pourquoi on avait fait venir celles de la réserve du 3e (1).

Quoi qu'il en soit, le colonel, voyant l'inutilité de notre présence à l'extrême gauche, nous renvoya à notre position primitive, où nous pouvions être utiles, puisque le plateau entre Leipzig et Moscou se trouvait alors complètement dégarni d'artillerie.

Dans le trajet le long du bois, la 2e batterie eut encore un servant blessé et un cheval de trait tué.

Revenus depuis peu de temps à notre ancienne position, on voulut,

---

(1) Voir page 216, note (1).

de concert avec la batterie Brocard, nous faire exécuter un feu nourri contre les batteries prussiennes ; mais à peine étions-nous arrivés en bataille à la droite de cette batterie, que des batteries ennemies, placées à plus de 3,000 mètres et qui avaient ralenti leur tir depuis quelque temps, faute de but convenable à atteindre, rouvrirent sur nous un feu terrible et firent renoncer au projet de les contre-battre, ainsi que leurs voisines.

Nous regagnâmes de nouveau notre ancienne position, mais la situation s'était aggravée de ce côté, parce que toutes les troupes d'infanterie placées en arrière de nous et une partie de celles placées en avant avaient été dirigées vers la droite. Il ne restait plus pour nous protéger que quelques lignes d'infanterie couchées à terre devant nous et les tirailleurs cachés dans les bois de la vallée de Mance. Ceux-ci, dont la présence était parfaitement connue de l'ennemi, furent accablés d'une telle quantité d'obus à balles qu'ils se retirèrent sur la lisière du bois de notre côté.

Les Prussiens croyant alors le moment arrivé de lancer leur infanterie, en firent descendre des colonnes très considérables et très profondes sur les pentes du ravin, et se mirent à tirer sur nous à outrance, pour nous empêcher d'inquiéter ce déploiement de forces. Les tirailleurs s'apercevant de leur côté que le bois n'était plus dangereux à occuper, puisque le feu de l'artillerie ennemie en avait été détourné pour être dirigé sur nous, y rentrèrent, et firent sur les colonnes prussiennes un feu tel, qu'elles prirent le parti de remonter le ravin, pour se mettre de nouveau à l'abri.

Le tir dirigé sur les deux batteries était des plus exacts, quoique exécuté à une distance de 2,800 à 3,000 mètres ; tous les projectiles tombaient au milieu des voitures, ou au plus à 20 ou 30 mètres en avant ou en arrière. L'un d'eux tomba au milieu d'un peloton de servants de la 1re batterie, tua quatre chevaux, et blessa les quatre canonniers qui les montaient, dont un mortellement. Il est hors de doute que si l'ennemi avait pu juger comme nous de la justesse de son tir, il nous eût fait le plus grand mal.

Après la boucherie de chevaux dont nous venons de parler, le général de Rochebouët avait conseillé au général de Berckheim de nous faire retirer plus en arrière ; mais celui-ci répondit qu'il valait mieux ne pas bouger, afin que l'ennemi ne s'aperçût pas de l'effet produit et ajouta que certainement leur tir allait devenir trop long. C'est en effet ce qui arriva, tous les obus nous passèrent par-dessus la tête à partir de ce moment. L'ennemi fatigué de tirer sur nous, sans effet apparent, cessa son feu vers 6 heures du soir. C'est alors que le chef d'escadron fut emmené vers la droite par le colonel de Lajaille, pour reconnaître s'il n'y avait pas lieu d'y emmener les deux batteries, et de les employer de ce côté. Un emplacement convenable en face d'Amanvillers fut reconnu, mais il était déjà tard ; cependant le chef d'escadron alla au-devant de ses batteries pour les amener à l'endroit indiqué. En route, il apprit qu'elles s'étaient dirigées du côté d'Amanvillers, par l'ordre d'un officier général, et qu'elles ne devaient pas être loin ; il les trouva en effet arrêtées par l'ordre du général de Berckheim qui n'avait pas jugé à propos de les laisser continuer leur chemin, parce qu'une batterie divisionnaire les précédait déjà, et que d'ailleurs les Prussiens commençaient à reculer. Nous revînmes alors, la nuit close, à notre première position de la journée où nous passâmes la nuit avec les autres batteries de la réserve, moins les 3e et 4e batteries du 17e qui avaient pris une autre direction.

Si l'ennemi avait pu connaître l'emplacement occupé par les six batteries de la réserve, il aurait pu en faire un véritable massacre pendant la nuit, les chemins pour la retraite étant complètement obstrués.

Vers 3 heures du matin, une partie de l'armée française ayant pu effectuer sa retraite, la réserve d'artillerie se mit en route par le chemin de Châtel pour gagner le col de Lessy, et aller, de là, occuper un campement près de Plappeville.

En résumé dans la bataille du 18, les 1re et 2e batteries du 17e ont éprouvé les pertes suivantes : 9 hommes blessés, dont un mortellement ; 5 chevaux tués, 2 blessés.

Historique de la 1re batterie du 17e régiment d'artillerie à cheval.

18 août.

Vers 11 heures, commença l'attaque du IXe corps allemand contre les positions d'Amanvillers et Montigny-la-Grange, par la trouée de Vernéville, entre les bois de la Cusse et des Génivaux. Au bruit du canon, la batterie reçut l'ordre de s'établir en réserve au Nord de la route de Leipzig à Châtel, la droite à peu près à hauteur de Leipzig.

Dans cette position, elle pouvait facilement, suivant les circonstances, ou se porter à droite vers Montigny, ou à gauche vers Moscou et le Point-du-Jour, positions qu'il était important de conserver pour couvrir la route de Metz et que certainement l'ennemi allait attaquer avec furie. Les forces françaises massées à Amanvillers et Montigny réussirent à empêcher les Allemands de dépasser la lisière des bois. La droite allemande, composée des VIIe et VIIIe corps, après s'être contentée d'une effroyable canonnade pendant que la conversion à droite des Allemands s'exécutait en pivotant sur la IIIe armée (*sic*), la droite allemande, disons-nous, passa à une offensive énergique contre le bois des Génivaux et la ferme de Saint-Hubert. Vers 3 heures, nous recevons l'ordre de marcher vers la gauche française, division Nayral, établie entre la ferme de Moscou et la voie romaine ; nous nous y rendons au trot en nous défilant le mieux possible de la crête du plateau. Arrivés sur ce plateau, nous y trouvons des batteries fort éprouvées et sommes accueillis par un feu d'obus des plus intense. C'est ici le lieu de remarquer combien dans les terres molles les fusées percutantes prussiennes produisent peu d'effet ; le projectile s'enfonce et n'éclate pas. Sans cette heureuse circonstance, on ne peut prévoir les pertes qu'eût subies la batterie ; la position que nous venions occuper se trouvait à peu près le centre d'un arc de batteries prussiennes de 2,000 mètres environ de rayon et établies sur les pentes à l'Ouest du bois des Génivaux et la lisière du bois de Vaux.

Nos six pièces de 4 ne pouvaient produire beaucoup d'effet dans cette situation ; toutefois nous nous mîmes à tirer sur les batteries des Génivaux qui nous étaient plus directement opposées. Après quelques salves, le colonel de Lajaille pensa que nous ne pouvions lutter et que nous nous compromettions inutilement : il s'agissait, en effet, surtout de veiller à l'attaque de la ferme de Saint-Hubert, et d'être prêts à recevoir les colonnes prussiennes, qui, si elles parvenaient à s'en emparer, allaient déboucher sur Moscou et le Point-du-Jour. Aussi, nous repliant de quelques mètres en arrière, nous nous couvrîmes de la crête du coteau, en nous rapprochant du bois de Châtel ; dans cette position, quoique exposés au feu, nous ne l'attirions plus spécialement. Les officiers eurent soin toutefois d'aller reconnaître le terrain en avant et de se tenir, de leur personne, en vue de la ferme de Saint-Hubert, afin que la batterie fut de suite portée en avant, si cette ferme était emportée. On sait que, grâce surtout à l'héroïsme de l'infanterie, cette position, malgré les efforts des VIIe et VIIIe corps allemands resta entre nos mains. Ce ne fut, croyons-nous, que vers le soir, et grâce à l'adjonction du IIe corps prussien (?), que la ferme fut prise, mais l'ennemi ne la dépassa pas, et les fermes de Moscou et du Point-du-Jour ne furent abandonnées par les Français que le 19 au matin, par suite de la retraite de toute l'armée.

Pour en revenir à la batterie, nous reçûmes l'ordre, vers 5 heures, de nous reporter dans notre première position près de Leipzig : là nous fûmes malheureusement exposés au feu d'une batterie prussienne qui, établie au-dessus du bois des Génivaux à 2,500 ou 3,000 mètres, nous accabla d'obus pendant une demi-heure et plus. Nous reçûmes l'ordre de ne pas bouger, car c'eût été dénoncer à l'ennemi qu'il nous faisait du mal et il est probable qu'il eût augmenté alors ses feux. Il faut noter le calme avec lequel cette épreuve fut supportée par les hommes ; nous eûmes ainsi au repos : 1 homme tué, 6 blessés ; 4 chevaux tués. Peu à peu, l'ennemi ne nous voyant faire aucun mouvement, cessa de tirer.

Vers 7 heures du soir, on nous donna l'ordre d'aller vers Montigny-la-Grange et Amanvillers. L'ennemi s'était emparé de Saint-Privat-la-Montagne ; on voulait l'empêcher de se porter de là sur Amanvillers et d'occuper les routes sur Lessy et Châtel. Les forces actuellement disponibles de ce côté, ayant suffi à repousser l'ennemi, et, du reste, la nuit tombant, nous rétrogradâmes à la position près de Leipzig où nous couchâmes sur le champ de bataille.

Dans cette journée le total des pertes aux deux positions occupées par la batterie fut : 1 homme tué, 8 blessés ; 4 chevaux tués, 2 blessés. De plus, une flèche brisée et un certain nombre d'éclats au matériel.

Historique de la 2e batterie du 17e régiment d'artillerie.

18 août.

Vers 10 heures du matin, au moment où l'action commençait à s'engager (?), la batterie s'établit en bataille au sommet du plateau, sa droite vers la ferme de Leipzig, son front à peu près parallèle au chemin qui, de cette ferme descend au village de Châtel, sa gauche appuyée à la 1re batterie ; elle avait derrière elle le ravin boisé de Châtel et en avant le terrain qui descend en pente douce vers le ravin des Génivaux, ravin boisé au sommet duquel s'aperçoit, à gauche, le village de Gravelotte.

Plusieurs batteries prussiennes établies près de Gravelotte et sur la droite de ce village, au-dessus du ravin des Génivaux couvraient de feu les abords du ravin, tout l'espace compris entre les fermes de Leipzig et de Moscou, et le plateau que traverse la route de Metz à Gravelotte, à gauche de cette dernière ferme.

Il était impossible aux deux batteries (1re et 2e du 17e) de répondre à ce feu, vu la distance (3,000 mètres environ) ; elles durent donc se borner à rester spectatrices pendant la première partie de la journée.

Vers 3 heures, elles reçurent l'ordre de se porter à gauche de la ferme de Moscou, pour appuyer un mouvement offensif de la division Nayral. La 1re batterie était en tête dans une marche de flanc qu'on dissimula de son mieux aux vues de l'ennemi en restant en dessous de la crête du plateau, et longeant la lisière du bois de Châtel. Les projectiles ennemis passant par-dessus la crête venaient pourtant éclater le long de la colonne, et un éclat blessa à la nuque un conducteur de la 3e batterie et tua un cheval de trait.

La 1re batterie, arrivée à hauteur de l'emplacement qui lui était désigné, se mit en batterie au sommet du plateau ; la 2e batterie fut laissée en réserve en arrière, et pour ne pas recevoir les projectiles qui manquaient la 1re et venaient tomber entre le derrière de ses avant-trains et le bois, elle eut soin, tout en restant en dessous de la crête, d'appuyer à gauche, vers l'ancienne voie romaine.

La 1re batterie, ayant dû bientôt cesser son feu, remit ses avant-trains et retourna à sa position primitive par une marche de flanc inverse de la précédente ; la 2e batterie reçut l'ordre de la suivre. Dans cette nouvelle marche en colonne, deux chevaux de trait furent tués.

Revenues à leur position première, les deux batteries se remirent en bataille face au ravin des Génivaux : la 1re batterie à la droite, la 2e à sa gauche.

Mais ces mouvements avaient attiré l'attention de l'ennemi qui dirigea alors contre elles un feu des plus violents auquel elles ne pouvaient répondre ; les projectiles ne cessaient de tomber, soit en avant, soit en arrière, soit dans l'intérieur des deux batteries ; on resta sous ce feu pendant longtemps, sans dommage d'ailleurs pour la 2e batterie, grâce aux grands intervalles ménagés entre les pièces et à la distance à laquelle on avait relégué les caissons, à la lisière du bois.

Vers la fin de la journée, au moment où le jour baissait, les deux batteries reçurent l'ordre de se porter sur la droite, vers le village d'Amanvillers, où l'on devait faire un retour offensif. Elles se mirent donc en marche par le flanc et défilèrent à l'abri des vues de l'ennemi, derrière les bouquets de bois qui s'étendent au delà de la ferme de Leipzig ; mais en arrivant au fond d'un pli de terrain que domine la ferme de Montigny-la-Grange, alors en feu, elles reçurent l'ordre d'arrêter leur mouvement et de regagner leur position de bataille primitive, pour y passer la nuit, les pièces restant attelées. La nuit était alors complètement venue.

Historique de la 3e batterie du 17e régiment d'artillerie.

18 août.

Le 18 août, vers 9 h. 30 du matin, au moment de l'attaque de l'armée prussienne, la réserve d'artillerie reçut l'ordre de se mettre en mouvement ; les 3e et 4e batteries du 17e, sous le commandement de M. le commandant Bobet, allèrent prendre position sur la droite de la ferme de Leipzig, pour répondre au besoin au feu de l'artillerie ennemie, qui occupait la route de Metz à Paris, par Mars-la-Tour, près de la ferme de Saint-Hubert (?)

Les batteries prussiennes n'avaient pas encore fait feu, quand les 3e et 4e batteries conduites par M. le lieutenant-colonel Delatte, se portèrent par ordre au galop, entre les fermes de la Folie et de Montigny-la-Grange, et tirèrent sur des batteries établies à environ 1500 mètres et à droite de la ferme de Champenois. Nous remplacions, dans cette position, des batteries qui n'avaient pu s'y maintenir. On avait eu soin de s'arrêter en arrière de la crête de manière à être couvert, précaution que n'avaient pas prise ces batteries qui étaient installées sur la crête. On avait aussi pris des intervalles de 30 à 40 mètres; les caissons étaient abrités derrière un rideau d'arbres, à environ 150 mètres en arrière. De cette manière, nous pûmes nous maintenir dans cette position, que les batteries que nous avions remplacées n'avaient pu conserver; et qui, grâce à l'efficacité de notre tir et au changement de direction de celui de l'artillerie ennemie concentré sur nous, purent revenir chercher une pièce, qu'elles avaient dû abandonner sur le champ de bataille. On avait jusqu'alors donné la hausse de 1500 mètres; on la réduisit à 1400 mètres, quand l'artillerie prussienne se porta à gauche de la ferme de Champenois. Elle revint un peu plus tard sur la droite de cette ferme et plus nombreuse qu'auparavant, un peu en arrière de la position primitive, ce qui nécessita l'emploi de la hausse de 1600 mètres. Enfin, quand ces batteries parurent s'éloigner, on augmenta successivement la hausse jusqu'à 1800 mètres. Ces mouvements de l'artillerie ennemie avaient évidemment pour but de nous empêcher de régler notre tir, qui cependant n'a pas dû être sans efficacité. Malgré toutes les mesures prises pour économiser les munitions, le tir n'ayant lieu qu'au commandement des chefs de section, les charges devenaient rares, et on dut cesser le feu vers 3 heures de l'après-midi (1). Il ne restait plus que quatre ou cinq coups par pièce. On se retira alors entre les fermes de la Folie et de Leipzig. M. le lieutenant-colonel Delatte avait fait prévenir une heure auparavant M. le général de Berckheim qu'il allait quitter le champ de bataille par suite du manque de munitions, et qu'il faisait en vain chercher les réserves des batteries. Le général lui apprit que ces réserves se trouvaient à Lorry avec le parc du 3º corps d'armée. Les chefs de la ligne des caissons allèrent à Lorry pour les y chercher. Pendant ce temps, le lieutenant-colonel Delatte faisait demander au général l'autorisation d'aller occuper un plateau, à une faible distance de notre position, de l'autre côté de la vallée de Montvaux (2), près du lieu dit les Rappes, plateau d'où l'on commandait une grande étendue de terrain, et où l'on ne devait pas craindre d'être tourné par l'ennemi. Les 3º et 4º batteries se mirent en route sur la réponse affirmative du général, et, en arrivant de l'autre côté de la vallée, rencontrèrent trois caissons envoyés par les réserves et quatre par le parc. Les deux batteries se partagèrent les munitions, et se mirent en batterie sur le plateau dont nous avons parlé, dans une position des plus favorables.

---

(1) A rapprocher de la note 2, page 212.
(2) Ravin de Châtel.

Vers 7 h 30 du soir (?), l'aile droite de l'armée, formée par le 6ᵉ corps, ayant été forcée à un mouvement de retraite, une panique se déclara. C'est alors que M. le lieutenant-colonel Delatte emmena les deux batteries sur la route qu'encombraient les fuyards, les voitures, les convois. La 3ᵉ batterie tenait la tête de la colonne et, en arrivant sur cette route, la première pièce dut forcer le passage et jeta dans le fossé une voiture qui obstruait la voie. La 3ᵉ batterie se mit en batterie sur le bord de la route, la 4ᵉ sur la gauche à environ 600 mètres du chemin de fer de Verdun. C'est alors que la Garde arriva en arrière de nos batteries (1) dont l'attitude imposante avait arrêté la panique. Les batteries du lieutenant-colonel Delatte suivirent la Garde et vinrent se mettre en batterie à gauche de la route et à peu près à hauteur d'Amanvillers, en arrière d'un petit bois que traverse le chemin d'Amanvillers à Lorry, et ouvrirent un feu à volonté des plus vifs contre des colonnes prussiennes qui sortaient du village de Saint-Privat, que nos troupes avaient été forcées d'abandonner. D'après les renseignements recueillis depuis, le résultat de cette canonnade fut très meurtrier pour les Allemands; non seulement elle arrêta le mouvement tournant qu'ils faisaient contre le 4ᵉ corps, mais elle eut encore l'avantage de protéger la retraite du 6ᵉ. M. le général de Ladmirault, notamment, adressa le lendemain les félicitations les plus chaleureuses à M. le lieutenant-colonel Delatte.

La nuit vint interrompre le feu; les batteries se retirèrent alors sans bruit, en même temps que la Garde, se rabattant sur Lorry pour rejoindre ses réserves et le parc, et bivouaquèrent vers 11 heures 30 du soir près du fort Saint-Quentin.

La batterie avait consommée dans toute la journée 1324 charges; elle avait eu 6 hommes blessés, 1 cheval tué et 9 blessés.

Les observations sur le tir et la tactique de l'artillerie ennemie, sont les mêmes que celles relatives à la bataille du 16 août.

Historique de la 4ᵉ batterie du 17ᵉ régiment d'artillerie.

18 août.

Les batteries de la réserve montèrent à cheval vers 9 h. 30 du matin et allèrent d'abord se former en bataille à droite de la ferme de Leipzig. Vers 11 h. 30, les 3ᵉ et 4ᵉ batteries, sous la direction de M. le lieutenant-colonel Delatte, ayant reçu l'ordre d'aller mettre en batterie

---

(1) L'heure donnée plus haut (7 h. 30) est donc beaucoup trop tardive.

au delà de la ferme de la Folie, se portèrent en avant au galop. Elles dépassèrent cette ferme en la laissant à gauche et vinrent s'établir en batterie, ayant à leur droite et en arrière la ferme de Montigny-la-Grange. La 3e batterie se forma à la gauche de la 4e, celle-ci avait à sa droite la 6e du 17e appartenant au 4e corps. Deux batteries qui nous avaient précédés dans cette position, n'avaient pu s'y maintenir; l'une d'elles y avait même laissé une de ses pièces. On eut soin de s'arrêter un peu en arrière de la crête à une trentaine de mètres seulement de l'emplacement occupé par les batteries auxquelles nous succédions. De cette façon, la bouche de chaque pièce arrasait cette crête, et la batterie, personnel et matériel, se dérobait à l'ennemi autant que possible. On prit en outre de grands intervalles (30 à 35 mètres); enfin les caissons laissés à 150 mètres environ en arrière, trouvèrent un abri derrière un rideau d'arbres.

On ouvrit le feu d'abord à 1500 mètres sur des batteries prussiennes établies à droite de la ferme de Champenois, puis le gros de l'artillerie ennemie s'étant porté à la gauche de cette ferme, en se rapprochant de nous, on diminua un peu la hausse. Plus tard, les batteries prussiennes se concentrèrent de nouveau et en plus grand nombre à droite de Champenois, mais un peu plus en arrière; on pointa à 1600 mètres. Enfin, quand cette artillerie parut s'éloigner dans la direction d'Amanvillers, on augmenta successivement la hausse jusqu'à 1800 mètres.

Ces changements fréquents dans la position de l'ennemi avaient sans doute pour but de nous empêcher de régler le tir; peut-être aussi sont-ils une preuve de sa justesse.

Le feu avait lieu au commandement des chefs de section. Malgré cette précaution, l'approvisionnement de la batterie n'aurait pas tardé à être épuisé; on dut ralentir le feu de plus en plus, et, lorsque la batterie reçut l'ordre de se retirer, il restait environ quatre ou cinq coups par pièce.

Il pouvait être alors de 2 h. 30 à 3 heures de l'après-midi. Les 3e et 4e batteries revinrent se mettre en bataille entre les fermes de la Folie et de Leipzig, où elles restèrent jusque vers 5 heures (?). On apprit en ce moment que nos réserves et le parc du 3e corps se trouvaient aux environs de Lorry. Comme d'un autre côté, il existait au delà de la vallée de Montvaux, au lieu dit les Rappes, un petit plateau distant tout au plus de quelques centaines de mètres (?), et que de ce point, on aurait pu, sans crainte d'être enlevé par l'ennemi, défendre le terrain compris entre Leipzig et la Folie, où notre infanterie avait élevé des tranchées-abris, M. le lieutenant-colonel Delatte obtint l'autorisation d'y envoyer les batteries de sa 2e division (3e et 4e). De cette manière, ces batteries se rapprochaient du parc du 3e corps et se trouvaient même, sur le chemin que les caissons de la réserve, que l'on avait envoyé chercher, devaient suivre pour venir nous réapprovisionner. On rencontra en effet ces voitures au moment où les 3e et 4e batteries, après avoir traversé la vallée de Montvaux, à peu près à hauteur d'Amanvillers, arrivaient sur le plateau. M. le lieutenant-colonel Delatte y choisit une position dominant une partie du champ de bataille et qui aurait certainement donné un beau rôle à notre artillerie si l'ennemi s'était présenté de ce côté.

On mit les pièces en batterie et on remplaça les caissons vides par sept caissons dont trois appartenaient à nos réserves et quatre au parc du 3e corps; les munitions furent réparties entre les deux batteries. Au moment de la panique qui eut lieu vers 7 heures du soir, la 4e batterie vint avec la 3e, et sous les ordres M. le lieutenant-colonel Delatte, s'établir à cheval sur la route suivie par les fuyards, à 600 mètres environ du débouché de cette route; la 4e batterie se plaça à gauche, la 3e à droite, de manière à laisser la voie libre entre elles.

Ce mouvement, tout en rendant de la confiance aux troupes, aurait permis de bien recevoir l'ennemi s'il avait paru dans cette direction.

Vers le même temps, plusieurs batteries de la Garde passaient à notre droite pour se rendre en avant. Nos batteries suivirent leur mouvement et vinrent s'établir à la gauche de la route, à peu près à hauteur d'Amanvillers et en arrière d'un petit bois qui traverse le chemin d'Amanvillers à Lorry en y formant une sorte de défilé.

Des colonnes prussiennes sortaient en ce moment du village de Saint-Privat qu'elles venaient d'enlever aux troupes de notre 6e corps; elles s'avançaient accompagnées d'une artillerie nombreuse. Nos batteries ouvrirent le feu contre elles en tirant à toute volée, et, d'après les renseignements qui ont été recueillis depuis, le résultat en fut très meurtrier pour les masses d'ennemis au milieu desquelles tombaient nos projectiles. Cette canonnade, non seulement arrêta le mouvement tournant de l'ennemi sur le 4e corps, mais eut encore l'avantage de protéger la retraite du 6e. M. le général de Ladmirault notamment adressa le lendemain, à ce sujet, les félicitations les plus chaleureuses à M. le lieutenant-colonel Delatte.

La 4e batterie tira 122 projectiles (1). Elle ne cessa le feu que dès que les batteries prussiennes cessèrent le leur.

Pendant cette journée, le tir des batteries prussiennes que l'on eut à essuyer pendant plus de trois heures consécutives dans la première position, fut très bien réglé; mieux encore que le 16 août. Leurs projectiles portaient rarement à plus de 100 mètres en avant et en arrière de la batterie; le sol sur lequel nous étions était littéralement défoncé par la chute des obus, au point de rendre presque impossibles les mou-

---

(1) Sur sa dernière position.

vements à bras de plusieurs pièces. Les caissons attelés eux-mêmes, que l'on fut obligé de faire venir pendant le combat pour remplacer les munitions des avant-trains, n'avançaient que difficilement sur un terrain bouleversé. Mais, comme le 16 août, les obus en éclatant faisaient plus de bruit que de mal.

La batterie avait consommé, dans toute la journée, 876 projectiles. Elle avait 8 hommes blessés; 2 chevaux tués, 7 blessés et 3 disparus; pertes relativement faibles si l'on tient compte du nombre considérable de projectiles qu'elle a reçus. Cet heureux résultat doit être attribué surtout : 1° aux grands intervalles laissés entre les pièces; 2° à la position des bouches à feu en arrière de la crête; 3° au personnel restreint amené sur le champ de bataille, où l'on n'avait gardé que ce qui était strictement nécessaire pour le service des pièces.

Peu de temps après que les 3e et 4e batteries eurent cessé leur canonnade et contribué ainsi à arrêter l'ennemi vers notre droite, elles se retirèrent sans bruit avec toute la Garde vers Lorry, pour rejoindre le parc et s'y ravitailler. Elles durent bivouaquer près du fort Saint-Quentin où elles étaient arrivées vers 11 h. 30.

Réserve du génie.

Journal de marche du génie du 3e corps.

18 août.

Dès la pointe du jour, le service du génie construit, avec l'aide de l'infanterie, des épaulements pour l'artillerie, des tranchées-abris pour l'infanterie. On met en état de défense les fermes de Moscou et de la Folie.

A midi, la canonnade commence et les travaux continuent sous le feu de l'ennemi.

A 6 heures, le général commandant le génie fait achever, par la compagnie des chemins de fer, sous le feu d'une batterie prussienne établie entre Gravelotte et Bagneux, les tranchées-abris de la brigade Nayral; le travail est terminé vers 1 heure du matin. On passe la nuit au bivouac.

Historique de la 4e compagnie de sapeurs du 1er régiment du génie (réserve du 3e corps).

18 août.

A la bataille de Saint-Privat, la compagnie exécuta, avec des auxiliaires d'infanterie et sous un feu d'artillerie violent, des tranchées-abris en avant des fermes de Moscou et de Leipzig, et des épaulements pour l'artillerie.

Historique de la 1re section (50 hommes) de la 1re compagnie de sapeurs du 1er régiment du génie (réserve du génie).

18 août.

A la bataille de Saint-Privat, la 1re section éleva un épaulement pour une batterie de 12, sous un feu très vif.

b) Administration.

Le général Metman au Sous-Intendant militaire de la 3e division.

Camp de Châtel-Saint-Germain, 18 août.

Le général commandant la 3e division d'infanterie est informé que le train divisionnaire eût dû apporter *hier soir*, du plateau de Plappeville au camp, les vivres suivants :

Un jour de biscuit, deux jours de vivres de campagne, un jour d'avoine.

Si cet ordre n'a pas été communiqué à M. le sous-intendant de la 3e division d'infanterie, il voudra bien faire *immédiatement* porter ces denrées au camp, par le train divisionnaire, afin que la distribution, *qui est prescrite pour ce matin à 7 heures*, puisse avoir lieu.

c) Opérations : ordres, correspondance et comptes rendus.

Le Chef d'état-major général de l'armée au maréchal Lebœuf.

Metz, 18 août.

M. le maréchal Canrobert n'a pu être rallié par sa cavalerie, qui est restée au camp de Châlons.

Déjà, j'ai dû vous prier de mettre à sa disposition un des trois régiments de la brigade Bruchard. Cette cavalerie étant insuffisante, je vous prie de donner des ordres, pour que, aujourd'hui même, M. le général de Bruchard, avec les deux régiments de sa brigade restés près de lui, se rende à Saint-Privat-la-Montagne, pour se mettre à la disposition de M. le maréchal Canrobert. Il fera ainsi partie, provisoirement, du 6e corps.

La division Clérembault se trouvera ainsi momentanément réduite à quatre régiments de dragons.

Le maréchal Lebœuf au maréchal Bazaine.

Châtel-Saint-Germain, 18 août.

Les reconnaissances de cavalerie, rentrées hier au soir à 11 h. 30, ont signalé des forces ennemies assez sérieuses dans les bois qui s'étendent entre Gravelotte et Vernéville.

Dans l'après-midi d'hier, de la poussière a été vue à diverses reprises en arrière de ces bois, indiquant la marche de quelques colonnes ennemies, filant de notre droite vers notre gauche.

Une batterie ennemie a cherché à s'établir en avant de ces bois, dans le but probable d'inquiéter nos camps par un tir courbe à grande distance ; un feu assez soutenu des mitrailleuses du 2ᵉ corps, qui se trouvait le plus rapproché de ce point, paraît avoir forcé cette batterie à se retirer.

J'ai reçu cette nuit quelques convois de vivres ; mais c'est avec la plus grande peine qu'ils arrivent jusqu'au camp à cause de l'encombrement qui existe à Châtel-Saint-Germain.

Le maréchal Lebœuf au maréchal Bazaine.

18 août.

J'ai donné les ordres les plus positifs pour que les caissons d'artillerie allassent chercher les munitions d'artillerie et d'infanterie qui sont destinés à tenir mes approvisionnements au complet.

Ces ordres ont été exécutés sans retard, les caissons sont partis ce matin pour le plateau de Plappeville.

Note de l'État-Major du 3ᵉ corps.

(Sans date ni signature.)

Le 18 août, un peu avant 6 heures du matin, on aperçut, du haut du plateau de l'Arbre-Mort, où était placé le quartier général du 3ᵉ corps, des troupes prussiennes marchant déployées en bataille, dans les plaines basses situées en arrière de Gravelotte, et se dirigeant de gauche à droite, vers un point qui paraissait, à cette distance, être à hauteur de Doncourt.

Ces troupes marchaient obliquement par rapport à nous, comme si elles eussent décrit un grand mouvement de conversion, dans lequel nous eussions été au pivot.

Par suite de cette disposition, on apercevait distinctement les officiers prussiens marchant en avant de leurs hommes.

Immédiatement informé de ce fait, et frappé de cette marche en ordre déployé à une aussi grande distance de l'ennemi, le maréchal Lebœuf envoya un de ses officiers d'ordonnance au Maréchal commandant en chef, pour lui en rendre compte.

Cet officier remplit sa mission auprès du Maréchal commandant en chef à 6 h. 45 du matin.

Le maréchal Bazaine chargea cet officier de dire, en réponse, au Maréchal commandant le 3e corps de s'établir solidement dans sa position et de la conserver à tout prix.

Quand l'officier rapporta au maréchal Lebœuf, vers 9 heures du matin, cet ordre du Maréchal commandant en chef, le maréchal Lebœuf dirigeait le tracé des tranchées-abris, dont il avait ordonné la construction au premier indice de combat.

Le maréchal Lebœuf au maréchal Bazaine.

Bivouac de l'Arbre, 18 août, 7 heures du matin.

J'ai déjà eu l'honneur de signaler à votre attention les difficultés considérables qu'éprouvent les convois à parvenir aux divers corps d'armée, par l'unique voie de Châtel.

Ne pourrait-on réapprovisionner les 2e et 3e corps d'armée par Longeville, Moulins et Rozérieulles ? Jusqu'à présent cette route me parait rester en notre pouvoir. J'avais prescrit à nos convois de la prendre ; mais l'autorité militaire à Metz s'y est opposée, m'assure-t-on, à cause de quelques coups de canon à grande distance que les convois pourraient recevoir vers Longeville.

Le même au même.

Bivouac de l'Arbre, 18 août, 8 h. 25 matin.

Changement de front oblique à gauche. Les forces principales semblent se diriger sur Saint-Marcel et au Sud de Saint-Marcel.

De nouvelles têtes de colonnes sortent des bois d'Ars, se dirigeant également sur les hauteurs à l'Ouest de Rezonville, déjà fortement occupées.

Le même au même (D. T.).

Bivouac de l'Arbre, 18 août, 1 h. 34 soir. Expédiée à 2 h. 20 soir.

Attaque sur toute la ligne par l'artillerie qui est nombreuse. Nous tenons bien, je suis tranquille.

Notre artillerie tire trop, je la modère.

Le même au même (D. T.).

Quartier général, 18 août, 3 heures soir. Transmise à Plappeville à 3 h. 9 soir.

Puis-je disposer de la brigade de la Garde, pour soutenir le général Aymard qui est fortement engagé? Je crois qu'à la fin de la journée, vers 4 heures, il y aura un fort mouvement offensif. Le centre tient bon, la droite fait des progrès, la gauche du 3e corps est fortement attaquée et demande du renfort. Puis-je disposer de la brigade de la Garde?

Journée du 18 août.

4e CORPS.

a) Journaux de marche.

Journal de marche du 4e corps.

18 août.

Le 6e corps d'armée, qui est venu prendre position à Saint-Privat, a fait appuyer les troupes de la 1re division sur Amanvillers.

La position des autres divisions, des réserves et du quartier général du corps d'armée reste la même que la veille.

Les équipages régimentaires et le parc d'artillerie sont envoyés à Metz dans la matinée pour chercher des ravitaillements en vivres et en munitions.

C'est dans cette situation que s'est engagée, vers 11 heures, la bataille (*défense des lignes d'Amanvillers*) dont les détails font l'objet d'une notice spéciale (1).

L'envoi à Metz des équipages régimentaires fut cause de la perte des bagages des officiers des 1re et 2e divisions d'infanterie que l'on n'eut pas le temps de retirer en arrière pendant l'action.

Les voitures du parc d'artillerie sont revenues de Metz dans l'après-

---

(1) Probablement la notice rédigée le 3 septembre par le général Osmont. (Voir plus loin.)

midi et ont pu renforcer les approvisionnements en munitions des batteries engagées, avant la fin du feu. De 11 heures à 4 heures, le 4ᵉ corps avait défendu ses positions avec avantage contre les attaques de l'ennemi, mais alors, sa droite fut entraînée par le mouvement de retraite des troupes qui se trouvaient à sa droite.

La nuit arrivait au moment où les 1ʳᵉ et 2ᵉ divisions, ainsi que la cavalerie, étaient ramenées sur leurs bivouacs, il fut impossible dans l'obscurité de reprendre les effets de campement et les sacs laissés sur place au début de l'action pour marcher en avant.

Rapport du général de Ladmirault.

Château du Sansonnet, 19 août.

Jeudi, 17 août, ainsi que vous m'en aviez donné l'ordre, j'avais établi le 4ᵉ corps, entre les villages de Saint-Privat et de Montigny-la-Grange. La 1ʳᵉ division (de Cissey) et la 2ᵉ (Grenier) occupaient tout le front de bandière, entre ces deux positions. La 3ᵉ division (de Lorencez) avait été placée sur des plateaux en arrière, comme réserve. Je passai ainsi la journée.

Le lendemain, 18 (1), le 6ᵉ corps (maréchal Canrobert) vint s'établir sur ma droite et occuper le village de Saint-Privat, point culminant d'un plateau qui domine le terrain à une longue distance. Je pus rétrécir ainsi le front des 1ʳᵉ et 2ᵉ divisions.

A 11 heures, l'ennemi fut signalé, arrivant de toutes parts, et bientôt le feu fut ouvert sur toute la ligne. Toutes mes positions furent vigoureusement défendues et gardées par les 1ʳᵉ et 2ᵉ divisions, mais l'attaque devenant plus vive, la 3ᵉ division quitta ses hauteurs pour venir renforcer les parties faibles de ma ligne (2). L'artillerie se prodiguant partout, fit face aux attaques et parvint à éteindre le feu d'une batterie qui resta entre nos mains une partie de la journée et dont deux pièces furent ramenées définitivement avec nous. Le combat se soutint ainsi jusqu'à 6 heures du soir. Les troupes avancées commençaient déjà à gagner un peu de terrain, lorsqu'à 6 h. 30, la droite de nos troupes, jusque-là soutenue par le 6ᵉ corps, fut tout à coup dégarnie et resta sans appui. La canonnade, très vive sur le front du 6ᵉ corps, fut dirigée tout entière sur mon flanc droit, prenant ainsi mes troupes à revers et leur faisant éprouver de grandes pertes. La lutte se soutenait néanmoins ; l'approche de troupes de renfort m'avait été signalée, mais elles ne parurent pas. Je dus alors retirer les troupes des positions avancées

---

(1) Erreur manifeste. *Lire :* le 17 au soir.
(2) La 3ᵉ division fut appelée dès le début de la bataille.

pour les reporter en arrière, et je le fis sous la protection de mon artillerie de réserve et d'une batterie de la Garde qui s'était portée de ce côté. Mais déjà la nuit était arrivée; des bataillons s'égarèrent et il en résulta un désordre qu'il était fort difficile d'empêcher. Toutefois, les batteries d'artillerie furent rassemblées et dirigées sur les plateaux des forts Plappeville et Saint-Quentin. Un grand nombre de bataillons furent réunis sur les plateaux en arrière de nos premières positions, ce qui permit à un bataillon du 98e d'occuper, pendant toute la nuit du 18 au 19, le château de Montigny-la-Grange.

Mes pertes, dans la dernière heure du combat, ont été très fortes ; mes trois divisions et l'artillerie ont eu, à ce moment, à supporter tout l'effet du feu de l'artillerie ennemie. M. le général de Golberg a été blessé ; les colonels Frémont (du 1er de ligne) et Supervielle (du 73e de ligne) ont été blessés mortellement. Un grand nombre d'officiers supérieurs et d'officiers de tous grades ont été tués ou blessés, tant dans l'infanterie que dans l'artillerie et le génie. Il m'est encore impossible de préciser l'étendue de mes pertes ; j'attends les rapports à ce sujet.

Les dispositions que j'avais prises et les phases du combat avaient éloigné beaucoup les hommes de l'emplacement de leurs bivouacs, aussi ont-ils perdu la plupart de leurs sacs et effets de campement. Les voitures des officiers, ayant été requises le matin pour aller chercher les vivres de la troupe, n'ont pu rejoindre dans la journée, et une grande partie des bagages des officiers a été abandonnée faute de moyens de transport. Cette circonstance met le plus grand nombre des corps des 1re et 2e divisions dans un embarras très grand, auquel je doute que les ressources des magasins de Metz puissent obvier.

Il me serait difficile de vous signaler spécialement les généraux, officiers supérieurs, officiers et soldats qui se sont distingués, tous ayant donné les preuves du plus grand courage et du plus grand dévouement.

Notice sur la bataille du 18 août (signée par le général Osmont, chef d'état-major du 4e corps).

Plappeville, 3 septembre.

Avant la bataille, le 4e corps occupait les positions suivantes :

La 1re *division*, la droite (*sic*) entre le coude du chemin de fer et le village de Saint-Privat (où le 6e corps d'armée s'est établi le matin même) (1) ;

La 2e *division*, entre Amanvillers et Montigny-la-Grange ;

---

(1) Même erreur que dans le rapport du général de Ladmirault.

La 3ᵉ division, sur le plateau de la ferme de Saint-Vincent face à Amanvillers ;

La cavalerie, derrière ce dernier village ;

Les réserves d'artillerie, entre Montigny et Amanvillers.

Dans la matinée, on est prévenu que des colonnes prussiennes apparaissent du côté de Vernéville.

Bientôt la canonnade s'engage avec le 3ᵉ corps et s'étend successivement dans la direction de Saint-Privat.

La 2ᵉ division est la première engagée, vers 11 h. 30. Sa 1ʳᵉ brigade, campée en première ligne à gauche du village d'Amanvillers, se porte au-devant de l'ennemi, la droite vers le bois de la Cusse (c'est devant cette droite que l'ennemi établit près de la pointe du bois une batterie de sept pièces enlevée plus tard par des hommes du 5ᵉ bataillon de chasseurs à pied et du 13ᵉ de ligne ; deux de ces pièces sont restées en notre pouvoir).

Les batteries de la 2ᵉ division dirigent leur feu vers la ferme de Champenois et sur Vernéville, où se déploie l'artillerie ennemie.

La 2ᵉ brigade de la 2ᵉ division est ainsi disposée : le 64ᵉ et un bataillon du 98ᵉ en première ligne ; les deux autres bataillons de ce dernier régiment en réserve, un peu en avant de la ferme de Montigny.

C'est dans ces positions que la 2ᵉ division combat pendant presque toute la journée sans céder de terrain à l'ennemi et en faisant même, en avant, avec succès, quelques mouvements offensifs.

Les tirailleurs de l'ennemi, embusqués derrière de fortes haies et dans le bois de la Cusse, protègent un déploiement formidable d'artillerie, devant lequel nos batteries et nos troupes ont beaucoup à souffrir.

Aux premiers coups de canon, la 1ʳᵉ division (de Cissey), s'est portée, au pas de course et sans sacs, sur la ligne de bataille qu'elle est appelée à occuper et à défendre ; elle se déploie sur deux lignes, entre la division Grenier et la gauche du 6ᵉ corps, en ordre mince, afin de rendre moins terrible les effets de l'artillerie ennemie. La nôtre ouvre de suite son feu à 1200 mètres environ des positions de nos adversaires et cherche à écraser des masses considérables qui gagnent du terrain vers notre droite dans le but d'attaquer et de tourner le 6ᵉ corps.

Ces masses ont dû souffrir beaucoup pendant deux heures environ, durant lesquelles elles sont restées sous le feu des batteries de la 1ʳᵉ division.

Vers 2 heures de l'après-midi, les batteries de la 1ʳᵉ division, battues de face et d'écharpe, refusent leur aile droite, et se retirent pour se recompléter en munitions ; mais l'infanterie de la division tient ferme sur toute la ligne, malgré une grêle continue de projectiles de l'artillerie ennemie.

Ses tirailleurs, placés fort en avant de leurs bataillons, ripostent vigoureusement aux nombreux tirailleurs ennemis, les empêchant de déboucher du bois en avant (1), occupé très en force.

Pendant ce temps, la 3e division est venue prendre position en réserve; aussitôt que le canon s'est fait entendre, elle a quitté ses bivouacs de la ferme Saint-Vincent, marchant sur Amanvillers.

Le 2e bataillon de chasseurs arrive le premier; il se porte en bataille dans le pli de terrain, à moitié chemin de la ferme de Montigny à Amanvillers.

(En marchant plus tard en avant, il s'est trouvé engagé vers la pointe du bois de la Cusse, entre le 54e à droite et le 65e à gauche.)

Le général commandant en chef le 4e corps, craignant principalement pour la gauche qui ne se relie pas avec le 3e corps d'armée, fait diriger les trois bataillons du 33e de ligne sur la ferme de Montigny mise en état de défense par les sapeurs du génie, avec ordre de s'y maintenir coûte que coûte.

Deux de ces bataillons sont placés à gauche de la ferme, deux compagnies dans le jardin et le restant du IIIe bataillon en réserve derrière les haies à droite. La 2e brigade de la 3e division (54e et 65e de ligne), arrivant à son tour, est déployée, le 54e à la droite d'Amanvillers et le 65e à la gauche du village, appuyant ainsi les troupes de la division Grenier. Un bataillon du 54e et un du 65e en réserve.

Le général de Lorencez envoie alors chercher les deux bataillons du 15e de ligne et la batterie restée sur l'emplacement du camp. (Le IIIe bataillon du 15e de ligne se trouvait, avant l'action, aux avant-postes, aux carrières de la Croix sur la route de Briey, observant tous les débouchés dans la direction du village de Fèves; il y resta jusqu'au soir.)

Ces dernières troupes de la 3e division arrivent sur le champ de bataille vers 1 heure (?) de l'après-midi.

Le 15e de ligne est déployé à la gauche du 65e, entre Amanvillers et Montigny-la-Grange (face à la ferme de Champenois).

La cavalerie est placée sur la droite d'Amanvillers au début de l'action; mais comme elle se trouve, sans pouvoir agir, dans la zone où éclatent des obus dirigés sur les premières lignes, elle est reportée en arrière et à droite d'Amanvillers.

C'est dans cet ordre que les troupes du 4e corps combattent pendant les premières heures de la bataille. Nos batteries répondent d'abord avec succès au feu de l'artillerie opposée; notre infanterie, bien que couchée, souffre beaucoup du feu de l'ennemi, mais elle tient solidement.

---

(1) De la Cusse.

Notre droite, avec le 6° corps, gagne même du terrain en avant, et l'on croit un moment la victoire assurée.

Cependant, entre 2 et 3 heures, les deux bataillons de droite du 64° ayant épuisé presque toutes leurs munitions sont remplacés par ceux du 98° de ligne, jusque-là en réserve.

Ces derniers subissent avec un grand sang-froid le feu des obus ; on leur fait changer cependant de position, pour éviter, en partie, les projectiles de l'ennemi, bien dirigés, qui font sauter un caisson de munitions du 13° de ligne et deux de la réserve d'artillerie. Vers 3 heures, sur toute la ligne, le feu de l'artillerie devient moins intense aussi bien de notre côté que de celui de l'adversaire.

Pendant ce temps, l'ennemi a rassemblé de grandes forces dans les fonds de Jouaville et d'Habonville, de Saint-Ail, de Sainte-Marie-aux-Chênes, et, prenant pour directions d'attaque tous les ravins qui convergent vers le plateau de Saint-Privat, il donne l'assaut à ce plateau.

Jusqu'à ce moment, les réserves du 6° corps sont restées à gauche de la route de Metz à Briey, en arrière de Saint-Privat.

Pour répondre à ce grand effort de l'ennemi, elles sont rappelées en toute hâte. Elles se dirigent sur la droite du village, où l'on voit déjà les habitants fuir en désordre vers Roncourt. Bientôt, des troupes descendent successivement les pentes de Saint-Privat vers la forêt de Jaumont ; elles se massent peu à peu sur la lisière de la forêt et font croire à un mouvement de l'ennemi de ce côté, à travers les bois. Elles se retirent alors en suivant la lisière de la forêt.

Le général commandant en chef le 4° corps ne tarde pas à apprendre que c'est l'extrême droite de notre ordre de bataille (6° corps) qui commence à se replier. Il envoie presser l'arrivée des troupes de la Garde, qui se trouvent au lieu dit le Gros-Chêne, près la ferme Saint-Vincent. Il fait aussi demander au maréchal commandant le 3° corps les secours dont il pourra disposer.

Enfin, il engage ses troupes à tenir bon jusqu'à l'arrivée des renforts qu'il attend. On aperçoit un mouvement d'attaque exécuté par le 6° corps en avant de Saint-Privat (1).

Ce retour offensif ne fait que retarder un moment la retraite des troupes placées à l'extrême droite.

Le général commandant en chef le 4° corps, sur la demande du maréchal commandant le 6° corps, lui expédie des caissons de munitions et le 11° dragons (2).

La 1re division d'infanterie (de Cissey) ayant alors sa droite

---

(1) Probablement le retour offensif de la brigade de Sonnay.
(2) En réalité les 3° et 11° dragons.

menacée par l'ennemi qui va établir ses batteries sur le mouvement de terrain en avant de Saint-Privat, exécute un changement de front pour faire face dans cette direction.

Des troupes des 2e et 3e divisions d'infanterie (parmi lesquelles un bataillon du 54e et un du 65e) sont en deuxième ligne, en avant et un peu à gauche d'Amanvillers, derrière de très légers plis de terrain, prêtes à soutenir par leur feu la retraite de la première ligne.

Le général commandant le 4e corps d'armée, avec le général de Lorencez, va examiner leur position. Il se porte, de là, sur les pentes entre les carrières de la Croix et Amanvillers, pour y disposer, avec la cavalerie, une partie des réserves d'artillerie destinées, s'il est nécessaire, à soutenir la retraite sur les défilés qui nous séparent de Metz. Notre gauche fait toujours bonne contenance. A 5 heures, un bataillon du 65e s'est porté derrière la haie, en avant de laquelle se trouve le Ier bataillon du 98e. L'un de ces bataillons du 64e, qui ont été mis en réserve vers 2 heures (le IIIe), est porté vers la droite pour appuyer la division de Lorencez vers Amanvillers. Le IIe bataillon du même régiment ferme une trouée entre les 1re et 2e divisions. Le 33e de ligne occupe toujours la ferme de Montigny et le terrain en avant.

Le général commandant en chef fait encore renforcer la position de Montigny par le 41e de ligne et des batteries d'artillerie envoyés par le maréchal commandant le 3e corps d'armée. Ce dernier régiment est placé d'abord à gauche de la ferme de Montigny ; mais il prend bientôt part à l'engagement soutenu, en avant de ce point, par les troupes des 2e et 3e divisions.

Pendant ce temps, le 6e corps a quitté le village de Saint-Privat, se retirant sur la forêt de Jaumont et la route de Saulny. Un grand vide se forme entre les villages de Saint-Privat et d'Amanvillers, qui sont en flammes.

L'artillerie de la Garde, qui débouche à ce moment du plateau du Gros-Chêne, empêche par son feu l'ennemi de sortir de Saint-Privat pour se jeter dans cette trouée.

La nuit est arrivée; le feu cesse de part et d'autre ; le 6e corps s'est écoulé par la route de Saulny. Le général de Cissey rallie une partie de sa division près des carrières de la Croix pour couvrir la retraite de ce côté. La division de Lorencez ne se trouvant plus appuyée à droite, ni soutenue par la Garde qui a regagné ses bivouacs près de Plappeville, bat elle-même en retraite sur son camp de la ferme Saint-Vincent, avec la cavalerie et des batteries de la 2e division et de la réserve d'artillerie. Les 1er et 6e de ligne suivent aussi cette direction.

L'obscurité profonde de cette nuit et la dispersion des troupes de la 1re division d'infanterie et de la 1re brigade de la 2e division ne leur permettent malheureusement plus d'aller reprendre leurs sacs et leurs bagages dans les bivouacs non occupés par l'ennemi.

Toute direction générale devient impossible.

Vers le milieu de la nuit, les troupes, réunies par corps et arrêtées un moment, se retirent vers Metz par les deux routes de Saulny et de Plappeville.

Le 33e de ligne quitte seulement à 11 heures du soir la ferme de Montigny, occupée jusqu'au lendemain matin à 6 heures, par la brigade Pradier (2e division), moins un bataillon du 64e, qui a suivi la division de Lorencez.

La retraite une fois commencée par cette brigade, les hulans se montrent en avant d'Amanvillers ; ils sont tenus en respect par le feu de deux compagnies du 98e de ligne formant l'arrière-garde.

Vers 8 heures du matin, le 4e corps était rentré dans les bivouacs sous Metz, qu'il occupait avant son mouvement sur Doncourt.

1re DIVISION (DE CISSEY).

Journal de marche de la 1re division.

Le 18 au matin, ordre est donné d'envoyer à Metz tous les moyens de transport disponibles, y compris les voitures à bagages des officiers, afin d'aller se ravitailler dans cette place. Cet ordre nous parvient assez tard et une partie seulement des corps de la division l'avait exécuté, lorsque l'action de cette journée vint à commencer ; cela permit de sauver une notable quantité de bagages d'officiers.

Vers 11 heures du matin, le général de Ladmirault fait prévenir le général de Cissey que l'on a signalé la présence de l'ennemi à petite distance et que nous allons vraisemblablement être attaqués. A l'instant même, une violente canonnade éclate sur notre gauche. Le général de Cissey fait former, en toute hâte, sa division par brigades accolées et sur deux lignes. On se relie, par la droite, avec la gauche du 6e corps d'armée qui tient Saint-Privat, et par la gauche, avec la division Grenier qui est en avant d'Amanvillers.

La lutte commence par un long combat d'artillerie, dont la 1re division est obligée de supporter passivement les effets. Les batteries de la division font les plus grands efforts pour éteindre le feu des batteries ennemies, mais celles-ci sont constamment renforcées ou renouvelées. Notre adversaire en a toutes les facilités, car il nous attaque dans cette journée avec dix corps d'armée. Il s'efforce de tourner le 6e corps qui forme l'aile droite de l'armée française, et cherche à envoyer des forces sur notre ligne de retraite vers Metz. La bataille présente donc, jusque vers 4 h. 30 du soir, une succession d'efforts, de la part de notre artillerie, pour contre-battre l'artillerie prussienne.

A ce moment de la journée, la gauche du 6° corps essaye de déboucher de Saint-Privat (1), pour aller à la rencontre de grosses colonnes ennemies qui s'avancent, enseignes déployées, pour enlever Saint-Privat. Le général de Cissey fait immédiatement exécuter à sa première ligne un changement de front, l'aile gauche en avant, et qui s'exécute avec la précision d'une manœuvre sur le terrain d'exercice. Par suite de ce mouvement, la division prend d'écharpe les colonnes prussiennes et leur fait essuyer des pertes terribles qui suspendent leur marche offensive.

Malheureusement, toute notre artillerie divisionnaire a épuisé ses munitions ou a été démontée ; l'ennemi, qui a fait avancer sur la croupe qui mène à Saint-Privat une formidable batterie, nous écrase de ses feux.

Tout à coup, le 6° corps se replie et prononce un mouvement de retraite complet, qui découvre entièrement notre droite. Le général commandant le 4° corps, se rendant alors compte d'une situation aussi critique pour son corps d'armée, et surtout pour notre division, prescrit au général de Cissey de reporter sa division plus en arrière, et de manière à garnir la lisière des carrières et des bois qui bordent le plateau d'Amanvillers—Saint-Privat.

Le général de Cissey s'attache à conserver le plus d'ordre possible, dans l'exécution de ce mouvement rétrograde sous une véritable pluie de feu. La division a déjà cruellement souffert, car le général de Golberg, les colonels Frémont et Supervielle ont été grièvement blessés. Le général de Cissey et une partie de ses officiers ont été, en outre, démontés ou blessés. Il devient même impossible à la division de reprendre entièrement ses bivouacs, ses sacs et ses tentes-abris, que l'on a dû laisser sur place le matin, par suite de l'attaque si soudaine de l'ennemi.

Le général de Cissey arrête ses troupes à la lisière du bois et se prépare à recevoir le choc de l'infanterie prussienne, si elle est assez hardie pour poursuivre son mouvement offensif.

Mais celle-ci se tient à distance, n'osant pénétrer entre les villages d'Amanvillers et de Saint-Privat, bien qu'ils soient tout en feu. Elle est également contenue par le feu d'artillerie exécuté par des batteries de nos réserves.

Pendant ce temps, la nuit arrive. Beaucoup d'hommes harassés de fatigue et pressés par la faim, profitent de l'obscurité pour aller isolément, ou par petits groupes, à travers les bois, en se dirigeant sur Metz.

---

(1) Allusion probable au retour offensif de la brigade de Sonnay.

Le général de Cissey cherche alors, par tous les moyens possibles, à maintenir réunies les fractions des corps qui n'ont pas échappé à son action directe, et s'efforce, du moins, de couvrir la retraite de la longue colonne d'artillerie ou de voitures du convoi, engagée sur la route qui mène à Woippy par Saulny.

Une partie de la nuit est consacrée au soutien de cette retraite qui n'est pas inquiétée par l'ennemi ; et le noyau de la division, dirigé par son chef, installe son bivouac, vers 2 heures du matin, à la sortie de Woippy.

Les pertes de la division, dans la bataille du 18 août, sont (1) : officiers : 20 tués, 71 blessés, 21 disparus ; troupe : 184 tués, 1177 blessés, 375 disparus.

Extrait du registre des marches de la 1re division.

18 août.

La division de Cissey, qui a passé la nuit sur le champ de bataille, se replie sur Saint-Privat dans la matinée du 17, pour se ravitailler en vivres et munitions ; elle y établit ses bivouacs.

Le 18, à midi, une vive canonnade annonce la présence de l'ennemi sur notre gauche. Il avait réuni contre nous dix corps d'armée. La division prit aussitôt les armes et occupa une position entre Amanvillers et Saint-Privat, appuyant le 6e corps qui formait l'aile droite de l'armée.

Après une lutte d'artillerie, dont la division souffrit beaucoup, le 6e corps d'armée, entraîné vers sa droite, battit en retraite sur Metz, découvrant entièrement notre droite. Les Prussiens en profitèrent et envahirent la position par une croupe abandonnée par le 6e corps.

Le général de division fit faire immédiatement à ses bataillons un changement de front à droite, qui s'exécuta avec une grande précision. Mais les forces ennemies étaient trop supérieures. Une grêle d'obus tombait dans nos lignes, faisant de nombreuses victimes. Sur les ordres du général en chef, la retraite s'exécuta, et l'on se remit en marche par les bois qui dominent cette crête.

La division se rallie le 19 à Woippy.

Rapport du général de Cissey, commandant la 1re division.

Plappeville, 23 août.

Le 18 août courant, le général commandant la 1re division du 4e corps

---

(1) Chiffres approximatifs.

reçut dans la matinée avis de M. le général chef d'état-major général du 4° corps d'armée, que l'on devait s'attendre à être attaqué par l'ennemi qui avait déjà abordé la gauche de l'ordre de bataille général de l'armée. Le général commandant la 1re division donna alors immédiatement l'ordre de réunir les troupes dans leurs bivouacs, de se tenir prêts à prendre les armes au premier signal. Vers 11 h. 30 (?), la canonnade se rapprocha rapidement, et en peu d'instants on reconnut que la division Grenier était aux prises avec l'ennemi. Le général de Cissey fit aussitôt avancer ses deux brigades au pas de course, sans sacs, et les établit sur la portion de la ligne de bataille qu'elles devaient couvrir et défendre. La droite de la 1re division s'appuya à la gauche du 6e corps d'armée et la gauche se relia à la division Grenier. Les brigades de la division de Cissey furent, dès le début, formées sur deux lignes en ordre mince afin de rendre moins terribles les effets de l'artillerie ennemie; la nôtre ouvrit de suite son feu à 1200 mètres environ des premières positions de nos adversaires et chercha à écraser des masses considérables qui gagnaient vers la droite et voulaient tourner le 6° corps. On a pu voir que ces masses souffraient beaucoup du feu des batteries de la 1re division, vivement exécuté pendant deux heures pour tâcher d'arrêter le mouvement tournant. Vers 2 heures de l'après-midi, nos batteries prises de face, d'écharpe et en rouage refusèrent d'abord leur aile droite, puis elles furent obligées de se porter en arrière pour se compléter en munitions.

Pendant ce temps-là, l'infanterie de la division tint ferme dans ses lignes, malgré une grêle continue de projectiles de l'artillerie ennemie; ses tirailleurs, placés fort en avant des lignes, ripostaient vigoureusement aux nombreux tirailleurs ennemis, les empêchant de déboucher du bois en avant (1) qu'ils occupaient très en force.

Vers 4 heures (?), la division attendait impatiemment le moment d'être portée en avant; chacun croyait la victoire assurée, car la gauche du 6e corps tenait encore les abords avancés de Saint-Privat et semblait en train de gagner du terrain. Tout à coup, vers cette heure, le feu de l'artillerie ennemie, qui avait paru s'éloigner et s'éteindre, reprit avec la plus vive intensité sur toute la ligne; l'infanterie de la 1re division souffrait cruellement de ces feux; les trois batteries de notre artillerie furent alors ramenées sur la ligne et rouvrirent le feu sous une masse de projectiles de toutes sortes.

A ce moment, la gauche du 6e corps fut obligée de reculer devant les colonnes prussiennes qui s'avançaient par les longues pentes douces

---

(1) Bois de la Cusse.

qui aboutissent à Saint-Privat. Cette gauche du 6ᵉ corps allait être débordée et tournée, lorsque le général commandant la 1ʳᵉ division ordonna à sa 2ᵉ brigade de faire rapidement un changement de front sur son aile droite; ce mouvement, exécuté avec le sang-froid d'une manœuvre d'exercice, permit de ralentir immédiatement les progrès de la colonne ennemie.

Les batteries d'artillerie de la 1ʳᵉ division, épuisées, décimées, ne se retirèrent que vers 7 heures pour commencer, peu après, leur retraite sur Metz. Après la retraite de notre artillerie, l'infanterie de la 1ʳᵉ division tint bon encore dans ses lignes pendant une heure environ, bien que l'ennemi, à la suite de la retraite du 6ᵉ corps, se fut assez rapproché de Saint-Privat pour avoir toute facilité pour nous écraser.

On ne saurait trop signaler l'héroïsme de ces malheureuses troupes qui demandaient, malgré leurs pertes terribles, à être portées en avant pour aborder l'ennemi à la baïonnette.

Toutefois, le général commandant la 1ʳᵉ division, jugeant qu'il était impossible de résister plus longtemps dans cette ligne, puisque le 6ᵉ corps, à sa droite, était en pleine retraite, ordonna à son infanterie de se replier en bon ordre et par échelons sur la lisière des bois en arrière (1). La nuit qui arrivait contribua beaucoup à augmenter les difficultés de cette retraite. La division garda jusqu'à 8 h. 30 du soir les carrières et la lisière des bois dont il vient d'être parlé. Le général s'efforça alors de la rallier et de la tenir dans la main pendant tout le temps que dura la retraite; après la traversée des bois, il massa, sur le plateau découvert que coupe la route de Briey à Metz, le 57ᵉ de ligne, une partie des 1ᵉʳ, 6ᵉ, 73ᵉ de ligne. Le dernier régiment du 6ᵉ corps d'armée, chargé de couvrir la retraite (2), était déjà en marche sur Saulny au moment où le général de Cissey réunissait les débris de sa division; cet officier général s'attacha à couvrir la retraite du convoi composé en grande partie du matériel de l'artillerie. En arrivant à Woippy, vers 2 heures du matin, le général commandant la 1ʳᵉ division assura, près de ce village le bivouac de toutes les fractions de sa division, que l'on avait pu tenir réunies au milieu de l'obscurité.

Le reste de la division tint bon jusqu'au jour la lisière des bois et les carrières.

La 1ʳᵉ division a fait noblement son devoir dans cette journée et a cherché par tous les moyens possibles à assurer le succès.

J'ai eu l'honneur de vous signaler les officiers, sous-officiers et soldats qui se sont particulièrement distingués.

---

(1) Près des carrières de la Croix.
(2) Le 94ᵇ.

Souvenirs du général de Cissey.

18 août.

Le matin, nous recevons l'ordre de faire partir tous les moyens de transports disponibles, y compris ceux des officiers, pour aller chercher des vivres à Metz; fort heureusement pour ma division, une partie seulement des corps put exécuter ces ordres, de sorte que tous les bagages des officiers n'ont pas été perdus. Suivant l'usage, nous sommes très mal éclairés; au lieu d'envoyer tout ou partie de notre nombreuse cavalerie, avec des éclaireurs en rideau, à 8 ou 10 kilomètres du camp, on se contente d'envoyer des pelotons seulement à 1 ou 2 kilomètres, de sorte qu'à midi nous sommes surpris par une violente canonnade qui éclate tout à coup sur notre gauche. Je fais prendre les armes en toute hâte; de nombreux tirailleurs ennemis avec des soutiens se présentent devant mes grand'gardes, et l'on n'a pas le temps de plier les tentes ni de mettre sac au dos. Je fais demander des instructions au commandant du 4e corps, qui me fait répondre que je dois considérer Saint-Privat et Amanvillers comme deux bastions, dont ma division serait la courtine, c'est-à-dire de relier le 6e corps aux divisions Grenier et Lorencez qui sont à ma gauche; c'est me condamner à rester toute la bataille sous le feu du canon.

Mon artillerie se porte en ligne pour contre-battre l'artillerie ennemie qui, par un hardi mouvement de flanc, se porte rapidement sur Saint-Privat, dont les Prussiens voudraient chasser le 6e corps afin de nous couper la route de Woippy. Après une lutte acharnée, elle succombe sous le nombre, et elle est obligée de se porter très en arrière pour se réorganiser.

Les batteries de la division Levassor-Sorval (6e corps) viennent un moment, avec la plus grande hardiesse, s'établir entre mes lignes pour contre-battre l'artillerie prussienne qui nous fait le plus grand mal; mais prises en rouage par un nombre plus que double et d'un calibre supérieur, elles sont obligées de céder le terrain à leur tour. On ne fait aucun mouvement offensif ni à ma droite, ni à ma gauche. Si le 6e corps eût été convenablement déployé et appuyé par de nombreuses batteries de la réserve générale, qu'on n'a jamais employées dans cette campagne (?), le général de Ladmirault pouvait, avec les divisions Grenier et Lorencez, couper la ligne ennemie; je l'aurais appuyé par une vigoureuse marche en échelons. La Garde et les autres corps aidant, nous pouvions infliger une sanglante défaite à l'ennemi, malgré les douze corps qu'il avait accumulés devant nous. Mais rien de tout cela n'a été fait. Le 6e corps se contente de maintenir à peu près sa position, puis, quand le Maréchal jugea que la bataille avait été assez longue, il fait tranquillement son mouvement de retraite sur Metz, sans prévenir personne, ou tout au plus le général de Ladmirault. Dès que les Prussiens s'aperçoivent de ce mouvement rétrograde, ils portent sur les crêtes de puissantes batteries qui nous prennent d'écharpe, en même temps que leur infanterie, drapeaux déployés, marche résolument à l'attaque des positions ; mais ce bel entrain est vite calmé, car j'ordonne à ma première ligne un changement de front à droite, qui s'exécute avec autant de précision qu'au champ de Mars, et des feux à commandement, par-dessus mes tirailleurs, arrêtent net cette marche en avant. Il y a près de cinq heures que nous sommes sous le feu du canon ; le général de Golberg a été frappé d'un obus à l'épaule ; le colonel Supervielle (du 73e) a été emporté du champ de bataille les jambes fracassées ; le colonel Frémont (du 1er de ligne) est également blessé ; tout mon état-major est démonté, mon escorte brisée, dispersée ; le champ de bataille est jonché des plus effroyables débris ! Écrasé par le canon, j'envoie demander des ordres au général de Ladmirault, qui me fait répondre que le 6e corps bat définitivement en retraite et que, dès lors, il ne peut plus garder ses positions ; il me prescrit de me replier avec ma 2e brigade, et tout ce que je pourrai réunir, sur les hauteurs boisées qui sont sur mes derrières ; lui-même fait replier les divisions Grenier et Lorencez, ainsi que ma 1re brigade, qui est à gauche.

Nous traversons le terrain de nos bivouacs, mais il ne m'est pas possible de faire prendre les sacs au passage ; les projectiles ennemis nous arrivent encore en plein et je compte, une fois sur la lisière, renvoyer les hommes en arrière, par petits paquets, pour prendre leurs effets sans le moindre danger ; mais une fois dans le bois, il n'y a plus moyen de retenir les hommes.....

Nous arrivons nous-mêmes à Woippy à 1 h. 30 du matin ; à 4 heures nous remontons à cheval et nous allons rejoindre les troupes que j'ai arrêtées à la gauche du village. A 4 h. 30, le général de Ladmirault arrive avec les 1er et 6e d'infanterie.

. . . .

Nos pertes pour ma division ont été de 20 officiers tués, 71 blessés et 2 disparus. Troupes: 284 tués, 1177 blessés et 375 disparus. Au nombre des officiers disparus se trouve le sous-intendant, M. Bouvard ; ce fonctionnaire brouillon, mais d'une intrépidité extraordinaire, fruit d'un profond sentiment religieux, n'a pas cessé de parcourir le champ de bataille avec des cacolets pour relever les blessés et les transporter à Saint-Privat où une ambulance provisoire avait été établie. Resté dans ce village après la retraite pour continuer à faire soigner les blessés, il a été pris et conduit en Prusse ; mais, couvert par la convention de Genève, il a été, m'assure-t-on, renvoyé en France par la voie de mer.

Voici quelle était, le 18 août, la disposition générale de l'armée française : elle s'étendait de Rozérieulles à Saint-Privat ; le 6e corps à droite occupait Roncourt et Saint-Privat ; le 4e corps, 1re et 2e divisions en première ligne avec la 3e division en réserve, tenait Amanvillers et Montigny-la-Grange, se reliant par ma division vers Saint-Privat au 6e corps qui nous débordait un peu ; le 3e corps, à gauche du 4e, avait son front couvert par les fermes de la Folie, Leipzig et Moscou, sa gauche arrivait jusqu'à la ferme du Point-du-Jour ; le 2e corps couronnait la hauteur qui domine Rozérieulles ; un bataillon du 97e occupait le village de Sainte-Ruffine.

La Garde impériale avait une brigade de voltigeurs au chalet Billaudel, formant réserve pour le 3e corps ; la division de grenadiers avec le commandant en chef Bourbaki est formée d'abord sur le plateau de Plappeville ; plus tard, mais trop tard, elle s'est portée à l'entrée du bois de Saulny ; la 2e brigade de voltigeurs avec le général Deligny est au col de Lessy. Le maréchal Bazaine est resté constamment aux forts de Plappeville et Saint-Quentin, ne sachant pas ce qui se passait à sa droite.

Les corps ennemis qui nous ont attaqués le 18 étaient : les IIIe, Xe, VIIe, IXe, XIIe, IIe, VIIIe, plus la Garde royale.

Historique du 20e bataillon de chasseurs à pied (capitaine Delherbe).

18 août.

Vers le milieu de la nuit du 17 au 18, l'alerte est donnée. Le bataillon se porte aux faisceaux, puis tout rentre bientôt dans le calme. Le matin, toutes les voitures des corps sont requises pour aller chercher des vivres à Metz ; ce convoi doit être mis en route avant midi. Nos voitures partent à 11 heures pour le rendez-vous. Les hommes mangent et se reposent ; on complète les munitions. Le capitaine Delherbe établit les différents mémoires de proposition qui lui sont demandés par le général de division pour les journées des 14 et 16 août.

Vers 11 h. 30, le canon se fait entendre sur notre ligne tout entière avec une grande violence ; l'ennemi vient de prendre l'offensive. Le bataillon prend les armes à la hâte et reçoit l'ordre de se porter en soutien de batteries, laissant les sacs, les bagages et le camp dressé, sous la garde des hommes malingres et du vaguemestre. Le bataillon est fractionné en deux parties. La première, commandée par le capitaine Delherbe, comprend les 1re, 2e et 3e compagnies ; la deuxième, commandée par le capitaine adjudant-major Leclère, comprend les 4e et 5e compagnies (la 6e n'était pas encore revenue de Metz) ; chacune de ces fractions protège une batterie. La batterie soutenue par le capitaine

Delherbe s'établit vers la gauche, en avant d'Amanvillers, un peu en avant du chemin de fer. La batterie soutenue par le capitaine Leclère s'établit sur la droite non loin des *Mares*, se reliant au 6⁰ corps. Après une heure d'une violente canonnade, la batterie soutenue par le capitaine Delherbe est anéantie (1); une autre la remplace; malgré des prodiges de valeur, elle subit bientôt le même sort (?). Les attelages sont détruits et il faut des chevaux de la réserve pour emmener les pièces. Les chasseurs, exposés à une grêle inouïe de projectiles, restent accroupis, à droite et à gauche des pièces, dans les sillons sans pouvoir tirer sur un ennemi qu'ils n'aperçoivent même pas. Plus de 60 bouches à feu écrasent de leur feu l'emplacement que viennent d'abandonner nos batteries; beaucoup de chasseurs sont hors de combat, et les trois compagnies sont forcées de se retirer dans la tranchée du chemin de fer qui les abrite un peu du feu d'artillerie partant du bois de la Cusse qu'on avait négligé d'occuper. A quelques pas des chasseurs, entre la tranchée du chemin de fer et les débris des deux premières batteries, vient se placer une batterie de mitrailleuses qui exécute pendant une heure un feu terrible, mais qui dut se retirer faute de munitions de réserve. Il est 4 heures, le feu continue sans aucun progrès de part et d'autre. Plusieurs fois les Prussiens essayent de déboucher du bois, mais une fusillade meurtrière les y fait rentrer chaque fois qu'ils essayent de se porter sur Amanvillers.

A 6 h. 30, le feu prend, à l'extrême droite, une intensité extrême ; c'était le XII⁰ corps (Saxons) qui venait d'entrer en ligne et qui tournait notre droite ; au bout de 45 minutes, le corps Canrobert, écrasé par le nombre, ayant épuisé ses munitions après une lutte désespérée, était rejeté en désordre sur les bois de Saulny par la route de Woippy, où l'ennemi n'osait le poursuivre. Sainte-Marie-aux-Chênes, Saint-Privat, Roncourt tombaient successivement aux mains des Saxons et de la Garde prussienne. Cette retraite découvrit complètement le 4⁰ corps, qui se trouva bientôt, sans soutien, exposé au tir de 200 bouches à feu convergeant sur une étendue très restreinte pendant 45 minutes. Il réussit néanmoins à arrêter l'attaque des Prussiens sur Amanvillers et ne se retira qu'au moment où les grenadiers et les zouaves de la Garde avec de l'artillerie, arrivant de Plappeville, entrèrent en ligne. A 7 heures, le capitaine Delherbe fut tué dans la tranchée du chemin de fer d'un éclat d'obus dans le ventre; un peu auparavant M. le lieutenant Cleiftié était aussi tombé, frappé par un éclat d'obus dans la poitrine; au début de l'action, M. le capitaine Nadal avait été griève-

---

(1) Pertes de la 5ᵉ batterie du 15⁰ : 2 officiers, 12 hommes et 7 chevaux (pour toute la journée).

ment blessé d'un éclat d'obus à la tête et M. le lieutenant de Closmadeuc avait eu la jambe brisée par un projectile de la même nature.

Vers 7 h. 30, le feu continuait avec la même vivacité ; les batteries de Saint-Ail enfilaient la tranchée et quelques balles commençaient à la sillonner ; il n'y avait plus une seule pièce en batterie de notre côté. M. le capitaine Cugnier prit le commandement du détachement de gauche. Les régiments du 4ᵉ corps se retiraient successivement par les bois et il ne restait plus, en avant d'Amanvillers, qu'une centaine d'hommes du bataillon et une ou deux faibles compagnies d'infanterie. Craignant d'être coupés si l'ennemi se portait, à la faveur de la nuit, du bois de la Cusse sur Amanvillers et n'étant pas en force pour leur résister avec si peu de monde, nous résolûmes de profiter d'un instant de ralentissement dans le feu pour nous retirer, ce qui fut exécuté avec un grand calme. Le détachement traversa le village d'Amanvillers tout en flammes (devant chaque maison, gisaient de nombreux blessés que quelques médecins pansaient au milieu de l'incendie) et alla rejoindre la brigade (1ᵉʳ et 6ᵉ de ligne) à la lisière du bois. De nombreux obus labouraient encore l'espace compris entre Amanvillers et ce bois. Ce fut là, à l'Est du village, que le bataillon passa une partie de la nuit.

Le détachement se composait alors de trois officiers (MM. Cugnier, capitaine ; Curicque, lieutenant ; de Chilly, sous-lieutenant), de cinq sous-officiers et de quatre-vingts chasseurs. La 3ᵉ compagnie, commandée par M. le lieutenant Marcais, nous avait quittés vers 6 heures et avait appuyé à droite ; elle ne put nous rejoindre que le lendemain à Metz.

La Garde arrivait enfin par le chemin encaissé de Saulny et se déployait sur la lisière du bois, face à Saint-Privat, couvrant ainsi notre retraite, si l'ennemi cherchait à sortir de ce village ; mais la nuit était venue et avec elle la fin de cette lutte acharnée. Il ne fallait pas songer à regagner le camp situé entre nous et les Prussiens ; à 11 heures, la brigade se dirigea sur Metz par la route de Lorry. Les hommes étaient très fatigués ; ils n'avaient pas mangé depuis le matin et, ayant perdu leurs sacs, se trouvaient dénués de tout. La route de Lorry était couverte de voitures dont la plupart étaient abandonnées et renversées sur les bas-côtés de la route ; c'était le convoi parti le matin et qui revenait de Metz avec des vivres pour ravitailler l'armée ; il était trop tard ; désormais la route de France nous était fermée. Vers minuit et demi, on arriva à Lorry ; là, le capitaine Cugnier se décida à s'arrêter et installa son détachement dans une grange appartenant aux premières maisons du village ; il y passa la nuit.

Le lendemain, 19 août, au point du jour, on se remit en marche et sur les indications que M. le maréchal Canrobert donna au capitaine Cugnier au sujet de l'emplacement des corps d'armée, le détachement put rejoindre le capitaine Leclère sur l'emplacement fixé pour le bataillon à 200 pas environ des glacis de la porte de Thionville. Comme le détachement de gauche, celui de droite avait dû suivre les mouvements de la droite du 4ᵉ corps, sans pouvoir d'avantage passer par le camp. Il était arrivé sous Metz dans la nuit; il avait subi aussi des pertes douloureuses : M. le sous-lieutenant Cleiftié avait été tué d'un éclat d'obus à la poitrine; M. le lieutenant de Closmadeuc avait eu la jambe brisée. Cette blessure nécessita plus tard une amputation aux suites de laquelle cet officier succomba le 30 août; M. le capitaine Nadal avait été grièvement blessé d'un éclat d'obus au front.

Quant à la 6ᵉ compagnie, elle était arrivée vers 11 heures avec ses prisonniers au fort Moselle; pour la première fois depuis près de quarante-huit heures, ses hommes purent manger et se reposer un peu. Partie vers 1 heure, dès que M. le lieutenant Crémadells, eut pu obtenir de la place quelque indication sur l'emplacement présumé du 4ᵉ corps, elle se dirigea par Woippy et Saulny sur Saint-Privat-la-Montagne. En débouchant sur le plateau, le canon se fit entendre avec violence; la 6ᵉ compagnie accéléra sa marche; elle se trouvait déjà au milieu des bagages du 4ᵉ corps, vers 6 heures du soir et commençait à apercevoir le théâtre de la bataille à l'horizon, lorsqu'une panique subite s'empara des conducteurs des voitures de l'administration des équipages régimentaires. Des chevaux de main, des attelages traînant leurs traits brisés, des bestiaux, des hommes isolés, des voitures de toute espèce refluèrent en un clin d'œil sur Metz à toute vitesse. M. le lieutenant Crémadells, aidé par M. le sous-lieutenant Theillier, chercha d'abord à barrer le passage aux fuyards; il plaça quelques éclaireurs dans le bois à sa droite et fit reconduire à la lisière du bois des fuyards du 15ᵉ de ligne; en ce moment, la Marseillaise retentit et les troupes placées au débouché du bois essayèrent de se reporter en avant; mais ce mouvement dut s'arrêter devant la grêle de projectiles qui commençait déjà à fouiller la lisière des bois. La nuit était tombée et la 6ᵉ compagnie, entraînée dans la retraite de l'armée, se retira sous Metz où elle rejoignit le reste du bataillon, le 19 vers 6 heures du matin, en même temps à peu près que la 3ᵉ compagnie. Les pertes du 20ᵉ bataillon, à la défense des lignes d'Amanvillers, sont les suivantes (1) : 2 officiers tués, 2 blessés, dont 1 à mort; 9 hommes tués, 80 blessés, 18 disparus.

Tous les bagages du bataillon étaient perdus (caisse du corps, bagages des officiers et de la troupe, comptabilité, sacs des hommes) par suite de l'envoi des voitures à Metz. 20,000 hommes se trouvaient dans la même situation. Le camp avait été, au reste, criblé d'obus; beaucoup de tentes avaient été incendiées ou mises en lambeaux.

---

(1) Chiffres approximatifs.

Historique du 1ᵉʳ régiment d'infanterie (colonel Frémont).

18 août.

Dès le matin, l'armée française était attaquée par les deux armées réunies de Steinmetz et de Frédéric-Charles, auxquelles on avait laissé tout le temps de réparer les désordres de la journée du 16. Cette attaque débuta par une canonnade des plus vives. Le régiment se rassembla à la hâte, et, laissant au camp les tentes dressées, les bagages des officiers et les sacs de la troupe sous la garde de quelques hommes, marcha au canon. Il fut placé en réserve dans un terrain découvert que vinrent labourer les obus et la mitraille de l'artillerie prussienne.

Le terrain montait légèrement devant nous et, sur la crête une seule de nos batteries avait ouvert le feu; mais bientôt l'explosion d'un caisson la força de se retirer. Une nouvelle batterie qui vint la remplacer ne put tenir plus longtemps et se retira à son tour. Du reste, les munitions manquaient en dépit du voisinage de Metz et il n'était pas possible à notre artillerie de lutter contre l'énorme supériorité numérique de l'artillerie prussienne.

Cependant le 1ᵉʳ de ligne, toujours immobile sous le feu d'un ennemi invisible, avait déjà essuyé des pertes notables et n'attendait que le signal de marcher en avant. Mais, à cette heure de la lutte, notre droite se trouvait complètement isolée, grâce à une large trouée qui venait de se produire entre la division de Cissey et la gauche du 6ᵉ corps. L'on apercevait distinctement en avant de profondes masses ennemies se dirigeant vers notre droite, avec l'intention évidente de la tourner, et nous restions toujours immobiles sous un feu meurtrier. Bientôt, les tirailleurs ennemis aparurent sur notre droite et, couronnant rapidement les crêtes qui nous dominaient, nous prirent en flanc à l'improviste. Les tirailleurs de la première brigade durent se replier au pas de course et la brigade elle-même faire face avec promptitude à ce danger imminent. Mais que pouvait-on contre les masses énormes qui nous menaçaient de tous côtés. Pris de flanc, de face et à revers par les batteries ennemies, le 1ᵉʳ de ligne, à cette heure suprême, se débattit dans un véritable océan de fer et de feu; il fut héroïque, mais impuissant, et, après avoir perdu 24 officiers tués ou blessés il dut battre en retraite sur l'ordre du général de Cissey, pour se retirer dans la tranchée du chemin de fer où il resta plus d'une heure exposé encore au feu de l'ennemi; puis il rejoignit le commandant de la brigade vers 9 h. 30 près du bois d'Amanvillers. Ne pouvant rentrer au camp qu'il avait quitté le matin, privé d'ailleurs de ses moyens de transport il ne put sauver qu'une partie de ses bagages. Après une marche de nuit longue et pénible, le régiment se replia sur Woippy; il se ralliait dans la matinée du lendemain.

Historique du 6ᵉ régiment d'infanterie (colonel Labarthe).

18 août.

La division occupait encore cette position (1), quand dans la matinée, vers midi, elle prenait précipitamment les armes, et, après avoir fait demi-tour, allait à quelques centaines de mètres de là, couronner les hauteurs qui appuient leurs deux extrémités, l'une à Saint-Privat-la-Montagne et l'autre à Amanvillers. La crête de ces positions qui dominent tout le terrain placé en avant d'elles, était néanmoins à peu près au niveau d'un bois, dont l'angle saillant faisait face au milieu de notre ligne (2).

Le 6ᵉ de ligne se déployait sans perdre de temps et appuyait sa droite à la tranchée du chemin de fer et sa gauche à environ 300 mètres de là. Notre feu commençait aussitôt, très vivement nourri, vers le bois d'où partait une fusillade non moins nourrie de la part des Prussiens. Toutefois, la situation restait bonne et avantageuse aussi longtemps que notre artillerie combattait l'artillerie prussienne; mais vers 3 heures du soir, nos batteries cessant de tirer, l'artillerie prussienne dirigeait aussitôt tous ses coups contre notre ligne de feu. En même temps, des colonnes fraîches apparaissaient sortant de tous les ravins et semblaient disposées à tourner le village d'Amanvillers par notre droite, tandis que vers notre gauche, on voyait des pelotons de cavalerie encore éloignés, se disposer à charger dans un moment opportun. Les lignes de réserve venaient alors doubler et seconder le régiment; mais à ce moment, c'est-à-dire vers 5 h. 30, l'artillerie prussienne redoublait ses feux convergents et nous couvrait de projectiles de toute espèce.

Enfin à 8 h. 30, après avoir tenu jusqu'au dernier moment, le régiment se retirait et venait se reformer à l'entrée des bois de Saulny, derrière la Garde impériale qui en débouchait. Il ralliait peu à peu ses divers éléments et se dirigeait ensuite sur Metz; à 4 heures du matin il s'arrêtait à la gare de Devant-les-Ponts.

La bataille du 18 août, appelée défense des lignes d'Amanvillers, avait été très longue et meurtrière; nous laissions à l'ennemi de nombreux morts et blessés et tout notre matériel de campagne laissé au bivouac. Elle nous coûtait :

1° 12 officiers tués ou morts de leurs blessures; MM. Saint-Martin,

---

(1) Celle du bivouac.
(2) Le bois de la Cusse.

chef de bataillon ; Vaillaut, de Chilly, Ducoulombier, Barbault, Ravel, capitaines ; Renaudeau, de Widranges, Castel, Ohmann, Jacques, lieutenants ; Plancher, sous-lieutenant ;

2° 9 officiers blessés : MM. Salle, chef de bataillon ; Jourdan et Illartein, capitaines ; Robillard, Cristofini, Vanghelle, Tocquard, Grimal, lieutenants ; Demengel, sous-lieutenant ;

3° Un officier contusionné, M. Bonnelle, sous-lieutenant ;

4° 40 sous-officiers et soldats tués ;

5° 178 sous-officiers et soldats blessés ;

6° 48 sous-officiers et soldats disparus.

Historique du 57e régiment d'infanterie (colonel Giraud).

18 août.

A 11 heures du matin, l'ennemi annonça sa présence en tirant quelques coups de canon. La brigade se porta aussitôt en avant, entre les deux villages de Saint-Privat et d'Amanvillers, le 57e à droite, le 73e à gauche et la 1re brigade, composée des 6e et 1er de ligne, en arrière et un peu à gauche de ces deux régiments.

La bataille fut surtout un duel d'artillerie jusqu'à 4 heures du soir, heure à laquelle cessa le feu de notre côté, faute de munitions. Le régiment resta alors exposé à un feu terrible qui redoubla encore d'intensité vers 5 heures du soir, quand la gauche ennemie chercha à tourner notre droite, composée par le 6e corps, qui tenait Sainte-Marie-aux-Chênes. L'ordre de se replier sur les hauteurs boisées qui dominent Amanvillers fut donné à 6 heures.

Ce mouvement de retraite s'opéra en bon ordre, sous un feu écrasant, et le régiment resta jusqu'à 7 heures sur ces hauteurs pour protéger la retraite des convois, des blessés et de l'artillerie. Les sacs qui avaient été laissés au camp furent perdus.

Les débris du régiment marchèrent toute la nuit et arrivèrent vers 2 heures du matin en arrière de Woippy, où l'on établit un campement provisoire.

Cette bataille nous coûta :

MM. Oudriot, Mendy, capitaines, Calabraise, Dubruel, lieutenants, tués ; Champault, Perrin, lieutenants, disparus; Mathieu, lieutenant-colonel ; Dupuy de Podio, chef de bataillon ; Leroux, Hudelot, Fourtier, Rouyer, capitaines; Taulier, Thivolet, Grazietti, lieutenants ; Georges, Ceysson, sous-lieutenants, blessés ; 127 hommes tués, 231 blessés, 67 disparus (1).

---

(1) Chiffres approximatifs.

Rapport du capitaine Le Roux, du IIIe bataillon du 57e de ligne.

Le 10 août, à Saint-Privat-la-Montagne, à midi et demi, au commencement de l'action, le chef de bataillon est blessé ; j'ai le commandement du bataillon. A 4 h. 30 du soir, nous n'avons plus de munitions ; déjà à 2 heures les mitrailleuses nous avaient abandonnés faute de munitions. A 6 h. 30 seulement arrive l'ordre de battre en retraite..... Dans la crainte de me voir inquiété par la cavalerie et pour pouvoir dans ce cas faire former le carré, je me tiens à ma place de bataille. C'est dans cette retraite que j'ai reçu deux coups de feu.....

Historique du 73e régiment d'infanterie (colonel Supervielle).

18 août.

A midi, le canon se fait entendre à peu de distance ; le 73e part aussitôt au pas gymnastique ; les deux premiers bataillons prennent position à droite de la tranchée du chemin de fer de Metz à Verdun, dans une dépression de terrain que dominaient (?) les positions de l'ennemi ; ils essuient aussitôt un feu violent de mousqueterie ; le IIIe bataillon oblique à gauche et va se placer dans la tranchée du chemin de fer, d'où il dirige ses feux sur l'artillerie prussienne. La portion du bois de la Cusse placée en avant du bataillon était déjà occupée par de l'infanterie ennemie. A droite des deux premiers bataillons, le 57e était rangé en bataille ; le 1er de ligne derrière le 57e ; le 6e à mi-côte en arrière du régiment, appuyant sa gauche à la tranchée du chemin de fer. Les tirailleurs du IIIe bataillon du 73e, déployés à la gauche de la tranchée, se reliaient à ceux de la 2e division.

Notre artillerie, écrasée par l'artillerie prussienne, se retire à 2 heures et tout le feu ennemi est dirigé sur nos lignes d'infanterie à peu près à découvert. Le Ier bataillon du 73e ne change pas de place ; le IIe cherche en arrière une position moins défectueuse ; le combat se soutient néanmoins jusqu'à 5 heures. La retraite du 6e corps permet à l'artillerie ennemie de concentrer le feu de toutes ses batteries sur le plateau. C'est à ce moment que le général de brigade de Golberg, frappé par un biscaïen, est obligé de quitter le champ de bataille. Notre ligne est débordée à droite ; toutes les batteries prussiennes redoublent le feu ; la fusillade du bois et du chemin de fer reprend également avec une telle vivacité que la retraite devient forcée. Cependant un noyau formé par tous les régiments se rallie en arrière de la crête et ouvre le feu contre les têtes de colonnes ennemies. A ce moment, le colonel Supervielle est grièvement blessé, frappé par un éclat d'obus aux deux jambes. Le III⁰ bataillon continue d'occuper quelque temps la tranchée, couvrant ainsi la retraite des blessés vers l'ambulance d'Amanvillers. Les colonnes prussiennes arrêtèrent leur mouvement avant d'arriver sur le plateau ; l'artillerie seule continue son feu ; le 73ᵉ se rallie en arrière d'Amanvillers au moment où la garde arrivait sur le champ de bataille ; il traverse le bois de Saulny, arrive dans le village du même nom et s'arrête à Woippy. Après la bataille, le 73ᵉ se rallie à minuit à Woippy ; il s'établit ensuite, le lendemain matin, sur les glacis de la porte de Thionville, où il achève de se réunir.

Effectif du régiment : 49 officiers, 1867 hommes.

Les pertes éprouvées par le régiment dans la bataille du 18 août sont les suivantes :

MM. Clot, lieutenant, Cozic, sous-lieutenant, tués ; le colonel Supervielle, Thierry et Devillebichot, capitaines, Will, Balsan, Béguier, lieutenants, Helleboid, Chrisostome, Binet, Wunemburger, sous-lieutenants, blessés ; Bonnot de Mably et de Lacauve, chefs de bataillon, Bontus, Barth, Levasseur, capitaines, Chanet, lieutenant, Prost, sous-lieutenant, contusionnés ; 37 hommes tués, 285 blessés, 174 disparus.

Rapport du lieutenant-colonel de Narp, commandant l'artillerie de la 1ʳᵉ division (5ᵉ, 9ᵉ et 12ᵉ batteries du 15ᵉ).

Camp (Devant-les-Ponts) sous Metz, 21 août.

Le 18, les batteries de la 1ʳᵉ division du 4ᵉ corps étaient campées à moitié chemin entre Amanvillers et Saint-Privat ; elles entrèrent en ligne vers 11 heures à 1200 mètres environ des premières positions de l'ennemi, et ouvrirent immédiatement leur feu contre des masses énormes, qui gagnaient la droite de la position et cherchaient à tourner le 6ᵉ corps. On a pu voir que ces masses ont beaucoup souffert du feu des batteries de la 1ʳᵉ division, qui a été exécuté pendant deux heures à outrance, pour tâcher d'arrêter le mouvement de l'ennemi. Ce mouvement ne pouvait manquer de placer notre droite dans la position la plus critique, ce que le résultat de la journée n'a malheureusement que trop prouvé. A 2 heures, les batteries, prises de face, d'écharpe et en rouage, refusèrent d'abord leur aile droite et, en dernier lieu, furent amenées dans des positions situées en arrière pour se recompléter en munitions. A 4 heures, le feu de l'ennemi, qui paraissait s'éloigner et s'éteindre, reprit avec la plus vive intensité sur toute la ligne ; l'infanterie de la 1ʳᵉ division souffrait cruellement ; pour lui porter secours, les trois batteries, sur l'ordre du général commandant la division, furent ramenées sur la ligne et rouvrirent leur feu sous une grêle de projectiles de toute sorte. Les batteries épuisées et décimées se retirèrent vers 7 heures pour commencer, peu après, leur retraite sous Metz, retraite qui s'est effectuée en bon ordre pendant la nuit.

Dans cette affaire, le commandant Putz qui se trouvait au plus fort du danger, a eu son cheval tué sous lui.

Dans la 5e batterie, le capitaine Boniface a été tué, le lieutenant en second M. Duprez a été blessé, ainsi que l'adjudant; 6 hommes ont été tués, 7 blessés. On fut dans la dure nécessité de laisser sur le terrain une pièce, dont les quatre servants avaient été tués par le même projectile et à laquelle il ne restait plus qu'un seul servant et le maréchal des logis blessé lui-même. L'avant-train était brisé et les chevaux tués. Cette pièce a du reste été ramenée par le 57e de ligne.

La 9e batterie a eu 1 homme tué, 7 blessés, 2 disparus, et elle a perdu un caisson. La 12e a eu 1 servant tué, 9 hommes blessés, 18 chevaux tués, 6 blessés; elle a perdu deux avant-trains de pièce et deux arrière-trains de caissons; un caisson a été fortement avarié. Le chariot de batterie a été brisé et perdu dans la retraite; il a roulé dans un ravin.

Dans cette affaire, l'artillerie de la 1re division s'est sacrifiée pour venir au secours de l'infanterie. Tous, officiers, sous-officiers et canonniers ont fait bravement leur devoir.

Historiques des 5e, 9e et 12e batteries du 15e régiment d'artillerie (commandant Putz).

18 août.

5e *batterie.*—Vers 11 heures du matin (?), une batterie prussienne vient s'établir à 1500 mètres d'Amanvillers environ, en avant du bois de la Cusse et canonne les camps. Le premier moment de surprise passé, tout le monde est bientôt sous les armes, mais l'infanterie dans le camp de laquelle tombent déjà quelques obus, n'a pas le temps de replier ses tentes, et seules de toutes les troupes de la division, les batteries, qui sont restées attelées depuis une alerte de la nuit précédente, peuvent emmener tous leurs bagages. Les batteries de combat se portent aussitôt en avant à 1 kilomètre environ et s'établissent au sommet d'une crête demi-circulaire, qui s'étend d'Amanvillers à Saint-Privat, et convexe vers l'extérieur. La 5e batterie qui occupe la gauche se trouve à 700 ou 800 mètres, à droite et en arrière par rapport à la ligne française, de la batterie prussienne qui a engagé l'action, laquelle a été déjà presque éteinte par d'autres batteries du 4e corps placées à gauche d'Amanvillers. Nous avons en face, à 1600 mètres environ, une autre batterie établie contre le bois, derrière le remblai du chemin de fer de Metz à Verdun; c'est sur celle-là que nous ouvrons le feu. Toutefois, la première batterie se ranime au bout d'une demi-heure environ et nous envoie quelques projectiles, mais la section de gauche, en une dizaine de coups, la réduit complètement au silence. Les voitures restent là et la batterie paraît abandonnée ; un peu plus tard seulement, les Prussiens essayent à deux ou trois reprises de la ramener ; ils en sont empêchés chaque fois par quelques coups tirés à propos par la section de gauche et nous n'avons plus rien à craindre de ce côté. Mais sur la droite, à partir de midi, les Prussiens faisant par sections à droite, viennent établir successivement de nouvelles batteries qui nous débordent de plus en plus pendant que la batterie du chemin de fer, bien abritée contre nos coups, continue un feu violent. Pour répondre à ces batteries, nous nous contentons d'incliner nos pièces et de porter l'aile droite de la batterie un peu en arrière ; mais un moment vient, à 1 h. 30, où nous ne pouvons plus employer ce moyen sans nous exposer trop en flanc à la batterie du chemin de fer, sur laquelle nous ne tirons plus depuis quelque temps déjà, notre tir n'ayant pas eu de résultat appréciable. La 5e batterie se porte alors à une centaine de mètres en arrière de la crête et en appuyant légèrement à droite, de façon a être abritée des vues de la batterie du chemin de fer et à lutter seulement contre celles de droite. Vers 2 h. 30, la batterie, obligée à un tir rapide contre des forces supérieures, a complètement épuisé ses provisions ; elle se retire alors et va attendre près de la route de Briey, à la pointe du bois de Saulny, que sa réserve de batterie la réapprovisionne ; celle-ci, qui se trouvait en colonne sur la route à une certaine distance, n'est pas retrouvée de suite ; et, avec le temps nécessaire au tranvasement des munitions (car il a fallu d'abord compléter les coffres d'avant-train des pièces), il est près de 4 heures quand la batterie se reporte en avant avec ses avant-trains et deux caissons seulement. Depuis une demi-heure seulement, il y a une sorte de répit dans le combat et, des deux côtés, l'artillerie ne tire presque plus ; mais les Prussiens, continuant leur mouvement tournant, sont déjà arrivés jusqu'à la route de Briey, entre Saint-Privat et Sainte-Marie-aux-Chênes. Après quelques allées et venues du côté de la route d'Amanvillers à Saint-Privat, les trois batteries de la division sont placées perpendiculairement à cette route, un peu en avant de notre ancien camp, à 1200 mètres environ de la ferme de Jérusalem, avec mission de tirer à gauche de cette ferme, dans le cas où les Prussiens voudraient attaquer Saint-Privat ; vers 4 h. 30, elles sont portées un peu en avant et mises en batterie à 900 mètres de la ferme, tandis que l'infanterie et la cavalerie du 6e corps essayent successivement d'arrêter l'ennemi, dont le mouvement se prononce vigoureusement sur Saint-Privat. A 5 heures, les batteries de la réserve du 6e corps vont elles-mêmes ouvrir le feu en avant de Jérusalem et aussitôt les batteries prussiennes recommencent à tonner de toutes parts.

Alors, les trois batteries de la division reçoivent l'ordre de se reporter sur la crête, à quelques centaines de mètres, à droite de leur ancienne position. Ainsi placées, elles occupent le centre d'un immense quart de cercle formé par les batteries prussiennes, la 5ᵉ batterie à la droite, du côté où cet arc de cercle nous déborde, puis la 12ᵉ et enfin la 9ᵉ batterie; elles sont prises de cette manière à la fois de face, d'écharpe et de flanc; aussi la 5ᵉ batterie voit-elle tomber, au moment même où elle arrive en position, son lieutenant en second, M. Duprez, blessé à la tête par un éclat d'obus. Il est 5 h. 30; en même temps qu'elles nous débordaient, les batteries prussiennes avaient rétréci leur cercle pour mieux nous enserrer, et deux d'entre elles se trouvaient en face de nous à 900 mètres au plus, sur la pente vis-à-vis de la crête que nous occupions. C'est sur ces dernières que la batterie dirige son feu et non sans succès, car au bout d'une heure, l'une d'elles était complètement éteinte et l'on n'y voyait plus un homme. Mais sous ce déluge de feu, la batterie avait fait des pertes très sérieuses : l'adjudant Bourrillon, commandant la section du centre, avait été blessé dès le début; plus tard, le capitaine commandant était tué raide par un éclat d'obus en pleine poitrine; enfin, un assez grand nombre d'hommes et de chevaux se trouvaient hors de combat. D'un autre côté, le peu de munitions qu'on avait était épuisé; le lieutenant en premier M. Ducup, seul chef de section restant, donna l'ordre d'amener les avant-trains. Il est 6 h. 30.

La 4ᵉ pièce, qui a déjà eu trois servants enlevés par un même projectile, reçoit, au moment même où on la remet sur son avant-train, un obus qui brise la flèche et l'avant-train, fait voler en éclat le coffre heureusement vide, et tue les deux servants restants. Cette pièce, déjà détériorée par un autre projectile qui avait enlevé un morceau de la volée et tordu la hausse dans son logement, est abandonnée, faute de moyens de transport, sur le champ de bataille ainsi que l'avant-train brisé; elle est du reste ramenée à bras par notre infanterie. La 5ᵉ batterie va alors se replacer au coin du bois de Saulny, dans l'espace compris entre la route de Briey et les carrières dites de la Croix, où se massent également un grand nombre de batteries qui n'ont plus de munitions, tandis que sur la route, les réserves des batteries, les voitures du train, de l'intendance, les voitures de vivres, de bagages, etc., saisies d'une violente panique, se livrent à une course échevelée vers Metz, se brisant, se renversant dans les tournants brusques et les descentes rapides de la route; le désordre est à son comble; des conducteurs coupant les traits de leurs chevaux, laissent là leur voiture pour se sauver plus vite et l'on voit des cavaliers affolés, et apparemment mieux montés, exécuter une charge furibonde au travers des voitures au risque de tout renverser sur leur passage. L'officier qui a rédigé ce rapport, alors blessé et se rendant à Metz, a été surpris par cette panique et témoin en particulier du dernier fait. On finit cependant par arrêter ce mouvement, grâce surtout à quelques voitures tombées au pont de Saulny et qui forment en cet endroit très étroit une sorte de barrage; mais la route est encore trop encombrée par toutes ces voitures mêlées qui cherchent à se retrouver, pour que les batteries puissent quitter leur emplacement. Elles restent donc exposées sans défense aux coups de l'artillerie prussienne qui déjà sillonne les bois de chaque côté de la route de Briey. Il est 7 heures, les Prussiens ont fini par se rendre maîtres de Saint-Privat, dont toutes les maisons, disputées pied à pied, ont dû être prises d'assaut, et nous n'avons plus que deux batteries de 12 qui soutiennent encore la lutte de ce côté. Heureusement la Garde arrive pour empêcher l'écrasement complet de l'aile droite de l'armée; elle chasse les Prussiens de Saint-Privat (?), les contient et permet ainsi à la retraite de s'opérer. Vers 9 heures, la batterie, conduite par M. Ducup, peut enfin se mettre en route et vers minuit, elle arrive à Devant-les-Ponts où elle campe près du Sansonnet; elle avait encore perdu dans cette marche de nuit un caisson qui, étant tombé dans un fossé, ne put être relevé.

Quant à la réserve de batterie, voici ce qui lui était arrivé. Après nous avoir donné des munitions, vers 4 heures, M. Cahen, capitaine en second, était parti avec nos six caissons vides pour les faire remplir au parc, laissant les autres voitures de la réserve sur la route, sous les ordres d'un maréchal des logis; après avoir inutilement cherché le parc jusqu'à Metz, il était allé camper le soir au Sansonnet. Les voitures restées sur la route, surprises par une première panique qui se produisit vers 5 heures, se séparèrent et revinrent sous Metz par petits groupes dans la soirée, à l'exception d'une voiture de réquisition contenant les vivres et le fourrage qui versa dans la bagarre.

Cette désastreuse journée coûtait à la batterie 6 hommes tués, dont son capitaine commandant, M. Boniface, 1 homme disparu et 10 blessés, dont le lieutenant en second, M. Duprez, et l'adjudant. On laissait encore sur le champ de bataille une pièce et un caisson avec 8 chevaux. Nous avions consommé toutes nos munitions, et encore en avions-nous manqué à la fin de la journée.

9e *batterie*. — La batterie, qui est campée avec les autres batteries de la division à moitié chemin entre Amanvillers et Saint-Privat-la-Montagne, entre en ligne vers 11 heures du matin (?), à 1200 mètres environ des premières positions de l'ennemi et ouvre immédiatement son feu contre des masses énormes qui gagnaient la droite de notre position et cherchaient à tourner le 6e corps. On peut voir que les masses souffrent beaucoup du feu de la batterie qui a été exécuté à outrance pendant plus de deux heures pour tâcher d'arrêter le mouvement de l'ennemi qui ne pouvait manquer de placer notre droite dans la position la plus critique, ce que le résultat de la journée n'a malheureusement que trop prouvé. A 2 heures, la batterie prise de face, d'écharpe et en rouage commence par refuser l'aile droite et est ensuite amenée dans'une position située en arrière pour la recompléter en munitions.

A 4 heures, le feu de l'ennemi, qui paraissait s'éloigner et s'éteindre, reprend avec la plus vive intensité sur toute la ligne. L'infanterie de la 1re division souffre cruellement. Pour lui porter secours, les trois batteries de la division, sur l'ordre du général de division, sont ramenées sur la ligne et rouvrent leur feu sous une grêle de projectiles de toutes sortes. La batterie épuisée se retire vers 7 heures pour commencer, vers les 9 heures, la retraite vers Metz, retraite qui s'effectue en bon ordre pendant la nuit.

Dans cette affaire, la batterie a 1 homme tué, 7 blessés, 2 disparus ; elle a perdu 10 chevaux. Elle est forcée de laisser sur le champ de bataille un caisson, les chevaux ayant été tués et les hommes blessés.

12e *batterie*. — Le matin, elle levait le camp pour se porter en avant sur la route de Briey, lorsque le canon se fit entendre. La batterie, d'après des ordres reçus, vint s'établir à 400 mètres en avant, sur des hauteurs situées à un kilomètre de la route et à gauche, laissant un peu en arrière la ferme de Jérusalem déjà citée. Elle ouvre le feu vers 11 h. 30 (?) dans la direction du village d'Habonville sur les masses profondes de l'infanterie prussienne qui, se glissant le long des bois Doseuillons et de la Cusse, cherchaient à emporter les hauteurs d'Amanvillers. L'ennemi est arrêté et éprouve des pertes considérables. Un corps assez nombreux de hulans, se dissimulant autant que possible, essaye de tourner la batterie par la droite. Deux mitrailleuses sont dirigées sur les cavaliers et les empêchent d'exécuter leur mouvement. Jusqu'à ce moment, la batterie n'avait pas trop souffert, mais vers les 3 heures, des batteries prussiennes viennent s'établir derrière des épaulements préparés à l'avance et concentrent leur feu sur elle.

Par suite du départ des 9e et 8e batteries, qui s'étaient retirées pour se réorganiser et se réapprovisionner, elle éprouve des pertes considérables et est forcée de se replier sur les réserves de l'artillerie de la division. Après avoir complété les attelages et les servants, elle revient sur le champ de bataille avec les 9e et 8e batteries et ouvre le feu en se plaçant un peu en arrière des anciennes positions. Elle dirige son tir dans la direction des villages de Saint-Ail et de Sainte-Marie-aux-Chênes, sur les batteries prussiennes devenues très nombreuses et sur l'infanterie ennemie cachée par derrière. Ce fut le moment le plus terrible de la journée. Les Prussiens, repoussés de Saint-Privat, revenaient sans cesse à la charge. La batterie reste sur le terrain, tirant constamment, jusqu'au moment de la prise de ce dernier village et de la retraite du 6e corps.

Les pertes éprouvées sont considérables : 2 hommes tués et 8 blessés ; 18 chevaux tués et 4 blessés.

Blessés légèrement : 13 hommes, parmi lesquels il faut compter tous les chefs de pièce. Ces 13 hommes sont restés à la batterie et ne sont pas entrés à l'hôpital.

En se retirant, entre 7 heures et 7 h. 30, on est obligé, faute d'attelages, d'abandonner sur le terrain trois caissons vides et on vient bivouaquer près de Lorry.

2ᵉ DIVISION (GRENIER).

Journal de marche de la 2ᵉ division.

18 août.

Les voitures de bagages des corps ayant été vidées et mises à la disposition de l'administration, un immense convoi est dirigé sur Metz pour chercher des vivres et des munitions.

On avait signalé la présence des Prussiens à petite distance, quand, à midi sonnant, ses batteries ouvrent le feu contre les grand'gardes. La 1ʳᵉ brigade se porte immédiatement en avant de son camp ; le 5ᵉ bataillon de chasseurs met de suite ses compagnies en soutien de l'artillerie, qui prend position devant le bois et devant la ferme de Champenois, d'où l'ennemi nous canonnait avec une vigueur et une violence extrêmes.

Vers 4 heures, notre artillerie, en partie démontée, ayant perdu beaucoup de chevaux et étant obligée de cesser ses feux faute de munitions, le 5ᵉ bataillon de chasseurs se place à gauche (?) du 2ᵉ bataillon (3ᵉ division) de même arme, dans une espèce de tranchée circulaire couverte par une haie et située à moitié chemin entre Amanvillers et le bois vis-à-vis (1). De là, il arrêta par son feu les masses prussiennes concentrées dans le bois et s'avançant à mesure que ployaient [*sic*] (2) les troupes placées à notre droite.

En ce moment, il fut victime d'une ruse déloyale de la part d'une troupe prussienne qui leva la crosse en l'air, fit sonner : « Cessez le feu ! », comme pour indiquer qu'elle se rendait, et reprit ensuite son feu. Le bataillon ne l'arrêta pas moins, mais ce mouvement avait démasqué sa position ; il fut pris d'écharpe par une batterie et obligé de se rallier en arrière du village.

Le 13ᵉ de ligne s'était déployé en avant de son camp. L'un de ses bataillons, averti qu'une batterie ennemie de sept pièces venait d'être

---

(1) Chemin creux 331.
(2) Il faut sans doute lire : *pliaient*. (Voir le Rapport Bellecourt.)

démontée, reçoit l'ordre de s'en emparer, ce qu'il exécute avec le plus grand élan, aidé de quelques chasseurs. Deux pièces seulement peuvent être ramenées faute d'attelage et sont remises à l'artillerie.

Ce régiment n'étant plus soutenu, à 4 heures, par l'artillerie dont le feu avait cessé, resta en position jusqu'au moment où la retraite fut ordonnée; il fut forcé d'abandonner ses bagages et ses sacs laissés au camp, mais il sauva son drapeau, sa caisse, ses cantines d'ambulance et ses deux caissons de munitions, le troisième ayant pris feu pendant le combat.

Le 43e de ligne prit également position devant son camp, couvert par ses tirailleurs, et réussit pendant longtemps à faire reculer l'ennemi; mais accablé par l'artillerie prussienne, il subit des pertes et dut se retirer en seconde ligne, à bout de munitions.

Dans cette bataille, la 1re brigade est très éprouvée : le 5e bataillon compte 1 officier grièvement blessé, 7 hommes tués, 72 blessés, 32 disparus, en tout 112 hommes hors de combat. Le 13e a perdu 2 officiers, 29 hommes tués et 218 blessés ou disparus, dont 2 officiers. Le 43e a eu 6 officiers et 24 hommes tués, 530 blessés ou disparus, dont 21 officiers (1). Enfin tous les bagages, tentes et sacs de la brigade ont été perdus, la brigade n'ayant pu se rallier qu'en arrière du camp. Le nombre des officiers est déjà tellement réduit que le commandement des compagnies devient difficile et qu'il est urgent de les remplacer.

La 2e brigade a été établie : le 64e et un bataillon du 98e en première ligne, les deux autres en réserve près la ferme de Montigny-la-Grange. Les tirailleurs, dès midi, engagent la fusillade avec l'ennemi protégé par de fortes haies. Deux batteries de fort calibre, établies à près de 3,000 mètres, tirent toute la journée sur la première ligne; une troisième, placée à gauche de Vernéville, la prend d'écharpe à partir de 5 heures et lui cause beaucoup de mal.

A 2 heures, les deux bataillons du 64e ayant épuisé presque toutes leurs munitions sont remplacés par ceux du 98e en réserve. Ces derniers subissent avec un grand courage le feu des obus, mais sont obligés trois fois de changer de position afin d'éviter les projectiles de l'ennemi trop bien dirigés.

A 5 heures, un bataillon du 65e se forme en bataille derrière la haie en avant de laquelle se trouve le Ier bataillon du 98e; à 6 heures, deux bataillons du 33e viennent pour relever ceux du 98e; mais au signal de retraite donné à ceux-ci, le 33e revient sur ses pas. Alors le colonel du 98e, pour empêcher la ligne d'être dégarnie, arrête ses bataillons;

---

(1) Chiffres approximatifs.

le 33e imite cet exemple; la position reste alors occupée par deux lignes jusqu'à la nuit, où le feu cesse.

Les deux bataillons du 64e qui avaient été relevés à 2 heures et mis en réserve, n'y restent pas longtemps. A 4 heures, l'un d'eux reçoit l'ordre de se mettre à la droite de sa division pour appuyer la division Lorencez à Amanvillers. Il épuise toutes ses munitions, suit le mouvement de retraite de la division Lorencez, vient camper au village Devant-les-Ponts, sous Metz, et rejoint son corps le lendemain.

Le IIe bataillon du 64e, bouche, à 5 heures, une trouée existant entre la droite et la division voisine. Là, le capitaine Desnos qui le commandait a soutenu trois heures un feu meurtrier. Il passe la nuit à son campement; le reste du régiment et le 98e bivouaquent sur le champ de bataille.

Le général Pajol, de la 3e division du 4e corps, chargé de la défense de Montigny-la-Grange, n'avait pu relever les troupes harassées de la 2e brigade. A 8 h. 30, le feu ayant cessé depuis quelque temps, le général Pradier s'aperçoit qu'il n'a plus personne à sa droite; mais se croyant appuyé à gauche par le général Pajol, et voyant plus à gauche encore la division Montaudon (du 3e corps), il garde sa position.

La 2e brigade a donc bivouaqué sur le terrain, avec trois de ses compagnies établies en arrière, dans la tranchée-abri faite par le génie dans la journée.

Rapport du général Bellecourt, commandant la 1re brigade de la 2e division.

Camp de Lorry, 19 août.

Hier, 18 courant, la 2e division était campée à Amanvilliers; l'avis fut donné que l'ennemi marchait sur notre position; il était 11 heures du matin; la 1re brigade prit immédiatement position en avant du camp.

Le 5e bataillon de chasseurs eut, au début de l'action, ses compagnies détachées comme soutien de l'artillerie.

Lorsque vers 4 heures, notre artillerie fut obligée de cesser ses feux, le bataillon entier se plaça à droite du 2e bataillon (1), dans une espèce de tranchée circulaire, couverte par une haie et située à moitié chemin entre Amanvillers et le bois d'en face. C'est de là, que par un feu bien ajusté, il arrêta les masses prussiennes concentrées dans le bois et s'avançant à mesure que notre droite pliait.

Ici se place une ruse déloyale que je crois devoir mentionner. Une

---

(1) De chasseurs.

troupe prussienne levant la crosse en l'air, leur clairon sonnant « cessez le feu », se remit à tirer quand elle crut qu'on ajoutait foi à sa démonstration. Le bataillon réussit à tenir et à les arrêter, mais ce mouvement avait démasqué sa position, et le feu d'une batterie prussienne qui le prit d'écharpe, le força de reculer ; il le fit en bon ordre et se rallia en arrière du village.

Le 13ᵉ de ligne, ayant ses trois bataillons déployés, maintint sa position en avant du camp ; l'un de ces bataillons me fit prévenir qu'une batterie prussienne de sept pièces de canon venait d'être démontée. Je donnai l'ordre à ce bataillon de se porter en avant et de s'emparer de ces pièces, ce qui fut exécuté avec le plus bel élan ; les pièces furent en notre pouvoir, mais deux seulement furent emmenées et remises à notre artillerie faute d'attelage.

Malgré ses pertes, d'autant plus sensibles qu'il n'était plus soutenu par notre artillerie dont les feux avaient cessé, que les armes ne fonctionnaient plus et que les munitions manquaient, le 13ᵉ de ligne s'est maintenu au poste qui lui avait été assigné, jusqu'au moment où la retraite fut ordonnée, et obligé d'abandonner tous ses bagages et les sacs de ses hommes laissés au camp ; mais il revint sur Metz en bon ordre, sauvant son drapeau, sa caisse, ses cantines d'ambulance, deux caissons de munitions (le troisième avait pris feu pendant le combat).

Le 43ᵉ de ligne avait pris également position en avant du campement, ses bataillons déployés et couverts par une ligne de tirailleurs ; les feux réussirent à arrêter l'ennemi et même à le faire reculer.

Lorsque notre artillerie cessa ses feux, le 43ᵉ chercha à empêcher l'infanterie prussienne d'avancer et les batteries ennemies de se rapprocher de nos lignes.

C'est alors que le régiment, accablé par l'artillerie ennemie, fit des pertes cruelles.

Il n'en perdit pas un pouce de terrain ; ce n'est qu'à bout de munitions qu'il se retira en arrière de la seconde ligne.

Comme dans les affaires du 14 et du 16, les trois corps de la brigade se sont montrés à la hauteur de leur réputation et ont déployé le courage le plus admirable.

Mais leurs pertes sont nombreuses, le 5ᵉ bataillon a 1 officier grièvement blessé, 7 hommes tués, 72 blessés, 32 disparus, total 112 hommes hors de combat.

Le 13ᵉ de ligne a à déplorer la perte de 2 officiers et 29 hommes de troupe tués et de 218 blessés ou disparus dont 8 officiers.

Le 43ᵉ a perdu 560 hommes dont 6 officiers et 24 hommes de troupe tués et 530 blessés ou disparus, dont 21 officiers et 509 hommes de troupe.

Enfin les tentes et bagages de la troupe et des officiers sont perdus, par cette raison que les voitures régimentaires avaient été envoyées à Metz le matin par ordre pour faire des ravitaillements et que tous les bagages durent être abandonnés, lorsque la brigade se rallia en arrière du campement.

P.-S. — J'ajouterai à ce rapport que le nombre des officiers est tellement réduit que le commandement des compagnies devient presque impossible. Le lieutenant-colonel Verdeil, qui commandait le 43°, ayant été assez grièvement blessé, le régiment est commandé par un chef de bataillon. — Il devient très urgent de faire des nominations. J'attirerai aussi l'attention sur la triste position des officiers sans bagages, sans vêtements, ne pouvant pas se procurer à manger et beaucoup plus malheureux que les soldats.

Rapport du chef de bataillon Carré, commandant le 5° bataillon de chasseurs.

Lorry, 19 août.

Dès le commencement de l'action, les compagnies du bataillon ont été détachées comme soutiens des batteries d'artillerie, et deux compagnies ont été placées en tirailleurs, dans une espèce de tranchée circulaire couverte par une haie, et située à moitié chemin entre le village d'Amanvillers et le bois d'en face. Après que les batteries d'artillerie réunies en avant du village ont dû cesser le feu, le bataillon tout entier a été placé dans cette tranchée, ayant le 2° bataillon de chasseurs à sa gauche, avec deux compagnies en réserve.

Au moment où la droite de la ligne, cédant devant les masses prussiennes a été obligée de plier, les troupes ennemies, concentrées dans le bois en avant du bataillon, en sont sorties et se sont élancées sur notre tranchée; mais un feu bien ajusté les a obligées de s'arrêter.

Ces troupes ont employé un subterfuge qui n'est pas permis à la guerre. Les Prussiens levaient la crosse en l'air, et leurs officiers faisaient signe de la main de ne pas tirer, tandis qu'un clairon prussien sonnait « Cessez le feu ! » ; le tout pour nous faire croire que nous avions des Français ou des amis devant nous. Un moment trompés par ce mensonge, les hommes ont suspendu leur feu ; mais ayant bien vite reconnu leur erreur, ils n'ont que mieux ajusté les Prussiens et ont réussi à les arrêter à plusieurs reprises.

Malheureusement, voyant bien qu'il était dangereux de s'exposer à un feu pareil, les Prussiens ont eu l'idée de mettre des canons en batterie sur notre droite, et dans une position dominante, pour nous accabler d'une grêle de projectiles. Ils nous ont ainsi tué beaucoup de monde et nous ont obligés à abandonner cette position que leur infanterie n'aurait jamais réussi à nous enlever. Nous avons dû battre en retraite, et ce n'est qu'en arrière du village qui commençait à brûler, que nous avons pu nous rallier.

Comme dans les affaires du 14 et du 16, les officiers, sous-officiers, caporaux et chasseurs du bataillon ont vaillamment et intelligemment combattu. Cette affaire nous a coûté un officier grièvement blessé, M. le sous-lieutenant Molle; 7 tués, 72 blessés, 32 disparus; total 112 hommes hors de combat (1).

Historique du 5ᵉ bataillon de chasseurs à pied (commandant Carré).

18 août.

La matinée se passe tranquillement; à 7 heures, l'intendance fait réquisitionner toutes les voitures de bagages des officiers pour les envoyer à Metz, de concert avec les prolonges d'artillerie qui vont prendre un ravitaillement de vivres et de munitions. La sécurité est telle que l'on n'a pas, comme d'habitude, placé de grand'gardes à quelques centaines de mètres en avant de nous.

Cependant à midi, au moment où les troupes sont réunies en armes pour l'appel, des vedettes reviennent au galop annoncer l'approche de l'ennemi. Nous sommes dans un fond que dessine un mouvement de terrain nous interceptant la vue. Heureusement que tout le monde est présent; en quelques minutes l'artillerie attelle ses pièces; nous l'escortons pendant qu'elle se transporte au trot sur cette légère éminence (2). De là, nous voyons en effet à peu de distance devant nous plusieurs colonnes d'infanterie et des batteries ennemies. Les plus rapprochées sont un peu en avant des bois de la Cusse dont nous sommes à environ 1200 à 1500 mètres. On ouvre aussitôt le feu de part et d'autre. Les mitrailleuses du capitaine Saint-Germain déciment les servants des batteries prussiennes; nos boulets de 4 démontent plusieurs de leurs pièces. Les bataillons d'infanterie, fouettés par les projectiles des mitrailleuses, se jettent en désordre dans le bois de la Cusse; les artilleurs prussiens abandonnent leurs pièces qui restent sans défenseurs et sans servants.

Nous nous portons alors plus en avant; et, comme notre brigade arrive, le bataillon appuie à droite pour faire place au 13ᵉ de ligne.

De son côté, l'ennemi paraît se porter vers notre droite. On voit à l'horizon d'épaisses colonnes qui marchent dans cette direction. En face de nous, le bois de la Cusse paraît très fortement occupé; nous avons

---

(1) Chiffres approximatifs.
(2) Mamelon 331.

alors Amanvillers derrière nous ; le chemin de fer qui passe entre ce village et les hauteurs, décrit un arc de cercle sur notre droite et vient couper, par une tranchée, l'angle Nord-Ouest des bois de la Cusse. Auprès de cette tranchée, se trouve une maison en construction qui marque un passage à niveau. L'ennemi l'a fortement occupée et y embusque de bons tireurs. Sur la colline, de l'autre côté de la voie ferrée, les Prussiens établissent plusieurs batteries qui criblent les nôtres d'obus ; d'autres batteries placées à gauche du bois de la Cusse, mais bien en arrière de celles que nous avons démontées, joignent leur tir à celui qui vient de droite ; nos pièces de 4 répondent vivement, si vivement, que leur faible approvisionnement de munitions s'épuise bien vite. Elles sont alors obligées de se retirer.

C'est alors qu'un chasseur de la 2e compagnie du bataillon, Hamoniaux, réussit à se glisser jusqu'auprès des pièces abandonnées par l'ennemi. Ces pièces sont maintenant en face du 13e de ligne, car le bataillon a appuyé vers la droite et s'est établi dans le chemin qui va de Montigny-la-Grange à la maison en construction qui marque le passage à niveau du chemin de fer.

Un clairon et un caporal du 13e de ligne qui ont aperçu Hamoniaux vont le rejoindre. Ils s'assurent que deux des pièces sont en très bon état et pendant qu'Hamoniaux reste dans la batterie, les autres reviennent demander à l'artillerie des attelages que celle-ci peut prêter, puisque le manque de munitions la réduit à l'inaction. Les deux pièces attelées et enlevées sous la protection d'une section du 13e de ligne sont de suite acheminées vers l'arsenal de Metz, où le chasseur Hamoniaux les escorte.

Pendant ce temps, nos compagnies soutiennent contre les tirailleurs du bois de la Cusse une fusillade très nourrie, peu dangereuse pour nous mais très meurtrière pour l'ennemi, grâce à la différence de portée des armes ; cependant la 2e compagnie placée à la droite de notre ligne et plus rapprochée de l'ennemi puisque la direction du chemin est oblique par rapport à la face du bois, éprouve des pertes assez sensibles. Elle est soutenue par des compagnies d'un régiment de ligne, qui, à quelque distance en arrière, a pris position parallèlement au bois de la Cusse. A plusieurs reprises, on refoule, sous une grêle de balles, les tirailleurs prussiens qui veulent déboucher.

Quatre de nos compagnies sont en première ligne dans le chemin dont on a parlé. A droite, la 2e compagnie commandée par le capitaine Regnier, puis la 3e, capitaine Chedeville, sous-lieutenant Molle, la 5e, lieutenant de Traversay et la 1re, lieutenant Dumarest. La 4e compagnie et la 6e forment deux échelons de réserve en arrière ; la garde de police et les cuisiniers sont restés au camp dans lequel commencent à tomber quelques-uns des obus qui sont passés au-dessus de nos têtes.

Le village d'Amanvillers, dans lequel sont nos ambulances, en reçoit aussi.

A notre gauche, le 3ᵉ corps se bat du côté des fermes de Moscou et de Leipzig; à notre droite, le 6ᵉ corps a commencé le feu une heure ou deux après nous. L'action augmente d'intensité dans cette direction.

Les heures s'écoulent; nous attendons la rentrée en ligne de notre artillerie à laquelle des munitions doivent arriver de Metz. L'ennemi renforce toujours pendant ce temps ses batteries qui commencent à former un arc de cercle gagnant vers notre droite pour nous prendre d'écharpe.

Vers 6 heures, le 2ᵉ bataillon de chasseurs de la division de Lorencez vient nous rejoindre; il prend position à notre gauche. D'autres troupes de la division de Lorencez forment des échelons en arrière de nous. L'ennemi, qui les aperçoit, les canonne vigoureusement; les uns sont obligés de reculer, les autres prennent le parti de se porter en avant pour venir partager le faible abri qui nous est offert par le chemin dans lequel nous sommes embusqués depuis plusieurs heures. Un bataillon du 54ᵉ avec le colonel, le lieutenant-colonel et le drapeau de ce régiment, vient ainsi nous rejoindre dans le chemin où nous sommes dès lors entassés. Les batteries prussiennes, auxquelles le drapeau du 54ᵉ semble servir de cible, dirigent aussitôt tous leurs obus sur nous. La plupart de ces projectiles passent au-dessus de nous sans nous atteindre, pendant que les chasseurs et les soldats du 54ᵉ criblent de balles les bois de la Cusse dans lesquels l'ennemi semble avoir amené de nouvelles troupes. A plusieurs reprises, le caisson vient nous ravitailler en munitions dont on fait une grande consommation. Les officiers cherchent à modérer ce tir que quelques-uns croient peu efficace (1).

Des tirailleurs prussiens, qui ont profité des sillons et des accidents de terrain, si légers qu'ils soient, pour s'avancer en rampant, répondent à notre feu. Le sous-lieutenant Molle, de la 3ᵉ compagnie, est frappé d'une balle au milieu du front. Son sergent-major, Sibeud, a le bras droit fracturé par un autre projectile.

Cependant, le jour commence à baisser; le soleil se couche. A ce moment, nous commençons à observer vers notre droite des mouvements de l'ennemi qui sont fort inquiétants pour nous. Les dernières batteries du 6ᵉ corps se sont tues depuis quelque temps sur les hau-

---

(1) Dans le rapport officiel sur la bataille du 18 août, le commandant de la IIᵉ armée signale au contraire que ce feu, dirigé à grande distance sur le bois de la Cusse, fut si meurtrier qu'il fallut, avant l'attaque générale faite à la fin de la journée, relever les troupes placées en cet endroit.

teurs de Saint-Privat. Le feu de l'artillerie ennemie est au contraire incessant ; il produit des roulements comparables à ceux du tonnerre. Les batteries prussiennes avancent de position en position ; de nombreux bataillons d'infanterie les précèdent et les accompagnent ; déjà ils sont à notre hauteur ; bientôt ils nous dépassent ; notre droite est débordée. Il semble qu'une ouverture se soit faite entre nous et le 6ᵉ corps et que l'ennemi se soit précipité par là. Tout en observant attentivement ce qui se passe de ce côté, le colonel du 54ᵉ et les commandants du 5ᵉ et du 2ᵉ bataillon de chasseurs ne perdent pas de vue les bois de la Cusse d'où l'ennemi paraît vouloir déboucher ; une tentative faite sur la droite est arrêtée par le capitaine Regnier appuyé par les compagnies d'infanterie qui sont échelonnées derrière lui. Tout à coup, un obus éclate au milieu du chemin où les soldats sont serrés les uns contre les autres ; un second, puis un troisième lui succèdent immédiatement. Ils viennent d'une batterie prussienne qui s'est placée dans la direction du chemin que nous occupons afin de le balayer. Cette batterie, qui fait sur nous un feu à grande vitesse, rend la situation d'autant plus périlleuse que l'infanterie prussienne nous déborde de plus en plus sur les collines situées à notre droite. Elle paraît même se rabattre vers Amanvillers dont plusieurs maisons sont en feu. Saint-Privat brûle également sur la hauteur ; notre camp, placé près d'Amanvillers, a été labouré par les obus ; plusieurs hommes de la garde de police ont été tués à leur poste.

Une heure plus tôt, on aurait pu battre en retraite en bon ordre pour gagner par échelons les hauteurs boisées des carrières qui dominent Amanvillers. Maintenant il est trop tard ; les trois chefs de corps reconnaissent qu'il n'y a plus qu'un parti à prendre, celui de se diriger, au pas de course, vers ces hauteurs afin d'y arriver avant l'ennemi.

Aussitôt l'ordre donné, toute la ligne, battant en retraite au pas de gymnastique, se dirige, sous une grêle d'obus, vers Amanvillers où plusieurs de nos ambulances viennent d'être la proie des flammes sans qu'on ait pu en retirer tous les blessés.

Nous avons été forcés de laisser aussi quelques blessés sur le chemin, où l'ennemi qui débouche du bois de la Cusse en grandes masses les fait prisonniers. Le plus grand nombre de nos blessés, entre autres le sergent-major de la 8ᵉ compagnie, Lambert, qui a eu le bras droit presque emporté par un éclat d'obus, ont été depuis quelque temps transportés en arrière et déposés dans des ambulances.

Au moment de notre retraite précipitée, un clairon de notre 2ᵉ compagnie vient de recevoir une balle dans le pied. Son camarade, le clairon Lagèze, ne voulant pas l'abandonner aux mains de l'ennemi, le charge sur son dos et le rapporte pendant plus d'un kilomètre pour le déposer en lieu sûr.

Après avoir dépassé Amanvillers tout en flammes, les corps se rallient entre ce village et le chemin de fer. Le général de Ladmirault leur donne l'ordre de se porter sur la hauteur et de s'y reformer. On attend la Garde impériale dont l'approche est annoncée.

Cette troupe d'élite débouche à 9 heures (?) des bois de Lorry, la nuit est presque venue; il est trop tard pour reprendre l'offensive, notre artillerie n'a plus de munitions. Celle de la Garde, qui se met en batterie sur les crêtes, envoie quelques volées sur les colonnes ennemies. Celles-ci s'arrêtent alors, car elles ont dû, dans cette journée, éprouver de grandes pertes.

La fusillade a complètement cessé, le canon fait entendre de temps à autre une détonation isolée, et le champ de bataille est éclairé par les flammes qui dévorent les villages voisins.

Le général Bourbaki, voyant qu'il n'y a rien à faire, ramène la Garde dans les positions du col de Lessy, qu'elle a tardivement quittées pour venir à notre secours. A notre droite, le 6ᵉ corps est en retraite sur Saulny et Woippy. Ce corps, attaqué par l'élite des troupes prussiennes, a éprouvé des pertes énormes et a dû abandonner Saint-Privat après une magnifique défense. Notre division s'est reformée sur les hauteurs des carrières; à 10 heures elle reçoit l'ordre de se diriger vers Lorry.

Les sacs des soldats, laissés au camp avant la bataille, sont perdus, ainsi que les tentes et tout le campement. Les bagages des officiers, qu'on n'a pu enlever par suite de l'absence des voitures, sont également perdus.

Le 6ᵉ corps a, lui aussi, perdu camps et bagages; c'est sans doute pour cela que nous recevons l'ordre de nous rapprocher de Metz, où nous devons nous réorganiser et remplacer les effets perdus.

Les pertes du bataillon en tués et blessés sont, dans cette journée, de : 2 officiers blessés ; 9 chasseurs tués ; 94 chasseurs blessés, dont 7 disparus ; 1 prisonnier ; formant un total de 113 officiers, sous-officiers et soldats.

Rapport du colonel Lion, commandant le 13ᵉ de ligne.

Camp sous Metz, 19 août.

Hier, 18 courant, la 2ᵉ division étant campée à Amanvillers, l'avis fut donné que l'ennemi se préparait à une attaque. La 1ʳᵉ brigade prit immédiatement position en avant du camp.

Le 13ᵉ de ligne, ayant ses trois bataillons déployés et soutenant l'artillerie, eut à maintenir cette position sous un feu terrible de mitraille et d'obus. Non seulement, il n'en fut pas ébranlé, mais encore son

II⁰ bataillon (1), s'étant aperçu qu'une batterie ennemie avait ses servants tués, se porta en avant et parvint à enlever 2 pièces sur les 7 que l'ennemi avait abandonnées ; les 5 autres n'ont pu être amenées, faute d'attelages.

Malgré les pertes sensibles du 13⁰ et quoiqu'il ne fût plus appuyé par le feu de l'artillerie qui, faute de munitions, ne pouvait plus tirer, le 13⁰ s'est maintenu au poste qui lui était assigné, jusqu'au moment où la retraite fut ordonnée. Il fut alors obligé d'abandonner tous ses bagages et les sacs de ses hommes laissés au camp ; mais il revint sur Metz en bon ordre, sauvant son drapeau, sa caisse, ses cantines d'ambulance, deux caissons de munitions. Le troisième avait pris feu pendant le combat.

Nos pertes s'élèvent à : 3 officiers tués, 8 blessés ; 29 hommes tués, 210 blessés.

Historique du 13ᵉ régiment d'infanterie (colonel Lion).

18 août.

A 8 heures du matin, les troupes sont prévenues qu'elles seraient attaquées dans la journée. Cet avertissement avait sa raison d'être, car à 11 heures (?) l'ennemi est aux prises avec les grand'gardes. Le 13ᵉ prend immédiatement les armes, le III⁰ bataillon (commandant Guéden) se porte en avant après s'être déployé.

L'artillerie se lance au galop et entre en ligne. Pendant 20 minutes, nos artilleurs luttent contre ceux de la Prusse et démontent une batterie qui s'était avancée jusqu'à 800 mètres de notre camp ; c'est alors le tour de l'infanterie. Le III⁰ bataillon charge à la baïonnette (?), tue les canonniers allemands et reste maître de six pièces. Les attelages manquant, on ne peut en ramener que deux. Rappelé par son chef, le III⁰ bataillon se replie et on prend position derrière le II⁰. Le Ier et le II⁰ bataillon, établis sur les crêtes, entretiennent contre les Prussiens un vif feu à volonté que les mitrailleuses appuient fréquemment.

Vers 3 heures (?) du soir, le concours de l'artillerie manque. Il n'y a plus de munitions ; les caissons sont vides. L'infanterie seule doit résister : c'est ce qu'elle fait jusqu'au soir.

Cependant, pour le 4ᵉ corps, tout va bien ; mais il n'en est pas ainsi sur la droite. Le 6ᵉ corps épuisé se retire. A 6 h. 45, le III⁰ bataillon se porte à l'ennemi.

A cet instant, la situation est bien pénible ; les Prussiens ont pu se glisser entre le 4ᵉ et le 6ᵉ corps. Le corps Ladmirault est pris d'écharpe

---

(1) III⁰ bataillon (*Rapport* du lieutenant Parent).

par les obus. La brigade Bellecourt souffre beaucoup ; il est impossible de tenir plus longtemps ; son chef la ramène en arrière. La division Lorencez va se placer à droite de la brigade Pradier pour soutenir la retraite en cas d'une attaque trop vigoureuse. Le 13e de ligne, conduit en fort bon ordre par son colonel, s'éloigne d'Amanvillers et à 10 heures bivouaque près du fort Plappeville. Cette bataille, la plus grande du siècle, suivant l'expression de M. Thiers, coûte au 13e : 17 officiers tués ou blessés et 414 soldats hors de combat.

La brigade Pradier couche sur le champ de bataille sans être inquiétée et ne se retire que le lendemain matin (?).

Par suite d'un ordre malencontreusement donné, toutes les voitures du régiment étaient parties en ravitaillement pour Metz le 18 au matin. Aussi la division Grenier est dans la nécessité d'abandonner ses bagages.

Rapport du chef de bataillon de Chérisey, commandant provisoirement le 43e de ligne.

Camp sous Metz, 19 août.

J'ai l'honneur de vous rendre compte de la part prise par le 43e de ligne à la grande bataille qui s'est livrée, hier, 18 août, en avant du village de Conflans.

Au moment où toutes les troupes se portaient devant leurs faisceaux pour l'appel de midi, l'ennemi est signalé tout à coup. Le régiment n'a que le temps de prendre les armes et se porte, sans sacs, à 400 mètres en avant, les bataillons déployés et couverts par de nombreux tirailleurs.

L'artillerie, venant prendre position, lui permet d'avancer encore d'une centaine de mètres. Là, il attend, couché, le résultat du feu de l'artillerie, lorsque quelques masses d'infanterie ennemie se présentent sur sa gauche. Les trois bataillons sont alors engagés et font un feu efficace, à 800 mètres, sur l'ennemi qui recule.

Bientôt, le feu de nos batteries se tait. Le régiment cherche à remplacer ce feu en tirant sur les batteries ennemies qui gagnent du terrain, ainsi que sur l'infanterie, qui s'avance à la même hauteur.

C'est dans ce moment que le régiment subit les plus grandes pertes, causées surtout par le tir de nombreuses bouches à feu ennemies qui, toutes, dirigent leur tir sur l'infanterie, n'ayant plus à répondre à notre artillerie. Mais le régiment ne perd pas un pouce de terrain. Ce n'est qu'à bout de munitions qu'il se retire en arrière de la seconde ligne.

Quelques instants après, tourné sur sa droite, le régiment bat en retraite, prenant une position en arrière du chemin de fer, où le

1er bataillon a rallié notre brigade. Les deux autres bataillons prennent directement la route de Metz.

Les pertes que le régiment a essuyées sont nombreuses, ce qui prouve la part active qu'il a prise dans cette journée.

Le lieutenant-colonel Verdeil, commandant provisoirement le régiment, a été blessé d'une balle au genou.

Tous les sacs et tentes de la troupe, ainsi que les tentes et cantines des officiers, sont perdus.

Ci-joint l'état numérique des tués, blessés ou disparus.

6 officiers tués, 21 blessés; 24 hommes tués, 509 blessés ou disparus (1).

Historique du 43e régiment d'infanterie (lieutenant-colonel Verdeil).

18 août.

A midi, l'ennemi attaque à l'improviste; le régiment reçoit l'ordre de se porter en avant de son camp; un combat très vif d'artillerie s'engage, qui cesse malheureusement de notre côté faute de munitions. L'infanterie y supplée par son feu de mousqueterie; le régiment y prend sa large part; l'artillerie ennemie lui fait éprouver des pertes considérables et il reste quatre heures sous cette pluie de projectiles, lorsque, à bout de munitions, il est forcé de se replier; le drapeau est criblé; le porte-drapeau est blessé et successivement les trois officiers qui le remplacent.

L'ordre de la retraite est donné; la Garde arrive, mais il est trop tard pour reprendre les positions qu'on a perdues.

Dans cette grande bataille, où le régiment a toujours donné en première ligne, ses pertes sont considérables; le lieutenant-colonel Verdeil a été blessé d'une balle au genou; MM. Leguen (H.-A.-M.), d'Agon, Rozier, capitaines; Armelin, Baudoin et Gerriet, sous-lieutenants, ont été tués; d'Adhémar, Dubost, Wenger, Rochet, capitaines; Portet, Leguen (A.-L.-M.), Morhain, Bournique, Marchal, Rocourt, lieutenants; Mauget, Dutillet, Giacobbi, Rochet, Haurat-Cazenave, Gros-Claude, Walter, Durand de Chiloup, Lambert, Turlin, sous-lieutenants, blessés; Grave, Vacher, capitaines, blessés; Choux, porte-drapeau, blessé; 501 hommes tués, blessés ou disparus.

Le soir, le régiment suit le mouvement de retraite du corps d'armée qui se dirige sur Metz.

---

(1) Chiffres approximatifs.

Rapport du général Pradier, commandant la 2ᵉ brigade de la 2ᵉ division.

Le Chêne, 20 août.

Le 18 août, à 11 h. 30 du matin, on annonce que l'ennemi occupe le village de Vernéville et semble se préparer à attaquer la position prise par le 4ᵉ corps d'armée autour de la ferme de Montigny-la-Grange.

A midi, la division prend les armes et la 2ᵉ brigade se porte en avant de son camp, le 64ᵉ, déployé en première ligne avec un bataillon du 98ᵉ à sa gauche ; les deux autres bataillons du 98ᵉ en réserve près la ferme de Montigny-la-Grange.

Tous les hommes se couchent. Les tirailleurs engagent de suite la fusillade avec l'ennemi embusqué en force dans une ferme située entre Vernéville et nous, et protégé par de fortes haies.

Quatre batteries prussiennes (32 pièces) de fort calibre nous couvrent d'obus pendant toute la journée. Elles sont placées presque en face de nous, sur la lisière du bois situé à l'Ouest de Vernéville, à une distance de 3,000 mètres environ. Les deux batteries de gauche tirent presque constamment sur nous ; les deux de droite répondent le plus souvent au feu de la division Montaudon, qui se trouve à notre gauche. Une cinquième batterie que nous ne pouvions apercevoir, placé à la gauche de Vernéville et nous prenant d'écharpe, est celle qui nous a causé le plus de mal à partir de 5 heures environ.

A 2 heures, les deux bataillons du 64ᵉ de ligne, qui tiennent la droite, ayant été très exposés et ayant perdu un des chefs de bataillon (le commandant Plan, tué d'un éclat d'obus), et de plus, ayant épuisé presque toutes leurs munitions, sont remplacés par les deux bataillons du 98ᵉ tenus en réserve. Les bataillons du 64ᵉ prennent la place de ceux du 98ᵉ qui les relèvent.

Le 98ᵉ ménage ses munitions, qu'il réserve pour le cas d'une attaque générale et subit, avec un courage admirable, le feu écrasant des obus qui éclatent sur toute la ligne, surtout à la droite.

Trois fois, je fais sonner pour qu'il change de position afin d'éviter les projectiles, dont le tir réglé peu à peu, devient de plus en plus dangereux.

A 5 heures, un bataillon du 65ᵉ se forme en bataille derrière la haie, en avant de laquelle se trouve le Iᵉʳ bataillon du 98ᵉ. Ce corps se retire après avoir subi de grandes pertes. Son chef de bataillon a eu une jambe emportée.

Vers 6 heures, deux bataillons du 33ᵉ arrivent et annoncent qu'ils doivent nous relever. Ils marchent en avant et alors je fais sonner la retraite avec le refrain de la brigade pour faire rentrer les deux bataillons de droite du 98ᵉ. Mais au signal de retraite, le 33ᵉ revient sur ses pas.

Alors le colonel du 98ᵉ voyant que toute la ligne sera dégarnie, arrête son mouvement en arrière; le 33ᵉ l'imite et la position est ainsi occupée par deux lignes jusqu'à la nuit.

Le feu ayant cessé, le 33ᵉ se retire.

Les deux bataillons du 64ᵉ relevés à 2 heures et envoyés à leur tour en réserve, n'y restent pas longtemps. Vers 4 heures, l'un d'eux (le IIIᵉ) reçut l'ordre du général de division de se mettre en ligne à la droite de la division, pour appuyer la division Lorencez, au village d'Amanvillers. Il n'a cessé son feu qu'après avoir épuisé ses munitions, a suivi le mouvement de retraite de la division Lorencez et est venu camper au village Devant-les-Ponts. Ce bataillon n'a rejoint son corps que le 19 au soir.

A 5 heures, le général de division envoya l'ordre à l'autre bataillon (le IIᵉ) de se porter en avant pour boucher une trouée qui existait entre la droite de la division et la division voisine. Le capitaine Desnos (Charles), qui commande ce bataillon, soutient un feu meurtrier pendant trois heures.

A 9 heures, ce bataillon rallie la brigade et passe la nuit à son campement.

Le Iᵉʳ bataillon du 64ᵉ et deux bataillons du 98ᵉ bivouaquent sur le champ de bataille.

Vers 4 h. 30, le général désirant voir relever ses troupes, envoie son aide de camp au quartier général, à la ferme de Montigny-la-Grange, où se trouve M. le général Pajol qui répond que la défense de ce poste important lui est confiée et qu'il ne peut pas disposer des troupes qui défendent la ferme. Nous avions sur ce point une compagnie du 64ᵉ et une autre du 98ᵉ, qui s'y trouvaient depuis le matin de service au quartier général et au parc d'artillerie.

Vers 8 h. 30, l'ennemi ayant complètement cessé le feu depuis 45 minutes, le général ne recevant pas d'ordre de retraite, envoie de nouveau son aide de camp qui ne trouve plus personne à droite et croit que cette partie de ligne est en retraite. Comme d'un autre côté, le général croyait la ferme toujours occupée par la brigade Pajol, et que, de plus, il voyait la division Montaudon à sa gauche, c'était une raison pour ne pas abandonner la position.

Il a donc fait bivouaquer sa brigade sur le champ de bataille, faisant seulement reculer ses tirailleurs et plaçant trois compagnies en arrière dans la tranchée-abri qu'il avait fait faire dans la journée par une compagnie de sapeurs du génie.

Vers 4 heures du matin, le général allant en reconnaissance et voyant la droite entièrement évacuée, ainsi que la ferme où il ne restait plus que 500 blessés, voulut de suite se rabattre sur la division Montaudon. Il se rend de ce côté et ne trouve plus que le 18ᵉ bataillon de chasseurs, dont le commandant lui dit que la division est déjà en retraite sur Châtel et qu'il part immédiatement pour lui servir d'arrière-garde.

Aussitôt, le général revient au campement de la brigade, fait lever rapidement le camp, après avoir fait prendre les blessés qui restaient encore dans le voisinage. Il part à 6 h. 30, emportant les sacs et tout le campement, moins ceux du III° bataillon du 64° qui avait suivi le mouvement de la division Lorencez.

Dès que le mouvement de retraite fut commencé, les hulans se sont montrés et ont été reçus par une fusillade de deux compagnies du 98°, qui partaient les dernières, étant de grand'garde.

Quelques coups de fusil seulement ont été tirés de la ferme l'Envie où le drapeau prussien avait été arboré pendant la nuit.

Deux batteries ennemies, encore en position à Vernéville, n'ont point inquiété la retraite.

Un bataillon du 98°, parti le premier, a suivi la division Montaudon. Les deux autres bataillons et les deux du 64° ont pris la route d'Amanvillers à Lorry devant-Metz et sont arrivés rejoindre la 1re brigade vers 9 heures du matin.

Historique du 64° régiment d'infanterie (colonel Léger).

18 août.

Une compagnie était de grand'garde en avant du III° bataillon (commandant Le Mouel), séparée des deux autres par une haie et une allée de peupliers. Cette compagnie observait le terrain en avant de Vernéville.

Vers 9 heures du matin, l'ennemi est signalé par cette compagnie; quelques soldats qui étaient allés laver du linge à Vernéville manquent d'être pris par des cavaliers ennemis. On fait immédiatement prévenir les généraux; il est répondu : « Vous voyez des Prussiens partout; il n'est pas possible qu'ils soient si près; vous avez pris des chasseurs de chez nous pour des Prussiens. »

Et comme pour servir de complément à ces paroles, toutes les voitures des officiers furent réquisitionnées et envoyées à Metz sous prétexte de ravitailler l'armée, les bagages ayant été laissés au camp. Mais à 11 heures, force fut bien d'ouvrir les yeux; sur les hauteurs en avant de Vernéville apparaissait une longue colonne d'ennemis. Une armée de plus de 100,000 hommes, ayant cavalerie et artillerie, fut donc ce jour-là surprise dans son camp, par le fait d'une grande négligence et de rapports inexacts. Il est à remarquer que les éclaireurs ennemis, même les simples cavaliers, étaient munis de cartes excellentes; quant à cela pour nous on n'y avait pas songé ou du moins les quelques cartes qui furent distribuées étaient insignifiantes. A 11 heures, un coup de canon tiré par une batterie française à notre gauche fait courir aux armes. Le régiment est déployé en première ligne, en avant d'une allée de peupliers et d'une haie qui se prolonge parallèlement aux tentes. Pour diminuer les effets meurtriers de l'artillerie ennemie, les hommes se couchent en attendant d'entrer en action. Une nuée de projectiles ne tarde pas à enflammer le camp à 50 ou 60 pas derrière nous. La 2ᵉ compagnie du IIIᵉ bataillon (capitaine d'Azémar) et la 3ᵉ compagnie du même bataillon (capitaine Gérard), sont déployées en avant en tirailleurs et commencent le feu sur l'ennemi qui approche toujours. Vers 1 heure, le IIIᵉ bataillon (commandant Le Mouel) reçoit l'ordre de se placer en arrière de la batterie devant laquelle il se trouve. Là, on fait encore coucher les hommes, et tout projectile manquant la batterie vient enlever des hommes de ce bataillon. Être ainsi décimé par un ennemi invisible, sans même pouvoir faire le coup de feu, commence à porter atteinte au moral du soldat.

Nos batteries ne tardent pas à se taire; le feu de celles qui se trouvaient à notre gauche avait duré environ une heure. A partir de ce moment, les trois bataillons ont essuyé les boulets de trente-deux pièces prussiennes qui sont en batterie sur les hauteurs de Vernéville et qui font pleuvoir sur nous une grêle de projectiles.

A 4 heures de l'après-midi, le colonel avec son bataillon de drapeau, reçoit l'ordre de se porter en avant pour boucher une trouée qui se fait à la gauche du 13ᵉ de ligne. Dans une fusillade fort vive qui dure plusieurs heures, il épuise ses cartouches et maintient jusqu'au soir sa position sur le bord d'un ravin qui le sépare de l'ennemi. Le IIIᵉ bataillon (commandant Le Mouel) est distrait de la brigade pour soutenir la division Lorencez; il suit pendant la journée les mouvements des troupes auxquelles il est mêlé et avec lesquelles, le soir venu, il se retire sous les murs de Metz. A la nuit, le feu qui s'est un instant prononcé d'une manière inquiétante à notre droite, cesse après une charge à la baïonnette dont les cris et les sons de clairon arrivent jusqu'à nous. Le Iᵉʳ et le IIᵉ bataillon conservent la position qu'ils ont occupée pendant la journée; le premier n'ayant eu que quelques tirailleurs engagés contre les défenseurs de la ferme de l'Envie dont ils étaient parvenus au bout d'un instant à déloger la plus grande partie. A 9 heures du soir, le général envoie un homme par escouade faire le café en dehors de notre ligne, de manière à cacher nos feux à l'ennemi. Les deux bataillons couchent sur le terrain même de la lutte. Le 41ᵉ et la brigade du général Pradier, moins le IIIᵉ bataillon du 64ᵉ (commandant Le Mouel), ont donc couché sur le champ de bataille, n'ayant reçu aucun ordre et risquant ainsi de se faire cerner.

Historique du 98ᵉ régiment d'infanterie (colonel Lechesne).

18 août.

A midi, l'ennemi prononce une attaque sur la position de la ligne française ; la 2ᵉ division du 4ᵉ corps se porte en avant de son bivouac et y est établie comme au bivouac ; à sa gauche, le 3ᵒ corps couvre les hauteurs de la vallée où coule le ruisseau de Rozérieulles (1) dont une des sources est entre Amanvillers et Montigny-la-Grange. Sur la division, l'ennemi ouvre un feu violent d'artillerie ; la brigade Pradier est disposée sur deux lignes : en première ligne, à 600 mètres de Montigny-la-Grange et face à la ferme de l'Envie, un bataillon du 64ᵉ et le IIᵉ bataillon du régiment ; cette première ligne occupe une rangée de peupliers ; à 300 mètres en arrière, le IIIᵉ et le Iᵉʳ bataillon du régiment, ce dernier bataillon occupant la gauche ; vers 1 h. 30, cette deuxième ligne traverse la première, la dépasse de 300 mètres environ et s'établit en conservant le même ordre, en première ligne à son tour ; à ce moment, nos batteries, forcées de ménager le peu de munitions qui leur restent, ne contre-battent plus l'artillerie ennemie qui concentre son feu sur nos bataillons couchés dans les sillons des champs. Le régiment peut compter ainsi jusqu'à cinq batteries, dont une le prend d'écharpe, tirant à la fois sur lui. Deux fois le feu paraît bien réglé sur nos lignes et chacune de ces deux fois un mouvement en avant d'une centaine de mètres en changeant la distance, rompt la justesse du tir. Au dernier mouvement en avant, la première ligne ne se trouve plus qu'à environ 800 mètres de la ferme l'Envie occupée par les fantassins ennemis, et le feu de la mousqueterie, bien incertain il est vrai, est ouvert sur nous. Les tireurs ennemis se trouvant abrités et leur tir étant très irrégulier, on fait cesser le feu que quelques bons tireurs du régiment avaient ouvert sur cette ferme, parce que ce feu, malgré la surveillance des officiers, tendait à se généraliser et qu'on aurait ainsi consommé des munitions avec bien peu de résultat. Vers 6 heures, l'ennemi modère d'abord, puis cesse presque entièrement son feu ; ses batteries sont allées contribuer à l'attaque sur Saint-Privat (?); on entend, en effet, un feu de mousqueterie à notre droite très intense et qui se rapproche de nous. Au moment où, par le rapprochement de ce feu, le 98ᵉ peut espérer bientôt y prendre part, le général Pradier, commandant la brigade, auquel on avait d'abord pris les deux bataillons du 64ᵉ qui étaient en réserve, reçoit le 33ᵉ de ligne qui n'avait pas encore donné et qui appartient à la 3ᵉ division de notre corps d'armée. Voulant relever

---

(1) Il faut évidemment lire : *la Mance*.

sa première ligne qui a subi des pertes considérables, il envoie ce régiment déployé à une centaine de mètres de cette première ligne et fait alors sonner en retraite en faisant précéder cette sonnerie du refrain de la brigade; le 33ᵉ qui, naturellement ne connait pas ce refrain, obéit à la sonnerie de retraite; le 98ᵉ voyant que s'il obéit de même à cette sonnerie, la position serait abandonnée, garde cette position. Le 33ᵉ ayant été ramené en ligne, le général veut recommencer le mouvement; le même malentendu se produit et le 98ᵉ, malgré les pertes cruelles qu'il a subies, se maintient. Le général laisse alors ses lignes comme elles étaient disposées en gardant le 33ᵉ intercalé entre sa première et sa deuxième lignes. Vers 7 heures, le feu de mousqueterie de la droite se rapproche encore; de nombreuses balles tombent dans nos rangs, venant de notre flanc droit; mais quelques régiments frais ayant été lancés contre l'ennemi à travers Amanvillers en flammes, le font reculer, et la nuit fait cesser les feux.

Vers 11 heures du soir, les trois bataillons du régiment vont reprendre leur bivouac du matin; on laisse, sur l'emplacement de la première ligne, la 5ᵉ et la 6ᵉ compagnie du Iᵉʳ bataillon qui, pendant l'action avait gardé la ferme de Montigny-la-Grange; le bataillon du 64ᵉ garde la ligne de peupliers, derrière laquelle il est resté en position. Les pertes du régiment sont nombreuses : 4 officiers ont été tués; on compte 37 sous-officiers et soldats tués et 30 disparus; enfin, 15 officiers et 214 sous-officiers et soldats ont été blessés. Un grand nombre de blessures sont graves, produites qu'elles sont par le feu de l'artillerie.

Historique des 5ᵉ, 6ᵉ et 7ᵉ batteries du 1ᵉʳ régiment d'artillerie (2ᵉ division).

18 août.

Un mouvement offensif de l'ennemi est signalé dès le matin. La division se porte en avant de son camp, laissant en place le campement pour aller occuper la position de combat (11 heures) (1). Les batteries se placent. La batterie Saint-Germain (5ᵉ) en avant de Montigny-la-Grange, le long de la ligne des crêtes, sur un plateau allant de Montigny à la ferme de Champenois. La batterie Prunot (7ᵉ) en avant d'Amanvillers, le long de la ligne des crêtes, sur un plateau qui descend à Vernéville sur la pente gauche du plateau. La batterie Erb (6ᵉ) sur la pente droite de ce même plateau, séparée de la batterie Prunot par un intervalle de 120 mètres environ. La section de droite abritée dans un chemin creux,

---

(1) Heure erronnée, car la 2ᵉ division ne prit les armes qu'après l'ouverture de l'artillerie allemande.

les deux autres sections en avant de la ligne des crêtes qui, en cet endroit, s'infléchit vers Amanvillers. Il est recommandé aux capitaines commandants de modérer leur tir, les munitions qui restent au parc n'étant pas en quantité considérable. On voit des troupes ennemies s'avancer sur notre droite et se glisser dans le bois de la Cusse que nous avons abandonné (?). Le feu s'ouvre vers midi. Le tir de l'ennemi est d'abord très violent du côté de Vernéville; il établit plusieurs batteries en avant de ce village; ses tirailleurs se glissent jusqu'à 800 mètres de nous. Les batteries Saint-Germain, Prunot et la section de gauche de la batterie Erb, ainsi que la batterie Florentin (11e du 1er) dirigent un feu convergent sur ces batteries dont l'une, placée près du bois, est réduite au silence et reste même pendant un certain temps abandonnée par son personnel. Notre infanterie cherche à s'en emparer, mais elle est ramenée. Les deux autres sections de la batterie Erb lancent des obus à balles dans le bois de la Cusse où s'abritent des tirailleurs ennemis. L'ennemi amène entre le bois de la Cusse et celui des Génivaux, plusieurs nouvelles batteries qui font subir des pertes considérables à la batterie Saint-Germain. Elle doit quitter sa première position et, passant en arrière de la batterie Florentin, appuyer à droite de 500 mètres environ et se reformer entre les batteries Erb et Prunot sur la croupe du plateau; elle reprend son feu sur des masses d'infanterie qui apparaissent du côté de Vernéville, à 2,000 mètres environ. L'ennemi n'a d'abord que fort peu d'artillerie sur notre doite, mais il amène successivement en avant et à gauche d'Habonville (1) des batteries qui se couvrent du remblai du chemin de fer. Leur nombre croît sans cesse. Vers 2 heures, une immense batterie (80 pièces environ) bat tout l'espace compris entre Amanvillers et Saint-Privat. Il place même un peu plus tard une ou deux batteries, un peu plus à sa gauche, qui prennent notre ligne un peu d'écharpe.

Quant à nous, à notre droite, nous avons très peu d'artillerie, et les quelques batteries qu'on y amène successivement sont bientôt réduites au silence. L'une d'elles, la batterie Baritot (de la 3e division) a un caisson qui saute. Afin de renforcer notre droite, la batterie Prunot abandonne sa position pour venir se placer à la droite de la batterie Erb, sous le feu croissant des batteries ennemies; elle est bientôt forcée de se retirer, après avoir subi de grandes pertes. Dans son mouvement de retraite, le capitaine Prunot est blessé d'un éclat d'obus. Le lieutenant en premier Miciol a les deux jambes emportées; le commandant Vigier, après avoir eu un cheval tué sous lui, est renversé par un nouveau projectile et a une jambe et un bras fracassés (4 heures).

---

(1) C'est-à-dire au Sud. Batteries hessoises.

Cette batterie, si éprouvée, se retire près des ambulances. Le capitaine en second Mathieu vient en prendre le commandement, fait former une section avec le personnel valide et va se placer avec cette section sur le plateau en arrière d'Amanvillers. Les deux autres sections, sous le commandement de l'adjudant Méray, se retirent sous Metz où elles arrivent à 9 heures du soir.

L'espace est vide d'artillerie à la droite de la batterie Erb sur laquelle l'ennemi concentre ses feux. La section de droite (section Scheider) est forcée de se retirer (4 h. 30). Les deux autres sections, un peu moins exposées, continuent leur tir.

L'ennemi tente à diverses reprises de déboucher de Vernéville et des bois environnants; le feu de la mitrailleuse et de la section de gauche de la batterie Erb le forcent toujours à la retraite. Le feu ennemi s'accroît encore s'il est possible. La batterie Saint-Germain vient de perdre ses deux lieutenants, blessés par des éclats d'obus; la position de ces deux batteries devient intenable sous la pluie d'obus que concentrent sur elles les batteries ennemies. La batterie Saint-Germain va se former en bataille sur le plateau en arrière d'Amanvillers.

La batterie Erb, après avoir respiré un instant dans un pli de terrain, près du campement du matin, va se former en batterie, la section Scheider ayant rejoint, sur le plateau à gauche d'Amanvillers, la droite de la batterie appuyée au village. Les projectiles ennemis sillonnent le campement du matin.

Le mouvement de retraite devient général. Une partie de notre infanterie défile derrière nous, s'enfonçant dans un chemin creux (près des carrières) qui passe en arrière d'Amanvillers pour remonter sur le plateau en arrière contre le bois.

Plusieurs batteries vont également se placer sur ce plateau. La batterie Baritot vient se former à gauche de la batterie Erb. Le 6e corps, qui est à notre droite, abandonne ses positions sous les efforts réitérés de l'ennemi qui réussit à s'emparer de Saint-Privat. L'ennemi place dans les environs de ce village des batteries qui tirent sur Amanvillers. Les projectiles, un peu longs, tombent dans la batterie Erb, prise ainsi complètement d'enfilade; mais les maisons du village protègent un peu cette batterie et surtout la dérobent aux vues de l'ennemi. En ce moment, cette batterie est la seule qui occupe encore une position aussi avancée.

La fusillade se rapprochant, le lieutenant-colonel de Larminat, qui se trouve sur les lieux, fait retirer la demi-batterie de droite. Après être restée une demi-heure environ dans cette position et la fusillade se rapprochant toujours, la deuxième demi-batterie se replie et va rejoindre les autres batteries sur le plateau en arrière (7 h. 30 du soir).

Vers 8 heures (?), arrivent une brigade de grenadiers de la Garde et quelques batteries de la Garde qui se mettent aussitôt en batterie et ouvrent un feu violent. L'infanterie n'a pas à tirer. Quelques instants après, la nuit tombe; le feu cesse. Le parc est formé dans un pli de terrain entre les deux bois de Saulny et de Lorry. Nous attendons en vain des ordres de la division. La Garde s'est retirée. La cavalerie défile devant nous au trot, dans la direction de Metz. Vers 9 h. 30 du soir, le lieutenant-colonel d'état-major Saget nous conduit près du campement de la division Lorencez.

Cette fois, nous avons eu le dessous dans notre duel d'artillerie, mais nous attribuons surtout notre défaite à notre infériorité numérique comme pièces, plutôt qu'à notre infériorité comme calibre.

BATTERIES.	HOMMES		CHEVAUX (1)		OFFICIERS BLESSÉS.
	TUÉS.	BLESSÉS.	TUÉS.	BLESSÉS.	
Saint-Germain	3	14	20	»	MM. Genet et Feldmann, lieutenants.
Erb	»	6	8	»	M. Vigier, chef d'escadron.
Prunot	»	16	13	»	MM. Prunot, capitaine; Miciol, lieutenant.

(1) Les pertes en chevaux sont erronées.

BATTERIES.	COUPS TIRÉS.			
	CARTOUCHES à balles.	OBUS ordinaires.	OBUS à balles.	TOTAL.
Saint-Germain	1,020	»	»	1,020
Erb	»	602	45	647
Prunot	»	687	40	727

Pas d'avarie sérieuse au matériel.

Le capitaine en second Heberlé, de la 6ᵉ batterie, qui commande les réserves des trois batteries divisionnaires, rend compte que vers 6 heures du soir, alors qu'il avait reçu l'ordre de se retirer avec sa réserve sur

Metz et qu'il exécutait cet ordre, il a été témoin d'une panique qui s'est déclarée parmi quelques-unes des troupes qui se retiraient et parmi les voitures de bagages. Cette panique aurait même pris des proportions assez considérables. Quelques-uns des canonniers attachés à ces réserves ont même failli être entraînés, mais l'attitude énergique des autres canonniers les a maintenus.

Historique du détachement de la 2e compagnie du 1er régiment du train des équipages militaires (2e division).

18 août.

Exposée aux projectiles ennemis, l'ambulance n'eut que le temps de bâter ses mulets, abandonnant sa corde de campement. Elle se dirigea immédiatement sur le champ de bataille, où elle enleva 200 blessés qui furent transportés dans une ambulance établie dans une carrière située en arrière d'Amanvillers. Le village fut pris par l'ennemi vers 9 heures du soir ; les troupes étaient parties. Malgré cela l'ambulance, comprenant sa mission, réussit à enlever tous les blessés, tous les malades, et les transporta à Metz, où elle arriva à minuit. Elle déposa ses blessés à l'ambulance de l'Esplanade, où elle resta jusqu'au jour.

3e DIVISION (DE LORENCEZ).

Journal de marche de la 3e division.

18 août.

Un bataillon du 15e de ligne est envoyé à 10 heures du matin, en grand'garde aux carrières d'Amanvillers, sur la route de Metz à Saint-Privat.

A 11 heures du matin (?), le canon retentit du côté de Vernéville ; la division prend les armes ; mais les sacs sont laissés au bivouac. Le général en chef envoyant l'ordre d'aller prendre position à Amanvillers, on se met en marche, le 2e bataillon de chasseurs à pied en tête de la colonne, l'artillerie ensuite, puis le 33e de ligne, le 54e et le 65e. Les deux bataillons du 15e de ligne et une batterie d'artillerie restent au camp.

En arrivant à Amanvillers, le 2e bataillon de chasseurs à pied est déployé à gauche du village, en deuxième ligne, derrière la division Grenier, et l'artillerie, se portant en avant, mit en batterie. Le 33e de ligne parvenu à l'entrée du village, fut dirigé à gauche, sur Montigny-la-Grange, par le général en chef qui prescrivit d'occuper ce point avec le plus grand soin et de le conserver coûte que coûte.

La 2e brigade (54e et 65e de ligne), arrivant à son tour, fut déployée, le 54e à la droite d'Amanvillers et le 65e à la gauche ; cette brigade appuyait aussi les troupes de la division Grenier.

Le général de division envoya alors chercher les deux bataillons du 15e de ligne et la batterie restée sur l'emplacement du camp. Ils arrivèrent vers 1 heure de l'après-midi (?) sur le champ de bataille ; le 15e fut déployé à la gauche du 65e, c'est-à-dire entre Amanvillers et Montigny-la-Grange.

Jusqu'à 4 heures de l'après-midi, la lutte ne fut en réalité qu'un combat extrêmement violent d'artillerie ; les troupes de la division, bien qu'on les eût fait coucher, souffrirent considérablement du feu de l'ennemi. Notre artillerie répondit longtemps avec succès ; mais vers 5 heures, le manque de munitions l'obligea à cesser son tir et à se retirer. L'infanterie se trouva donc seule en ligne et depuis plus de deux heures, les régiments de la droite de la division Grenier avaient été relevés par le 54e, le 65e et le 15e de ligne ; la division était alors directement en présence de l'ennemi.

Bientôt le 6e corps qui combattait à la droite du 4e, se trouvant forcé de se replier vers Metz, les attaques sur le 54e de ligne devinrent plus vigoureuses ; il les repoussa victorieusement et toute la division se maintint dans ses positions. Elle étendit même ses lignes plus à droite du village, et deux bataillons du 33e de ligne passèrent de la gauche de Montigny-la-Grange à la droite, en se plaçant en bataille à côté du 15e de ligne.

La Garde impériale, annoncée au général en chef pour nous aider à prendre l'offensive, ne débouchant pas encore à 7 heures du soir, l'ordre formel de rentrer aux bivouacs fut donné.

Le général de division, ne se voyant menacé en aucune façon, conserva encore ses positions et c'est à 9 heures seulement que le mouvement commença ; à 11 heures, toutes les troupes de la division étaient réunies dans le camp qu'elles avaient quitté le matin et où se trouvaient les sacs.

La journée a été brillante pour la division ; elle a partout conservé ses positions, malgré les feux violents de l'artillerie ennemie dont elle supporta bravement les effets terribles. Ses pertes ont été considérables, elles s'élèvent à : 17 officiers tués et 67 blessés ; 167 hommes de troupe tués, 1077 blessés et 260 disparus (1).

(MM. Les capitaines Duquesnay et de Nègre, de l'état-major de la division ont été blessés, ainsi que M. Lecuyer, officier d'ordonnance du général de Lorencez ; MM. les capitaines Masson et Acariès ont eu leurs chevaux tués ; MM. les colonels de Kerléadec du 15e de ligne, Caillot

---

(1) Chiffres approximatifs.

du 54ᵉ et Sée du 65ᵉ, ont été blessés ; M. le lieutenant-colonel Macquaire du 15ᵉ a été tué.)

Comme faits remarquables, on peut citer : le ralliement du 15ᵉ de ligne autour du drapeau par le capitaine Bonnet ; les charges à la baïonnette exécutées par le 54ᵉ de ligne sur les colonnes prussiennes qui cherchaient à s'emparer du village d'Amanvillers.

Rapport du général Pajol, commandant la 1ʳᵉ brigade de la 3ᵉ division.

Metz (Devant-les-Ponts), 19 août.

L'ennemi, dont on avait signalé la présence à Gravelotte et la marche vers Rezonville et Saint-Marcel dans la matinée, ayant attaqué l'armée française, ma brigade (1ʳᵉ de la 3ᵉ division d'infanterie du 4ᵉ corps) a pris les armes à 11 h. 30 du matin.

Le 2ᵉ bataillon de chasseurs à pied et le 33ᵉ de ligne ont immédiatement quitté leurs bivouacs près de la ferme Saint-Vincent et se sont portés à Amanvillers.

Deux bataillons du 15ᵉ de ligne sont restés momentanément au bivouac, et le IIIᵉ bataillon de ce même régiment était, depuis deux heures environ, en grand'garde aux carrières d'Amanvillers, sur la route de Saint-Privat à Metz.

Quand la colonne formée par les chasseurs à pied et le 33ᵉ de ligne fut arrivée aux premières maisons d'Amanvillers, le 2ᵉ bataillon de chasseurs à pied, déployé en bataille, fut porté en avant et à gauche du village, dans la direction de l'angle Est du bois de la Cusse. Les trois bataillons du 33ᵉ de ligne furent dirigés sur Montigny-la-Grange, en vertu des ordres du général en chef qui me prescrivit d'occuper cette position avec le plus grand soin, et de m'y maintenir coûte que coûte pendant toute la durée de la bataille. Je plaçai donc deux bataillons du 33ᵉ de ligne à gauche de la ferme, deux compagnies dans le jardin, et le restant du IIIᵉ bataillon en réserve dans les haies à droite.

Pendant ce temps, sur l'ordre de M. le général commandant la division, les deux bataillons du 15ᵉ de ligne étaient amenés sur le champ de bataille et se déployaient en avant d'Amanvillers.

Jusque vers 5 heures du soir, il n'y eut devant le front de ma brigade qu'un combat violent d'artillerie dans lequel le feu de l'ennemi eut une supériorité des plus marquées et qui fit beaucoup de mal au 2ᵉ bataillon de chasseurs à pied et au 15ᵉ de ligne.

Les colonnes prussiennes commencèrent alors à déboucher du bois de la Cusse, pour marcher sur Amanvillers. Elles ne purent, grâce à la résistance du 15ᵉ de ligne, s'avancer que très peu et durent même bientôt arrêter leur mouvement. Le 15ᵉ de ligne qui protégea si efficacement la gauche du village eut son colonel, son lieutenant-colonel et ses deux chefs de bataillon mis hors de combat ; M. le capitaine adjudant-major Bonnet, prenant le commandement, rallia promptement les deux bataillons du 15ᵉ que la vigueur de l'attaque avait un peu débandés ; il fit déployer le drapeau et sonner le ralliement. Il porta ensuite le 15ᵉ de ligne en avant et le rétablit en position.

De ce moment, le drapeau a flotté à 600 mètres environ des lignes ennemies, et il y est resté jusqu'à 8 heures du soir, sans reculer, admirablement défendu par les soldats du 15ᵉ de ligne.

Je ne saurais, dans cette circonstance, faire un trop grand éloge de M. le capitaine Bonnet que je signale, avec le plus grand plaisir, à la bienveillance du général en chef.

Vers 5 h. 30 du soir, l'ennemi gagnant du terrain sur la droite d'Amanvillers, il était à craindre que les positions du 15ᵉ de ligne ne fussent compromises ; je portai alors, sur l'ordre de M. le général de Lorencez, un bataillon et demi du 33ᵉ de ligne pour les soutenir et je me disposais à placer encore un bataillon de ce régiment en réserve, dans le vallon qui s'étend entre Montigny-la-Grange et Amanvillers, quand le général en chef m'arrêta en me prévenant que la Garde impériale allait arriver pour fixer la victoire, en ce moment compromise par la retraite du corps d'armée combattant à notre droite.

L'arrivée en ligne d'un bataillon et demi du 33ᵉ de ligne ranima les efforts du 15ᵉ régiment, et nos positions de ce côté furent maintenues intactes jusqu'à la nuit. J'aurais déjà fait exécuter ce mouvement du 33ᵉ avant 5 heures, si M. le maréchal Lebœuf ne m'avait fait prévenir, vers 3 h. 30, qu'il y avait un grand vide, entre son corps d'armée et le 4ᵉ, ce qui m'obligeait à laisser sur la gauche de Montigny-la-Grange, les deux bataillons du 33ᵉ qui s'y trouvaient et que j'avais étendus le plus possible du côté du 3ᵉ corps.

Vers 7 heures du soir, la Garde impériale ne débouchant pas sur le champ de bataille, le général en chef me donna l'ordre de me mettre en retraite sur les bois de Châtel. J'emmenai de ce côté une partie du 33ᵉ de ligne, et je fis prévenir le restant de ce régiment, le 15ᵉ de ligne et le 2ᵉ bataillon de chasseurs à pied de se retirer de leurs positions, à la tombée de la nuit, et de revenir dans les bivouacs près de la ferme Saint-Vincent.

Le mouvement de retraite était complètement terminé vers 9 heures du soir et ma brigade se trouvait réunie, en grande partie, sur les emplacements qu'elle occupait le matin.

Les pertes des divers corps sous mes ordres ne peuvent encore être évaluées qu'imparfaitement ; elles feront l'objet de situations spéciales. Le 15ᵉ de ligne et le 2ᵉ bataillon de chasseurs à pied ont été très éprouvés.

Historique du 2ᵉ bataillon de chasseurs à pied (commandant Le Tanneur).

18 août.

A 11 h. 30 du matin (?), le bataillon prend les armes au bruit du canon, traverse le bois des Rappes, arrive au Sud-Est du village d'Amanvillers, traverse le ravin dont il a été parlé plus haut, se forme en bataille aussitôt après et gravit, sous une grêle de mitraille, le terrain en pente douce qui sépare le village d'Amanvillers de celui de Vernéville et du bois de la Cusse ; arrivé au sommet de cette espèce de dos de pays, il prend position à deux kilomètres au Nord-Est de Vernéville et directement en face du bois de la Cusse.

Le bataillon est en bataille à peu près exactement face à l'Ouest, sa droite est en face de la pointe du bois ; elle en est distante d'environ 500 mètres ; elle est légèrement sur le versant Est du dos de pays, la gauche est tout à fait sur le sommet ; le terrain qui est en avant descend un peu en pente douce vers le bois et vers Vernéville ; il n'offre que peu d'abris à l'assaillant ; il y a deux compagnies du 5ᵉ bataillon de chasseurs à pied à droite ; il n'y a pas de troupe très près à gauche ; une batterie de mitrailleuses et deux pièces de 4 se tiennent à quelques mètres en arrière, jusqu'à 2 heures de l'après-midi (?) ; à partir de ce moment il n'y a plus d'artillerie, l'ennemi attaque, vigoureusement et sans relâche, la ligne occupée par le bataillon, mais il est chaque fois repoussé avec des pertes énormes, bien qu'il ait combiné les efforts de son artillerie et de son infanterie, quelquefois aussi de sa cavalerie.

Vers 4 h. 30, dans un moment de calme, le commandant fait replier le bataillon de quelques mètres en arrière, afin que la gauche ne soit plus aussi exposée, n'étant plus sur la crête ; ce mouvement est pris, sans doute, par l'ennemi pour un mouvement de retraite, car il revient à la charge avec une vigueur qu'on ne lui avait pas encore vue ; mais cette attaque ne lui réussit pas plus que les précédentes ; quand il est repoussé, le bataillon reprend sa première position qui est reconnue la meilleure, malgré l'inconvénient dont il a été parlé. En ce moment, l'ennemi paraît être en pleine retraite ; il se retire dans la direction de Vernéville en dérobant ses mouvements autant qu'il le peut, au moyen du bois de la Cusse (?); il utilisait ce bois de la même façon pour l'attaque, mais les mouvements se produisaient en sens inverse.

Vers 5 h. 30, des colonnes beaucoup plus nombreuses que les précédentes reviennent à la charge et l'on peut voir distinctement une attaque formidable se préparer en face du bataillon. L'ennemi sort successivement du bois par lignes de tirailleurs qui se couchent dans les intervalles les uns des autres, à mesure que chaque ligne arrive à hauteur de la première, de façon à former une ligne de bataille compacte à environ 400 mètres du bataillon ; cette ligne est encore appuyée par de nombreux bataillons massés en colonne serrée qui sortiront du bois au moment de l'attaque.

Dans le même temps qu'il fait ces préparatifs en face du bataillon, l'ennemi attaque et repousse les troupes du 6ᵉ corps qui tiennent la droite de la ligne française ; il établit alors un peu en arrière d'une crête qui s'étend de Saint-Privat-la-Montagne à Saint-Ail, une batterie qui prend directement en flanc la position occupée par le bataillon, et le premier coup de canon tiré par elle sert de signal à la masse qui doit attaquer de face ; celle-ci se lève et attaque avec vigueur ; le bataillon ouvre un feu des plus nourris ; la ligne ennemie hésite et plie en plusieurs endroits ; il devient nécessaire que les bataillons qui se sont massés derrière elle et se sont ébranlés au même instant, la reforment et la soutiennent ; ces bataillons sont aussi fort maltraités et le moment n'est pas loin où cette formidable attaque devra reculer ; mais la position n'est plus tenable pour le bataillon en raison du tir de l'artillerie ennemie qui redouble d'efforts et dont tous les coups frappent avec une effrayante précision ; le bataillon bat en retraite ; arrivé à 75 mètres environ en arrière, le commandant (Le Tanneur) aidé par ce qu'il reste d'officiers, le rallie et le reporte en avant ; les hommes n'ont presque plus de cartouches ; ils mettent baïonnette au canon et se jettent sur l'ennemi la baïonnette basse et sans tirer ; celui-ci qui fléchissait déjà quelques instants auparavant, malgré son énorme supériorité numérique, plie de nouveau et recule.

Le bataillon qui est considérablement affaibli par suite des pertes très sensibles éprouvées pendant la journée, ne peut poursuivre son avantage sans s'exposer à se voir coupé de sa ligne de retraite ; son flanc droit étant déjà complètement découvert, il s'arrête à l'endroit où il a tenu toute la journée et y brûle ses dernières cartouches ; l'ennemi ne recule plus, mais n'avance pas.

A 7 heures du soir (?), la droite de la ligne française étant en pleine retraite, l'ennemi fait avancer de nouvelles batteries qui prennent à revers la position occupée par le bataillon et l'obligent à abandonner sa ligne de bataille qu'il ne peut plus défendre faute de munitions ; il se retire sans être inquiété ni poursuivi sur le village d'Amanvillers qui est en feu ; en arrière de ce village, il est relevé par le régiment des zouaves de la Garde ; il regagne son campement du matin qu'il trouve en partie occupé par l'artillerie de la Garde, dont le tir contribue à empêcher l'ennemi de s'avancer.

Cette même nuit, le bataillon reçoit l'ordre à minuit de rentrer sous Metz. Les voitures de bagages ayant été conduites à Metz le matin du 18 pour en ramener des vivres et des munitions, tous les bagages durent être laissés sur le terrain et furent perdus. Le bataillon part et arrive à 4 heures du matin; il s'établit en colonne entre la route de Metz à Briey par Woippy et le chemin de fer de Metz à Thionville, à 300 mètres de Metz environ.

L'appel est fait et il donne les résultats suivants:

Pertes subies le 18 août: officiers blessés: MM. Le Tanneur, chef de bataillon, commmandant; Christine, de Négrier, Malboz, Jouglas, capitaines; Marton, Bouvier d'Acher, Lacan, lieutenants; Soyer, Piton, sous-lieutenants; disparus: MM. Armbruster, de Douglas, lieutenants. Total: 13 officiers hors de combat.

Troupe: 230 hommes hors de combat (1), sans qu'il soit possible de déterminer la catégorie à laquelle on peut les classer, vu qu'il n'a pas été possible d'enlever tous les blessés; il en est de même pour les deux officiers classés comme disparus.

On ne saurait donner trop d'éloges aux militaires de tous grades du bataillon pour la façon dont ils se sont comportés dans cette journée.

Historique du 15ᵉ régiment d'infanterie (colonel Fraboulet de Kerléadec).

18 août.

A 11 heures (?), la 3ᵉ division reçoit l'ordre d'aller occuper les carrières d'Amanvillers; elle est placée à cheval sur la route de Briey à Metz. Au même instant le canon gronde et le régiment, rallié à la hâte, se forme en bataille à gauche du 6ᵉ corps ayant à sa gauche le restant de la division. Le 15ᵉ reste sous le feu de l'ennemi jusqu'à 7 heures du soir, puis va passer la nuit sur le même emplacement qu'il occupait avant l'affaire. Pendant ce combat les pertes du régiment ont été les suivantes:

Officiers tués: MM. Macquaire, lieutenant-colonel; Parron, chef de bataillon; de La Vallière, Creusvaux, capitaines; Gourdel, sous-lieutenant; officiers blessés: de Kerléadec, colonel, mort le 11 septembre; Chapot, chef de bataillon; Hoffet, capitaine, mort le 8 septembre; de Fœrster, Pouyaud, Rigolage, capitaines; Corlieu, Dubard, lieutenants; Huguet, sous-lieutenant. 540 sous-officiers et soldats mis hors de combat (2).

Historique du 33ᵉ régiment d'infanterie (colonel Bounetou).

18 août.

A midi, la 2ᵉ division du 4ᵉ corps d'armée fut attaquée à l'improviste;

---

(1) Chiffres approximatifs.
(2) Chiffres erronés.

le 33ᵉ se porta au pas gymnastique, en passant par la droite du bois de Saulny, sur Montigny-la-Grange, le Iᵉʳ bataillon à droite de ce village, le IIIᵉ à gauche et le IIᵉ à gauche du IIIᵉ. Une division de cavalerie se trouvait à l'extrême gauche du plateau occupé par les IIᵉ et IIIᵉ bataillons du 33ᵉ. Deux batteries de 4 étaient placées en arrière et près de la crête du plateau, en avant de ces bataillons, et deux batteries de mitrailleuses étaient en position à gauche, derrière un bouquet d'arbres. Le Iᵉʳ bataillon avait en avant de lui, une batterie d'artillerie et une de mitrailleuses.

Un combat furieux d'artillerie s'engagea immédiatement sur toute la ligne et dura toute la journée; le plateau occupé par le 33ᵉ était sillonné continuellement par les obus prussiens. Les batteries de 4 françaises furent démontées en très peu de temps et quelques pièces qui restèrent en position furent forcées de se retirer du combat à 2 h. 30 environ, manquant de munitions.

Le soir, à 6 heures, une colonne ennemie forte d'environ 6,000 hommes marcha rapidement sur le village d'Amanvillers; la batterie de mitrailleuses, qui se trouvait en avant du Iᵉʳ bataillon du 33ᵉ et qui avait conservé quelques munitions, l'arrêta immédiatement par un feu bien dirigé.

A 7 heures, une deuxième colonne prussienne marcha de nouveau sur Amanvillers; il y eut alors un mouvement de recul vers la droite de la ligne française et les Prussiens arrivèrent jusqu'aux premières maisons d'Amanvillers; c'est alors que M. Derroja, lieutenant-colonel du 33ᵉ, réunissant deux compagnies du Iᵉʳ bataillon du 33ᵉ et quelques troupes qui battaient en retraite, se porta au pas de charge sur Amanvillers et refoula à la baïonnette la colonne prussienne.

Les quatre autres compagnies du Iᵉʳ bataillon s'avancèrent rapidement sur Amanvillers pour soutenir le mouvement; le IIIᵉ bataillon, tournant la ferme qui se trouve en avant de Montigny-la-Grange, se porta rapidement, sous le feu des batteries prussiennes, en avant du village et sur la crête extérieure du plateau; le IIᵉ bataillon suivit le mouvement et vint se placer à la gauche du IIIᵉ; l'infanterie prussienne rétrograda sur toute la ligne. Une batterie de la Garde vint alors s'établir en arrière d'Amanvillers et fit taire les batteries prussiennes placées sur la route de Vernéville à Sainte-Marie-aux-Chênes, qui nous prenaient d'enfilade. La nuit mit fin à la bataille.

Le 33ᵉ a perdu dans cette journée: le capitaine Thérade qui a eu la jambe et la moitié d'une main emportées; il est mort trois heures après. Le sous-lieutenant Jeanson qui a eu la cuisse fracassée, a été fait prisonnier et est mort de ses blessures. Le lieutenant Basset a été blessé à la figure, à la jambe gauche et au bras droit. Le capitaine Fovel à la main; le lieutenant Lejouteux à la main; 105 hommes tués ou blessés (1).

A 10 heures du soir, le II⁰ bataillon, avec le drapeau, conduit par le général Pajol et le colonel du 33ᵉ, rétrograda sur le campement et en repartit à 11 h. 30 pour se diriger sur Metz, où il alla camper à Devant-les-Ponts à 5 heures du matin. Les Iᵉʳ et IIIᵉ bataillons restèrent sur le champ de bataille jusqu'à 1 heure du matin, aidèrent à relever les blessés du 43ᵉ et ne se mirent en marche pour gagner le campement, qu'en apprenant la marche rétrograde du IIᵉ bataillon. Ils repartirent à 2 heures et se dirigèrent sur Metz en abandonnant les principaux bagages, les voitures du corps d'armée ayant été envoyées à Metz par ordre du général commandant le 4ᵉ corps pour y chercher des vivres. Ces deux bataillons arrivèrent à Devant-les-Ponts à 9 heures du matin.

Rapport du général Berger, commandant la 2ᵉ brigade de la 3ᵉ division (2).

La brigade se trouvait occuper le plateau en arrière d'Amanvillers, entre les fermes de Saint-Vincent et de Saint-Joseph (3). Vers 10 heures (?), elle reçut l'ordre de se porter sans sacs vers le point où le combat paraissait être engagé depuis peu de temps. En arrivant à Amanvillers, le général Berger reçut l'ordre du général de division de placer le 54ᵉ à la droite du village et le 65ᵉ à la gauche; les trois bataillons du 65ᵉ étaient déployés; deux du 54ᵉ étaient déployés et le troisième était placé en arrière comme réserve. Il était 11 h. 30, lorsque la brigade fut installée dans ces positions (?). J'étais de ma personne en avant du village d'Amanvillers, au centre de ma brigade; les bataillons des deux régiments, pour éviter les nombreux projectiles, surtout les obus, étaient couchés. Pendant quatre heures, la brigade attendit que les phases de la lutte fussent dessinées. Le général Grenier m'ayant demandé à ce que sa droite fut plus assurée, je lui envoyai un bataillon du 65ᵉ; une seconde demande m'ayant été adressée, je fis appuyer sur la droite du général Grenier un second bataillon du 65ᵉ. A 5 heures, le général en chef étant venu visiter les positions, parut satisfait de l'état des choses. Rien à cette heure ne pouvait faire supposer de notre part un mouvement de retraite; cependant, vers les 4 heures (?), un mouvement de retraite assez prononcé s'étant produit vers notre extrême droite, dans

---

(1) Chiffre erroné.
(2) Non daté.
(3) Il faut sans doute lire : Saint-Maurice.

le 6ᵉ corps, lors du passage du général en chef, je crus devoir lui faire part de cette circonstance, les troupes, par un mouvement offensif, ayant repris leurs positions. A 5 h. 30, beaucoup d'hommes du 6ᵉ (1) et du 2ᵉ bataillon de chasseurs à pied vinrent chercher des cartouches; les munitions, disaient-ils, étaient épuisées.

A 6 heures, les premières lignes commencèrent à se replier; un bataillon du 54ᵉ fut envoyé plus à droite, puis enfin, les deux bataillons de chasseurs, 6ᵉ de ligne, 13ᵉ, 73ᵉ ayant complètement battu en retraite, les deux bataillons du 54ᵉ furent lancés en avant; pendant deux heures les six bataillons de la 2ᵉ brigade, les seuls qui fussent encore en ligne, continrent l'ennemi et pendant ces deux heures ils se trouvèrent au milieu du feu le plus intense et le plus meurtrier; un bataillon du 65ᵉ eut même la bonne fortune de se porter à la baïonnette sur un bataillon prussien, qui, faisant semblant de se rendre aux cris de: « Vive la France ! », s'était rapproché de lui à 40 pas ; les deux bataillons mis en présence se fusillèrent presque à bout portant.

Aucune réserve n'arrivant et l'attaque devenant plus serrée par suite de la retraite du 6ᵉ corps, les bataillons isolés sur une aussi grande étendue se mirent à battre en retraite en très bon ordre sous un feu de mousqueterie et de mitraille; leur attitude fut telle que les Prussiens n'osèrent pas les poursuivre à la baïonnette et se tinrent constamment à une assez grande distance d'eux, se contentant de les écraser de leurs projectiles.

A 9 h. 30 du soir, les dernières troupes de ma brigade rentraient au camp; je ralliai ma brigade, heureuse de retrouver ses sacs.

Les deux colonels blessés le 18 sont remplacés par deux lieutenants-colonels.

Second rapport du général Berger, commandant la 2ᵉ brigade de la 3ᵉ division (2).

Le lendemain, 18 août, ordre fut donné à toutes les voitures du corps d'armée de se rendre à Metz pour aller chercher les vivres et se procurer les choses les plus essentielles dont les corps manquaient depuis plusieurs jours. Les voitures partirent vers 8 heures du matin. Il était peut-être 10 h. 30, 11 heures, lorsque nous entendîmes les premiers coups de canon (3); notre division prit les armes et se porta rapi-

---

(1) Il faut sans doute lire : 5ᵉ.
(2) Non daté.
(3) Heures erronées.

dement sur l'emplacement qu'elle devait occuper. Il me fallut une petite heure pour prendre ma position qui était et devait être, d'après l'appréciation du général de Ladmirault, le point le plus essentiel à défendre. Je fus placé avec ma brigade à Amanvillers, ayant à 500 mètres de ce village, le 54ᵉ à droite et le 65ᵉ à gauche, se reliant à la 1ʳᵉ brigade au moyen du château appelé, je crois : la Folie (1); ma droite se reliait à la division du général Grenier, qui elle-même avait à sa droite la division de Cissey; puis venait le 6ᵉ corps qui avait Saint-Privat pour grand quartier général. Mes troupes installées sur leurs positions, nous attendîmes que les Prussiens prononçassent leur mouvement; de midi à 4 heures, l'ennemi ne bougea pas de ses positions; il était en partie embusqué dans la tranchée du chemin de fer; son infanterie était partout invisible; depuis midi jusqu'à 6 heures, l'artillerie prussienne nous couvrit de projectiles et fit taire toutes nos pièces; une de nos batteries fut complètement mise hors de service par suite de plusieurs caissons qui sautèrent, ce qui causa un mal affreux et un désordre qui nous impressionna vivement. Nos tirailleurs brûlaient inutilement leurs munitions sur une artillerie placée hors de la portée de nos fusils et sur des ennemis invisibles; dans leurs tranchées, les Prussiens faisaient passer au bout de leurs fusils quelques casques sur lesquels, malgré les recommandations des officiers, il était impossible d'empêcher nos soldats de tirer. Sous cette pluie d'obus qui mit le feu à Amanvillers, j'eus dans ma brigade un grand nombre de soldats blessés. Il était près de 5 heures du soir, lorsque M. le général de Ladmirault, accompagné de tout son état-major et de mon général de division, vint visiter ma position et s'informer de ce qui se passait de notre côté. Il put se rendre compte de la situation qui, à cette heure, lui semblait encore bonne. Nous avions été à même de constater un mouvement de retraite fait par le 6ᵉ corps et une partie de la division de Cissey, mais un mouvement offensif s'étant produit, nos troupes paraissaient se maintenir dans leurs positions. Le général de Ladmirault nous fit part d'un petit billet qu'il venait de recevoir de M. le général Bourbaki qui lui annonçait l'envoi du général Picard avec sa division de grenadiers. Si cette promesse s'était réalisée, le 4ᵉ corps n'aurait pas éprouvé toutes les pertes qu'il a essuyées; l'ennemi eût été contenu et les divisions auraient conservé toutes leurs positions. La Garde n'arrivant pas et les Prussiens ayant reçu des renforts énormes que l'on évalue à 70,000, firent effort sur le 6ᵉ corps, le débordèrent et menacèrent sa ligne de retraite. Le 6ᵉ corps, accablé par le nombre et surtout par la violence de l'attaque de troupes fraîches, se replia, abandonnant Saint-Privat et mettant tout notre côté

---

(1) En réalité : Montigny-la-Grange.

droit à découvert ; les Prussiens se hâtèrent d'en profiter pour se jeter sur le flanc des divisions de Cissey et Grenier ; ces deux divisions se replièrent ; une partie de la division Grenier traversa ma brigade ; la nuit s'avançait ; je m'étais porté vers ma gauche pour faire appuyer à droite et pouvoir défendre le côté droit du village d'Amanvillers qui était en feu et sur lequel l'ennemi envoyait toujours une nuée de projectiles ; l'infanterie prussienne était sortie de sa tranchée ; mes bataillons purent alors ouvrir un feu très nourri. Sur ces entrefaites, arriva l'artillerie de la Garde, qui, par l'intensité de son feu, força l'infanterie prussienne à s'arrêter ; puis notre feu se joignant à celui de l'artillerie de la Garde, l'infanterie chercha à se défiler pendant que l'artillerie des deux côtés échangeait une masse de projectiles. La nuit était complètement venue, à tel point qu'il eût été difficile de se distinguer entre soi ; mes deux régiments se retirèrent par bataillon, vers 9 h. 30 du soir, du champ de bataille sans être inquiétés, et je reformai ma brigade sur l'emplacement occupé le matin. Le général de Ladmirault, vers 10 heures du soir, vint à mon bivouac ; il trouva ma brigade ralliée et il félicita mes troupes de leur contenance énergique sur le champ de bataille ; certes, elles avaient contribué ce soir-là, au moment le plus critique de la journée, à arrêter l'impétuosité de l'attaque des Prussiens, qui, si elle avait réussi, aurait compromis sérieusement le sort de l'armée qui se serait réfugiée alors sous les murs de Metz dans le plus grand désordre. Dans cette funeste journée, ma brigade a fait de cruelles pertes dans le 54e : le colonel blessé, mort de sa blessure ; un chef de bataillon tué, un autre blessé, plus 26 officiers, dont 10 tués et blessés, ainsi que 559 hommes (1).

65e de ligne : colonel blessé ; les trois chefs de bataillon tués ; 24 officiers tués ou blessés ainsi que 629 hommes (2).

Ce qu'il y eut de plus triste c'est que l'absence de nos voitures, envoyées le matin à Metz, ne permit pas à nos officiers d'emporter leurs effets qui furent, le lendemain, ou plutôt dans la journée du 19, la proie de nos ennemis ! Ces effets abandonnés au bivouac, joints au grand nombre de sacs laissés sur le terrain par les morts et les blessés, donnaient à notre retraite sur Metz l'apparence d'une déroute. A 10 h. 30 je pus rendre compte au général de Lorencez que la Garde, que nous avions retrouvée sur notre emplacement, à notre retour d'Amanvillers, battait en retraite sur Metz ; le général ne voulut pas le croire ; il dut se rendre à la vérité de ce renseignement par le témoignage de plusieurs officiers envoyés sur les lieux. Notre position deve-

---

(1) Chiffres approximatifs.
(2) Ibid.

nant, par notre isolement du reste de l'armée, très critique, le général de Lorencez prescrivit le départ de la division pour minuit et chargea la 2ᵉ brigade de faire l'arrière-garde. Au moment de quitter le bivouac, on vint me prévenir que trois batteries se trouvaient encore en arrière de nous, qu'elles restaient sur leur emplacement soit parce qu'elles avaient été oubliées, soit que son chef n'eût pas reçu l'ordre de battre en retraite; je fis prévenir de suite cet officier supérieur qui, après deux heures d'attente, rejoignit ma colonne, et lorsqu'elle fut complètement défilée. Je me mis en marche vers les 3 heures du matin; nous arrivâmes à 6 heures du matin à Devant-les-Ponts que nous avions déjà occupé précédemment.

Historique du 54ᵉ régiment d'infanterie (colonel Caillot).

18 août.

La nuit et la matinée sont tranquilles. Vers les 8 heures, l'ordre est donné d'envoyer à Metz toutes les voitures régimentaires pour rapporter des vivres de campagne; on ne s'attend donc pas à une bataille ce jour-là.

Cependant, dès 9 heures du matin, on aperçoit, dans la plaine qui s'étend en avant et à gauche d'Amanvillers, des nuages de poussière produits évidemment par des troupes en marche. Est-ce l'armée allemande ou un corps français qui sont en marche? La quiétude dans laquelle restent les camps français fait penser que la dernière supposition est la vraie; elle ne sera que trop tôt et trop malheureusement démentie.

Vers 11 heures (?), à l'instant où le 54ᵉ a pris les armes pour l'appel, des coups de canon éclatent dans la plaine; ce sont les Prussiens qui tirent sur les camps français, sur lesquels ils sont arrivés à l'improviste.

Toutes les divisions prennent aussitôt les armes sans sacs; conduit par le général de brigade, le 54ᵉ vient se placer à droite et en avant d'Amanvillers, du côté qui regarde Saint-Privat-la-Montagne. Le Iᵉʳ et le IIᵉ bataillon déployés sont placés en avant sur une même ligne et le IIIᵉ bataillon, en colonne serrée par division, est en réserve à 300 mètres en arrière; son flanc gauche touche presque les murs du village.

Il est midi et demi; depuis une heure, la bataille est engagée sur toute la ligne; les batteries françaises ont ouvert leurs feux; mais écrasées par l'artillerie ennemie, elles sont obligées à tout instant de changer leurs positions. Les obus ennemis éclatent de tous côtés et font de nombreuses victimes dans les bataillons, qui sont obligés de rester impassibles sous cette pluie de fer. Les premiers officiers touchés sont: MM. Tavella, sous-lieutenant au Iᵉʳ bataillon, et Avezard, capitaine adjudant-major au IIIe bataillon ; tous deux sont grièvement blessés et il faut les emporter du champ de bataille.

Vers 3 heures, les Ier et IIIe bataillons reçoivent l'ordre de se porter, le Ier plus en avant pour soutenir la première ligne, le IIIe en avant et à gauche d'Amanvillers. Peu de temps après, ce bataillon se porte aussi en première ligne pour remplacer des bataillons qui ont épuisé leurs munitions.

Le colonel et le lieutenant-colonel sont au IIe bataillon avec le drapeau. Il est 5 heures ; la lutte est soutenue avec acharnement ; les batteries du 4e corps, désemparées ou n'ayant plus de munitions, se sont retirées ; l'infanterie n'en conserve pas moins ses positions.

De 5 à 6 heures, les bataillons en première ligne échangent un violent feu de mousqueterie avec les Prussiens qui sont cachés dans les bois et qu'on aperçoit à peine. Mais vers 6 heures (?), le 6e corps qui, depuis midi, combat avec avantage à Saint-Privat, est obligé de battre en retraite, débordé par un corps de 40,000 Prussiens qui vient d'entrer en ligne ; ses positions sont alors occupées par l'ennemi et une formidable artillerie prenant d'écharpe les bataillons du 4e corps augmente leur perte déjà considérable.

Le commandant Lamboley, du Ier bataillon, qui, malgré les observations de ses chefs, a voulu rester à cheval et qui court de la droite à la gauche de son bataillon pour encourager ses hommes, a son cheval presque coupé en deux par un obus, et reçoit lui-même une blessure mortelle. Le colonel Caillot, grièvement blessé au bras, est forcé de quitter le champ de bataille.

Enivrés par leur succès du côté de Saint-Privat, les Allemands qui sont en face du 4e corps, sortent de leur bois pour forcer ses lignes ; mais ils sont reçus par un feu terrible et leurs diverses tentatives sont victorieusement repoussées.

Les dernières lueurs du jour éclairent à peine ces scènes de carnage ; le canon s'est tu partout ; la fusillade continue toujours au centre et sur la gauche, incertaine et peu nourrie. Les trois bataillons du 54e, dans les terribles péripéties de la bataille, se sont forcément séparés ; vers les 8 heures du soir, le Ier bataillon se réunit au IIIe, sous les ordres de son chef ; à droite et à gauche de ces deux bataillons décimés se groupent des fractions égarées de plusieurs corps, telles que des 6e 13e et 15e de ligne et des chasseurs des 2e et 20e bataillons.

Un épisode qui honore infiniment deux jeunes militaires du 54e vient clore cette mémorable journée. Vers les 9 heures, alors que la fusillade s'arrête de temps en temps, pour reprendre un instant après avec plus d'intensité, une troupe, qu'à ses vêtements sombres on pouvait prendre pour des chasseurs à pied, s'avançait du côté de l'ennemi, irrésolue et sans tirer un coup de fusil. Le commandant, non sans peine, fit cesser le feu; la masse noire s'arrêta au même instant; aux sonneries françaises qui leur furent faites, aux interpellations : pas de réponse. Plus de doute, ce sont des Prussiens. Mais que veulent-ils? Se rendre peut-être? Le commandant demande aussitôt un militaire sachant parler l'allemand; plusieurs se présentent; M. le sous-lieutenant Zabern est choisi et, accompagné du jeune sergent-major Dumamm, il marche du côté de l'ennemi. Arrivé à portée de voix, il leur demande ce qu'ils veulent; une décharge terrible est la seule réponse qu'il reçoit. Les Français recommencent inconsidérément le feu et les deux braves parlementaires qui, heureusement, ont eu la bonne idée de se coucher à terre, échappent d'une manière providentielle à ces décharges meurtrières.

Vers 9 h. 30, le feu a cessé de toute part; la nuit est fort sombre; l'horizon est cependant éclairé par deux énormes torches : ce sont Saint-Privat et Amanvillers qui flambent. Le commandant ne peut quitter sans ordre la position qu'il occupe; mais n'ayant plus de troupes françaises à sa droite, par laquelle il peut être tourné, il se décide à envoyer à Amanvillers M. le sous-lieutenant Vitalis pour demander des instructions. Ce jeune et intrépide officier franchit en dix minutes les 1500 mètres qui le séparent du village, n'y trouve que des blessés réfugiés dans des maisons en flammes, apprend par hasard que l'on doit rentrer au camp que l'on occupait le matin et revient au pas de course rendre compte de sa mission.

Rester plus longtemps sur le champ de bataille eût été une grave imprudence; on n'avait pas de vivres, pas d'eau et tout le monde était exténué par dix heures de combat et d'émotions.

La retraite fut ordonnée; elle commença à 10 heures pour les deux bataillons du 54ᵉ et pour les divers groupes qui s'étaient ralliés à leur fortune.

La rentrée au camp s'exécute par le flanc droit et sans encombres; à 11 heures du soir, les Iᵉʳ et IIIᵉ bataillons du 54ᵉ avaient repris leurs places de bataille à côté du IIᵉ bataillon qui, sous les ordres du lieutenant-colonel Stroltz, était revenu aussi.

La journée du 18 avait été bien rude au 54ᵉ, comme le témoignent 557 hommes de troupe et 20 officiers hors de combat. Parmi ceux-là, 10 payèrent de leur existence leur dévouement à la patrie, ce furent :

MM. Hervé, capitaine; Fauré, lieutenant; Cazaré, Guilhem, sous-lieutenants, du IIIᵉ bataillon. Lissignol, Durand, sous-lieutenants; Caillot, colonel; Lamboley, chef de bataillon, nommé lieutenant-colonel depuis le 14; Lavillatte, capitaine au Iᵉʳ bataillon; Roussarie, capitaine adjudant-major au IIᵉ bataillon.

Les six premiers restèrent sur le champ de bataille et leurs camarades n'eurent pas même la consolation de leur rendre les derniers honneurs. Les quatre autres moururent peu de temps après des suites de leurs blessures. Tous ces officiers, depuis le brave colonel Caillot jusqu'au sous-lieutenant dernièrement nommé, avaient depuis longtemps conquis les sympathies de leurs subordonnés et de leurs camarades; les angoisses de la dernière heure furent cruelles pour quelques-uns; heureusement elles furent courtes, et pourquoi les plaindre? Ils n'ont pas été témoins des désastres de leur pays.

Les dix officiers blessés plus ou moins grièvement furent : MM. Helle, capitaine, six blessures; de Bellefon, Bravard, lieutenants; Avezard, capitaine adjudant-major; Molinier, lieutenant; Cocusse, de Foucauld, sous-lieutenants; Beaudoin, resté entre les mains des Prussiens, Tavella, sous-lieutenants; Gasquet lieutenant.

Il y eut en outre cinq officiers contusionnés : MM. Stroltz, lieutenant-colonel; Cullet, chef de bataillon au IIIe; Ronot, capitaine; Schirmer, lieutenant; Gairaud, sous-lieutenant.

Des trois bataillons du 54e, le IIIe fut le plus maltraité; deux de ses compagnies furent littéralement écrasées : la 2e compagnie, qui eut 83 hommes hors de combat, et la 3e compagnie, 65.

Historique du 65e régiment d'infanterie (colonel Sée).

18 août.

Dès le matin, les voitures régimentaires sont mises à la disposition du service administratif pour aller chercher des vivres à Metz.

A 10 heures, l'ennemi est signalé comme venant d'Ars et de Gravelotte à Vernéville et marchant contre nos positions; quelques instants après (?), on entend en effet dans cette direction, les premiers coups de canon que les batteries prussiennes, établies sur la route de Gravelotte à Vernéville, dirigent contre nos troupes campées en première ligne.

Un peu avant midi, le 65e reçoit l'ordre de prendre les armes et de se diriger sur Amanvillers. Par ordre aussi, les sacs de la troupe et les bagages des officiers sont laissés au camp sous la garde de quelques hommes.

Arrivé derrière le village et après avoir traversé le chemin de fer, le 65e oblique à gauche, et, formé en colonne de bataillons, débouche sur le plateau où l'action est vivement engagée. Le plateau appartient à la ligne de collines qui bordent le ravin de Châtel; le terrain s'élève en pente douce depuis le chemin de fer jusqu'à la route qui vient de Sainte-Marie-aux-Chênes, passe en avant d'Amanvillers et de Montigny, et finit à Châtel; sur le versant opposé, le terrain descend et forme une vallée où coule la Mance, petit affluent de la Moselle. De l'autre côté de la rivière sont les hauteurs de Vernéville et de Gravelotte.

Il est 1 heure de l'après-midi, le général Berger fait déployer les trois bataillons derrière les troupes de la 2e division; ils occupent alors tout l'espace compris entre Amanvillers et Montigny-la-Grange. Le IIIe bataillon fournit même une compagnie, la 6e, et une demi-section de la 5e, pour fortifier, par des tranchées, la gauche de la position en avant de Montigny.

Cependant notre artillerie est impuissante à soutenir la lutte contre l'artillerie prussienne; ses munitions sont épuisées, ses pièces démontées; elle se retire vers 2 heures, laissant l'infanterie exposée à toute la violence d'une effroyable canonnade. Bientôt, le IIe bataillon est envoyé en première ligne par le général Grenier (2e division) pour relever un bataillon du 43e. Un peu plus tard, le Ier bataillon exécute un mouvement semblable. Vers 3 heures, le IIIe bataillon s'avance à son tour à hauteur des deux premiers. Le 64e est alors tout entier en première ligne. Le Ier bataillon, embusqué sur la route de Sainte-Marie à Châtel, est un peu abrité contre le feu de plus en plus violent de l'artillerie; il échange quelques coups de fusil contre les batteries qui, n'étant plus gênées par les batteries françaises, se sont rapprochées de 1200 ou 1500 mètres de notre ligne.

Le IIe bataillon qui est en rase campagne dirige une fusillade très vive contre une colonne d'infanterie prussienne qui débouche de Vernéville, précédée de nombreux tirailleurs et s'avance sur Amanvillers. Cette colonne est forcée de battre en retraite.

Le IIIe bataillon, placé derrière une haie vive et de grands arbres qui offrent à l'artillerie ennemie un point de repère assuré, éprouve des pertes considérables. A la tombée de la nuit il fait par le flanc droit et vient remplacer le IIe bataillon qui se retire, ayant épuisé toutes ses munitions.

Le IIIe bataillon se maintient dans cette position jusqu'à 8 h. 30 grâce à ses feux de mousqueterie. Le feu ayant cessé depuis une demi-heure, le IIIe bataillon reçoit l'ordre de rentrer à son campement, ce qui s'exécute en bon ordre. A peu près à la même heure, le Ier bataillon supportait une lutte terrible. Une forte colonne de la Garde royale prussienne débouchant des bois de la Cusse se dirige sur Amanvillers; favorisée par une légère ondulation de terrain et surtout par l'obscurité, elle apparaît tout à coup sur la droite du Ier bataillon. Celui-ci exécute un changement de front et vient s'embusquer dans le fossé de la route qui descend d'Amanvillers, observant avec inquiétude la marche de cette troupe, que l'obscurité empêche de reconnaître. Usant d'une ruse qui leur a plusieurs fois réussi dans cette campagne, les Prussiens crient : « Vive la France ! », lèvent leurs fusils en l'air et continuent à se rapprocher. Déjà quelques-uns nous tendent la main, lorsque tout à coup commence de part et d'autre une vive fusillade; une mêlée épouvantable s'engage; les hommes luttent corps à corps, à coups de crosse, à coups de baïonnette; quoique écrasés par le nombre, nos soldats parviennent à se dégager, mais non sans laisser sur le terrain un nombre considérable de morts et de blessés. Le drapeau du 15ᵉ de ligne qui se trouvait dans nos rangs faillit tomber au pouvoir de l'ennemi.

Les débris du Iᵉʳ bataillon se reformèrent à quelques centaines de mètres en arrière; on agite la question de reprendre l'offensive, mais la nuit étant tout à fait venue, les autres troupes étant rentrées, le bataillon se dirige à son tour vers le camp où il arrive vers 9 h. 30 et reforme ses faisceaux où il les avait rompus le matin.

Dans cette journée, la musique, sur l'ordre du colonel, suivit le régiment divisée en trois sections sous les ordres du chef M. Bardin et des deux sous-chefs; elle transporta les blessés aux ambulances et aida le docteur à leur donner les premiers soins. Un musicien fut tué, et le sous-chef Cortot qui s'était distingué fut médaillé. Elle rentra au camp à 8 heures du soir.

Les pertes éprouvées par le corps furent pour les officiers :

Officiers tués ou morts de leurs blessures.

Lenglet, chef de bataillon, tué par un obus ;
Grenier, chef de bataillon, blessé à la cuisse gauche par un éclat, mort le 12 septembre ;
François, chef de bataillon, la cuisse enlevée par un obus, mort le 21 août ;
Coly, de Ferluc, capitaines, tués par une balle ;
Vigneau, capitaine, blessé par un éclat d'obus, mort le 25 août ;
Letellier, lieutenant; deux jambes coupées par un obus, mort le 20 août ;
Chérel, sous-lieutenant, tué dans la mêlée.

Officiers blessés.

Sée, colonel, blessé grièvement au pied gauche par un éclat d'obus ;
Teillay, capitaine; un éclat d'obus au côté gauche ;
Barrey, capitaine; une balle au genou, fait prisonnier ;
Bouyssonnet, capitaine; une contusion au bras ;
Borrel, lieutenant; une balle à la cuisse ;
Landais, lieutenant; une balle à la tête et deux coups de crosse ;
Raison et Mouton, lieutenants; une balle à la cuisse ;
Dupuy, lieutenant ; une balle à la tête ;
Bauzin, sous-lieutenant; une balle au bras ;
Bréville, sous lieutenant ; une balle à la poitrine ;
Crottet, sous-lieutenant; un éclat d'obus à la tête ;
Salinié, sous-lieutenant ; une balle au bras droit.

Les pertes de la troupe furent les suivantes : tués 33, disparus 173 (tués pour la plupart), blessés 315, total : 521 (1).

Dans cette journée, le corps entier fit noblement son devoir ; officiers et troupe ont montré beaucoup de vigueur et de ténacité devant l'ennemi, et il en fut récompensé le soir même par les paroles élogieuses de son général de division et quelques jours plus tard, le 27 août, par un ordre du jour n° 26 du général de Ladmirault, commandant le 4° corps.

Étaient signalés comme s'étant particulièrement distingués au 65° de ligne :

MM. Sée, colonel ; Grébus, lieutenant-colonel ; Jubault, Teillay, Moulin, Bérenger, Martin, Vigneau, de Ferluc, capitaines ; Dupuy, Landais. Borrel, Letellier, lieutenants ; Mouton, Salinié, Bréville, sous-lieutenants.

A 11 h. 30 du soir, le 65° quitte son camp et prend la route de Metz. Le III° bataillon escorte l'artillerie de réserve du corps d'armée.

Historiques des 8°, 9° et 10° batteries du 1ᵉʳ régiment d'artillerie (3° division).

18 août.

Toute la matinée, on aperçut des colonnes ennemies qui défilaient en exécutant un mouvement analogue à celui que nous faisions la veille. Avant midi on entend une première décharge de canons à balles, et la bataille s'engage. La batterie Baritot (9°) prend de suite position, presque sur l'emplacement où elle avait campé, surveillant le ravin de Châtel avec sa troupe de soutien. Notre campement est promptement levé et la division se porte rapidement à Amanvillers, où elle se déploie dans la direction de Montigny-la-Grange, Saint-Privat, faisant face au bois de la Cusse. La batterie Guérin (8°) prit position à gauche et en avant du château de Montigny-la-Grange, face au bois de la Cusse ; elle avait si peu de place qu'elle put à peine prendre 12 à 14 mètres d'intervalles par section ; elle fit feu une partie de la journée sur des masses d'infanterie qui descendaient dans une clairière du bois de la Cusse, se rejetaient dans les fourrés après chaque décharge de canons à balles et, sortant du bois en colonne par le flanc, cherchaient sans cesse à se reformer ; puis sur une batterie placée en avant du bois qui tirait beaucoup sur elle, mais trop court, et qui fut bientôt réduite au silence ; puis enfin, avec deux sections, sur deux batteries qui étaient venues alternativement s'établir à droite et à gauche de la ferme de Champenois ; elles n'eurent pas le temps d'ouvrir leur feu, tant elles

---

(1) Chiffres approximatifs.

eurent d'hommes et de chevaux par terre; elles se retirèrent en désordre. La section de droite observait toujours le bois et tirait sur quelques groupes de fantassins et cavaliers qui en sortaient. Sur l'avis du général Lafaille, commandant l'artillerie du 4e corps, de faire bien attention, car on pouvait être surpris par de la cavalerie dans la position où elle se trouvait sans troupe de soutien, le commandant de la batterie fit alors charger les pièces avec des balles multiples et porter sa batterie à 50 mètres environ en avant; il aperçut trois avant-trains abandonnés et beaucoup d'hommes et de chevaux tués ou blessés appartenant à la batterie dont on avait éteint le feu dans l'après-midi. Vers la fin de la journée, une batterie prussienne vint prendre position sur la route de Mars-la-Tour à gauche de la ferme de Champenois, à 2,400 ou 2,600 mètres de la batterie, fit feu sur elle, la prenant d'écharpe, mais presque tous les coups étaient trop courts et s'arrêtaient en avant des pièces; on répondit pendant une demi-heure et le général Lafaille, arrivant de nouveau, engagea le commandant de la batterie à ménager ses munitions et lui donna l'ordre de se tenir en réserve en arrière; elle se retira, comme beaucoup d'autres batteries, sur la gauche d'Amanvillers où le commandant de la batterie alla reconnaître le terrain, fit faire rapidement par les servants de la batterie deux rampes pour passer dans la tranchée du chemin de fer de Verdun et arriver sur la route; la batterie prit alors position sur le plateau qui domine cette route en avant des bois de Lorry. Au moment où la Garde débouchait de ces bois, le général Bourbaki fit demander au commandant de la batterie par un officier d'état-major de se mettre à sa disposition et lui fit prendre position tout près de là hauteur et à droite de Montigny-la-Grange, où elle resta jusqu'au moment où elle reçut l'ordre de prendre la tête de colonne des batteries de la division qui se retirait.

Dans cette journée, tout le monde fit bravement son devoir et nous fûmes assez heureux pour n'avoir que peu d'hommes blessés. Nous avons dit plus haut que la batterie Baritot (9e) avait pris position, le matin, sur l'emplacement où elle avait campé, surveillant le ravin de Châtel-Saint-Germain.

Vers 1 h. 45, la batterie reçut l'ordre par un officier d'état-major de rejoindre la division le plus rapidement possible et de se placer à gauche d'Amanvillers.

Les pièces n'étaient pas remises sur les avant-trains qu'un second officier d'état-major vint porter l'ordre de se placer à droite du même village. Le capitaine commandant prévint cet officier qu'il se rendait au trot à Amanvillers et qu'il désirait être prévenu dans le trajet de la position exacte qu'il |devait occuper; il ne revit plus ces officiers.

Après avoir passé le chemin de fer de Verdun, la batterie fut formée en bataille à intervalles de 20 mètres et le capitaine en second, qui avait été envoyé prendre les ordres du général de division qu'on ne put trouver, ne revint pas ; le capitaine commandant prit alors sur lui d'aller occuper la crête, à droite d'Amanvillers, face au bois de la Cusse ; il était 2 heures ; à la droite de ce bois se trouvait une batterie prussienne, à 900 mètres environ. La batterie Baritot lutta vigoureusement contre elle et la réduisit à peu près au silence, mais deux batteries prussiennes la voyant compromise vinrent se placer près de Saint-Ail, prirent la batterie Baritot d'écharpe et en une demi-heure la mirent hors d'état de combattre ; il était 4 h. 30. Un caisson de la batterie fit explosion ; pas une voiture n'était intacte. La batterie se replia en arrière d'Amanvillers, se reforma au moyen de sa réserve et vint se placer à gauche d'Amanvillers, en arrière de la ligne de Montigny-la-Grange. Dans la soirée, elle prit position à gauche du chemin de fer contre le bois, face à Sainte-Marie-aux-Chênes. Tout le monde dans la batterie fit bravement son devoir ce jour-là.

La batterie Desveaux (10e) prit position sur la route du château de Montigny-la-Grange. La ferme de Champenois était déjà en flammes et, de derrière, arrivait une grêle de projectiles qui décimaient l'infanterie couchée près du château sans qu'il fût possible de distinguer la batterie qui les envoyait. Nous tirions néanmoins au jugé et nous eûmes le bonheur, après un petit nombre de coups, de délivrer l'infanterie de ce tir incommode contre lequel elle ne pouvait rien. A ce moment, deux batteries sont venues s'établir en face de nous, puis deux autres sur une crête un peu plus éloignée ; nous ripostâmes pendant trois heures environ à leur feu qui ne nous fit éprouver que de faibles pertes, relativement au nombre de coups tirés. Comme le terrain en arrière de nous était complètement balayé par les obus, notre réserve se trouvait loin de nous sur la route d'Amanvillers ; nos munitions étaient presque épuisées ; nous nous sommes retirés un peu, cédant la place à une batterie du 8e d'artillerie faisant partie de la réserve du 4e corps.

Nous allions, nos coffres garnis, nous reporter sur la ligne, lorsqu'on nous fit retirer complètement sur le plateau qui domine Amanvillers, en arrière de la route. Plus tard un officier d'état-major, qui demandait en vain une batterie de mitrailleuses, nous emmena entre Amanvillers et Montigny-la-Grange pour nous faire placer sur la crête où l'infanterie de la 3e division tenait encore ferme, tandis que la droite, formée par le 6e corps, avait été chassée d'Auboué(?) et de Sainte-Marie-aux-Chênes et s'était retirée en arrière de Saint-Privat. Mais en route, les obus des batteries ennemies qui formaient le cercle à leur extrême gauche traversaient, de la droite à la gauche, notre batterie, qui marchait en bataille, et nous reçûmes l'ordre de revenir à notre point de départ.

La nuit était tombée et le combat gigantesque d'artillerie qui se livrait à notre droite ayant cessé, on nous fit retirer.

Nos pertes dans cette bataille furent les suivantes :

BATTERIES.	OFFICIERS		HOMMES		CHEVAUX	
	TUÉS.	BLESSÉS.	TUÉS.	BLESSÉS.	TUÉS.	BLESSÉS.
Guérin	»	»	»	2	»	1
Baritot	»	»	5	19	18	»
Desveaux	»	»	1	5	7	3

BATTERIES.	COUPS TIRÉS.				TOTAL.
	BALLES		OBUS ordinaires.	OBUS à balles.	
	ordinaires.	multiples.			
Guérin	654 boîtes. 16,350 balles.	6 boîtes. 450 balles.	»	»	16,800 balles.
Baritot	»	»	647	»	647
Desveaux	»	»	780	»	780

Les batteries vinrent bivouaquer avec la division près de leur campement de la veille, au bord de la route de Lorry, où elles restèrent jusqu'à minuit.

Historique du capitaine Migurski, de la 9e batterie du 1er régiment d'artillerie (3e division).

18 août.

Vers 10 heures du matin, on entendit le canon (?). La batterie prit position sur l'emplacement de son campement de manière à surveiller le ravin de Châtel et la crête située de l'autre côté. Vers midi, notre division, qui était en réserve, se porta sur la ligne de bataille, sa droite contre Amanvillers, sa gauche vers Montigny-la-Grange. La batterie reçut alors, par deux officiers d'état-major, l'ordre de se porter, suivant l'un, à droite, et suivant l'autre, à gauche d'Amanvillers. Le capitaine commandant, M. Baritot, n'ayant pu obtenir d'ordre plus précis, je partis pour demander de nouveaux ordres et ne parvins à en obtenir, ni du général commandant la division, ni du général commandant l'artillerie. Le capitaine commandant s'était porté en avant; apercevant à droite d'Amanvillers, dans la ligne occupée par l'artillerie, à 300 mètres environ en avant de l'infanterie, une trouée d'environ 400 mètres, il vint occuper cet espace libre en face le bois de la Cusse et commença le feu sur une batterie prussienne établie à droite du bois, à 900 mètres environ.

Pendant deux heures environ, nous luttâmes contre cette batterie, qui finit par être en partie démontée et réduite au silence.

Vers 4 heures, deux autres batteries prussiennes vinrent s'établir sur notre droite, près de Saint-Ail, et nous prirent d'écharpe; au bout d'une demi-heure environ, nous étions hors de combat; nous avions perdu 25 hommes tués ou blessés et 18 chevaux; presque toutes nos voitures avaient été touchées; un caisson, traversé par un projectile prussien, avait fait explosion; il nous avait fait perdre six hommes seulement, grâce à la grandeur de nos intervalles. La batterie se retira alors en bon ordre, n'abandonnant que quatre caissons démolis qu'il était impossible d'emmener et traînant deux de ses pièces à bras pendant plus de 300 mètres, faute d'attelages, et fut se reformer en arrière d'Amanvillers avec les hommes et les chevaux de la réserve. Il nous restait peu de munitions, environ 40 coups par pièce; nous revînmes nous établir à gauche d'Amanvillers, où nous restâmes jusque vers 6 heures du soir. A ce moment, le mouvement de retraite se dessinait très lentement par suite de la défaite du 6ᵉ corps à notre droite; nous nous retirâmes alors de l'autre côté du ravin perpendiculairement à la route de Metz à Amanvillers, face à Sainte-Marie-aux-Chênes, pour soutenir la retraite sur Metz dans le cas où l'ennemi nous y forcerait. Vers 9 heures du soir, quoique l'ennemi ne se fût pas rapproché de nous en face du 4ᵉ corps, nous reçûmes l'ordre de nous retirer et reprîmes la position que nous avions occupée le matin avant l'action.

Rapport du chef de bataillon Hinstin, commandant le génie de la 3ᵉ division.

Lorry, 21 août.

J'ai l'honneur de vous faire connaître qu'à l'affaire du 18 août, la 13ᵉ compagnie du 2ᵉ régiment a été chargée, dès le début de l'action, d'organiser la défense du village d'Amanvillers. Ce village formait à la fois la droite de la ligne de bataille de la 3ᵉ division, et la gauche (?) de celle de la 2ᵉ division.

Elle a exécuté ce travail concurremment avec la 10ᵉ compagnie du même régiment, attachée à la 2ᵉ division du corps d'armée.

Le travail a pu être terminé, malgré les projectiles qui tombaient dans le village et le feu qui a été mis à plusieurs maisons par les obus de l'ennemi.

Il eût pu certainement servir à une défense vigoureuse et à la protection de la retraite de nos troupes, s'il avait été occupé par des forces suffisantes. La compagnie a dû le quitter après toutes les troupes qui ont évacué le champ de bataille, et elle est revenue à son camp dans un ordre parfait, rapportant ses armes et ses outils au complet.

On ne saurait trop féliciter les officiers de la 13e compagnie, et particulièrement M. Gautier, son capitaine en premier, d'avoir maintenu le calme, la discipline, le travail, le devoir, au milieu du trouble de la fin de la journée, et d'avoir contribué, avec autant de zèle que d'intelligence et de sang-froid, à la défense d'un point important du champ de bataille.

Je citerai aussi particulièrement M. Vinclaire, capitaine en second, ainsi que les nommés Carême, maître ouvrier, et Nourry, 1er sapeur. Je pense qu'il y a lieu de citer à l'ordre du jour ces officiers et soldats.

Division de cavalerie (de Gondrecourt).

Journal de marche de la division de cavalerie du 4e corps.

18 août.

La division a campé le 16 au soir à Doncourt, et s'est rabattue le 17, sur le village d'Amanvillers, où elle a établi son bivouac.

Le 18, à 11 heures du matin (?), elle reçoit l'ordre de monter à cheval à la légère, et de se placer derrière l'infanterie, qui est déjà attaquée dans ses positions.

Pendant les phases diverses de la bataille du 18, la division n'est employée qu'à masquer des vides et à soutenir l'artillerie sur divers points. Le maréchal Canrobert demande qu'on mette à sa disposition la brigade de dragons (3e et 11e régiments). Cette brigade montre, sous une pluie de projectiles, un calme, un aplomb et une discipline, dont le Maréchal et tout son état-major font grand éloge.

Vers 9 heures du soir, les villages de Saint-Privat et d'Amanvillers sont en feu ; le 6e corps, la Garde, une partie de l'infanterie du 4e corps s'étant repliés sur Metz, la division se retire dans la même direction, savoir : la brigade de dragons par la route de Briey, la brigade de hussards par la route de Saint-Privat et Lorry, et toute la division bivouaque à Woippy, le 19.

Rapport du général de Gondrecourt, commandant la division de cavalerie du 4e corps (1).

Pendant les phases diverses de la bataille du 18, la division de cava-

---

(1) Non daté.

lerie du 4ᵉ corps n'a été employée, par l'ordre ou avec l'autorisation de M. le général commandant en chef le 4ᵉ corps d'armée, qu'à masquer des vides et à soutenir l'artillerie sur divers points.

S. E. le maréchal Canrobert m'ayant fait demander la brigade de dragons qui lui a été donnée avec l'assentiment de M. le général commandant en chef le 4ᵉ corps, cette brigade a montré, sous une pluie de projectiles, un calme, un aplomb et une discipline dont le Maréchal et son état-major ont fait grand éloge.

M. de Vernéville, colonel du 11ᵉ dragons, commandant provisoirement cette brigade, a droit à un témoignage de notre satisfaction, pour la solidité qu'il a su inspirer à sa troupe.

Historique du 2ᵉ régiment de hussards (colonel Carrelet).

18 août.

La division de cavalerie est surprise dans son camp par les premiers obus prussiens qui jettent le désordre parmi les chevaux de mains laissés à la corde. Le régiment monte à cheval et se forme en bataille derrière le chemin de fer de Verdun à Metz, ayant à sa gauche le 7ᵉ hussards et derrière, en deuxième ligne, les 3ᵉ et 11ᵉ dragons.

Pendant toute la journée, la division de cavalerie reçoit un feu terrible d'obus, qui arrivent de front et de flanc et ne font heureusement que peu de victimes.

Le soir, à la suite de l'écrasement du corps Canrobert par l'aile gauche de l'armée prussienne, le 4ᵉ corps, dont la division fait partie, se trouve de plus en plus labouré par les projectiles ennemis; le régiment, mis un moment à la disposition du général Bourbaki qui débouche sur le champ de bataille à la tombée de la nuit avec 2,000 hommes de la Garde impériale et essaye en vain un retour offensif, reçoit l'ordre, à 8 heures, de battre en retraite sur Metz, de manière à ne pas encombrer les routes couvertes de blessés et de convoyeurs en désordre. Le régiment traverse alors les bois de Saulny, sans laisser un homme en arrière malgré l'obscurité complète, et vient bivouaquer sur les glacis de Metz où il arrive à minuit.

Historique du 7ᵉ régiment de hussards (colonel Chaussée).

18 août.

Une alerte de nuit dans le camp, est causée par le passage d'éclaireurs ou d'espions ennemis. A 6 heures du matin, les voitures servant au transport des bagages d'officiers sont réquisitionnées par ordre supérieur pour aller chercher des munitions à Metz. Le 1ᵉʳ escadron du

7e hussards est envoyé à 7 heures du matin faire une reconnaissance dans la direction de Gravelotte. Il signale, au retour, un mouvement de troupes considérable. A 9 heures, un ordre de l'état-major général prescrit aux chefs de corps de se tenir sur leurs gardes, une attaque étant imminente.

L'heure du déjeuner pour les officiers et la troupe est fixée à 9 h. 30, les chevaux sont sellés immédiatement et toute la division monte à cheval à 11 heures.

L'absence des voitures ne permet pas de prendre les précautions d'usage, et toutes les tentes ainsi que les bagages d'officiers sont laissés au bivouac.

A 11 h. 30 (?), au moment où la division achève de se former, plusieurs obus tombent dans le camp, mettent en fuite les hommes préposés à sa garde, tuent des chevaux à la corde, brûlent des tentes, donnant ainsi le signal de l'attaque.

Depuis ce moment jusqu'à 8 heures du soir, la division de cavalerie, placée en arrière des batteries d'artillerie et de la première ligne d'infanterie, manœuvre pour éviter les projectiles, dont une quantité considérable tombe à quelques mètres en avant ou en arrière de son front. La terre étant détrempée par des pluies récentes, le plus grand nombre s'enterrent sans éclater, ce qui explique le peu de pertes subies par le régiment dans cette journée, malgré le feu nourri et incessant auquel il est exposé pendant huit heures. Pendant toute la durée de l'action, le régiment évolue dans la zone comprise entre les villages d'Amanvillers et de Saint-Privat, soit en avant, soit en arrière de la voie ferrée en construction.

L'escadron détaché à la 3e division d'infanterie et le peloton d'escorte du général de Lorencez, ainsi que celui du général Grenier, prennent part à toute l'action en suivant les mouvements des troupes ou des généraux auxquels ils sont attachés.

Le régiment quitte le champ de bataille à 10 heures, ainsi que toute la division, se voyant forcé de quitter le camp et tout ce qu'il contient, le matériel de transport, réquisitionné le matin, n'ayant pas été rendu.

Après une station de deux heures, en avant du bois de Saulny, l'état-major général envoie l'ordre de rentrer dans le camp retranché sous Metz. La retraite s'opère par le chemin de communication partant d'Amanvillers, passant par les bois de Lorry et de Vigneulles. Un temps d'arrêt est fait dans le village de Lorry, afin d'y abreuver les chevaux, et à 3 heures du matin, le régiment vient s'établir en arrière de Woippy, au hameau du Sansonnet.

Les officiers blessés dans la journée, sont : MM. Joubert et Lécuyer, lieutenants.

Pertes de la journée : 2 officiers, 2 sous-officiers et 2 hommes blessés ; 1 homme disparu ; 4 chevaux tués (1).

Historique du 3e régiment de dragons (colonel Bilhau).

18 août.

A 11 heures du matin, le régiment monte à cheval à la légère ; à peine sorti du bivouac, les obus y éclatent. Toute la journée, le régiment reste sous le feu. Vers 3 heures, un aide de camp du maréchal Canrobert conduit le régiment et le place en soutien derrière une batterie très exposée au feu de l'ennemi. Une demi-heure après, le régiment fut sur le point de charger sur la cavalerie ennemie, qui se disposait à enlever notre artillerie. Cette cavalerie s'étant retirée, le régiment resta en arrière de la batterie. Il fut ensuite porté, par ordre du général de Gondrecourt, à sa place de bataille dans la division en arrière du 2e hussards. Vers les 8 heures du soir, après l'arrivée de l'artillerie de la Garde, le régiment fut porté en avant pour charger de l'infanterie qui menaçait notre artillerie. Le régiment resta à la queue de la colonne, pour assurer la retraite et il vint camper sous Woippy, où il arriva à minuit. Le régiment, à l'occasion de son attitude pendant la journée du 18, reçoit les félicitations du maréchal Canrobert. Ci-joint l'ordre de félicitation :

« Pendant la bataille du 18 de ce mois, la 2e brigade de la division de cavalerie du 4e corps a été prêtée, avec l'assentiment du général en chef, au 6e corps d'armée qui opérait sur l'extrême droite de notre ligne ; le général commandant provisoirement la division, est très heureux de porter à la connaissance de cette brigade les éloges qu'elle a mérités de Son Excellence M. le maréchal Canrobert, pour le calme, l'aplomb et la discipline dont elle a fait preuve dans les mouvements périlleux, sous les yeux de cet excellent juge. M. le colonel de Vernéville, commandant provisoirement la brigade, recevra ici le témoignage de satisfaction de son général pour la fermeté qu'il a su inspirer à sa troupe, qu'il est invité à féliciter.

« Au bivouac sous Metz, le 24 août 1870.

« *Le général commandant provisoirement la division :*
« DE GONDRECOURT. »

Pendant cette journée, les nommés Tisserant, Schilz, Poln, dragons de première classe ; David et Masson, dragons de deuxième classe, furent blessés.

---

(1) Chiffres approximatifs.

Historique du 11e *régiment de dragons (colonel de Vernéville).*

18 août.

A la première heure, les divers corps allemands se mettent en mouvement. La matinée est consacrée à l'exécution des marches que comporte le mouvement de conversion prévu pour les corps de la IIe armée, et, au commencement, à la lutte entre notre aile gauche et les corps de la Ire armée. A partir de 11 heures(?), au fur et à mesure de l'arrivée en ligne des corps ennemis, l'action s'étend successivement vers notre centre et notre aile droite. A midi, le 4e corps français est attaqué par le IXe allemand, qui débouche par les bois des Génivaux et de la Cusse, et déploie son artillerie divisionnaire et ses batteries de corps entre ces deux couverts. Le 11e dragons, placé près du village d'Amanvillers à l'Est de la voie ferrée, reste pendant deux heures sous le feu de cette ligne d'artillerie. Vers 3 heures de l'après-midi, la 2e brigade de la division (3e et 11e dragons), est mise à la disposition du maréchal Canrobert, pour soutenir l'artillerie du 6e corps, établie au Sud de Saint-Privat-la-Montagne et contrebattue par l'artillerie de la Garde prussienne. Sans attendre que cette artillerie ait suffisamment préparé son attaque, l'infanterie de la Garde prussienne s'épuise en vains efforts pour enlever Saint-Privat-la-Montagne. Les quatre brigades de la Garde, débouchant par Habonville, Saint-Ail et Sainte-Marie-aux-Chênes, s'avancent en colonnes de compagnie et de demi-bataillon, avec une imprudente audace, sur le véritable glacis, constitué par les abords de Saint-Privat-la-Montagne et s'étendant jusqu'au ravin de Sainte-Marie-aux-Chênes. Décimés sur ce terrain découvert par le feu meurtrier des troupes de notre 6e corps, les bataillons de la Garde sont obligés de rétrograder(?) avant d'avoir pu aborder leurs adversaires et en laissant derrière eux des centaines de cadavres, qui jalonnent les itinéraires suivis par leurs colonnes compactes pendant leur marche d'approche si téméraire.

Pour dégager cette infanterie et lui permettre de renouveler ultérieurement son attaque, l'artillerie de la Garde prussienne augmente l'intensité de son feu sur Saint-Privat-la-Montagne, et obtient, contre cette localité, le concours d'une fraction de l'artillerie du IXe corps. Elle se voit d'ailleurs bientôt renforcée sur sa droite par l'artillerie de corps du Xe, qui entre en action en précédant sur le champ de bataille les autres troupes de ce corps d'armée, et sur sa gauche, par les batteries du corps saxon. Cette puissante masse d'artillerie prend comme objectif commun Saint-Privat-la-Montagne, et vient ainsi à bout de la ténacité des défenseurs de ce village, en l'écrasant sous une pluie de projectiles. D'autre part, les divisions du XIIe corps saxon, achevant leur mouvement enveloppant par Auboué, s'avancent sur Roncourt, et la Garde prussienne, appuyée par une fraction du X° corps, se dispose à prononcer une nouvelle attaque sur Saint-Privat-la-Montagne. Vers 6 h. 30 du soir, les troupes du 6e corps, menacées d'être privées de munitions et d'être tournées sur leur droite, évacuent ces deux dernières localités et commencent à se retirer vers les bois de Jaumont et de Saulny. Au moment où s'accuse ce mouvement rétrograde, le 11e dragons, avec les autres régiments de sa division, est chargé de maintenir la liaison entre l'aile gauche du 6e corps et l'aile droite du 4e corps; toute cette cavalerie, soutenant plus particulièrement les troupes d'infanterie de son corps d'armée dont l'aile droite est complètement découverte par la retraite du 6e corps, atteint avec elles les bois de Saulny, vers 9 heures du soir.

Désignés d'abord pour soutenir l'artillerie du 6e corps, puis pour interdire à l'ennemi l'accès de la trouée qui se produit entre les deux corps de la droite française au moment de leur retraite, les deux régiments de la brigade de dragons du colonel de Vernéville remplissent cette noble mission sur la partie du champ de bataille exposée au feu incessant des batteries de la Garde prussienne, des IXe, Xe et IIIe corps allemands. Aussi les 3e et 11e dragons sont-ils cruellement éprouvés, le 18 août 1870! Dans les rangs du 11e dragons, 16 hommes de troupe sont tués; le chef d'escadron Grillet et le médecin-major de 2e classe Roy sont blessés; 6 dragons sont grièvement blessés; 15 chevaux dont 4 d'officiers sont tués; 22 chevaux dont 2 d'officiers sont blessés (1). Tous les bagages du régiment laissés à Amanvillers sont perdus.

A 10 heures du soir, le 11e dragons s'établit au bivouac près de Woippy.

Artillerie.

Rapport sommaire du général Lafaille, commandant l'artillerie du 4e corps (2).

Le 18 août, le 4e corps était campé sur une ligne passant par Montigny-la-Grange, Amanvillers et Saint-Privat-la-Montagne. Vers 10 h. 30 (?), nos avant-postes en vinrent aux mains; peu après, le canon se fit entendre; les Prussiens nous attaquaient vigoureusement. A notre droite se trouvait le corps Canrobert, vers Saint-Privat; à notre gauche était le 3e corps.

Sans prendre le temps de plier ses tentes, le 4e corps se porte en ligne; les batteries de 12 de la réserve dirigent leurs feux sur une

---

(1) Chiffres approximatifs.
(2) Non daté.

ferme placée devant nous et adossée à des bois ; elles ne tardent pas à y mettre le feu.

Un mouvement sensible se faisait remarquer dans l'armée prussienne ; des masses se précipitaient de leur droite vers leur gauche et, dans ce mouvement, nous apparaissaient lorsqu'elles étaient obligées de passer d'un bois dans un autre.

Des batteries de 4 et une batterie de mitrailleuses profitent de la circonstance ; elles doivent faire souffrir énormément les troupes prussiennes, qui nous présentent le flanc. Une batterie ennemie se porte fortement en avant pour les protéger ; à peine a-t-elle tiré quelques coups, qu'elle est accablée et que deux de ses pièces abandonnées tombent en notre pouvoir.

Le lieutenant Palle (6e batterie du 8e régiment), aidé du lieutenant Parent, du 13e régiment d'infanterie, ramena ces pièces.

Peu à peu, le mouvement se prolonge vers notre droite et bientôt toute l'artillerie du 4e corps prend part à l'action.

Disons sans crainte d'être taxé d'exagération que le 18, jusqu'à 6 heures du soir, la bataille, au moins pour le 4e corps, se borna à un simple combat d'artillerie. A mesure que l'heure avançait, l'artillerie ennemie devenait plus forte. Vers 4 heures du soir, le plateau sur lequel nous nous trouvions était littéralement couvert d'obus.

Toute l'artillerie du 4e corps était en ce moment engagée. Quelques batteries, voyant leurs munitions sur le point de s'épuiser, durent se retirer en attendant leur réserve et conserver ce qui leur restait pour une occasion plus décisive.

Vers 5 heures (?), le corps Canrobert ayant abandonné les crêtes qu'il occupait, les batteries ennemies se hâtèrent de s'en emparer et, prenant d'écharpe toutes nos batteries, les firent beaucoup souffrir.

La position n'était plus tenable ; l'infanterie, occupant alors les crêtes, permit à nos batteries de se retirer sans être inquiétées ; elles vinrent se placer sur un plateau en arrière de notre première position.

L'ordre de retraite ayant été donné, le 4e corps l'exécuta sous la protection de nos batteries, qui suivirent ensuite le mouvement sans être inquiétées par l'ennemi.

Le lendemain, les troupes bivouaquèrent à Devant-les-Ponts.

Rapport détaillé du général Laffaille, commandant l'artillerie du 4e corps.

Plappeville, 20 août.

Toute l'artillerie du 4e corps a pris part au combat du 18 août.

Dès le début, vers 11 heures (?), les 11e (Florentin) et 12e (Gastine) batteries du 1er régiment (réserve) se placèrent entre Montigny et Amanvillers, et dirigèrent leur feu sur une ferme placée en avant d'elles et sur les batteries ennemies qui vinrent immédiatement s'établir vis-à-vis d'elles ; elles conservèrent cette position jusque vers la fin de la journée.

Les 6e (Maringer) et 9e (Masson) batteries du 8e régiment (réserve) se placèrent à leur droite. Leur feu fut principalement dirigé contre les masses ennemies qui sortaient des bois situés vers la droite et contre les batteries prussiennes situées le long des routes de Vernéville à Gravelotte et de Vernéville à Châtel-Saint-Germain. Les batteries continuèrent leur feu jusqu'à 5 heures du soir. Elles avaient alors épuisé presque toutes leurs munitions. Pendant le courant de la bataille, le capitaine Masson de la 9e, prévenu que deux bouches à feu prussiennes se trouvaient abandonnées en avant de sa position, envoya deux attelages qui ramenèrent ces deux pièces dans nos lignes.

Les 5e (Cahous) et 6e (Albenque) batteries du 17e régiment (réserve) furent placées de manière à diriger leur feu sur Champenois où se trouvait une batterie. Celle-ci fut presque immédiatement obligée de suspendre son feu. Mais elle le reprit bientôt, soutenue par deux autres batteries qui vinrent se placer à côté d'elle, et fit éprouver des pertes très grandes à la 5e batterie (Cahous) ; quand, vers 4 h. 30, cette 5e batterie se porta en arrière, 80 chevaux étaient tués ou blessés, 30 hommes étaient hors de combat, tués ou blessés, et le mouvement en arrière ne put se faire qu'à l'aide des attelages que fournit la réserve de la batterie, et en deux fois.

Les batteries de la 1re division (de Narp) arrivèrent en ligne que l'action était déjà engagée par les batteries de la réserve ; elles furent placées à la droite du corps d'armée pour arrêter le mouvement des troupes prussiennes qui cherchaient à déborder (?) le 6e corps ; ces batteries, engagées d'abord contre l'artillerie ennemie dans une lutte directe, furent prises, vers 2 heures, d'écharpe et en rouage et forcées de se porter en arrière pour se dérober aux coups de l'ennemi et se réapprovisionner. Vers 4 heures, elles se portèrent de nouveau en avant pour soutenir la 1re division d'infanterie qui était très tourmentée (sic) ; elles furent alors en butte à une grêle de projectiles et, quand elles se retirèrent, elles avaient éprouvé en officiers et en hommes des pertes très sérieuses ; elles avaient été obligées de laisser sur le champ de bataille un canon de 4 dont tous les servants avaient été tués ou blessés et dont l'avant-train était brisé ; ce canon fut ramené dans nos lignes par une autre batterie.

Les batteries de la 2e division arrivèrent en ligne vers 11 h. 15 (?) ; elles se placèrent entre les batteries de la réserve et celles de la 1re division, en avant d'Amanvillers. Leur tir est dirigé contre les batteries ennemies dont l'une, placée en avant de Vernéville, est bientôt mise hors de combat. Le feu de ces batteries continue contre les troupes prussiennes lorsque, vers 2 heures, l'ennemi établit sur le plateau en avant d'Habonville une batterie qu'il augmente successivement et qui finit par avoir 30 pièces. Le tir de cette puissante batterie force les batteries de la 2e division à modifier leur ligne de bataille, mais bientôt l'ennemi reparaît sur le plateau de Vernéville et, ainsi prises d'écharpe et de face, ces batteries sont impuissantes à lutter contre une artillerie si nombreuse et viennent, après avoir éprouvé des pertes très graves, se placer en arrière, en se couvrant du village d'Amanvillers. Dans cette position, elles se trouvent encore prises de flanc par les batteries ennemies établies sur notre droite et se voient forcées de se retirer en arrière du ravin.

La 3e division, campée la plus loin du champ de bataille, n'arriva en ligne que vers 11 h. 45 (?). Les batteries furent placées immédiatement de manière à soutenir par leur feu les batteries qui étaient déjà engagées et à boucher les espaces laissés vides entre Montigny et Amanvillers.

La 10e batterie (Desveaux) du 1er régiment se plaça à gauche de la division, à peu près en avant de Montigny; elle dirigea son feu sur une batterie ennemie établie à environ 2,000 mètres; elle continua son tir jusque vers 4 heures; à ce moment, elle avait consommé presque toutes ses munitions; elle était très tourmentée par le tir des batteries ennemies placées en avant d'elle. Elle se porta en arrière pour réapprovisionner ses coffres, mais elle fut bientôt en prise aux coups d'écharpe des batteries établies du côté de Saint-Privat et obligée de chercher une position qui lui permit de mieux s'abriter. Elle se porta alors de l'autre côté du ravin de manière à protéger la retraite, si cela devenait nécessaire.

Les 8e (Guérin) et 9e (Baritot) batteries de cette division se placèrent à la droite de la ligne de bataille, en avant d'Amanvillers, pour boucher la trouée qui existait en cet endroit. Elles engagèrent contre les batteries ennemies une lutte directe, où elles eurent d'abord l'avantage; la 8e batterie (canons à balles) mit même hors de combat une batterie ennemie qui s'était portée en avant et qui fut obligée de se retirer en abandonnant son matériel. Mais bientôt, ces batteries, et notamment la 9e, furent en prise à des feux d'artillerie directs de plus en plus nombreux et à des feux d'écharpe qui lui firent éprouver les pertes les plus sensibles. Deux caissons de la 9e batterie (Baritot) font explosion, mettant hors de combat 20 hommes et 15 chevaux; deux caissons, un arrière-train de caisson, un avant-train sont détruits; la 9e batterie se porte en arrière pour se reformer et reprendre des munitions; elle vient ensuite se placer en arrière de la position qu'elle occupait, en s'abritant du village d'Amanvillers, prête à se porter de nouveau en avant; mais en butte aux coups d'écharpe des batteries ennemies qui tirent sur le village d'Amanvillers, elle gagne le côté opposé du ravin, où elle se place en batterie pour défendre l'entrée du bois par lequel les troupes commencent à se retirer; elle rentre à son ancien campement à 11 heures du soir.

Depuis 11 heures jusqu'à 5 heures du soir, cette bataille ne fut qu'un combat d'artillerie dans lequel les batteries épuisèrent presque toutes leurs munitions. Dans la lutte qu'elle eut à soutenir contre les batteries prussiennes, plus nombreuses et plus puissantes que les nôtres, notre artillerie a courageusement résisté, malgré les pertes énormes que le feu de l'ennemi lui a fait éprouver et lorsque, par suite du mouvement du 6° corps, nos batteries prises d'écharpe furent obligées de se retirer, elles le firent en bon ordre et, remplissant jusqu'au dernier moment leur mission, elles occupèrent les positions qui pouvaient protéger la retraite de l'armée, positions qu'elles n'abandonnèrent que lorsque la cessation du feu fit disparaître toute crainte de danger.

Dans cette journée, les pertes de l'artillerie du 4° corps ont été les suivantes : 3 officiers tués, 11 blessés; 32 hommes tués, 150 blessés, 47 disparus; 24 chevaux tués, 171 blessés, 27 disparus (1).

Historique des 11° et 12° batteries du 1er régiment d'artillerie (commandant Ladrange). (Réserve du 4° corps.)

18 août.

Les batteries étaient attelées pour un changement de campement, lorsque vers 11 heures, on signale une attaque des Prussiens. Nos batteries qui se trouvaient prêtes, sont portées immédiatement en avant et se séparent l'une de l'autre (la batterie Gastine (12°) à gauche) se perdant de vue à cause de la forme du terrain.

11° *batterie* (Florentin). — La position de batterie qui nous était assignée et que nous devions garder pendant près de six heures consécutives, était l'emplacement même du campement de la 2° division du corps d'armée à 500 mètres environ en avant de la ligne qui va de Montigny-la-Grange à Amanvillers, à hauteur du milieu de cette même ligne. Une forte batterie placée à gauche du bois de la Cusse, à l'abri du repli dans lequel passe le ruisseau de la Mance, nous prend à partie dès le début de l'action; canonnade réciproque sans incident autre que des pertes assez sensibles jusqu'à 2 heures environ de l'après-midi. L'attaque de la ferme de Champenois par les Prussiens nous donne alors l'occasion de détourner notre tir et de le diriger contre l'infanterie.

---

(1) Chiffres approximatifs.

Le bois de la Cusse lui-même, lorsque nous avons pu nous rendre compte de la masse d'infanterie qu'il dissimulait, a été pendant longtemps l'objectif de notre tir, notamment lorsque notre infanterie s'est élancée vers 3 heures ou 3 h. 30 pour un vigoureux retour offensif. Presque immédiatement après, nous avons aperçu sur notre gauche, vers la ferme de Chantrenne, de nombreuses bouches à feu qui venaient ajouter un feu écrasant à celui que la gauche du 4e corps et la droite du 3e corps supportaient déjà depuis longtemps. Nous nous trouvions à peu près dans le prolongement du front de cette nouvelle batterie, à la limite extrême de portée de nos pièces. Nous avons tiré à toute volée dans cette direction pendant un quart d'heure environ, puis nous avons interrompu ce tir à cause de l'impossibilité de nous rendre compte des résultats que nous obtenions. Une demi-heure après, du reste, l'ordre nous est venu d'interrompre absolument toute consommation de munitions, tout en continuant à occuper notre position.

Vers 5 h. 30, après une heure environ de cette inaction sous le danger, si méritoire de la part de la troupe, nous avons reçu l'ordre de nous replier à 600 mètres en arrière, de manière à nous abriter sur la pente qui descend vers le chemin de fer, au bas d'Amanvillers; puis, vers 6 heures, le général nous a fait appeler de l'autre côté de la voie, pour nous faire prendre, au-dessus des carrières qui se trouvent à cet endroit, une position définitive à la gauche des batteries qui bordaient le bois de Saulny. Nous sommes restés dans cette position jusqu'à la nuit, n'ayant plus l'occasion de faire feu, ne courant plus de danger personnel, mais souffrant, plus qu'il ne nous était arrivé encore, de l'horrible spectacle des incendies qui signalaient chaque étape de la retraite et surtout du sentiment qui envahissait nos esprits, que cette retraite, quelque digne et mesurée qu'elle fût, annonçait un insuccès définitif.

Il ne paraît pas hors de propos de revenir, à l'occasion des pertes subies pendant cette journée, sur le mérite de l'épreuve exceptionnelle qui fut imposée aux hommes de la batterie pendant la période d'inaction sous le feu dont nous avons déjà parlé: 3 hommes tués sur place; 21 autres plus ou moins grièvement blessés; 20 chevaux par terre; l'augmentation du tir de l'ennemi au moment où nous étions forcés d'éviter toute riposte pour conserver nos munitions; tout cela n'a déterminé chez aucun de ces braves soldats le moindre mouvement de défaillance. Il y a lieu de tenir compte aux sous-officiers de l'excellente tenue dont ils ont su donner l'exemple et d'admirer le courage de bon aloi et l'entrain communicatif de MM. Segondat et Schneider, lieutenants.

Pendant cette période, le cheval du capitaine avait été blessé grièvement d'abord, puis éventré par un second obus, après que son cavalier avait mis pied à terre.

Le cheval de M. le lieutenant Segondat avait été également blessé par un éclat d'obus et cet officier lui-même avait reçu au bras une blessure qui fut heureusement sans gravité.

12ᵉ *batterie* (Gastine). — A 11 heures du matin (?) nous entendons tout à coup sur notre gauche une décharge de mitrailleuses, et peu à peu le feu s'étend sur toute la ligne; la batterie reçoit aussitôt l'ordre de se mettre en batterie derrière la crête qui s'étend devant Amanvillers jusqu'à Montigny-la-Grange, la gauche de la batterie à hauteur de ce château et de ne jamais abandonner cette position. Elle a tenu là jusque vers 6 h. 30, tirant contre des batteries prussiennes établies sur deux étages de feu à droite de Vernéville, et contre une autre batterie établie à gauche de Vernéville et un peu en avant près de la ferme de l'Envie. La batterie a tiré dans cette journée 548 coups de canon. Le capitaine commandant et le lieutenant en second, M. Chériot ont été légèrement blessés, le premier à la jambe droite, le deuxième à un œil.

Il y a eu 18 hommes blessés : Kieffer, 2ᵉ servant; Lavergeois, 1ᵉʳ servant; Devillers, 1ᵉʳ conducteur; Quenneville, 2ᵉ conducteur; Fournier, 2ᵉ conducteur; Diligent, 2ᵉ servant, mort des suites de ses blessures; Hégelé, 2ᵉ servant; Prévot, 2ᵉ servant; Lemercier, artificier; Duval, 1ᵉʳ conducteur; Landspurg, 2ᵉ servant; Barré, 2ᵉ servant; Chevry, 1ᵉʳ conducteur n'est pas allé à l'ambulance; Gaté, 2ᵉ conducteur; Gazols, 1ᵉʳ conducteur; Duhauloudel, 2ᵉ servant, mort des suites de ses blessures; Baumann, 2ᵉ servant. Les pertes en chevaux se sont élevées à 9 tués et 8 blessés (1). Vers 6 h. 30, nous recevons l'ordre de nous replier en arrière du chemin de fer de Verdun et nous nous mettons en batterie à la gauche de la batterie Florentin. La nuit tombée, nous regagnons notre campement de Woippy, en rejoignant à travers bois la route de Briey à Metz. La batterie de combat a seule fait ce trajet à ce moment-là, et ce n'est que le lendemain matin que nous avons retrouvé notre réserve et nos bagages.

Pertes du 18 août :

MM. Segondat, lieutenant, légèrement blessé; Hacquin (Pierre-Célesti), maréchal des logis, deux blessures légères; Lefranc (François-Xavier), maréchal des logis, grièvement blessé; Colombier (Étienne), maréchal des logis, deux blessures légères; Fournier (Antoine), artificier, deux blessures assez graves; Aviez (Auguste-Désiré), artificier, légèrement blessé; Schaller (Michel-Côme), 1ᵉʳ servant, grièvement blessé, amputé; Giffart (Joseph), 1ᵉʳ servant, légèrement blessé; Idoux (Jean-Joseph-Eugène), 2ᵉ servant, tué; Tronville (Louis), 2ᵉ servant,

---

(1) 7 et 1, d'après un état signé du capitaine commandant.

tué ; Rougier (Louis-Alexandre), 2° servant, grièvement blessé, mort ; Osterman (François), 2° servant, grièvement blessé, mort ; Level (Jules-Augustin), 2° servant, légèrement blessé ; Haberbuche (Michel) 2° servant, légèrement blessé ; Monin (François), 2° servant, légèrement blessé ; Harot (Émile-Nicolas), 2° servant, légèrement blessé ; Hérard (François), 2° servant, légèrement blessé ; Haebig (Jean), 2° servant, légèrement blessé ; Maillot (Pierre), 1er conducteur, grièvement blessé ; Roussel (Aimé-Théophile), 1er conducteur, grièvement blessé ; Pinget (Pierre-Jean-Marie), 1er conducteur, grièvement blessé ; Baudry (Pierre), 1er conducteur, grièvement blessé ; Dubois (Julien-Casimir), 2e conducteur, grièvement blessé ; Bouhours (Morin-Auguste), 2° conducteur, tué ; Coudron (Victorien-François), 1er conducteur, grièvement blessé, mort ; 20 chevaux tués ou blessés ; munitions consommées 315 obus ordinaires et 18 obus à balles (1).

Le rôle des réserves de batterie pendant cette journée a présenté des difficultés plus grandes que d'ordinaire : placées dans le fond d'Amanvillers, près du chemin de fer, elles ont été exposées d'assez bonne heure à l'action de quelques projectiles qui ricochaient ou manquaient la crête. Le parc du 4° corps, qui s'était replié sur Lorry sans aviser les réserves de batterie, a causé de grandes inquiétudes au sujet du remplacement des munitions. Enfin, vers 5 h. 30, une sorte de panique qui s'est déclarée sur les derrières de l'armée, a entraîné dans une retraite précipitée la plupart des réserves des batteries, y compris les nôtres.

Rapport du capitaine Masson, commandant provisoirement les 6° et 9° batteries du 8° régiment d'artillerie. (Réserve du 4e corps.)

Bivouac de Woippy, 19 août.

Les batteries Maringer et Masson, qui se trouvaient bivouaquées près du château de Montigny, dans la matinée du 18 août 1870, reçurent à 10 heures (?) l'ordre de partir en avant d'Amanvillers, où nos troupes se trouvaient aux prises avec l'ennemi. Elles prirent position et commencèrent le feu à 11 heures environ (?) et le continuèrent presque sans interruption jusqu'à 5 heures du soir. Leur feu fut dirigé principalement contre les masses ennemies qui sortaient des bois situés vers la droite et contre les batteries prussiennes, situées le long des routes de Vernéville à Gravelotte et de Vernéville à Châtel-Saint-Germain, et de

---

(1) Chiffres inexacts.

chaque côté d'une ferme (1) située entre Vernéville et Montigny, en face de la gauche des lignes françaises. Vers 5 heures, elles durent cesser le feu, faute de munitions, et se retirèrent pour chercher à se ravitailler. La batterie Maringer put, seule, trouver quelques munitions, qui la réapprovisionnèrent à 70 coups par pièce ; la batterie Masson n'avait plus que 40 coups.

Les deux batteries se portèrent ensuite de l'autre côté du chemin de fer en construction, sur le haut de l'escarpement situé sur le flanc gauche du vallon d'Amanvillers, prêtes à protéger la retraite de la division Lorencez, qui occupait les crêtes entre le château de Montigny et le village d'Amanvillers. La nuit étant venue, elles remirent les avant-trains et se retirèrent en arrière du bois, par le chemin d'Amanvillers à Lorry. Là, elles furent rencontrées par le général Lafaille, qui leur donna l'ordre de se porter plus en arrière pour reprendre, à Woippy, le bivouac d'où elles étaient parties dans la matinée du 17 août.

Les deux batteries ont éprouvé des pertes sérieuses.

Dans la batterie Maringer (6ᵉ du 8ᵉ d'artillerie) le sous-lieutenant Lelièvre a été tué par un obus dans le côté gauche, au commencement de l'action ; l'adjudant Friant a reçu, à la jambe gauche, une balle morte qui lui a fait une forte contusion. La batterie a eu en outre 4 hommes tués, 10 grièvement blessés, laissés sur le champ de bataille ou dans les ambulances, et 3 hommes blessés qui ont pu suivre la batterie (2). Elle a perdu en outre 17 chevaux tués ou mis hors de combat et a été forcée, faute d'attelages, d'abandonner un chariot de batterie contenant les vivres. Le capitaine Maringer a eu son cheval blessé grièvement et a dû l'abandonner sur le champ de bataille.

La batterie Masson était en batterie et tirait sur les troupes ennemies débouchant du bois, lorsque le capitaine fut prévenu que dans le pli de terrain en avant, à une petite distance, se trouvaient deux pièces prussiennes dont les servants et les attelages avaient été tués par nos tirailleurs. Le capitaine Masson envoya immédiatement deux attelages et deux conducteurs de bonne volonté, conduits par le lieutenant en premier Palle, et qui, escortés et soutenus par le lieutenant Parent, du 13ᵉ d'infanterie, avec sa section, arrivèrent jusqu'aux pièces malgré le feu des tirailleurs prussiens embusqués dans le bois et les ramenèrent à la batterie. Ces deux canons ont été versés aujourd'hui, 19 août, contre reçu, à la direction de Metz.

Les pertes éprouvées par la batterie Masson sont les suivantes : Le

---

(1) L'Envie, occupée à midi et demi par $\frac{1, 4}{36}$.

(2) Chiffres approximatifs.

commandant Prémer a été frappé vers 5 heures du soir par un obus qui a éclaté en avant de lui. Le commandant est tombé de cheval et n'a plus fait un mouvement. La batterie Maringer, à la gauche de laquelle le commandant Prémer se trouvait, remettait à ce moment les avant-trains pour se porter plus en arrière, et la chute du commandant Prémer fut aperçue trop tard pour qu'il fût possible de revenir pour constater le décès et relever le corps.

Le lieutenant Palle a été blessé à l'avant-bras gauche par un éclat d'obus; il a rejoint la batterie le soir, après s'être fait panser à l'ambulance.

La batterie Masson a eu en outre 1 homme tué, 4 hommes blessés grièvement, rentrés aux ambulances, et 3 hommes blessés légèrement et restés à la batterie (1). Elle a perdu 4 chevaux tués et 3 blessés impropres au service.

Un coffre d'avant-train de pièce a été traversé par un projectile sans faire explosion, les munitions du compartiment traversé ayant été consommées.

Tous les officiers et presque tous les sous-officiers et soldats ont montré beaucoup de sang-froid, de fermeté et de courage pendant toute la durée de l'engagement et ont supporté sans broncher le feu de l'ennemi, malgré les pertes sérieuses qu'ont éprouvées les deux batteries.

Je citerai spécialement, dans la batterie Maringer, le lieutenant en premier Belin qui, après la mort du sous-lieutenant Lelièvre, a dirigé les deux sections avec beaucoup de zèle et de sang-froid, et l'adjudant Friant qui, après avoir reçu une forte contusion et s'être fait panser à l'ambulance, est revenu immédiatement reprendre son poste de combat.

Dans la batterie Masson, je citerai le lieutenant en premier Palle qui, avec les conducteurs Koehl et Valentin, a ramené les deux pièces prises à l'ennemi et a dirigé sa section avec beaucoup d'habileté et de courage jusqu'au moment où il a été blessé, et les maréchaux des logis Imbert et Coffinet, qui se sont fait remarquer par la fermeté et le sang-froid avec lesquels ils ont dirigé leurs pièces.

Rapport du capitaine Maringer, commandant la 6ᵉ batterie du 8ᵉ régiment d'artillerie.

18 août.

Le 18, à 9 heures du matin, nous étions en train de déjeuner

---

(1) Chiffres approximatifs.

lorsque l'ordre est arrivé de lever le camp et d'atteler au plus vite pour nous porter un peu plus loin sur le plateau qui se trouve entre Montigny-la-Grange et Amanvillers. Nous étions à peine (?) en batterie que le canon et la fusillade se firent entendre devant nous, sur notre gauche. Nous étions surpris, sans que personne sache au juste ce qui allait se passer. Des batteries prussiennes étant venues s'établir devant nous, j'ai ouvert mon feu. Il était environ 11 h. 30. J'ai épuisé ce jour-là toutes mes munitions. Ma batterie a beaucoup souffert. Placée entre deux batteries de mitrailleuses, elle a eu à essuyer un feu très vif et nous étions tellement serrés sur ce plateau que c'est à peine si nous avions 15 mètres d'intervalle entre nos pièces.

Mes pertes ont été sérieuses. M. Lelièvre, sous-lieutenant, a été traversé par un obus; j'ai eu en outre 3 hommes tués, 13 blessés plus ou moins grièvement et 17 chevaux tués, y compris le mien, qui reçut une balle en pleine poitrine et un éclat d'obus qui lui a coupé la jambe gauche de derrière un peu au-dessus du paturon. J'ai dû l'abandonner sur le champ de bataille et prendre celui de mon trompette pour continuer à commander ma batterie.

Lorsque je me suis aperçu que les munitions allaient me manquer, j'ai dépêché un brigadier à mon capitaine en second, pour lui dire de m'envoyer les attelages nécessaires pour remplacer mes chevaux tués. Il a été obligé, pour me les fournir, d'abandonner un chariot de la batterie, tellement nous étions pauvres en chevaux haut-le-pied.

Vers 4 h. 30, n'ayant plus de munitions, j'ai été en chercher au parc qui se trouvait près de nous, de l'autre côté d'Amanvillers. J'étais en route et déjà à 150 mètres environ de la position que je venais de quitter, lorsque l'un de mes hommes est venu me dire : « Capitaine, le commandant n'est plus sur son cheval; il est par terre » Je me suis retourné immédiatement et j'ai aperçu le commandant Prémer étendu sur le dos près de son cheval immobile, à côté de lui, dans la batterie de mitrailleuses qui était à ma gauche. Comme le temps pressait et que je désirais revenir le plus vite possible reprendre ma position, j'ai du continuer ma route vers le parc où j'ai pu, avec beaucoup de peine, obtenir deux caissons. Le parc était tellement pauvre, que j'ai vu le moment où j'allais être obligé de m'en aller avec deux coffres d'avant-train seulement.

Dès que j'ai eu mes deux caissons de munitions, je me suis mis en route pour retourner sur le plateau où j'étais en batterie entre les deux batteries de mitrailleuses, lorsque, arrivé de l'autre côté d'Amanvillers, j'ai rencontré toute l'artillerie et toutes les troupes qui revenaient, abandonnant cette position qui n'était plus tenable. Le 6º corps, placé à notre droite et venant de battre en retraite, nous étions pris à revers. Je me suis alors porté de l'autre côté de la route qui conduit à Metz, à

200 mètres d'Amanvillers, où je me suis mis en batterie, prêt à faire feu dès que nos troupes auraient dégagé le terrain. J'ai conservé cette position jusqu'au moment où j'ai reçu l'ordre de me retirer par la route de Metz. Ne voulant pas quitter le champ de bataille où l'on pouvait avoir besoin de ma batterie, je me suis établi en bataille à droite de la route, de l'autre côté du bois qui se trouve près d'Amanvillers, où j'ai trouvé la 9e batterie. Nous sommes restés là pendant trois heures, ne recevant d'ordres de personne et regardant défiler nos troupes qui se dirigeaient sur Metz.

Enfin, n'entendant plus ni canon, ni fusillade et voyant tout le monde partir, je me suis approché de la route pour demander des renseignements à ceux qui passaient. Je me suis justement adressé aux généraux Ladmirault et Lafaille, que je ne reconnaissais pas, tellement la nuit était sombre. Ils m'ont demandé ce que nous faisions là. — Nous n'avons pas voulu nous éloigner, leur ai-je répondu, pensant que l'on pourrait avoir besoin de nous pour protéger la retraite. — C'est très bien, m'a répondu le général Lafaille. Puis il m'a demandé si j'avais de l'avoine et de l'eau et sur ma réponse affirmative, ils mirent pied à terre pour faire manger leurs chevaux. Quelques instants après, nous partions tous pour Metz où nous sommes arrivés vers 2 heures du matin, en même temps que ma réserve, qui y est restée, par la route de Woippy.

J'appris, par mon capitaine en second, qu'il avait dû abandonner un chariot de la batterie faute de chevaux pour l'emmener, les chevaux de ce chariot m'ayant été envoyés pour remplacer ceux que j'avais perdus.

N'ayant pas pu reprendre ma position après m'être réapprovisionné, il m'a été impossible de faire enlever Prémer et Lelièvre, non plus que mes hommes blessés. J'ai appris que plusieurs de ces derniers avaient pu se rendre à l'ambulance d'Amanvillers où le commandant Prémer a, dit-on, été transporté par les soins du capitaine commandant la batterie de mitrailleuses qui était à ma gauche. Voici les noms des hommes que j'ai laissés sur le champ de bataille.

M. Lelièvre, sous-lieutenant, tué (traversé par un obus); Hugo, artificier, tué; Barbey, 2e servant, tué; Giraud, 1er canonnier-conducteur, tué; Fourcade et Didelot brigadiers, blessés très grièvement (on les suppose morts); Cortey, 2e servant, blessé; Catin, Chanoine, Puizot, Bouchelier et Georges, 1ers canonniers-conducteurs; Cordonnier, 2e canonnier-conducteur.

J'ajouterai à ces noms celui de l'adjudant Friant qui a reçu une balle morte sur l'os de la jambe, ce qui ne l'a pas empêché de continuer son service avec un zèle et un sang-froid dignes d'éloges.

Le brigadier Schœffer, brave soldat, plein de sang-froid et de courage, a été blessé à la joue par un éclat d'obus. Il est resté à son poste sans même songer à se faire panser. Je l'ai fait passer maréchal des logis dans ma batterie quelques jours après.

Le nommé Durheimer, 2° soldat, blessé légèrement à la cuisse par un éclat d'obus, est également resté à la pièce sans vouloir aller se faire panser. Le 19, nous avons campés au polygone. Le 20, nous devons camper entre la gare de Devant-les-Ponts et la porte Thionville.

Journal de campagne du lieutenant Palle (9° batterie du 8°).

18 août.

A 1 heure du matin, fausse alerte (on avise le lendemain que c'était un mouvement du 6° corps qui passait de notre gauche à notre droite qui avait causé cette alerte). A 9 heures, on m'envoie à Vernéville pour voir au moyen de faire boire tous les chevaux. Je parle là avec un capitaine de chasseurs à cheval chargé d'éclairer les environs de Vernéville. (Les reconnaissances, disait-il, ne sont pas revenues; les paysans disent bien qu'il y a des Prussiens vers Saint-Marcel, mais ce n'est rien.) Revenu au camp vers 10 heures, je trouve la batterie attelée pour changer de campement et aller rejoindre le colonel Soleille et les batteries Ladrange et Poilleux vers Amanvillers. Nous nous formons en bataille sur la crête entre Montigny et Amanvillers, les pièces tournées vers Vernéville, pendant que nos réserves vont se mettre dans le fond près du chemin de fer (l'infanterie ne bougeant pas) et nous ne nous attendions nullement à une grande bataille. Nous entendons dire que nous sommes là en bataille pour boucher une trouée. Un autre état-major nous affirme sous le secret qu'un convoi important arrive pour les Prussiens du côté du Nord et qu'on veut le prendre. Bref, vers midi, on entend tout à coup le canon sur Vernéville; on nous porte immédiatement en ligne sur la crête (à l'endroit où la route d'Amanvillers à Vernéville fait deux coudes successifs, à hauteur de Montigny). Toute la ligne s'embrase, du plateau de Leipzig et Moscou jusqu'au bois de la Cusse. Pendant que nous tirons les premières salves, l'infanterie s'est formée, l'artillerie divisionnaire attelle et arrive. Il y a alors trop d'artillerie, et celle qui arrive ne peut prendre place. C'est pendant ces premiers moments de la bataille que nous fûmes chercher avec Kœhl et Valentin les deux pièces prises par les tirailleurs du 13°. Bientôt (vers 2 heures), vu cet encombrement, nous nous reportons à notre gauche vers le château de Montigny où, masqué par la haie (derrière laquelle nous campions le matin), nous luttons, à 1600 mètres, contre une batterie établie à gauche et en arrière de la ferme de Champenois qui brûlait; puis à 2,500 mètres, contre une batterie que nous vîmes arriver par la route de la Malmaison à Vernéville et venir s'établir à hauteur du cimetière de Vernéville. Sur les 3 heures à 3 h. 30, la batterie se porte encore plus à gauche en avant même du château mis en état de défense par le génie. Les obus pleuvaient et venaient éclater contre les murs de clôture. Vers 4 h. 30, manquant de munitions, le capitaine se retira et la batterie vint se placer contre et à l'Est d'Amanvillers près du passage à niveau. Comme là on se trouvait dans un fond et ne pouvait par conséquent pas soutenir le mouvement en arrière qui se dessinait, la batterie alla se mettre près la lisière du bois de Saulny, presque à l'Est d'Amanvillers, où l'on se plaça; les pièces échelonnées de manière à battre le terrain entre Amanvillers et Montigny, et à protéger la retraite de la division Lorencez qui tenait la ferme en avant d'Amanvillers (vers la route occidentale de ce village). On est resté là jusqu'à la nuit sans tirer. (C'est alors que le général de Lorencez étant venu parler avec le capitaine, un projectile ou deux, — qu'on dit être venu de la gauche, — est venu tomber dans son état-major; on avait dépêché l'adjudant pour dire que c'était nous qui étions là.)

Quand la nuit fut complète, sur les 7 h. 30 à 8 heures, la batterie se retira par la route de Lorry. On resta une heure environ dans la clairière qui se trouve au débouché de cette route, entre les bois de Saulny et de Châtel où se trouvait déjà la 6ᵉ batterie. Le général Lafaille a alors donné l'ordre de retourner à l'ancien campement de Woippy où la batterie arriva sur les 11 heures du soir et fut rejointe quelque temps après par la réserve.

La réserve, au début de la journée, se trouvait près du village d'Amanvillers. Les projectiles prussiens étaient tombés dans ce village et sur les réserves sur le mamelon des Carrières, au Nord d'Amanvillers, où je la rejoignis. Nous vîmes bientôt de là Amanvillers brûler. La ligne prussienne paraissait s'étendre peu à peu jusqu'à Saint-Privat où le feu se déclara. Jusqu'à 5 heures, nous paraissions bien garder nos positions. Nous voyons arriver par la route de Lorry des batteries (sans doute de la réserve du général Canu qui viennent renforcer la ligne). Mais les Prussiens gagnent peu à peu sur la droite du 6ᵉ corps qui se trouve placé sur la route de Metz à Briey à hauteur des carrières d'Amanvillers. Les réserves prennent cette route, et nous voyons, à droite et à gauche, de la ligne qui s'avance à la rescousse en sonnant la charge, les musiques jouant la Marseillaise. Je venais de voir, à l'entrée du bois, le colonel de Montluisant avec ses batteries de réserve prêt à arrêter l'offensive des Prussiens qui venaient de prendre Saint-Privat. Aussi, grand étonnement lorsque, quelques instants après, nous voyons revenir cette infanterie en grand désordre, jetant ses fusils et ses cartouches. Heureusement, nous dit-on, des chasseurs et la Garde sont venus à la rescousse. La réserve continue sa retraite par Saulny. La route est affreusement encombrée. Les officiers essayent de rallier les régiments partout où se trouvent des emplacements libres à côté de la route, mais ils ne réunissent que peu d'hommes, les autres se livrant au pillage des voitures de réquisition qui sont arrêtées, parfois empêtrées à droite et à gauche. Le général Ladmirault et son état-major nous défend. Je vois le capitaine Flottes qui dit que sa batterie suit en arrière. Quelques coups de fusil partent dans les bois. On dit que ce sont des gens payés par les Prussiens pour augmenter la panique et le désordre, que les gendarmes en ont déjà arrêté. A Saulny, nous sommes arrêtés près de une heure par une voiture renversée. Enfin, nous arrivons au camp vers 1 heure du matin et nous retrouvons la batterie.

Le commandant Prémer avait été tué ainsi que M. Lelièvre.

Historiques des 6e et 9e batteries du 8e régiment d'artillerie. (Réserve du 4e corps.)

18 août.

6e batterie. — La 6e batterie fut d'abord dirigée sur Amanvillers, puis on lui fit prendre position sur un plateau entre ce village et Montigny-la-Grange. Elle épuisa toutes ses munitions, obtint deux caissons pleins d'un parc qui était derrière Amanvillers et, le mouvement de retraite se prononçant, elle se plaça à 200 mètres du village de l'autre côté de la route. Là, elle reçut l'ordre de se retirer vers Metz; mais ayant dépassé le bois, elle se plaça en bataille à droite de la route et attendit les événements. Elle resta trois heures dans cette position et se retira par ordre derrière les forts où elle campa à 2 heures du matin. La 6e batterie perdit 1 officier tué, le sous-lieutenant Lelièvre; 3 hommes tués, 13 blessés et 18 chevaux tués.

9e batterie. — La 9e batterie prit d'abord position avec la 6e, puis à cause de l'encombrement d'artillerie au milieu duquel elle se trouvait, elle appuya à gauche, vers le château de Montigny. Défilée derrière une haie, elle lutta à 1600 mètres avec une batterie établie en arrière et à gauche de Champenois; puis à 2,500 mètres contre une batterie, qui, venant de la Malmaison, s'était portée vers le cimetière de Vernéville. Deux conducteurs de bonne volonté, Koehl et Valentin, sous la conduite du lieutenant Palle, allèrent atteler deux pièces ennemies prises par les tirailleurs du 13e de ligne et les ramenèrent dans les lignes. Vers 3 h. 30, la batterie appuie encore à gauche et se trouve en avant du château de Montigny. Vers 4 h. 30, les munitions commençaient à s'épuiser; la 9e batterie se retira pour chercher un parc; elle vint se placer d'abord contre Amanvillers, puis, pour pouvoir soutenir le mouvement en arrière qui se prononçait, elle alla s'établir sur la lisière du bois de Saulny, où elle resta jusqu'à la nuit. A la nuit complète, elle se retira par le chemin de Lorry et rejoignit la 6ᵉ batterie avec laquelle elle alla camper derrière les forts, vers 2 heures du matin. La batterie eut 1 officier blessé, M. Palle, lieutenant en premier ; 1 homme tué, 7 hommes blessés et 4 chevaux tués (1).

Les 6ᵉ et 9ᵉ batteries perdirent leur commandant, M. Heurtevent-Prémer, tué pendant un mouvement, sans qu'il ait pu être secouru par elles, ou sans que sa mort ait pu être alors constatée.

Rapport du capitaine Cahous, commandant la 5ᵉ batterie du 17ᵉ régiment d'artillerie. (Réserve du 4ᵉ corps.)

Le 18 août, vers 11 heures du matin, ma batterie campée entre Montigny-la-Grange et Amanvillers, fut prévenue que le 4ᵉ corps allait être attaqué et reçut l'ordre de se porter en avant.

Le général de Cissey (2) me dit que son infanterie était un peu en l'air et de la soutenir. Il m'indiqua la position qu'il voulait me faire occuper dans la direction de Champenois, à hauteur de sa deuxième ligne d'infanterie en ayant une troisième en arrière.

J'avais en face de moi, à 1500 mètres environ, une batterie à droite de Champenois sur laquelle j'ouvris le feu. Après quelques salves, elle cessa son feu, mais fut soutenue par deux autres batteries qui vinrent prendre position à droite et à gauche de la première et en arrière. Ces deux batteries me tirèrent dessus sans interruption, et vers la fin de la journée, une quatrième vint me prendre d'écharpe. Ces batteries étaient à environ 2,500 mètres ; elles m'envoyèrent quelques obus à fusées fusantes.

Les projectiles ennemis tombaient sur un espace s'étendant au moins à 300 mètres en avant et en arrière de ma position, et le grand angle de chute, joint à la facilité de pénétration du sol, sauva ma batterie d'une destruction entière qu'aurait dû occasionner le grand nombre de projectiles tombant dans ma batterie. Tout projectile tombant dans mes grands intervalles ne me faisait pas de mal, mais quelques-uns tombés au milieu des pelotons de chevaux des servants ont produit de très grands effets.

30 hommes dont 4 tués ; 14 ayant de très graves blessures, membres cassés, et les autres des blessures semblant moins graves, sont le résultat du tir sur les hommes ; 16 blessés ou disparus.

80 chevaux ont été tués ou blessés ou ont disparu sur le champ de bataille, sur lesquels 26 horriblement blessés ont pu arriver à Metz le

---

(1) Chiffres erronés ou incomplets.
(2) Erreur évidente. Il faut probablement lire : *Grenier*.

lendemain et ont été versés au dépôt du corps et 6 ont servi encore quelque temps, ayant des blessures moins graves.

L'avant-train d'une pièce a eu tous ses chevaux couchés à terre, sans dommage pour le matériel qui n'a pas eu d'avaries sérieuses, les éclats n'ayant pas une masse ou une vitesse suffisantes pour détruire le matériel, à en juger par ce qui s'est passé là.

Vers 4 h. 30, je reçus l'ordre de cesser le feu et de me retirer en arrière ; à l'aide des attelages que je fis prendre à la réserve de ma batterie, je parvins, en deux voyages, à retirer tout mon matériel du champ de bataille et je reformai, à l'abri d'un pli de terrain, les débris de ma batterie, aidé des hommes de ma réserve.

Je reçus alors l'ordre de me porter sur les hauteurs en face d'Amanvillers, à l'entrée de la route qui passe à travers les bois pour rejoindre la grande route de Sainte-Marie-aux-Chênes à Metz ; là, étaient déjà placées un grand nombre de batteries. Je me mis en batterie sans faire feu. J'y reçus une pièce française de 4, conduite par des hommes d'infanterie et traînée par un cheval. Ils l'avaient ramassée sur le champ de bataille où elle était abandonnée, étant enclouée. Je l'ai conduite à Metz et déposée à l'arsenal.

Ayant reçu l'ordre de me retirer, j'ai réussi à arriver à Metz, malgré le triste état de mes chevaux.

Mes hommes, dont la majeure partie provenait de la deuxième partie du contingent, ayant six mois au plus de présence au corps, se sont admirablement comportés dans cette épreuve sérieuse. Leur force morale n'a pas un instant faibli. Chacun est resté à son poste ; le retour s'est effectué au pas, en bon ordre et sans hésitation, pour se conformer aux ordres donnés. La batterie avait perdu : son lieutenant en second M. Morel, tué au combat du 16 août, et avait pour chefs de sections, M. Guillon, lieutenant en premier, qui avait eu son cheval tué sous lui le 16 ; l'adjudant Kahn, qui le 18, a eu la figure brûlée par l'explosion d'un obus et le maréchal des logis chef Lange, depuis promu sous-lieutenant.

Historiques des 5e et 6e batteries du 17e régiment d'artillerie (commandant Poilleux). (Réserve du 4e corps.)

18 août.

5e *batterie.* — Vers 10 h. 30 du matin, la batterie reçut l'ordre de monter à cheval et fut prête avant que l'infanterie, qui n'avait même pas pris les sacs et le campement, eût formé les lignes de bataille ; sous a direction de M. le chef d'escadron Poilleux, elle se porta vers Montigny-la-Grange et Champenois. Le général commandant la 2e division du 4⁰ corps, fit placer la batterie à gauche d'une batterie de mitrailleuses pour soutenir les troupes d'infanterie déjà formées.

Le feu fut ouvert contre une batterie placée près de Champenois, à 1400 mètres environ ; le tir de nos obus la fit taire ; mais d'autres batteries arrivèrent successivement se plaçant à droite et à gauche de celle-là et plus loin.

Vers 1 heure, le général Lafaille fait dire de surveiller le terrain près de Champenois, où les ondulations permettent de masquer des masses de troupes.

Les batteries voisines abandonnèrent la position, et la batterie resta seule à recevoir le feu de trois batteries et, à la fin, d'une quatrième.

Vers 5 heures, le lieutenant-colonel Deville, chef d'état-major de l'artillerie, vint donner l'ordre de porter la batterie en arrière, sur la hauteur du chemin qui traverse le bois de Saulny, en arrière d'Amanvillers et de Montigny-la-Grange.

Dans ce combat de six heures, la batterie qui avait pour chef de section, 1 lieutenant, 1 adjudant, 1 sous-officier, eut 4 hommes tués et 27 blessés, parmi lesquels 13 avaient des membres cassés par des éclats d'obus ; 9 sont morts des suites de ces blessures.

Tous les blessés furent conduits à l'ambulance près de Montigny-la-Grange ; 80 chevaux furent tués ou blessés. Les obus à balles de l'ennemi ont surtout fait du mal aux chevaux. Un obus a traversé un coffre chargé en partie, sans le faire sauter ; aucun autre n'a du reste touché le matériel qui a été criblé d'éclats, mais sans occasionner de dégradations graves, vu la faible masse des éclats et leur manque de vitesse, provenant de l'enfoncement considérable des obus dans le sol mou.

Des soldats d'infanterie furent employés comme aides, pour apporter les charges dans la section de gauche, dont presque tous les servants étaient tués ou blessés. Ces soldats d'infanterie firent ce service avec beaucoup de zèle.

La retraite fut effectuée en deux voyages, vu le manque de chevaux, en faisant venir une partie des attelages de la réserve. Aucune partie du matériel ne fut laissée sur le champ de bataille.

Les hommes firent preuve de la plus grande bravoure : il faut peu de temps pour obtenir une discipline et une obéissance parfaites. En nous retirant, nous rencontrâmes des hommes d'infanterie, traînant à l'aide d'un cheval de paysan, un canon de 4 français, *le Filtre*, n° 119, abandonné sur le champ de bataille par sa batterie. Ce canon fut accroché derrière un caisson et déposé le lendemain à l'arsenal de Metz.

La batterie prit position sur la hauteur faisant face vers Amanvillers ; il y avait là un grand nombre de batteries. A peine étions-nous placés, que le mouvement général de recul de notre infanterie commença ; il était impossible de distinguer les troupes des nôtres ; nous ne pûmes utiliser le chargement de six coffres que nous avions encore.

Le général Lafaille, ayant donné l'ordre de se metttre en retraite sur Metz, la batterie prit la route de Saulny et arriva, à grand'peine, à camper près de Woippy, le lendemain matin. Les munitions consommées dans cette journée, sont de : 965 obus ordinaires, 68 obus à balles. Total : 1033 (1).

6º batterie. — L'alerte de la nuit précédente avait laissé une grande agitation dans les camps ; tout le monde sentait que la journée ne se passerait pas sans quelque événement.

Dès le matin, la ligne des camps fut rectifiée et la seconde position des batteries fut sur la ligne droite passant derrière la ferme de Montigny-la-Grange et allant au village d'Amanvillers ; la gauche de la 6º batterie était appuyée à la ferme, elle formait l'extrême gauche de la réserve du 4º corps. Par ordre du commandant supérieur, les voitures devaient rester attelées jusqu'à midi. Cette précaution nous permit d'entrer immédiatement en action vers 11 heures (?), quand l'ennemi commença l'attaque.

Chaque batterie s'engagea en se portant en avant de son front. Celles de la droite ayant augmenté leurs intervalles pour combattre, il ne resta plus de place à la 6º batterie du 17º pour s'établir comme elles à droite de la ferme de Montigny; elle dut passer par derrière pour se porter à gauche.

Dans cet endroit, le terrain forme un dos d'âne dont l'un des versants est dirigé vers les bois de Châtel, l'autre vers le village de Vernéville. La batterie prit position un peu en arrière de la crête pour masquer les pièces aux vues de l'ennemi.

Au commencement de l'action, une batterie prussienne placée à droite de Vernéville sur le chemin d'Amanvillers, prenait notre ligne obliquement ; ce fut d'abord contre elle que nous commençâmes le feu. Après quelques coups d'obus ordinaires armés de fusées percutantes, nous fûmes assurés qu'elle se trouvait à 1200 mètres de notre position. L'on fit alors un feu violent avec des obus à balles ; au bout d'un quart d'heure, nous eûmes la satisfaction de voir le désordre se mettre dans cette batterie ; puis nous la vîmes se retirer rapidement en suivant le chemin de Vernéville; elle tourna à gauche pour aller s'établir parallèlement à nous derrière une crête, à hauteur de la ferme de l'Envie. Nous la poursuivîmes de nos obus pendant tout son mouvement.

Le combat s'engagea de nouveau très violent à 1500 mètres de dis-

---

(1) Chiffres erronés.

tance; la batterie prussienne fut renforcée considérablement et renouvelée plusieurs fois.

Deux batteries à cheval du 3e corps, puis une batterie de mitrailleuses, étaient venues s'établir successivement à notre gauche contre la pointe du bois de Châtel. Vers 3 heures, ces batteries s'étant retirées, nous restâmes seuls sur ce point, supportant tout l'effort de l'artillerie ennemie. C'est alors que nos pertes devinrent sérieuses : un homme fut tué; deux brigadiers et un autre homme grièvement blessés; nous eûmes un affût et quatre roues cassés; toutes ces pièces furent remplacées sur place.

Nos munitions commençaient alors à diminuer et nous voyions le moment où il faudrait abandonner la position et la laisser complètement dégarnie, quand deux batteries nouvelles vinrent se placer à notre gauche et attirer sur elles une partie des coups que nous étions seuls à recevoir quelques instants avant.

Nous profitâmes de leur présence pour ralentir progressivement le feu et nous retirer ensuite en arrière afin de renouveler nos approvisionnements.

A 3 h. 30, la batterie avait tiré plus de 900 coups de canon; il ne lui restait plus que 50 ou 60 obus épars dans les coffres; ne pouvant plus continuer le combat, elle se retira dans un couvert, derrière la ferme de Montigny-la-Grange, pour donner quelque repos aux hommes qui en avaient grand besoin, pendant que l'on irait au parc chercher de nouvelles munitions.

Tous les coups épars furent rassemblés dans les coffres d'avant-train des pièces, et avec quatre nouveaux caissons que M. le capitaine Hoummel avait pu se procurer à grand'peine, la batterie rentra en ligne de nouveau à 4 h. 15.

Les batteries ennemies ayant leur tir trop bien réglé sur le premier point où nous avions combattu, le capitaine commandant jugea prudent, quelque avantageuse que fût cette position, de ne pas s'y placer de nouveau. Plus à droite, en avant de la ferme de Montigny, il y avait une bordure de peupliers très élevés et couvrant parfaitement le terrain en arrière; c'est dans ce terrain, à cent mètres en arrière des peupliers, que le capitaine établit de nouveau sa batterie. Entre les troncs d'arbres on voyait très bien les batteries de l'ennemi. Celui-ci, complètement indécis sur notre position, ne voyant pas le point de chute de ses obus, tira constamment trop long ou trop court; nous combattions ainsi avantageusement pendant encore une heure sans essuyer de nouvelles pertes.

Entre 5 heures et 6 heures, la batterie reçut l'ordre de se joindre aux autres batteries de la réserve qui se retiraient sur les carrières d'Amanvillers. L'on s'y forma en batterie pour protéger le mouvement de retraite de l'aile droite du 4e corps, mais on n'eut pas occasion de faire feu.

Vers 6 h. 30, la batterie reçut l'ordre de s'engager dans le défilé des bois de Saulny et de saisir toutes les occasions de protéger la retraite des batteries du 4e corps qui devaient prendre ce chemin pour se retirer sur Metz.

Ce défilé était bordé à droite et à gauche d'anciennes carrières ; il était impossible d'y prendre position ; nous dûmes arriver jusqu'à la route de Briey.

A droite de cette route et la longeant constamment, se trouvent les bois de Fèves ; à gauche, ceux de Saulny ; entre la route et la lisière du bois, il y a, de chaque côté, un terrain libre d'une centaine de mètres environ.

En débouchant, la batterie se forma à gauche en bataille et se dirigea immédiatement sur Saint-Privat-la-Montagne dont l'ennemi venait de s'emparer.

Dans cet étroit défilé entre les bois, la batterie traversa de 16,000 à 18,000 hommes d'infanterie et de cavalerie appartenant au 6e corps.

Ces troupes s'ouvrirent devant elle pour la laisser passer ; plusieurs officiers vinrent donner au capitaine des renseignements sur ce qui avait lieu en avant ; quelques régiments s'ébranlèrent à notre suite.

La batterie s'établit, pour faire feu, à l'extrémité de ce long défilé, à 600 mètres en arrière de la ferme de Marengo.

Dans ce moment nous avions devant nous, à 1200 ou 1400 mètres environ, une ligne d'infanterie prussienne forte de 3,000 à 4,000 hommes ; elle nous prêtait le flanc, nous pouvions lui faire subir les plus grandes pertes ; une ligne d'infanterie française, parallèle à celle-là, battait en retraite en bon ordre vers la droite.

Les pièces étaient chargées, le feu allait commencer, quand le maréchal commandant le 6e corps vint en personne s'adresser au capitaine : « Retirez-vous, lui dit-il, la journée est mauvaise ; nous aurons demain notre revanche. »

Devant un ordre aussi formel, le capitaine commandant alla prendre les ordres du colonel Soleille, commandant la réserve du 4e corps, qui avait suivi la batterie. Celui-ci lui prescrivit de se retirer sur Woippy.

Sur la route, l'encombrement était énorme ; des colonnes d'artillerie débouchaient de tous côtés ; dans la journée il devait y avoir eu quelque panique en cet endroit car on ne rencontrait que des voitures d'artillerie, de bagages ou de l'administration renversées.

Après sept heures de spectacle navrant, nous pûmes nous arrêter à Woippy ; il était 3 heures du matin quand nous y arrivâmes.

Ce jour-là la batterie avait tiré 1045 coups de canon dont 30 à obus à balles (1).

Elle avait eu 1 homme tué, 2 brigadiers et 2 hommes grièvement blessés, dont 2 au moins mortellement, 1 brigadier et 2 hommes légèrement blessés ; 8 chevaux ont été tués (2).

Un affût et 4 roues d'affût cassés ; il fallut remplacer ces pièces pendant l'action.

La guerre étant une école pour tous, le capitaine auteur de ce rapport, trouve que c'est ici le lieu de placer les quelques réflexions ou remarques qu'il a pu faire dans ces deux circonstances, où, sérieusement engagé, il a eu le temps de s'éclairer sur bien des choses nouvelles pour lui et pour bien des gens ; car il faut en convenir, c'est réellement la première fois que l'artillerie rayée a été appelée à jouer un grand rôle.

En pemier lieu, il est digne de remarquer que, pendant la presque totalité des journées du 16 et 18, la batterie a été employée comme batterie de position, ce qui est contraire à la tactique de l'artillerie à cheval ; avant tout et par-dessus tout, c'est une artillerie de coups de mains ; sa grande mobilité ne saurait avoir d'autre avantage. Comme batterie de position, elle offre à l'artillerie ennemie un but plus facile à atteindre que les batteries montées à cause de la grande quantité de chevaux réunis sur un même point. Elle devrait presque toujours combattre sans caissons, arriver très rapidement en ligne, tirer quelques salves à bonne portée et disparaître ; son capitaine devrait être davantage livré à lui-même et les éléments des batteries à cheval choisis avec le plus grand soin (ce n'était pas précisément le cas).

Il est temps de réagir contre l'idée, si communément répandue, de l'extrême supériorité accordée à l'artillerie prussienne. Le succès ne justifie pas tout et il faut se garder d'attribuer trop complaisamment au mérite des autres la conséquence des fautes que l'on a commises.

La 6ᵉ batterie a été engagée les 16 et 18 août pendant onze heures contre l'artillerie ennemie à des distances qui n'ont jamais dépassé 1600 mètres. Eu égard à ces conditions, ses pertes ont été très faibles ; cela peut tenir au choix des positions, mais surtout à ce que le tir de l'artillerie prussienne était moins juste qu'on a bien voulu le dire ; sur un front de 150 ou 200 mètres, il n'est pas étonnant, et ce n'est pas une preuve de grande justesse, que tous les obus aient porté sur la batterie ou très près d'elle ; une bonne partie des obus n'éclataient pas ; ils tombaient sur le sol très mou, sans même s'y enfoncer ; ceci tendrait à prouver qu'à ces distances déjà ces projectiles n'avaient plus qu'une

---

(1) En réalité 1036.
(2) Chiffres approximatifs.

faible vitesse ou avaient éprouvé de grandes perturbations dans leur trajet; ils tombaient en effet à plat ou sur le culot; sans cela ils eussent éclaté car leur fusée percutante est très sensible. Les obus qui pénétraient dans le sol éclataient; mais, précisément à cause de la sensibilité de la fusée, l'éclatement étant spontané, presque tous les éclats restaient dans le sol, fort peu s'échappaient du trou fait par l'obus; encore étaient-ils animés d'une très faible vitesse, car un grand nombre d'hommes atteints par eux n'ont pas même été contusionnés. Cette circonstance heureuse tenait à ce que, chaque fois, la batterie se trouva dans des terres labourées facilement pénétrables. Sur des terrains durs ou élastiques, les effets auraient pu être plus sérieux et les pertes plus considérables; l'éclatement des projectiles n'a presque rien produit; l'homme et les chevaux tués l'ont été directement par les obus.

L'artillerie prussienne est peu mobile, car lorsque notre infanterie a attaqué des batteries elle les a trouvées abandonnées complètement en arrivant sur elles; l'artillerie française a toujours pu, grâce à sa mobilité, enlever ses pièces, et, sous Metz, les Prussiens n'ont pas eu l'honneur de nous prendre un seul canon; tandis que si l'on avait emmené les pièces qui leur ont été prises, ils auraient au moins perdu soixante bouches à feu dans les diverses batailles (?).

On a eu le tort d'accepter les combats d'artillerie tels que nous les offrait l'ennemi, tandis qu'en profitant de la mobilité de la nôtre on se serait peut-être convaincu qu'elle était supérieure à la leur.

Génie.

Rapport sur les opérations du génie du 4ᵉ corps (1).

Pendant la journée du 18 août, le général commandant le génie du 4ᵉ corps et les officiers de l'état-major particulier du génie ont accompagné partout, sur le champ de bataille, le général en chef du corps d'armée, et ont dirigé l'ensemble des travaux exécutés par les compagnies. Les commandants divisionnaires sont restés avec leurs généraux de division et ont dirigé les travaux exécutés par les compagnies directement.

La 2ᵉ compagie de mineurs était occupée, au commencement de l'action, auprès de la ferme de Montigny, qui a supporté le premier effort de l'ennemi. Cette compagnie, dirigée par le lieutenant-colonel chef d'état-major, a exécuté, malgré un feu violent, les travaux nécessaires pour mettre la ferme en bon état de défense; des créneaux ont été percés dans les murs du parc et dans les bâtiments. Des tranchées-abris ont

---

(1) Non signé et non daté.

été creusées pour relier entre elles les différentes parties de la ferme. Ces différents travaux ont été faits avec un entrain qui a mérité les éloges du général de brigade Pradier, chargé de la défense de la position ; ils font grand honneur aux officiers, sous-officiers et soldats de la compagnie. Le général commandant le génie du 4ᵉ corps a, dans un rapport particulier (1), rendu compte de ces faits et demandé les récompenses si bien méritées par ceux qui y ont pris part.

La compagnie, malgré les dangers qu'elle a courus, n'a subi aucune perte.

La 9ᵉ compagnie s'est aussi fait remarquer par le sang-froid qu'elle a déployé en fortifiant le village d'Amanvillers. Pendant le travail, elle a eu deux hommes tués, un blessé et deux autres disparus.

La 10ᵉ compagnie, placée à côté d'un bataillon du 43ᵉ, a été engagée au feu pendant sept heures ; elle s'est repliée avec sa division. Un sapeur a été tué ; le sergent-major a été blessé ; deux hommes et un cheval ont disparu.

La 13ᵉ compagnie a concouru avec la 9ᵉ à la mise en état de défense du village d'Amanvillers, qu'elle n'a quitté qu'après son évacuation par les troupes et les malades. Elle a eu un homme blessé.

Rapport du capitaine commandant la 2ᵉ compagnie de mineurs du 2ᵉ régiment. (Réserve du génie.)

Le Sansonnet, 19 août.

A midi, le 18 août, en présence de l'attaque imprévue de l'ennemi, la 2ᵉ compagnie de mineurs, campée entre Montigny-la-Grange et Amanvillers, reçut l'ordre de se porter immédiatement au château de Montigny pour en organiser les défenses. La compagnie, abandonnant momentanément ses bagages et ses tentes, fut occupée à créneler les murs d'enceinte sous le feu de l'ennemi.

A 2 heures, M. le lieutenant Joly, 3 sous-officiers et 25 hommes furent mis à la disposition de M. le général Pradier pour creuser des tranchées-abris sur un point en avant où la mitraille causait des ravages sérieux.

Grâce aux dispositions prises, ce travail put être exécuté avec le concours de l'infanterie, sans pertes sensibles.

Vers 6 heures, les créneaux étant achevés, la compagnie reçut l'ordre de s'y établir pous assurer la défense du château. Elle occupait encore ces positions à 9 heures, longtemps après la cessation du feu.

A ce moment, le capitaine soussigné, qui ne recevait aucun avis de

---

(1) Non retrouvé aux *Archives historiques*.

la situation des opérations, rassembla sa compagnie et fit réunir tous les outils que l'obscurité permit de retrouver.

A 10 heures, on se rendit à l'ancien camp, sur le champ de bataille, pour recueillir tout ce qu'il serait possible de retrouver en sacs, tentes, cantines, etc., de la compagnie. On put ramasser la plus grande partie de ce matériel.

Enfin, à 11 heures du soir, en l'absence de tout ordre et n'apercevant plus depuis longtemps, autour de lui, aucune troupe du 4e corps, le capitaine donna le signal de la retraite et se dirigea vers Lorry, où quelques soldats isolés signalaient l'arrivée du quartier général.

A Lorry, on apprit qu'il fallait continuer la route jusqu'au Sansonnet, où l'on arriva vers 3 h. 30, le 19, sans avoir perdu ni hommes, ni chevaux, ni aucune partie importante du matériel.

Plusieurs hommes ont été atteints par des projectiles ; mais il n'y a aucune blessure à constater ; les pertes sont purement matérielles. Un procès-verbal de ces pertes va être établi.

On signale comme s'étant particulièrement distingués :

1° M. le lieutenant Joly, chargé de l'exécution de la tranchée-abri sous le feu.

On demande de nouveau et avec les plus vives instances la promotion de cet officier au grade de capitaine.

2° Le sergent fourrier Laviron qui sous les yeux du général Pradier, a, dans le même travail, fait preuve du plus grand courage.

On demande la Médaille militaire pour ce sous-officier.

3° Les sergents Ruestenholtz et Sirejacques ; le caporal Larguier ; les mineurs Andrieu, Lonchambon, Rigaut, Lacombe, Cottet, Maillet, Girardin, Richert et Cayetanot, qui se sont distingués par leur bravoure et leur travail sous le feu.

On demande, en outre, que tous les susnommés soient cités à l'ordre du jour de l'armée.

Avis du général commandant le génie du 4e corps.

Le général commandant le génie du 4e corps, en transmettant le présent rapport, ne peut qu'en appuyer les conclusions. Il a adressé à M. le général commandant en chef le 4e corps des états de proposition conformes.

Historique du 2e régiment du génie (4e corps).

18 août.

Cette journée fut dure pour les sapeurs du 4e corps. Vers 11 heures du matin, l'ennemi, parvenu à Anoux-la-Grange, commença son attaque par une vive canonnade dont les obus arrivaient jusqu'au camp. Le 4º corps tout entier prit les armes; la 2º compagnie de mineurs fut envoyée, à midi, au château (1) pour l'organiser défensivement; elle en crénela les murs, creusa des tranchées-abris sous un feu violent d'artillerie et reçut l'ordre de rester sur ce point pour le défendre. Elle s'y maintint en effet toute la journée; elle occupait encore le château à 10 heures du soir sans avoir subi aucune perte. La 9º compagnie de sapeurs, promptement appelée à Amanvillers, y rejoignit la 13º, et ces deux compagnies mirent le village en état de défense, sous le feu même de l'artillerie et de la mousqueterie des Allemands; durant ce travail, la 9º eut deux sapeurs tués et la 13º deux sapeurs blessés. Les sapeurs tués sont Combeau et Guémin; les blessés sont les sapeurs Lèques et Laprades; ce dernier mourut à l'hôpital après amputation. La lutte se soutint brillamment au village d'Amanvillers jusqu'au moment où le 6º corps fut chassé de Saint-Privat; il était environ 7 heures du soir; la retraite ayant été ordonnée, la 9º compagnie de sapeurs combat avec sa division jusqu'à 8 h. 30 et la 13º marche avec sa division, la 3º, sur la route de Lorry. Durant la bataille, la 10º compagnie de sapeurs avec un bataillon du 43º de ligne, forma le soutien des batteries de la 2º division et, dans ce rôle, eut un sapeur tué, un sous-officier blessé, deux sapeurs blessés et un disparu; à la fin de la journée, elle suivit le mouvement de retraite et vint s'installer, dans la nuit, sur les glacis du fort de Plappeville, tandis que la 9º compagnie de sapeurs, restée jusqu'à 2 heures du matin en arrière d'un bois à proximité de l'ennemi, gagna Devant-les-Ponts, et que la 13º se porta au Sansonnet.

La 2º compagnie de mineurs, oubliée dans le château de Montigny-la-Grange, quitta cette position vers 10 heures du soir et, rassemblant tous ses outils, se rendit à son bivouac du matin pour y prendre ses sacs, ses tentes, ses cantines, etc., y resta jusqu'à 11 heures du soir, heure à laquelle le capitaine Lambert, ne voyant autour de lui aucune troupe française, conduisit sa compagnie à Lorry et de là au Sansonnet. Cette compagnie avait conservé ses ustensiles de campement, mais les trois autres avaient perdu leurs bagages.

b) Organisation et administration.

Le général de Ladmirault aux généraux de division et chefs de service.

18 août.

Le Maréchal commandant en chef s'occupe avec la plus grande acti-

---

(1) De Montigny.

vité des moyens de sortir de la situation actuelle en ce qui concerne les besoins de nos troupes. Tous ses soins tendent à arriver à une avance de quatre jours de vivres dans le sac.

En même temps, les munitions seront complétées et les hommes qui ont perdu leurs effets de campement seront mis, autant que possible, en possession de ce qui leur manque.

Pour arriver à ce résultat, qu'il sera très difficile du reste d'atteindre d'une manière satisfaisante, je vous prie de me faire connaître le plus tôt possible quels sont vos besoins en effets de campement, en havresacs, chaussures, etc. Le Maréchal commandant en chef désire qu'on profite du temps que nous consacrerons à cette opération pour que les armes soient nettoyées et mises en état.

Dans leur nouvelle position, les corps devront exécuter les travaux de défense nécessaires pour s'y établir solidement.

Il y aura lieu aussi de reconnaître les communications en arrière, à travers les bois, et de faire occuper certains points.

L'intendance est invitée à employer tous les moyens possibles pour se procurer les nombreux objets qui manquent aux soldats; les corps devront en outre mettre à la disposition de l'intendance tous les moyens de transport dont ils disposent.

Du même aux mêmes.

18 août.

Les moyens de transport dont dispose l'intendance étant insuffisants, les corps de troupes mettront à sa disposition leurs transports régimentaires (voitures à deux et à quatre roues).

Le général de Ladmirault au général Coffinières, gouverneur de la place de Metz.

18 août.

Lors de mon départ des environs de Metz, à la date du 16 août, j'ai laissé provisoirement à Metz les 3e et 10e compagnies du train des équipages militaires (1). Je voudrais profiter de ma position rapprochée de Metz pour reprendre ces deux compagnies.

En conséquence, j'ai l'honneur de vous prier de vouloir bien donner des ordres pour que lesdites compagnies me soient renvoyées au campement de mon corps d'armée, à Amanvillers.

De son côté, l'intendant militaire du 4e corps prend ses mesures pour rentrer en possession de ces deux compagnies.

---

(1) Du 3e régiment.

Procès-verbal constatant une perte par force majeure.

Camp sous Metz, 19 août.

Nous Galles, sous-intendant militaire du 4ᵉ corps de l'armée du Rhin.

Nous étant rendu sur le terrain près de la porte de Thionville, où s'étaient rassemblés les débris du convoi auxiliaire du quartier général, nous y avons trouvé l'officier comptable Dunain, et là, de concert avec lui, nous avons cherché à déterminer les pertes éprouvées depuis la veille au soir.

Le convoi entraîné dans la retraite générale de l'armée, avait perdu sous le feu de l'ennemi : 14 voitures auxiliaires abandonnées par leurs conducteurs, au moment où des quantités d'obus faisaient explosion au milieu d'eux et y incendiaient une voiture d'ambulance. Tous les charrois, l'artillerie, les voitures régimentaires et autres se poussaient et se culbutaient dans l'obscurité, sur les routes conduisant à Metz ; des voitures du convoi y avaient été versées ; d'autres avaient été, selon le rapport qui nous a été fait, complètement dévalisées par les milliers de soldats éparpillés ; cette dévastation a duré toute la nuit et s'est portée particulièrement sur les voitures contenant du pain, du sucre, du café et de l'eau-de-vie.

Ayant reconnu aussi exactement que possible les quantités qui avaient échappé aux désastres de cette malheureuse journée, nous avons déterminé comme suit les pertes éprouvées, dont le comptable devra faire sortie dans ses écritures à titre de pertes par force majeure, savoir :

Vivres.

Pain de troupe	6,996 rations.
Biscuit	261 quintaux.
Riz	17ᵏ20
Sel	22 quintaux.
Sucre	70 —
Café vert	65 —
Café torréfié	2ᵏ15
Eau-de-vie	42 hectol.
Lard salé	21 quintaux.
Tabac	4ᵏ50
Sacs	200

Divers fûts, caisses et objets mobiliers.

Fourrages.

Orge	175 quintaux.
Sacs vides ou pleins	360

Le général de Cissey au général Osmont, chef d'état-major général du 4ᵉ corps.

Saint-Privat, 18 août.

Les voitures régimentaires vont aller à Metz, pour chercher du matériel et des approvisionnements. Je crois qu'il serait utile de profiter du retour de ces voitures pour ramener de l'avoine, du foin, pour deux jours, pour les besoins des corps. Il y a à Metz du foin pressé, dont le transport serait facile, et l'on assurerait ainsi un approvisionnement que l'on ne trouve que difficilement ici.

c) Opérations : ordres et comptes rendus.

Le maréchal Bazaine au général de Ladmirault.

Grand quartier général à Plappeville, 18 août.

J'ai l'honneur de vous prier de vouloir bien prescrire à votre sous-chef d'état-major général, d'être rendu aujourd'hui, à 10 heures du matin, à Châtel-Saint-Germain, devant l'église, où il trouvera M. le colonel Lewal, de mon état-major général. Cet officier supérieur a pour mission de reconnaître, accompagné des sous-chefs d'états-majors des corps d'armée, les positions que l'armée devra occuper ultérieurement, quand j'en donnerai l'ordre.

Ordre du grand quartier général.

18 août.

Le 4ᵉ corps prendra la route de Saint-Privat à Plappeville, par le bois de Lorry, puis, descendant du plateau à ce village, il établira sa gauche un peu au delà, contournant le pied de la montagne de Plappeville, et, descendant par l'arête du coteau du Coupillon, jusqu'au Sansonnet, où sera sa droite.

Il aura à sa gauche le 3ᵉ corps et à sa droite le 6ᵉ.

Le chef de bataillon Carré, commandant le 5ᵉ bataillon de chasseurs, au général Bellecourt.

Camp de Lorry, 21 août.

J'ai l'honneur de vous rendre compte que, dans la bataille du 18 août, un chasseur de la 2ᵉ compagnie du 5ᵉ bataillon que je commande, le nommé Hamoniaux, Joseph, numéro matricule 1774, s'est précipité sur deux canons prussiens désemparés dans un pli de terrain situé à environ 550 mètres de l'endroit où sa compagnie était en tirailleurs et, malgré le feu des tirailleurs ennemis dirigé sur lui, en est resté maître, jusqu'à l'arrivée d'un détachement d'artillerie avec lequel il a ramené ces pièces.

Ci-joint un rapport constatant ces faits.

J'ai l'honneur, mon Général, de vous prier de vouloir bien provoquer la citation du chasseur Hamoniaux à l'ordre de l'armée, et je comprends ce militaire dans mes propositions pour la Légion d'honneur.

N. B. — Le chasseur Hamoniaux est arrivé le premier sur les deux pièces. Après lui, sont venus un caporal et un clairon du 13e de ligne, qui l'ont aidé à maintenir sa prise jusqu'à l'arrivée des attelages de l'artillerie.

Rapport du lieutenant Parent, du 13e de ligne, sur la prise de deux canons prussiens, dans la journée du 18 août (1).

Camp sous Metz, 21 août.

J'ai l'honneur de vous rendre compte des faits qui se sont passés, dans la journée du 18 août, et qui ont amené la prise de deux pièces prussiennes par une section de ma compagnie (IIIe bataillon, 2e compagnie), commandée par moi.

Le feu de la batterie qui tirait sur nous s'était ralenti, ainsi que celui des tirailleurs ennemis qui occupaient le bois situé à notre droite. A ce moment, mon bataillon s'était porté en avant. Lorsque nous sommes arrivés au bas de la pente du plateau, deux pièces tiraient encore, ainsi que quelques tirailleurs embusqués dans le bois.

Voyant que les pièces n'étaient que faiblement soutenues, il devenait possible de les enlever; je me portai alors en avant, en excitant mes hommes à me suivre. Je pris le pas de course, suivi par eux au nombre d'une dizaine d'abord; une vingtaine d'autres, de la compagnie, arrivèrent ensuite. Pendant que nous marchions ainsi en avant, je vis un chasseur à pied qui seul aussi se dirigeait vers la batterie.

Notre marche en avant fit taire les deux pièces qui tiraient encore; il n'y avait d'ailleurs plus que trois ou quatre artilleurs qui se réfugièrent dans le bois de gauche.

Les quatre premiers qui ont mis le pied dans la batterie sont : le clairon Murat, de la compagnie; le chasseur Hamoniaux, du 5e bataillon, qui ont occupé les deux pièces de gauche; le caporal Pruvost de la compagnie et moi, qui avons pris la troisième pièce.

Les autres hommes ne sont arrivés qu'un moment après nous, et

---

(1) Ce rapport est adressé au colonel Lion, commandant le 13e de ligne.

bientôt nous étions une trentaine en tout dans la batterie. J'étais le seul officier.

A peine arrivé, je vis un peloton de hulans (?) qui allait nous charger. Je fis placer les hommes à l'abri derrière les pièces et commencer le feu à 600 mètres. Quelques chevaux furent blessés; le peloton, craignant qu'il n'y eût des forces derrière nous, fit demi-tour.

Pendant que tout ceci se passait, on avait sonné la retraite, et mon bataillon avait dû exécuter le mouvement.

Je donnai ordre aux hommes de briser les écouvillons et de mettre les pièces hors de service. Je donnai également ordre à des hommes d'aller prévenir le colonel et le général de la situation dans laquelle nous nous trouvions dans la batterie; puis, craignant que ces hommes ne se fissent pas comprendre assez clairement, j'allai moi-même rendre compte des faits. A ce moment, le clairon Murat avait déjà prévenu M. le général Bellecourt. Pour moi, je parlais, à ce moment, à mon chef de bataillon, ainsi qu'à un officier d'artillerie qui reçut l'ordre d'aller, avec quatre chevaux, chercher les pièces. Cet officier a demandé mon nom.

Le IIIe bataillon s'est alors porté en avant. Ce mouvement a permis d'enlever les pièces que l'ennemi avait enterrées de manière à ce qu'elles ne pussent être enlevées que difficilement. Tous les crochets avaient été cassés, pour empêcher de les atteler.

Telle est, mon Colonel, la suite exacte et l'entière vérité des faits.

Le capitaine Masson, commandant les 6e et 9e batteries du 8e régiment d'artillerie, au Colonel commandant le 13e de ligne.

Bivouac du Ban-Saint-Martin, 20 août.

Dans l'affaire du 18 août, ma batterie était en position un peu au Sud du village d'Amanvillers, lorsque je fus prévenu par des hommes de votre régiment que deux pièces prussiennes se trouvaient désemparées, à une petite distance, dans un pli de terrain en avant.

Je donnai l'ordre à un de mes lieutenants (1) de prendre deux attelages et de se porter à l'endroit désigné, pour ramener ces pièces. Je demandai, en même temps, des hommes d'infanterie de bonne volonté pour escorter ces attelages, exposés à un feu très vif des tirailleurs ennemis embusqués dans un bois, vers la droite.

Le lieutenant Parent, du 13e d'infanterie, s'offrit immédiatement avec sa section, se porta résolument en avant, jusqu'à l'endroit où se trouvaient les pièces, qui furent amenées et que le lieutenant Parent escorta jusque dans ma batterie.

J'ai signalé ce fait dans le rapport que j'ai envoyé sur l'affaire du 18 août, au général Laffaille, commandant l'artillerie du 4e corps, et je prends la liberté de recommander à votre bienveillance le lieutenant Parent qui a montré, dans cette circonstance, un courage et une résolution peu communs.

Le capitaine Masson, commandant les 6ᵉ et 9ᵉ batteries du 8ᵉ régiment d'artillerie, au Commandant du 5ᵉ bataillon de chasseurs à pied.

Bivouac du Ban-Saint-Martin, 20 août.

Dans la bataille du 18 août, ma batterie était en position un peu au Sud du village d'Amanvillers, lorsque je fus prévenu que deux canons prussiens se trouvaient désemparés, dans un pli de terrain, à une petite distance en avant. J'envoyai immédiatement deux attelages, sous la conduite de mon lieutenant en premier (1), pour les ramener. Nous trouvâmes, en effet, les deux pièces qui furent ramenées, et que j'ai fait conduire hier à l'arsenal de Metz.

Sur une des pièces, se trouvait un chasseur du 5ᵉ bataillon, le nommé Hamoniaux, qui était arrivé le premier sur les pièces et n'avait pas voulu les quitter, malgré le feu très vif que les tirailleurs ennemis dirigeaient de la lisière d'un bois situé à une petite distance vers la droite. Le chasseur Hamoniaux est resté sur la pièce lorsqu'elle fut ramenée dans ma batterie ; il accompagna la batterie toute la journée, la suivit dans son mouvement de retraite, et la quitta à Woippy, le 19 au matin.

Je prends la liberté, mon commandant, de recommander à votre bienveillance le chasseur Hamoniaux, qui a montré, dans cette circonstance, une bravoure et un sang-froid peu communs.

Le général Bellecourt au général Grenier.

Camp sous le mont Saint-Quentin, 20 août.

J'ai l'honneur de vous adresser le rapport de M. le capitaine d'artillerie commandant la 9ᵉ batterie du 8ᵉ d'artillerie, concernant la prise de deux canons prussiens dans la journée du 18 août 1870.

Ce rapport arrive d'autant plus à propos que déjà les journaux de Metz attribuent la prise de ces deux pièces à d'autres corps qu'à votre division. Il confirme, du reste, ce que j'avais l'honneur de vous exposer dans mon rapport sommaire fait hier.

J'espère que vous jugerez comme moi que M. le lieutenant Parent, du 13ᵉ, qui s'est déjà distingué dans plusieurs circonstances, mérite

---

(1) Le lieutenant Palle.

d'être cité, ainsi que le clairon Murat, qui est venu le premier m'avertir de la position de cette batterie.

J'aurai l'honneur de vous renseigner ultérieurement sur les nouveaux détails que je recherche sur cette affaire (1).

Le général Grenier au général de Ladmirault.

Tignomont, 25 octobre.

En réponse à votre dépêche du 24, n° 845, j'ai l'honneur de vous faire connaître que tous les corps de la 2e division se sont vaillamment comportés dans toutes les affaires auxquelles ils ont pris part. Mais je crois pouvoir accorder une mention spéciale au 5e bataillon de chasseurs à pied et au 13e de ligne, dont quelques hommes ont eu la bonne fortune d'enlever à l'ennemi, sous le feu de ses tirailleurs, deux pièces de canon, le 18 août, en avant d'Amanvillers ; les autres pièces de la batterie n'ont pu, faute d'attelages, être ramenées.

Cet acte de bravoure, dont les principaux auteurs ont, du reste, été récompensés, me paraît mériter, pour l'honneur des corps, une citation à l'ordre général de l'armée.

Journée du 18 août.

6e CORPS.

a) Journaux de marche.

Journal de marche du 6e corps (2).

18 août.

Le 6e corps occupait les positions suivantes (3) :

La 1re division, général Tixier, face à la forêt de Jaumont, et ayant sa gauche appuyée au village de Roncourt ;

---

(1) C'est alors seulement que furent établis les rapports du commandant Carré et du lieutenant Parent.

(2) Reproduction d'un *Rapport* du maréchal Canrobert, daté du 22 août.

(3) Le 18 août au matin.

La 2ᵉ et la 3ᵉ division, généraux Bisson et La Font de Villiers, sur un même front, la droite à Roncourt et la gauche à Saint-Privat, surveillant le terrain du côté de la rivière de l'Orne ;

La 4ᵉ division, général Levassor-Sorval, faisant face aux villages d'Habonville et de Saint-Ail, la droite en avant et à hauteur de Saint-Privat, la gauche se reliant au 4ᵉ corps d'armée.

Toutes les troupes étaient établies sur deux lignes.

Le 6ᵉ corps, placé à la droite de la ligne de bataille, avait adopté les dispositions qui précèdent, et par lesquelles il refusait son aile droite, dans le but d'éviter d'être tourné par l'ennemi.

A 11 h. 30, le 4ᵉ corps fut attaqué par les Prussiens, et cette attaque s'étendit bientôt au 6ᵉ corps. Vers 12 h. 15, deux fortes colonnes ennemies se montrèrent sur le front de la 4ᵉ division et ouvrirent une vive canonnade. A ce moment, je fis occuper par le 94ᵉ, de la brigade Colin, le village de Sainte-Marie-aux-Chênes, avec ordre d'y tenir solidement, dans le but d'empêcher l'ennemi d'opérer le mouvement tournant qu'il dessinait sur notre droite.

En outre, des renseignements fournis par des reconnaissances de cavalerie m'ayant donné la certitude que les Prussiens ne se trouvaient point dans les environs des villages de Montois et de Marange, j'ordonnai à la division Tixier de quitter son emplacement et d'aller appuyer la droite de la 1ʳᵉ division du 4ᵉ corps, en se reliant à la 4ᵉ division du 6ᵉ corps.

L'artillerie ennemie dirigea un feu violent sur la division Levassor-Sorval, et principalement sur le village de Saint-Privat, dont la position dominante était d'une importance capitale. Elle prit bientôt sur la nôtre une certaine supériorité qu'on doit attribuer au nombre relativement moindre de nos bouches à feu, à l'infériorité de nos calibres, et à la pénurie de nos munitions, en grande partie dépensées à la bataille du 16 août. Le général Levassor eut un cheval tué sous lui.

L'ennemi porta également ses efforts sur le village de Sainte-Marie-aux-Chênes ; les effets de son artillerie y furent si violents que le général Colin, qui occupait ce village, dut le quitter, après une résistance opiniâtre (?), pendant laquelle le général fut blessé.

Les Prussiens profitèrent de cette circonstance pour essayer de tourner notre position par le village de Roncourt, mais l'infanterie de la division La Font de Villiers, renforcée par la brigade Péchot, que je fis venir en arrière de cette division, les contint ; puis, se portant vigoureusement en avant, appuyée par les troupes du général Tixier, les obligea à rétrograder.

En même temps, la division de cavalerie du Barail, placée entre Saint-Privat et Roncourt, fit un mouvement pour prolonger notre droite et la protéger. Cette cavalerie, par des démonstrations, des charges en fourrageurs et en ligne, aida la division La Font de Villiers à maintenir l'ennemi que le général Bisson arrêtait du côté de Roncourt, avec le 9ᵉ de ligne.

Pendant ce temps, l'ennemi prononçait un mouvement très précipité sur la gauche du village, en avant et à droite de la 4ᵉ division. Je fis avancer les dragons du colonel de Vernéville, qui vinrent vaillamment se déployer sous le feu et, par leur attitude énergique, purent arrêter le mouvement de l'ennemi (?) (1).

De nouvelles colonnes prussiennes étant entrées en ligne, et le feu de l'artillerie ennemie ayant repris une supériorité marquée sur la nôtre, je fis appuyer notre droite au village de Saint-Privat, par la brigade Leroy de Dais, de la division Tixier.

Le combat se maintint dans ces conditions jusqu'à 7 heures du soir. A ce moment, l'ennemi redoubla la vivacité des feux d'artillerie qu'il fit converger sur Saint-Privat. Trois de nos batteries, qui essayèrent de s'établir sur ce point pour y répondre, ne purent y parvenir, et il devint impossible à notre infanterie de se maintenir dans cette position.

Le 6ᵉ corps, après avoir épuisé ses munitions, après avoir résisté pendant six heures aux efforts d'un ennemi sans cesse renforcé par des troupes fraîches, ne pouvant plus tenir dans le village en feu de Saint-Privat, clef de la position, si vaillamment défendu par le général Péchot à la tête du 9ᵉ bataillon de chasseurs à pied et de bataillons des 4ᵉ et 12ᵉ de ligne, dut rétrograder par échelons, ne cessant pas de faire face à l'ennemi, appuyé sur sa droite par le 100ᵉ de ligne établi en arrière de la droite du village, et par les mouvements de cavalerie des généraux du Barail et de Bruchard, se retirant au pas ordinaire vers le défilé de Saulny, sous la protection de puissantes batteries placées à mi-côte, en face du défilé, batteries que l'arrivée de quelques munitions avait permis de réapprovisionner en partie.

Nos pertes, dans cette journée, s'élèvent à (2) : 26 officiers tués, 96 blessés, 91 disparus ; 353 sous-officiers ou soldats tués, 1495 blessés, 3,035 disparus.

État numérique des officiers et hommes de troupe tués, blessés ou disparus.

Officiers généraux blessés : MM. Henry, chef d'état-major général ;

---

(1) L'*Historique* du 3ᵉ dragons dit simplement que le régiment « fut sur le point de charger la cavalerie(?) ennemie ».

(2) Chiffres très erronés.

Colin, commandant la 2ᵉ brigade de la 3ᵉ division; Plombin, commandant la 1ʳᵉ brigade de la 2ᵉ division.

DÉSIGNATION DES CORPS.	OFFICIERS			TROUPE		
	TUÉS.	BLESSÉS.	DISPARUS.	TUÉS.	BLESSÉS.	DISPARUS.
1ʳᵉ division.	14	22	39	153	475	1,341
2ᵉ division.	»	7	3	1	77	66
3ᵉ division.	4	21	18	95	334	540
4ᵉ division.	7	41	13	95	553	1,047
Artillerie.	»	3	»	4	25	»
Génie.	»	»	1	»	4	17
Cavalerie.	1	2	1	5	19	6
Intendance.	»	»	16	»	8	18
Totaux...	26	96	91	353	1,495	3,035
Totaux généraux...	216			4,883		

Note du maréchal Canrobert (1).

Le 18 août, le Maréchal envoie des gens du pays et des reconnaissances, qui ne lui ont rien signalé, au moment de l'arrivée du capitaine Campionnet, de l'état-major, vers 9 h. 30.

Vers 11 heures (?), la canonnade s'ouvre sur notre gauche.

Vers midi, le Maréchal envoie au commandant en chef le lieutenant de Bellegarde, porteur d'une lettre annonçant qu'il est attaqué. Cet officier rentre vers 1 heure (?) avec une réponse verbale du commandant en chef, annonçant qu'il donne l'ordre au général Bourbaki d'envoyer au 6ᵉ corps une division de la Garde, et au général Soleille l'ordre d'envoyer une batterie de 12.

Vers midi et demi, le Maréchal reçoit la lettre n° 53 (2) annonçant que, d'après les rapports du maréchal Lebœuf, l'ennemi se montre en forces considérables. Le Maréchal y répond par sa note de 1 h. 30 (au crayon).

---

(1) Provenant de la succession du Maréchal.
(2) Lettre citée *in extenso* dans la *Relation* du général Henry. (Voir plus loin.)

Pendant la bataille, nouvelle lettre concernant les positions à occuper sous Metz.

Vers 4 heures, j'appelle les dragons (1) à Vernéville.

A 4 h. 45 j'envoie demander des munitions au général de Ladmirault.

Vers 5 h. 30, le Maréchal envoie un nouvel avis pressant au commandant en chef, accentuant la gravité de la situation et le manque de munitions.

Vers 6 h. 30, le Maréchal fait prévenir le général de Ladmirault qu'il va être forcé d'évacuer Saint-Privat, où il ne peut plus tenir, et de battre en retraite par Saulny; puis il prévient Bourbaki. Le commandant Lonclas constate que le mouvement de retraite du 4e corps commence à s'effectuer.

Vers 9 h. 30, le Maréchal envoie, de Saulny, le commandant Lonclas rendre compte au Maréchal, à Plappeville, des détails de la journée.

Le maréchal Bazaine est calme. Il dit au commandant Caffarel de ne pas se chagriner d'une retraite qui devait avoir lieu, dans tous les cas, douze heures plus tard.

Relation des opérations du 6e corps, signée du général Henry, ex-chef d'état-major du corps d'armée (2).

18 août.

Dès le matin, en conformité des ordres reçus, toutes les voitures disponibles, régimentaires ou d'artillerie, sont réunies et, sous la conduite de l'intendant Moïse, se mettent en route pour aller ravitailler le corps d'armée, au Ban-Saint-Martin.

L'eau manque; c'est à peine si on peut faire la soupe. On est obligé d'envoyer boire les chevaux de l'artillerie dans l'Orne, à Auboué, en prenant toutes les précautions pour que, en cas d'attaque, on puisse toujours atteler les pièces. Nul avis d'une attaque possible n'est encore donné.

Vers 10 heures (3), la lettre ci-jointe arrive au 6e corps (4) :

---

(1) La brigade de dragons du 4e corps.

(2) Alors que le général commandait la 3e subdivision de la 3e division militaire, à Amiens. Cette *Relation* fut donc rédigée pendant les années qui suivirent la guerre.

(3) Le général Henry fait une confusion. 10 heures est l'heure à laquelle la lettre fut écrite à Plappeville. Elle ne parvint à Saint-Privat que vers 12 h. 30.

(4) *Lettre* n° 53, citée par le maréchal Canrobert dans ses *Notes*.

Plappeville, 18 août.

« Monsieur le Maréchal,

« M. le maréchal Lebœuf m'informe que des forces ennemies, qui lui paraissent considérables, semblent marcher vers lui ; mais, à l'instant où je vous écris, il m'envoie l'extrait ci-joint du rapport de ses reconnaissances (cet extrait n'y était pas).

« Quoi qu'il en soit, installez-vous le plus solidement possible sur vos positions. Reliez-vous bien avec la droite du 4e corps ; que les troupes soient bien campées sur deux lignes et sur un front aussi restreint que possible. Vous ferez bien de faire également reconnaître les routes qui, de Marange, viennent déboucher sur votre extrême droite, et je prescris à M. le général de Ladmirault d'en faire autant, par rapport au village de Norroy-le-Veneur. Si, par cas, l'ennemi, se prolongeant sur votre front, semblait vouloir attaquer sérieusement Saint-Privat-la-Montagne, prenez toutes les dispositions de défense nécessaires pour y tenir et permettre à toute l'aile droite de l'armée de faire un changement de front pour occuper les positions en arrière, si c'était nécessaire, positions qu'on est en train de reconnaître. (Le colonel Lewal et tous les sous-chefs d'état-major des corps font cette reconnaissance.)

« Je ne voudrais pas y être forcé par l'ennemi, et, si ce mouvement s'exécute, ce ne sera que pour rendre les ravitaillements plus faciles, donner une plus grande quantité d'eau aux animaux et permettre aux hommes de se laver.

« Votre nouvelle position doit vous rendre vos ravitaillements plus faciles par la route de Woippy. Profitez du moment de calme pour demander ou faire venir tout ce qui vous est nécessaire.

« J'apprends que la viande a été refusée hier soir, parce qu'elle était trop avancée ; nous ne sommes pas aux économies, et l'intendance aurait bien pu faire abattre pour donner de la viande fraîche.

« Je vous envoie la brigade Bruchard, qui sera provisoirement détachée du 3e corps, jusqu'à ce que la division de cavalerie qui vous est destinée soit reconstituée. Je pense que votre commandant d'artillerie a reçu les munitions nécessaires pour compléter vos parcs.

« Agréez, etc.

« *Le Maréchal commandant en chef,*
« Bazaine.

« *P.-S.* — J'ai reçu des dépêches télégraphiques de l'Empereur, qui est au camp de Châlons. »

Le Maréchal commandant le 6e corps envoie un de ses officiers vers Batilly, en reconnaissance ; il n'est pas rentré encore qu'on entend le canon vers la gauche, un peu plus tard plus près de nous, vers le

4ᵉ corps. Le Maréchal se porte en avant de son front. A peine y est-il arrivé que déjà les obus ennemis tombent sur nos lignes. En face de nous, sur la droite, au loin, se montrent des masses profondes qui menacent de nous tourner.

Les instructions du commandant en chef sont suivies; le 6ᵉ corps tiendra et permettra à l'aile droite de l'armée de faire un changement de front pour occuper les positions que le colonel Lewal indique en ce moment aux sous-chefs des états-majors généraux. Le village de Sainte-Marie-aux-Chênes est occupé par la brigade Colin.

Pendant que cette bataille se livrait, le Maréchal recevait la lettre ci-dessous, qui était écrite évidemment dans l'hypothèse que nous ne devions pas être attaqués :

Grand quartier général, Plappeville, 18 août.

« Monsieur le Maréchal,

« La Garde restera provisoirement dans ses campements; elle aura, en avant d'elle et sur sa gauche, le 3ᵉ corps.

« Le 2ᵉ se portera, par la grande route de Metz, en arrière de Longeville, s'établira perpendiculairement à la route, la droite à la montagne de Saint-Quentin. Il aura de forts avant-postes en avant de Longeville; il aura en avant de son extrême droite la gauche du 3ᵉ corps établie à Scy et, en arrière, la division de cavalerie de Forton.

« Le 3ᵉ corps prendra les deux routes qui aboutissent à Châtel-Saint-Germain et viendra occuper le plateau de Plappeville de la manière suivante : son extrême gauche aux villages de Scy et de Lessy, son centre sur le plateau de Plappeville et sa droite au village de Lorry. Le commandant du 3ᵉ corps est informé qu'il ne doit pas se servir de la route de Saint-Privat à Plappeville, par les bois de Lorry, qui est réservée aux mouvements du 4ᵉ corps. Il aura à sa gauche le 2ᵉ corps, à sa droite le 4ᵉ.

« Le 4ᵉ corps aura sa gauche un peu au delà de Lorry, poussant à droite jusqu'au Sansonnet, par l'arête du coteau du Coupillon; à sa gauche sera le 3ᵉ corps et à sa droite le 6ᵉ.

« Le 6ᵉ corps prendra la route de Briey, pour venir occuper sa nouvelle position, sa gauche au Sansonnet et sa droite au saillant Nord du fort Moselle. Il aura à sa gauche le 4ᵉ corps.

« La division du Barail sera provisoirement attachée au 6ᵉ corps et campera avec lui. Un de ses régiments sera toujours chargé d'éclairer la route de Thionville, par de petits détachements poussés très au loin.

« Une distribution de vivres sera faite aussitôt que possible; les voitures rechargées et toutes préparées, ainsi que les bagages. Les bagages et toutes les voitures partiront à 3 heures du matin. Les prévôts des corps et des divisions s'occuperont, avec le plus grand soin, de faire écouler les convois et de dégager les routes. Ils empêcheront le bruit et les cris et maintiendront le plus grand ordre, dont on les rendra responsables.

« Les troupes se mettront en marche, au jour, demain 19, mais au plus tard à 4 h. 30 du matin.

« On ne fera aucune sonnerie, sauf la diane, et on se mettra en marche sans batterie ni sonnerie.

« Dans les campements, on ménagera les vignes autant que possible.

« En avant des positions occupées par les corps d'armée, des travaux de défenses accessoires, tranchées-abris et épaulements, devront être faits avec la plus grande hâte, aussitôt que les mouvements seront terminés.

« BAZAINE. »

Le 6ᵉ corps, débordé sur sa droite, se retire à la nuit. Nulle communication, aucun ordre ne sont arrivés pendant la bataille; aucun renfort n'est arrivé, ni de la Garde, ni de l'artillerie, et les munitions ont fait défaut à la fin.

Historique du 6ᵉ escadron du 6ᵉ régiment de chasseurs (1).

18 août.

L'escadron arriva, dans la nuit du 17 au 18, à Saint-Privat-la-Montagne, où il bivouaqua et repartit vers 11 heures (?) pour accompagner le Maréchal pendant la bataille de Saint-Privat; de 2 heures à 5 heures de l'après-midi, on le fit stationner entre le village de Saint-Privat et la ferme Jérusalem; à la fin de la journée, il rejoignit le Maréchal, qui soutenait la retraite, et arriva au milieu de la nuit aux environs du village de Woippy, près Metz.

1ʳᵉ DIVISION (TIXIER)

Journal de marche de la 1ʳᵉ division.

Dès le matin, la 1ʳᵉ division se porte en ligne en avant de la route de Briey à Metz, appuyant sa gauche près du village de Roncourt; la droite refusée vers la grande route, fait face aux bois de Bronvaux (2).

---

(1) Escorte du maréchal Canrobert.
(2) C'est-à-dire la forêt de Jaumont.

L'artillerie campe en arrière du centre entre la ligne d'infanterie et le village.

La position est constituée par un coteau qui domine d'une part la vallée de l'Orne, de l'autre, les plis de terrain et les ravins limitant la forêt de Bronvaux. La crête circulaire du plateau est jalonnée par trois villages : Amanvillers à la gauche, Saint-Privat au centre, Roncourt sur la droite (1). Au-dessous de Saint-Privat se trouvent des pentes assez vives (?) qui se terminent au village de Sainte-Marie-aux-Chênes.

A midi et demi, les Prussiens ayant ouvert le feu contre la crête, entre Saint-Privat et Amanvillers, deux des batteries divisionnaires montent sur cette crête et répondent immédiatement au feu de l'artillerie prussienne.

La division Courtot de Cissey, du 4e corps, s'était déployée à la gauche en première ligne. La 1re brigade de ma division, sous les ordres du général Péchot, se déploie en seconde ligne, à 300 mètres environ en avant du chemin de Saint-Privat à Amanvillers ; derrière celui-ci, sont formés en masse, comme réserve, les 10e (2), 12e et 100e de ligne.

Sur l'ordre du Maréchal, un bataillon du 12e (3) est détaché dans le village près du quartier général ; le 9e bataillon de chasseurs occupe la gauche de Saint-Privat.

Ne pouvant répondre suffisamment au feu de l'ennemi, les batteries de 4 se retirent successivement de la crête, n'y laissant que les deux batteries de 12 (4). Le général Péchot fait occuper l'emplacement qu'elles quittent par une ligne de tirailleurs. Après une canonnade d'une heure et demie, signalée par l'explosion d'un de nos caissons, le feu de l'ennemi gagne vers notre droite.

La deuxième ligne de la division (10e de ligne et deux bataillons du 12e), placée sous les ordres du général Leroy de Days, se porte sur la droite de Saint-Privat.

Ces troupes se placent derrière des murs en pierres sèches, que la 1re section de la compagnie du génie organise défensivement ; la 2e section reçoit l'ordre d'aller créneler le village de Roncourt, sous les ordres du commandant Féraud dont le cheval est tué.

Le général La Font de Villiers ayant demandé au général Tixier du

---

(1) En faisant, cette fois, face à l'Ouest.

(2) Le 10e régiment faisait partie de la 1re brigade et se trouvait, par conséquent, à l'Ouest du chemin. Voir d'ailleurs l'*Historique* du 10e.

(3) Le Ier.

(4) $\frac{9, 10}{13}$.

secours pour dégager un de ses régiments aux prises avec l'ennemi dans le village de Sainte-Marie-aux-Chênes, on fait descendre successivement le long des pentes de Saint-Privat, le 10ᵉ de ligne et les deux bataillons du 12ᵉ. Ceux-ci sous les ordres du général Leroy de Days s'arrêtent à quelques mètres au-dessous de la crête, couvrant la droite (1) de la 3ᵉ division. A 4 heures, un mouvement tournant de l'ennemi vers notre droite se dessine; des masses prussiennes, formées derrière le village de Sainte-Marie-aux-Chênes, se portent sur les bois de Roncourt, sous la protection d'une grande batterie établie près de l'entrée du village de Sainte-Marie-aux-Chênes. Une des batteries divisionnaires de 4, établie entre Saint-Privat et Roncourt, essaye vainement d'arrêter la marche de l'ennemi.

Sur l'ordre du Maréchal, la brigade Péchot est alors mandée de la gauche.

Le 9ᵉ bataillon de chasseurs entre tout entier dans Saint-Privat, du côté d'Amanvillers; le 4ᵉ de ligne, renforcé du bataillon du 100ᵉ, se poste à la droite du village; les deux autres bataillons du 100ᵉ s'établissent en réserve au-dessous de Saint-Privat, porte Jérusalem.

L'infanterie prussienne refoulant devant elle la droite de la 3ᵉ division ainsi que le 10ᵉ de ligne, commence à gravir les pentes de Saint-Privat.

Les deux bataillons du 12ᵉ, placés sous les ordres du général Leroy de Days, tiennent bon, malgré un feu terrible d'artillerie, auquel nos batteries ne peuvent plus répondre faute de munitions suffisantes. Après avoir repoussé trois fois l'ennemi (?), ces bataillons sont à leur tour débordés.

Pour conserver jusqu'à la fin Saint-Privat, qui couvre notre ligne de retraite sur Metz, le Maréchal donne l'ordre d'y faire entrer le 4ᵉ de ligne et le bataillon détaché du 100ᵉ (2), sous les ordres du général Péchot.

Sur l'ordre du Maréchal, le général Tixier constitue en arrière du village, une réserve formée des deux bataillons du 100ᵉ restés à la porte Jérusalem; autour de ce noyau se rassemblent des groupes appartenant à divers corps. Cette réserve, faisant face à Roncourt, où les tirailleurs ennemis ont déjà ouvert leur feu, se prépare à charger à la baïonnette, sous les ordres directs du général.

Mais l'impossibilité de tenir plus longtemps à Saint-Privat, décide le commencement de la retraite. Elle s'exécute jusqu'à l'entrée de la grande route de Metz, dans la forêt, par échelons organisés et placés sous la direction de M. le lieutenant-colonel Fourchault, chef d'état-major de la 1ʳᵉ division.

---

(1) Il faut évidemment lire : *la gauche*.....
(2) Le IIIᵉ.

La retraite est couverte par sept (?) batteries établies en étages sur la côte, à droite de la route; leur feu empêche l'ennemi de déboucher de Saint-Privat.

Le général Péchot commande l'arrière-garde, constituée par deux bataillons du 100e de ligne, le 2e chasseurs d'Afrique et le 94e de ligne de la 3e division qui marche le dernier.

Vers 11 heures du soir, la 1re division arrive à Woippy, où elle rallie ses divers corps et bivouaque dans l'angle du chemin de fer de Thionville et du chemin vicinal de Woippy à Metz.

Rapport du général Tixier, commandant la 1re division.

Camp sous Metz, 21 août.

Le 18 au matin, mes troupes avaient pris position en avant de la route de Briey à Metz, la gauche près du village de Roncourt, la droite refusée et faisant face à la forêt de Bronvaux.

La position est formée par un coteau dont la crête circulaire domine d'une part la vallée de l'Orne et de l'autre les plis de terrain et ravins qui limitent la forêt de Bronvaux.

Trois villages jalonnent la crête : à gauche, Amanvillers; au centre, Saint-Privat; à droite, Roncourt; au-dessous de Saint-Privat, au pied de pentes assez vives, s'élève le village de Sainte-Marie-aux-Chênes.

A midi et demi, les Prussiens ayant ouvert le feu contre la crête, entre Amanvillers et Saint-Privat, deux batteries de 12 montent sur cette crête pour répondre à l'artillerie ennemie. Les autres batteries s'engagent successivement à la gauche des premières.

La division de Cissey, du 4e corps, s'était déployée à la gauche en première ligne, derrière l'artillerie.

La 1re brigade de ma division, sous les ordres du général Péchot, se déploie en deuxième ligne, à 300 mètres environ en avant du chemin de Saint-Privat à Amanvillers. Le 9e bataillon de chasseurs s'appuie à Saint-Privat.

Derrière le chemin d'Amanvillers sont massés, comme réserves, les 10e (1), 12e et 100e de ligne.

Sur l'ordre de Votre Excellence, un bataillon (2) du 12e est détaché près du quartier général à Saint-Privat.

Après une canonnade d'une heure et demie environ, qui marque la première phase de la bataille et qui est signalée par l'explosion d'un de

---

(1) Erreur déjà signalée page 192, note 1.
(2) Le Ier.

nos caissons, le feu de l'ennemi se développe vers la droite et fait pressentir une attaque contre le village de Saint-Privat. Je porte alors la deuxième ligne de ma division, constituée par le 10ᵉ de ligne et deux bataillons du 12ᵉ, placés sous les ordres du général Leroy de Days, vers la droite de Saint-Privat. Le 100ᵉ reste en soutien de ma première brigade.

Ces troupes se placent derrière les haies et les murs en pierre sèche que la 1ʳᵉ section de la compagnie du génie organise défensivement (1). La 2ᵉ section reçoit l'ordre d'aller créneler le village de Roncourt.

Le général La Font de Villiers m'ayant demandé du secours pour dégager un de ses régiments, aux prises avec l'ennemi dans le village de Sainte-Marie-aux-Chênes, je fais descendre successivement sur les pentes de Saint-Privat, le 10ᵉ de ligne et un bataillon du 12ᵉ ; ce dernier, sous les ordres directs du général Leroy de Days, s'arrête à quelques mètres au-dessous de la crête, couvrant la droite de la 3ᵉ division.

Le IIᵉ bataillon du 12ᵉ s'abrite derrière les enclos de Saint-Privat.

Vers 4 heures du soir, un mouvement tournant de l'ennemi vers notre droite est signalé. Des masses d'infanterie, formées derrière le village de Sainte-Marie-aux-Chênes et précédées par un corps de cavalerie se portent vers le bois de Roncourt (2). Leur marche de flanc est couverte par le feu d'une grande batterie prussienne établie près de l'entrée du village de Sainte-Marie-aux-Chênes (3).

Une des batteries de 4 de ma division (4), portée sur notre droite à quelque distance de Roncourt, essaye vainement d'arrêter la marche de l'ennemi.

Sur l'ordre de Votre Excellence, la brigade Péchot (5) est mandée de la gauche.

Tandis que le 9ᵉ bataillon de chasseurs entre dans Saint-Privat du côté d'Amanvillers, pour rejoindre le bataillon du 12ᵉ posté près du quartier général, le 4ᵉ de ligne, renforcé du bataillon du 100ᵉ dont il a été plus haut fait mention (?), arrive près de moi (6). Les deux autres

---

(1) Tranchées-abris « dans les jardins et à droite (Nord) de Saint-Privat ». (J. M. du génie.)

(2) Il s'agit par conséquent de la 47ᵉ brigade saxonne.

(3) Artillerie saxonne.

(4) $\frac{7}{14}$.

(5) En réalité le 4ᵉ de ligne et le IIIᵉ bataillon du 100ᵉ. (Voir J. M. de la division.)

(6) C'est-à-dire, probablement, près et au Nord de Saint-Privat.

bataillons du 100ᵉ se portent, comme réserve, au-dessous de Saint-Privat, porte Jérusalem.

A ce moment l'infanterie prussienne, refoulant devant elle la droite de la 3ᵉ division ainsi que le 10ᵉ de ligne, commence à gravir les pentes de Sainte-Marie-aux-Chênes, vers Saint-Privat.

Les deux bataillons du 12ᵉ, placés sous les ordres du général Leroy de Days, tiennent bon, malgré un feu terrible d'artillerie auquel nos batteries ne peuvent plus répondre faute de munitions suffisantes.

Après avoir repoussé trois fois l'ennemi (?), ces bataillons sont à leur tour débordés.

Pour conserver jusqu'à la fin Saint-Privat, qui couvre notre ligne de retraite sur Metz, Votre Excellence y fait entrer le 4ᵉ de ligne et le bataillon du 100ᵉ, sous les ordres du général Péchot. Ces troupes s'y maintiennent énergiquement, malgré des pertes considérables.

Pendant ce temps, Votre Excellence ayant donné l'ordre de constituer une réserve, je réunis en arrière de Saint-Privat les deux bataillons du 100ᵉ restés à la porte Jérusalem; sur eux se rassemblent des groupes appartenant à divers corps. La réserve, faisant face à Roncourt où les tirailleurs ennemis ouvrent leur feu, se prépare à charger à la baïonnette sous mes ordres directs (1).

Mais l'inaction de l'ennemi du côté de Roncourt et l'impossibilité de tenir plus longtemps à Saint-Privat me décident à commencer la retraite. Elle s'exécute, jusqu'à l'entrée de la grande route dans les bois, par échelons organisés et placés sous la direction du lieutenant-colonel Fourchault, chef d'état-major de la 1ʳᵉ division. Le lieutenant-colonel de Montluisant avait réuni et placé en étages sur la crête, à droite de la route, sept batteries dont six attachées à ma division et une du 19ᵉ d'artillerie. Le feu de cette masse formidable empêche les Prussiens de sortir de Saint-Privat et de Roncourt.

Le général Péchot commande l'arrière-garde, constituée par deux bataillons du 100ᵉ, le 2ᵉ régiment de chasseurs d'Afrique et le 94ᵉ de ligne, de la 3ᵉ division, qui marche le dernier (2).

---

(1) Le général Péchot dirigeait donc personnellement à ce moment le 4ᵉ et le IIIᵉ bataillon du 100ᵉ.

Le général Tixier disposait directement, comme réserve, des Iᵉʳ et IIᵉ bataillons du 100ᵉ et les plaçait derrière Saint-Privat, c'est-à-dire à l'Est du village et face à Roncourt.

(2) Le général Péchot paraît donc avoir alors pris la direction des réserves de la division, c'est-à-dire des deux premiers bataillons du 100ᵉ, pendant que le 4ᵉ, le 12ᵉ et le IIIᵉ bataillon du 100ᵉ quittaient Saint-Privat et refluaient vers les fractions du 75ᵉ et du 91ᵉ qui avaient déjà formé le carré.

Dans cette journée du 18, les officiers et soldats se sont conduits d'une manière admirable. Il faudrait les citer tous à l'ordre de l'armée pour leur rendre justice. Le sentiment du devoir accompli, et cela sous les yeux de Votre Excellence, est la plus belle récompense qu'ils pouvaient ambitionner.

Permettez-moi, Monsieur le Maréchal, de les recommander tous à votre bienveillance et de vous prier d'appuyer les propositions que j'ai l'honneur de vous adresser.

L'état-major de la division, sous la direction de son chef, à la fois calme et impétueux suivant les circonstances, a rempli sa tâche de la manière la plus satisfaisante.

Le génie, sous les ordres du commandant Féraud, a exécuté des travaux de défense qui ont puissamment contribué à prolonger la résistance des défenseurs dans le village.

L'artillerie, comme dans la journée du 16, s'est fait remarquer par son calme et son sang-froid dans l'action, son adresse et sa précision dans le tir.

M. le sous-intendant Gatumeau a déployé une rare activité pour faire relever les nombreux blessés. Victime de son devoir, il a disparu, à notre grand regret, dans le village de Saint-Privat.

Historique du 9ᵉ bataillon de chasseurs à pied (commandant Mathelin).

18 août.

A 9 heures du matin, nouvelle d'une prochaine attaque de l'armée prussienne cherchant à rejeter sous Metz l'armée du Rhin. A 11 h. 30, le bataillon qui a quitté sa position de Jérusalem est porté vers le village de Saint-Privat-la-Montagne sous un feu d'artillerie des plus vifs; il a ordre d'aller prendre position le long de la route de Metz à Briey, couvrant les côtés Sud et Sud-Ouest de Saint-Privat. Les six compagnies sont établies sur la route, dans des tranchées-abris et dans les jardins de la partie Ouest.

M. le Maréchal commandant le 6ᵉ corps (Canrobert) vient se placer au milieu du bataillon, nous rappelant qu'il compte sur nous pour tenir quand même dans cette position.

Vers 3 heures de l'après-midi, le village de Sainte-Marie-aux-Chênes, situé également sur la route et à 2,500 mètres environ à notre droite, est enlevé de vive force par l'ennemi, dont le feu d'artillerie redouble sur nous. Dans la plaine au Nord de ce village se livre un sanglant combat de tirailleurs avec des chances partagées. A notre gauche, la cavalerie prussienne (?) charge à fond, mais est ramenée, essuyant des pertes immenses des feux du bataillon et du 12ᵉ de ligne. Une première attaque contre Saint-Privat était repoussée. Mais un peu plus tard apparaissent trois énormes colonnes profondes auxquelles on ne peut résister (1). C'étaient ces mêmes colonnes appuyées d'une formidable artillerie, qui, attaquant par le Sud et l'Ouest, devaient enlever Saint-Privat. Elles y parvinrent, mais avec des pertes telles, que les Prussiens appelèrent les champs de Saint-Privat le champ de deuil de leur Garde royale.

A 7 heures, le bataillon résistait encore dans le village, où l'on combattait corps à corps et dont les maisons étaient criblées d'obus et en flammes ; mais complètement tourné par sa droite, presque cerné, il dut se résigner à une retraite dont l'ordre venait d'être apporté par le général de brigade lui-même.

Cette retraite s'effectua vers Metz, des deux côtés de la route, sous la protection d'une puissante batterie d'artillerie à hauteur de laquelle les compagnies furent reformées.

Historique du 4ᵉ régiment d'infanterie (colonel Vincendon).

18 août.

La matinée se passe sans événement. Vers midi, le canon se fait entendre sur notre gauche, dans la direction d'Amanvillers. Le régiment prend aussitôt les armes et se porte sur le front de bataille; la brigade Péchot déployée prend position entre Saint-Privat-la-Montagne et Amanvillers, le régiment occupe le centre.

De midi à 4 heures, une canonnade des plus nourries s'engage entre l'ennemi et les troupes de notre première ligne; les projectiles ennemis traversent la brigade sur tous les points et font des victimes; le régiment garde son attitude calme et résolue. A partir de 4 heures, l'artillerie de notre 6ᵉ corps se retire ; elle n'a plus de munitions. Dès lors, l'infanterie est abandonnée à ses propres forces, en face d'un ennemi dont l'artillerie redouble d'activité. Pour suppléer, autant que faire se peut, à l'absence de nos artilleurs, quelques bataillons sont portés en avant, sur l'emplacement qu'occupaient nos batteries. Notre premier bataillon, précédé de ses tirailleurs, reste dans cette position jusque vers 6 heures du soir.

A ce moment, la gauche de l'armée prussienne, n'ayant à redouter que des feux d'infanterie, essaye de tourner notre droite entre Saint-Privat et la forêt de Jaumont.

La brigade Péchot reçoit l'ordre de faire face à l'ennemi de ce côté pour arrêter son mouvement.

---

(1) Attaque de la Garde prussienne.

Le mouvement s'exécute immédiatement ; notre premier bataillon rejoint la brigade et nous prenons position dans l'ordre suivant : le 9e bataillon de chasseurs dans le village, le 4e de ligne en bataille, entre le village et la forêt de Jaumont, le 10e à gauche du village.

A peine le mouvement est-il commencé, qu'une fusillade terrible s'engage dans le village entre le 9e chasseurs et l'ennemi. Celui-ci, aidé par l'effet meurtrier d'une artillerie formidable, arrive jusqu'à l'entrée du village à l'Ouest, mais il recule bientôt (?), décimé par nos balles.

Il tente un nouvel effort et menace de tourner le village par la gauche en utilisant tous ses feux.

C'est alors que le maréchal Canrobert ordonne au régiment de se porter vivement au secours du 9e bataillon de chasseurs et de quelques autres troupes qui le soutiennent.

A l'instant, la charge est battue ; le régiment s'élance au pas gymnastique et se répartit dans tout le village, conduit par ses chefs qui font garnir les clôtures d'un nouveau rang de défenseurs. Alors la fusillade devient d'une vivacité vertigineuse ; l'ennemi qui s'avançait de nouveau recule (?) jusqu'à 300 mètres et se couche à terre, mais il redouble en même temps l'effet de son artillerie.

Ah ! que n'avions-nous alors de notre côté quatre ou cinq pièces bien placées qui, tenant les siennes en échec, nous eussent permis de démonter ses artilleurs et d'écraser ses lignes de nos feux. Il leur eût été bientôt impossible de tenir, et alors, quelle charge à la baïonnette, quel feu, quelle ardeur de la part de nos soldats pour achever de les anéantir !

Mais les projectiles continuent à siffler de tous côtés ; les murs du village volent en éclats et pourtant nos tirailleurs tiennent dans leurs positions. Bientôt le bruit des détonations, uni aux craquements horribles des toits qui s'affaissent et des murs qui croulent, les cris des mourants mêlés au sifflement strident des balles et au choc impétueux et sourd des obus et des bombes font des rues du village un enfer tout à la fois splendide et horrible.

Il faut avoir été là en ce moment, pour juger du courage et de l'abnégation de ces jeunes gens qui, presque sûrs de mourir, restaient à leurs postes, le fusil à l'épaule et le doigt sur la détente. Il fallait être là aussi pour voir avec quelle ardeur les officiers prussiens essayaient d'enlever de la voix et du geste, pour les précipiter sur nous, leurs soldats encore hésitants. Enfin les bombes incendiaires pleuvent de tous côtés sur les toits du village ; le feu éclate à la fois sur la maison d'ambulance et sur trois autres points ; Saint-Privat tout entier s'enveloppe d'une immense vague de flammes. En même temps, l'ennemi établit une batterie sur la gauche et prend d'enfilade la rue principale. Un torrent de boulets et d'obus balaye tout ce qu'il rencontre dans cette rue. La position n'est plus tenable, et pourtant nos soldats ne reculent que pied à pied et n'abandonnent le village qu'au fur et à mesure des progrès de l'incendie.

Alors, mais alors seulement, le colonel ordonne la retraite. Mais quelle voix, quel tonnerre eût pu se faire entendre au milieu de ce fracas épouvantable. Et combien de nos braves n'ont-ils pu se retirer à temps pour avoir voulu attendre encore.

Peu à peu cependant, le mouvement de retraite se prononce, les troupes sortent du village dans toutes les directions, l'ennemi ne nous poursuit qu'avec sa mitraille, il n'ose nous aborder à la baïonnette et s'arrête au village.

Les officiers du régiment rallient autour d'eux tous les soldats qui se trouvent sur leur passage. Le colonel rassemble aux carrières voisines une partie notable du régiment. D'autres fractions se concentrent dans le ravin qui précède la forêt de Jaumont, et ces diverses fractions se réunissent et prennent sous le commandement du colonel le chemin de Metz, où doit se concentrer le 6e corps d'armée. A 11 heures du soir, le régiment bivouaque près de Woippy, à 4 kilomètres au Nord-Ouest de Metz.

Pendant cette rude et sanglante journée, officiers et soldats ont fait leur devoir.

Le 4e de ligne n'a quitté la défense de Saint-Privat que sous le poids des efforts de toute la gauche ennemie et sous l'action d'un feu écrasant, en franchissant les ruines des maisons qui croulaient et le cercle des flammes qui menaçait de l'engloutir. Le nombre des officiers blessés ou tués n'est pas moindre que 13, dont 6 morts connus, 6 dont on ignore le sort et 1 blessé qui a pu suivre le régiment (1).

Le nombre des soldats disparus dans cette journée est de 550 (1), dont au moins 60 morts connus. On suppose que la plupart des disparus sont morts ou grièvement blessés.

Sur la fin de la bataille, les bagages des officiers et la caisse de fonds de l'oficier payeur sont tombés au pouvoir de l'ennemi; voici par quelles circonstances :

Par ordre de notre général de division Tixier, les voitures du régiment avaient été envoyées à vide, d'abord à Plappeville, puis à Metz, pour y rassembler, si faire se pouvait, une journée de vivres pour toute la brigade, car, depuis l'avant-veille, le 9e bataillon de chasseurs et le 10e de ligne n'avaient pas vu leurs voitures. Pendant leur absence, les bagages des officiers du régiment et la caisse de fonds de l'officier

---

(1) Chiffres approximatifs.

payeur, ainsi que la comptabilité du corps, avaient été déposés près de notre campement sous la garde de quelques hommes. Les voitures n'étaient pas encore de retour, lorsque sur la fin de la journée, nous fûmes, faute d'artillerie, obligés de céder à l'ennemi le terrain sur lequel nous étions campés le matin.

Les hommes qui gardaient les bagages enlevèrent à la hâte quatre ou cinq cantines, qui se trouvèrent être de celles de l'état-major, et celles qui contenaient la comptabilité, et ils réussirent à trouver une voiture du pays, qui les rapporta à Metz.

Tout le reste fut perdu, et notamment la caisse de fonds de l'officier payeur, qui contenait la somme de trois mille deux cent quinze francs trente et un centimes.

Historique du 10ᵉ régiment d'infanterie (lieutenant-colonel Doléac).

18 août.

Dans la matinée, les bivouacs de la division sont changés et au moment où, vers 11 heures du matin, le régiment prend possession de celui qui lui est destiné, tournant le dos à Saint-Privat, la gauche appuyée au village de Roncourt, le canon se fait entendre en arrière de notre droite. La division reçoit ordre de marcher au canon et le régiment, rompant par la droite, traverse son campement du matin, passe derrière Saint-Privat et est disposé en bataille en avant de la route de Saint-Privat à Habonville (1), à la gauche du 4ᵉ de ligne. La droite de la division est appuyée à Saint-Privat.

Vers 1 h. 30 (2) de l'après-midi, le régiment, appelé par le maréchal Canrobert pour occuper une autre position, file derrière Saint-Privat et est établi à la droite de ce village, sur le chemin de Roncourt, face aux positions occupées par l'ennemi, de Sainte-Marie-aux-Chênes vers Montois-la-Montagne. Ce mouvement s'opère au pas gymnastique et dans le plus grand ordre, bien que sous le feu d'une vive canonnade, et le régiment prend ensuite vivement l'ordre suivant, sous la direction du lieutenant-colonel Doléac :

Le Iᵉʳ bataillon, commandant Gény, contournant le village se déploie en avant de celui-ci, s'abritant par des plis de terrain, des murs écrêtés et des pierres de démolition. Trois compagnies du IIIᵉ bataillon se forment plus en avant de la droite du village, à la suite du Iᵉʳ bataillon, et se couvrent de la même manière. Le IIᵉ bataillon, commandant

---

(1) Il faut évidemment lire : *Amanvillers*.
(2) Heure certainement très erronée.

Morin, déployé, prolonge cette ligne, au centre, ayant à sa droite, vers Roncourt, les trois autres compagnies du III⁰ bataillon.

Le régiment ainsi formé, dans une position dominante, mais découverte, a immédiatement derrière lui des batteries d'artillerie (1) installées presque sur la crête et supportant une canonnade des plus vives, et en avant de sa droite, presque au bas du coteau, à environ 800 mètres de distance, un bataillon du 75⁰ de ligne de la 3⁰ division (La Font de Villiers). Ce bataillon, disposé le long d'une haie en épine, défend un bois situé en avant et un peu vers la droite, fortement occupé par l'ennemi. D'autres troupes couvrent le village de Saint-Privat, en avant de notre gauche, couvertes elles-mêmes par des tirailleurs. Entre ces tirailleurs et le bataillon du 75ᶜ de ligne, placé derrière la haie dont ont vient de parler, existe un terrain très découvert formant croupe, non occupé sur une largeur d'environ 300 mètres à cause de l'impossibilité qu'il y aurait de s'y maintenir.

Le régiment venait d'achever son mouvement, lorsque le général La Font de Villiers, de la 3⁰ division, autorisé par le maréchal Canrobert, donne en personne (vers 2 heures) (2) l'ordre au commandant Morin d'aller relever le bataillon du 75⁰ (3), qui a épuisé ses cartouches. Le II⁰ bataillon du régiment, court aussitôt, à découvert, sous un feu très vif d'artillerie et de mousqueterie, sur la nouvelle position qui lui est assignée et y remplace le bataillon du 75⁰, qui se retire. Le bois occupé par l'ennemi, débordant en pointe vers la droite du bataillon, une section de la compagnie Volpajola est détachée de ce côté pour éviter toute surprise.

Le II⁰ bataillon soutient dans cette position, pendant trois heures (4), un feu nourri de mousqueterie partant du bois où l'ennemi s'est embusqué et dont il n'ose sortir.

Cependant, les cartouches, que l'on a ménagées avec le plus grand soin, s'épuisent; notre feu se ralentit, alors que celui de l'ennemi augmente d'intensité. L'artillerie, appuyée au village, en arrière des I⁰ʳ et III⁰ bataillons ne tire plus. Celle qui nous est opposée devient, au contraire, puissante, terrible et couvre le terrain d'obus et de mitraille.

De plus, l'ennemi paraît recevoir à ce moment de nombreux renforts

---

(1) $\frac{7, 8}{18}$.

(2) Heure évidemment très erronée.

(3) $\frac{III}{75}$.

(4) Évaluation très exagérée.

que l'on voit descendre sur la lisière du bois, en même temps que de fortes colonnes, précédées de tirailleurs, s'avancent sur les troupes placées non loin de la gauche du II⁰ bataillon. Il est 5 heures (1); la situation de ce bataillon, par sa position avancée, sans cartouches, devient extrêmement critique ; débordé sur sa droite malgré un nouveau détachement du bataillon fait de ce côté, attaqué sur son front par les troupes ennemies renforcées, sortant du bois en même temps que nos troupes de gauche, se repliant sous les masses ennemies, gravissant les plateaux, le découvrent de ce côté de plusieurs centaines de mètres, il supporte un feu croisé auquel il ne peut répondre que par quelques coups de fusil. Quelques instants de plus et la retraite de ce bataillon est impossible !..... A ce moment, le I⁰ʳ bataillon et les trois compagnies du III⁰, qui avaient ordre de rester en avant du village et qui n'ont pu, jusque-là, tirer un coup de fusil, bien qu'exposés à un feu très meurtrier d'artillerie, sont portés aussitôt en avant pour faciliter la retraite du II⁰ bataillon qui paraît compromise. Leur marche audacieuse à la rencontre des colonnes prussiennes s'opère rapidement avec ensemble, sans hésitation ; à 600 mètres d'elles, ils exécutent plusieurs feux qui les arrêtent et les obligent à se couvrir.

Celles-ci, fortement appuyées par d'autres colonnes accourant sur leurs derrières et qui les pressent, tentent de reprendre leur marche en avant.

Le I⁰ʳ bataillon et les trois compagnies du III⁰ se portent de nouveau aussitôt à leur rencontre, s'arrêtent et exécutent un feu terrible, à petite distance, qui coupe court à leur marche et les tient encore pendant quelques instants en échec..... Pendant ce temps, les trois autres compagnies du III⁰ bataillon se sont de même portées en avant et déployées vers la droite pour contenir l'ennemi et couvrir nos positions découvertes et tournées de ce côté. Grâce à ces mouvements, le II⁰ bataillon peut enfin effectuer sa retraite, faisant bonne contenance en se défendant pied à pied, et remonte les plateaux découverts en brûlant ses dernières cartouches. Mais alors toute nouvelle marche en avant est devenue impossible. L'ennemi, très supérieur en nombre, protégé par une artillerie formidable à laquelle la nôtre ne peut plus répondre depuis longtemps, couvre nos positions de mitraille ; le village de Saint-Privat est en feu ; notre ambulance elle-même qui y est établie n'est pas respectée par l'ennemi et devient la proie des flammes. Nos positions sont envahies peu à peu.

---

(1) Beaucoup plus tard, car il s'agit évidemment de la 1ʳᵉ brigade de la Garde, qui ne franchit la grande route qu'à 6 heures à peu près.

Le régiment, ayant épuisé ses munitions, effectue sa retraite pied à pied et va rallier et reformer ses bataillons décimés en arrière de Saint-Privat.

Dans la soirée, le régiment suit le mouvement de sa division sur Metz et vient bivouaquer dans la nuit près de la porte de Thionville.

A cette journée de Saint-Privat, le régiment, malgré les fatigues des cinq jours précédents, a montré la plus grande fermeté, ne s'est pas laissé impressionner, ni par le nombre des assaillants, ni par la puissance des engins, et a soutenu la lutte jusqu'aux dernières limites du possible ; il a une belle et glorieuse part dans la défense des positions de droite du village qu'il a seul occupées pendant plus de trois heures sous le feu de la plus formidable artillerie..... Il ne s'est retiré qu'après épuisement complet. Un seul officier supérieur est resté debout, le commandant Morin, et les bataillons sont commandés à la fin de la journée : le Ier par le capitaine de Clermont-Tonnerre ; le IIe par le capitaine Buisson ; le IIIe par le capitaine Bernard jeune. Le lieutenant-colonel Doléac, qui commandait le régiment, et le commandant Gény, du Ier bataillon, ont été blessés et sont restés sur le champ de bataille ou faits prisonniers de guerre.

Historique du 12e régiment d'infanterie (colonel Lebrun).

18 août.

Bataille de Saint-Privat-la-Montagne, commencée à 9 h. 30 (?) jusqu'à la nuit. Le régiment est resté en seconde ligne jusqu'à 1 h. 30, mais a pris part directement à l'action, à partir de 2 heures, en occupant les alentours de Saint-Privat du côté de l'ennemi. Là, il a été exposé pendant plusieurs heures au feu d'une nombreuse artillerie prussienne qui a inondé le champ de bataille de projectiles de toutes sortes et fini par incendier le village. A un moment donné, le IIe bataillon s'est porté en avant, à la gauche d'un bataillon du 10e et a ouvert un feu à volonté des plus vifs ; mais, toujours en butte au feu de l'artillerie et assailli par une nombreuse infanterie qui marchait sur le village, n'étant plus soutenu ni par l'artillerie ni par la cavalerie, il a été ramené en bon ordre à sa première position par le brave commandant de Brunier et le lieutenant-colonel de Sainte-Croix. Il a pu recommencer jusqu'à entier épuisement de ses cartouches un feu meurtrier contre l'ennemi et n'a abandonné le village qu'à la dernière extrémité, avec le IIIe bataillon, qui se trouvait à sa droite et le Ier bataillon, placé à sa gauche dès le commencement de l'action par le maréchal Canrobert.

De leur côté, les Ier et IIIe bataillons ont soutenu la lutte avec la même vigueur et ont subi des pertes sensibles. Enfin, pendant que ceci se passait devant le front des bataillons, le colonel Lebrun et le général Leroy de Days, rejoints par le lieutenant-colonel de Sainte-Croix, organisaient la résistance à l'entrée du village, du côté de Sainte-Marie-aux-Chênes, en réunissant avec les plus grands efforts, à la 1re compagnie du IIIe bataillon, les débris de plusieurs régiments et n'ont quitté le village que lorsque les Prussiens l'avaient déjà tourné.

Pendant cette meurtrière journée, les pertes sont évaluées ainsi : 25 officiers tués, blessés ou disparus.

Les pertes en hommes de troupe dans la même journée s'élèvent à 655 hommes tués, blessés ou disparus (1).

Le cheval du colonel Lebrun fut frappé de deux balles au poitrail ; celui du commandant Limayrac a été tué.

Campé le soir à droite de la route, à mi-chemin entre Saint-Privat et Woippy ; le 100e de ligne à gauche de la route.

Historique du 100e *régiment d'infanterie (colonel Gremion).*

18 août.

Le matin, à 4 heures, le régiment conduit par le général Leroy de Days, vient dresser ses tentes à l'extrême droite du corps Canrobert, près du village de Roncourt. Vers 11 heures, une violente canonnade se faisant entendre sur toute la ligne, le 100e reçoit l'ordre de prendre les armes et de se porter en arrière des villages de Saint-Privat-la-Montagne et d'Amanvillers. Il reste en colonne par bataillons jusqu'à 5 heures de l'après-midi, dans la même position, ayant le 4e corps à sa gauche et en avant de lui, une division de cavalerie (hussards, chasseurs) derrière lui, et le 12e de ligne à sa droite. A 5 heures, le régiment est porté en avant ; il est placé derrière le 12e de ligne (2), ayant à sa gauche le village de Saint-Privat et les bois de Bronvaux à droite. Le Ier bataillon, commandant Née-Devaux, prend position à l'extrême droite de toute la ligne en face de Roncourt ; il doit empêcher l'ennemi d'exécuter son mouvement tournant. Le IIe bataillon, commandant Pernot, chargé de relier le Ier au IIIe bataillon, prend position en avant du village, en profitant d'une petite élévation, qui lui donne commandement sur le terrain en avant. Le IIIe bataillon, commandant de Poillouë de Saint-Mars, est chargé de défendre le village de Saint-Privat.

Une heure après, le 6e corps, débordé complètement sur la droite, est

---

(1) Chiffres approximatifs.
(2) Erreur, car le 12e était sur la face Ouest de Saint-Privat.

obligé de se retirer. Le Ier bataillon lutte avec acharnement, et se replie lentement en défendant pied à pied sa position; il gagne la route de Metz par les carrières et profite de tous les accidents de terrain pour retarder la marche de l'ennemi. Le IIIe bataillon n'ayant pu tenir dans le village incendié et mitraillé, vient se joindre au IIe; ils sont divisés en demi-bataillons et formés en échelons pour protéger la retraite du corps d'armée. Ce mouvement s'exécute avec beaucoup de calme et d'ordre; il est secondé par les feux de l'artillerie de réserve de la division placée sur les hauteurs à 600 mètres en arrière de Saint-Privat. Ces bataillons s'arrêtent à l'entrée du défilé que traverse la route de Metz et y restent jusqu'à la nuit.

A minuit, les trois bataillons réunis en avant du village de Woippy, sous la protection du fort de Plappeville, bivouaquent sans ordre de bataille.

Les pertes pour cette journée s'élèvent à (1) : Officier tué : Descharrières, sous-lieutenant. Officiers blessés : De Poilloue de Saint-Mars, chef de bataillon; Belvaux, capitaine; Girard, lieutenant; Moqué, sous-lieutenant. Officiers disparus : Hulot, lieutenant-colonel et Fraisse, capitaine (prisonniers). — Hommes de troupe : Tués, 5; blessés, 60; disparus : 45.

Rapport du lieutenant-colonel de Montluisant, commandant l'artillerie de la 1re division.

Sous Metz, 20 août.

Avant-hier, le 6e corps d'armée était campé à Saint-Privat-la-Montagne et l'on déjeunait, lorsque les cris : Aux armes! mirent tout le monde debout.

Un nouveau combat s'est engagé; j'envoyai immédiatement le commandant Vignotti avec une batterie de 12 et deux batteries de 4, aux ordres du Maréchal, qui les fit placer en avant du village de Saint-Privat, sur la route de Briey (2), pour contre-battre des batteries ennemies qui se démasquaient à 3,000 mètres environ sur les crêtes en face.

Je me portai de ma personne sur les crêtes MN avec mes autres batteries (3), mais je cessai le tir des pièces de 4 et ne continuai que lente-

---

(1) Chiffres très approchés.

(2) $\frac{7, 8}{8}$, $\frac{9}{13}$. En A. Voir le croquis joint au *Rapport*.

(3) $\frac{5, 12}{8}$, $\frac{10}{13}$.

CROQUIS joint au Rapport du L⁺-Colonel de Montluisant.

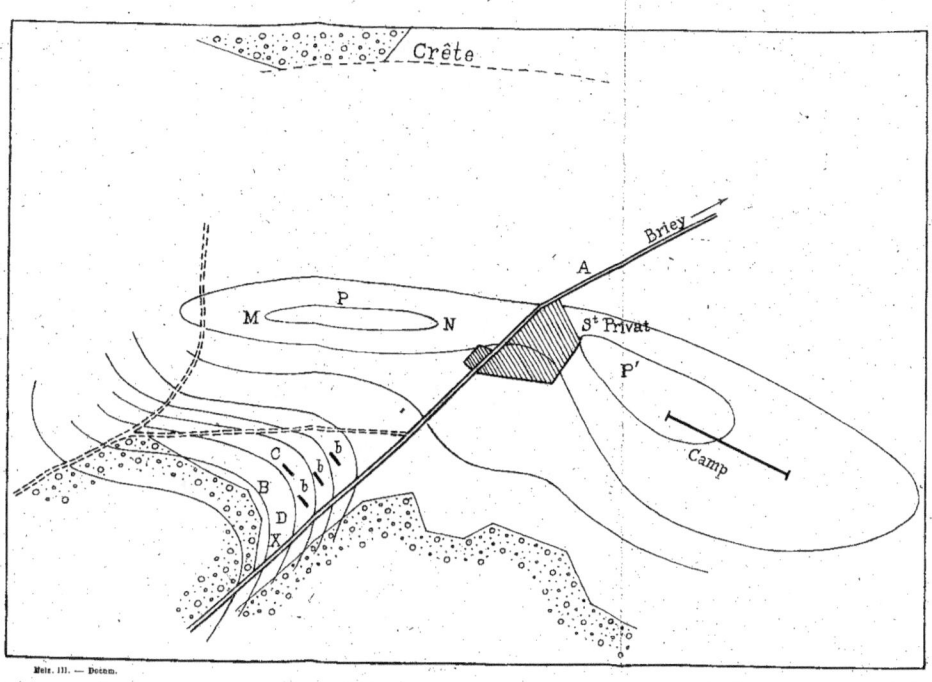

ment celui des pièces de 12 placées en M, parce que les distances étaient énormes : 3,500 mètres environ.

J'envoyai prévenir le Maréchal que je voyais distinctement par le travers tous les boulets des batteries A tomber bien loin en avant des batteries ennemies, sans utilité.

Les pièces prussiennes étaient admirablement placées sur une crête verticale (*sic*), derrière un petit épaulement fixe qui avait dû être élevé dans la nuit (?).

On a continué à canonner de midi à 5 heures. Les batteries en A eurent beaucoup à souffrir lorsque les Prussiens s'avancèrent. On prit toutes les précautions voulues pour les empêcher de régler leur tir et l'on reçut ordre de se replier sur Metz au fur et à mesure de l'épuisement des munitions. Enfin M. Vignotti dirigea le mouvement de retraite.

Placé sur le sommet des crêtes M, je vis les batteries se déplacer, faire le mouvement tournant, et je devinai les conséquences de cette vigoureuse offensive parce que les fantassins ne tenaient pas.

Je pris immédiatement mes précautions de retraite et je disposai mes trois batteries en étage, sur un mamelon fort incliné, permettant de tirer les unes par-dessus les autres et d'accumuler les bouches à feu pour arrêter l'ennemi.

Je m'étais assuré qu'au sommet, en X, on pouvait rejoindre la route de Metz.

Toutes les batteries qui passèrent à ma portée furent placées par moi en C, B et D, et je prescrivis à tout le monde, de ne commencer le tir que quand je le ferai moi-même en D, le point culminant d'où je voyais l'ensemble des mouvements de l'ennemi et la marche rétrograde de nos troupes.

Le Maréchal, qui passa près de moi, voulut bien approuver mes dispositions et me recommander de ne pas laisser prendre mes pièces.

Le tir commença à 6 heures (?), au moment où les Prussiens arrivèrent au village et couronnèrent les crêtes ; ils mirent en position plus de soixante bouches à feu environ.

Nous recevions des boulets de partout, de P et de P'.

De notre côté, nos batteries furent admirables ; je ne sais pas le nom de tous les officiers qui étaient là.

Une batterie du 19ᵉ, sous les ordres du commandant Loyer, était sous ma main ; j'envoyai cet officier supérieur porter l'ordre dans toutes les batteries de se replier sur Metz au fur et à mesure de l'épuisement des munitions.

La canonnade dura jusqu'à la nuit, et tout le corps d'armée put passer et se masser dans les bois, laissant la route libre à l'artillerie.

Enfin, à la nuit noire, le feu cessait de part et d'autre et je ne me mis en retraite qu'après avoir vu passer devant moi ma dernière bouche à feu et mon dernier caisson.

Un régiment de ligne placé par le Maréchal, couvrit la route et empêcha la poursuite (1).

Cette fois encore, mon Général, je n'ai pas pu recevoir d'ordres, et j'ai, dans ces malheureuses circonstances, essayé d'utiliser nos pièces dans l'intérêt du corps d'armée et de tous.

Je n'ai que des éloges à adresser à tout le monde. Les artilleurs sous mes ordres ont été admirables et le capitaine Flottes, de la 8e batterie du 8e régiment, a été remarqué par tout le monde.

Il a fait honneur à l'arme et a reçu sur place les éloges du Maréchal.

M. Vignotti, mon commandant en second, m'a été signalé par l'état-major du Maréchal comme ayant, d'une manière hors ligne, traversé le feu et la mitraille pour diriger les trois batteries sous ses ordres.

Historiques des 5e, 7e, 8e et 12e batteries du 8e régiment.

18 août.

Le matin, les quatre batteries de la 1re division changent de camp et vont s'établir au Nord de Saint-Privat. Bientôt, on entend de nouveau le canon.

La 5e batterie, d'abord en réserve, reçut l'ordre de se placer derrière la crête du plateau d'Amanvillers, pour surveiller le débouché d'un bois. Plus tard, retirée en arrière, elle fut mise en batterie un moment, sur le revers de la route de Metz à Briey, puis le mouvement de retraite se prononçant, elle fut se poster en arrière de l'entrée du bois de Saulny. Vers 6 heures du soir (?), elle ouvrit le feu pour protéger la retraite du 6e corps. Le feu est continué jusqu'à la nuit. Elle se mit alors en marche sur Metz, en exécution des ordres du Maréchal commandant le 6e corps et y arriva vers 4 heures du matin. Elle eut 1 homme blessé.

La 7e batterie est placée d'abord en avant de Jérusalem, le dos tourné à la route de Briey. Elle tire sur l'infanterie qui débouche par Habonville, puis elle se place perpendiculairement à sa première position pour tirer d'écharpe sur une colonne ennemie qui se porte d'Habonville à Sainte-Marie-aux-Chênes. Les obus ordinaires sont épuisés; elle emploie ses obus à balles comme boulets pleins. Les munitions épuisées, la batterie se place en réserve sur la route de Briey, en attendant les munitions qu'on est allé chercher à Plappeville. Ces munitions arrivent, mais la retraite est en train de s'effectuer; elles ne peuvent servir qu'à

---

(1) Le 94e (colonel de Geslin), déployé à l'Est de Marengo.

protéger ce mouvement. La 7e a 1 homme tué, 6 blessés et 2 disparus.

La 8e batterie va se mettre en batterie en avant de Saint-Privat, à la droite de la route qui conduit à Sainte-Marie-aux-Chênes, tire une dizaine de coups dans cette position, puis revient à Saint-Privat, par ordre du maréchal Canrobert. Vers 1 heure, le Maréchal la fait mettre en batterie à gauche des premières maisons près de la route de Sainte-Marie-aux-Chênes. A 5 heures, la batterie se retire faute de munitions et d'hommes, va se recompléter à sa réserve, revient au point qu'elle avait quitté et reprend le feu. Le lieutenant en premier Tournier est blessé. Le soir, après l'action, la batterie est ramenée du côté de Metz et bivouaque en avant de Woippy à 2 heures du matin. Elle a 1 officier blessé, 1 homme tué, 13 blessés et 3 disparus.

La 12e batterie est engagée en avant et à gauche de Saint-Privat dans une position abandonnée par une batterie qui y a laissé un caisson. Elle bat la nombreuse artillerie qui est devant elle et tire quelques coups rasants dans les dépressions du terrain où l'ennemi masse ses troupes pour attaquer Saint-Privat. Vers 5 h. 30, elle reçoit l'ordre de se placer en arrière de la route de Saint-Privat à Amanvillers, pouvant flanquer le village de Saint-Privat des deux côtés. Le soir, la batterie se retira à mi-côte, puis plus en arrière, à l'abri d'une haie, où elle resta en batterie jusqu'à la fin, près des carrières de la Croix. Elle eut 3 hommes blessés, 4 chevaux tués (1).

Depuis le 13, les hommes de la 12e batterie ont marché et combattu pendant six jours, n'ayant touché qu'une ration de viande dans la nuit du 17 et deux jours de pain et de sucre et café, qu'ils apportaient du camp de Châlons. Il en était à peu près de même des hommes des autres batteries de la 1re division du 6e corps.

Journal de marche du génie de la 1re division (3e compagnie du 3e régiment) (2).

18 août.

La 3e compagnie, d'abord réunie, a marché avec l'avant-garde, a creusé, jusqu'à 4 heures du soir, des tranchées-abris dans les jardins et à droite du village de Saint-Privat, face à Sainte-Marie-aux-Chênes, et à 1000 mètres de Roncourt.

A 4 heures, j'envoie la 2e section, sur un ordre du maréchal Canrobert, commandant le 6e corps, transmis par le commandant du génie

---

(1) Tous les chiffres donnés ci-dessus sont approximatifs.

(2) Reproduction d'un *Rapport* non retrouvé (probablement celui du capitaine Lamiral, commandant la compagnie, à partir du 18 août).

La Tour (3ᵉ division), fortifier le village de Roncourt. Vers 5 h. 30, l'ennemi nous gagnant du terrain, les sapeurs quittent leurs outils et font le coup de feu; presque tous usent leurs 90 cartouches.

A 6 heures du soir, en revenant sur le bourg de Saint-Privat, par la crête de terrain qui le relie à Roncourt, mon cheval est tué par un éclat d'obus dans un des jardins qui touchent Saint-Privat et occupé par des soldats du 4ᵉ de ligne (1ʳᵉ brigade de la 1ʳᵉ division du 6ᵉ corps).

Je suis emporté par quelques hommes qui me placent sur un caisson à munitions d'infanterie, et je rentre le soir à Metz sur un cheval d'emprunt.

Dans cette journée du jeudi 18 août, la compagnie a perdu :

1° Le capitaine en premier Audier ;

2° 1 sergent, 1 caporal et 10 sapeurs. Ils ont été notés comme disparus dans le *Rapport* du lendemain, 19 août (1).

La compagnie, à part les sapeurs-conducteurs et les ordonnances d'officiers, qui n'ont point quitté les bagages ni les voitures de sections, a perdu tous les sacs et outils portatifs laissés dans une ferme. Cette ferme ayant été incendiée, il n'a pas été possible de sauver ces sacs et outils.

Historique de la 3ᵉ compagnie de sapeurs du 3ᵉ régiment du génie (1ʳᵉ division).

18 août.

Pendant la bataille de Gravelotte, la compagnie exécuta, sous le feu de l'ennemi, des tranchées-abris et des épaulements de batteries. La 1ʳᵉ section mit en état de défense le village de Saint-Privat et la 2ᵉ celui de Roncourt.

Vers 6 heures du soir, le 6ᵉ corps, écrasé par les feux convergents de l'artillerie ennemie, concentrée sur Saint-Privat, fut contraint à la retraite. La section du capitaine Audier a défendu à outrance la droite du village de Saint-Privat. Le capitaine trouva la mort dans cette lutte. La section, commandée alors par le lieutenant Mangard, ne se retira que lorsqu'elle vit la tranchée qu'elle occupait débordée et près d'être tournée. Elle battit en retraite en bon ordre en continuant à combattre dans le village.

La compagnie a perdu dans cette journée : son capitaine commandant, le sergent Guyon et 2 hommes tués par le feu de l'ennemi. En outre, 7 hommes ont été blessés et 6 ont disparu (2). Elle fut commandée à partir de ce moment par le capitaine en second Lamiral.

---

(1) Quatre blessés sont omis.
(2) Chiffres erronés.

2ᵉ DIVISION (BISSON).

Journal de marche de la 2ᵉ division (1).

18 août.

La 2ᵉ division occupe son campement en bas de la côte (2), qui s'étend entre les deux villages de Saint-Privat-la-Montagne et Roncourt. A midi, les Prussiens commencent l'attaque sur la gauche de la ligne de bataille de l'armée.

Afin de diminuer l'étendue de cette ligne, la division reçoit l'ordre de se porter en arrière sur la crête du plateau où elle se forme en bataille entre les deux villages, à l'exception du bataillon de gauche, qui est placé derrière les murs des jardins du village de Saint-Privat, de manière à pouvoir couvrir de feu le plateau, au cas où la droite serait obligée de plier.

La lutte devient très vive entre les troupes qui défendent le village de Sainte-Marie-aux-Chênes, en avant de Saint-Privat sur la route de Briey, et l'ennemi dont les colonnes se prolongent vers la gauche, et profitent des bois pour se masquer et pour tourner notre droite. La batterie de réserve (de 12) mise à la disposition du général (l'autre lui avait été retirée la veille) vient s'établir entre les deux bataillons déployés pour battre ces colonnes (3). Son feu paraît beaucoup les inquiéter, mais bientôt une forte batterie de gros calibre ouvre un feu très bien ajusté sur elle et la force à se replier.

Le combat s'étend vers la droite. Le général envoie son bataillon de droite en tirailleurs pour soutenir la première ligne.

Mais ces forces étaient insuffisantes pour résister longtemps à un assaillant beaucoup supérieur en nombre. Un régiment de cavalerie (4) essaye d'arrêter celui-ci par ses charges : il est ramené par le feu de l'infanterie. Les tirailleurs battent alors en retraite, en arrière du village de Saint-Privat, tandis que le bataillon déployé va se former derrière les murs du village sur lequel un feu roulant de toutes les batteries ennemies se concentre. Pendant une heure, le régiment tient

---

(1) Reproduction intégrale du *Rapport* détaillé du général Bisson, daté du 20 août.

(2) Ceci est en contradiction formelle avec le *Rapport* sommaire du général Bisson et surtout avec les indications précises de l'*Historique* du 9ᵉ, d'après lequel le régiment était campé, le 17 août, à 300 mètres de Roncourt et face à Montois. Voir le *Rapport* La Font de Villiers.

(3) Un peu avant 5 heures seulement.

(4) 3ᵉ chasseurs.

tête aux assaillants, se défendant successivement derrière chaque muraille. Il ne se replie enfin que quand toute l'armée a effectué son mouvement de retraite par échelons. Le bataillon en tirailleurs, qui qui s'était retiré derrière le village, s'était reformé et composait l'un de ces échelons. Il était à ce moment 7 h. 30 du soir. Le village de Saint-Privat était en flammes. La division se retira en bon ordre sur la route de Metz, protégée par toutes les batteries d'artillerie du corps qui, formées sur la hauteur au Sud de la route et en avant du bois, dirigeaient un feu nourri sur l'ennemi. Celui-ci ne tenta pas de poursuivre. La division continue sa route et vient s'établir partie devant la gare de Devant-les-Ponts, partie au château de Saint-Éloi, son campement du 14.

Distance parcourue : 14 kilomètres.

Rapport sommaire du général Bisson.

Camp de Metz, 19 août.

Hier, au bivouac de Saint-Privat, j'occupais, avec le 9ᵉ d'infanterie, une ligne qui, partant du village de Roncourt, reliait ma gauche à la droite de la 3ᵉ division, lorsque l'ennemi attaqua nos positions.

Aussitôt, je me suis replié en faisant un changement de front en arrière sur mon aile droite, pour faire face à l'ennemi qui se présentait sur le front de la 3ᵉ division, et afin de pouvoir lui servir de réserve.

L'attaque étant devenue plus vive, la 3ᵉ division a dû se replier un peu et, m'apercevant que l'ennemi, filant par le ravin, menaçait son extrême droite pour venir s'emparer du village de Roncourt, j'ai déployé immédiatement en tirailleurs le Iᵉʳ bataillon du 9ᵉ de ligne, avec ordre d'occuper le village. J'ai placé en arrière le IIᵉ bataillon en réserve, pour l'appuyer en cas de retraite ; et, enfin, pour avoir un point de ralliement en cas de retraite forcée, j'ai placé mon IIIᵉ bataillon derrière les murs d'enceinte formant l'extrême droite du village de Saint-Privat.

Malheureusement, ce que j'avais prévu est arrivé ; le bataillon de Roncourt n'étant pas assez fort pour conserver sa position, avait, après avoir fait plusieurs charges à la baïonnette sur les Prussiens et des prodiges de valeur, été obligé d'abandonner ce village et de se jeter dans le bois qui était à son extrême droite (1).

---

(1) C'est-à-dire dans la forêt de Jaumont.

Les Prussiens s'en étant emparés (1), ont aussitôt dirigé sur le bataillon en réserve (2) un feu bien nourri; mais déjà ce bataillon avait été déployé en tirailleurs. Dans cette position, malgré la grande supériorité de l'ennemi par son artillerie qui nous couvrait de projectiles et sa mousqueterie très nourrie, j'ai pu conserver le plateau jusqu'à 6 h. 30.

A 7 heures, les forces de l'ennemi augmentant constamment, j'ai replié ma ligne de tirailleurs derrière les murailles de Saint-Privat, où se trouvait déjà embusqué un bataillon de réserve (3). Là, à l'abri du feu de l'ennemi, j'ai ouvert sur lui un feu de deux rangs qui l'a arrêté court sur le plateau. J'ai attendu dans cette position que tout le village de Saint-Privat fût évacué par les Français et, lorsque j'ai vu que les Prussiens cherchaient à me couper, en débouchant par le centre du village, j'ai ordonné la retraite en échelons, qui s'est exécutée avec tant d'ordre que l'ennemi n'a pas osé nous poursuivre et a cessé de tirer sur nous, ce qui m'a permis de rejoindre la colonne, sur la route de Metz, sans laisser un seul homme au pouvoir de l'ennemi.....

Historique du 9e régiment d'infanterie.

18 août.

A 11 h. 45, le canon se fit entendre sur la gauche. Le régiment prit aussitôt les armes et exécuta un changement de front en arrière sur son aile droite, de telle sorte qu'il se trouva placé en bataille entre Roncourt et Saint-Privat-la-Montagne, face à Sainte-Marie-aux-Chênes. Jusqu'à 3 h. 30, il fut spectateur du combat qui se déroulait à ses pieds. A 3 h. 30, le XIIe corps allemand (Saxons) ayant dépassé Sainte-Marie-aux-Chênes, l'artillerie de réserve saxonne prit position au Nord de Sainte-Marie, vis-à-vis de Saint-Privat-la-Montagne et de Roncourt. Pendant une heure et demie, le régiment resta sans bouger sous le feu de cette artillerie, qui tirait avec une remarquable justesse. A 5 heures (?), la position du 9e devenait très critique; d'un côté, sur sa droite, la 23e division saxonne continuait son mouvement tournant et débouchait déjà de Montois; d'un autre côté, sur son front et sur sa gauche, la Garde royale prussienne montait à l'assaut du plateau et du village de Saint-Privat. Dans ces circonstances, le général Bisson prit les dispositions suivantes : le Ier bataillon se déploya en tirailleurs en avant et sur la droite, du côté de Montois, à l'exception de la 6e compagnie

---

(1) ..... du village.
(2) C'est-à-dire sur le IIe, resté au Sud de Roncourt.
(3) Le IIIe.

(capitaine Dupleit), qui fut envoyée dans les premières maisons de Roncourt et qui y utilisa intelligemment les haies et les murs pour y organiser une défense sérieuse ; le II⁰ bataillon resta sur le plateau entre Roncourt et Saint-Privat ; le III⁰ vint s'établir dans des enclos bordant le côté Nord de Saint-Privat. A partir de ce moment, chaque bataillon opéra isolément, ne recevant d'ordres de personne, livré à l'initiative de son chef et n'ayant aucun secours à attendre, puisque le régiment était en cet endroit la dernière réserve présente sur le champ de bataille. Le I⁰ʳ bataillon, commandé par le capitaine adjudant-major Targe, se déploya en tirailleurs sur une ligne partant de Roncourt, bordant la crête du ravin qui sépare ce village de celui de Montois, et se recourbant sur la gauche pour se relier aux tirailleurs des autres régiments qui se repliaient sur Saint-Privat. De 5 heures à 6 h. 15, le I⁰ʳ bataillon occupa cette position critique, menacé à chaque instant d'être tourné sur sa droite et eut, sur un effectif de 8 officiers présents, 1 capitaine tué et 1 capitaine, 1 lieutenant et 1 sous-lieutenant de blessés. A 6 h. 15 (?), la position n'était plus tenable ; deux compagnies n'avaient plus d'officiers ; la division saxonne débordait le village de Roncourt, franchissait le ravin qui le sépare de Montois et menaçait de l'envelopper complètement. Le I⁰ʳ bataillon commença sa retraite sur Metz, qui s'opéra par la forêt de Jaumont, les bois de Fèves et la route de Woippy.

Pendant ce temps, le II⁰ bataillon, commandé par le capitaine Plumejaud, réduit à cinq compagnies par suite du départ pour Metz de la 6⁰ (capitaine Colomb d'Écotay), chargée d'escorter un convoi de prisonniers, résistait énergiquement dans la position découverte qu'il occupait. Pour faire face à l'ennemi, qui l'attaquait à la fois de front et sur sa droite, il replia en potence ses deux compagnies de droite et fit un feu terrible jusqu'à épuisement de ses munitions. Sur 13 officiers présents, 5 furent blessés. Il ne se retira que lorsque les Prussiens et les Saxons, débouchant à la fois sur le plateau de Saint-Privat, allaient l'envelopper. Sa retraite s'opéra par la route de Woippy, défendue par les batteries de réserve du 6⁰ corps.

Le III⁰ bataillon, commandé par le capitaine Aragon, occupait dans des enclos, au Nord du village de Saint-Privat, des positions très fortes. Il ne les abandonna qu'après avoir épuisé ses munitions et avoir contribué largement à la défense du village, dont la prise coûta tant de sang à l'armée ennemie. Il ne se retira qu'au moment où les Prussiens entraient à Saint-Privat par le côté Sud et menaçaient de le couper de la route de Woippy.

Le 9⁰ de ligne eût été probablement détruit, si sa retraite n'avait été protégée par 60 pièces de 12 (?) placées en amphithéâtre, que le maréchal Canrobert avait gardées comme dernière réserve et dont la brusque intervention arrêta court le mouvement des Prussiens.

Pertes éprouvées par le 9ᵉ régiment, à la bataille de Saint-Privat, le 18 août :

Officiers. — État-major : Mary, sous-lieutenant, porte-drapeau, blessé ; 1ᵉʳ bataillon : Sieffert, capitaine, tué ; Vigne, capitaine, Tripart, lieutenant, Roux, sous-lieutenant, blessés ; 2ᵉ bataillon : de Fuchsamberg, chef de bataillon, Delamare, capitaine adjudant-major, de Grammont, capitaine, Paguet, sous-lieutenant, Mellinger de Bouzonville, sous-lieutenant, blessés.

Hommes de troupe (1). — Petit état-major : 1 tué, 3 blessés ; 1ᵉʳ bataillon : 16 tués, 31 blessés ; 2ᵉ bataillon, 12 tués, 43 blessés ; 3ᵉ bataillon, 10 tués, 34 blessés.

Le médecin-major de 2ᵉ classe Poupelard qui, dès le début de la bataille, s'était rendu aux ambulances de Saint-Privat, fut fait prisonnier pendant qu'il soignait les blessés.

Historiques des 9ᵉ et 10ᵉ batteries du 13ᵉ régiment (2).

18 août.

9ᵉ *batterie.* — Vers 11 heures du matin, la batterie a pris les armes par ordre direct du maréchal Canrobert ; elle a été placée en avant du village de Jérusalem ; elle engagea de suite le feu et dirigea son tir vers les batteries ennemies placées dans le bois de la Cusse et sur toutes les masses de l'armée prussienne qui débouchaient par les mêmes chemins ; pendant plus de deux heures, elle a conservé la même position.

Elle fut ensuite placée avec la 2ᵉ division du même corps et elle se dirigea derrière le village en appuyant le 9ᵉ régiment d'infanterie.

Les bouches à feu furent dirigées vers les batteries ennemies qui avaient pris position sur le chemin de fer et près des bois.

Vers la tombée de la nuit, la batterie s'est réunie à un grand nombre de batteries sous les ordres du colonel de Montluisant.

Elle fut placée sur le versant en face de Saint-Privat et perpendiculairement à la route de Verdun à Metz.

Elle ne s'est retirée sur Metz que lorsque le dernier projectile a été tiré.

Elle est arrivée au Ban-Saint-Martin à 2 heures du matin, où elle a bivouaqué.

Le nombre des blessés pendant cette journée s'est élevé à 5.

Le capitaine commandant a de nouveau constaté la bravoure de tous, officiers et soldats ; il s'est plu à la signaler à la bienveillance des chefs.

---

(1) Chiffres approximatifs.
(2) Attachées, le 18 août, à la 1ʳᵉ division.

10ᵉ *batterie*. — La batterie, dans la matinée, vient bivouaquer sur le plateau de Saint-Privat, au Nord de ce village. Elle prend une part très active à la bataille qui s'engage. Dès le début de l'action, vers midi, elle est envoyée au feu, soutient la lutte contre les batteries et les colonnes ennemies jusqu'à 3 heures de l'après-midi et leur fait éprouver des pertes considérables. Vers la fin de la journée, elle reçut l'ordre de venir s'établir pour soutenir la retraite du 6ᵉ corps vers Metz, sur le coteau situé à l'Est de Saint-Privat, au Sud de la route de Briey à Metz. Vers 6 heures du soir, elle ouvre le feu dans cette position et le dirige activement sur les batteries et les troupes ennemies; elle ne le cesse qu'à la nuit, lorsque ses munitions sont épuisées et que toute notre infanterie a quitté le champ de bataille.

Elle se retire alors sur Metz et vient bivouaquer au Ban-Saint-Martin vers 1 heure du matin.

Dans son rapport sur la journée du 18, le capitaine a cru devoir mentionner spécialement le lieutenant en premier Thorel, le lieutenant en deuxième Valuy, dont la section a eu à lutter plus longtemps que le reste de la batterie et qui a fait preuve dans cette circonstance de beaucoup de vigueur et de sang-froid; l'adjudant Cirbeau et enfin le brigadier Frémont qui, avec les canonniers Boulvert et Bray, est allé reprendre, sous le feu de l'ennemi, un caisson momentanément abandonné par suite de la mise hors de combat de six chevaux qui y étaient attelés.

Les pertes se sont élevées dans cette journée à 1 homme tué, 7 blessés et 11 chevaux tués. Le capitaine a eu les pans de sa tunique déchirés en plusieurs endroits par des éclats d'obus. Le cheval qu'il montait a été blessé au nez par un éclat d'obus.

3ᵉ DIVISION (La Font de Villiers)

Rapport du général La Font de Villiers, commandant la 3ᵉ division.

Au camp sous Metz, 21 août.

La 3ᵉ division d'infanterie quittant sur les 4 heures, le 17 août, le bivouac de Vernéville où elle était arrivée dans la matinée, est allée camper entre Saint-Privat-la-Montagne et Roncourt, sur le côté droit de la route de Briey; elle formait ainsi la droite d'une ligne qui se continuait vers la gauche par la 4ᵉ division dans la direction du 4ᵉ corps. A son point d'appui de droite, la 2ᵉ division (9ᵉ de ligne) placée en retour formait comme le sommet d'un redan; la 1ʳᵉ division en constituait la face droite. Cette sorte de redan permettait d'avoir vue sur les forêts qui encadrent dans un demi-cercle la plaine découverte dont Saint-Privat occupe le centre, en la dominant de toutes parts.

Vers midi et demi, le canon se faisant entendre sur notre gauche, la division a pris les armes. La 1re brigade s'est déployée sur une croupe de terrain en avant d'elle, s'appuyant par un bataillon du 75e de ligne au village de Roncourt.

Le 94e se porta sur le village de Sainte-Marie-aux-Chênes, à un kilomètre environ (?) en avant de son front. Le 93e se plaça en réserve à cheval sur la route de Briey.

La 5e batterie du 14e d'artillerie appuya le mouvement du 94e de ligne. Les deux autres batteries restèrent sur la hauteur à gauche et à droite des bataillons de la 1re brigade.

Un tir extrêmement lent fut ordonné Mais notre artillerie, assurée de la justesse de son feu, ne résiste pas au désir de démonter les pièces de l'ennemi. La batterie Grimard (5e du 14e), prenant d'écharpe les batteries qui tiraient sur la 4e division, contribua certainement à les réduire au silence. Les Prussiens déployèrent alors devant nous environ quarante à cinquante pièces auxquelles il fallut répondre, en épuisant peu à peu nos approvisionnements qui n'avaient pu être renouvelés complètement depuis la journée du 16 août. Pendant cet engagement d'artillerie, l'ennemi ne nous opposait qu'un faible réseau de tirailleurs qui excitaient les nôtres, bien plus nombreux, à user leurs munitions. Cette tactique réussit à son gré, et vers 3 h. 30, il fallut songer à appuyer la retraite du général Colin qui gardait toujours avec le colonel de Geslin, le pourtour du village de Sainte-Marie-aux-Chênes, incendié par les obus de l'ennemi. Des masses d'infanterie s'étaient approchées du village : le 94e allait se trouver dans une situation compromise. Se porter en forces au village, c'était quitter une position dominante à Saint-Privat, pour en prendre une mauvaise dans la plaine où la disette des munitions ne permettrait pas de se maintenir longtemps. D'ailleurs, le silence du canon français à notre gauche faisait supposer que les approvisionnements de l'artillerie y étaient déjà épuisés, et l'on apercevait une colonne profonde se prolonger vers notre droite, dessinant ainsi un mouvement tournant (1). Il fallait donc dégager le général Colin. Cette opération se fit avec un ordre parfait et a donné la mesure du degré d'aplomb que les troupes de la division avaient déjà acquis depuis la journée du 16 août.

Le 93e fut porté en avant sur la route de Briey, et la brigade Becquet de Sonnay fit le même mouvement sur la croupe qu'elle occupait. Le général Colin fut averti de ne pas replier le 94e sur nos lignes, mais de lui faire contourner notre droite par le fond de la vallée, pour remonter au village de Roncourt, sans masquer nos feux.

---

(1) 47e brigade saxonne.

Pour assurer le succès de cette opération, la 1re brigade fut renforcée de deux bataillons du 10e de ligne (division Tixier), mis à la disposition du général de division et qu'il conduisit lui-même à hauteur et à gauche de la 1re brigade.

Cette marche en avant contint l'ennemi, et le 94e put se retirer du village, non sans éprouver cependant des pertes sérieuses.

Les troupes en première ligne se répartirent ensuite sur leur position première avec calme et régularité et s'y maintinrent jusqu'au moment où le manque de munitions exigea qu'elles fussent relevées. Il est regrettable que dans ces deux journées du 16 et du 18 août, dans lesquelles la 3e division a été engagée en première ligne et s'y est maintenue si longtemps, la même cause, c'est-à-dire le défaut seul de munitions, l'ait obligée à céder la place à des troupes fraîches. Les ordres les plus sévères ont été donnés cependant pour que les hommes ménagent leurs cartouches.

L'expérience de ces deux journées doit amener à réduire le nombre des tirailleurs de manière à les proportionner à ceux de l'ennemi. Comme exemple de la confusion que produit l'emploi des tirailleurs, le colonel de Geslin a vu le fait déplorable des tirailleurs d'un régiment de ligne (le 12e), qui ont fait feu sur le 94e (1), à sa sortie du village, et lui ont tué deux hommes certainement et peut-être davantage.

M. le général Colin a été blessé dans le mouvement de retraite du village, ainsi que le lieutenant-colonel Saint-Martin qui appuyait ce mouvement avec une partie du 93e; cet officier supérieur est tombé au pouvoir de l'ennemi ainsi que toute l'ambulance de Saint-Privat.

A la fin de la journée, le 94e qui avait réussi à renouveler ses munitions, a pris position à l'entrée des bois, tandis que l'artillerie du 6e corps qui s'était approvisionnée à Metz, arrêtait par un feu violent les colonnes ennemies en arrière de Saint-Privat.

Le 94e de ligne a couvert la retraite du corps avec un peloton de chasseurs de France et, au jour, la division était reformée à hauteur du Sansonnet.

Les pertes, dans cette seconde journée, ont été de 48 officiers e 976 hommes (2). Elles s'ajoutent aux pertes bien plus considérables que la division a éprouvées le 16 août. Mais les troupes se sont aguerries dans ces rudes journées. Avec les difficultés, elles sentent s'accroître leur énergie et leur expérience. Dans la conviction de leur chef, elles

---

(1) 4, 5, 6 $\frac{1}{94}$ seulement.

(2) Chiffres approximatifs.

vaudront mieux qu'au premier jour, lorsque les vides énormes faits dans les rangs, auront été comblés.

Rapport du général de Sonnay, commandant la 1re brigade de la 3e division.

Au camp sous Metz, 20 août.

La ligne de bataille de la 1re brigade s'étendait, le matin, de Saint-Privat-la-Montagne à Roncourt qui était occupé par le 9e de ligne.

Lorsque l'attaque commença sur la gauche du corps d'armée, la brigade prit les armes et attendit sur place. Quand la 2e brigade conduite par M. le général Colin, alla occuper le village de Sainte-Marie-aux-Chênes sur la route de Briey (1), les deux régiments (91e et 75e) se portèrent en avant en échelons par bataillon, l'aile gauche en avant pour appuyer le mouvement et pour rester liés avec le bataillon du 75e qui occupait les crêtes près de Roncourt et devait tenir tête à l'ennemi pouvant déboucher par les bois situés en avant, dans la direction d'Auboué. La 1re brigade occupa pendant quelques heures ces positions sans avoir à souffrir ; des colonnes ennemies nombreuses dépassant la route de Briey et se prolongeant vers le grand bois situé entre Roncourt et Auboué, furent signalées plusieurs fois par le général commandant la 1re brigade ; l'artillerie surtout était nombreuse et alla se défiler dans un pli de terrain où on cessa de l'apercevoir, ainsi qu'une colonne de cavalerie qui se défila de même derrière des peupliers.

L'infanterie prussienne enveloppa le village de Sainte-Marie-aux-Chênes et vint se cacher dans le chemin creux qui conduit de ce village au grand bois.

La position de la 2e brigade se trouvant menacée, et l'artillerie de la 3e division ne pouvant atteindre utilement l'ennemi défilé partout par le terrain, le général commandant la 1re brigade reçut l'ordre d'exécuter un mouvement en avant et de se rabattre à gauche, pour dégager le village de Sainte-Marie et protéger la retraite de la 2e brigade (2).

Ce mouvement fut exécuté avec un entrain remarquable par les bataillons du 91e de ligne et les IIe et IIIe bataillons du 75e de ligne (le Ier bataillon étant resté pour surveiller, du haut des crêtes, le bois placé à droite).

---

(1) Le 94e, seul, occupa en réalité Sainte-Marie.

(2) Il en résulte très nettement que la contre-attaque de la brigade de Sonnay ne fut prononcée qu'après la prise de Sainte-Marie et pour protéger la retraite du 94e. Voir d'ailleurs le *Rapport* La Font de Villiers.

L'artillerie ennemie commença à lancer quelques obus, mais elle ne parvint pas à arrêter la marche des échelons qui finirent par entrer tous en ligne et engagèrent avec l'infanterie prussienne dont le feu se dirigeait sur Saint-Marie (?), une vive fusillade qui l'obligea à reculer jusqu'au fond du chemin creux et à cesser même à peu près son feu.

Cet état de choses put se maintenir pendant que la 2e brigade battait carrément en retraite ; mais les cartouches s'épuisèrent promptement et le 91e fut obligé de faire quelques pas (?) en arrière.

Un caisson de munitions ramené par l'aide de camp du général de brigade, rétablit le combat, et le drapeau du 91e, bravement reporté en avant, fut suivi par les bataillons qui arrêtèrent encore une fois l'infanterie prussienne avec laquelle les deux bataillons du 75e ne cessaient de lutter.

Une ligne d'artillerie formidable s'avança alors contre la brigade ; les cartouches commencèrent de nouveau à s'épuiser et il fallut céder partout le terrain qu'on disputa pied à pied jusqu'à la hauteur des crêtes, sous un feu irrésistible. A bout d'efforts, la 1re brigade continua sa retraite en traversant le terrain en avant de Saint-Privat où se réunissaient des troupes nombreuses derrière des épaulements élevés à la hâte (1).

Le Ier bataillon du 75e quitta de même sa position près de Roncourt et, dispersé autant que possible pour éviter les projectiles, mais toujours en ordre, il vint rejoindre le reste de la brigade dans le pli de terrain, entre Saint-Privat et un grand bois qui longe la route de Metz à Briey (2).

Le 75e, le 91e et le 94e qui vint se réunir à eux, furent formés en deux carrés échelonnés, parce qu'on signalait l'arrivée de la cavalerie ennemie, débouchant derrière Roncourt. Cette précaution resta inutile et lorsque le mouvement de retraite fut tout à fait prononcé et que M. le général de division, qui s'était maintenu à Saint-Privat, quitta avec S. E. le Maréchal le village en flammes, les trois régiments se mirent en route, suivant le mouvement général ; ils furent arrêtés sur la crête à l'entrée du bois, mais la nécessité l'emporta (sic).

Vers 11 heures du soir, la 1re brigade était réunie avec les éléments qu'on avait pu réunir et que la nuit avait dispersés, dans la plaine, sur la route de Metz à Woippy.

---

(1) La retraite de la 1re brigade, le déploiement sur le bord de la terrasse de Saint-Privat et la lutte contre la 1re brigade de la Garde prussienne, ne sont traités qu'en quelques mots.

(2) C'est-à-dire le vallon aboutissant à Marengo.

Rapport du lieutenant-colonel de Brem, commandant le 75e de ligne.

Camp sous Metz, 20 août.

Le Ier bataillon formait l'extrême droite de la ligne de bataille. Prévenu d'une attaque sur son flanc droit, il fut placé face à droite, ayant vue sur le ravin de droite, avec une compagnie de soutien dans un petit réduit en pierres sèches.

Vers 4 h. 30, le bataillon, resté seul sur toute la ligne (1), fut reporté en avant malgré le feu violent d'une artillerie formidable, pour dégager un bataillon du 91e, et dut battre en retraite. Les IIe et IIIe bataillons furent portés en avant et dirigés sur le village de Sainte-Marie (2). Après une fusillade très nourrie, ces bataillons furent ramenés en arrière de la crête qu'ils occupaient (3). Ils furent reportés de nouveau en avant (4), mais les munitions déjà renouvelées étant épuisées, un grand nombre d'hommes se retirèrent peu à peu; la 6e compagnie du IIIe bataillon se rallia au 91e et soutint la retraite de la brigade sur le village de Saint-Privat. Les débris se réunirent au fond du ravin, derrière les broussailles dominant la route, et y tinrent jusqu'à 4 heures (5), en arrêtant tout mouvement de la ligne ennemie avec l'appui, sur la droite et en arrière, d'un bataillon du 10e de ligne.

Pendant la retraite, les bataillons furent poursuivis par l'artillerie ennemie et perdirent quelques hommes. La plus grande portion se rallia derrière le village de Saint-Privat au reste du régiment. Là, le régiment fut formé en carré par votre ordre, attendant la cavalerie ennemie qui ne se présenta point.

Officiers tués ou blessés : MM. Mahieu, sous-lieutenant, tué; Duvivier, blessé; Acquier, blessé légèrement, mais continue à faire son service; Perrin, capitaine, contusion produite par un éclat d'obus; Loriferne, sous-lieutenant, blessé, trois doigts enlevés. Troupe : 93 tués, blessés ou disparus (6).

---

(1) Probablement, au moment de la contre-attaque de la brigade de Sonnay.

(2) Contre-attaque dirigée sur la *47e* brigade.

(3) C'est-à-dire dans le voisinage du chemin Roncourt—Saint-Privat.

(4) Au moment de l'attaque de la *1re* brigade de la Garde.

(5) Heure évidemment très erronée.

(6) Chiffres approximatifs.

Historique du 75ᵉ régiment d'infanterie (lieutenant-colonel de Brem).

18 août.

Le rapport du matin prescrivait le départ, si on n'était pas attaqué ; mais vers 11 heures, l'ennemi fut signalé et à midi son artillerie se fit entendre. Immédiatement, deux compagnies du IIIᵉ bataillon furent déployées en tirailleurs, à 1,500 mètres environ de Sainte-Marie-aux-Chênes, dont elles se sont approchées jusqu'à 600 mètres (?) ; le IIᵉ bataillon en envoya également trois ; ces cinq compagnies, qui avaient vue sur la vallée de l'Orne (?), firent éprouver à l'ennemi des pertes très sérieuses et l'empêchèrent longtemps de déboucher de Sainte-Marie, après qu'il en eut chassé les défenseurs ; le terrain leur était très favorable ; elles ne reculèrent que lorsque les munitions leur manquèrent ; il était 4 h. 30 environ ; des tirailleurs du 9ᵉ de ligne les relevèrent (1) ; pendant ce temps, le Iᵉʳ bataillon, placé en potence, avait conservé quatre compagnies en bataille, une en tirailleurs, une autre dans la cour d'une maison avancée de Roncourt formant réduit ; ce fut le résultat de l'ordre du général Canrobert en personne. Cette portion du régiment ne pouvant plus tenir, vers 4 h. 30, après avoir recueilli les soldats du 93ᵉ (2) en retraite de Sainte-Marie-aux-Chênes, recula par le Nord de Roncourt, traversa le bois de Bronvaux et rejoignit le régiment à Saulny, pendant la nuit. Le IIᵉ bataillon battit en retraite comme à l'exercice, avec le drapeau, en passant par l'intervalle compris entre Roncourt et Saint-Privat ; il en fut de même des fractions du IIIᵉ bataillon ; ces débris n'eurent un peu de répit qu'après avoir franchi la crête ; à un demi-kilomètre en arrière de cette position, le 75ᵉ et le 91ᵉ furent arrêtés par leur général de brigade ; on reçut l'ordre de se former en carré avec trois faces en bataille, la quatrième devant recevoir, en colonne, tous les hommes qui rejoindraient isolément ; la Garde annoncée n'arrivant pas, on se retira lentement, mais en bon ordre, jusqu'à un grand arrachement qui borde la route de Saint-Privat à Metz, à l'entrée du bois de Plesnois ; à ce moment, l'encombrement de la route était à son comble ; hommes et chevaux, voitures, tout s'y précipite avec une grande confusion, à cause de la concentration énorme que l'ennemi nous imposait et aussi parce qu'en réalité on ne connaissait pas la ligne de retraite. Il faut ajouter que les villages de Roncourt et de Saint-Privat étaient en feu et que les tirailleurs ennemis commençaient à s'y montrer ; de plus, à 4 heures (?), la

---

(1) Il faut sans doute lire : du 10ᵉ de ligne (IIᵉ bataillon).
(2) *Lire :* du 94ᵉ.

seule batterie d'artillerie qui opérait au Sud-Ouest de Roncourt avait battu en retraite après avoir épuisé ses munitions.

Le régiment perdit dans cette journée : MM. Mahieu, sous-lieutenant, tué; Acquier, lieutenant, blessé ; Loriferne, sous-lieutenant, blessé ; Judée, médecin-major de 2e classe, disparu ; Dissaux, médecin aide-major de 1re classe, disparu. 99 hommes de troupe tués, blessés ou disparus.

Les médecins s'étant rendus à l'ambulance dès le début de l'action, ne purent donner les premiers soins aux blessés et ne parurent plus jusqu'à la fin de la campagne.

Rapport du lieutenant-colonel Champion, commandant le 91e de ligne.

Au camp sous Metz, 20 août.

Les trois bataillons du 91e de ligne ont pris une part importante aux opérations militaires dans la journée du 18 août. Vers midi, le régiment s'est déployé en bataille en avant du village de Saint-Privat, faisant face aux pentes qui s'étendent du village de Sainte-Marie aux bois situés à droite de ce village (1); le IIIe bataillon appuyait sa gauche à la route de Briey et s'étendait vers la droite.

La présence de l'ennemi étant signalée, une compagnie de chaque bataillon fut envoyée en tirailleurs pour couvrir le front du régiment.

L'ennemi, prononçant une attaque vigoureuse sur le village de Sainte-Marie, le régiment fut porté en avant par échelons, chaque bataillon déployé, le mouvement commençant par le IIIe bataillon. Le régiment, arrivé sur la position qui lui était assignée, se trouvait sous le feu de l'artillerie ennemie.

Vers 3 heures, un mouvement rétrograde se faisant sentir dans les troupes qui occupaient le village Sainte-Marie, le IIIe bataillon du 91e, commandant de Blondeau, marchait en avant (2), pour appuyer la retraite d'un bataillon du 94e, précédé de ses tirailleurs, et ceux-ci suivis de leurs soutiens. Tirant bon parti du terrain, les tirailleurs commençaient à bonne portée un feu vif sur l'ennemi. Le bataillon entrait à son tour en ligne et par des feux à commandement, rejetait les colonnes prussiennes qui débouchaient du village Sainte-Marie. Pendant que le IIIe bataillon entrait ainsi en action, le IIe bataillon se mettait à son tour en marche et venait appuyer ses tirailleurs qui avaient ouvert un feu très vif contre l'ennemi. Ce bataillon avait en

---

(1) C'est-à-dire les bois d'Auboué.
(2) Contre-attaque de Sonnay contre la 47e brigade.

face de lui un ravin que l'ennemi occupait en force (1) ; par des feux nourris et bien dirigés, il le forçait un instant à reculer, mais ayant épuisé en partie ses munitions, il se trouva dans la nécessité de céder le terrain conquis (2). Ayant reçu alors des munitions, il se lança une seconde fois en avant et reprit sa première position (3).

Quant au Ier bataillon, menacé sur son flanc droit par de grosses colonnes ennemies (4) qui, à la faveur des plis du terrain et des bois manœuvraient pour déborder notre aile droite complètement dégarnie de troupes, son chef (commandant de Hay-Durand) lui fit exécuter avec à-propos un changement de front en avant sur son peloton de droite. La 6e compagnie (capitaine Liénard) et la 4e compagnie furent envoyées en tirailleurs, ayant chacune une de leur section de soutien, pour observer le fond du ravin où l'ennemi concentrait ses forces.

Les tirailleurs de la 6e compagnie, bientôt renforcés de leurs soutiens, ouvrirent un feu vif et à bonne portée sur les colonnes ennemies et les firent rétrograder un instant. M. le capitaine Liénard sut tirer très habilement parti du terrain. Mais, débordée de tous les côtés (5), cette compagnie se vit dans la nécessité de battre en retraite ; elle le fit en bon ordre, en faisant, de position en position, un feu violent sur l'ennemi.

La 4e compagnie suivit le mouvement de retraite de la 6e.

Pendant ce temps, le Ier bataillon (6), criblé d'obus et de mitraille par les batteries placées à gauche du village Sainte-Marie, se maintenait difficilement dans la position qu'il avait choisie, mais qui avait une extrême importance, car elle empêchait l'ennemi de pouvoir achever aussi vite qu'il l'eût voulu son mouvement tournant. Pendant quatre heures, il conserva sa position et ce ne fut que lorsque l'ennemi eut concentré sur lui le feu de toute une batterie, qu'il se vit, vers 6 h. 30 (?) du soir dans la nécessité de se replier sur la crête Saint-Privat et à gauche de ce village. Le Ier bataillon continua son mouvement rétrograde jusqu'à sa jonction avec les deux autres bataillons du régiment.

Les IIe et IIIe bataillons s'étaient trouvés de leur côté dans une situation assez difficile, les munitions étant épuisées et aucun bataillon de

---

(1) Ravin au Nord de Sainte-Marie.
(2) Retraite de la brigade de Sonnay après sa contre-attaque.
(3) Au moment de l'attaque de la 1re brigade de la Garde.
(4) Sans doute les bataillons de la 45e brigade.
(5) C'est-à-dire probablement quand le 100e déboucha des bois d'Auboué et que la 1re brigade de la Garde apparut à l'Est de Sainte-Marie.
(6) C'est-à-dire les compagnies de soutien de ce bataillon.

renfort n'apparaissant. Le II⁰ bataillon venait d'avoir son porte-drapeau blessé. Aussi, ces deux bataillons opérèrent leur mouvement de retraite en arrière de la crête Saint-Privat.

Dans cette journée, M. le capitaine Souillot, du I⁰ʳ bataillon, a été tué par un obus; M. le capitaine Savornin, du I⁰ʳ bataillon, blessé d'un éclat de bombe; M. le sous-lieutenant Bonnetton, du II⁰ bataillon, blessé d'un éclat d'obus.

Au II⁰ bataillon, M. le sous-lieutenant Vial, porte-drapeau et M. le capitaine Paganacci ont été blessés.

Au III⁰ bataillon, M. le sous-lieutenant Mosson a été tué; M. le capitaine Latour d'Affaure a été blessé. M. Poix, lieutenant, M. Pintre, adjudant, se sont particulièrement distingués au I⁰ʳ bataillon. M. le capitaine Liénard, de la 6⁰ compagnie, pour l'intrépidité et l'habileté dont il a fait preuve en opérant avec sa compagnie sur le flanc gauche de l'ennemi et en retardant d'une heure environ le mouvement tournant des Prussiens.

M. le sous-lieutenant Sautereau-Dupart, de la même compagnie pour son entrain et la façon intelligente avec laquelle il a secondé son capitaine.

M. le lieutenant Bourdon, pour avoir fait preuve comme commandant de la ligne des tirailleurs, d'une sage et intelligente initiative.

Au II⁰ bataillon : M. le capitaine Bouroux ; M. le lieutenant Girard ; M. le sous-lieutenant Vial, porte-drapeau ; M. le lieutenant Blanc, qui a pris le drapeau et l'a porté fièrement et bravement ; M. le sous-lieutenant Gast ; M. l'adjudant Haudard.

Au III⁰ bataillon : M. le capitaine Latour d'Affaure, M. le lieutenant Poix et M. le sous-lieutenant d'Amarzit, comme ayant montré toute la journée un entrain et une vigueur incroyables.

Historique du 91⁰ régiment d'infanterie (lieutenant-colonel Champion).

18 août.

Le régiment prend une part honorable à cette bataille. Les trois bataillons déployés en ligne et par échelons, le III⁰ bataillon en avant, appuyés à la route qui conduit de Saint-Privat à Sainte-Marie, prenant position sur les pentes qui font face au village de Sainte-Marie et aux bois situés un peu sur la droite de ce village. Le III⁰ bataillon, commandant de Blondeau, se porte en avant, vers 2 heures de l'après-midi (1), pour protéger la retraite d'un bataillon du 94⁰, qui était

---

(1) Heure évidemment très erronée.

refoulé du village de Sainte-Marie. Ce mouvement en avant arrête la marche de l'ennemi et l'oblige même à se mettre à l'abri du feu dans l'intérieur du village.

Le IIe bataillon, sous les ordres de M. le capitaine Paganacci, appuie à droite le mouvement du IIIe bataillon, se couvre par des tirailleurs et arrête pendant plusieurs heures (?) la marche des colonnes ennemies.

Pendant ce temps, le Ier bataillon, sous les ordres de M. le chef de bataillon de Hay-Durand, s'apercevant que de fortes colonnes ennemies se dirigeaient à gauche (1), à la faveur des bois, pour tourner notre droite complètement dégarnie de troupes, opérait un changement de front oblique en avant sur son peloton de droite. Il protégeait son mouvement en envoyant en tirailleurs la 3e compagnie (lieutenant Bourdon) couvrir le front du bataillon, puis, pour garantir le bataillon de toute attaque sur le flanc droit, il détachait la 4e compagnie (capitaine Dupont d'Aisy) et la 6e (capitaine Liénard) en observation du côté du bois (2). Ces deux compagnies, ayant chacune une section en tirailleurs et l'autre section en soutien, avaient pour mission d'observer le fond des ravins où l'ennemi concentrait ses forces.

Les tirailleurs de la 6e compagnie, bien placés pour voir le terrain, ouvrirent un feu vif et à bonne portée sur les premières colonnes qui se montrèrent et les refoulèrent dans le bois. M. le capitaine Liénard se fit appuyer avec beaucoup d'à-propos de son soutien et sut tirer habilement parti du terrain pour écraser l'ennemi de feux bien ajustés.

Pendant ce temps, le Ier bataillon était criblé d'obus et de mitraille par une batterie placée en face de lui, l'ennemi comprenant l'importance de la position occupée par le bataillon et voulant à tout prix l'en déloger pour pouvoir achever son mouvement tournant.

Pendant trois heures (?), le Ier bataillon reste inébranlable sous ce feu épouvantable; deux capitaines venaient d'être, l'un tué, l'autre blessé; un sous-lieutenant tombait à son tour, blessé grièvement; la mitraille faisait du ravage dans les rangs; aucun soutien, aucun renfort n'apparaissait. Le Ier bataillon sut se résigner à battre en retraite; il le fit en bon ordre, couvert par ses tirailleurs, et vint prendre position en arrière de la crête de Saint-Privat, à gauche de ce village. Déjà les deux autres bataillons du régiment, après une lutte opiniâtre et l'épuisement de leurs munitions, s'étaient vus contraints d'opérer le même mouvement rétrograde. Le Ier bataillon vint alors opérer sa jonction avec les deux autres. Les militaires du régiment, qui se sont le plus particulièrement distingués dans la journée du 18 août, sont :

---

(1) Il faut sans doute lire : vers leur gauche.
(2) Bois d'Auboué.

M. le lieutenant-colonel Champion, commandant le régiment.

M. le chef de bataillon de Hay-Durand, qui, par son changement de front fait à propos, arrêta pendant plusieurs heures le mouvement tournant des colonnes ennemies sur la droite.

M. le commandant de Blondeau.

M. le capitaine Souillot, tué à la tête de sa compagnie.

M. le capitaine Liénard, qui a fait preuve d'intrépidité et d'habileté en opérant avec sa compagnie sur le flanc de l'ennemi.

M. le lieutenant Bourdon, qui a montré beaucoup de vigueur.

M. le capitaine Bouroux.

M. le lieutenant Girard.

M. Vial, porte-drapeau, blessé.

M. Blanc, lieutenant, qui a relevé le drapeau et l'a porté bravement pendant tout l'engagement.

M. Gast, sous-lieutenant.

M. Latour d'Affaure, capitaine, officier d'une vigueur et d'une intelligence remarquables.

M. Poix, lieutenant.

M. d'Amarzit, sous-lieutenant.

Les pertes, dans cette journée, se sont élevées à 2 officiers tués et 8 officiers blessés.

Pour la troupe, elles ont été de : 1 tué, 80 blessés et 33 disparus. En tout, 114 (1).

Les officiers tués sont : MM. Souillot, capitaine; Jaillet, lieutenant.

Les officiers blessés sont : MM. Paganacci, Latour d'Affaure, Savornin, capitaines; Mosson, lieutenant; Bonnetton, Vial, Bérard, Pintre, sous-lieutenants.

Le régiment vient camper sous Metz le 18 au soir : tous les bagages des officiers du corps restent au pouvoir de l'ennemi.

M. le capitaine Rey prend le commandement du 2ᵉ bataillon en remplacement de M. le capitaine Paganacci, blessé.

Rapport du colonel Ganzin, commandant provisoirement la 2ᵉ brigade de la 3ᵉ division.

Au camp sous Metz, 21 août.

La brigade a reçu l'ordre de prendre les armes le 18, à midi et demi, et de se former en bataille à 300 mètres en avant du village de Saint-Privat-la-Montagne, la gauche appuyée à la route de Verdun.

---

(1) Les tués sont évidemment compris parmi les disparus.

A 1 heure, sur l'ordre de M. le général de division, le général Colin s'avança avec le 94° de ligne pour aller occuper le village de Sainte-Marie-aux-Chênes, formant deux échelons de bataillon, l'aile droite en avant et conservant en arrière une réserve composée des trois premières compagnies du 1er bataillon, les trois dernières ayant été retenues pour garnir l'enceinte du village de Saint-Privat et l'organiser défensivement, concurremment avec trois compagnies du 93° de ligne.

Pendant que le 94° exécutait cette marche en échelons, le 93° faisait un changement de front à gauche, l'aile droite en avant, pour venir s'établir parallèlement à la route de Verdun, sa gauche appuyée au village de Saint-Privat et sa droite à environ 400 mètres en avant du village de Sainte-Marie-aux-Chênes (1).

A 1 h. 30, ce dernier village était occupé par le 94°; toutes les maisons de l'enceinte étaient organisées pour la défense, ainsi que les enclos situés à droite : le 93° avait achevé son mouvement et appuyait le 94°.

L'artillerie ennemie engagea un feu très nourri sur ce point; un grand nombre de maisons furent démolies, quelques-unes furent brûlées; sous la protection de ce feu, des colonnes d'infanterie s'avancèrent sur le village et d'autres marchèrent à gauche, de façon à tourner notre droite : pendant ce temps, la cavalerie commençait à se masser en arrière.

Le général Colin, voyant le mouvement de ces colonnes, fit prévenir qu'il pouvait tenir au village, mais qu'il était urgent de le soutenir à droite.

Notre artillerie n'ayant pu réussir à faire taire les batteries qui concentraient leurs feux sur Sainte-Marie, les colonnes d'infanterie ennemie s'avancèrent de plus en plus nombreuses et une vive fusillade s'engagea de part et d'autre; nos tirailleurs résistèrent quelque temps, mais écrasés par le nombre, ils durent se replier sur le village, où la résistance fut opiniâtre.

Malgré tous leurs efforts, les bataillons qui l'occupaient furent obligés de l'abandonner vers 3 h. 30, se retirant, soit par la route, soit par une rue donnant accès sur un ravin qui devait protéger leur retraite (2). C'est à ce moment que M. le général Colin fut blessé en cherchant à rallier ses bataillons et à les porter de nouveau en avant.

Grâce à l'appui qui lui fut fourni à gauche par le 93° et à droite

---

(1) C'est-à-dire sur la croupe 295, au Sud de la grande route.
(2) Au Nord de Sainte-Marie.

par le 91e, le 94e se reforma en arrière le long d'un ravin et recommença un feu très meurtrier sur l'ennemi qui débouchait du village.

Le 93e se plaçait alors à cheval sur la route de Verdun pour couvrir la retraite et contenir les colonnes ennemies qui s'avançaient du côté de Saint-Ail sous la protection d'une artillerie formidable, dont tous les feux, convergeant, étaient dirigés sur la route et le village de Saint-Privat.

Le 93e de ligne se replia en bon ordre sur ce point, où il se trouva réuni à 6 heures (1). Il reçut l'ordre de le défendre à outrance, tandis que le 94e se reformait en arrière sur le plateau et se réunissait au 91e, sous les ordres du général Becquet de Sonnay, pour former une réserve destinée à garder la route et à observer l'ennemi, qui accentuait de plus en plus son mouvement tournant à droite et tentait de nous couper la retraite (2).

Le 93e défendit le village jusqu'à 7 heures en fournissant un feu très nourri, ne se retira qu'après avoir épuisé ses munitions et se replia sur le 94e.

Les deux régiments tinrent quelque temps sur le plateau pour permettre à tout le monde de se rallier, battirent en retraite en bon ordre, protégés par le feu très vif d'une forte artillerie de réserve et empêchèrent l'ennemi de nous poursuivre plus loin.

Rapport du colonel Ganzin, commandant le 93e de ligne.

Camp sous Metz, 20 août.

Le régiment a pris les armes à 1 heure (?) de l'après-midi et s'est formé en bataille en seconde ligne, appuyant la gauche à Saint-Privat-la-Montagne et la droite vers le village de Sainte-Marie-aux-Chênes (3). Les trois premières compagnies du IIe bataillon, sous les ordres de M. le capitaine Moreau, d'après les ordres de M. le général de division, se sont déployées en tirailleurs en avant et à 300 mètres de la droite du régiment; elles devaient servir à renforcer la ligne des tirailleurs du

---

(1) Devant l'attaque de la 4e brigade de la Garde, par conséquent.
(2) Formation des grands carrés entre Saint-Privat et la forêt de Jaumont.
(3) Avant ce mouvement, le 93e s'était formé face à l'Ouest et à 300 mètres en avant de Saint-Privat. Voir à ce sujet le *Rapport* du commandant de la 2e brigade.

régiment qui était en avant et à notre gauche (1). Les trois autres compagnies de ce bataillon leur servaient de soutien.

Les deux premières compagnies du Ier bataillon ont été déployées quelques instants après, pour protéger une batterie de 12 (?) tirant sur les masses ennemies (2); les quatre autres compagnies étaient postées derrière les murs en pierres sèches du village de Saint-Privat et dans les tranchées creusées par le génie; ces compagnies servaient de réserve à la division.

Le IIIe bataillon est resté sur son terrain (3). Ce bataillon avait pour mission de défendre le village et les batteries placées en avant. Vers les 3 heures, les tirailleurs du IIe bataillon firent un changement de direction à droite vers le village placé à notre droite, pour soutenir les troupes qui se trouvaient dans ce village (4). A la même heure, les deux compagnies en tirailleurs du Ier bataillon se portaient à droite avec la même destination. Vers 5 heures (?), les Prussiens ayant battu en retraite sur la droite, les tirailleurs du IIe bataillon s'avancèrent et engagèrent le feu avec l'ennemi; ils épuisèrent leurs munitions et rentrèrent au camp pour s'approvisionner de nouveau. Les trois compagnies de gauche de ce bataillon ne bougèrent pas.

Pendant ce temps, les deux premières compagnies du Ier bataillon s'avancèrent vers le village de droite.

Vers 5 h. 30, des colonnes d'infanterie ennemie (5) se présentaient sur le front et sur le flanc droit des trois compagnies de gauche du IIe bataillon; elles ouvrirent un feu très vif. Ces trois compagnies étant sur le point d'épuiser leurs munitions, battirent en retraite sur les murs en avant du village, qu'ils défendirent jusqu'à épuisement de leurs munitions.

Les deux premières compagnies du Ier bataillon voyant l'ennemi arriver en force, suivent le mouvement de retraite des tirailleurs qui étaient en avant et viennent se placer à la droite du IIIe bataillon Les quatre autres compagnies de ce bataillon restent en réserve dans leur position.

A 4 heures (?), nos batteries d'artillerie s'étaient retirées; l'ennemi lança alors une forte colonne d'infanterie contre le village (6) que pro-

---

(1) Probablement les tirailleurs du 25e.

(2) Probablement la 5e du 14e (de 4). Rapport La Font de Villiers.

(3) C'est-à-dire en seconde ligne et sans doute, par conséquent, près de la grande route.

(4) Au moment de l'attaque de Sainte-Marie par les Prussiens.

(5) Attaque de la 4e brigade de la Garde.

(6) Attaque de la 1re brigade de la Garde.

tégeait le IIIe bataillon; ce bataillon a exécuté un feu nourri qui a duré jusqu'à 5 h. 30; l'ennemi fut repoussé (?), mais il revint en force et fit replier le IIIe bataillon dans ce village. A 6 heures, le régiment se trouvait réuni dans le village. Il a opposé une vive résistance à l'ennemi, mais il a été forcé de battre en retraite devant des forces considérables et aussi parce qu'il voyait ses munitions s'épuiser.

A 7 heures, le régiment quittait définitivement le village en fournissant un dernier feu et en en imposant, par sa contenance, aux masses ennemies.

Historique du 93e régiment d'infanterie (colonel Ganzin).

18 août.

A midi, une vive canonnade qui éclate tout à coup entre Gravelotte et Amanvillers, indique que la gauche et le centre de l'armée française sont aux prises avec l'ennemi; en moins d'une heure, la bataille devient générale et vers 2 heures (?), les plus violents efforts de l'attaque sont dirigés contre la droite française, placée entre les villages de Saint-Privat-la-Montagne et de Sainte-Marie-aux-Chênes.

Le 93e prend les armes à midi et reste d'abord dans la formation prise dès l'arrivée (1). A 1 heure, le régiment est disposé de la manière suivante :

1° Deux compagnies du Ier bataillon sont déployées en tirailleurs en avant d'une batterie, placée entre Saint-Privat et Sainte-Marie.

Les quatre autres compagnies de ce bataillon sont placées derrière les murs en pierres sèches qui entourent le village de Saint-Privat, pour servir de soutien à la division;

2° Deux compagnies (2) du IIe bataillon sont déployées en tirailleurs en avant de la ligne de bataille, les quatre autres compagnies de ce bataillon servent de soutien aux premières;

3° Le IIIe bataillon reste en entier sur la ligne de bataille;

4° Tout le régiment est porté à environ 500 mètres en avant (3).

---

(1) C'est-à-dire en bataille; mais le régiment fut porté à 300 mètres à l'Ouest de Saint-Privat (*Rapport* du commandant de la 2e brigade) formant la seconde ligne de la division (*Rapport* du commandant de la division).

(2) Trois, d'après le *Rapport* du commandant du 93e.

(3) Il s'agit du déploiement face au Sud faisant suite au changement de front à gauche dont parle le *Rapport* du commandant de la 2e brigade.

Jusqu'à 2 heures (?), l'emplacement des différentes parties du régiment reçoit peu de modifications ; à ce moment, le II⁰ et le III⁰ bataillon reçoivent l'ordre de faire un changement de direction à droite pour aller renforcer les troupes qui défendent le village d'Amanvillers (sic) (1) ; ces bataillons restent dans cette nouvelle position jusqu'à ce qu'ils aient épuisé leurs munitions ; ils se retirent alors, refont leurs approvisionnements et sont retenus dans Saint-Privat pour concourir à la défense du village.

Vers 4 h. 30, la batterie placée entre Saint-Privat et Sainte-Marie-aux-Chênes se retire, faute de munitions ; les deux compagnies du 1ᵉʳ bataillon, déployées en avant de la batterie, se rallient au reste du régiment.

A ce moment, les attaques de l'infanterie (Garde, corps saxon), bien supérieures en nombre à la nôtre, forcent tout le régiment à prendre des positions défensives derrière les murs en pierres sèches qui entourent le village de Saint-Privat.

Pendant plus de deux heures (?) le 93ᵉ tient l'ennemi en échec devant des obstacles insignifiants, jusqu'au moment où il reçoit l'ordre de suivre le mouvement de retraite de l'armée sur Metz.

Rapport du colonel de Geslin, commandant le 94ᵉ de ligne.

Au camp, 20 août.

Le 18 août, dès 7 heures du matin, j'ai signalé l'ennemi faisant devant nous une marche de flanc à 1 kil. 5 environ en avant de Sainte-Marie-aux-Chênes, cherchant à gagner la vallée formée par l'Orne qui se jette dans la Moselle à Richemont. Leur mouvement devenant menaçant sur notre front, ainsi que sur notre flanc droit, nous avons été portés en avant sur le village de Sainte-Marie-aux-Chênes que nous avons occupé vers midi et demi. Nos tirailleurs éclairaient le village en avant et sur la gauche du côté de Saint-Ail (2). Sur la droite, nous occupions les murs des jardins, et une compagnie était masquée par les berges de la route, de façon à pouvoir découvrir les colonnes dès qu'elles arriveraient à 400 mètres environ.

Nous étions si bien masqués et si bien disposés pour recevoir les colonnes ennemies à bonne portée, qu'un officier prussien à cheval put

---

(1) Il s'agit sans doute de la conversion exécutée par le IIᵉ bataillon et deux compagnies du Iᵉʳ (*Rapport* du commandant du 93ᵉ) pour soutenir le 94ᵉ à Sainte-Marie et non à Amanvillers.

(2) Probablement jusqu'à la crête 260-283.

arriver à portée de notre voix. Le lieutenant-colonel se montrant, lui cria : « Mais, Monsieur, vous voulez donc vous faire tuer ? » Il s'arrêta et se retira; trois coups de feu furent tirés sur lui; il tomba de son cheval; quelques minutes après il se releva; il lui fut encore tiré deux coups de feu; il tomba de nouveau; il se releva mais péniblement. Je ne voulus pas qu'on l'achevât : il s'était conduit trop bravement.

Pendant cette reconnaissance, les batteries ennemies prirent position sur les hauteurs de Batilly et de Coinville, et nous fûmes écrasés de projectiles. Nous tînmes jusque vers 3 h. 30. La portion de gauche du régiment se retirait, tandis que j'étais encore à droite avec le lieutenant-colonel et la valeur d'un bataillon; les Prussiens venant de Saint-Ail, entrèrent dans le village et nous débordèrent par des ruelles qui séparaient plusieurs jardins. Je fis aussitôt placer des tireurs qui les empêchèrent de sortir du village, sur la face qui regardait nos positions du matin, et j'ordonnai la retraite qui se fit malheureusement trop précipitamment; cependant, le lieutenant-colonel, le commandant Horcat et moi, nous parvînmes à conserver avec nous environ 250 hommes qui s'arrêtèrent dans un petit ravin où nous pûmes, pendant plus d'une demi-heure, tenir en respect les fantassins qui se présentaient sur les derrières du village; c'est ce qui permit à des tirailleurs frais de venir soutenir notre retraite, qui s'effectua en bon ordre, lorsque nous eûmes brûlé la dernière de nos cartouches. J'avais fait prendre toutes celles des hommes tués ou grièvement blessés autour de nous. Je perdis, dans cette affaire, le capitaine adjudant-major de Loyac, les lieutenants Humbel, Cordier, Huard et Biguenet; le capitaine Damiens, les sous-lieutenants Maillot et Magnet, tous tués ou blessés de façon à ne pouvoir marcher. J'ai perdu également un très grand nombre d'hommes dont il m'est difficile d'indiquer, en ce moment, le chiffre exact. C'est pendant cette retraite que M. le général Colin qui marchait avec nous, fut blessé.

Sur la gauche du village, les tirailleurs du 12e voyant les Prussiens et, sans doute, ne nous apercevant pas dans la partie droite du village, tirèrent sur l'ennemi qui était entre eux et nous, mais à 50 mètres environ de mes hommes masqués par un mur de jardin; ils nous tuèrent deux hommes certainement et probablement davantage (1).

Nous fûmes nous reformer sur le plateau de Saint-Privat, puis sur le village de Roncourt, pour observer le mouvement très prononcé que

---

(1) Cet incident n'est pas à sa place dans le récit des événements, car il se rapporte aux 4e, 5e et 6e compagnies du IIe bataillon restées, pendant toute la journée, sur la lisière de Saint-Privat. (Voir plus loin le *Rapport* du capitaine Canonier.)

faisait l'ennemi dans la vallée de l'Orne ; de là, nous descendîmes sur la route au-dessous de Saint-Privat. En route, nous trouvâmes le général Becquet de Sonnay et le 91e ; nous restâmes quelque temps dans cette position, jusqu'au moment où le général apprenant que le Maréchal, qui était encore à Saint-Privat, pouvait être compromis par la fuite précipitée de tous les soldats qui occupaient le village, nous ordonna de nous placer sur la route.

Je mis mon régiment en bataille sur le passage des fuyards ; je fis croiser la baïonnette et avec des officiers d'état-major présents et des officiers du régiment, nous fîmes tous nos efforts pour arrêter tous ces lâches. Ce ne fut pas possible.

Le Maréchal descendit alors et je fus chargé de protéger la retraite et celle de l'artillerie, qui fit un feu formidable jusqu'à la nuit.

Dans le même moment, le lieutenant-colonel et le commandant Froidevaux, sur les hauteurs qui dominaient la maison derrière laquelle on pansait nos blessés (1), arrêtaient les fuyards de tous les régiments qui se reformaient en ordre derrière eux, et recevait du Maréchal, qui venait de quitter la portion que j'avais sous mes ordres, l'ordre de se maintenir dans cette position, pour protéger l'artillerie et les échelons par division de la portion que je commmandais.

Le lieutenant-colonel me cite un tambour du 93e, le nommé Bontems, dont la conduite mérite d'être signalée : quelques instants après que le Maréchal eût dit aux troupes que la Garde arrivait, il se mit en arrière à battre la charge en revenant à l'ennemi, ce qui produisit le meilleur effet sur les fuyards qui se reformèrent. Je ralliai alors la colonne commandée par le lieutenant-colonel et nous restâmes jusqu'à ce que l'artillerie de réserve (2), ayant usé ses munitions et la nuit étant close, opéra sa retraite sur Woippy. J'appris alors que, derrière elle, se trouvaient 25 voitures chargées de biscuit et qui, attelées, étaient abandonnées par leurs conducteurs ; j'envoyai des hommes les chercher et ne quittai la position que lorsque je fus certain qu'il ne restait rien derrière nous. Un peloton de chasseurs de France vint pour nous éclairer, sur nos derrières pendant la retraite qui fut pénible, en raison de l'encombrement de la route.

Je dois ajouter que l'ennemi ne nous a nullement inquiétés et je l'attribue, sans aucun doute, au feu violent et bien dirigé de notre artillerie de réserve, mais aussi à l'ordre parfait dans lequel nous

---

(1) C'est-à-dire probablement sur la crête 321 à l'Est de Marengo.
(2) C'est-à-dire les batteries des carrières de la Croix.

marchions, ce qui ne laissait pas apercevoir le désordre qui s'était produit dans le convoi.

Nous arrivâmes à Woippy à 4 h. 30 (1).

Rapport du capitaine Canonier sur le rôle des 4e, 5e et 6e compagnies du Ier bataillon du 94e.

Au moment où le régiment s'ébranlait pour prendre part à l'action engagée sur le plateau de Saint-Privat-la-Montagne, M. le commandant Horcat, du Ier bataillon, donna l'ordre à M. le capitaine Damiens de prendre le commandement supérieur des 4e, 5e et 6e compagnies du bataillon et de les conduire au village même de Saint-Privat, pour être mises à la disposition de M. le chef d'état-major du 6e corps. En l'absence de cet officier général, le capitaine d'état-major le représentant dit à M. le capitaine Damiens de pourvoir avec son détachement, à la défense des abords extérieurs du côté Ouest du village. Le capitaine Damiens conduisit immédiatement ses trois compagnies sur l'emplacement assigné et en répartit les hommes en tirailleurs derrière les murs et les haies de clôture formant, de ce côté, l'enceinte extérieure du village. Les trois compagnies reçurent la consigne de rester constamment abritées, de garder les armes déchargées et de ne faire feu qu'au commandement des officiers, dans le cas où l'ennemi aborderait directement le village et où les abords de celui-ci seraient tout à fait vides de troupes françaises.

Les compagnies restèrent ainsi immobiles jusqu'au moment où les défenseurs du plateau de Saint-Privat, refoulés par l'ennemi, vinrent se replier sur le village qui fut bientôt encombré d'hommes de divers corps rétrogradant en désordre. Les tirailleurs prussiens étant aperçus distinctement sur les abords de la face Ouest du village, l'ordre d'ouvrir le feu sur eux fut donné. Le feu devint progressivement très vif et paraissait déterminer la retraite de l'infanterie prussienne, lorsqu'une grêle d'obus, de bombes et de boulets rouges vint s'abattre sur le village dont plusieurs maisons prirent feu simultanément. Le développement de l'incendie produisit un grand trouble parmi les troupes entassées dans le village et, au milieu de la confusion, les hommes du 12e de ligne tirèrent sur les compagnies du 94e qui, sobres de leurs munitions, se tenaient prêtes à faire un feu rapproché d'un effet décisif. Ce fâcheux accident détermina une explosion de cris et de coups de fusil qui entraînèrent une retraite générale.

---

(1) Le 17 au matin.

Les hommes des trois compagnies, ralliés en quatre groupes, dirigés respectivement par MM. les capitaines Damiens, Canonier et les lieutenants Rousselle et Huard, cherchèrent à évacuer le village. Les groupes du capitaine Canonier et du lieutenant Rousselle furent assez heureux pour y parvenir et se diriger à travers bois dans la direction de l'artillerie du 6º corps, où convergeaient en rétrogradant, toutes les troupes refoulées du plateau.

Aucune nouvelle ne put être recueillie sur le sort des groupes dirigés par M. le capitaine Damiens et M. le lieutenant Huard, qui auront probablement pris une fausse direction pour sortir du village, et seront tombés soit sous le feu, soit dans la possession de l'ennemi.....

Historique du 94e régiment d'infanterie (colonel de Geslin).

18 août.

Le lendemain matin (17 août), un gai et chaud soleil vint ranimer les corps et les esprits et chacun se laissa aller à l'oubli des fatigues des jours précédents et de l'insomnie de la nuit. Nous nous réorganisons un peu ; le colonel prépare son travail de propositions pour les récompenses à faire décerner à ceux qui se sont le plus signalés pendant la journée du 16. Pendant ce temps, des cavaliers ennemis se montrent dans la direction d'Auboué ; des chasseurs d'Afrique se mettent à leur poursuite et parviennent même à prendre un de ces cavaliers.

L'intendance fait demander les voitures régimentaires pour aller à Metz chercher des vivres ; elles partent, laissant tous les bagages sur place.

Nous finissions à peine notre repas du matin lorsque, vers midi, le canon retentit dans la direction de Vernéville ; au bruit du canon, se mêle bientôt la détonation des mitrailleuses. C'était le début d'une série d'attaques qui ne tardèrent pas à se développer sur toutes les crêtes des hauteurs qui dominent Vernéville et Sainte-Marie-aux-Chênes, et d'où l'on vit s'élancer d'immenses tourbillons de poussière qui trahissaient les mouvements des colonnes prussiennes.....

Dès le début de la canonnade, le régiment s'était porté derrière les faisceaux prêt à tout événement. Bientôt, nous prenons les armes, et les trois bataillons formés en colonne double sont dirigés par le général Colin sur le village de Sainte-Marie-aux-Chênes.

Au moment où on s'ébranle, le Ier bataillon, qui était en queue, reçoit l'ordre de détacher ses trois compagnies de gauche vers le village de Saint-Privat, où elles devaient se mettre à la disposition du chef d'état-major général du 6e corps.

A ce moment, on distinguait parfaitement, à la jumelle, les batteries prussiennes qui venaient prendre position en avant de Batilly (1).

Arrivés à 600 mètres environ du village de Sainte-Marie, les III° et II° bataillons déboîtent de la colonne, le III° à gauche et le II° à droite ; ils prennent l'ordre en bataille par colonne de division, précédés de tirailleurs, les trois compagnies de droite du Ier bataillon formant une bonne réserve. Les tirailleurs ayant fouillé le village et l'ayant trouvé inoccupé, les deux bataillons y pénètrent et ils en prennent possession dans l'ordre de bataille, la droite du II° bataillon occupant la partie du village située dans la direction d'Auboué et la gauche du III° bataillon ayant une partie de ses hommes dans les fossés même de la route qui se dirige vers Metz. Le colonel et le lieutenant-colonel, occupant la partie droite du village et calmant du geste et de la parole les hommes qui, sans eux, auraient usé leurs munitions à des distances où le tir n'a plus aucune efficacité.

Il était facile à ce moment (?) de distinguer de profondes colonnes prussiennes débouchant de Moineville et de Coinville, qui gagnaient le village d'Auboué et la vallée de l'Orne, fort encaissée en cet endroit ; c'était le mouvement tournant opéré par l'armée du prince Frédéric-Charles, pour donner la main à l'armée de Steinmetz qui arrivait en remontant la vallée de l'Orne par Jœuf et Montois.

A ce moment, un officier prussien vint seul reconnaître le village de Sainte-Marie-aux-Chênes et s'avança jusqu'aux jardins du village ; il eût peut-être été facile de le faire prisonnier si quelques cris et quelques coups de feu ne l'eussent averti de notre présence.

Les deux bataillons se maintinrent dans cette position pendant trois heures, faisant alterner avec discernement les feux de salve et les feux à volonté ; ils résistèrent avec succès aux efforts réitérés de plusieurs colonnes de la Garde prussienne, qui tentèrent vainement d'assaillir le village par les routes de Batilly et de Saint-Ail, et auxquelles nous fîmes essuyer des pertes si sensibles que les rapports officiels prussiens qualifièrent depuis Sainte-Marie-aux-Chênes du surnom funèbre de « Champ de deuil de la Garde ».

Mais le feu de l'artillerie ennemie était devenu extrêmement intense, et les tirailleurs ennemis étant parvenus, par un suprême effort, à tourner la gauche du village, malgré l'appoint de résistance apporté par le Ier bataillon qui était en réserve, la situation devenait des plus critiques. Le régiment se trouvait exposé à des attaques multipliées et de plus en plus pressantes. Isolé dans une position très avancée et très menacée, il ne recevait aucun secours, malgré les demandes plusieurs

---

(1) Artillerie de la Garde prussienne au Sud d'Habonville.

fois renouvelées du général Colin. Les pertes étaient déjà sérieuses : les capitaines adjudants-major de Loyac et Missie, les lieutenants Biguenet et Humbel, les sous-lieutenants Maquet et Mercier, l'adjudant Bonniol, les sergents-majors Kaln, Quilichini et Lécureuil étaient frappés et plusieurs d'entre eux mortellement.

Le général Colin lui-même était atteint grièvement au milieu du régiment qu'il n'avait pas quitté depuis le commencement de l'action.

La retraite fut alors ordonnée; elle se fit avec rapidité mais avec prudence; les hommes se glissèrent le long des murs du village et dans les fossés de la route, pour se replier sur le Ier bataillon qui se portait en arrière en suivant le fond d'un ravin, qui s'écoule dans la direction de Roncourt (1). Là, le colonel de Geslin, les commandants Horcat et Froidevaux réorganisèrent le restant du régiment et firent faire à courte distance un feu très meurtrier sur les colonnes prussiennes qui débouchaient du village de Sainte-Marie et sur celles qui défilaient d'Auboué à Saint-Privat pour tourner le plateau de Saint-Privat. Là furent encore frappés M. le capitaine Basset et M. le lieutenant Maillot.

Lorsque les munitions furent épuisées, on se retira vers Roncourt où l'on acheva de se rallier. Le colonel porta le régiment sur la lisière du bois de Bronvaux, près des carrières de Jaumont, et lui fit distribuer des cartouches.

A ce moment passe devant nous un pêle-mêle indescriptible d'hommes de divers régiments qui fuyaient à la débandade du théâtre de la lutte.

C'est qu'en effet les batteries prussiennes, massées sur les hauteurs d'Auboué, avaient écrasé de projectiles les troupes du 6e corps déployées en avant de Saint-Privat, et mis le feu à la plupart des maisons du village et à son église transformée en ambulance. L'artillerie du 6e corps qui ne comptait qu'un petit nombre de pièces d'un calibre inférieur et faiblement approvisionnées de projectiles, n'avait pu résister au feu foudroyant dirigé contre elle et elle s'était même vue dans l'obligation de cesser son feu faute de munitions. Alors l'infanterie, de plus en plus décimée, obligée de faire face à des forces très supérieures, se voyant dans l'impossibilité de résister aux batteries ennemies, voyant d'un autre côté de fortes et nombreuses batteries prussiennes gagner du terrain sur la droite pour tourner le plateau de Saint-Privat, fut subitement saisie de panique et courut se jeter en désordre dans les villages de Roncourt et de Saint-Privat. Les progrès du mouvement tournant des troupes prussiennes firent promptement abandonner Roncourt; c'était ce pêle-mêle d'hommes qui défilait devant nous et qui a été signalé plus haut. Le général Becquet de Sonnay qui commandait la

---

(1) Plus exactement, dans la direction d'Auboué.

1re brigade de notre division fit former en carré ce qu'il y avait d'hommes du régiment et des autres régiments de la division, afin d'être prêt à repousser toutes les tentatives que pourrait faire la cavalerie prussienne pour inquiéter la retraite du 6e corps. A peine étions-nous formés en carré, qu'un officier d'état-major vint demander du renfort au général de Sonnay pour se porter sur Saint-Privat; le général de Sonnay envoya la moitié des troupes groupées autour de lui, et l'autre moitié composée presque entièrement d'hommes du régiment, mise rapidement en ordre par le lieutenant-colonel Hochstetter, continua lentement son mouvement de retraite.

Pendant ce temps, le maréchal Canrobert faisait placer en arrière de Saint-Privat toute la cavalerie du général du Barail, avec l'ordre formel de la tenir prête à charger toutes les colonnes prussiennes qui tenteraient de déboucher entre Saint-Privat et Roncourt.

Le Maréchal fit en outre placer trois (?) batteries de 12 de réserve, commandées par M. le colonel de Montluisant, sur une position dominante à gauche de la route de Metz et près de la lisière du bois de Saulny, avec ordre de tirer à outrance sur les masses prussiennes qui avaient déjà abordé le plateau et le village de Saint-Privat, dont les défenseurs avaient dû se retirer après avoir résisté énergiquement durant plusieurs heures à un feu très intense de mousqueterie et d'artillerie, qui avait presque détruit ou mis en flammes la totalité des maisons du village.

L'arrivée trop tardive de la Garde ne permit point au 6e corps de reprendre l'offensive, mais le feu très vif de son artillerie agissant simultanément avec celui des batteries dirigées par le colonel de Montluisant arrêta subitement les Prussiens en leur faisant subir des pertes énormes.

Les trois compagnies de gauche du Ier bataillon qui avaient coopéré à la défense de Saint-Privat, y subirent des pertes assez sensibles; le lieutenant Huard avait été tué en combattant et le capitaine Damiens était tombé au pouvoir de l'ennemi; plusieurs sous-officiers et soldats y laissèrent également la vie ou la liberté.

La part prise par le 94e à cette sanglante et mémorable journée avait été brillante, mais hélas ! les pertes qu'il avait éprouvées étaient bien cruelles, elles se traduisent par 3 officiers tués, 6 officiers blessés et 4 officiers disparus.

Officiers tués : MM. Huard, lieutenant; Biguenet, lieutenant; Magnet, sous-lieutenant. Officiers blessés : MM. de Loyac, capitaine adjudant-major; Basset, capitaine; Mercier, sous-lieutenant; Missie, capitaine adjudant-major; Maillot, sous-lieutenant, Humbel, lieutenant. Officiers disparus : MM. Damiens, capitaine ; Cordier, lieutenant ; Roche, capitaine ; Biebuyck, médecin-major.

M. le docteur Biebuyck et M. le capitaine Roche, qui avait été attaché à l'intendance, furent pris en même temps que les ambulances établies dans le village de Saint-Privat.

La vigoureuse contenance du 94e à Sainte-Marie-aux-Chênes, où il infligeait à la Garde prussienne de si rudes pertes, son prompt ralliement à Roncourt au milieu du désordre général, enfin sa brillante attitude à Saint-Privat, le firent remarquer des meilleurs juges, et lui valurent à la fin de la journée l'honneur d'être choisi par le maréchal Canrobert pour protéger la retraite de l'artillerie de réserve et de tout le convoi du 6e corps, dont la plus grande partie des conducteurs avaient abandonné leurs attelages ; tout en s'acquittant de cette mission aussi glorieuse que délicate, le 94e s'imposa la tâche de faire rejoindre tous les traînards et de recueillir tous les hommes égarés de leurs corps qui s'étaient répandus dans la forêt avoisinant la route. Pendant les haltes multiples que dut faire le régiment pour permettre l'écoulement de tout le convoi, les hommes et les officiers tournaient en arrière leurs regards attristés par les incendies des villages de Sainte-Marie, de Roncourt et de Saint-Privat. Cette marche nocturne fut des plus fatigantes, et tout le monde était à bout d'efforts lorsqu'on atteignit enfin le village de Woippy qui se trouvait sous la protection des forts de Metz ; il était 4 heures du matin, toute l'armée venait s'établir dans le camp retranché autour de Metz dans la journée du 19.....

Extrait d'une lettre du général de Geslin, ancien colonel du 94e de ligne, au Ministre de la guerre.

Orléans, janvier 1900.

Dans la journée du 17 août, mon régiment reçut l'ordre de se diriger, par une marche de flanc, dans la direction de Vernéville et de Saint-Privat. Nous passâmes la nuit du 17 au 18 dans la position suivante : la gauche du régiment appuyée à la route de Saint-Privat à Sainte-Marie-aux-Chênes et au-dessous (Ouest) de ce premier village, la droite s'étendant vers le Nord, dans la direction de Roncourt (1).

---

(1) Le *Rapport* du général La Font de Villiers indique que la division était, en réalité, campée entre Saint-Privat et Roncourt, et ceci est corroboré par ce qu'on sait du premier déploiement de cette division face à l'Ouest. Il est donc probable que l'indication donnée par la présente lettre s'applique à la position prise lors du premier déploiement, le 18, et non à celle du camp établi le 17.

De très bonne heure, le 18, je me rendis à mes postes avancés. J'aperçus de la poussière allant de gauche à droite dans la vallée de l'Orne, qui se trouve au-dessous de la route de Sainte-Marie à Auboué. Il était évident, pour moi, qu'un mouvement de troupes ennemies s'exécutait.....

Le 18 août, dès 8 heures du matin, je prévins, par écrit, mes chefs de ce mouvement tournant. Le maréchal Bazaine — je le sais — fut informé. Il me fut répondu verbalement : « Dites au colonel du 94º qu'il n'a pas à se préoccuper de sa droite, l'effort de l'ennemi se fait sur le centre et la gauche de l'armée..... »

Vers 9 h. 30 (1) du matin, le 18 août, je reçus l'ordre de porter mon régiment en avant, sans dépasser Sainte-Marie-aux-Chênes. On m'enlevait — j'ignorais pourquoi — trois compagnies, qui restèrent à Saint-Privat. Je savais que la dernière route nous restant pour rejoindre le maréchal de Mac-Mahon était celle passant par Sainte-Marie, Auboué et les Ardennes. J'étais tout à fait à l'aile droite et à 2 kilomètres en avant. J'avoue que j'étais très fier de la mission confiée à mon régiment, car j'avais encore un peu de foi dans le haut commandement. Je partageai le régiment en deux parties. Le lieutenant-colonel Hochstetter prit le commandement du demi-régiment de droite, avec ordre d'avoir le guide à gauche et de se diriger sur l'extérieur de la première maison du village, du côté d'Auboué, et avec défense formelle de laisser entrer un seul soldat dans les maisons. Cette troupe devait s'étendre — ce qu'elle fit — sur la route, vers le Nord, afin de surveiller la vallée de l'Orne. La route était, dans certains endroits, un peu encaissée, ce qui permettait de voir sans être vu. La défense d'entrer dans le village était motivée par la pensée, que si on craint d'avoir de l'artillerie devant soi, il ne faut jamais mettre des soldats dans des maisons. Les projectiles, dans ces abris, produisent quatre effets : les éclats d'obus, les éclats de pierres, un effet moral et le moyen pour les hommes douteux, de se cacher et d'échapper à la surveillance des chefs. En rase campagne, au contraire, un peu séparés, embusqués dans un fossé, derrière un arbre, une haie, les soldats voient sans être vus ; un éclat d'obus peut atteindre un combattant de l'un à l'autre, mais voilà tout.

Je prévins mon excellent lieutenant-colonel que, avec le demi-régiment de gauche et prenant le guide à droite, j'éviterais le village avec la même consigne que je venais de lui donner. J'ajoutais que nous

---

(1) Heure évidemment très erronée. D'après le *Rapport* du colonel de Geslin, daté du 20 août 1870, il était midi et demi.

nous relierions, nous deux, par la compagnie du capitaine Canonier (1) (qui commanda, en 1872, l'École de Joinville-le-Pont). Je recommandais à tous mes officiers de s'étendre le plus possible pour faire croire à un effectif plus considérable qu'il ne l'était, hélas! depuis la triste journée inutile du 16 et de l'absurde envoi d'un régiment à la ferme de Flavigny, dans une cuvette. Je n'avais plus que 1454 hommes à mettre en ligne.

Mon général de brigade, le général Colin, était avec moi, à gauche de Sainte-Marie. En plaçant mon monde, je m'aperçus que si je ne dépassais pas ce village, ainsi que l'ordre m'en avait été donné, j'étais dominé par une crête à laquelle on arrivait par une pente douce (2). Il y avait évidemment, derrière, une vallée, puisque je n'apercevais que le haut du clocher de Saint-Ail. Cette crête était à environ 1200 ou 1500 mètres du front de mon demi-régiment de gauche (3).....

Je donnai l'ordre à une compagnie d'aller, lestement, occuper la crête d'où on aurait vu ce qui se passait du côté de Saint-Ail; et le commandant de cette troupe devait me faire dire ce qu'il apercevait. Pendant que mes ordres s'exécutaient, le capitaine d'état-major Gœdorp vint me prévenir que d'après les ordres reçus le matin : « Je ne devais pas *dépasser* Sainte-Marie ». N'est-ce pas monstrueux? Le général de brigade Colin avait, cependant, approuvé mon mouvement en avant de 1200 à 1500 mètres seulement; mais je ne pouvais qu'obéir. Mes tirailleurs se retirèrent lentement. La crête fut occupée, peu de temps après, par l'ennemi (4) qui tira sur ma compagnie. Le lieutenant Biguenet fut tué.

Ne voulant pas rester, personnellement, dans une situation qui me paraissait aussi ridicule que celle du général Bataille, le 15 août au soir, au-dessous de la crête de Vionville, je dis à mon général de brigade Colin : « Aucun règlement ne me force à prendre, plutôt, le commandement de mon demi-régiment de gauche que celui du demi-régiment de droite. Je vais aller remplacer au nord de Sainte-Marie le lieutenant-colonel Hochstetter que je vous enverrai. » Le général comprit le sentiment qui me guidait.

Avant que la fusillade n'ait commencé, de la crête au-dessus de Saint-Ail, sur le demi-régiment de gauche, un cavalier ennemi était sorti de la vallée de l'Orne; il était venu, seul, en reconnaissance, pour s'assurer

---

(1) Il y a sans doute erreur dans la désignation de la compagnie, car le capitaine Canonier commandait la 4e du 1er bataillon, laissée avec les 5e et 6e à Saint-Privat.
(2) Crête 260-283, au Sud de Sainte-Marie.
(3) En réalité de 400 à 700 mètres.
(4) 2e brigade de la Garde prussienne.

s'il y avait du monde sur la route de Sainte-Marie à Auboué. Quelques-uns de mes soldats, bien cachés sur cette route légèrement encaissée, tirèrent sur ce Prussien. Ils auraient dû le laisser arriver et chercher à le prendre. Les uns ont dit qu'il avait été tué; d'autres ont prétendu qu'il avait été blessé. Mais toujours est-il que le cheval, avec ou sans cavalier, était retourné vers l'Orne......

Le 94e resta jusqu'à 3 heures ou 3 h. 30 dans les positions qui lui avaient été imposées autour de Sainte-Marie-aux-Chênes, cherchant, par son feu, à faire le plus de mal possible à l'ennemi.

Vers 3 heures ou 3 h. 30, le 18 août, le général Colin, qui avait été blessé et transporté à Saint-Privat, comprenant que mon demi-régiment de gauche ne pouvait plus tenir, puisque aucun renfort ne nous arrivait, donna l'ordre de la retraite, et m'envoya le capitaine de Loyac pour m'en prévenir. Mais cet officier, ayant été blessé pendant qu'il accomplissait sa mission et avant d'être arrivé à moi, je restais convaincu que je n'étais nullement en l'air; j'avais, au Nord de Sainte-Marie, une vingtaine de bons tireurs que je tenais toujours, autant que possible, sous ma main, et leur donnai l'ordre de surveiller et de tirer sur les Saxons qui déboucheraient des jardins du côté de Saint-Privat. Je fis retirer alors mes troupes dans une légère dépression de terrain, entre Sainte-Marie et Saint-Privat. Je brûlai jusqu'à ma dernière cartouche sur les jardins encore faiblement occupés par l'ennemi. J'ouvre une parenthèse : de 9 h. 30 à 3 h. 30, dans cette journée du 18, les lieutenants Huard et Biguenet avaient été tués. Les officiers blessés étaient : le capitaine de Loyac, qui l'avait déjà été légèrement l'avant-veille. Cette fois c'était plus sérieux, il avait la poitrine traversée. Les lieutenants Bourdeau, (s'il était nécessaire d'interroger M. Bourdeau il habite Aytré, Charente-Inférieure), Rousselle, Humbel et le sous-lieutenant Maillot. J'ai dit plus haut que le général Colin avait été blessé dans nos rangs vers 3 heures. Ces pertes, comme nombre, ne sont pas à comparer à celles que nous avons eu à déplorer, le 16, en une heure, autour de la ferme de Flavigny, dans une position ridicule, je ne saurais trop le répéter. Je ferme la parenthèse et reviens à mon mouvement de retraite.

Je me retirai, en évitant Saint-Privat et Roncourt, toujours pour me tenir en dehors des habitations. Je trouvai le général du Barail sur la crête qui relie ces deux villages. Puisque je viens de prononcer le nom de cet officier général, je sais qu'au commencement de la journée du 18 il occupa d'abord, avec la brigade du général de cavalerie de Lajaille, à laquelle est venue se joindre, au cours de la bataille, celle du général de Bruchard, l'extrême droite du 6e corps. Il avait pour mission de surveiller les bois de Roncourt par lesquels le maréchal Canrobert craignait, avec raison, d'avoir sa ligne tournée, si le mouvement de l'ennemi, signalé par moi vers 8 heures du matin, s'accentuait (j'ai dit, dans le cours de ce récit, comment mon avertissement avait été accueilli par le maréchal Bazaine). Face à l'Ouest, la vallée de l'Orne était surveillée par le 94e, de Sainte-Marie à Auboué. Sur notre droite et en arrière, face à peu près au Nord, cette vallée, et par conséquent la route d'Auboué à Moyeuvre, suivant la rive droite de l'Orne, était surveillée par la cavalerie et deux régiments d'infanterie dont le 100e (division Tixier) (1). Le général du Barail eut l'obligeance de me prévenir qu'au-dessus de la crête sur laquelle je le rencontrai, se trouvait le général Becquet de Sonnay, avec les débris des trois autres régiments de ma division (75e, 91e et 93e). Tout ce monde était près des carrières de Jaumont. Ces carrières ont été l'objet de tant de récits inventés à plaisir ! Elles se trouvent à l'Est de la crête qui réunit Roncourt à Saint-Privat, dans la vallée qui, au Nord de la ferme de Marengo, conduit à Brouvaux-Morange (2).....

Je profitai du renseignement donné par le général du Barail. Et comme mon général de brigade Colin avait été blessé, j'allai me mettre sous les ordres de l'autre brigadier de ma division, le général Becquet de Sonnay. Ce fut alors que descendit, de Saint-Privat, mon camarade de promotion le général de Lajaille, qui prévint M. de Sonnay que le maréchal Canrobert était encore dans ce village ; il ajoutait « qu'une sorte de panique s'était produite dans le 6e corps, en grande partie en retraite sur Metz ». Becquet de Sonnay nous mit en route dans l'ordre des numéros, le 94e était donc le dernier. Nous marchâmes vers la ferme de Marengo, située au bas de Saint-Privat, sur la route de Saulny à Metz. Ma stupéfaction fut grande lorsque je vis le général tourner à gauche (3), suivi des 75e, 91e et 93e. Quand j'arrivai à la ferme, je dis au lieutenant-colonel Hochstetter : « Mon général est blessé, je prends le commandement ; traversons la route et, par un à droite, faisons face à Saint-Privat, où se trouve encore le brave maréchal Canrobert ». Ce mouvement fut rapidement exécuté.

Le capitaine Giovanninelli du 9e bataillon de chasseurs (aujourd'hui général de division), s'approcha de moi ; il était avec une portion de son bataillon. Il se mit à ma disposition pour attendre notre brave Maréchal. Je le plaçai avec sa troupe à la gauche de mon régiment.

---

(1) Erreur évidente.
(2) Cette indication s'applique aux carrières de la ferme Marengo et non à celles de Jaumont. D'ailleurs, on sait que c'est bien à l'Est de Saint-Privat (et non de Roncourt) que le général de Sonnay fit former les carrés.
(3) C'est-à-dire sans doute en prenant la route de Metz.

Avant de continuer à parler du rôle du 94ᵉ, faisant face à Saint-Privat, il est peut-être intéressant de raconter le rôle du 9ᵉ bataillon de chasseurs pendant la bataille du 18. Ce bataillon appartenait au 6ᵉ corps d'armée, 1ʳᵉ division (Tixier). Il fut déployé, au commencement de l'action, au bas de Saint-Privat, derrière les murs en pierres sèches des jardins, à l'Ouest du village, par conséquent en arrière de Sainte-Marie-aux-Chênes et à environ un kilomètre et demi. Il suivit avec anxiété ce qui se passait en avant. Puis, vers 3 h. 30, lorsque je fus obligé de battre en retraite, le bataillon de chasseurs se trouva en première ligne, car la division La Font de Villiers, dont je faisais partie, s'était retirée, comme je l'ai dit plus haut, à proximité des carrières de Jaumont (1).

C'est sur les murs qui abritaient les chasseurs que s'est acharnée l'artillerie adverse, une fois les environs de Sainte-Marie abandonnés et le départ des 75ᵉ, 91ᵉ et 93ᵉ. Le 9ᵉ bataillon avait perdu son chef de bataillon, le commandant Mathelin ; tous ses capitaines, sauf le capitaine Giovanninelli ; tous ses lieutenants, sauf deux ; tous ses sous-lieutenants, sauf deux, et plus de deux cents hommes (?). C'est alors que le bataillon se retira derrière Saint-Privat. A peine y était-il, près des débris de la division Tixier, que le commandant Caffarel, de l'état-major du maréchal Canrobert, se présenta à cheval en criant qu'il fallait reprendre l'offensive. Aussitôt, sans mot dire, des pelotons se sont formés, sans distinction de corps, et les débris du 9ᵉ bataillon de chasseurs prenant la tête, on revint sur l'ennemi par la route même de Saint-Privat à Sainte-Marie. Bien entendu, le 94ᵉ, ni aucun corps de la division La Font de Villiers ne prenait part à cette tentative de retour offensif.

L'ennemi, qui avait fait avancer son artillerie, reçut la tête de colonne à coups de mitraille. Plusieurs hommes du 9ᵉ bataillon tombèrent encore. Mais le commandant Caffarel, voyant l'impossibilité de faire chose utile, donna l'ordre de rebrousser chemin. C'est alors que le capitaine Giovanninelli rassembla le peu de chasseurs qui restaient, recula au-dessous de Saint-Privat par la route conduisant à Metz, s'approcha de Marengo et voyant un régiment déployé et face au village, ce brave capitaine vint se mettre à ma disposition. Quelques instants après, descendit de Saint-Privat notre excellent maréchal Canrobert, accompagné d'un certain nombre d'officiers. Avant d'avoir eu le temps de faire un commandement, mes braves soldats lui présentèrent les armes.

Heureux de trouver une petite troupe en ordre, il m'adressa quelques

---

(1) En réalité : carrières de Marengo.

paroles qui m'allèrent au cœur. Puis : « Eh bien ! colonel, le maréchal Bazaine m'informe qu'il m'envoie, enfin ! de l'artillerie ». Et regardant la direction de Saulny, il ajouta que ces batteries se placeraient à droite, sur la lisière du bois, du côté d'Amanvillers. (Le corps Ladmirault n'avait pas quitté ses positions.) Quant au 94ᵉ, il se placera à gauche de la route, à hauteur de l'artillerie, qui a ordre de brûler jusqu'à sa dernière munition, pour arrêter l'ennemi et l'empêcher de sortir de Saint-Privat (il ne l'a pas essayé) : « Vous ne vous remettrez en marche vers Metz que derrière le dernier caisson ». J'obéis ponctuellement à cet ordre et montai la pente qui conduit au bois traversé par la route. Arrivé au point où je devais m'arrêter, je rencontrai le capitaine d'état-major Hyvert (je ne sais si j'écris exactement le nom avec son orthographe) (1). Il me dit : « Je sais, mon colonel, les ordres que le maréchal Canrobert vient de vous donner ; je me mets à votre disposition. »

Je le remerciai, puis je lui prescrivis de se rendre à proximité des batteries d'artillerie et de ne me revenir qu'avec le dernier caisson, alors qu'il ne resterait plus absolument rien. Pendant que l'artillerie exécutait son feu....., nombre de petits groupes de soldats sortaient des bois et nous demandaient : « Où est tel régiment ? ». Un chef de bataillon me posa la même question.....

Il me serait difficile, Monsieur le Ministre, de fixer exactement l'heure de la réapparition du capitaine Hyvert, mais la nuit approchait. Cet officier m'affirma que toute l'artillerie était engagée sur la route de Metz (j'avais vu défiler. successivement, pièces et voitures), mais il ajouta qu'il y avait à une petite distance du flanc gauche de l'artillerie contre le bois, 24 grands chars de paysans chargés de caisses à biscuits, de sacs de café et de sucre, attelés de deux chevaux chacun, mais plus un conducteur ; les hommes réquisitionnés, effrayés sans doute, s'étaient enfuis. Je fis mettre immédiatement deux de mes soldats par voiture et je fis marcher ce petit convoi devant mon régiment.

Arrivé à Woippy, je chargeai un de mes officiers de conduire ces 24 chars à l'administration militaire. Je suis encore à recevoir un remerciement.....

Ma marche avait été lente derrière l'artillerie et ces chars de vivres, tant il y avait d'objets de tous genres abandonnés et encombrant la route. Je trouvai dans Saulny une très grande quantité de soldats du 70ᵉ d'infanterie, dont le colonel était M. Henrion-Berthier.....

---

(1) Capitaine Hiver, de l'état-major de la division La Font de Villiers.

J'ai oublié de dire que le maréchal Canrobert, après m'avoir donné l'ordre dont j'ai parlé plus haut, s'est rendu du côté d'Amanvillers, près du général de Ladmirault.

Le 94ᵉ, le 18 au soir, s'établit à la Maison-Rouge, à proximité du château de Ladonchamps, et tout près du chemin de fer de Metz à Thionville.

Rapport du lieutenant-colonel Jamet, commandant les 5ᵉ, 6ᵉ et 7ᵉ batteries du 14ᵉ régiment d'artillerie (3ᵉ division).

Camp sous Metz, 21 août.

Le 18 août, les batteries étaient campées dans l'intervalle de la 1ʳᵉ brigade de la 3ᵉ division, vers le milieu du chemin qui va de Saint-Privat-la-Montagne à Roncourt. Vers 11 h. 30, le bruit du canon sur notre gauche annonça la présence de l'ennemi ; les batteries furent promptement attelées et se tinrent prêtes à suivre la 3ᵉ division, lorsqu'elle recevrait l'ordre de se porter en avant. Elles prirent bientôt position sur la crête du plateau qui s'étend entre Saint-Privat-la-Montagne et Sainte-Marie-aux-Chênes, en avant de l'intervalle des brigades, au centre et sur les ailes.

Le feu des batteries commença vers midi (?) et fut dirigé de manière à protéger les troupes postées dans le village de Sainte-Marie et à contre-battre l'artillerie ennemie, placée derrière ce même village.

Les batteries prussiennes qui nous étaient opposées étaient au nombre de cinq à six, armées chacune d'un grand nombre de pièces. Leurs feux étaient d'abord dirigés vers la gauche de notre ligne. Prises en flanc par les batteries de la 3ᵉ division, plusieurs d'entre elles ont d'abord ralenti, puis éteint complètement leur feu.

Ce premier résultat obtenu, les batteries furent mises, quelques moments en réserve, pour ménager leurs munitions.

Quelque temps après, la gauche de l'ennemi commença à se renforcer ; on le vit essayer de tourner notre droite et préparer une charge de cavalerie : les batteries se placèrent alors de manière à pouvoir protéger le mouvement en avant de nos escadrons, s'il venait à se produire et à empêcher le mouvement offensif de la cavalerie ennemie. Celle-ci, sous le feu de notre artillerie, fut forcée de faire demi-tour et ne put parvenir à déboucher.

Néanmoins, après des chances diverses, notre droite se sentant forcée par les masses énormes de troupes qui l'attaquaient, fut obligée de se retirer en arrière de sa première position.

Ce mouvement des troupes fut suivi par les batteries de la 3ᵉ division; elles vinrent se placer en arrière de Saint-Privat, dans une forte position (1) d'où elles dirigèrent un feu violent sur les colonnes ennemies qui, après s'être emparées de Saint-Privat, tentaient d'en déboucher; trois fois l'ennemi essaya d'en sortir, trois fois il fut repoussé.

Le feu des batteries de la 3ᵉ division devint alors de plus en plus intense; il empêcha les Prussiens de poursuivre leur mouvement offensif sur notre droite et couvrit la retraite de nos troupes qui, ralliées, se retirèrent en bon ordre.

Le feu des batteries de la 3ᵉ division dura jusqu'à 8 heures du soir.

A ce moment, leurs munitions étant épuisées et l'artillerie de la Garde étant arrivée pour occuper le plateau, les batteries reçurent l'ordre de se mettre en retraite; ce mouvement s'est exécuté avec un ordre parfait et les batteries sont venues rejoindre leur division sans avoir perdu ni un homme, ni une voiture, dans cette marche exécutée de nuit, au milieu des embarras de toute nature accumulés sur la route.

Dans la journée du 18 août, les batteries de la 3ᵉ division, parfaitement maintenues par les officiers qui les commandaient, ont soutenu le feu de l'ennemi avec calme et sang-froid; sur les indications de M. le général commandant la division, les munitions ont été ménagées avec soin, ce qui a permis de soutenir, le soir, la violente canonnade qui a arrêté le mouvement agressif de l'ennemi. Bien que les batteries soient restées engagées toute la journée, leurs pertes sont très faibles, malgré le feu violent, mais heureusement mal réglé, qu'elles ont eu à supporter.

Le lieutenant-colonel commandant l'artillerie de la 3ᵉ division est fier de pouvoir dire que, dans la journée du 18, aussi bien que dans celle du 16, les batteries placées sous ses ordres se sont admirablement comportées, et c'est avec confiance qu'il appelle sur leur conduite dans ces deux batailles, la bienveillante attention de M. le général commandant l'artillerie du 6ᵉ corps.

Historiques des 5ᵉ, 6ᵉ et 7ᵉ batteries du 14ᵉ régiment d'artillerie (3ᵉ division).

18 août.

5ᵉ *batterie.* — La batterie qui, dans la journée du 17, était venue

---

(1) Près des carrières de la Croix.

s'établir à Saint-Privat et à Sainte-Marie-aux-Chênes (?), prend de flanc plusieurs batteries prussiennes dont elle parvient à éteindre le feu ; puis elle est mise en réserve. Revenue en première ligne, elle a, par son feu, obligé à différentes reprises les troupes prussiennes qui débouchaient du village de Saint-Privat à se retirer pour se reformer ; enfin, après avoir épuisé ses munitions et tiré plus de deux cents coups par pièce, elle suit le mouvement général et va camper à la droite du fort Moselle.

6° *batterie*. — La batterie participe également à la bataille du 18 août ; placée de manière à protéger les troupes françaises qui occupent le village de Sainte-Marie-aux-Chênes, elle soutient pendant quatre heures un violent combat d'artillerie avec les batteries prussiennes, et va ensuite chercher des munitions du côté d'Amanvillers.

Réapprovisionnée, elle ouvre de nouveau son feu sur les Prussiens qui attaquent Saint-Privat et Roncourt avec plusieurs batteries de la réserve, et protège la retraite sur Metz.

Elle quitte le champ de bataille à 8 heures du soir et rentre à Metz.

La perte dans cette journée a été de deux chevaux tués (?).

7° *batterie*. — La batterie prit part à la bataille de Saint-Privat ; elle fut remplacée dans sa position par l'artillerie de la Garde.

L'attaque de l'ennemi commença à 10 heures du matin (?) ; le lieutenant en premier était allé chercher des munitions à Plappeville.

La batterie se porta en avant et prit position à droite de la route de Briey, entre Saint-Privat et Sainte-Marie-aux-Chênes, tirant quelques coups sur des rassemblements qui se formaient à droite de Sainte-Marie, mais ménageant ses munitions et changeant de position lorsque le tir de l'artillerie ennemie était réglé.

L'artillerie ennemie, du reste, tirait mal et ses projectiles n'éclataient pas dans le terrain meuble où se trouvait la batterie. Le grand mouvement tournant de l'ennemi, visible depuis 2 heures de l'après-midi, se prononçant de plus en plus, la batterie reçut l'ordre de se porter en arrière.

Vers 5 heures (?), la ligne partant de Saint-Privat, faisait face à Roncourt, et les batteries du corps d'armée ne pouvant rester dans le fond que formait le terrain, prirent position en arrière de Saint-Privat et s'étagèrent sur la colline des carrières.

En ce moment, les munitions arrivèrent de Plappeville, et un feu terrible de dix batteries arrêta l'ennemi et fit subir à la Garde prussienne une perte de 8,000 hommes ; l'artillerie du 6° corps seule fut alors relevée par l'artillerie de la Garde.

Pertes dans la journée : 1 homme blessé.

Journal de marche du génie de la 3ᵉ division (7ᵉ compagnie du 3ᵉ régiment) (1).

Le 18 août, on a passé la matinée au camp, et, vers midi, le canon s'étant fait entendre sur la gauche, du côté d'Amanvillers, la division a plié son camp, a pris les armes et s'est préparée à la bataille qui s'annonçait.

A ce moment, la compagnie reçoit l'ordre de rester où elle se trouve, au bas du village de Saint-Privat-la-Montagne, du côté de Sainte-Marie-aux-Chênes, et d'y attendre l'indication du point sur lequel elle devra se porter.

A 1 heure de l'après-midi, un capitaine détaché de l'état-major général, apporte l'ordre du Maréchal commandant le 6ᵉ corps, de se tenir à la disposition du général commandant la 2ᵉ division du corps d'armée, et d'aller fortifier et retrancher l'extrême gauche du village. Elle y monte aussitôt et s'occupe des travaux qui ont été reconnus nécessaires pour mettre ce point du village en état de défense. On approfondit, pour en faire rapidement une tranchée-abri, le fossé de droite de la route qui va à Metz, sur une longueur d'environ 80 mètres. On perce des créneaux dans les murs d'un hangar et d'un jardin qui sont sur le bord de la route, et on relie, par une tranchée-abri d'environ 100 mètres de longueur, l'espace vide entre les murs des jardins qui sont situés du côté de l'attaque. On profite des murs des jardins qui sont à peu près à hauteur d'appui, pour abriter les défenseurs derrière, et on ouvre des brèches dans les murs des jardins qui ont une direction perpendiculaire à celle des murs qui ont vue sur les attaques, afin qu'on puisse circuler sans interruption d'un bout à l'autre du village, et à couvert contre les tirailleurs ennemis. La gauche du village, qu'on est en train de fortifier, est constamment en butte aux projectiles de l'assaillant, qui cherche à déloger de cette position les troupes, ainsi que le Maréchal et son état-major occupés à suivre, de ce point élevé, les phases de la bataille. La maison, derrière laquelle on est à peu près défilé, est criblée d'obus et de mitraille, et une batterie d'artillerie, établie aux environs pour contre-battre le feu de celles des assaillants, est obligée de changer plusieurs fois de place, parce qu'elle est par trop inquiétée dans chaque position qu'elle occupe successivement.

Vers 2 heures, les travaux de la gauche du village étant terminés,

---

(1) Reproduction du *Rapport* du commandant du génie de la 3ᵉ division.

le général commandant la 3° division réclame, à son tour, le concours de la compagnie du génie, pour exécuter à la droite du village les mêmes travaux que ceux exécutés sur la gauche, et, sur l'ordre du Maréchal, les sapeurs vont immédiatement faire ces travaux. On ouvre, dans les murs latéraux des jardins, des passages pour laisser, le long des murs longitudinaux qui voient les attaques, un chemin continu, et pour qu'on puisse profiter de ces derniers murs qui sont à hauteur d'appui, en abritant les défenseurs qui tireront par-dessus et seront couverts par une hauteur suffisante. On creuse ensuite une tranchée-abri d'environ 100 mètres de développement, dans le prolongement des derniers murs longitudinaux des jardins, pour empêcher le village d'être tourné brusquement par la droite, et cette tranchée se trouve sur le point culminant du terrain qui voit les attaques. Ces divers travaux sont terminés vers 4 h. 30 de l'après-midi.

A ce moment, le commandant du génie est mandé par un officier d'ordonnance auprès du Maréchal, qui est toujours à la gauche du village d'où il observe la bataille, abrité derrière la maison extrême de gauche qui est toujours le point de mire des projectiles des assaillants. Il s'y rend et reçoit l'ordre d'aller immédiatement se mettre à la disposition du général Bisson, pour se rendre, avec une section de la compagnie, créneler le village de Roncourt, lequel se trouve sur la droite, à un kilomètre environ, en avant de Saint-Privat-la-Montagne, et couvre la droite des lignes du général commandant la 2° division.

Le commandant du génie va immédiatement prendre les ordres du général Bisson et, quand il revient à la droite du village, pour retrouver les sapeurs, il apprend, des corps qui sont établis là, que la compagnie du génie est repartie avec ses voitures de section et ses outils, vers la gauche du village, en passant par la rue principale, et il s'empresse de prendre le même chemin pour aller chercher les hommes et pour exécuter les ordres qu'il a reçus. Quand il arrive à la gauche du village, le mouvement de retraite vers Metz est commencé; les voitures de section ont reçu l'ordre de battre en retraite à travers champs, et les sapeurs sont déployés en tirailleurs, avec un bataillon de chasseurs à pied qui escorte le Maréchal. Il se replie alors vers la droite du village, ne pouvant rejoindre la compagnie, et va se placer dans l'état-major de la 1re brigade de la 3° division dont il suit les mouvements.

On se replie sur Metz par la route de Saulny et, vers minuit, le commandant retrouve la compagnie avec une seule des deux voitures de section, bivouaquant sur la route de Thionville, à gauche et en avant de la porte de la Place, au milieu de la division qui se reforme. La 2° voiture de la section a eu sa flèche cassée dans la descente de Saint-Privat-la-Montagne et poussant devant elle les chevaux qui ne pouvaient plus la retenir, a été verser dans un fossé où on a dû l'abandonner pour ne pas entraver la marche des bagages et du convoi. Elle est restée au pouvoir de l'ennemi, et tout ce qui était dessus, ainsi que les outils qu'elle contenait, a été perdu.

Une partie des bagages des officiers est ainsi disparue, et, en même temps, les cantines contenant la comptabilité de la compagnie sont tombées au pouvoir de l'ennemi. Les sapeurs, qui avaient dû déposer leurs sacs et leurs outils pour aller travailler aux tranchées-abris et ensuite pour faire le coup de feu, ont également tout perdu, et plusieurs d'entre eux ont disparu.

La journée du 19 août a été employée à se reformer et à réunir les débris un peu épars de la compagnie. On est allé camper sur la route de Thionville, à environ 1 kilomètre de la ville, sur la gauche de la route, avec la 3ᵉ division, dont on occupait la droite.

4ᵉ DIVISION (LEVASSOR-SORVAL).

Journal de marche de la 4ᵉ division.

18 août.

Le 18, au matin, l'ennemi, qui avait reçu des renforts importants de troupes fraîches, attaqua l'armée française dans les positions qu'elle occupait, de Gravelotte à Saint-Privat; l'affaire, qui s'était d'abord engagée à notre gauche, s'étendit successivement jusqu'à l'autre extrémité de la ligne.

La 4ᵉ division appuyait sa droite à la route de Briey et prolongeait sa gauche vers Amanvillers, où se trouvait la droite du 6ᵉ corps d'armée (1).

Formées sur deux lignes, couchées dans les sillons, les troupes restèrent inébranlables sous une pluie de feu, jusqu'au moment où notre artillerie, ayant épuisé ses munitions et ne pouvant plus répondre au tir de l'artillerie ennemie, fut obligée de quitter le champ de bataille. Il était 6 heures du soir. Les masses ennemies, après avoir fait un large mouvement tournant, débordaient les positions de Saint-Privat; malgré les pertes terribles que leur avaient causées notre mousqueterie et notre tir à obus, leur écrasante supériorité numérique et une artillerie formidable forçaient le 6ᵉ corps à se replier par la route de Metz. L'infanterie battit alors en retraite et, malgré le désordre inévitable produit par la confusion des différents régiments du corps d'armée, un groupe nombreux d'hommes résolus ne cessa jamais d'entourer le drapeau.

---

(1) *Lire* : du 4ᵉ.

Rapport du général Levassor-Sorval, commandant la 4ᵉ division.

Camp sous Metz, 21 août.

Le 18 août, la 4ᵉ division du 6ᵉ corps occupait une position en avant du village de Saint-Privat, couvrant le chemin de Vernéville; sa droite appuyée à la route de Briey, sa gauche à quelque distance, et dans la direction d'Amanvilliers, où se trouvait le 4ᵉ corps d'armée : la première brigade (25ᵉ et 26ᵉ) en première ligne, la seconde brigade (28ᵉ et 70ᵉ) en seconde ligne.

L'ennemi, qui avait engagé l'action avec le 4ᵉ corps d'armée, vers 10 heures du matin (?), manifesta bientôt l'intention de commencer un mouvement tournant vers notre droite. A midi, la 4ᵉ division prit ses dispositions de combat. L'artillerie (1) se mit en batterie à 700 mètres environ, en avant du village de Saint-Privat et ouvrit le feu contre les colonnes ennemies qui se montraient sur les hauteurs d'Habonville. Contre-battue par plusieurs batteries prussiennes, elle changea de position une première fois, en se rapprochant de Saint-Privat et de manière à prendre d'écharpe une batterie prussienne placée derrière la levée du chemin de fer. Elle fut bientôt accablée par le feu ennemi et perdit en un instant une dizaine d'hommes hors de combat et 18 chevaux tués.

Elle reçut alors l'ordre de traverser le village de Saint-Privat et de se placer de manière à battre la route de Briey. C'est dans cette position qu'elle épuisa toutes ses munitions, en faisant subir de grandes pertes à l'ennemi.

Les lignes d'infanterie, couchées à terre, gardèrent leurs positions jusqu'à 5 heures du soir, sous un feu violent de mitraille et d'obus. A ce moment (?), l'ennemi ayant terminé son mouvement tournant, concentra ses efforts sur le village de Saint-Privat.

Un mouvement de retraite précipité se prononça tout d'un coup dans la première ligne. On ne put que difficilement rallier quelques détachements dans le village de Saint-Privat et en arrière de la route de Metz.

La seconde ligne garda ses positions quelque temps encore et, par son feu, ralentit la marche de l'ennemi, de manière à protéger la retraite. Le 28ᵉ et le 70ᵉ subirent alors des pertes sensibles. Les généraux et les chefs de corps firent tous leurs efforts pour rallier leurs soldats, dont un grand nombre n'avaient plus de cartouches, et empê-

---

(1) $\frac{7,8}{18}$.

cher le désordre. Ils n'y réussirent qu'en partie. Cependant, dans chaque régiment, un groupe d'hommes résolus ne cessèrent d'entourer le drapeau.

Les corps de la division se rallièrent, dans la nuit, sous le canon de Metz et, le 19 au matin, prirent position entre le village du Sansonnet et le chemin de fer de Thionville, dans la direction de la pointe Nord du fort Moselle.

État des pertes (1) : 7 officiers tués, 41 blessés, 12 disparus ; 96 sous-officiers et soldats tués, 560 blessés, 966 disparus.

Rapport du lieutenant-colonel Morin, commandant le 25ᵉ de ligne.

Camp sous Metz, 20 août.

L'ennemi ayant attaqué le 4ᵉ corps vers 11 heures du matin (?), le régiment s'est porté en avant du village de Saint-Privat, à environ 300 mètres, pour prendre position. Quelque temps après, il s'est encore avancé de 400 mètres, pour se tenir à hauteur du 4ᵉ corps qui repoussait les Prussiens. Là, une station fixe, qui a duré pendant cinq heures à peu près, sous le feu des batteries opposées, les hommes étant couchés à terre. Vers 2 heures, le IIᵉ bataillon, qui tenait la droite du régiment, a vivement contribué à tâcher de repousser l'ennemi qui se présentait en face, après avoir traversé le village de Sainte-Marie (2), et ne s'est rallié, en très bon ordre, qu'après avoir épuisé toutes ses cartouches.

Après avoir soutenu le feu des batteries prussiennes pendant si longtemps sans pouvoir tirer un coup de fusil, un mouvement de retraite précipité se prononça tout à coup dans la brigade, qui se retira en toute hâte dans le village de Saint-Privat, où l'on commença à rallier les hommes, autant que possible, et deux détachements furent formés pour venir se placer aux environs du quartier général. La retraite s'étant encore plus accentuée quelque temps après, on dut rallier le gros du régiment sur la route de Metz, et on put ramener par deux fois la troupe devant l'ennemi, pour y faire le coup de feu.

Malgré le mouvement de recul opéré par le 25ᵉ, on doit cependant reconnaître que les hommes ont tenu position sous le feu de l'artillerie, avec une grande résolution, quoique privés de cartouches en partie ; on a toujours trouvé le drapeau vivement entouré par une centaine d'hommes dévoués.

Je crois devoir vous citer particulièrement, comme ayant fait preuve

---

(1) Chiffres approximatifs.
(2) L'heure indiquée précédemment est donc très erronée.

de courage exceptionnel, MM. les officiers dont les noms suivent : Au Ier bataillon, MM. Roland, capitaine (2e fois); François, capitaine; Pigallet, lieutenant. Au IIe bataillon : MM. de Feydeau, capitaine, et Millot, sous-lieutenant; au IIIe bataillon : MM. les capitaines Orth et Rondot, et M. le lieutenant Ragaine.

Quelques sous-officiers, caporaux et soldats qui se sont fait remarquer également dans cette journée, sont l'objet de propositions de récompenses dont j'ai l'honneur de vous envoyer les états nominatifs. L'état des tués, blessés ou disparus est envoyé également.

Historique du 25e régiment d'infanterie (lieutenant-colonel Morin).

18 août.

Dans la matinée, de fortes colonnes prussiennes s'avancent et semblent menacer la position que cependant ils n'attaquent pas. A midi, la bataille s'engage et le 25e est placé en première ligne en avant de Saint-Privat dans lequel et en arrière duquel d'autres troupes sont en réserve. Il est placé environ à 300 mètres en avant du village. Le IIe bataillon est à l'extrême droite commandé par M. le commandant Marin; le IIIe bataillon au centre commandé par M. le capitaine adjudant-major Vivien, le Ier à gauche sous les ordres de M. Philebert, son chef de bataillon. Le 26e de ligne prolonge la gauche de cette ligne; à droite règne un grand intervalle dans la direction de Sainte-Marie-aux-Chênes où le 94e (3e division) s'est tenu jusqu'à 3 heures. De midi à 4 h. 30, le régiment reste exposé, sans pouvoir brûler une cartouche, aux boulets des batteries ennemies qui échangent par-dessus sa tête leurs projectiles avec ceux des batteries françaises qui sont à Saint-Privat. A partir de 4 heures, le régiment forme ainsi l'extrême droite de l'armée française (?), et les efforts de l'armée prussienne, quoiqu'elle ait réuni en face de Saint-Privat une formidable batterie de 84 pièces de canon, quand nous n'avons que six pièces en batterie à Saint-Privat, sont seuls jusqu'à l'arrivée du XIIe corps saxon qui commence à 4 h. 30 un mouvement tournant vers Sainte-Marie-aux-Chênes. Le capitaine Marin, à cette heure-là, envoie une compagnie en tirailleurs pour surveiller les masses prussiennes qui s'approchent de Sainte-Marie-aux-Chênes. Le feu des tirailleurs de ce côté est intense; quelques compagnies de chasseurs à pied (9e bataillon) se trouvaient en tirailleurs sur la droite; ces compagnies sont ramenées par l'ennemi. Le IIe bataillon détache deux nouvelles compagnies pour les soutenir; leurs efforts réunis font encore reculer l'ennemi (?). A 4 h. 30, le XIIe corps saxon prend part au combat; le feu de notre artillerie, depuis longtemps déjà bien faible, discontinue; l'artillerie ennemie, avec 84 pièces, bat sur le régiment qui perd pied et se retire sur Saint-Privat. Cependant un groupe de 300 à 400 hommes, en grande partie du III⁰ bataillon, ramené par les officiers, se masse autour du drapeau et n'opère sa retraite sur Saint-Privat qu'après avoir brûlé toutes ses cartouches (les cartouches après la bataille de Gravelotte n'avaient pu être complétées, de sorte que beaucoup d'hommes du régiment, le matin de Saint-Privat, avaient à peine quelques cartouches). Pendant ce temps, le II⁰ bataillon dispute pied à pied le terrain à l'ennemi qui s'avance sur la route de Sainte-Marie-aux-Chênes à Saint-Privat jusqu'à une centaine de mètres de ce village où il ne s'abrite qu'après épuisement complet de ses cartouches.

Pendant que la retraite s'opère, un détachement de 100 hommes environ, réuni par M. le commandant Philebert, ravitaillé en cartouches par un caisson d'artillerie, est ramené dans le village pour soutenir une batterie d'artillerie qui essaye de s'y mettre en batterie et de tirer quelques coups. Après le départ de la batterie et sur l'invitation du général Levassor-Sorval, il se retire. Quelques instants après, M. le colonel Gibon, qui a repris le commandement du détachement renforcé de tous les hommes que leurs officiers réunissent, revient au village pour dégager le maréchal Canrobert lui-même qui s'est obstiné à rester au village et est en danger d'être pris. Pendant ce temps, l'artillerie ennemie tire toujours très vivement et ces deux efforts successifs tentés pour se maintenir à Saint-Privat ne peuvent réussir à cause des forces toujours plus considérables qui attaquent. Le régiment abandonne le dernier (?) le village et se retire dans la direction de Metz.

Vers 7 heures du soir (?), la Garde, soutenue par l'artillerie, arrête la marche des Prussiens. Les hommes du régiment écoutant la voix de leurs chefs se rallient autour du colonel et du drapeau. Ils se reportent en avant et veulent tenter un retour offensif en s'animant par le chant de la *Marseillaise* que les musiques des régiments jouent. Après avoir parcouru un kilomètre environ, ils sont arrêtés dans leur mouvement par le maréchal Canrobert et le général Levassor-Sorval, qui, tous deux, donnent l'ordre de battre en retraite. La nuit était tout à fait arrivée. La retraite s'opère par la route de Saint-Privat sur Saulny et sur Metz. Le régiment établit son bivouac vers 1 heure du matin sous les murs de cette ville.

Rapport du lieutenant-colonel de la Monneraye, commandant le 26⁰ de ligne (1).

Camp sous Metz, 20 août.

Le 26⁰ de ligne occupait une position en avant du village de Saint-

---

(1) L'*Historique* du 26⁰ de ligne n'est que la reproduction de ce rapport.

Privat, où il était placé en première ligne. Il se reliait par sa gauche à la droite du 4° corps, qui avait été engagé contre l'ennemi vers 10 heures du matin.

A midi environ, l'ennemi laissa percer son intention de tourner notre droite et l'artillerie de la division fit ses efforts pour l'arrêter. Il ne répondit d'abord que faiblement à notre feu, mais, peu de temps après, il accentua son mouvement, en démasquant une artillerie nombreuse qui obligea la nôtre à se replier. Le 26° est resté près de deux heures sous ce feu d'obus et de mitraille, pendant lequel il y a eu 1 officier tué, 2 autres blessés et un assez grand nombre d'hommes tués ou blessés.

L'artillerie ennemie ayant obligé la nôtre à ralentir son feu, des colonnes profondes d'infanterie continuèrent leur mouvement tournant jusqu'au moment où il (l'ennemi) menaça de nous envelopper. Nos tirailleurs de l'aile droite engagèrent, en ce moment, une lutte contre lui, dans laquelle il y eut des alternatives d'avantages et de retraite de notre côté.

Le nombre considérable des tirailleurs ennemis l'emporta cependant et il parvint à s'emparer du village de Saint-Privat, dans lequel il mit le feu. En ce moment, les trois bataillons du 26° se trouvèrent aux prises avec lui et le rejetèrent des crêtes sur lesquelles il était parvenu à monter.

L'ennemi revint à l'assaut en augmentant ses forces et il paraissait avoir de nouveaux avantages, lorsque les troupes de la seconde ligne arrivèrent au secours du 26°.

A la fin de la journée, le village de Saint-Privat était de nouveau repris par nos troupes (1).

Rapport du colonel Lamothe, commandant le 28° de ligne.

Camp sous Metz, 19 août.

Le 28° de ligne, placé sous mes ordres, a pris dans la journée d'hier, 18 août courant, sa position de combat à midi.

Il s'est porté en avant de son campement et s'est maintenu dans cette situation jusqu'à 5 heures du soir, exposé aux feux multipliés de l'artillerie et de la mitraille. A ce moment de l'action, il a relevé une ligne de tirailleurs et s'est mêlé plus activement à la lutte. Elle a été longue et meurtrière. Les compagnies n'ont quitté ce terrain qu'après avoir éprouvé des pertes sérieuses et après avoir épuisé leurs munitions. La retraite s'est faite en ordre, et le Ier bataillon, qui avait moins souffert,

---

(1) Allusion probable à la dernière contre-attaque du 25° (voir l'*Historique* de ce régiment).

a fait un retour offensif, pour permettre aux lignes éprouvées de se retirer avec calme. Il s'est avancé en sonnant la charge et n'a regagné le village de Saint-Privat qu'après avoir exécuté plusieurs décharges de feux à volonté.

Les pertes ont été sensibles et se sont produites dans la dernière phase de l'action. Elles sont de (1) : 3 officiers tués, dont 1 officier supérieur, 19 officiers blessés, 3 présumés morts, blessés, prisonniers ou disparus ; 36 sous-officiers et soldats tués, 168 blessés et 454 disparus.

Le nombre des disparus est très considérable, il est à espérer que plusieurs rentreront encore au corps.

Historique du 28º régiment d'infanterie.

18 août.

..... Nuit et matinée tranquilles ; mais à midi le canon gronda en avant d'Amanvillers, gros bourg, en arrière des positions occupées par l'armée française. Peu à peu le feu s'étendit sur tout le front et, comme à Rezonville, le régiment eut à supporter une grêle de projectiles dans une immobilité impassible ; à 6 heures, toutes les troupes placées à la gauche s'étaient repliées sur la route de Saint-Privat, et l'artillerie du 6e corps ayant usé toutes ses munitions opéra sa retraite sur le même point.

Le terrain en avant du 28e se relevait un peu pour descendre ensuite du côté de l'ennemi. Le colonel du 25e régiment d'infanterie, dont les hommes étaient engagés et tiraillaient en avant, vint prévenir qu'il avait devant lui des forces considérables, qu'elles semblaient s'amasser sans cesse et que d'autres forces présentant plusieurs lignes d'infanterie suivies de colonnes profondes se répandaient dans la plaine qui s'abaisse sur la droite de Saint-Privat. Quelques instants après, le 25e s'étant retiré, le régiment resta seul sur le lieu de la lutte. Malgré cet isolement, les IIe et IIIe bataillons marchèrent successivement en avant : le IIIe bataillon, porté en contre-bas dans la plaine à droite du village, devant les forces qui s'accumulaient devant lui et menaçaient de le tourner, eut en peu de temps brûlé ses cartouches, perdu beaucoup de monde et resta en bataille sans munitions, afin d'en imposer à l'ennemi par une vaillante attitude. Le capitaine Astier, qui prit le commandement de ce bataillon dès le début à la place de son chef le commandant Lajouanie blessé et mis hors de combat, sut par son sang-froid, sa brillante valeur et son intelligence, conserver son ordre de bataille et assurer sa retraite, même à travers l'embrasement de Saint-Privat.

---

(1) Chiffres approximatifs.

Le IIe bataillon, commandant Séjourné, porté en avant jusque sur la ligne de feu d'où il dominait l'infanterie ennemie, eut énormément à souffrir; c'était au moment même où pour masquer leur mouvement sur Saint-Privat, les Allemands couvraient de leurs feux celles de nos troupes qui résistaient encore. Le bataillon avait effectué sa marche en avant avec un entrain et un ordre admirables sous un feu impossible à décrire; il parcourut ainsi un espace d'environ cinq cents à six cents mètres sans laisser en arrière d'autres hommes que les tués et les blessés; mais une fois sur la crête il fit des pertes énormes; le drapeau tomba trois fois des mains des officiers qui le portaient. Les munitions étaient épuisées; les hommes se servirent de celles prises dans les gibernes des tués et blessés; l'adjudant-major fut alors envoyé en arrière pour rendre compte de la situation au colonel, mais aucun secours n'arrivant et l'ennemi commençant à nous tourner aussi par notre gauche, on dut effectuer la retraite sous un feu d'artillerie redoublant à chaque instant d'intensité. Pendant ce temps, le Ier bataillon avait été ramené par le général de brigade et sur l'ordre du maréchal Canrobert auprès de Saint-Privat même où l'on voulait concentrer toute la résistance. C'est là que le IIe bataillon rejoignit le régiment qui dut bientôt comme tous ceux du 6e corps se replier sur Metz.

Le régiment, qui fut protégé pendant sa retraite par quelques batteries de la Garde, rejoignit son corps et continua pendant la nuit du 18 au 19 août sa retraite sur Metz.

Rapport du colonel Henrion-Bertier, commandant le 70e de ligne (1).

Midi. — Le 6e corps prend ses dispositions de combat.

Le 70e reste sur l'emplacement de son campement; les Prussiens commencent le feu.

Midi et demi. — Une batterie vient prendre position en arrière du IIIe bataillon et le gêne horriblement; le commandant me fait prévenir qu'il appuie beaucoup à droite et fait demander au Maréchal quel est son rôle, qui c..... (2) à défendre cette batterie et au besoin à se jeter dans les premières maisons du village; je quitte le IIe et le IIIe bataillon pour me rendre au Ier, voir par moi-même comment il est disposé.

1 heure. — Le bataillon se place au-dessous de la chaussée de la route.

5 heures. — Le IIe bataillon se porte en avant par échelons de division, et est bientôt suivi par le IIIe bataillon à sa gauche, s'appuyant

---

(1) Non daté.
(2) Sans doute: ..... qui consiste.....

sur la droite du 26ᵉ de ligne, commence le feu à 800 mètres et le continue jusqu'à épuisement des cartouches.

De son côté, le Iᵉʳ bataillon commence aussi un feu de peloton à commandement et continue par un feu à volonté jusqu'à ce qu'il n'ait plus de cartouches.

Le commandant Berbegier entraîne ses hommes en criant la charge ; il prend un clairon pour la sonner mais il tombe frappé mortellement.

Les hommes se retirent ; il y a du désordre, mais la plus grande partie des hommes font bonne contenance et cherchent à se rallier derrière le village ; mais la quantité de régiments qui y arrivent rend cette opération très difficile.

Le général de Chanaleilles réunit tout ce qu'il peut de sa brigade, et les 28ᵉ et 70ᵉ se retirent sur Metz.

Historique du 70ᵉ régiment d'infanterie (colonel Henrion-Bertier).

18 août.

Réveil à 5 heures ; les tentes restent montées ; on passe la revue de l'armement et des munitions ; à défaut d'approvisionnement, les cartouches consommées le 16 ne peuvent être remplacées.

Vers midi, au moment où se produit l'attaque prussienne, le 70ᵉ se déploie en deuxième ligne, à quelques centaines de mètres en avant de son campement, le Iᵉʳ bataillon appuyant sa droite à la route de Sainte-Marie, avec ordre du maréchal Canrobert, de défendre la batterie de position qui se trouve derrière lui, et dans le cas où il ne pourrait tenir, de se retirer dans le village pour aider à la défense. Le colonel, placé derrière le IIᵉ bataillon et appelé par le commandant Berbegier, se porte près de lui pour voir le mouvement.

Vers 4 heures, au moment où le 25ᵉ de ligne se replie et que le feu de notre artillerie se ralentit sensiblement, le commandant Berbegier demande au colonel de faire sonner la charge ; le clairon qui en reçoit l'ordre est tué ; le commandant Berbegier prend alors un clairon, se porte en avant de son bataillon qu'il entraîne avec lui, et ouvre un feu nourri sur les troupes prussiennes (infanterie et artillerie) placées près du village de Sainte-Marie-aux-Chênes ; malheureusement à ce moment il tombe mort, frappé de deux coups de feu.

Le IIᵉ bataillon suit bientôt le mouvement du Iᵉʳ et vient prendre position à peu près sur le même alignement, derrière une haie, et fait un feu à volonté sur les mêmes troupes. A ce moment, son commandant, M. Chambeau, est blessé très grièvement. La 1ʳᵉ compagnie du IIIᵉ bataillon appuie à la gauche du IIᵉ et prend part à son feu. Vers 5 heures (?), au moment où les colonnes prussiennes commencent à gravir les pentes de Saint-Privat, les cinq dernières compagnies du III⁰ bataillon se portent en avant, conduites par le brave chef de bataillon Mackintosh, qui est tué à ce moment-là.

Les trois bataillons, vigoureusement commandés, soutiennent longtemps sans être ébranlés, le feu meurtrier des colonnes prussiennes qui s'avancent toujours, soutenues par une artillerie formidable. Mais, vers 5 h. 30 (?) alors que deux des chefs de bataillon sont tués, que le troisième est grièvement blessé, que la plupart des hommes n'ont plus de cartouches et que le feu de notre artillerie est complètement éteint, le régiment est forcé à la retraite. Il vient se rallier autour du colonel et du drapeau, en arrière du village de Saint-Privat, près du bois de Bronvaux, où il retrouve environ 300 hommes et 4 officiers disparus pendant la bataille du 16, et qui n'ont pas pris part à celle d'aujourd'hui.

La retraite s'opère par Saulny, jusque sous le canon de Metz.

Pertes de la journée.

Officiers tués 6 : MM. Berbegier et Mackintosh, chefs de bataillon ; Tardy et Pouille, capitaines ; Garcin, lieutenant ; Michel, sous-lieutenant.

Officiers blessés 12 : MM. Chambeau, chef de bataillon ; Lemasson et Compin, capitaines ; Bouglé, Basquin, Bordeaux. Moreau et Sténus, lieutenants ; Cotillard, Vautour, Novion et Lieutard, sous-lieutenants ; Villalon, médecin-major de 2⁰ classe disparu.

Hommes de troupe : 53 tués, 257 blessés, 158 disparus.

Rapport sommaire du chef d'escadron Kesner, commandant l'artillerie de la 4⁰ division (7⁰ et 8⁰ batteries du 18⁰).

Devant-les-Ponts, 20 août.

Le 18 août, vers midi et demi, l'artillerie de la 4⁰ division, campée à la gauche de Saint-Privat, se porta devant les lignes d'infanterie et ouvrit le feu à 1800 mètres sur les colonnes prussiennes. Contre-battue par de nombreuses batteries et ne pouvant plus produire d'effet utile, elle se porta à la gauche de Saint-Privat, où elle s'établit de manière à contre-battre les abords du village de Sainte-Marie-aux-Chênes que les Prussiens ne tardèrent pas à attaquer.

Connaissant bien la distance qui les séparait du village, les capitaines des deux batteries firent de grands ravages dans les rangs de la cavalerie et de l'infanterie prussiennes. A 4 h. 30, les munitions des deux batteries étant complètement épuisées, vous leur avez donné l'ordre d'aller se ravitailler au grand parc.

En retournant vers Metz, lorsque la colonne était déjà engagée dans Plappeville, une panique insensée se déclara à Saulny et vint mettre le désordre dans la réserve des deux batteries, qui tenait la gauche de la colonne.

Le capitaine en second, Bessière, fut renversé de cheval, mais se relevant aussitôt, il parvint à arrêter ses voitures et à remettre de l'ordre dans sa colonne qu'il ramena au pas au Ban-Saint-Martin. L'adjudant Saint-Martin, qui l'accompagnait, lui prêta un grand concours.

Malheureusement, les deux dernières voitures (affût de rechange et chariot de batterie) s'étaient brisées au commencement de la débâcle et ne purent être ramenées. Le 19, on voulut aller les chercher, mais la gendarmerie s'opposa au passage des attelages, quoiqu'ils fussent conduits par un officier.

L'artillerie de la division a perdu, le 18 août (1) : 1 homme tué, 1 disparu, 7 blessés ; 22 chevaux tués, 5 blessés ; 2 voitures.

Rapport détaillé du chef d'escadron Kesner, commandant l'artillerie de la 4ᵉ division (7ᵉ et 8ᵉ batteries du 18ᵉ).

Sous Metz, 1ᵉʳ septembre.

Le 18 août, 10 heures, on commença à apercevoir les forces prussiennes. Les batteries montant de suite à cheval et conduites par S. Exc. le maréchal Canrobert, vinrent se former à 500 ou 600 mètres en avant de l'infanterie et ouvrirent le feu sur les colonnes qui s'avançaient ; elles arrêtèrent leur marche jusqu'au moment où des batteries prussiennes, étant venues se placer derrière la levée du chemin de fer, forcèrent les batteries à se retirer ; dans ce mouvement, la 7ᵉ batterie dut emmener deux de ses pièces avec un seul cheval chacune.

Les batteries traversèrent la route et vinrent se placer à droite de Saint-Privat, pouvant battre les approches du village de Sainte-Marie-aux-Chênes ; elles tirèrent dans cette position jusqu'à leur dernier obus et empêchèrent plusieurs fois les colonnes prussiennes de dépasser la route. Le tir était réglé à 1800 et 2,000 mètres, et l'on voyait les projectiles tomber au milieu des bataillons.

Malgré la lenteur du tir, à 4 h. 30 les deux batteries n'avaient plus d'obus ; c'est alors que le Maréchal leur donna l'ordre d'aller se réapprovisionner au grand parc. On partit immédiatement et l'on arriva à Plappeville où l'on put se procurer des munitions.

---

(1) Chiffres approximatifs.

Pendant que les batteries montaient la côte de Plappeville, une panique insensée se produisit sur la route et atteignit la queue de la colonne où étaient les réserves des deux batteries; grâce à l'énergie du capitaine Bessières et de l'adjudant Saint-Martin, les réserves purent se reformer de suite et rentrer au Ban-Saint-Martin où elles passèrent la nuit.

Journal de marche de la 8e batterie du 18e régiment.

18 août.

La batterie dès sa sortie du camp, vers 11 heures, est placée à l'extrême gauche de la division, face au bois de la Cusse; elle se forme en bataille avec des intervalles de 25 mètres; les caissons sont séparés. Vers 11 h. 30, elle est mise en batterie et ouvre son feu sur l'infanterie et l'artillerie prussiennes, à une distance de 1500 mètres. L'infanterie prussienne a ses colonnes fortement atteintes. Une de leurs batteries vient alors se placer derrière le chemin de fer; couverte par le remblai de la voie, elle ouvre son feu sur la batterie à 1100 mètres. La batterie fait alors un mouvement sur la gauche pour prendre en rouage la batterie prussienne. Le commandant Kesner reconnaît que la batterie serait entraînée trop loin de la division et arrête son mouvement. La batterie est alors reportée vers la droite et ralliée près de Jérusalem; la 1re section est mise immédiatement en batterie et dirigé son feu sur des troupes d'infanterie déployées en avant de Sainte-Marie. Les colonnes d'infanterie repoussées, la section a cessé son feu. Ramenée à la droite de Saint-Privat, vers 2 heures, la batterie dirige son feu sur la droite de Sainte-Marie, sur l'artillerie et les colonnes d'infanterie qui se disposent à gagner les bois de Saint-Marie (1). La distance est de 2,500 mètres, son tir est très juste. Il atteint fortement les colonnes à leur sortie du village; son feu cesse vers 3 heures et est repris une demi-heure après, dans une position très voisine et favorable au tir. La batterie reçoit des feux directs d'une batterie établie près de Sainte-Marie. Les coups de cette batterie sont en général courts : un certain nombre d'obus tombent dans la batterie sans faire de mal.

Vers 5 heures du soir, la batterie a épuisé ses munitions, il ne lui reste que des obus à balles et des boîtes à mitraille. L'ordre lui est donné de partir pour Metz renouveler ses munitions.

Les deux caissons perdus à Rezonville ne sont pas remplacés; les attelages de la batterie, réduits à dix chevaux de trait, seraient insuffisants pour les conduire, la batterie est privée de réserve en munitions.

---

(1) Bois d'Auboué.

La batterie rentre sous les forts de Metz et bivouaque près de Plappeville. La réserve, perdue dans un mouvement désordonné des voitures de plusieurs convois, laisse deux voitures en route (un chariot de batterie et l'affût de rechange) et les chevaux de trois servants.

Historiques des 7ᵉ et 8ᵉ batteries du 18ᵉ régiment d'artillerie.

18 août.

A 10 heures du matin, l'ennemi est signalé faisant un mouvement offensif; une batterie prussienne sort d'un bois et ouvre le feu. L'artillerie de la 4ᵉ division, conduite par le maréchal Canrobert lui-même, se mit immédiatement en batterie afin de donner le temps à l'infanterie de se former; le nombre des batteries ennemies augmente rapidement; les batteries du commandant Kesner appuient à gauche pour répondre de face aux batteries ennemies qui les prennent d'écharpe et ont à subir un feu violent qui leur cause quelques pertes.

Les munitions commençant à manquer, les batteries se retirent derrière Saint-Privat et reçoivent là des munitions de la réserve; le commandant Kesner porte alors ses batteries à droite du village, et dirige leurs feux sur une concentration de troupes qui apparaît derrière Sainte-Marie-aux-Chênes; quelque temps après, une masse de cavalerie débouche du village, mais elle est arrêtée par le feu de l'artillerie; trois fois elle se reforme; la dernière fois elle avance et disparaît derrière un pli de terrain, et au moment où elle reparaît sur la crête, elle est reçue par le feu des batteries et par la fusillade du 26ᵉ (?) de ligne abrité derrière de petits murs en pierres sèches.

La cavalerie repoussée s'enfuit vers Sainte-Marie-aux-Chênes et ne reparaît plus.

A 4 h. 30, les 7ᵉ et 8ᵉ batteries ayant épuisé leurs munitions, le commandant Kesner reçut l'ordre de se retirer sur Plappeville.

DIVISION DE CAVALERIE (DU BARAIL).

Journal de marche de la division de cavalerie du 6ᵉ corps.

18 août.

Vers 1 h. 30 de l'après-midi, l'on entend sur la gauche une forte canonnade, et l'on aperçoit, dans la direction de Vernéville, de fortes colonnes prussiennes. Le camp est immédiatement levé et tous les bagages sont dirigés sur la route de Metz. La bataille s'engage aussitôt entre l'artillerie des deux corps.

A 2 heures, le général de brigade de Bruchard, à la tête du 3ᵉ chasseurs de France, vient se placer sous les ordres du général du Barail, qui se trouve ainsi avoir trois régiments à sa disposition.

Jusqu'à 5 h. 30, l'ennemi se tenant à une très grande distance, la division de cavalerie reste en observation derrière la crête qui relie Saint-Privat au village de Roncourt. Mais, à ce moment, les Prussiens, qui se sont formés en fortes colonnes, derrière les bois entre Sainte-Marie-aux-Chênes et Montois-la-Montagne, commencent à déboucher au bas de la côte et la gravissent rapidement, couvrant de leurs feux les troupes françaises (1). Notre infanterie plie, couronne le plateau et se retire en désordre. Le 3e régiment de chasseurs est formé en colonne serrée, et, s'avançant sur la pente, lance successivement contre l'ennemi chacun de ses escadrons en fourrageurs (2). Il termine cette action par un mouvement général au galop (?), de Saint-Privat jusqu'à Roncourt, sous un feu très violent, couvrant ainsi la retraite de notre infanterie.

L'ennemi, que cette démonstration a ralenti dans sa marche, se porte de nouveau en avant. On lui oppose alors une brigade d'infanterie encore fraîche, commandée par le général Péchot, et l'on déploie sur un rang un escadron de chasseurs d'Afrique, qui ouvre un feu nourri, de manière à achever de garnir la crête à droite de Roncourt. Le reste de ce régiment se tient, en colonne serrée, à 200 mètres derrière ses tirailleurs.

Bientôt, les troupes qui remplissent Saint-Privat, sont obligées d'évacuer ce village. Par suite, notre ligne qui couronne la crête, de Saint-Privat à Roncourt, est réduite à exécuter un mouvement de retraite, en pivotant sur sa gauche, de manière que les tirailleurs du 2e chasseurs d'Afrique s'étendent jusqu'aux bois.

A ce moment, par-dessus nos troupes et très près d'elles, passent quelques boulets envoyés par une de nos batteries qui domine Saint-Privat. La division de cavalerie, qui s'est tenue en échelons de régiment, chacun en colonne serrée, déploie alors tout le régiment qui forme sa gauche, de manière à ne pas gêner, par sa profondeur, l'action de cette batterie. Ce régiment de gauche exécute lui-même sa retraite, par échelons à distance entière, afin de pouvoir faire face rapidement à l'ennemi, s'il débouchait sur le plateau, à gauche de Saint-Privat.

La division opère ainsi sa retraite lentement et dans un ordre admi-

---

(1) Attaque de la 1re brigade de la Garde prussienne.

(2) $\frac{1,2}{3 \text{ Ch}}$ seulement. Voir le *Rapport* du général de Bruchard.

rable, couvrant la plaine, masquant la fuite de l'infanterie débandée et appuyant la brigade Péchot qui résiste encore.

Il reste enfin à passer le défilé que forme, dans un fond, la route de Metz. A ce moment, l'artillerie qui domine Saint-Privat et qui comprend 48 pièces, commence un feu terrible avec les dernières munitions qui lui restent, et rend impossible à l'ennemi toute tentative contre notre division. Celle-ci franchit alors le défilé, moitié par la route, près la ferme de Marengo, moitié à travers le ravin qui, de cette ferme, descend vers les bois. Puis, elle effectue sa retraite sans être inquiétée, sur le côté de la route, en colonne par quatre et en bon ordre.

Il est 7 h. 15 (1) au moment où elle abandonne le champ de bataille. Elle arrive ainsi à Metz entre 11 heures et minuit, et chacun de ses corps y reprend le bivouac qu'il occupait avant de quitter cette place. Elle a ainsi parcouru 20 kilomètres en quatre heures, sur une route encombrée de bagages et de fuyards des 4e et 6e corps.

L'on constate, à la suite de ce combat, les résultats suivants (2) :

Artillerie : 1 sous-officier et 3 hommes tués ; 2 officiers, 1 sous-officier et 6 hommes blessés ; 14 chevaux tués ou disparus.

2e chasseurs d'Afrique : 2 hommes tués ou disparus ; 1 sous-officier et 2 hommes blessés ; 1 cheval tué ou disparu.

3e chasseurs de France : (?).

Rapport du général du Barail, commandant la division de cavalerie du 6e corps.

Metz, 20 août.

Le 18 août, la 1re division de la réserve de cavalerie (2e régiment de chasseurs d'Afrique), était campée au bivouac de Saint-Privat, lorsque, vers 1 h. 30 de l'après-midi, une forte canonnade se fit entendre du côté de l'aile gauche de l'armée française, dans la direction de laquelle on observait, depuis quelques heures, des mouvements de colonnes prussiennes. Le camp fut aussitôt levé et tous les bagages dirigés sur la route de Metz.

La bataille ne tarda pas à s'engager entre notre artillerie et l'artillerie prussienne. A 2 heures, le général de Bruchard, à la tête du 3e régiment de chasseurs de France, vint, d'après les ordres de S. Exc. le Maréchal commandant le 6e corps, se placer sous mes ordres.

Pendant tout le temps que dura le combat d'artillerie, la division manœuvra sur le plateau de Saint-Privat, se tenant en observation.

---

(1) Après 8 heures, d'après le *Rapport* du général du Barail.
(2) Chiffres approximatifs.

Dès que l'infanterie dut commencer à entrer en ligne, deux régiments de la division furent disposés en arrière des crêtes, tandis que le troisième régiment venait prendre position sur les crêtes elles-mêmes, à la droite de la seconde ligne d'infanterie, dans le but de ralentir, par son apparition et son attitude, la rapidité de la marche des colonnes prussiennes.

Vers 6 heures, l'infanterie qui couronnait le plateau de Saint-Privat, dut se rallier un peu en arrière de la position. Le 3º régiment de chasseurs de France, soutenu par le 2º, est alors formé en colonne serrée, s'avance résolument sur les pentes qui donnent accès sur le plateau, et lance successivement contre l'ennemi ses escadrons en fourrageurs (1). Les régiments terminent cette action par un mouvement général au galop, et sous un feu violent, renversent tout ce qui se trouve de tirailleurs ennemis entre Saint-Privat et Roncourt (?).

Vers 7 heures, au moment où des troupes de réserve remplaçaient les premières lignes fatiguées, un escadron du 2º régiment de chasseurs d'Afrique, déployé en tirailleurs au bord du plateau, put, par un feu nourri et bien dirigé, retarder la marche des tirailleurs ennemis, tandis que les trois autres escadrons de ce régiment se tenaient en colonne serrée, à 200 mètres en arrière, prêts à charger.

Vers 8 heures, le mouvement de retraite de nos lignes s'étant prononcé d'une manière définitive, la division se déploie pour permettre à l'infanterie d'exécuter sa marche rétrograde sans être inquiétée.

Elle exécute ensuite sa retraite au pas, dans un ordre parfait, couvrant la plaine, masquant les mouvements de notre infanterie et appuyant les troupes d'arrière-garde qui contiennent l'ennemi.

Les régiments sont ensuite reformés en colonne par quatre et passent le défilé de la route de Metz, sous la protection d'une batterie de 36 pièces de canon qui interdisent à l'ennemi tout moyen de poursuivre et de se servir de son artillerie d'une manière efficace.

Rapport du général de Bruchard, commandant la 1ʳᵉ brigade de la division de cavalerie du 6ᵉ corps.

Camp sous Metz, 20 août.

Arrivé en arrière de Saint-Privat pendant l'action du 18 août, je me suis mis sous votre commandement, comme le prescrivaient les instructions reçues du maréchal Bazaine. J'avais sous mes ordres le

---

(1) $\frac{1, 2}{3 \text{ Ch}}$ seulement.

3ᵉ chasseurs, que j'ai amené avec moi, et le 2ᵉ chasseurs que j'ai trouvé sur le terrain (1).

Vers 5 h. 30 (?), vous m'avez donné l'ordre, pour dégager l'infanterie et protéger son mouvement de retraite, d'exécuter une charge en fourrageurs, par escadron, sur l'infanterie ennemie, qui nous serrait de près devant Saint-Privat.

Les deux premiers escadrons du 3ᵉ chasseurs ont exécuté cette charge, et obtenu le résultat désiré (?).

Dans cette affaire, nous avons éprouvé les pertes suivantes, qui me sont signalées par le rapport du colonel du 3ᵉ chasseurs (2) :

Tués ou réputés tués, la preuve n'en ayant pas été faite : 1 officier, M. le lieutenant Rondard ; 1 brigadier, 2 chasseurs ; 5 chevaux.

Blessés : 2 officiers, MM. Delauzon, capitaine, et Saintotte, lieutenant ; 1 adjudant, 11 chasseurs ; 36 chevaux.

Disparus : 1 officier, M. Mériotte, sous-lieutenant ; 7 chasseurs ; 19 chevaux.

Historique du 2ᵉ régiment de chasseurs (colonel Pelletier).

18 août.

Dans la nuit du 17 au 18, la tranquillité du camp fut troublée par une fausse alerte. Quelques chevaux furent sellés. Dans la matinée, le 2ᵉ escadron, rentré la veille au régiment, partit pour escorter un convoi allant chercher des munitions à Metz. Il abandonna au bivouac tout son campement et ne rejoignit le régiment que le lendemain. Le rassemblement des voitures se fit difficilement et le convoi ne quitta Saint-Privat qu'à 11 heures.

A 7 heures du matin, des détachements composés de 4 hommes et 1 brigadier furent envoyés, autour de Saint-Privat, dans toutes les directions. A 9 heures, le boute-selle fut sonné au camp et immédiatement « à cheval ». Les généraux du Barail et de Bruchard (3) hâtèrent le départ. Le campement fut laissé ; un paysan à cheval guida le colonel dans sa reconnaissance dirigée sur Sainte-Marie-aux-Chênes. Entre ce dernier village et Auboué, la colonne atteignit la route de

---

(1) Le 10ᵉ régiment de chasseurs fournissait l'escorte du maréchal Lebœuf et les escadrons divisionnaires du 3ᵉ corps ; il fut laissé sur le plateau de Leipzig.

(2) Chiffres approximatifs.

(3) Il faut sans doute lire : de La Jaille, car le général de Bruchard ne rejoignit la division du Barail qu'au cours du combat.

Briey, puis se jeta à gauche, dans des terrains très accidentés. Des pelotons du 3ᵉ escadron furent envoyés en éclaireurs dans la direction de Coinville et du bois Rondeseille. Après avoir traversé les flancs et le fond d'un ravin, le régiment fit une halte sur le plateau. Le paysan indiqua au colonel les villages de Serry, Moineville, occupés par les Prussiens. Nos éclaireurs annoncèrent que des masses prussiennes, avec de l'artillerie, s'avançaient du côté de Batilly. Le régiment se replia et rentra à Saint-Privat, faisant évacuer sur son passage tous les villages envahis par les maraudeurs. M. Fongond fut spécialement chargé de Sainte-Marie-aux-Chênes, que quelques hulans venaient déjà de visiter.

Dès l'arrivée au camp, à 11 heures et quelques minutes (?), les premiers obus commencent à être lancés sur Saint-Privat. Toutes les troupes prennent les armes. La bataille est engagée. Le 6ᵉ corps occupe toute la droite de l'armée et nos batteries prennent position autour de Saint-Privat. La division du Barail, composée alors du 2ᵉ chasseurs d'Afrique et du 2ᵉ chasseurs de France, s'établit en bataille près des batteries, en avant de Saint-Privat, faisant face à Batilly. La quantité des obus reçus oblige ces deux régiments à se reporter derrière Saint-Privat. L'artillerie ne quitte pas ses positions. Des masses énormes de troupes prussiennes couvrent l'horizon. Elles descendent par Auboué et se forment dans la vallée, protégées par le bois de Roncourt (1). Sainte-Marie-aux-Chênes est évacuée par nos troupes. Des batteries ennemies s'établissent sur la route de Briey; un commencement de retraite se fait remarquer. M. Cazenave, lieutenant, envoyé en reconnaissance à 1 heure dans la direction de Marange, et le maréchal des logis chef des Vastines, du 3ᵉ escadron, du côté de Roncourt, n'y signalent point la présence de l'ennemi. A ce moment, les 3ᵉ et 10ᵉ chasseurs (2) rejoignent le général du Barail; cette division, de 2 à 4 heures, exécute des marches et des contremarches autour de Saint-Privat, extrêmement gênée par le feu dans ses mouvements. Vers 3 h. 30 (3), le général de Bruchard se lance, avec deux escadrons du 3ᵉ chasseurs, du côté de l'ennemi qui commence à déboucher par les bois de Roncourt. Le 2ᵉ chasseurs se porte en avant et prend position pour appuyer cette charge. Un vigoureux feu de mousqueterie l'oblige à se retirer.

Le 2ᵉ chasseurs d'Afrique déploie un escadron en tirailleurs du côté de Roncourt, il est également obligé de battre en retraite sous le feu

---

(1) En réalité, les bois d'Auboué.
(2) Le 3ᵉ chasseurs, seul.
(3) Heure très erronée.

de l'ennemi. Le 2ᵉ chasseurs se forme en bataille, sur la droite, à 200 mètres et à hauteur de Saint-Privat et reçoit l'ordre de se porter en avant au galop. Les escadrons se mettent en mouvement pour arrêter l'infanterie ennemie qui débouche toujours du bois. A 100 mètres plus loin, ils trouvent une ligne d'infanterie française, couchée à terre et reçoivent pendant quelques minutes le feu destiné à cette infanterie. Les chasseurs Dupont et Dasseau sont blessés et plusieurs chevaux sont atteints. Comme les deux autres régiments, le 2ᵉ chasseurs revient au pas à son point de départ. La division tout entière se reforme en arrière de Saint-Privat. A 5 heures (1), l'artillerie manque de munitions; l'infanterie, ne se sentant plus soutenue, commence à lâcher pied. Le village de Saint-Privat est en feu; de tous côtés, l'armée débordée, bat en retraite. L'infanterie reculant avec trop de précipitation, le Maréchal envoie le 5ᵉ escadron du régiment, avec le commandant Pinochet, pour arrêter la retraite et même recommencer le feu. Le 70ᵉ de ligne pille quelques voitures de munitions et se reporte en partie en avant. A 5 h. 30 (2), la division se retira du champ de bataille, suivit la route de Metz et s'engagea dans la cour de la ferme de Marengo, située au bas de la côte de Saint-Privat. Il dut revenir sur ses pas pour sortir de la ferme et gravir à travers champs le coteau d'Amanvillers. Au haut de cette rampe se trouvaient adossées au bois plusieurs batteries (30 pièces), entre autres la 9ᵉ du 15ᵉ régiment, tirant sur Sainte-Marie-aux-Chênes, par-dessus la vallée. On annonce que la Garde vient à notre secours, on fait en vain le simulacre de l'arrivée; la route est envahie par l'infanterie qui bat en retraite; la cavalerie marche sur les côtés. Les chasseurs d'Afrique suivent, à gauche, la lisière du bois des Fèves, les chasseurs de France à droite, celle du bois de Saulny. Pendant cette journée, M. le docteur Goinard, qui vint établir pendant la bataille une ambulance dans le village de Saint-Privat, est resté aux mains des Prussiens. La retraite depuis Saint-Privat jusqu'à Metz, par Saulny—Woippy, commencée le 18 à 7 heures du soir, s'est continuée par la nuit la plus obscure sur une route insuffisante, dans laquelle les différentes colonnes se sont plusieurs fois coupées. Ces fractions de troupe se sont momentanément égarées.

Vers 4 heures du matin, le 2ᵉ chasseurs reçoit l'ordre de bivouaquer; le 2ᵉ escadron, qui avait été coupé de la colonne, envoya prévenir le colonel qu'il était à 300 mètres et rejoignit à la pointe du

---

(1) Heure très erronée.
(2) Après 8 heures, d'après le *Rapport* du général du Barail.

jour. Le 2e escadron, parti la veille au matin pour escorter un convoi, rejoignit dans la matinée.

Historique du 3e régiment de chasseurs (colonel Sanson de Sansal).

18 août.

Les 2e et 6e escadrons, rentrant de reconnaissance, rendent compte de la marche de l'ennemi.

A 11 heures, la bataille de Saint-Privat commence par une vive canonnade. Il était réservé au 3e chasseurs de parcourir toute l'étendue de cette ligne de canons (de la ferme de Leipzig jusqu'au delà de Sainte-Marie-aux-Chênes), c'est-à-dire de l'extrême gauche à l'extrême droite du champ de bataille (?). A ce moment, en effet, le colonel de Sansal reçoit l'ordre de quitter le 3e corps pour se porter près du général du Barail, commandant la division de cavalerie du 6e corps. Le régiment part alors en colonne par pelotons, essuyant sur une distance de plus de 10 kilomètres (?) le feu des batteries ennemies, traversant des villages que les habitants abandonnent en toute hâte, laissant de distance en distance quelques chevaux blessés, et, par le plus grand des hasards, ne perdant ni un officier ni un seul homme. La division du Barail occupait des positions en arrière de la 3e division du 6e corps (extrême droite).

Vers 6 heures du soir, notre artillerie faiblissait et l'infanterie commençait à plier. Le maréchal Canrobert donna l'ordre à la cavalerie de débusquer les tirailleurs ennemis ; les cinq escadrons du 3e chasseurs gravirent rapidement les pentes qui les séparaient de l'ennemi ; les deux premiers escadrons, sous les ordres du colonel, furent lancés en fourrageurs et devaient être soutenus par les 3e, 5e et 6e escadrons qui, sous les ordres du lieutenant-colonel de Puységur, essuyèrent de pied ferme un feu de mousqueterie des plus violents ; ce mouvement permit à l'infanterie de se rallier et arrêta l'ennemi (?). Dans cette charge à la tête de laquelle se précipita le général de Bruchard, dont le cheval fut blessé, ainsi que celui de son officier d'ordonnance M. Kiffert, sous-lieutenant du 3e chasseurs, le régiment eut des pertes relativement faibles : le lieutenant Rondart, blessé et disparu ; le capitaine Delauzon, le lieutenant Saintotte, blessés ; le sous-lieutenant Mériotte, disparu. Les capitaines Scheurer et Lanfranchi ont leurs chevaux tués sous eux; ceux du lieutenant-colonel de Puységur et du capitaine Ducouédic furent blessés ; 3 hommes de troupe tués, 13 blessés parmi lesquels l'adjudant de Puységur, atteint légèrement à la tête; 5 disparus ; 5 chevaux tués, 36 blessés, 16 disparus. Dans la nuit du 18, le régiment battit en retraite sur Metz ; le 3e escadron resta à l'arrière-garde, chargé d'escorter les batteries d'artillerie et les voitures.

Historique du 10ᵉ régiment de chasseurs (colonel Nérin).

18 août.

Le 1ᵉʳ *escadron*, à 8 heures du matin, va prendre position en arrière et à environ 400 mètres de l'Arbre-Sec, le dos tourné au bois de Châtel, et y établit son bivouac à côté des dragons de la division de Clérembault avec ordre de se tenir prêts à marcher. Vers 8 heures, on aperçoit distinctement des colonnes prussiennes qui suivent la route de Verdun et se rabattent sur Vernéville. A 11 heures, on reçoit l'ordre de monter à cheval. A ce moment, le 3ᵉ chasseurs, sous les ordres de M. le général de Bruchard, va se mettre à la disposition de M. le maréchal Canrobert, commandant le 6ᵉ corps. Un dragon du 4ᵉ régiment est arrêté comme espion. Le 1ᵉʳ escadron du 10ᵉ chasseurs et l'état-major restent seuls avec la division de dragons; ils stationnent quelque temps à la gauche de cette division, adossés à la vallée de Montveaux. On se porte ensuite sur la droite et on se forme en bataille dans un champ, ayant à droite, la grange Montigny, à gauche et derrière, le bois des Rappes. Devant l'escadron, se trouve une batterie française qui cesse son feu vers 3 heures. Les nombreux obus prussiens qui nous sont destinés tombent tous sur le même point et sur notre droite. A 4 h. 30, on aperçoit distinctement la Garde qui se porte dans la direction d'Amanvillers.

A 7 h. 30, l'escadron reprend l'emplacement qu'il occupait le matin; il y trouve les bagages du 10ᵉ chasseurs. Plusieurs projectiles viennent éclater autour de l'escadron qui, par un hasard inouï, comme à Gravelotte, n'a pas un seul homme atteint; à 8 heures, l'ordre est donné de battre en retraite. Cette retraite s'exécute, sous le commandement de M. le général de Maubranche, par un ravin étroit qui rejoint la rampe de Châtel.

Les officiers qui étaient à la tête de la colonne disent qu'ils n'ont pas quitté l'allure du pas, mais soit qu'il y ait eu beaucoup de temps d'arrêt à cause de l'obscurité et des encombrements de troupes, soit que les premiers régiments aient exécuté des doublements quand la largeur de la route l'a permis, l'escadron du 10ᵉ chasseurs, qui était à la gauche, a été toujours au trot ou au galop pour ne pas perdre la direction suivie, et a causé par la vivacité de son allure une sorte de panique parmi les nombreux soldats arrêtés dans les maisons, dans les cabarets, ou pillant les voitures chargées de vivres et abandonnées pêle-mêle.

Le 2ᵉ *escadron* et la division Aymard prennent les armes à 10 heures environ. A 11 h. 30, M. le maréchal Lebœuf donne l'ordre au capitaine commandant d'envoyer deux pelotons pour s'assurer si la ferme de Chantrenne est occupée par l'ennemi. Ces deux pelotons, sous les ordres de M. le capitaine en second Le Breton, s'engagent dans le bois de Chantrenne et, ne trouvant ni route ni sentier, mettent pied à terre, et traînent leurs chevaux à grand'peine ; à un kilomètre de la ferme, ils trouvent un bivouac prussien qui vient d'être évacué, car les feux fument encore. Deux escadrons de hulans cachés derrière la ferme, apercevant ces deux pelotons, se dirigent au galop sur eux. M. le capitaine Le Breton se retire au plus vite avec sa division, longeant le bois qu'il vient de traverser et rejoint le capitaine commandant après avoir rendu compte de sa mission. L'escadron reste adossé au bois de Châtel et en arrière de la ferme de Moscou, jusque vers 4 heures, exposé constamment aux projectiles ennemis.

Le brigadier Froment est légèrement contusionné à la jambe par un éclat d'obus, et le chasseur Brachet a son fusil brisé, également par un éclat d'obus.

A 4 h. 30, M. le général Aymard envoie son officier d'ordonnance prévenir le capitaine commandant de faire avancer son escadron à hauteur de la ferme de Moscou, avec ordre de se tenir prêt à charger ; mais au bout d'un instant l'ennemi n'ayant pas prononcé son mouvement en avant, l'escadron reçoit l'ordre de se retirer et d'aller reprendre son ancienne position, où il reste, la bride au bras, jusqu'à 2 h. 30 du matin.

Le 3e escadron, escorte de M. le maréchal Lebœuf, arrive à Amanvillers à 11 heures, et reste exposé toute la journée aux projectiles ennemis qui ne cessent de tomber, comme le 16, sur l'état-major et l'escorte du Maréchal. Il opère pendant la nuit sa retraite sur Metz, par Saint-Vincent et Lorry.

Le 5e escadron. — Dès 8 heures du matin, les tentes sont roulées, le café pris et les troupes, l'arme au pied, attendent un ordre de mouvement. La canonnade s'étant fait entendre vers 10 heures (?), du côté de Vernéville et Amanvillers, la division prend ses dispositions de combat en avant de ses bivouacs, sur le terrain compris entre la ferme de Leipzig à droite, et celle de Moscou à gauche, faisant face à la route d'Étain à Metz. L'escadron se forme en bataille en arrière de la droite de la deuxième ligne, et en avant et à l'Est de la ferme de Leipzig ; il reste dans cette position jusqu'à 2 heures de l'après-midi où, devenu pendant un instant l'objectif du tir de l'artillerie ennemie établie sur la route d'Étain, il est forcé d'exécuter un mouvement sur son flanc droit pour s'abriter derrière une ferme.

Vers 5 ou 6 heures, la canonnade devenant plus vive et plus distincte sur le côté droit et en arrière de la division, l'escadron reçoit l'ordre de se replier jusqu'à la lisière du bois de Châtel-Saint-Germain, et de prévenir le général dans le cas où les mouvements de l'ennemi, en se rapprochant, tendraient à tourner les positions occupées.

Arrivé au point indiqué, le chef d'escadrons longe le bois situé à l'Est d'Amanvillers et après avoir constaté la présence de nombreux escadrons au repos, à la sortie de ce bois, il vient rejoindre l'escadron.

A 10 h. 30, l'escadron, pour éviter toute surprise, s'éloigne un peu du bois et, à 11 heures, le commandant fait prévenir M. le général Nayral, commandant alors la division, et qui se tenait à pied près de la ferme de Moscou encore en flammes, que l'escadron est à quelques centaines de mètres en arrière de ses lignes et à sa disposition. Le général, étonné d'apprendre que l'escadron est encore là, en témoigne sa satisfaction à l'officier qui s'était rendu auprès de lui et ordonne de rechercher dans le plus grand silence le 15e bataillon de chasseurs à pied, et de mettre pied à terre auprès de lui, sans débrider les chevaux.

6e escadron. — Une partie de cet escadron est envoyée pour reconnaître les environs de Vernéville. A 11 heures la canonnade commence(?); l'escadron se place en bataille derrière la 3e division, position qu'il conserve jusqu'à 10 heures du soir. La division s'étant retirée, l'escadron est mis à la disposition de M. le colonel d'artillerie de Lajaille, dont les batteries se mettent en bataille sur le haut du plateau et y restent jusqu'à 3 heures du matin.

Journal de marche de la 2e brigade (de Lajaille) de la division de cavalerie du 6e corps.

18 août.

Le lendemain 18, de très bonne heure, des reconnaissances sont dirigées sur Sainte-Marie-aux-Chênes et Auboué; elles rentrent sans signaler l'ennemi.

A 11 heures (?), une violente canonnade retentit sur notre gauche; le corps d'armée prend les armes; la brigade se forme derrière le centre, à droite et un peu en arrière de Saint-Privat. Le 2e chasseurs est replacé sous le commandement du général de Bruchard, dont la brigade a été détachée au 6e corps.

Dès le début de l'action, des pelotons de chasseurs d'Afrique, chargés d'éclairer notre extrême droite, sont poussés en avant, dans les directions de Montois-la-Montagne, Pierrevillers et Marange.

Jusqu'à 5 heures du soir, la brigade reste inactive et se borne à changer de position, pour se soustraire au feu de l'artillerie.

A 5 h. 30 (?), la brigade de Bruchard exécute une charge. M. le maréchal Canrobert fait appeler le 2e chasseurs d'Afrique, pour le faire charger en avant de Saint-Privat; mais, lorsque le régiment arrive, l'occasion est déjà perdue. Dans le même moment, Roncourt est enlevé et notre droite refoulée. Les têtes de colonnes ennemies débouchent sur le plateau, de tous les points à la fois; le Maréchal nous prescrit alors de soutenir la retraite.

Déployé à hauteur du 100º de ligne, et faisant face à Roncourt, le 2º chasseurs d'Afrique se forme en échelons, en avant par l'aile droite; l'échelon de droite, formé sur un rang, s'arrête et exécute des feux à volonté.

La retraite se fait au pas et en bon ordre, sans que l'ennemi songe à l'inquiéter.

On se dirige sur la route de Saulny, en continuant à faire face à l'ennemi, dans la direction de Roncourt, et on atteint cette route, au point où elle s'élève sur la crête du plateau. Il est 7 h. 30 du soir, la division de grenadiers de la Garde vient de se déployer sur la crête, face à Saint-Privat.

Le 2º chasseurs d'Afrique se retire alors par Saulny et Woippy sur Metz, et il arrive à minuit au bivouac du Ban-Saint-Martin qu'il avait occupé avant le départ du 14.

Historique du 2º régiment de chasseurs d'Afrique (colonel de La Martinière).

18 août.

Reconnaissances à 8 heures du matin sur Montois, Auboué et Saint-Ail; l'ennemi est signalé partout. A 11 heures du matin (?) le canon se fait entendre du côté de Vernéville; l'action s'engage bientôt sur toute la ligne.

Le régiment prend d'abord position à l'Ouest du village, faisant face à la route de Briey, à portée de l'artillerie à cheval de la division. Le mouvement de l'ennemi se dessinant ensuite vers le Nord, le 2º chasseurs d'Afrique est massé entre Saint-Privat et Roncourt sur la pente qui descend jusqu'à Sainte-Marie-aux-Chênes. Il assiste au combat de notre extrême droite et se tient prêt à soutenir nos batteries.

Vers 5 heures du soir, le régiment est formé en bataille en avant de la forêt de Jaumont, où il est bientôt exposé aux obus et aux balles des Prussiens; la faible troupe d'infanterie qui défendait depuis le matin le village de Sainte-Marie-aux-Chênes, menacée d'être coupée de l'armée, bat en retraite sur Saint-Privat; un léger désordre se produit alors dans nos bataillons qui, pour se reformer en arrière du village, reçoivent fort à propos l'appui de nos escadrons déployés; un de ceux-ci, sous la direction du commandant Bossan, est envoyé à la hauteur de nos tirailleurs d'infanterie vis-à-vis de Roncourt qu'occupe déjà l'infanterie prussienne. Les feux nourris des chasseurs d'Afrique formés sur un rang font taire ceux de l'ennemi. Cependant une marche rétrograde en échelons est ordonnée; elle s'exécute au pas vers le bois de Fèves et avec un tel calme que les troupes voisines en sont frappées; elles reprennent avec confiance un ordre régulier. Tout à coup, la réserve d'artillerie du 6° corps, postée sur le revers des carrières d'Amanvillers, ouvre son feu par-dessus nos lignes; ce tir rapide et foudroyant porte la confusion dans les rangs ennemis; nos régiments se retirent lentement et sans être inquiétés sur la route de Saulny. Il est 7 heures du soir; un retour offensif est possible; nos chasseurs s'empressent de donner leurs cartouches à l'infanterie; tous, pleins d'ardeur, se reforment en bataille; mais le secours annoncé n'arrivant pas, la retraite continue doucement sur Metz. Malgré les embarras de la route encombrée de bagages, le régiment en entier rentre au camp du Ban-Saint-Martin où il s'établit à 11 heures du soir n'ayant eu qu'un sous-officier et deux hommes blessés pendant l'action.

Rapport du capitaine commandant la 5e batterie du 19e régiment (division de cavalerie du 6e corps).

Metz, 20 août.

Le 18 août, la batterie a reçu l'ordre, à 11 h. 30 du matin, de se porter en avant et de se mettre à la disposition du général Levassor, commandant la 4° division du 6° corps. Vers midi, la batterie a pris position en avant du village de Saint-Privat-la-Montagne, à la droite des batteries de la 4° division, ayant derrière elle la route de Metz à environ 150 mètres, et assez loin à sa droite, le village de Sainte-Marie-aux-Chênes.

Nous avons ouvert le feu sur les batteries prussiennes qui appuyaient la gauche de l'ennemi; après avoir tiré environ 200 coups de canon, les projectiles ennemis arrivant fréquemment dans la batterie, nous nous sommes retirés en arrière de la route de Metz, en laissant à notre gauche le village de Saint-Privat, ayant devant nous la chaussée de la route de Metz qui pouvait arrêter les projectiles ennemis par son relief.

Après quelques coups tirés par nous, l'ennemi dirigeant sur nous un feu très vif et dangereux, nous allions nous retirer un peu plus en arrière avec les quatre pièces de droite très exposées, en laissant la section de gauche commandée par le lieutenant en premier Kelle qui avait heureusement disposé ses deux pièces en les faisant protéger par un pli de terrain, lorsque M. le maréchal Canrobert nous a envoyé l'ordre de revenir près de notre première position et de tâcher de tenir, en ménageant nos munitions, pendant au moins deux heures.

M. le capitaine d'artillerie de Randal, officier d'ordonnance de M. le maréchal Canrobert, nous a indiqué une position que nous avons occupée immédiatement avec trois pièces. Elles étaient établies obliquement sur la route de Metz, couvertes par une grande maison placée à la gauche de la route de Metz, à l'entrée du village de Saint-Privat, et aussi masquées par un terrassement de clôture du jardin de la maison en question, lequel était couronné d'un petit mur de grosses pierres que nous avons eu la précaution de faire jeter par terre pour éviter les éclats. Ces trois pièces ont été dirigées très habilement par M. le sous-lieutenant Cornu resté seul avec le capitaine commandant. Le lieutenant en second Bardenet était allé, par ordre de M. le maréchal Canrobert, demander des munitions aux batteries du 4ᵉ corps, en traversant tout le champ de bataille à cheval. Le lieutenant en premier Kelle, après avoir disposé ses deux pièces, de manière à balayer la route si l'ennemi se présentait, s'est occupé, ainsi que l'adjudant Martin, de nous faire parvenir activement des munitions que nous étions forcés de consommer en grand nombre, les effets de notre tir occupant les batteries de la gauche de l'ennemi et les empêchant d'appuyer le mouvement tournant des Prussiens qui se préparait du côté du village de Sainte-Marie-aux-Chênes.

Plus tard, l'une des pièces de notre demi-batterie de position ayant eu son affût brisé par le tir, M. le lieutenant Bardenet nous a amené sa deuxième pièce et aussi une de celles du lieutenant Kelle que nous avons ajoutée aux trois autres en resserrant les intervalles à deux mètres. Le feu a continué pendant près de quatre heures avec beaucoup de justesse de tir, jusqu'au moment où une batterie prussienne est venue se placer près du village de Sainte-Marie pour enfiler la route de Metz. Jusque-là nos pertes étaient peu sensibles, nos caissons et avant-trains étant cachés avec soin dans le village et protégés par les maisons qui les mettaient à peu près à l'abri des coups de l'ennemi. Ce dernier, parvenant à régler son tir, nous a mis d'un coup deux pièces hors de combat, en nous abattant deux sous-officiers, un brigadier et deux hommes ; les autres servants des pièces, le capitaine et les deux lieutenants, ont reçu des éclats de pierre ou de métal. Un autre coup a enlevé tous les armements d'une pièce (écouvillons et leviers).

Notre position n'était plus tenable ; nous avons cessé le feu et retiré péniblement nos pièces de leur position, où elles eussent été broyées, les projectiles de l'ennemi arrivant en masse et criblant les murs des maisons qui nous protégeaient. Notre feu ayant cessé, l'ennemi a dirigé le sien ailleurs, et peut-être aurions-nous pu tirer quelques obus à balles sur cette batterie qui nous avait si maltraités et qui s'avançait vers notre droite, ressemblant de loin à de la cavalerie ; de peur d'atteindre notre infanterie, nous n'avons pas donné suite à cette idée.

Le mouvement de retraite de notre infanterie se dessinant de plus en plus, nous avons fait retirer nos pièces que l'on a mises à bras sur les avant-trains et nous avons traversé le village de Saint-Privat au pas, pour nous porter sur les hauteurs qui dominent le village en suivant la route de Metz.

Toute l'artillerie du corps d'armée était disposée en batterie pour faire tête à l'ennemi ; n'ayant plus dans nos coffres que quelques coups dispersés, nous avons continué à nous retirer vers Metz en suivant au pas, en dehors de la route, les bagages qui s'entassaient de plus en plus. Nous avons rejoint notre réserve de batterie à 11 heures du soir, à la porte de Metz.

Les sous-officiers, brigadiers et canonniers qui ont pris part à l'action ont montré beaucoup de sang-froid pendant le tir et il s'est exécuté avec précision.

L'artificier Devaucou, très ancien serviteur, s'est fait remarquer par son calme à disposer les projectiles pour les mettre dans les conditions d'éclatement désirable en raison de la portée du but ; le trompette Prat, très vieux serviteur, a fait aussi son service avec entrain ; le premier servant Moriot a été littéralement couvert de terre par l'éclatement d'un projectile tombé à ses pieds et, sans interruption, a continué la charge de sa pièce.

Rapport du capitaine Bédarrides, commandant la 6e batterie du 19e régiment d'artillerie (division de cavalerie du 6e corps).

Metz, 19 août.

Vers 11 heures, au commencement de la bataille, la batterie s'est portée à la suite des chasseurs d'Afrique, sur le plateau en avant du village de Saint-Privat-la-Montagne. Indépendante dans ses mouvements, mais agissant de concert avec trois batteries qui occupaient le terrain en ce point, elle a contribué d'abord à paralyser le feu des batteries de l'ennemi, qu'elle prenait sensiblement d'écharpe.

Pour remplir cette première partie de sa mission, elle a occupé sur les crêtes du plateau trois positions successives.

La seconde partie du rôle de la batterie a commencé quand les Prussiens, débusqués du petit village en avant de Saint-Privat-la-Montagne, ont effectué leur simulacre de retraite. Pendant que leurs colonnes défilaient derrière le rideau de peupliers fermant la plaine pour se masser derrière les bois, le feu de la batterie qui, pour mieux les enfiler, a pris successivement trois positions en avant, jusqu'à 700 mètres de l'ennemi, l'a fait beaucoup souffrir. Presque toutes ses pièces concentraient peu à peu leur feu sur nous et, au moment où toutes les autres batteries environnantes, sans munitions ou trop harcelées, cessaient leur feu et se retiraient fortement en arrière, la batterie, restée seule en avant, criblée de coups qui lui venaient de toute part, a soutenu pendant quelque temps une lutte qui, quoique inégale, a ralenti le mouvement offensif de l'ennemi. Devant la convergence des feux prussiens, et les menaces d'un escadron de hulans que des décharges d'obus à balles ont fait rentrer à l'abri des bois, la batterie a opéré sa retraite avec calme, prenant trois fois encore position, dans cette marche rétrograde, sous un déluge de feux bien dirigés, mais qui, heureusement, n'ont atteint que des chevaux.

Nos pertes ont été peu nombreuses, à cause des nombreux changements de position.

Les munitions étaient en ce moment épuisées et il avait fallu les renouveler.

La batterie reculait en bon ordre, quand, en arrière du plateau au bord de la route de Metz, où les troupes se retiraient, le capitaine, apercevant une place avantageuse pour se porter, a fait mettre ses pièces en batterie, côte à côte avec le 17e régiment d'artillerie (1) et là, par une vive canonnade de près de deux heures, alimentée avec des caissons nouveaux qui ont été mis à sa disposition, la batterie a concouru jusqu'à la nuit, à protéger la retraite du convoi et des troupes.

Le feu cessant alors sur presque toute la ligne, la batterie s'est mise à la gauche et s'est acheminée en ordre vers Metz. Elle est entrée, à 3 heures du matin, au Ban-Saint-Martin.

Historique des 5e et 6e batteries du 19e régiment d'artillerie (division de cavalerie du 6e corps).

18 août.

Les deux batteries lèvent le camp vers 11 h. 30 du matin ; la 5e est détachée à la 4e division du 6e corps d'armée ; la 6e marche avec sa brigade de cavalerie légère.

Vers 11 heures (?), dès qu'on entend le canon, la 5e va se placer à 700 ou 800 mètres du campement qu'elle avait occupé au Nord-Ouest de Saint-Privat ; elle ouvre le feu, à 1800 mètres, contre des batteries qui se sont établies au Nord-Ouest de Sainte-Marie-aux-Chênes ; on lui répond très vivement et avec grande justesse ; mais les projectiles s'enfoncent dans les terres labourées et ne produisent que peu d'effet. Quoi qu'il en soit, la position devenant périlleuse, la batterie se porte

---

(1) La 6e batterie du 17e.

à 200 mètres en arrière, en se rapprochant de Saint-Privat, et ouvre le feu ; il durait depuis quelque temps, lorsque le Maréchal commandant le 6ᵉ corps, qui avait son quartier général dans le village, fait placer une section en observation dans un jardin tout près de là, et fait passer les deux autres sections, du Nord-Ouest au Sud-Ouest de Saint-Privat, sur la route de Briey, dont le talus formait parapet. L'espace est très restreint, mais la position est des mieux choisies ; aussi la 5ᵉ peut-elle y tenir depuis midi jusqu'à 3 h. 30 ou 4 heures, tandis que les batteries voisines sont forcées de quitter successivement le champ de bataille. Mais plus l'isolement se fait autour d'elle, plus l'ennemi s'acharne à l'éteindre ; vers 4 heures, un obus éclate entre deux pièces '(elles étaient forcément très rapprochées) et met huit hommes hors de combat. A partir de ce moment, les projectiles arrivent en si grand nombre que les deux sections sont contraintes de renoncer à la lutte. Leur approvisionnement, celui de la section laissée au Nord du village et qui n'a pas tiré, un caisson cédé par une batterie du 1ᵉʳ d'artillerie, tout est, à peu de chose près, consommé ; le Maréchal félicite la batterie et l'autorise à suivre le mouvement de retraite ; il était 4 h. 30 environ. La 5ᵉ se retire et va camper sous les murs de Metz où elle arrive vers 11 heures du soir. La batterie avait tiré environ quinze coups par pièce à la première position occupée, et dix coups à la deuxième position ; les deux sections qui avaient tiré au Sud-Ouest de Saint-Privat, avaient consommé plus de deux cents coups par pièce. La batterie avait eu 1 cheval tué à la première position, 1 homme et 1 cheval blessés à la deuxième position ; 4 hommes tués, dont 1 sous-officier, 6 hommes blessés dont 1 sous-officier et 7 chevaux tués à la dernière position (1).

La 6ᵉ batterie vient prendre position entre Saint-Privat et Roncourt ; à 1 heure, elle ouvre le feu ; d'abord, contre des batteries établies près de Sainte-Marie-aux-Chênes ; plus tard, elle contre-bat d'autres batteries établies sur le chemin qui conduit de Sainte-Marie à Montoy ; le tir s'exécute à la distance de 1500 à 1600 mètres ; mais des colonnes de cavalerie se montrant vers le Nord et menaçant de tourner la droite de l'armée, la batterie cherche à arrêter leur mouvement ; elle tire sur elle à la distance de 2,000 ou 2,200 mètres. Vers 3 heures, l'extrême droite de l'armée française perd du terrain ; elle se replie bientôt en désordre sur la route de Saulny ; la 6ᵉ batterie ne peut plus conserver une position où elle est exposée à être enlevée ; elle exécute des feux en retraite en se repliant dans la direction du village de Bronvaux.

A ce moment, 4 h. 30, la batterie avait tiré environ quatre-vingt-dix

---

(1) Chiffres approximatifs.

coups par pièce ; protégée par le bon choix de sa position et par l'état du sol dans lequel la plupart des projectiles ennemis s'enfonçaient sans éclater, elle n'avait perdu que 1 homme et 1 cheval.

A 5 heures, la batterie, forcée encore de reculer, va s'établir, avec plusieurs autres batteries du 6e corps, sur une hauteur à gauche de la route de Metz à Briey, à l'entrée du bois et à 1500 mètres environ en arrière de Saint-Privat. De là, elle fait feu tantôt sur les colonnes d'attaque qui veulent s'emparer du village, tantôt sur les batteries qui ont pris position sur les hauteurs à droite et à gauche du village et qui tirent sur nos troupes en pleine retraite vers Saulny.

L'obscurité ou l'épuisement des munitions oblige toutes les batteries à cesser le feu ; vers 9 heures, la 6e se retire sous les murs de Metz ; elle y arrive à 3 h. 20 du matin.

Dans cette dernière position, la 6e batterie a tiré de quatre-vingt-dix coups à cent coups par pièce ; elle a eu 1 homme tué et 3 chevaux blessés (1).

b) Organisation et administration.

Le maréchal Bazaine au maréchal Canrobert.

Plappeville, 18 août.

J'ai l'honneur d'informer Votre Excellence que, dans le but de vous pourvoir de la cavalerie nécessaire, j'invite M. le maréchal Lebœuf, commandant le 3e corps, à mettre provisoirement à votre disposition les autres régiments de la brigade de Bruchard (3e et 10e chasseurs), dont vous avez déjà reçu le 2e chasseurs.

J'autorise cependant le maréchal Lebœuf à retenir près de lui, pour son escorte, un escadron de chasseurs, dans le cas où il le jugerait nécessaire, les régiments restant près de lui n'étant plus que des dragons.

Le même au même.

Plappeville, 18 août.

Je vous prie de donner les ordres les plus formels pour que le commandant de l'artillerie de votre corps d'armée envoie, le plus vite possible, prendre sur le plateau de Plappeville les munitions d'artillerie et d'infanterie qui lui sont destinées, en fournissant en même temps l'état des consommations.

---

(1) Chiffres approximatifs.

Les ordres que j'ai donnés à ce sujet n'ont pas été exécutés comme je l'aurais désiré; vous voudrez bien en exprimer mon étonnement à qui de droit, et stimuler le zèle de tous. Chacun doit se rappeler qu'il doit exécuter un ordre donné, dans le plus bref délai et par tous les moyens possibles.

Le général Soleille au maréchal Canrobert.

Metz, 18 août.

En l'absence du général Labastie (1), je viens de nommer commandant de l'artillerie par intérim, dans le 6ᵉ corps, le lieutenant-colonel Jamet, le plus ancien des officiers supérieurs de ce corps. Mais cette disposition ne peut être que très transitoire, le colonel Jamet ne pouvant ni se procurer les informations nécessaires, ni exercer sur ses collègues une autorité suffisante.

Permettez-moi, Monsieur le Maréchal, de vous demander quelles sont vos intentions à l'égard du général Labastie. Ne pourrait-il pas tenter de rejoindre son poste par la voie de Thionville, encore ouverte en ce moment? Si telles sont vos intentions, Votre Excellence pourrait télégraphier immédiatement au général Labastie un ordre à ce sujet.

Je désirerais qu'elle voulût bien me les faire connaître par le retour de l'officier que je lui envoie.

Faute de commandant d'artillerie dans le 6ᵉ corps, je ne possède aucune situation de l'artillerie de ce corps. Je puis encore moins me rendre compte de ses besoins.

J'ai l'honneur de vous prier, Monsieur le Maréchal, de vouloir bien, par exception, me faire envoyer, par votre état-major, l'indication de l'emplacement des batteries et de l'affectation que vous avez faite des batteries à cheval et de 12 qui ont été détachées de la réserve générale pour faire le service au 6ᵉ corps.

L'intendant Vigo-Roussillon, du 6ᵉ corps, à l'Intendant en chef, à Metz (D. T.).

Verdun, 18 août, 8 heures matin.

Les routes vers Montmédy et Longuyon sont occupées par l'ennemi. Le général se refuse à me laisser partir pour le moment. Je rejoindrai le corps aussitôt que possible.

Prévenez-en le maréchal Canrobert.

---

(1) Resté au camp de Châlons.

L'officier d'administration Triballat au sous-intendant militaire Courtois, à Metz.

Camp sous Metz, 14 septembre.

Le 18 août, je transportais à la 1re division du 6e corps d'armée, à Saint-Privat-la-Montagne, pour quatre jours de vivres et fourrages au moyen de 45 voitures, dont 5 chargées de biscuit, remises au Ban-Saint-Martin par M. Voirol, officier comptable du campement, employé temporairement aux subsistances. Il m'est impossible de connaître d'une manière précise le nombre de rations renfermées dans les voitures, parce qu'il a été fait des distributions sur voitures au Ban-Saint-Martin et que, comme personne ne s'attendait à un désastre, les bons ont été mis dans la caisse unique du comptable avec les bons des distributions précédentes. Toutefois, il est permis d'apprécier approximativement le montant du chargement.

Les 45 voitures comprenaient des rations pour quatre jours, pour 11,000 hommes, soit 44,000 rations. On peut avoir distribué 3,000 rations au Ban-Saint-Martin. Il restait 41,000 rations.

Lorsque nous sommes arrivés avec le convoi au village de Saulny, près du bois, nous avons rencontré un nombre assez considérable d'artilleurs revenant du combat avec une vitesse désordonnée et criant : « Sauve qui peut ! Voilà les Prussiens ! » A ce cri, les 200 hommes d'escorte se sont sauvés sans que le capitaine chef d'escorte ait eu le temps de se reconnaître et les convoyeurs civils ont dételé leurs chevaux, sont montés sur l'un d'eux et se sont sauvés, abandonnant leur voiture et leurs autres chevaux.

A la suite de cette panique, je me suis rendu à l'intendance militaire de la Garde pour demander des secours afin de protéger mon convoi. Le sous-intendant Gaffiot, par ordre de l'intendant général de l'armée, m'a renvoyé à Saulny, à 10 heures du soir, pour accompagner le sous-intendant Heilmann, chargé de prendre toutes les mesures nécessaires pour sauvegarder les intérêts de l'État. Arrivés à Saulny, près du bois, nous avons fait, le sous-intendant et moi, toutes les recherches possibles, recherches qui ont duré jusqu'à 6 heures du matin. Nous avons retrouvé 19 voitures ayant conservé une grande partie de leur chargement. Les pillards n'avaient pas encore eu le temps de les mettre à sac. Les autres voitures avaient été ou enlevées par des voleurs ou les convoyeurs, ou pillées complètement par les soldats.

Après avoir protégé les 19 voitures chargées contre le pillage des troupes rentrant de Saint-Privat-la-Montagne, le sous-intendant militaire a pris des mesures pour les faire rentrer au lieu du campement de la 1ʳᵉ division et m'a ordonné de payer la somme de cinq francs à chacun des habitants de Saulny qui me suivrait avec une voiture chargée.

Les 19 voitures, peu endommagées, qui ont été sauvées, pouvaient contenir à peu près un tiers du chargement. Ainsi, sur 41,000 rations que devaient contenir les voitures au point de départ, il peut avoir été sauvé 12,500 rations.

Les faits cités dans le présent rapport peuvent être confirmés par le sous-intendant militaire, avec lequel j'ai passé la nuit sur la route de Saulny.

Le maréchal Canrobert au Général commandant la 3ᵉ division du 6ᵉ corps.

Saint-Privat-la-Montagne, 18 août.

S. Exc. le Maréchal commandant en chef de l'armée m'écrit ce qui suit : « L'arrivage des trains qui transportent les denrées nécessaires à l'armée, éprouvant des difficultés qui coïncident avec le mouvement de concentration sous Metz, il importe de prévoir le cas où les distributions de pain ne pourraient pas s'effectuer intégralement. J'ai l'honneur de vous informer que si cette éventualité venait à se produire, on ne distribuerait que la demi-ration de pain ou de biscuit, en remplaçant le surplus par 300 grammes de farine et, dans le cas où il ne pourrait être donné ni pain ni biscuit, chaque homme recevrait 600 grammes de farine.

« Veuillez donner les ordres nécessaires pour assurer l'exécution de ces dispositions, qui ont été arrêtées de concert avec M. l'Intendant général de l'armée. »

Le colonel Henrion-Bertier, commandant le 70ᵉ de ligne, au général de Chanaleilles, commandant la 2ᵉ brigade de la 4ᵉ division.

Camp de Saint-Privat, 18 août.

J'ai l'honneur de vous rendre compte qu'il est indispensable qu'il soit distribué, dans mon régiment, 2,500 paquets de cartouches. De plus, le sucre et le café sont dus depuis le 17, le pain depuis le 18. Les ressources du pays ne permettant pas aux hommes de se procurer des vivres de quelque nature que ce soit, j'ai l'honneur de vous prier de vouloir bien donner à mes demandes la suite qu'elles comportent.

Il m'a été dit qu'un détachement d'environ 400 hommes s'est retiré sur Gravelotte, avec 5 officiers, dont 4 capitaines et 1 lieutenant : MM. d'Avenas, Baudry, Audren, Violand et Laurain. Gravelotte étant très près d'ici, ne serait-il pas possible d'envoyer un paysan avec une lettre, pour dire à ces messieurs de rallier sur le point où nous sommes?

Le Sous-Intendant militaire de la division de cavalerie du 6ᵉ corps au général du Barail.

Camp de Saint-Privat, 18 août.

J'ai l'honneur de vous rendre compte que je ne pourrai faire distribuer de l'avoine aux chevaux de la division pour la journée de demain, si le convoi de ravitaillement envoyé vers Metz n'arrive pas à temps.

Je n'ai plus que pour deux jours, au maximum, de biscuit.

Les 3,500 rations de pain que je m'étais procurées en route, sont épuisées.

Le ravitaillement annoncé par M. l'Intendant général est si faible que je crois devoir porter à votre connaissance la situation critique dans laquelle nous allons nous trouver inévitablement d'ici deux jours, car, en admettant que le convoi envoyé à Plappeville revienne ce soir, il n'y aura rien à donner aux chevaux après-demain.

Le général du Barail au maréchal Canrobert.

Saint-Privat, 18 août.

J'ai l'honneur de rendre compte à Votre Excellence que la division de cavalerie placée sous mes ordres n'a plus en réserve, pour la journée de demain, que 320 rations d'avoine.

D'autre part, les 3,500 rations de pain, que M. le sous-intendant de la division avait pu se procurer en route sont épuisées, et il ne reste que pour deux jours de biscuit.

Il en résulte que le ravitaillement préparé à Plappeville ne saurait durer bien longtemps et que, notamment, les chevaux n'auront plus d'avoine après-demain, si toutefois on est, demain matin, en mesure de distribuer la quantité de cette denrée que rapportera le convoi d'aujourd'hui.

c) Opérations : ordres et comptes rendus.

Le maréchal Canrobert au maréchal Bazaine.

Saint-Privat, 18 août, 10 h. 15 matin.

L'officier de chasseurs envoyé en reconnaissance à Auboué, sur l'Orne, à quatre kilomètres et demi, sur la droite de Saint-Privat, et chargé d'éclairer sur ce point les abords de la rivière et faciliter l'abreuvoir des chevaux (privés d'eau ici), me rend compte à l'instant de la présence de troupes ennemies vers Valleroy et le long de la rive gauche de l'Orne.

J'arrête les détachements qui allaient à l'abreuvoir, me réservant, si la nécessité y est, de faire moi-même une grosse reconnaissance offensive, pour faciliter l'abreuvement de nos chevaux.

Ordre du maréchal Canrobert.

Camp de Saint-Privat, 18 août.

Toutes les fois que les divisions seront établies au bivouac, les chefs d'état-major devront envoyer *immédiatement* et quelle que soit l'heure, chez le Maréchal commandant en chef le 6e corps, un maréchal des logis de planton et, chez le chef d'état-major général, un brigadier de planton. Ces plantons devront reconnaître le logement de leur chef d'état-major, avant de se rendre au quartier général. Le chef d'état-major devra aussi faire reconnaître immédiatement, et quelle que soit l'heure, l'emplacement occupé par le quartier général du Maréchal commandant en chef. On leur fera connaître, autant que possible, lorsqu'on donnera l'ordre de route, le lieu probable de l'établissement de ce quartier.

Envoyer d'urgence, avant midi, au quartier général, le rapport sur l'affaire du 16, en ce qui concerne la division de cavalerie.

Adresser d'urgence, en même temps :

1° Des propositions pour le grade de général ;

2° Des propositions pour remplir les vides créés par les officiers tués ;

3° Des propositions pour les promotions ou l'avancement dans la Légion d'honneur. On joindra seulement aux propositions une simple mention des états de service.

Prière d'adresser également, le plus tôt possible, l'état nominatif des officiers tués ou blessés ; numérique pour la troupe.

Il faut faire connaître, le plus tôt possible, les besoins des corps en effets de campement, havresacs, effets de linge et chaussure.

On devra profiter des jours où l'on ne marchera pas pour nettoyer les armes et les mettre en état.

Lorsque les corps s'établiront dans de nouvelles positions, ils devront exécuter les moyens de défense nécessaires pour s'établir solidement. Ils devront aussi reconnaître les communications en arrière, à travers les bois et les faire occuper sur quelques points.

Toutes les voitures régimentaires et certaines voitures d'artillerie devront être rendues aujourd'hui, à 8 heures, à l'entrée du village de Saint-Privat, sur la route, du côté du village d'Amanvillers. Elles sont destinées à aller chercher, aux magasins centraux, sur le plateau de Plappeville : un jour de biscuit, deux jours de vivres de campagne et un jour d'avoine, pour toutes les parties prenantes de l'armée.

La division de cavalerie fournira un escadron pour escorter ce convoi (rendu à 8 heures au village de Saint-Privat).

Envoyer la situation avant 8 heures du matin.

Il est interdit, de la manière la plus absolue, de décharger les armes dans les camps, particulièrement la nuit.

d) Situations.

1re division de cavalerie. — 2e brigade.

18 août.

CORPS.	PRÉSENTS.			ABSENTS.								EFFECTIF.	CHEVAUX								EFFECTIF.
				OFFICIERS			TROUPE						DISPONIBLES					INDISPONIBLES			
	Officiers.	Troupe.	Total.	disparus.	détachés.	aux hôpitaux.	aux hôpitaux.	en jugement.	déserteurs.	prisonniers.	Détachés.		d'officiers.	de troupe.	de trait.	Mulets.	Total.	Mulets.	Chevaux.	Total.	
État-major général..	1	»	1	»	»	»	»	»	»	»	»	»	3	»	2	»	5	»	laissés à Metz	»	»
État-major......	1	»	1	»	»	»	»	»	»	»	»	»	»	»	»	»	»	»	»	»	»
2e chasseurs d'Afriq.	36	544	580	»	3	1	36	5	4	»	16	63	65	452	9	39	565	»	15	15	580
4e																						
Totaux......	38	544	582	1	3	1	36	5	4	»	16	63	68	452	11	39	570	»	15	15	585

Alignements en vivres. { En vivres...... Jusqu'au 19 inclus.
{ En fourrage.... »
{ En solde....... La solde est touchée jusqu'au 31 août.

Malades à la chambre. { Officiers....... »
{ Troupe........ 19

19ᵉ régiment d'artillerie à cheval. Du 18 au 19 août.

CORPS.	PRÉSENTS.			ABSENTS.								EFFEC-TIF.	CHEVAUX					EFFEC-TIF.
				OFFICIERS.			TROUPE.						DISPONIBLES.			INDISPONIBLES.		
	Officiers.	Troupe.	TOTAL.	en mission.	détachés.	aux hôpitaux.	aux hôpitaux.	Déserteurs.	Disparus.	Détachés.	TOTAL.		d'officiers.	de troupe.	de trait.	Mulets.	Chevaux.	
5ᵉ batterie............	6	447	453	»	1	»	6	»	1	3	11	464	9	79	81	»	5	474
6ᵉ batterie............	6	154	160	»	»	»	3	»	»	1	4	164	11	79	74	»	7	171
Totaux......	12	301	313	»	1	»	9	»	1	4	15	328	20	158	155	»	12	345

Alignements en vivres : { Les vivres sont assurés jusqu'au 20 août inclus.
{ La solde est assurée jusqu'au 31 août inclus.

17 chevaux tués à la bataille du 18.

des guides, autant que je puis me le rappeler), un billet écrit en entier de la main du maréchal Lebœuf, ayant pour objet de le prévenir que des mouvements de troupes considérables s'exécutaient en avant de son front et de celui du 2e corps placé à sa gauche, et qu'on devait s'attendre à une grande bataille.

A *2 h. 30*, je fus informé que l'on entendait une assez forte canonnade. Ne recevant pas d'ordre, je voulus me rendre compte par moi-même de ce qui se passait. Je montai à cheval avec mon chef d'état-major général, le général d'Auvergne, mon aide de camp, un officier de l'état-major général et un peloton de dragons. Je prévins la division de grenadiers de se tenir prête à prendre les armes. La brigade Brincourt, moins le bataillon de chasseurs à pied, avait été détachée, par ordre du maréchal Bazaine, à Châtel-Saint-Germain, afin de se mettre à la disposition du maréchal Lebœuf.

Le général Deligny fut chargé, par ordre du maréchal Bazaine, d'occuper, avec le bataillon de chasseurs à pied et le 4e voltigeurs, le mont Saint-Quentin.

Quant au 3e voltigeurs, de la brigade Garnier, mis d'abord en route, afin de relever un des régiments de la brigade Brincourt, il fut appelé à soutenir, un moment, la division Aymard fortement engagée sur le plateau du Point-du-Jour, puis il dut rentrer à son bivouac.

Je ne disposais donc, en réalité, par suite de ce morcellement regrettable, que de la division de grenadiers. Comprenant plutôt à la quantité de fumée qu'au bruit de la canonnade qui se faisait peu entendre par suite de la direction du vent, que la lutte prenait de grandes proportions, j'ordonnai à cette division, à *3 h. 20*, de prendre les armes et de s'établir à hauteur du Gros-Chêne, à cheval sur le chemin de Plappeville à Saint-Privat. Vers *4 heures*, la division de grenadiers prenait position et faisait surveiller, par sa droite, le ravin de Saulny.

A *4 h. 30*, je la portai un peu en avant, afin de me rapprocher des troupes que je pouvais être appelé à soutenir. En même temps j'envoyai mon aide de camp en reconnaissance au delà de Saulny avec quelques dragons, afin de s'assurer si des forces ennemies menaçaient de tourner notre extrême droite par les routes de Briey ou de Thionville. Son absence se prolongeant, j'envoyai un peloton de guides en reconnaissance dans le même but. A son retour, qui eut lieu vers *5 h. 45*, j'appris que l'ennemi ne paraissait pas de ce côté, mais j'aperçus en même temps, dans cette direction, un mouvement rétrograde d'un assez grand nombre d'hommes isolés. Je supposai que les choses avaient pu changer pendant le trajet fait par mon aide de camp pour rentrer près de moi.

A *6 h. 15*, le capitaine de La Tour du Pin, aide de camp du général de Ladmirault, vint me demander, au nom de son chef, de faire appuyer par la Garde le 4ᵉ corps d'armée qui avait obtenu, me disait-il, un succès.

A *6 h. 20*, le commandant Pesme, autre aide de camp du général de Ladmirault, vint remplir près de moi la même mission, dans les mêmes termes.

Je fis remarquer à ces deux officiers que je n'avais sous la main que la division de grenadiers et qu'il me semblait imprudent de ne pas se tenir en garde contre un mouvement tournant, susceptible de jeter le désordre et de compromettre les résultats de la journée.

Ils insistèrent tellement que je compris que le succès avait besoin d'être complété, si tant était qu'il fût réel.

Dès *6 h. 25*, je me mettais en route avec la division de grenadiers, guidé par le commandant Pesme qui m'assurait que l'ennemi était encore fort loin, et j'envoyai chercher en toute hâte les batteries d'artillerie de réserve de la Garde. A la sortie du bois avoisinant Amanvillers et Saint-Privat, je me rendis compte de la situation.

L'extrême droite de l'armée pliait complètement et l'encombrement que je constatai me détermina, pour assurer un peu d'ordre dans ce mouvement, à faire rétrograder les troupes qui s'étaient déjà engagées dans le bois, à les déployer en arrière, puis à les y faire pénétrer pour l'occuper solidement.

A *7 h. 40*, l'artillerie de réserve arrivant au galop, vint me rejoindre en débouchant à droite d'Amanvillers, en face de Saint-Privat. Cinq batteries ouvrirent leur feu contre l'extrême gauche de l'armée ennemie et l'obligèrent à mettre un terme à son offensive (1).

A *8 h. 30*, le combat cessait de part et d'autre.

Venu sans ordre au Gros-Chêne, avec la division de grenadiers, m'étant porté, sur une invitation du général de Ladmirault, au secours de notre droite, il me fut prescrit, vers *10 h. 30 du soir*, de faire rentrer l'artillerie et les grenadiers de la Garde dans leurs campements. Je ne le fis qu'après m'être assuré que les troupes étrangères à la Garde avaient déjà opéré elles-mêmes leur mouvement de retraite. Aucune instruction ne m'avait été donnée pendant la journée par le maréchal Bazaine et je n'avais reçu, dans la journée du 18 août, d'autre avis des commandants de corps d'armée que la demande d'appui transmise par les deux aides de camp du général de Ladmirault.

Le maréchal Bazaine avait reçu au fort Saint-Quentin, dès le début, un billet de moi lui rendant compte des dispositions que je croyais

---

(1) D'après le *Rapport* du général Jeanningros, les zouaves et deux bataillons du 1ᵉʳ grenadiers furent alors portés au Nord du bois. (Voir d'ailleurs l'*Historique* du 1ᵉʳ grenadiers.)

devoir prendre et des inquiétudes qu'il était permis de concevoir du côté des routes de Briey et de Thionville. Il ne m'adressa aucune réponse. Il retourna à son quartier général à Plappeville et rencontra, un peu avant 4 heures (?), sur le chemin conduisant du col du Saint-Quentin à Plappeville, à l'entrée de ce dernier village, mes officiers d'ordonnance et mon porte-fanion, M. Frémy que j'avais mandés. Il leur dit, à ce moment, qu'il était inutile qu'ils vinssent me rejoindre, que tout était terminé.

Historique de la 6e compagnie du 1er régiment du train des équipages militaires. (Détachement du quartier général de la Garde.)

18 août.

L'ambulance de la Garde prit part à la bataille de Saint-Privat. En effet, les grenadiers de la Garde défendaient les hauteurs d'Amanvillers, de Vernéville, pendant que la cavalerie poussait des charges dans les vallées ; l'ambulance se fractionna en deux parties dont l'une fut mise à la disposition de la cavalerie pendant que l'autre restait avec l'infanterie. Il fut impossible, dans la journée du 18, de pouvoir enlever tous les blessés ; le pays est trop boisé et trop accidenté pour que les recherches soient faciles ; aussi l'ambulance ne prit aucun repos dans la journée, dans la nuit et dans la matinée du 19. Elle avait enlevé 260 blessés lorsqu'elle reçut l'ordre de suivre l'armée et de se replier sur Metz.

1re DIVISION (DELIGNY).

Journal de marche de la division de voltigeurs.

18 août.

D'après les ordres du général commandant la Garde, les 1er et 2e voltigeurs, sous le commandement de M. le général Brincourt, vont occuper, dans la matinée, le contrefort situé au Nord-Ouest du village de Châtel-Saint-Germain. Ces troupes ont pour mission de tenir cette importante position et d'être en mesure d'appuyer les 2e et 3e corps d'armée dans le cas où leur secours serait utile.

La compagnie du génie accompagne la colonne et exécute les travaux nécessaires pour renforcer la position et abriter les hommes.

L'ennemi ayant attaqué nos lignes, le 2e voltigeurs a été envoyé comme réserve à la 4e division du 3e corps. Il n'a pris aucune part à l'affaire, mais a eu à souffrir du feu de l'artillerie prussienne. Il a eu 2 hommes tués et 31 blessés. Quant au 1er voltigeurs, maintenu au-dessus de Châtel-Saint-Germain, les éclats de projectiles creux lui ont fait éprouver quelques pertes ; 15 hommes ont été touchés et le capitaine Dumon-Réveil, du 1ᵉʳ voltigeurs, a été tué.

Dans l'après-midi, la 2ᵉ brigade avait reçu l'ordre d'aller relever la 1ʳᵉ qui était partie sans sacs. La présence de troupes ennemies dans la direction de Jussy et de Vaux, et une canonnade dirigée sur les villages de Rozérieulles et de Moulins ont fait contremander ce mouvement, afin que les abords du fort Saint-Quentin ne soient pas dégarnis de troupes en cas d'attaque.

Historique du bataillon de chasseurs à pied de la Garde.

18 août.

Vers midi, l'armée française est de nouveau attaquée, les 1ᵉʳ et 2ᵉ voltigeurs prennent les armes ; le bataillon reste à son campement. Les 1ʳᵉ, 2ᵉ, 5ᵉ, 6ᵉ, 7ᵉ et 8ᵉ compagnies reçoivent alternativement l'ordre d'aller surveiller les mouvements de l'ennemi du côté de Sainte-Ruffine, la Maison-Rouge et Moulins, où il cherche à inquiéter la retraite de la cavalerie et du convoi de blessés.

Rapport du colonel Dumont, commandant le 1ᵉʳ voltigeurs.

Camp de Plappeville, 21 août.

Parti de son bivouac de Saint-Quentin, à 11 heures du matin, avec la brigade, le 1ᵉʳ voltigeurs a pris position, vers 1 heure, au mamelon 313, dont la gorge a été fermée immédiatement par une tranchée-abri (1). Trois compagnies du Iᵉʳ bataillon, commandées par le commandant Alzon, ont occupé en tirailleurs la lisière du bois qui se trouve en avant du Point-du-Jour.

Le régiment n'a pas quitté cette position et a été pendant toute la journée exposé à une pluie de boulets creux; toutefois, grâce aux bonnes dispositions prises, nous n'avons eu que M. Dumon-Réveil, capitaine, tué et 11 hommes blessés.

Historique du 1ᵉʳ régiment de voltigeurs de la Garde (colonel Dumont).

18 août.

Réveil à 5 heures, et à 11 heures le régiment prend les armes sans

---

(1) L'heure de départ donnée par le *Journal de marche* de la Garde (midi) paraît donc plus admissible.

rentrer le 3ᵉ voltigeurs et de garder toute la brigade sur la hauteur du Saint-Quentin. A la nuit, un bataillon du 4ᵉ voltigeurs est réparti sur les crêtes, autour du fort, afin de surveiller les mouvements de l'ennemi.

Le 3ᵉ voltigeurs étant resté constamment en réserve, n'a pas pris part directement à la bataille, et n'a eu que trois blessés pendant la journée du 18 août.

Rapport du général Garnier, commandant la 2ᵉ brigade de la division de voltigeurs.

Camp de Devant-les-Ponts, 21 août.

Le 3ᵉ voltigeurs était parti le 18 août, à 3 h. 45, pour relever un des régiments de la 1ʳᵉ brigade sur la position de Châtel-Saint-Germain. A 4 h. 15, je reçus l'ordre de faire rentrer le 3ᵉ voltigeurs à son campement. Lorsque l'ordre parvint à M. le colonel Liaud, le 3ᵉ voltigeurs était déjà en avant de Châtel-Saint-Germain et, au lieu de rétrograder, se porta en avant pour soutenir la division Aymard fortement engagée sur le plateau du Point-du-Jour. M. le général Brincourt, s'appuyant sur un ordre de M. le maréchal Canrobert, avait pris la responsabilité de ce mouvement.

Lorsque M. le maréchal Bazaine donna l'ordre formel de faire rentrer le 3ᵉ voltigeurs, M. Folly partit et, arrivé sur le lieu du combat, fut obligé de s'adresser à M. le maréchal Lebœuf pour obtenir l'exécution du mouvement rétrograde, ordonné par M. le maréchal Bazaine.

Le 3ᵉ voltigeurs n'a pas été engagé ; il n'a eu que trois hommes blessés par des éclats de projectiles ennemis.

C'est en raison du peu d'importance du rôle du 3ᵉ voltigeurs, pendant la journée du 18, que je n'ai pas cru devoir établir un rapport spécial, et que j'avais seulement donné un simple compte rendu dans mon rapport journalier du 19, en envoyant l'état des blessés.

Historique du 3ᵉ régiment de voltigeurs (colonel Lian).

18 août.

Le canon se fait entendre, vers 11 heures du matin, dans la direction de Metz à Verdun.

Le régiment reçoit l'ordre de se porter à Châtel-Saint-Germain vers 4 heures du soir. Il est placé en réserve, sous les ordres du général Aymard, jusqu'à 6 heures.

Formation en bataille, face à l'ennemi. Le régiment est adossé au bois.

A 7 heures, le général Garnier fait rappeler son régiment, qui retourne à Saint-Quentin. Même emplacement. Arrivée à 8 h. 30.

Historique du 4ᵉ régiment de voltigeurs (colonel Ponsard).

18 août.

La brigade se reporte sur les hauteurs ; le régiment servait de réserve, en même temps qu'il appuyait l'artillerie de la brigade mixte ; le soir, il contribua à maintenir l'ennemi.

Les trois compagnies de grand'garde étaient restées en face du bois qui domine Jussy et Sainte-Ruffine, et de concert avec le 97ᵉ, qui fut engagé en entier pendant toute la journée, elles prirent une grande part à l'action et contribuèrent à arrêter la diversion que l'ennemi tentait de ce côté-là. Établies entre Rozérieulles et Jussy, soutenues par le IIᵉ bataillon du 97ᵉ, dont les deux autres bataillons étaient à Sainte-Ruffine, elles furent attaquées par une brigade entière de l'ennemi qui les délogea de leurs positions qu'elles reprirent deux fois, mais qu'elles furent obligées d'abandonner quand les munitions furent épuisées. Elles battirent alors en retraite sur Rozérieulles et rejoignirent le régiment à 10 heures sur les positions qu'il avait conservées.

Le 19, après l'affaire de Saint-Privat, la brigade continua la retraite sur Metz.

Historique des batteries de la 1ʳᵉ division de la Garde (1ʳᵉ, 2ᵉ et 5ᵉ batteries montées).

18 août.

Le 18, l'artillerie de la 1ʳᵉ division ne quitte pas son camp.

Rapport du chef de bataillon Hitschler, commandant le génie de la division de voltigeurs.

Au camp, 20 août.

Le 18 août, à 11 heures du matin, le commandant du génie a reçu l'ordre de partir avec sa compagnie de sapeurs pour organiser la défense du plateau en avant du village de Châtel-Saint-Germain et occuper l'emplacement d'une vieille tour qui commande les chemins qui descendent à ce village.

Arrivée sur le terrain, la compagnie a établi, avec l'aide du 1ᵉʳ voltigeurs, 200 mètres de tranchée-abri et de murs en pierres sèches, consolidés par des terrassements. La position n'a pas été attaquée, mais elle a été battue par de nombreux projectiles de gros calibre qui ont blessé ou tué une vingtaine d'hommes du 1ᵉʳ voltigeurs : ces tranchées ont donné une grande confiance aux troupes chargées de les défendre. En même temps, le 2ᵉ régiment de voltigeurs occupait la lisière du bois à gauche de la jonction, et un détachement de sapeurs conduit par le sergent Jacquot, qui s'est parfaitement acquitté de sa mission, était chargé de pratiquer des passages dans la forêt pour assurer la retraite du régiment en cas de besoin. La compagnie a bivouaqué sur le terrain mis en état de défense, dans la nuit du 18 au 19, et a reçu l'ordre de rejoindre sa division au point du jour. Dans la soirée du 19, elle a suivi le mouvement de la division qui est venue camper sur les versants Est du Saint-Quentin.

2ᵉ DIVISION (PICARD).

Journal de marche de la division de grenadiers.

La division de grenadiers de la Garde occupait, le 18 août 1870, le col et le plateau de Plappeville, entourant le fort de ce nom. Vers 3 heures de l'après-midi, elle reçoit l'ordre du général commandant en chef de se mettre en marche pour aller appuyer le corps de Ladmirault qui est fortement engagé du côté de Saint-Privat et de Norroy. Les troupes prennent les armes, sans sacs, laissant les tentes dressées ; les chevaux sont allégés.

Conduite par le général en chef et par le général de division, elle se porte (la 2ᵉ division) sur le plateau du Gros-Chêne et prend position, la 1ʳᵉ brigade (Jeanningros) en première ligne, partie déployée, partie par bataillons en colonne à demi-distance ; la 2ᵉ brigade (de La Croix), en deuxième ligne, par bataillons à demi-distance, à 300 mètres environ de la première. La cavalerie en arrière de cette seconde ligne, et l'artillerie entre les deux lignes.

On occupe fortement la ferme du Gros-Chêne (1) ; on surveille les bois et le grand ravin qui sont sur la droite, entre la route de Woippy à Saint-Privat et la ferme.

Comme on aperçoit de gros tourbillons de poussière sur cette route, on envoie un peloton de guides (lieutenant Boyer) reconnaître quelle en est la cause.

Cependant, l'ordre est donné de se porter en avant ; on marche dans l'ordre tactique indiqué ci-dessus, laissant toutefois une compagnie à la ferme du Gros-Chêne, point important qui garde un chemin sur notre droite, allant à Saulny par les bois. On s'arrête avant d'arriver

---

(1) C'est-à-dire la ferme Saint-Vincent, ainsi que cela ressort plus loin.

au défilé formé par la route du Gros-Chêne à Amanvillers, au point où elle descend rapidement à travers bois, dans la plaine ondulée de ce ce village. On prend les dispositions nécessaires à la défense de cette position essentielle sur les derrières des corps engagés. Un bataillon du 2ᵉ grenadiers est jeté dans le bois à droite, un bataillon du 1ᵉʳ grenadiers dans le bois à gauche. Le général de division fait placer les batteries divisionnaires, deux à gauche et une à droite de la route, de manière à battre au besoin l'issue du défilé et la lisière des bois.

Vingt minutes s'étaient à peine écoulées que le général commandant en chef envoya l'ordre au général de division de passer le défilé avec la 1ʳᵉ brigade et les batteries divisionnaires, et de garder la position actuelle avec la 2ᵉ brigade (1). En conséquence, la 1ʳᵉ brigade descend les pentes et, en débouchant dans la plaine, prend position à droite de la route et un peu en arrière d'Amanvillers (2). Les zouaves, déployés sur deux lignes, appuyés au bois; les batteries au centre; le 1ᵉʳ grenadiers en échelons, en arrière et à gauche des batteries. Celles-ci commencent le feu qui dure environ une demi-heure, tantôt à mitraille contre les tirailleurs, tantôt à obus contre les batteries ennemies.

Le combat cessant et la nuit commençant à venir, les troupes de la 1ʳᵉ brigade attendirent pour se retirer que plusieurs corps de la ligne et de l'artillerie de la ligne, qui s'étaient rapprochés du défilé, se fussent écoulés. Le mouvement de retraite ne fut définitivement prononcé que vers 9 heures du soir. La division se remit en marche dans l'ordre inverse de la marche en avant et rentra au camp de Plappeville vers 11 heures.

Dans cette affaire, M. Ziéger, lieutenant aux zouaves, a été blessé, ainsi que 4 hommes des zouaves et 5 hommes du 1ᵉʳ grenadiers. Les batteries divisionnaires ont eu 1 artilleur tué, 4 hommes blessés, 1 disparu, plus 3 chevaux tués et 5 blessés légèrement.

Rapport du général Jeanningros, commandant la 1ʳᵉ brigade de grenadiers.

Camp du Ban-Saint-Martin, 25 août.

Le 18 août, vers 3 heures du soir, la brigade Jeanningros reçut

---

(1) A 6 h. 25 (*Note* du général Bourbaki).

(2) Le demi-tour de la 1ʳᵉ brigade et son second mouvement en avant sont passés sous silence. (Voir à la fois la *Note* du général Bourbaki, le *Rapport* du général Jeanningros, l'*Historique* du 1ᵉʳ grenadiers et celui des batteries de la 2ᵉ division.)

l'ordre de se porter dans la direction d'Amanvillers. Elle quitta à 3 h. 30 son campement du fort de Plappeville, et à 4 h. 30, elle se forma en bataille sur un plateau, entre les fermes Saint-Vincent et Saint-Maurice. Le 1ᵉʳ grenadiers, appuyé à cette dernière ferme; les zouaves à la gauche, sur la même ligne, le IIᵉ bataillon doublant le Iᵉʳ.

Sur l'ordre du général commandant en chef la Garde impériale, la brigade se porta en avant, franchit un défilé formé par un chemin traversant le bois de Saulny et déboucha sur les hauteurs, au lieu dit les carrières d'Amanvillers (1).

L'artillerie de la Garde couronna les crêtes et ouvrit le feu dans la direction de Saint-Privat. Deux compagnies du IIᵉ bataillon des zouaves, en tirailleurs, se portèrent en soutien à gauche des batteries. Les quatre autres compagnies du IIᵉ bataillon garnirent la droite des batteries et surveillèrent la lisière des bois. Le 1ᵉʳ bataillon de zouaves fut placé à 300 pas en arrière des batteries.

Le IIIᵉ bataillon du 1ᵉʳ grenadiers occupa les crêtes, à gauche des batteries de la Garde.

Les Iᵉʳ et IIᵉ bataillons du 1ᵉʳ grenadiers restèrent dans la main de M. le général, commandant la division.

On resta dans cette situation, soutenant le feu de l'artillerie, dirigé vers Saint-Privat.

A la nuit tombée, la brigade quitta ses positions et rentra vers 11 heures du soir, à son campement de Plappeville.

Il n'y a rien de particulier à signaler.

Des obus et boîtes à balles, tombant sur le terrain occupé par la brigade, ont blessé 5 hommes au 1ᵉʳ grenadiers et 5 hommes aux zouaves, parmi lesquels M. le lieutenant Ziéger, légèrement atteint à la cuisse gauche par un éclat d'obus.

Les dispositions prises pour défiler les hommes, ont empêché des pertes plus sérieuses.

Extrait de l'historique des zouaves de la Garde (2).

18 août.

Dès 10 h. 30 du matin (?), la canonnade se fait entendre avec fracas du côté d'Amanvillers et de Saint-Privat.

A 2 heures (?), la division prend les armes. Le régiment part en tête de la colonne, sans sacs, avec une impatience de combattre et un

---

(1) Le mouvement rétrograde de 6 h. 45 est passé sous silence.
(2) Par le lieutenant Burkard.

entrain qui éclatent tout le long de la route en propos joyeux. Il se porte, moitié courant, moitié marchant, dans la direction d'Amanvillers.

Néanmoins, fréquemment arrêté, il ne peut avancer que lentement à travers l'encombrement des caissons qui vont se ravitailler et des blessés, les uns en voiture ou en cacolet, les autres à pied, qui se dirigent vers les ambulances. Le spectacle est affreux. Mais il ne saurait intimider tous ces vétérans d'Afrique, de Crimée et d'Italie. A chaque nouvel arrêt, au contraire, se manifeste d'une façon plus expressive, leur crainte d'arriver sur le champ de bataille, la lutte terminée.

A 6 heures seulement on s'engage dans la forêt d'Amanvillers. Hélas! lorsqu'on en débouche c'est pour tomber en pleine déroute!.....

La Garde a été mise en mouvement trop tard. Ses efforts sont impuissants à conjurer la mauvaise fortune. En vain la division des grenadiers prend-elle position à hauteur d'Amanvillers. Elle ne peut résister au choc de quatre corps d'armée réunis. La bataille est perdue sans rémission.

A 9 heures du soir, le régiment bat en retraite à son tour et rentre au camp vers 11 heures. Il y a eu 1 officier (lieutenant Ziéger) et 5 zouaves blessés.

Historique du 1er régiment de grenadiers.

18 août.

Le 18, les Prussiens attaquent sur toute la ligne les corps d'armée placés en avant. On entend la canonnade sur une étendue de plusieurs lieues. Pendant que les voltigeurs de la Garde sont envoyés sur la gauche, la division de grenadiers prend les armes et se porte dans la direction de Saint-Privat. Elle reste en position pendant quelque temps. Le général de Ladmirault la fait demander. Elle se porte alors en avant sur le champ de bataille. Le 1er régiment de grenadiers y arrive le premier, mais il reçoit presque aussitôt, du général Bourbaki, l'ordre de reprendre ses positions en arrière (1). Ce mouvement s'exécute avec un peu de confusion, parce qu'on est forcé de marcher sous bois. Cependant, une demi-heure plus tard, le Ier et le IIIe bataillon reçoivent l'ordre de se porter de nouveau en avant, afin de contenir les Prussiens (2). Il n'y a eu dans cette soirée que 4 hommes blessés.

A 11 h. 30 du soir, le régiment était rentré à son bivouac.

---

(1) Vers 6 h. 45.
(2) Nouveau mouvement en avant au delà du bois. Mouvement qui est *achevé* après le passage des batteries à cheval de la Garde. (Voir le *Journal de marche* de la Garde.)

Journal du lieutenant de La Forest-Divonne, du IIe bataillon du 1er grenadiers.

18 août.

Je suis de garde à la police. Il fait très froid ce matin. Le canon tonne dans la direction de Gravelotte; à midi, il redouble; Canrobert et Ladmirault sont engagés. On distribue du biscuit. Un convoi de 500 hulans prisonniers avec un drapeau prussien passe près de notre camp.

Il fait très chaud l'après-midi. Le capitaine adjudant-major Cord a eu son cheval gravement blessé le 16.

A 4 heures (?) de l'après-midi, le régiment laisse les tentes dressées, et part sans sacs dans la direction du canon; nous marchons d'abord, déployés en bataille, puis, nous nous engageons par le flanc dans un chemin creux, à côté des zouaves de la Garde.

Ce chemin est aussi rempli de blessés; au sortir de cette impasse, le régiment se déploie en colonne de divisions par bataillon et marche une centaine de pas ainsi.

Là, ordre est donné de faire demi-tour (1). Une centaine de soldats de la ligne, débandés et acculés à un petit bois, en nous voyant rebrousser chemin, se figurent que nous sommes refoulés par les Allemands et se sauvent dans les bois en poussant des cris de terreur. J'ai vu le moment où ils nous tiraient dessus. Nous remontons le chemin creux que nous venions de franchir. Le général Bourbaki apparaît en commandant de faire de nouveau demi-tour et face à l'ennemi; personne ne lui obéit, et nous continuons à remonter le chemin creux, toujours à côté des zouaves de la Garde, qui jurent et prononcent le mot de « trahison »; j'ai entendu de mes oreilles ce mot terrible dans la bouche d'un vieux sergent à trois brisques. De retour sur le plateau, le 1er grenadiers se déploie en bataille tout entier; une batterie s'installe à notre gauche et tire par-dessus le bois. Les Prussiens paraissent se diriger sur Gravelotte et la Moselle. Plusieurs maisons incendiées par eux flambent à l'horizon.

Après une heure d'attente, le régiment regagne son camp (2).

Ce qui a permis aux Prussiens de recommencer le combat, c'est

---

(1) Vers 6 h. 45 à peu près, autant qu'on peut en juger d'après la *Note* du général Bourbaki.

(2) Le bataillon du lieutenant de La Forest-Divonne (le IIe), ne franchit pas à nouveau le bois en même temps que les batteries à cheval de la Garde. Les Ier et IIIe bataillons exécutèrent seuls le mouvement. (Voir l'*Historique* du 1er grenadiers.)

l'arrivée d'un renfort de 100,000 hommes, pendant la nuit qui a suivi la bataille de Gravelotte.

Je crois qu'aujourd'hui les Français ont éprouvé de grandes pertes, le 54ᵉ et le 13ᵉ de ligne particulièrement. Je suis très fatigué....

Quelle triste guerre! Je crains bien que nous y restions tous. Le capitaine Vuillet commence à se démoraliser. Le combat d'aujourd'hui a été indécis et les Prussiens ont conservé leurs positions à Etanges (sic) et à Gravelotte.

Quand nous remontions le chemin creux du bois, un sous-lieutenant d'infanterie de ligne, perché sur une voiture, se mit à crier aux grenadiers : « Faites demi-tour et en avant! » Je me retourne et lui dis : « Taisez-vous, malheureux, c'est en criant comme cela que le 16 on nous a fait tirer les uns sur les autres. » Nous avons rencontré un nommé Doin, ex-sergent-major au régiment, actuellement sous-lieutenant au 54ᵉ de ligne, qui revenait du champ de bataille, seul, et un fusil sur l'épaule.

Nous ne pouvons nous coucher qu'à minuit. La nuit est très froide.

Journal de marche de la 2ᵉ brigade de grenadiers.

18 août.

A midi, la canonnade commence de tous côtés, dans la direction de Châtel-Saint-Germain, Vernéville, Moscou. On aperçoit de hautes colonnes de fumée qui indiquent que plusieurs fermes ou villages sont en feu.

A 4 heures (?), la brigade reçoit l'ordre de prendre les armes sans sacs, pour aller au secours du maréchal Canrobert qui est attaqué. Elle traverse le plateau de Plappeville pour aller gagner la route de Saint-Privat. Première position, en colonne par division, à demi-distance.

A 6 heures (?), la brigade, qui s'est avancée, prend position, la droite appuyée au bois, perpendiculairement à la route de Saint-Privat. Le Iᵉʳ bataillon du 2ᵉ grenadiers est envoyé en tirailleurs dans le bois et le traverse. Le IIᵉ bataillon du 2ᵉ et le IIIᵉ sont déployés à droite de la route. Le 3ᵉ grenadiers, formant un seul bataillon, sous le commandement d'un capitaine, est déployé à gauche.

A 10 heures du soir, on reçoit l'ordre de rentrer et la brigade ne regagne le camp que vers 1 heure du matin.

Rapport du général de La Croix, commandant la 2ᵉ brigade de grenadiers.

Camp de Devant-les-Ponts, 25 août.

Le canon se faisait entendre depuis le matin dans la direction de Châtel-Saint-Germain, Leipzig et Amanvillers. La 2ᵉ brigade reçut, vers

4 heures (?), l'ordre de partir de Plappeville sans sacs. Les trois bataillons du 2ᵉ grenadiers et les deux du 3ᵉ fondus en un seul sous le commandement d'un capitaine, se dirigèrent rapidement vers le plateau de Plappeville; de là, ils gagnèrent à travers champs, la route de Saint-Privat.

Après un temps d'arrêt assez court, ces bataillons reprirent leur marche dans la direction de la route, ceux du 2ᵉ, déployés à droite; celui du 3ᵉ, déployé à gauche, jusqu'à ce qu'ils eurent atteint l'extrémité du plateau, masquée par une lisière de bois.

Le Iᵉʳ bataillon du 2ᵉ grenadiers fut, d'après l'ordre du général de division, déployé en tirailleurs, pour fouiller le bois qu'il traversa et derrière lequel il trouva un bataillon de chasseurs et deux lignes d'infanterie. Ce bataillon se contenta donc, ainsi qu'il en avait reçu l'ordre, de rester sur la lisière du bois.

Pendant ce temps, les IIᵉ et IIIᵉ bataillons restaient en bataille, déployés, leur droite à l'angle du bois, leur gauche à la route.

Le 3ᵉ grenadiers était déployé à gauche de la route, dans le prolongement du 2ᵉ.

Aucun coup de fusil n'a été tiré.

Sur un ordre porté par un aide de camp du général, commandant en chef, le Iᵉʳ bataillon du 2ᵉ grenadiers a rallié les deux autres vers 10 heures et le régiment ramené par le général de brigade, est rentré à son camp de Plappeville vers minuit; le 3ᵉ grenadiers, prévenu un peu plus tard, a rejoint vers minuit et demi.

Par mesure de précaution, le général commandant la brigade, avait fait occuper, dès l'arrivée de sa troupe sur le plateau de Plappeville, une ferme qui commande le débouché d'une vallée, au centre de ce plateau.

Rapport du Chef de bataillon commandant provisoirement le 2ᵉ régiment de grenadiers.

Camp de la Ronde, 25 août.

Le 2ᵉ grenadiers, campé à Plappeville, est parti à 4 heures et a été dirigé sur le plateau, vers Saint-Privat. Arrivé à l'extrémité de ce plateau, le régiment a été déployé en colonne de bataillon, à demi-distance, la droite appuyée au bois.

Le Iᵉʳ bataillon a été déployé en tirailleurs pour fouiller le bois qu'il a traversé et derrière lequel il a trouvé un régiment de chasseurs et deux lignes d'infanterie. Ce bataillon s'est donc contenté, ainsi qu'il en avait reçu l'ordre, de rester en bataille sur la lisière du bois.

Pendant ce temps, le IIᵉ et le IIIᵉ bataillon sont restés en bataille sur la première position occupée.

Aucun coup de fusil n'a été tiré.

Sur l'ordre de l'aide de camp de M. le Général commandant la Garde, le 1er bataillon a rallié les deux autres vers 9 h. 30, et le régiment ramené par M. le général de brigade est rentré à son camp de Plappeville à 11 h. 30.

Historique du 3e régiment de grenadiers.

18 août.

Le régiment est en réserve, les deux bataillons n'en forment qu'un sous le commandement du plus ancien capitaine, en l'absence du lieutenant-colonel resté au camp. Vers minuit le régiment rentre au camp de Plappeville.

Historique des batteries de la 2e division de la Garde (3e, 4e et 6e batteries montées).

18 août.

A 4 heures (?) de l'après-midi l'artillerie de la 2e division reçoit tout à coup l'ordre de monter à cheval; vingt minutes après, elle se met en route vers Amanvillers avec toute la division; seulement chaque batterie n'a pu atteler que quatre pièces. On s'arrête pendant une heure environ à 2 kilomètres du fort de Plappeville et à 3 kilomètres du champ de bataille, et l'on ne se met en route que vers 6 heures, lorsque le commandant du 6e corps envoie demander des renforts.

Après un instant de halte à l'entrée du défilé formé par la route dans la traversée du bois des Rappes, impraticable à l'infanterie, la colonne s'y engage, les zouaves en tête, suivie par l'artillerie; mais elle est bientôt arrêtée, refoulée et obligée de revenir sur ses pas par une bande de fuyards du 4e corps. Les régiments se rangent paisiblement en bataille à peu de distance de l'entrée du défilé, et les batteries se mettent en batterie à environ 400 mètres en arrière. Lorsque cette bande, dont les cris sont bien faits pour démoraliser les troupes les plus solides, s'est écoulée, l'artillerie reçoit l'ordre de passer le défilé au grand trot. On est tout étonné, en arrivant à l'autre extrémité, de ne pas voir l'ennemi qu'on s'attendait à y trouver; il faut gravir un petit mamelon à 1500 mètres plus loin avant d'apercevoir le feu de ses pièces, sur lesquelles les 3e et 4e batteries ouvrent aussitôt le feu. Celle de mitrailleuses (la 6e) ayant été laissée en réserve à la sortie du défilé, les 3e et 4e n'ont que huit pièces de 4 à opposer à la puissante artillerie ennemie. Toutefois, des batteries à cheval de la réserve d'artillerie de la Garde viennent s'établir à leur gauche et leur apporter un utile soutien. La nuit est venue et l'on tire encore afin d'arrêter complètement les progrès des Prussiens qui commençaient à devenir très inquiétants. Ce résultat obtenu, les trois batteries se retirent peu à peu sans bruit, repassent le défilé et rentrent à leurs camps. C'est à peine si le feu a duré une heure et cependant la 3e batterie, placée au centre, a fait presque autant de pertes que dans la journée du 16; en particulier les chevaux des deux lieutenants ont été tués. La 4e n'a eu que deux hommes et deux chevaux blessés.

Tableau indiquant par batterie les pertes en hommes et en chevaux et la consommation en munitions pour cette journée.

BATTERIES.	HOMMES		CHEVAUX		MUNITIONS CONSOMMÉES.		
	TUÉS.	BLESSÉS.	TUÉS.	BLESSÉS.	Obus ordinaires.	Obus à balles.	Boîtes à mitraille.
3e batterie.........	1	5	4	7	139	15	28
4e —	»	2	»	2	140	12	30

Rapport du chef de bataillon Henry, commandant le génie de la division de grenadiers (10e *compagnie du* 3e *régiment*).

Camp de Plappeville, 19 août.

Hier, 18 août, au moment où la section était au travail pour terminer les travaux de terrassement ordonnés le matin par M. le Général commandant le génie de la Garde impériale, la division a reçu l'ordre de quitter son campement sans sacs. La section a pris seulement le fusil, un outil et la musette contenant les cartouches et le biscuit.

A 4 heures (?) du soir, la division ayant les zouaves en tête, a quitté le plateau de Plappeville en prenant le petit chemin qui va rejoindre la route de Metz à Amanvillers sur le plateau qui est séparé de la vallée de Montvaux par le bois des Rappes. Sur ce plateau et à hauteur du chêne de la Vierge (1), on s'est arrêté; les zouaves à gauche de la route, les grenadiers à droite en colonne de division à demi-distance. Le feu paraissait se ralentir et s'éloigner en avant d'Amanvillers. La section du génie était en réserve contre la route, à hauteur du centre de la colonne des grenadiers.

Vers 6 heures (?) le feu est devenu plus vif, s'est rapproché et a gagné sur notre droite; la division Picard a alors été portée en avant; les zouaves ont bordé la crête, en avant dans la direction du village

(1) Le Gros-Chêne.

d'Amanvillers, à gauche de la route, et ont fait quelques feux. Les grenadiers en bataille bordaient, à 100 mètres de distance, le bois situé au Nord du plateau depuis la route jusque près de la ferme de Saint-Maurice; ils ont envoyé un bataillon en tirailleurs dans le bois, et celui-ci n'a pas tardé à être engagé à une faible distance (?) avec des tirailleurs prussiens dont les balles arrivaient en arrière de nous sur le plateau. Le détachement du génie était alors en réserve un peu en arrière des grenadiers.

A 7 h. 30, lorsque la nuit arrivait, une batterie de 4 de la division placée sur le plateau, à gauche de la route et en arrière des zouaves, a fait quelques salves sur une batterie prussienne dont on distinguait les feux au delà d'Amanvillers. A la nuit close, on voyait encore des feux de mousqueterie à très grande distance sur notre gauche et en avant; les feux de tirailleurs dans les bois sur la droite avaient cessé et on pouvait se rendre compte que le front d'attaque des Prussiens embrassait alors les deux cinquièmes de l'horizon; on voyait l'incendie de trois villages ou fermes.

Ce n'est qu'après 8 heures que les feux ont cessé.

La division a conservé la position jusqu'à 9 heures du soir et est ensuite rentrée à son campement de Plappeville, où elle commençait à arriver à 10 h. 45 seulement.

Pendant le temps qui s'est écoulé entre l'arrivée de la nuit et notre rentrée au camp, la section du génie a recueilli trois sapeurs du 2e régiment, un à la 9e compagnie qui occupait un village dont elle barricadait les issues à l'arrivée des Prussiens, les deux autres, sapeurs conducteurs de la 10e compagnie, conduisant deux mulets de bât chargés d'outils et qui avaient dû rester en arrière de leur compagnie, à cause de l'effet produit sur leurs animaux par les explosions.

J'ignore encore si les zouaves ou grenadiers ont perdu quelques hommes, mais la section du génie est rentrée au camp au complet, sans avoir eu aucun homme tué, blessé ou disparu.

Division de cavalerie (Desvaux).

Journal de marche de la division de cavalerie de la Garde.

18 août.

Bivouac de Plappeville. — Dans la matinée, le général de division rassemble tous les généraux, chefs de corps et de service, pour donner ses instructions au sujet des propositions à établir et des pertes à réparer dans les corps, à la suite de la bataille de Gravelotte.

Les détachements d'hommes et de chevaux malades sont envoyés à Metz, sous la conduite d'un officier, pour être mis en subsistance au 1er régiment d'artillerie.

Les effets de campement à remplacer sont touchés aux magasins de campement de la Garde.

Combat de Saint-Privat ou d'Amanvillers. — A 10 heures du matin, l'ennemi commence une nouvelle attaque sur les crêtes qui environnent le bivouac et qui sont défendues par l'infanterie des 2e et 6e corps d'armée. Vers 4 heures du soir, cette attaque s'étant étendue jusqu'au village de Sainte-Ruffine, sur la rive gauche de la Moselle, le général de division envoie une batterie d'artillerie pour soutenir l'infanterie qui l'occupe, et prévient le général en chef du danger que court la cavalerie accumulée dans une vallée, où les balles et les obus de l'ennemi pleuvent déjà, et peuvent amener un grand désordre sur toute l'étendue du camp.

A 8 heures du soir, la division évacue le bivouac de Lessy et vient s'établir, vers minuit, au bivouac de Plappeville, sous la protection des forts de Saint-Quentin et des Carrières, près de la rive gauche de la Moselle et à 3 kilomètres de Metz.

Les convois de bagages et d'approvisionnements n'arrivent à ce nouveau bivouac qu'au milieu de la nuit, et avec beaucoup de peine.

Rapport du général Desvaux, commandant la division de cavalerie de la Garde.

Bivouac du Ban-Saint-Martin, 21 août.

La division de cavalerie sous mes ordres n'a pris aucune part au combat du 18 août.

Je ne sais pas encore si les régiments détachés près des divisions d'infanterie ont été engagés dans ce combat. Je ne le crois pas pour les chasseurs.

Rapport du général du Frélay, commandant la 1re brigade de cavalerie de la Garde (1).

A la bataille de Saint-Privat, le 18 août, la Garde resta en réserve. Elle ne se mit en mouvement que vers 4 heures.

Pendant que les chasseurs de la Garde suivaient la division de voltigeurs vers Châtel-Saint-Germain, les guides se portaient, avec les grenadiers, vers le Gros-Chêne, dans la direction d'Amanvillers. Un peloton de guides fut envoyé vers Saulny et Woippy, avec mission de prévenir le général Bourbaki, si des troupes prussiennes arrivaient de

---

(1) Non daté.

ce côté, ce qui n'eut pas lieu. Ce peloton assista à une panique de notre convoi, sans pouvoir l'arrêter.

Après un long temps d'arrêt au Gros-Chêne, les grenadiers se portèrent vers Amanvillers ; mais nos 6e et 4e corps d'armée étaient déjà en retraite. Nos grenadiers ne purent qu'arrêter la poursuite de l'ennemi. Les guides, qui les suivaient, n'eurent ni tué ni blessé. A la nuit noire, quand la bataille fut complètement terminée, ils allèrent reprendre leurs bivouacs, près de Plappeville.

Historique du régiment des chasseurs de la Garde.

18 août.

Le régiment, établi au-dessous du village de Plappeville, y séjourna toute la journée.

Rapport du Colonel commandant le régiment des Guides.

Bivouac du Ban-Saint-Martin, 25 août.

Le régiment des guides est monté à cheval à 3 heures du soir, laissant dans son bivouac ses tentes et ses bagages, et s'est rendu sur le lieu du combat, suivant la division de grenadiers à laquelle il est attaché. Il a suivi cette division dans tous ses mouvements, jusqu'à son entrée dans les bois qui dominent le village d'Amanvillers. D'abord engagé lui-même en partie dans le chemin qui, traversant ce bois, descend dans la vallée, il a reçu l'ordre de faire demi-tour et s'est mis en bataille en arrière ; trop rapproché encore du bois et trop exposé aux feux, il fit encore un demi-tour par peloton pour aller se former en bataille plus en arrière et attendre des ordres. Le combat s'est terminé sans qu'on ait eu besoin du régiment qui est rentré dans son bivouac à Plappeville, à 11 heures du soir.

Le 1er peloton du 1er escadron, sous les ordres de M. Boyé, lieutenant en-premier, a été détaché et envoyé en reconnaissance aux villages de Saulny et Woippy. Cette reconnaissance n'a donné lieu à aucune observation particulière, n'ayant trouvé l'ennemi dans l'un ni l'autre de ces villages. Au moment où le peloton rentrait de sa mission, un ordre du général Bourbaki, porté par un sous-officier, lui enjoignait de se rendre à Saint-Privat. Il rencontra dans sa route sur ce village M. Lantivy, officier supérieur d'état-major, qui engagea l'officier commandant le peloton à faire demi-tour, attendu que le village de Saint-Privat se trouvait occupé par les Prussiens. L'officier, après s'être assuré de l'occupation du village, est rentré au bivouac par le village de Lorry.

Compte de la reconnaissance a été rendu au général commandant en chef de la Garde impériale.

Historique des dragons de la Garde (colonel Sautereau-Dupart).

18 août.

Vers 3 heures de l'après-midi et pendant que se livrait la bataille de Saint-Privat (défense des lignes d'Amanvillers), la division de la Garde reçoit l'ordre de monter à cheval pour quitter son bivouac qui a été déjà visité par quelques obus, afin de se porter entre et en arrière des forts de Plappeville et Saint-Quentin ; mais ce mouvement est retardé tant par les convois de vivres que de blessés qui encombrent tous les chemins. A 5 heures, une panique se produit. M. le général de division Desvaux, fait mettre pied à terre à deux escadrons des dragons de la Garde, en donne le commandement au capitaine de Lavalette, les conduit et les établit lui-même, sous le feu de l'ennemi, au village de Jussy, en donnant pour consigne : Si l'ennemi se présente, d'employer tous les moyens possibles pour retarder sa marche en avant et de ne quitter ce poste, quoi qu'il advienne, que quand l'ordre en sera donné.

A 8 h. 30, les escadrons à pied sont relevés par une division à cheval de dragons (M. Renac) et lanciers. Vers 9 h. 30, cette division à cheval rallie elle-même la brigade, et, dans la nuit du 18 au 19, la division de cavalerie de la Garde tout entière, va se placer sous la protection des forts situés à l'Ouest de Metz, pour bivouaquer.

Historique du régiment de lanciers de la Garde.

18 août.

Le régiment ne prend pas part à la bataille de Saint-Privat, qui s'engage vers 11 heures ; il se tient cependant prêt à monter à cheval ainsi que la division de cavalerie de la Garde, pendant toute la journée. Vers 6 heures du soir, le bivouac est levé et l'on va s'établir sous le fort Saint-Quentin, où on arrive vers minuit ; pendant cette marche, trois reconnaissances commandées par les lieutenants Guillevin, Richard et Chiroussot, sont envoyées sur la droite, par le général de division, pour surveiller l'ennemi.

Historique du régiment de cuirassiers de la Garde.

18 août.

Départ à 6 heures du soir. Le régiment doit aller s'établir au pied du fort de Plappeville ; arrivée à 1 heure du matin.

Historique du régiment de carabiniers de la Garde

18 août.

Dès le matin, le canon se fait entendre. La division de Forton, qui est campée à quelques pas de nous, monte à cheval; la division de cavalerie de la Garde se tient prête à la suivre; les hommes ont la bride au bras. On reste dans cette expectative jusqu'à 7 heures du soir; à ce moment, on donne l'ordre de rompre et la division s'engage dans les routes étroites où l'on a déjà passé la veille et qui conduisent par Châtel, Lessy et le Saint-Quentin, vers les coteaux de Plappeville; ces routes sont tellement encombrées, qu'on peut à peine avancer : on se croise à chaque instant avec des convois de blessés et des troupes qui reviennent de la bataille; les ombres de la nuit viennent bientôt augmenter les difficultés de la marche, et c'est après avoir été entravée par mille obstacles que l'extrême arrière-garde finit par atteindre le nouveau bivouac seulement vers le milieu de la nuit.

Rapport du chef d'escadron Roux de Montlebert, commandant l'artillerie de la division de cavalerie de la Garde.

Plappeville, 20 août.

Le 18 août, vers 4 heures de l'après-midi, par la gauche du plateau au-dessus de Vaux, où se livrait la bataille, les Prussiens, s'étendant à travers les bois et les vignes sur le versant de la Moselle, menaçaient les coteaux de Jussy et de Sainte-Ruffine, d'où ils auraient dominé la vallée entre Châtel et Moulin, où était établi le camp de la division.

Après une reconnaissance rapide de ce terrain accidenté et boisé, deux pièces de la batterie Forqueray (1) (section Fouquet) ont été, avec assez de difficulté, mises en batterie sur un espace très resserré, entre le village de Sainte-Ruffine, à gauche, et le bois dominant Jussy, à droite, occupés par un bataillon du 97e, avec des tirailleurs en soutien déployés en avant dans les vignes.

Les pièces tiraient à obus ordinaires et à obus à balles pour fouiller le ravin boisé à gauche, au-dessous de Sainte-Ruffine, et en chasser les tirailleurs ennemis, lorsque le détachement du 97e ayant été délogé du bois à droite, la fusillade a éclaté, dirigée de la pointe du village de Jussy sur les pièces à moins de 200 mètres; les pièces ont immédiatement

---

(1) $\frac{1\ c}{G}$

changé leur direction, et un tir rapide à mitraille a empêché l'ennemi de déboucher et l'a forcé à quitter la lisière du village que l'infanterie a tourné par la gauche et occupé.

La tâche de l'artillerie était remplie, et, sans répondre au feu d'une batterie de gros calibre tirant à toute volée de la rive opposée de la Moselle, elle est rentrée au camp, laissant l'infanterie installée dans les positions un instant menacées.

Le reste de la batterie Forqueray avait été amené à Sainte-Ruffine, mais son appui n'a pas été nécessaire, et elle n'aurait pu, faute d'espace, se mettre en batterie.

La batterie a eu dans ce court engagement un cheval tué et deux chevaux blessés.

Historique des 1re et 2e batteries à cheval de la Garde (division de cavalerie).

18 août.

Vers 10 heures, le canon se fait entendre de nouveau du côté de Gravelotte; bientôt on voit éclater les projectiles dans l'air, et la lutte paraît devenir générale. Cependant aucun ordre n'arrive. Vers 3 heures seulement, la 1re batterie reçoit l'ordre de gravir le coteau de Sainte-Ruffine afin de battre les pentes de Jussy que l'ennemi cherche à escalader pour tourner notre gauche. A cause de la difficulté du terrain, la 1re section, seule, peut être mise en batterie; elle tire très efficacement à obus et à mitraille sur les tirailleurs prussiens et les force à renoncer à leur entreprise.

La 2e batterie se trouve pendant quelque temps dans le ravin de Châtel, exposée au feu de l'ennemi sans avoir occasion de tirer.

ARTILLERIE.

Rapport du général Pé de Arros, commandant l'artillerie de la Garde.

Camp de Saint-Quentin, 19 août.

Vers midi, une forte canonnade se fit entendre sur toute la ligne de hauteurs qui s'étend de la route de Gravelotte jusqu'au village d'Amanvillers.

Le général commandant l'artillerie donne l'ordre à la réserve de se tenir prête à partir au premier signal. Mais c'est à 7 heures du soir seulement qu'arrive l'ordre de partir en toute hâte. La droite de notre armée est débordée du côté d'Amanvillers et ne défend plus qu'avec peine un défilé situé entre ce village et l'endroit dit le *Gros-Chêne*.

Le général et la réserve partent du camp au grand trot, soutiennent cette allure jusque sur le champ de bataille, rallient en passant deux batteries de 4 de la 2ᵉ division d'infanterie (1) et passent le défilé pour se mettre en batterie à 400 mètres en avant de la ligne de nos tirailleurs. Deux batteries de la réserve (5ᵉ et 6ᵉ) sont arrêtées par le général Bourbaki en deçà du défilé.

Mais les vingt bouches à feu qui l'ont passé commencent un tir à toute vitesse, à très petite distance des tirailleurs ennemis (?) ; ces batteries, se trouvant sans aucun soutien, font feu en retraite par batterie, à la prolonge ; leur tir, à mitraille d'abord, puis à obus avec les pièces horizontales, arrête la marche en avant de l'armée prussienne. Après une demi-heure d'un feu très vif, les tirailleurs de l'ennemi se sont retirés ; son artillerie ne riposte plus. La nuit est d'ailleurs complète et n'est plus éclairée que par les sinistres lueurs de l'incendie qui consume les villages de Montigny-la-Grange et d'Amanvillers.

L'artillerie de la Garde repasse le défilé et reprend tranquillement la route de ses campements, où elle est de retour à minuit. Les batteries engagées ont été les 3ᵉ et 4ᵉ du régiment à cheval, 3ᵉ et 4ᵉ du régiment monté ; la 6ᵉ batterie du régiment monté (mitrailleuses) était présente, mais n'a pas tiré.

Dans la soirée du même jour, une section de la batterie Forqueray (1ʳᵉ du régiment à cheval) a été engagée à Sainte-Ruffine, où elle a fait feu pour chasser les Prussiens embusqués dans le village de Jussy.

Historique des 3ᵉ, 4ᵉ, 5ᵉ et 6ᵉ batteries à cheval de la Garde (réserve d'artillerie).

Les batteries de la réserve restent au bivouac jusque vers 6 heures (2), où elles reçoivent l'ordre de se porter le plus rapidement possible dans la direction de Saint-Privat ; elles traversent au grand trot une grande plaine couverte de convois débandés dont les voitures fuient dans toutes les directions. Les batteries reprennent la route pour passer le défilé du Gros-Chêne situé dans un petit bois occupé par l'infanterie, et vont se déployer en avant de la division de grenadiers appuyée à l'angle des bois à quelques cents mètres en avant et à droite du défilé ; les 5ᵉ et 6ᵉ sont retenues auprès des grenadiers pour remplacer les batteries divisionnaires du régiment monté de la Garde, batteries qui étaient déjà sur le terrain et que le général commandant l'artillerie de la Garde avait emmenées en arrivant à leur hauteur. Les 3ᵉ et 4ᵉ batteries

---

(1) 3ᵉ et 4ᵉ montées.

(2) 7 heures d'après le *Rapport* Pé de Arros.

prennent position en face du village d'Amanvillers qui est en flammes et à gauche des batteries montées de la Garde. Ces quatre batteries, pour le moment sans aucun soutien, et une batterie de 12 de la ligne qui n'avait plus que quelques coups à tirer, ouvrent aussitôt le feu contre les batteries prussiennes placées devant elles et à droite du village.

La nuit étant arrivée, comme des tirailleurs se montraient sur la droite de la ligne d'artillerie (?) appuyée à des bois faiblement occupés par deux compagnies de zouaves de la Garde qu'on a envoyées à leur secours, la section de droite des batteries montées reçoit l'ordre de tirer à mitraille et le général fait mettre à la prolonge et ordonne un feu en retraite par batterie à 200 mètres ; ce redoublement inopiné du feu de l'artillerie à l'aile droite du 4e corps fait sans doute supposer à l'ennemi qu'un renfort puissant est entré en ligne ; il arrête sa marche et cesse graduellement son feu. En arrière des batteries, les grenadiers se déploient appuyés par la cavalerie du 4e corps et sont dès lors en mesure de protéger la retraite.

La 3e batterie se retire la dernière, et après avoir retraversé le défilé elle se déploie à 300 mètres en arrière pour en surveiller le débouché. Environ une heure après, elle reçoit l'ordre d'aller rejoindre les autres batteries qui sont rentrées dans leur campement.

Historique du parc d'artillerie de la Garde.

18 août.

Le parc dirige plusieurs convois sur Metz pour remplacer à l'arsenal les munitions délivrées aux différents corps de la Garde.

b) Organisation et administration.

Le général Bourbaki au maréchal Bazaine.

Plappeville, 18 août.

Les effectifs des bataillons de la Garde, beaucoup plus faibles que ceux des bataillons de la ligne, viennent encore d'être diminués par le combat du 16 août, où la Garde a subi des pertes sensibles. Il est vraiment indispensable d'augmenter ces bataillons, au moyen d'un recrutement tiré des corps placés sous vos ordres.

En conséquence, j'ai l'honneur de prier Votre Excellence de vouloir bien prendre les mesures nécessaires pour que chacun des régiments d'infanterie de la Garde reçoive 500 hommes tirés des régiments de la ligne, ce qui constituera, en moyenne, un prélèvement de 3 hommes par compagnie de ces régiments.

P.-S. — Je ne possède pas encore le chiffre exact des pertes subies dans la journée du 16, mais ces pertes ne laissent pas que d'être assez sensibles; à elle seule, la division de grenadiers compte en tués, blessés ou disparus : 74 officiers et près de 1400 hommes de troupe (1).....

Le même au même.

Metz, 18 août.

En réponse à votre dépêche n° 151, du 16 de ce mois, j'ai l'honneur de renouveler la demande que j'ai formée le 30 juillet dernier, n° 20, à l'effet d'obtenir les fonds nécessaires pour payer le service des renseignements.

Je n'ai pas reçu du Cabinet de l'Empereur, la note faisant connaître les instructions données aux maires et agents forestiers, pour qu'ils soient à la disposition de l'autorité militaire, afin de lui fournir des informations. Je prie donc Votre Excellence de vouloir bien m'envoyer une expédition de cette note.

L'intendant militaire Lebrun, de la Garde impériale, au général Bourbaki.

Au camp, 18 août.

D'après les instructions que je viens de recevoir du grand quartier général, j'ai l'honneur de vous rendre compte des dispositions que j'ai prises et des ordres que j'ai donnés pour ravitailler le corps d'armée.

J'ai prescrit aux sous-intendants militaires des divisions de se tenir prêts à distribuer aux troupes, tant au moyen des ressources actuellement sur le plateau que de celles qui se trouvent sur le train auxiliaire au Ban-Saint-Martin, les vivres que demandera le commandement, jusqu'à concurrence de quatre jours de biscuit, quatre jours de vivres de campagne et quatre jours d'avoine.

De plus, de tenir constamment chargées les voitures du train auxiliaire, de façon qu'on puisse facilement y puiser au besoin.

J'envoie à Metz, auprès de l'intendant militaire de la 5ᵉ division, pour tâcher d'avoir un jour de pain pour le corps d'armée, mais je sais que le succès de cette démarche est douteux.

Tous nos approvisionnements doivent être tirés de la place de Metz; c'est M. l'Intendant militaire de la 5ᵉ division qui en dispose.

M. le Sous-Intendant militaire du quartier général de la Garde sera

---

(1) La suite de ce *post-scriptum* vise l'envoi d'une brigade de voltigeurs au-dessus de Châtel-Saint-Germain. Il est produit au paragraphe : c) **Opérations**. Page 485.

en mesure, à partir de 10 heures, de faire les distributions qui seront prescrites, en biscuit, vivres de campagne, viande et avoine.

Le général Bourbaki :

A tout le monde. — On devra faire immédiatement les distributions de vivres et s'aligner : *en biscuit et en vivres de campagne* jusqu'au 22 août inclus, y compris les quatre jours de réserve dans le sac ; *en avoine* pour quatre jours, jusqu'au 21 inclus.

On percevra la distribution ordinaire de viande.

Les distributions auront lieu, pour les troupes, au quartier général, à partir de 10 heures du matin, auprès du logement occupé par le général commandant en chef la Garde, au-dessous du village de Plappeville.

Aux divisions. — Les voitures ne pouvant pas monter sur le plateau de Plappeville, on devra aller toucher les distributions aux convois divisionnaires, qui sont au Ban-Saint-Martin. Si ces convois n'ont pas les quantités de denrées nécessaires pour les distributions prescrites, les sous-intendants devront s'adresser à M. le sous-intendant Sanson, qui pourra peut-être leur délivrer le complément.

On passera immédiatement une revue des munitions et on complétera les approvisionnements à 90 cartouches par homme. Les caissons de réserve de munitions d'infanterie et les corps de l'artillerie seront également complétés. On s'adressera, à cet effet, à M. le général commandant l'artillerie de la Garde.

A l'artillerie. — M. le général Pé de Arros complétera lui-même le parc d'artillerie et s'adressera, à cet effet, soit au grand parc de l'armée, soit à la direction de l'artillerie de Metz.

Ordre du Général commandant la 1re division.

Il sera fait aujourd'hui :

1° Une distribution de quatre jours de biscuit et d'un jour de pain, de manière à être aligné jusqu'au 23 inclus (pain et biscuit) ;

2° De quatre jours d'avoine, de manière à être aligné jusqu'au 21 inclus ;

3° De quatre jours de vivres de campagne, de manière à être aligné jusqu'au 22 inclus.

Le convoi de l'administration est au Ban-Saint-Martin ; c'est là qu'on ira prendre, à midi, les vivres et l'avoine à percevoir. On emploiera à cet usage les voitures des équipages régimentaires ; chaque corps y enverra une corvée de quelques hommes.

Les corps de la 1re brigade, devant prendre les armes, laisseront au camp les corvées nécessaires pour recevoir les perceptions qu'ils ont à toucher.

On profitera du départ des corvées pour envoyer à Metz, au petit dépôt, les malingres et les éclopés, et ramener au camp les hommes valides du petit dépôt.

Ordres du Général commandant la 2e division :
(Réponse au rapport.)

A tout le monde. — On distribue immédiatement, près du poste du général de division, deux jours de lard pour les journées des 17 et 18 août.

On touchera aujourd'hui, au Ban-Saint-Martin, cinq jours de vivres de campagne pour les journées des 19, 20, 21, 22 et 23 août.

Il sera également distribué aujourd'hui, au Ban-Saint-Martin, deux jours de biscuit. L'heure des distributions sera fixée ultérieurement.

Aux deux brigades, artillerie et guides. — J'ai l'honneur de vous inviter à me faire parvenir vos états de propositions destinées à récompenser les militaires de tous grades de votre brigade qui ont assisté à la bataille du 16 août.

Le Maréchal commandant en chef recommande de hâter l'envoi de ces états, afin de satisfaire au désir qu'à l'Empereur de témoigner aux troupes la vive sollicitude qu'il leur porte, et à celui que le Maréchal commandant en chef a de leur donner une preuve de son entière satisfaction de la bravoure qu'elles ont déployée dans cette journée.

En conséquence, pour faire suite à ce que je vous ai dit verbalement, ces propositions, qui porteront sur l'avancement, sur la Légion d'honneur et la Médaille militaire, devront me parvenir aujourd'hui dans la journée, en même temps que votre rapport détaillé sur l'affaire.

Dans le cas où les états des militaires tués, blessés et disparus que vous m'avez adressés, auraient besoin d'être rectifiés aujourd'hui, vous aurez le soin de le faire sans retard.

Le général Pé de Arros, commandant l'artillerie de la Garde, au général Soleille.
(Plappeville, 18 août.

J'ai l'honneur de vous prier de vouloir bien me faire savoir si je peux faire toucher du harnachement ordinaire et du harnachement en cuir fauve pour caissons à deux roues, soit à l'arsenal de Metz, soit ailleurs, pour remplacer le harnachement des chevaux disparus dans la journée d'avant-hier.

En marge, de la main du général Soleille : Répondre d'envoyer des voitures à la direction de Metz, qui a ordre de délivrer immédiatement, quand il y a matière.

Le général Pé de Arros, commandant l'artillerie de la Garde, au général Bourbaki.

Camp de Plappeville, 18 août.

J'ai l'honneur de vous rendre compte que, conformément à vos instructions, j'ai envoyé chercher 40 chevaux à la remonte de Metz; mais on n'a pu recevoir que 16 chevaux de trait propres au service de l'artillerie.

L'officier chargé de cette mission m'a fait connaître que le 17º régiment d'artillerie serait en mesure de fournir les 24 chevaux qui manquent à la remonte, et même un plus grand nombre, et qu'il les délivrerait sur un ordre du commandement.

Nos pertes en chevaux s'étant élevées à 77, dans la journée du 16, je viens vous prier de vouloir bien donner l'ordre au 17ᵉ régiment d'artillerie de me livrer 60 chevaux.

Le général Bourbaki au maréchal Bazaine.

Metz, 18 août.

Je viens d'apprendre seulement tout à l'heure, par votre dépêche de ce jour, nº 112, que le général commandant l'artillerie de la Garde devait aller prendre, sur le plateau de Plappeville, les munitions d'artillerie et d'infanterie qui lui sont destinées.

Mais par son rapport journalier, M. le Général commandant l'artillerie de la Garde me fait connaître que les batteries et le parc d'artillerie de la Garde ont toutes leurs voitures employées au transport des munitions et du matériel; cette opération est donc conduite avec toute la célérité possible.

Note du colonel de Vassoigne, directeur du parc d'artillerie de la Garde, au général Pé de Arros.

Plappeville, 18 août.

Le colonel, directeur du parc, a l'honneur d'informer le général que, conformément à ses ordres, il a envoyé un convoi pour chercher des munitions au fort de Plappeville. Ce convoi, arrivé à destination à 11 heures, n'avait encore rien reçu à 3 h. 30. Les employés de l'arsenal de Metz, n'ayant aucun ordre de leur colonel directeur, refusent de délivrer des munitions.

Le colonel, directeur du parc de l'artillerie de la Garde, demande de nouveaux ordres.

Le général Bourbaki à l'Intendant de la Garde.

Plappeville, 18 août.

Le major général de l'armée du Rhin m'a invité, le 11 de ce mois, à prendre les mesures nécessaires pour assurer, en ce qui me concerne, l'exécution de la convention internationale du 22 août 1864, relative aux militaires blessés sur les champs de bataille. Aux termes de cette convention, les ambulances et hôpitaux ne doivent pas être gardés par une force militaire, ce qui implique, pour les infirmiers, l'obligation de ne pas être armés.

Je vous prie, en conséquence, de vouloir bien faire verser immédiatement, à l'artillerie, les armes des infirmiers attachés à la Garde impériale.

En ce qui concerne les fonctionnaires de l'intendance, les officiers d'administration, les officiers de santé et les troupes du train affectées au service des ambulances, le Maréchal commandant en chef l'armée du Rhin m'informe, à la date du 11 de ce mois, qu'ils doivent conserver leurs armes.

Ils doivent, néanmoins, porter le brassard blanc avec une croix rouge, affecté à tous les employés des services des ambulances.

J'ai l'honneur de vous prier d'assurer, en ce qui vous concerne, l'exécution de ces différentes prescriptions.

L'intendant militaire Lebrun, de la Garde, au général Bourbaki.

18 août.

J'ai l'honneur de vous rendre compte que je ne suis pas encore en mesure de vous adresser un rapport sur le service des ambulances, à la suite de la journée du 16; j'attends les rapports particuliers des sous-intendants, pour l'établir. Toutefois, je puis vous faire connaître, dès à présent, qu'au commencement de l'action nos ambulances se sont installées en avant du village de Gravelotte, et que les blessés y ont été amenés au moyen des cacolets et des voitures Masson.

Le 16 au soir, pour diminuer l'encombrement qui s'était formé presque immédiatement dans les ambulances, nous avons procédé à des évacuations collectives sur l'hôpital de Metz, et nous avons utilisé, à cet effet, les ressources dont nous disposions, en moyens de transport (train régulier et voitures requises dans le village).

En même temps, nos mulets de cacolets, ainsi que nos voitures

Masson continuaient à effectuer le transport des blessés, du champ de de bataille aux ambulances.

Le 17 au matin, les troupes se sont mises en mouvement et les ambulances restées sur le terrain ont fonctionné jusqu'à 9 heures. A ce moment, des ordres impératifs ont été donnés pour abattre les tentes et transporter tout le matériel d'ambulance à Plappeville.

On s'est mis en mesure d'exécuter immédiatement ces ordres; mais les moyens de transport nous faisaient défaut. Toutes les voitures du train régulier, qui avaient été déchargées de leur matériel, étaient employées aux évacuations et il n'existait aucune ressource dans le village. Il a donc fallu laisser à Gravelotte, dans les maisons de ce village transformées en ambulances provisoires, les blessés qui n'ont pu, en raison du chiffre élevé qui nous restait encore, être transportés à l'hôpital de Metz, et ces ambulances provisoires ont rejoint, hier 17, leurs divisions respectives.

J'aurai l'honneur de vous adresser, dans quelques heures, l'état nominatif des tués, blessés et disparus, dans les services administratifs.

c) Opérations : ordres, correspondance et comptes rendus.

Le maréchal Bazaine au général Bourbaki.

Plappeville, 18 août. (Urgent.)

J'ai l'honneur de vous prier de prendre les mesures de précaution nécessaires, en faisant garder la route de Metz, par Moulins et Longeville, par des détachements, afin que les convois nécessaires au ravitaillement des divers corps d'armée et notamment du 2e corps, ne soient pas inquiétés par des coureurs ennemis, dans leur mouvement sur Metz et le Ban-Saint-Martin. Il est essentiel que ces mesures soient prises sans délai.

P.-S. — Veuillez faire envoyer de suite trois plantons de l'artillerie de la Garde au fort Saint-Quentin. Ils observeront ce qui se passe, notamment du côté du fort Queuleu, et préviendront *directement* et au fur et à mesure de leurs observations, le Maréchal commandant en chef, de ce qu'ils apercevront.

Le même au même.

Plappeville, 18 août.

Vous me rendrez compte des observations recueillies ce matin par une reconnaissance des lanciers de la Garde, sur la gauche de l'armée, vers Sainte-Ruffine. Je fais prendre note de ces renseignements, mais je vous prie de ne plus envoyer de reconnaissances dans cette direction, la cavalerie de ligne, qui est placée en avant de nous, devant être naturellement chargée de ce service.

Le général Bourbaki au général Picard, commandant la 2º division de la Garde.
Plappeville, 18 août.

Prière de vouloir bien envoyer, sans retard, le résultat des reconnaissances de cavalerie faites ce matin par la division de grenadiers, dans les directions de Saulny et d'Amanvillers.

Ces rapports prescrits par la dépêche d'hier soir, n° 320, ne sont pas encore parvenus à l'état-major général de la Garde.

État-major général de la Garde. — Note pour la 2º division.
Camp de Plappeville, 18 août, 10 h. 30 matin.

Prière de vouloir bien envoyer, sans retard, le résultat des reconnaissances de cavalerie faites ce matin par la division de grenadiers, dans les directions de Saulny et d'Amanvillers.

Ces rapports, prescrits par la dépêche d'hier soir, n° 320, ne sont pas encore parvenus à l'état-major général de la Garde.

Le général Picard au général Bourbaki.
Bivouac de Plappeville, 18 août.

Deux reconnaissances des guides ont été envoyées, l'une du côté d'Amanvillers, l'autre de Saulny ; les officiers qui les commandaient n'ont apporté aucune nouvelle de l'ennemi. Ces officiers ont reconnu les positions occupées par des troupes du général de Ladmirault.

Le colonel Boyer, aide de camp du maréchal Bazaine, au général Bourbaki (1).
18 août.

Le Maréchal vous envoie cette note du maréchal Lebœuf (2), en vous

---

(1) D'après un fascicule manuscrit provenant de la succession du colonel Leperche.
(2) *Note du maréchal Lebœuf.* — (Urgence). Des forces ennemies

recommandant de faire diriger de suite une brigade de la Garde par le bois qui vous sépare des 2ᵉ et 3ᵉ corps, en faisant bien reconnaître les chemins qui le traversent et y faisant faire, s'il y a lieu, les travaux nécessaires.

Votre brigade occuperait la position qui vous a déjà été indiquée hier, et se tiendrait en relation avec vous, tout en étant prête à appuyer notre droite, si elle était compromise (1).

Le général Bourbaki au général Deligny.

Plappeville, 18 août. (Très urgent.)

D'après les avis reçus par M. le Maréchal commandant en chef, des forces ennemies considérables s'avancent vers Gravelotte, et une affaire se prépare, dit-on, pour aujourd'hui.

Veuillez diriger sur-le-champ une brigade de la division que vous commandez, par le bois qui vous sépare des 2ᵉ et 3ᵉ corps, en faisant bien reconnaître les chemins qui le traversent et y faisant exécuter, s'il y a lieu, les travaux nécessaires.

Cette brigade occupera la position qui vous a été indiquée hier, et se tiendra en relations avec vous, tout en étant prête à appuyer la droite de nos lignes, si elle venait à être compromise.

P.-S. — Cette brigade ne se laissera engager, ni surtout placer en première ligne, sans un ordre de vous ou de moi.

En marge : Transmis au général Brincourt, le 18 août à 10 heures du matin.

Ordre du Général commandant la 1ʳᵉ brigade de la Garde.

La brigade partira à 11 heures.
Les tentes ne seront pas abattues.
Les bagages ne suivront pas et resteront au camp.

---

considérables (infanterie et cavalerie) s'avancent vers Gravelotte sur un front assez étendu, et parallèle au front de bandière des 2ᵉ et 3ᵉ corps. Il me semble qu'une affaire se prépare pour aujourd'hui.

(1) Cet ordre fut communiqué à 9 heures au général Deligny, en même temps que l'ordre suivant du commandant de la Garde.

Les hommes emporteront leurs cartouches, leurs vivres et leurs ustensiles de cuisine attachés au sac non chargé.

Si la distribution de la viande n'est pas terminée, on laissera les hommes nécessaires pour l'apporter au point que la brigade va occuper.

Les troupes rentreront au camp ce soir, elles feront la soupe sur la position de Châtel que nous allons occuper.

Les musiques resteront pour garder les camps.

Le général Bourbaki au maréchal Bazaine (1).

Plappeville, 18 août.

L'ordre d'envoyer une brigade pour appuyer les 2e et 3e corps d'armée va être exécuté sur-le-champ. La division de voltigeurs est désignée pour opérer ce mouvement.

Je crois utile, Monsieur le Maréchal, d'appeler l'attention de Votre Excellence sur ce fait, qui est inhérent à la nature de l'homme, c'est que tout commandant de corps d'armée, attaqué ou simplement menacé par l'ennemi, est disposé à réclamer sur-le-champ du secours. S'il était donné suite aux demandes de ce genre, la Garde impériale se trouverait bientôt disséminée et ne serait plus en mesure de produire les résultats sérieux qu'on est en droit d'attendre d'elle, tant en raison de la valeur des éléments qu'elle renferme, que par suite de sa constitution en corps d'armée.

Dans le cas présent, Monsieur le Maréchal, la Garde impériale réunie, ayant la totalité de ses corps, divisions ou brigades placée dans la main de ses chefs directs, pourrait produire un vigoureux effort, quelles que fussent vos intentions, soit qu'il s'agît de tourner l'ennemi par sa gauche, pour le rejeter sur la Moselle, soit que vous préféreiz lui couper ses communications avec les divers points de passage de cette rivière, en opérant contre sa droite. Il serait, au contraire, matériellement impossible de compter sur la Garde pour obtenir ces résultats, si elle se trouvait répartie en un certain nombre de points de la ligne de bataille.

Note du général Bourbaki.

18 août.

Le général Bourbaki transmet au général Deligny la note

---

(1) *Post-scriptum* de la lettre relative au recomplétement des régiments d'infanterie de la Garde. b) **Organisation**. Page 477.

suivante (1), à propos de la brigade qui doit appuyer les 2° et 3° corps :

« Vous pourrez, selon les convenances, ou la rappeler ou la laisser.
« Faites ce que vous croirez utile, pour faciliter les distributions et le remplacement des cartouches. »

Ordre du général Bourbaki.

18 août, 1 h. 45.

A partir de la réception du présent ordre, les troupes de toutes armes seront consignées dans leurs camps.

P.-S. — Le Maréchal commandant en chef fait connaître que le maréchal Canrobert est attaqué sur sa droite.

Le général Bourbaki au général Deligny.

Quartier général, 18 août.

Je vous prie de donner immédiatement des ordres pour que la brigade que vous avez dirigée sur Châtel-Saint-Germain soit mise en possession de ses sacs. Dans les circonstances actuelles, il est essentiel que les troupes n'en soient jamais séparées.

M. le Maréchal commandant en chef prescrit, à l'instant même, de consigner les troupes dans leurs camps respectifs.

P.-S. — Maréchal Canrobert est attaqué sur la droite.

Le général Desvaux au général Bourbaki.

Camp sous Lessy, 18 août.

Ainsi que j'en ai rendu compte hier, le village d'Ars-sur-Moselle est occupé en force par les Prussiens. Leurs avant-postes dépassent le village de Vaux et, ce matin, une reconnaissance de lanciers a constaté qu'un escadron de hulans se trouvait entre Vaux et Sainte-Ruffine.

Ce village de Sainte-Ruffine est occupé par un détachement d'infanterie du 97e de ligne.

Un escadron de chasseurs français était en avant de Sainte-Ruffine, observant les mouvements des hulans.

Les Prussiens occupent les deux rives de la Moselle.

---

(1) Du grand quartier général.

Le même au même.

Bivouac sous Lessy, 18 août, 4 h. 30.

Deux avis parvenus, l'un d'une grand'garde de Moulins-lez-Metz, l'autre du fort Saint-Quentin, signalent l'approche, sur la rive gauche de la Moselle, d'un corps d'infanterie, que l'on dit pouvoir être de 4,000 hommes.

Je fais reconnaître de nouveau et prendre position par mes batteries. Les obus ennemis commencent à tomber de notre côté. Il est à craindre que du désordre ne se produise dans cette masse de cavalerie agglomérée, et je pense qu'il serait préférable que la cavalerie de la Garde se dirigeât du côté de Plappeville.

Le Colonel chef d'état-major de l'artillerie de la Garde au général Jarras.

18 août.

Une forte colonne venant d'Ars, le long de la Moselle, sur la rive gauche, vient de déboucher dans la plaine, au bas du coteau de Jussy, entre Jussy et Sainte-Ruffine.

En première ligne, une ligne de tirailleurs ; en deuxième ligne, un bataillon ; en troisième ligne, deux bataillons de front. Ils peuvent remonter par les villages de Vaux et de Jussy ou par Moulins, pour tourner la route de Rozérieulles.

Le général Jarras au général Deligny.

Plappeville, 18 août.

M. le Maréchal commandant en chef me charge de vous envoyer en communication la dépêche ci-jointe, qu'il vient de recevoir, et de vous dire en même temps que vous devez rester en position, avec l'artillerie de réserve, jusqu'à ce que l'ennemi se soit retiré.

Metz, cathédrale, 18 août, 5 heures soir. (Expédiée à 5 h. 25).

« Une colonne d'un régiment d'infanterie passe à Mercy-le-Haut et descend vers Peltre, semblant se diriger vers la Moselle, pour apporter du renfort à la droite prussienne, contre notre gauche qui fléchit déjà.

« Depuis le 15, de grands mouvements de troupes se font par les vallées d'Ars et de Novéant, pour gagner les plateaux. »

Le général Desvaux au général Bourbaki.

18 août, 11 heures soir (1).

J'ai dû quitter ce soir le bivouac sous Lessy et je m'installe en ce moment à Plappeville.

Aucun accident ne m'a été signalé.

Le lieutenant-colonel Leperche, aide de camp du général Bourbaki, au commandant de Beaumont, officier d'ordonnance du Ministre de la guerre, à Versailles.

Lyon, 6 avril 1872.

Mon cher ami,

A l'occasion de ta déposition devant le Conseil d'enquête sur la capitulation de Metz, tu me demandes de te dire ce que je sais sur la journée du 18 août 1870.

Le général Bourbaki ayant écrit à M. le maréchal Baraguey-d'Hilliers, le 3 mars dernier, afin de compléter sa déposition du 28 février précédent, a donné, à l'endroit du rôle de la Garde dans cette journée et de ses rapports avec le maréchal Bazaine, toutes les indications nécessaires ; je me contenterai donc de rappeler ici les principales assertions contenues dans cette lettre et d'y joindre quelques détails qui me sont personnels.

A 9 heures du matin, le maréchal Bazaine a fait communiquer au général Bourbaki un billet, écrit en entier de la main du maréchal Lebœuf, signalant les mouvements de l'ennemi et faisant présager une lutte sérieuse pour la journée.

D'après les ordres du maréchal Bazaine, la division de voltigeurs se trouva éparpillée, avec la double mission d'occuper le mont Saint-Quentin et de soutenir le corps du maréchal Lebœuf.

A 2 h. 30 le général Bourbaki, accompagné du général d'Auvergne, du capitaine d'état-major Perrier, d'un peloton de dragons et de moi, monta à cheval *proprio motu*, afin de se rendre compte de ce qui se passait.

A 3 h. 20, il chargeait le capitaine Perrier de faire prendre les armes à la division de grenadiers, avec ordre de s'établir dans le voisinage du Gros-Chêne.

Vers 4 heures, la division prenait position. A 4 h. 30, le général la portait un peu en avant, pour la tenir plus près du point où son action pouvait devenir utile. A la même heure, j'étais envoyé en reconnais-

---

(1) Écrit au crayon, sur une page de carnet.

sance, avec quelques dragons, du côté des routes de Briey et de Thionville. Je ne rentrai près du général qu'à 5 h. 45, après avoir constaté que l'approche de l'ennemi n'était nullement signalée dans cette direction. Mais, en même temps, il se produisait, sur les lieux mêmes desquels je revenais, un mouvement rétrograde d'un assez grand nombre d'hommes isolés, propre à faire concevoir quelques craintes.

A 6 h. 15 le capitaine de La Tour du Pin, aide de camp du général de Ladmirault, vint réclamer le concours de la Garde.

A 6 h. 20, le commandant Pesme s'acquitta de la même mission.

Le général Bourbaki, un peu inquiet à l'endroit de ce qui pouvait se passer sur sa droite et n'étant appelé, au dire de ces deux officiers, que pour appuyer un succès, hésita quelques instants.

Dès 6 h. 25, il se mit en route, faisant appeler en toute hâte les batteries de réserve de la Garde.

En même temps que le général Bourbaki avait fait prendre les armes à la division de grenadiers, il avait informé le maréchal Bazaine, par un billet écrit au crayon, des dispositions qu'il prenait et du soin qu'il aurait d'observer les routes de Briey et de Thionville.

Il m'a été assuré que le maréchal Bazaine aurait reçu ce billet pendant qu'il se trouvait, de sa personne, au fort Saint-Quentin, qu'il l'aurait lu, puis mis dans sa poche, et qu'une demi-heure après environ, il aurait quitté ce fort en disant : « Allons voir un peu ce qui se passe du côté de la route de Thionville. » Un officier ayant émis timidement l'avis de faire appeler la réserve générale de l'artillerie de l'armée, le Maréchal aurait répondu : « Oui, j'y ai pensé ; on pourrait bien envoyer quelques batteries, mais nous verrons cela plus tard. »

Je te réponds, de la façon la plus formelle, de l'entière exactitude de tout ce qui précède. Les heures citées par moi ont été constatées par mes soins, sur les lieux mêmes, et prises en note immédiatement. Quant à l'incident que je viens de te raconter et qui aurait eu lieu au fort Saint-Quentin, je le retrouve tel quel dans mes notes. J'ai omis seulement d'indiquer la source à laquelle je l'ai puisé.

Je suis presque sûr, cependant, qu'il m'a été rapporté le soir même par le lieutenant-colonel Saget, que j'ai rencontré, entre 10 heures et 11 heures sur le plateau de Saint-Quentin.

Je termine en confirmant ce que tu sais déjà et qui est inséré dans la lettre du général Bourbaki à M. le maréchal Baraguey-d'Hilliers : le maréchal Bazaine, se dirigeant vers son quartier général (1), qui était installé à Plappeville, a été rencontré un peu avant 4 heures, à 200 mètres environ de ce quartier général, par les trois officiers

---

(1) Il semble qu'il faille plutôt lire : *venant* de son quartier général.....

d'ordonnance du général Bourbaki (capitaine d'artillerie de Lacale, capitaine de lanciers de Sancy, sous-lieutenant de zouaves Sédillot) et par son porte-fanion, M. Frémy. Tous quatre peuvent être interrogés ; ils certifieront que le maréchal Bazaine, après leur avoir demandé s'ils allaient rejoindre le général Bourbaki, et, sur leur réponse affirmative, les a engagés à ne pas prendre cette peine, attendu, disait le Maréchal, que tout était terminé. Or, il était 4 heures, et ce n'est qu'à 8 h. 30 que le dernier coup de canon a été tiré.

Si tu te trouvais embarrassé sur quelque point, préviens-moi ; il est possible que je sois en mesure de donner satisfaction au désir que tu m'exprimeras. J'ai conservé de nombreuses notes sur notre si triste séjour à Metz. J'ai consigné spécialement des dates et des heures desquelles je puis répondre hardiment, puisque j'ai eu le soin de constater sur le terrain même les unes et les autres.

J'atteste sur l'honneur la vérité absolue de tout ce je que t'écris aujourd'hui et je t'autorise, mon cher ami, à faire de la présente lettre tel usage que tu voudras.....

Extrait d'une lettre du lieutenant-colonel Saget (1) *au lieutenant-colonel Leperche.*

Paris, 6 octobre 1872.

. . . .

En ce qui concerne la journée du 18, je n'ai pu vous dire que je me trouvais auprès du maréchal Bazaine quand on lui a remis le billet de votre général, car je n'ai quitté le général de Ladmirault que pour aller auprès du maréchal Lebœuf chercher les renforts que j'ai amenés à Montigny-la-Grange à la fin de la journée ; je vous ai dit seulement que je me trouvais auprès du général de Ladmirault quand il a appris (par un billet au crayon, je crois) que vous vous trouviez au Gros-Chêne ; je ne saurais vous dire quelle heure il pouvait être.

Je n'ai pas pu non plus vous rapporter les paroles prononcées par le maréchal Bazaine : « Allons voir un peu ce qui se passe du côté de la route de Thionville », ou celles qu'on lui prête quand on lui parlait d'utiliser la réserve générale d'artillerie : « Oui, j'y ai bien pensé ; on pourrait bien envoyer quelques batteries à l'aile droite, mais nous verrons plus tard. »

Je ne connais de cette bonne réserve que les obus qu'elle me faisait passer sur la tête, à la tombée de la nuit, quand j'étais près de l'r du mot Amanvillers, obus qui atteignaient les nôtres bien plus que l'ennemi.

---

(1) Anciennement sous-chef d'état-major du 4ᵉ corps.

Vous tenez certainement ces renseignements d'un autre que moi; je ne suis allé au quartier général du maréchal Bazaine que pendant la nuit, pour demander des ordres positifs au sujet de la retraite sur Metz que je voyais exécuter à notre aile droite, sans que les Allemands nous inquiétassent en rien. (Il pouvait être alors, quand je suis arrivé à Plappeville, 1 heure ou 2 heures du matin), et l'on me fit lire l'ordre positif de prendre les positions sous Metz qui nous avaient été indiquées, par Lewal, le matin du 18, à la réunion des sous-chefs d'état-major à Châtel-Saint-Germain.

Le soir du 18 août, je vous ai rencontré, avec votre général, à la sortie du défilé du bois des Rappes, au moment où vous vous retiriez sur Metz, à l'entrée de la nuit. Je vous ai accompagné jusqu'à une ambulance entre les fermes Saint-Maurice et Saint-Vincent; puis, je suis retourné à Amanvillers retrouver la division de Lorencez et notre cavalerie (une partie) avec lesquelles je suis revenu sur le plateau des Rappes. C'est alors seulement que j'ai été demander des ordres positifs au quartier général du maréchal Bazaine.....

Journée du 18 août.

RÉSERVE DE CAVALERIE.

3ᵉ DIVISION (DE FORTON).

a) Journaux de marche.

Historique du 1ᵉʳ régiment de dragons (colonel de Forceville).

18 août.

La bataille de Saint-Privat commence à 6 heures du matin dans la gorge où nous étions restés trente-six heures; nous nous retirons sous Metz par Moulins; l'artillerie prussienne nous salue au passage sur la route et des obus assez inoffensifs nous suivent jusqu'à notre campement.

Historique du 9ᵉ régiment de dragons (colonel Reboul).

Le 17 août, le régiment se rapprocha de Metz et campa dans le vallon de Saint-Germain, où il reste en réserve, le 18, pendant la bataille de Saint-Privat. Le soir de cette journée, il se retire sous Metz, et, pendant qu'il suit la route de Moulins, quelques obus viennent éclater dans ses rangs sans causer de pertes sérieuses.....

Relation du chef d'escadron Le Flem (alors adjudant au 9ᵉ dragons).

18 août.

Pendant cette journée, nous restâmes sur le même emplacement. Quelques shrapnels éclatèrent au-dessus de nous. Un cheval de M. le lieutenant de Montvert reçut sur la croupe une balle qui lui fit une légère blessure.

Vers 5 heures du soir, la division de Forton se retira au Sud du mont Saint-Quentin. Les régiments étaient en colonnes par quatre, la brigade de cuirassiers en tête et le 9ᵉ dragons à la queue de la colonne. En arrivant sur la route de Verdun, nous partîmes brusquement à un trot très allongé. Des chevaux de main, des casques et même une cuirasse, abandonnés sur la route, témoignaient de la précipitation avec laquelle s'étaient retirés les régiments qui nous précédaient. Une batterie prussienne, qui devait être peu éloignée, tirait sur la route, qui était cachée à la vue de l'artillerie ennemie par les nombreux saules qui couvraient une prairie marécageuse s'étendant du ruisseau de Châtel-Saint-Germain jusqu'à la route. Les obus passaient un peu au-dessus de nous.

Historique du 7ᵉ régiment de cuirassiers (colonel Nitot).

18 août.

La division quitta vers 5 heures du soir le bivouac de Rozérieulles et se dirigea sur Longeville-les-Metz en traversant Moulins. Au sortir de ce dernier village, le régiment fut exposé à un feu d'artillerie qui blessa deux hommes et occasionna de grands désordres dans la colonne des bagages et des chevaux de main.

Historique du 10ᵉ régiment de cuirassiers (colonel Juncker).

18 août.

A 10 h. 30 (?), le canon se fait entendre dans la direction de Saint-

Privat-la-Montagne. A 1 heure, le régiment monte à cheval, s'engage dans un sentier étroit pour rejoindre la route de Metz, arrive vers 6 heures, après de nombreuses haltes, au village de Longeville et bivouaque au bord de la route et du côté gauche. Le 5e escadron, qui est à l'arrière-garde, escorte la batterie divisionnaire qui va prendre position, passe sous le pont du chemin de fer de Verdun, est assailli en cet endroit par une grêle d'obus et s'engage ensuite dans un sentier qui traverse les vignes, accompagnant toujours sa batterie jusqu'à l'emplacement qu'elle doit choisir. Cet escadron ne se retire qu'à 9 heures du soir pour rejoindre le régiment au bivouac de Longeville.

Historiques des 7e *et* 8e *batteries du* 20e *régiment d'artillerie (commandant Clerc).*

18 août.

Bataille de Saint-Privat, à laquelle les batteries du 20e ne prirent pas une part active. Placées dans la vallée de Rozérieulles, elles ne firent qu'un mouvement, vers 6 heures du soir, pour garder la route de Metz, par laquelle on supposait que devait passer un corps prussien ; vers 9 heures, elles se rapprochèrent de Metz et campèrent en avant du mont Saint-Quentin.

b) Situations.

3e *division de la réserve de cavalerie.*

18 août.

CORPS.	EMPLACEMENT.	OFFICIERS	TROUPE.	TOTAL.	CHEVAUX.
1er rég. de dragons...		38	586	624	526
9e rég. de dragons ...		37	500	537	492
7e rég. de cuirassiers.	Châtel-sous-Metz.	37	509	546	477
10e rég. de cuirassiers.		41	463	504	467
Artillerie............		7	269	(1) 276	(1) 304
Gendarmerie.........		1	20	21	22
Total.............		161	2,347	2,508	2,288

(1) Y compris 8 hommes et 16 chevaux du 17e d'artillerie à cheval.

Journée du 18 août.

COMMANDEMENT DE L'ARTILLERIE DE L'ARMÉE
ET
RÉSERVE GÉNÉRALE D'ARTILLERIE.

a) Journaux de marche.

Journal des opérations du général Soleille, commandant l'artillerie de l'armée.

18 août.

Les ressources immédiatement disponibles dans la place de Metz étaient livrées aux batteries; les éléments nécessaires pour en créer de nouvelles existaient sans doute, mais en petite quantité; la confection d'ailleurs, devait exiger un temps assez long et les circonstances ne permettaient pas d'attendre. Il fallait donc, jusqu'à la dernière heure, tenter de tirer du dehors le plus de munitions possible. La seule voie par laquelle des approvisionnements pussent désormais arriver dans la place était la voie de Thionville; le Maréchal commandant en chef promit de la faire garder par la cavalerie; le commandant de l'artillerie de l'armée en donna avis au Ministre, en insistant sur la gravité de la situation.

Les corps d'armée étaient établis depuis le 17 au soir sur les lignes d'Amanvillers, le 2e corps à la gauche, le 6e à la droite, attendant les démonstrations que l'ennemi ne pouvait manquer de faire. Seules, la Garde et la réserve générale d'artillerie avaient traversé la vallée de Monvaux (1), pour camper sur le plateau du mont Saint-Quentin.

Dans la matinée du 18, le maréchal Canrobert faisait dire au commandant en chef que l'ennemi se montrait en avant de Sainte-Marie-aux-Chênes et qu'il allait diriger lui-même une reconnaissance offensive, afin d'apprécier l'importance de ce mouvement.

Rien ne faisait présager un engagement général, lorsque, brusquement, vers 11 h. 30, le canon se fit entendre à la fois sur tout le front de notre armée.

La bataille du 18, qui prit le nom de « Défense des lignes d'Amanvillers », fut essentiellement une lutte d'artillerie contre artillerie,

---

(1) C'est-à-dire de Châtel-Saint-Germain.

bataille défensive dans laquelle l'ennemi nous imposa la distance du tir et profita très habilement de la supériorité de justesse de ses canons. Nos batteries, malgré les pertes très sérieuses qu'elles éprouvèrent, recommencèrent le tir toutes les fois que ce fut nécessaire pour couvrir les mouvements de l'armée, mais leur feu fut presque constamment éteint; néanmoins, la plupart d'entre elles ne quittèrent le champ de bataille que la nuit venue, après avoir épuisé leurs munitions et avoir assuré la retraite.

Le prince Frédéric-Charles et le général Steinmetz ayant réuni leurs forces à celles que le roi Guillaume amenait avec lui, les Prussiens se décidèrent à attaquer l'armée française dans ses positions d'Amanvillers; leur tactique fut la même que celle qu'ils avaient employée à Gravelotte : mettre d'abord en jeu la formidable artillerie dont ils disposaient; dissimuler autant que possible, pendant cette canonnade, les troupes d'infanterie; masser celles-ci à l'extrême gauche et, au moment où notre feu commencerait à se ralentir par suite de l'épuisement des munitions, faire avancer des colonnes profondes sur le maréchal Canrobert, de manière à le déborder et à lui couper la retraite sur le camp retranché.

Le général Steinmetz avait devant lui les 2e et 3e corps; il entama l'action par le feu de 50 bouches à feu couvertes par des épaulements construits la nuit précédente, en avant de Gravelotte, dans le bois des Génivaux. Dans le courant de la journée, le nombre de ces pièces s'éleva à 80.

Le 2e corps avait une division (la 1re, général Vergé) qui faisait face à Gravelotte; la 2e division, en potence, observait les pentes qui descendent vers la Moselle; la brigade Lapasset était à l'extrême gauche. Les batteries de la 1re division, placées à gauche de la ferme de Bellevue (1), derrière une levée de terre exécutée à la hâte, ripostèrent vivement à l'ennemi; mais elles ne purent tenir longtemps sous un feu supérieur, épuisant leurs munitions sans résultat utile; elles se retirèrent. Appelées à les remplacer, d'autres batteries eurent le même sort. Les batteries Petitpas et Humann (10e et 11e du 5e), armées de 12 rayé, soutinrent plus longtemps le feu, firent du mal aux batteries prussiennes et canonnèrent très efficacement des colonnes qui sortaient de Gravelotte; néanmoins elles durent également se replier.

A la gauche, il n'y eut pas de tentative sérieuse de la part de l'ennemi; le rôle de l'artillerie ne fut guère qu'un rôle d'observation. Toutefois, la batterie de canons à balles du capitaine Dupré (9e du 5e) apercevant des colonnes qui marchaient sur Vernéville, se porta en avant pour tirer sur elles. En quelques minutes, 7 hommes furent

---

(1) Ancien nom du Point-du-Jour.

tués, 2 blessés, 23 chevaux mis hors de combat, 2 caissons sur 3 sautèrent (1) ; la batterie fut obligée de se retirer.

A la tombée de la nuit, le feu des Prussiens, qui s'était ralenti, reprit avec une intensité nouvelle pour protéger une attaque dirigée par le général de Steinmetz sur la ferme de Bellevue. Cette attaque fut repoussée par notre infanterie.

Le 3ᵉ corps était chargé de défendre le terrain qui s'étend de la Folie à l'auberge de Saint-Hubert. Le maréchal Lebœuf avait ordonné de construire sur tout le front du 3ᵉ corps, pour les batteries, des épaulements, pour l'infanterie, des tranchées-abris. L'efficacité de ces dernières fut démontrée d'une manière éclatante, car l'artillerie ayant été réduite au silence, les efforts de l'ennemi vinrent échouer devant le feu de la mousqueterie. Les Prussiens firent des pertes énormes, celles de notre infanterie furent insignifiantes.

Il n'en fut pas de même de l'artillerie, qui souffrit beaucoup, mais qui, par sa persévérance à répondre au canon ennemi, ralentit les progrès de l'attaque et l'empêcha d'être décisive.

Les batteries de la 1ʳᵉ division, assistées de deux batteries de 4 de la réserve (batterie Lécrivain, 7ᵉ du 4ᵉ, et batterie Margot, 10ᵉ du 4ᵉ) prirent successivement position auprès de la ferme de la Folie, battant les abords de Vernéville. Un grave accident survenu à la batterie Barbe (8ᵉ du 4ᵉ) paralysa son action ; les systèmes de culasse de ses mitrailleuses s'encrassèrent au point de compromettre leur solidité et d'annuler l'effet du tir. La batterie dut se retirer. Elle revint plus tard, mais fut encore obligée de cesser le feu pour la même cause.

Engagées entre Leipzig et Moscou, les batteries de la 2ᵉ division, tentèrent à plusieurs reprises, mais toujours sans succès, une lutte inégale, à grande portée, contre des batteries plus nombreuses et douées d'une plus grande justesse de tir. Les batteries de la 3ᵉ division, couvertes par des épaulements près de la ferme de Moscou, eurent le même sort et furent obligées d'évacuer le terrain. Un instant plus heureuse, l'artillerie de la 4ᵉ division battit plus efficacement le débouché de Gravelotte ; mais mises à découvert par la retraite des batteries du du 2ᵉ corps, les batteries Vivenot et Bonnefond (8ᵉ et 10ᵉ du 11ᵉ) furent contraintes de se retirer. La batterie de Guibert (9ᵉ du 11ᵉ) parvint à se maintenir. Elle contribua à repousser les tentatives dirigées à la nuit close sur la ferme de Bellevue.

Conduites sur ce même point par le colonel de Lajaille, les batteries à cheval de Maillier et Gebhart (1ʳᵉ et 2ᵉ du 17ᵉ) furent très fortement engagées ; leur feu aida puissamment à arrêter le mouvement offensif du général Steinmetz. Les deux autres batteries à cheval de la réserve

---

(1) Chiffres approximatifs.

(capitaine Salmon, 3e du 17e), (capitaine Loire, 4e du 17e) agissaient très énergiquement à l'extrême droite du 3e corps. Au centre enfin, en face de la Malmaison, les batteries Ducher et Brocard (11e et 12e du 11e), placées derrière les épaulements, soutinrent très convenablement la lutte contre l'artillerie ennemie; mais surprises dans un changement de position, elles firent de telles pertes qu'elles durent se replier.

Le centre du 4e corps était à Amanvillers. L'ennemi s'étant montré à Vernéville, le général La Faille lui opposa immédiatement les six batteries de sa réserve. Les batteries de 12 du chef d'escadron Ladrange, placées entre Amanvillers et Montigny-la-Grange, conservèrent cette position toute la journée; à leur droite, les batteries de 4 du chef d'escadron Prémer canonnèrent avec le plus grand succès des colonnes ennemies qui débouchaient du bois de la Cusse, et continuèrent le feu jusqu'à l'épuisement presque complet de leurs munitions. Dans le courant de la journée, le capitaine Masson (9e du 8e) fit enlever par ses attelages deux pièces prussiennes de 6 abandonnées sur le champ de bataille.

Une batterie ennemie venait de s'établir auprès de Champenois; les batteries à cheval Cahous et Albenque (5e et 6e du 17e) la contraignirent au silence. Les Prussiens renforcèrent la position à l'aide de deux nouvelles batteries et reprirent le feu avec une telle vigueur que les batteries à cheval durent évacuer le terrain. La batterie Cahous ne le fit pas sans difficulté; elle avait perdu 30 hommes et 80 chevaux (1).

A la droite de la 1re division (de Cissey), le lieutenant-colonel de Narp parvint à arrêter, sous le feu de ses batteries, les colonnes prussiennes qui cherchaient à déborder le 6e corps; l'ennemi lui opposa du canon; la lutte s'engagea alors entre les deux artilleries et se continua, pendant quelque temps, avec des chances égales; mais vers 2 heures, pris d'écharpe et en rouage, le lieutenant-colonel de Narp dut se reporter en arrière pour reformer ses batteries et renouvela leur approvisionnement. Ces opérations terminées, il revint sur le terrain de l'action; malgré tous ses efforts, il ne put s'y maintenir.

La 2e division était à Amanvillers même. Ses batteries, placées en avant du village, avaient des vues à la fois sur Vernéville et Habonville. Elles tirèrent d'abord sur Vernéville et mirent hors de combat une batterie ennemie. Un peu plus tard, 30 bouches à feu prussiennes s'établissent à Habonville et prennent en flanc les batteries de Larminat, les obligent à changer leur ligne de bataille. Profitant habilement de cette diversion, l'ennemi reparut sur le plateau de Vernéville.

Les batteries de Vernéville et d'Habonville écrasèrent notre artillerie de leurs feux croisés et la réduisirent au silence. Les batteries de la

---

(1) Chiffres approximatifs.

2ᵉ division se retirèrent en arrière d'Amanvillers d'abord, ensuite en arrière du ravin.

Le rôle des batteries de la 3ᵉ division fut aussi méritoire sans être plus heureux ; elles luttèrent avec constance, souffrirent beaucoup et se retirèrent, ne conservant qu'une petite partie de leurs munitions pour couvrir la retraite. Deux caissons de la batterie Baritot (9ᵉ du 1ᵉʳ) firent explosion et mirent hors de combat 20 hommes et 15 chevaux.

Le maréchal Canrobert, qui devait faire une reconnaissance offensive, ne put la pousser plus loin ; il était attaqué, et c'est sur le 6ᵉ corps que devaient porter les plus grands efforts de l'ennemi. Le Maréchal prit position vers 11 h. 30, sa droite à Sainte-Marie-aux-Chênes, sa gauche vers Saint-Privat, en avant de la ferme de Jérusalem, se reliant au 4ᵉ corps. Forcé, plus tard, d'abandonner Sainte-Marie-aux-Chênes, il recula sa droite jusqu'à Roncourt, tint dans cette position jusqu'à la dernière extrémité et, vers 6 heures du soir, se mit en retraite sur Metz par la route de Briey.

L'artillerie du 6ᵉ corps comprenait, le 18, toutes les batteries qui avaient donné à Rezonville, plus les deux batteries à cheval de la division de cavalerie du Barail. Toutes ces batteries prirent part à l'action, et la plupart d'entre elles, après avoir judicieusement ménagé leurs munitions lorsque l'efficacité du tir semblait douteuse, ne quittèrent le champ de bataille que lorsque leurs coffres furent vides et la retraite assurée.

Le lieutenant-colonel Jamet était à la droite ; ses batteries prirent en flanc l'artillerie prussienne qui battait Sainte-Marie-aux-Chênes et lui causèrent beaucoup de mal. Elles arrêtèrent, en outre, le déploiement de la cavalerie ennemie, qui essayait de tourner la droite du 6ᵉ corps. Lorsque cette aile droite se replia sur Roncourt, les batteries occupèrent, en arrière de Saint-Privat, un contrefort à droite de l'entrée du défilé de Saulny et contribuèrent puissamment à arrêter les colonnes qui essayaient de déboucher de Saint-Privat.

Au centre, le lieutenant-colonel de Montluisant, contre-battait à 3,000 mètres des batteries de position. Le tir des pièces de 4 fut suspendu comme insuffisant ; celui des pièces de 12 continua sans interruption jusqu'à 5 heures du soir. L'ordre de se retirer étant arrivé, le lieutenant-colonel de Montluisant prit position en arrière de Saint-Privat, à gauche de la route de Briey, disposa sur trois étages les batteries dont il disposait et, par un feu des plus violents, couvrit efficacement la retraite.

Les batteries Keşner (7ᵉ et 8ᵉ du 18ᵉ) agirent très vigoureusement à la gauche.

Le village de Saint-Privat était en flammes ; le maréchal Canrobert y tenait encore ; les dernières troupes qui l'occupaient ne se retirèrent que lorsque leur retraite se trouva compromise. L'ennemi s'en empara aussitôt, y amena des batteries nombreuses, forma ses colonnes et se disposa à déboucher pour rendre notre retraite désastreuse.

L'entrée du défilé de Saulny était le point critique de la position; il fallait la rendre inabordable. Prévenu un peu tardivement de la gravité de la situation du 6ᵉ corps, le Maréchal commandant en chef envoyait en toute hâte à son secours la Garde et les batteries de Contamine, de la réserve générale (6ᵉ et 7ᵉ du 13ᵉ). En même temps, une colonne de munitions, organisée par le commandant de l'artillerie de l'armée, partait du plateau de Plappeville, sous la conduite du chef d'escadron Abraham, et venait ravitailler les batteries engagées.

Le général Pé de Arros, arrivant à toute vitesse avec six batteries de la Garde (quatre à cheval et deux montées), laissa, sur l'ordre du général Bourbaki, les batteries Dejean (5ᵉ et 6ᵉ à cheval) en deçà du défilé de Lorry, traversa le défilé, se déploya en avant des carrières d'Amanvillers et ouvrit, à petite distance des tirailleurs ennemis, un feu à outrance qui produisit les meilleurs effets; puis, lorsqu'il se vit sans soutien, il se retira par batterie, à la prolonge, en exécutant le tir à mitraille et le tir horizontal.

Arrivées plus tôt sur le terrain, avec le chef d'escadron de Contamine, les batteries de 12 (de Reynaud, 6ᵉ du 13ᵉ, et Bellorger, 7ᵉ du 13ᵉ) ouvrirent d'abord le feu en avant de Saint-Privat; elles ne produisirent pas grand effet et firent des pertes sensibles. Le mouvement de retraite s'accentuant, elles se replièrent avec calme, prirent position à gauche des batteries de Montluisant et eurent une large part dans la puissante diversion qui permit au 6ᵉ corps de rentrer dans les lignes de Metz. Ces batteries tirèrent les derniers coups de canon de la journée et ne se retirèrent que lorsque l'ennemi eut cessé le feu; elles étaient alors seules et sans soutien sur le champ de bataille.

La retraite du 6ᵉ corps entraîna successivement celle des autres corps d'armée; pendant la nuit, ils traversèrent la vallée de Monvaux et se mirent à couvert derrière les forts de la rive gauche de la Moselle.

Les pertes de l'artillerie furent considérables dans la journée du 18 (1) : 4 officiers tués, 21 blessés; 62 hommes de troupe tués, 366 blessés, 61 disparus; 589 chevaux hors de combat. L'artillerie avait joué le rôle principal dans la bataille, mais elle payait chèrement les services rendus à l'armée.

La consommation des munitions avait été forcément très grande. Plus que jamais, les ressources annoncées par la voie de Thionville devenaient précieuses, et il était hors de doute que cette voie ne tarderait pas à être occupée par l'ennemi.

---

(1) Chiffres approximatifs.

Dans la nuit du 18 au 19, vers 1 heure du matin, le général commandant l'artillerie de l'armée reçut la note suivante :

Note.

« Monsieur le général Soleille, commandant en chef l'artillerie de l'armée du Rhin, est prévenu qu'un train de munitions, arrivé aujourd'hui, est en gare de Devant-les-Ponts. Il serait urgent de les faire enlever cette nuit même. Les attelages des parcs peuvent servir à cette opération.

Le Maréchal commandant en chef de l'armée du Rhin,
BAZAINE. »

Un officier de l'état-major général de l'artillerie fut aussitôt envoyé à la gare de Devant-les-Ponts, afin de constater l'arrivée du convoi et son importance; en passant au parc de la Garde, cet officier transmit au colonel de Vassoigne (1) l'ordre d'atteler toutes ses voitures vides, de les diriger sur la gare et de les faire charger sans désemparer.

A la gare de Devant-les-Ponts, rien ne décelait l'arrivée d'un train important. Le chef de gare dormait dans son bureau. Interrogé sur l'arrivée d'un train de munitions, il répondit qu'il n'en avait pas connaissance. Tous les wagons qui se trouvaient sur la voie furent minutieusement visités : la plupart étaient vides; quelques-uns renfermaient du pain ou des objets de campement; de munitions confectionnées, pas la moindre trace. Pressé de questions, le chef de gare finit par se rappeler que deux trains lui avaient été annoncés partant de Thionville à 11 h. 30 et à minuit; mais ces trains ne devaient pas arriver à Metz : à 11 heures, deux escadrons saxons avaient fait sauter le pont de Richemont.

L'investissement de l'armée du maréchal Bazaine était complet; cette armée ne pouvait plus compter sur les ressources du dehors; il ne lui restait plus qu'à en créer avec les éléments dont la place de Metz pouvait disposer. Nous allons dire comment l'artillerie s'acquitta de sa tâche.

Rapport du chef d'escadron de Contamine, commandant les 6ᵉ et 7ᵉ batteries du 13ᵉ régiment.

Camp du Ban-Saint-Martin, 19 août.

Le 18 août, à 3 heures de l'après-midi, les 6ᵉ et 7ᵉ batteries reçurent

---

(1) Commandant du parc de la Garde.

l'ordre d'aller, sans leurs réserves, soutenir le 6ᵉ corps fortement engagé à l'extrême droite, en avant du village de Saint-Privat.

Arrivées au hameau de Jérusalem, elles se mirent en batterie, à la gauche d'une batterie de 4 qui, elle-même, venait de s'établir à la gauche du village.

La position était désavantageuse. Le soleil, qu'on avait dans les yeux, empêchait de pointer et de voir où portaient les coups.

Des batteries ennemies, placées en avant de nous et sur notre gauche, ayant déjà leur tir réglé, mirent assez rapidement hors de combat une dizaine d'hommes, dont deux tués, et quatorze chevaux. En ce moment, le corps d'armée battait en retraite et le régiment d'infanterie qui était à notre gauche lâchait pied avec assez de désordre. Le colonel de ce régiment nous cria que nous allions être enlevés si nous ne nous retirions pas. Les avant-trains furent amenés et celui de la 5ᵉ pièce de la 6ᵉ batterie, venant d'avoir son conducteur de derrière tué, ainsi que ses deux chevaux, on fut obligé d'emmener la pièce à la prolonge, avec les chevaux de devant, en laissant l'avant-train, dont le timon était embarrassé par les chevaux tués. M. le capitaine de Reynaud mit beaucoup d'énergie à sauver sa pièce restée seule un moment sur le terrain.

Les deux batteries battirent en retraite au pas, prirent position, d'abord à 800 mètres en arrière et, le mouvement général de retraite s'étant accentué davantage, elles se retirèrent successivement par batterie sur de légères éminences en arrière et, enfin, vinrent se placer définitivement, vers 6 h. 30, l'une à droite et l'autre à gauche de la 10ᵉ batterie du 13ᵉ régiment, qui était déjà en position sur la colline, en avant du bois qui borde la gauche de la route de Woippy à Saint-Privat.

Aussitôt que l'artillerie ennemie (au moins six batteries et même dix) déboucha sur les crêtes que nous avions primitivement occupées, à gauche de Jérusalem, les trois batteries, profitant de l'avantage de leur calibre, ouvrirent un feu assez vif, en tirant à 1700 et 2,000 mètres. On n'avait pas à ménager les munitions, il suffisait de les faire durer jusqu'à la nuit.

Attirant ainsi sur elles le feu des batteries ennemies dont les coups, d'ailleurs trop courts, ne les firent nullement souffrir, les trois batteries purent, en faisant beaucoup de mal à l'artillerie ennemie, protéger de la manière la plus efficace la retraite de toute l'infanterie engagée à la droite de Saint-Privat.

La 10ᵉ batterie, qui avait déjà donné dans la journée, se retira la première. Les 6ᵉ et 7ᵉ batteries, restées seules et sans soutien après la retraite de l'infanterie et des autres troupes, ne se retirèrent qu'à la nuit close, n'ayant plus à tirer que des boîtes à mitraille.

L'ennemi, tenu en respect par le feu des batteries du 13ᵉ régiment, n'osa pas se porter en avant, et avait cessé le feu avant nous.

Les 6ᵉ et 7ᵉ batteries se retirèrent par la route de Woippy, encombrée de tous les bagages et de l'artillerie du 6ᵉ corps, pendant que l'infanterie et la cavalerie, devançant la colonne des voitures, s'écoulaient rapidement à droite et à gauche de la route.

Nous suivîmes la colonne du 6ᵉ corps jusqu'à Saulny, où les deux batteries arrivèrent vers minuit seulement ; et là, ne recevant aucun ordre, elles tournèrent à droite, sur Lorry et Plappeville, et rentrèrent au camp du mont Saint-Quentin à 1 h. 30 et 2 heures du matin.

(La 5ᵉ batterie, qui aurait dû partir au lieu de la 7ᵉ, avait été conduire ses chevaux à l'abreuvoir, au moment où l'ordre de départ était arrivé.)

Rapport du capitaine Bellorger, commandant la 7ᵉ batterie du 13ᵉ régiment.

Metz, 19 août.

Dans l'après-midi du 18 août, la batterie reçut l'ordre de partir rapidement avec la 6ᵉ batterie du régiment vers la droite du 6ᵉ corps d'armée, distant de 8 kilomètres environ, sous le commandement supérieur de M. le chef d'escadron de Contamine. Ces deux batteries se mirent immédiatement en mouvement avec un approvisionnement de 72 coups par pièce seulement (batterie de combat), les servants sans le sac.

Arrivée près du village de Jérusalem, la batterie se mit en position de faire feu à la gauche de la 6ᵉ batterie.

La ligne de batteries était sur une élévation de terrain que l'infanterie abandonnait, battant en retraite à cause d'une forte batterie de position qui la couvrait de projectiles. Après avoir tiré une vingtaine de coups de canon, n'étant soutenue par aucune troupe, et menacée d'être enlevée par l'ennemi qui manœuvrait en conséquence à une distance assez facile à apprécier malgré la poussière et la fumée qui couvraient alors le pays, la batterie reçut l'ordre de se retirer en faisant des mises en batterie successives, et s'arrêta à une position définitive loin de la première et à mi-côte d'une pente assez avantageusement disposée, attendant que l'ennemi parût sur les hauteurs qu'on venait d'abandonner.

Alors une longue canonnade s'engagea sans trop de danger pour nous, les coups ennemis étant presque tous trop courts. Il en fut autrement des coups de la batterie, puisque deux de leurs caissons sautèrent.

La batterie fut ensuite désignée pour protéger la retraite des colonnes du 6ᵉ corps en tirant de manière que les munitions restantes puissent durer jusqu'à la nuit. Le corps d'armée ainsi appuyé se retira en bon ordre et alors la batterie put rejoindre son camp en suivant la route de Briey à Woippy, très encombrée de troupes et de voitures de transport, ce qui ne lui permit pas d'arriver avant 2 heures du matin.

En résumé, malgré les difficultés éprouvées dans la première mise en batterie sur une position dont l'ennemi avait eu le temps d'apprécier la distance, officiers, sous-officiers et canonniers, tous ont fait preuve de beaucoup de sang-froid, en distinguant toutefois M. Pinault, lieutenant en premier, chef de la section de droite; l'adjudant Off, commandant la section du centre; l'artificier Chalandy, distribuant les charges avec calme; le 1er conducteur Coquerelle, dont le porteur a été blessé grièvement d'une balle; le maréchal des logis Menu, qui a montré beaucoup de vigueur pour ramener sa pièce restée en arrière par la mise hors de service d'un de ses attelages et la blessure d'un des conducteurs. Le maréchal des logis Roth, resté en arrière avec sa pièce à cause des difficultés du terrain, s'est acquitté de son devoir avec beaucoup de présence d'esprit. Le maréchal des logis chef Bourgeaud et le fourrier Grobert ont aussi fait preuve de calme intelligent en secondant le capitaine dans les divers détails et en aidant quelques chefs de pièces à diriger le pointage.

Les pertes sont minimes relativement à ce qu'elles auraient pu être sur un pareil terrain; sur 7 hommes blessés : 1 doit être mort des suites de sa blessure, 4 doivent être aux ambulances et 2 sont présents à la batterie. Sur 13 chevaux atteints : 4 sont morts et 9 sont pansés à la batterie. Il faut ajouter le cheval de M. le lieutenant du Ligondès qui a été blessé en même temps que le canonnier qui le tenait et qui a disparu.

Historiques des 5e, 6e, 7e, 8e, 11e et 13e batteries du 13e régiment d'artillerie (Réserve générale) (colonel Salvador).

18 août.

5e batterie. — Vers 4 heures du soir, la batterie a pris position sur le plateau dit Saint-Quentin et a inquiété l'ennemi en tirant plusieurs coups de canon dans la direction de Moulins. Le même jour, vers 5 heures, quatre attelages à six, sous la direction du maréchal des logis chef, ont attelé au fort Plappeville quatre caissons à munitions et sont allés rejoindre, au 6e corps, une batterie du 14e régiment avec laquelle ils ont assisté au combat près de Saint-Privat; rentrés au camp à 2 heures du matin.

6e batterie. — Vers 4 h. 30 du soir, la batterie reçoit l'ordre d'atteler, et, réunie à la 7e du même régiment, sous le commandement supérieur de M. le chef d'escadron de Contamine, elle se dirige rapidement, par le bois de Lorry et Amanvillers, sur Saint-Privat-la-Montagne pour soutenir la retraite du 6e corps. Elle prend position à 300 ou 400 mètres à gauche de la route de Briey, sur la crête et à hauteur de Saint-Privat, et ouvre le feu sur des batteries prussiennes établies en avant de Sainte-Marie-aux-Chênes, malgré un feu direct et un rouage de l'ennemi, elle tient une demi-heure en tirant à peu près 18 coups par pièce, et bat en retraite quand il ne reste plus autour d'elle que quelques tirailleurs. Elle traverse la route d'Amanvillers, se mettant successivement en position, et définitivement le commandant l'arrête à 1800 mètres en arrière de Saint-Privat; là elle se trouve en ligne avec les 7e, 9e et 10e batteries du régiment. Elle ouvre son feu sur les Prussiens qui couronnent les hauteurs à gauche et à droite de Saint-Privat, et le continue jusqu'à la nuit, à 8 heures, brûlant ses dernières munitions. Le 6e corps défile sans inquiétude, et la batterie le suit bientôt sur la route de Woippy.

Pertes de la journée : 2 hommes tués, 3 hommes blessés, 4 chevaux tués.

Une pièce a été emmenée à la prolonge après la première mise en batterie; tous les projectiles des caissons de première ligne ont été tirés, à l'exception des boîtes à mitraille et de quelques obus à balles; les obus étaient tous à fusées fusantes. La réserve avait été attelée pour porter des munitions au 6e corps.

Retour à 2 heures du matin par Saulny et Plappeville au camp de Saint-Quentin.

7e *batterie*. — A 4 heures de l'après-midi, la batterie reçoit l'ordre de se porter vers la droite de l'armée française (6e corps), sous la direction du chef d'escadron de Contamine, son commandant supérieur; elle va se mettre en batterie en avant et à gauche de Saint-Privat-la-Montagne.

En prise, presque de tous côtés, aux batteries ennemies, elle est forcée d'abandonner cette position. Elle change deux fois d'emplacement et vient enfin s'établir sur le versant du coteau situé à 2 kilomètres Sud-Est de Saint-Privat, au-dessous des carrières d'Amanvillers, où elle concourt, avec les nombreuses batteries qui s'y placent, à protéger la retraite du 6e corps d'armée.

A la nuit et après avoir épuisé les munitions de la batterie de combat, elle se retire par la route de Saulny et va bivouaquer sur le plateau du Saint-Quentin où elle arrive à 2 heures du matin.

Pertes de la journée : 9 hommes tués ou blessés; 13 chevaux tués.

8e *batterie*. — Sur l'indication d'un officier de la Garde, que l'ennemi arrive par la route d'Ars, le capitaine fait porter en avant du fort Saint-Quentin une section qui ouvre le feu à 2,200 mètres; cette section est bientôt suivie par ordre du colonel Salvador de toute la 8e batterie, et appuyée par la 5e batterie du 13e régiment; la batterie campe sur le lieu de l'action.

11e *batterie*. — Elle est envoyée vers le soir en avant du fort des

Carrières (1) pour protéger la retraite de nos troupes après le combat de Saint-Privat, mais elle ne fait pas feu.

12ᵉ *batterie.* — A 6 heures du matin, départ de la réserve pour le parc de Tignomont, à près de 3 kilomètres plus bas; à 5 heures du soir seulement, retour de la réserve, au moment où la batterie de combat va prendre position à 200 ou 300 mètres en avant des glacis de droite du fort des Carrières, une section devant battre le débouché de la route de Briey, la deuxième, les hauteurs du bois de Vigneulles, la troisième, la route d'Amanvillers. Retour au camp vers 9 heures du soir sans avoir tiré.

Historique des 1ʳᵉ, 2ᵉ, 3ᵉ, 4ᵉ, 5ᵉ et 6ᵉ batteries du 18ᵉ régiment d'artillerie (Réserve générale) (colonel Toussaint).

18 août.

Jour de la bataille de Saint-Privat, le régiment, toujours sur le mont Saint-Quentin, ne prit pas part au combat; les batteries, disposées sur la crête la plus rapprochée de Metz, tiraient seulement quelques coups de canon sur des troupes ennemies qui s'étaient avancées de l'autre côté de la Moselle jusqu'à la Maison rouge et inquiétaient par leur feu un fort convoi rentrant dans Metz. Ce tir fut assez efficace pour faire éloigner l'ennemi.

Rapport du colonel Marion sur le service des pontonniers.

18 août.

Les 2ᵉ et 8ᵉ compagnies rentrent à Metz. La 2ᵉ compagnie verse son équipage à l'arsenal le même jour.

b) Organisation et administration.

Extraits du registre d'enregistrement de l'État-Major général de l'artillerie.

18 août.

Du maréchal Bazaine. — « Témoignage de satisfaction aux troupes, pour leur bravoure dans les journées des 14 et 16 août, et demande des états de proposition pour l'avancement, la Légion d'honneur et la Médaille militaire. »

---

(1) C'est-à-dire de Plappeville.

Du général Pé de Arros. — « Demande des effets de harnachement pour remplacer ceux perdus dans la journée du 16 août. »

Réponse : « En envoyer toucher à la Direction de Metz. »

Du Ministre de la guerre (D. T.). — « Annonce l'envoi, par Thionville, de munitions d'artillerie et d'infanterie. »

Du colonel Vassoigne. — « Rend compte que le convoi envoyé à Plappeville pour y chercher des munitions, n'a encore rien reçu (3 h. 30). »

Du Ministre de la guerre (D. T.). — Il télégraphie au général Soleille que « la poudrerie de Metz possède des matières pour travailler pendant trente jours à 40,000 (1) par jour. Il annonce l'envoi à Thionville des objets nécessaires pour un million de cartouches. »

Du même (D. T.). — « Au sujet des demandes et envois de munitions. Demande à être informé par télégramme de l'arrivée des convois. »

Ordre du Général commandant l'artillerie de l'armée.

18 août.

Le général de division commandant l'artillerie de l'armée adresse aux troupes sous ses ordres les prescriptions suivantes :

On mettra les batteries sur le même pied, en leur donnant à chacune le même nombre de coups. Elles feront connaître également quelle a été leur consommation dans les journées du 14 et du 16.

Elles enverront un état de leurs pertes en hommes et en chevaux (selle et trait).

Après chaque affaire, un rapport réglementaire doit être fourni.

Il sera établi d'urgence des états de proposition pour l'avancement, la Légion d'honneur et la Médaille militaire, avec mention sommaire des états de service. On demande de suite ces états, et dans la journée, des états de proposition réguliers avec les pièces nécessaires à l'appui.

Envoyer à 8 heures, sur le plateau de Plappeville, des caissons vides chargés de prendre le ravitaillement destiné à la réserve générale, savoir : 300 coups de canon de 12 pour le 13ᵉ régiment ; 600 coups de canon de 4 pour le 18ᵉ régiment.

Le Ministre de la guerre au général Soleille (D. T.).

Paris, 18 août, 9 h. 25 matin. Expédiée à 11 h. 10 matin.

Je vous fais envoyer aujourd'hui, par Thionville (ordres donnés hier soir au reçu de votre dépêche) des munitions d'infanterie et d'artillerie.

---

(1) Cartouches.

En ce qui concerne les munitions d'artillerie, Metz possède, outre les munitions confectionuées, des projectiles, des boîtes à mitraille, des fusils, des sachets en quantités considérables ; les sachets réglementaires pourront d'ailleurs être facilement remplacés. Vous pouvez donc faire confectionner des munitions. S'il manque d'obus à balles, on peut s'en passer. Je vous envoie proportionnellement plus de coups de 4 que de coups de 12.

Le général Soleille au Chef de gare de Thionville (D. T.).

Metz, 18 août.

Le Ministre m'annonce, ce matin, un convoi de munitions par la voie de Thionville. Prière au chef de gare de donner avis immédiatement de l'arrivée de ce convoi.

Le général Soleille au Ministre de la guerre (D. T.).

Metz, 18 août.

Je demande qu'on envoie, le plus tôt possible, à Metz, par voie de Thionville, un approvisionnement important de gaze de soie, de capsules et de tous les éléments nécessaires à la fabrication des cartouches modèle 1866. Cette fabrication, qui pourrait s'élever à 40,000 par jour, et qui serait exécutée à la poudrerie, ne peut avoir lieu, faute des éléments constituants de la cartouche modèle 1866.

Le même au même (D. T.).

Metz, 18 août.

Le chef de la compagnie du chemin de fer passant par Thionville, m'affirme que, dans les circonstances actuelles, il peut amener à Metz les convois qui seraient expédiés par cette voie. Profitez-en pour nous réapprovisionner le plus largement possible.

Comme je vous le demande dans mes dépêches précédentes, je demande au maréchal Bazaine de faire protéger demain et après-demain la ligne de Thionville à Metz par de la cavalerie. Les Prussiens n'ont pas fait, jusqu'à présent, de détachements sérieux sur cette ligne.

Le même au même (D. T.).

Metz, 18 août.

J'ai l'honneur de prier Votre Excellence de vouloir bien me faire connaître où se trouvent, en ce moment, le 1er et le 5e corps de l'armée du Rhin, dont nous n'avons eu aucune nouvelle.

Les rapports, situations et autres renseignements concernant ces corps ne peuvent vous être fournis que directement et non par l'intermédiaire du commandant de l'armée du Rhin. Depuis le 9 août, je n'ai eu aucune communication, soit avec le 1er, soit avec le 5e corps. Il en est de même avec le 7e.

Le général Soleille au général Susane, Directeur de l'artillerie au ministère de la guerre (D. T.).

Metz, 18 août.

Je vous remercie de l'envoi d'artillerie dirigé aujourd'hui même par Thionville et annoncé par votre télégramme de 9 heures du matin. Quant à confectionner des munitions à Metz, comme vous me le conseillez, je me suis assuré hier, par moi-même, que cela est devenu absolument impossible; les bras et les choses manquent à la place de Metz. Il ne faut plus nous faire d'illusion sur le concours de l'arsenal de Metz pour pourvoir aux besoins de l'armée.

Le général Soleille au général Susane, à Paris.

Plappeville, 18 août.

A mon retour à Metz, j'ai voulu me rendre compte par moi-même des ressources qui restaient à l'arsenal pour réapprovisionner les différents corps engagés jusqu'à ce jour, et notamment dans la bataille du 16. Je n'ai trouvé que:

794 coups de 12, soit 15 caissons;
3,840 coups de 4, soit 32 caissons;
4,356 coups de canons à balles;
836,766 cartouches d'infanterie modèle 1866.

En prenant pour l'armée la totalité de ces dernières ressources, et en ne laissant qu'un million de cartouches pour la défense que Metz peut avoir à soutenir, j'ai vidé les magasins de la place et il ne reste plus à Metz aucune ressource, même pour faire confectionner de nouvelles cartouches par la poudrerie; les éléments de la cartouche actuelle modèle 1866, tels que gaze de soie, capsules fulminantes manquent absolument. Si la poudrerie possédait ces éléments, elle pourrait organiser une fabrication journalière de 40,000 cartouches. Il serait donc d'une extrême importance que des approvisionnements en gaze de soie et en capsules fulminantes, approvisionnements peu volumineux, soient adressés à la place de Metz par la voie de Thionville dont on peut encore profiter.

Dans cet état de choses vous comprendrez, mon cher Susane, de quelle importance il est pour l'armée de faire approcher le plus près possible de nous sur la voie de Thionville des dépôts de munitions à canon et d'infanterie comme je le disais dans la dépêche télégraphique que j'ai adressée hier au Ministre de la guerre.

Dans les circonstances actuelles et après les énormes consommations qui ont été faites dans la bataille du 16, notre position deviendrait critique si nous ne pouvions être réapprovisionnés dans le plus court délai.

Le roi de Prusse avec une troisième armée est sous Metz. J'ai cru devoir ne pas dissimuler, en écrivant au Ministre, la gravité de la situation, la responsabilité du corps de l'artillerie pouvant se trouver fortement engagée. L'absence de grand parc de campagne, comme vous le voyez, se fait cruellement sentir. Je crois qu'il serait urgent d'en reconstituer un au camp de Châlons et de le mobiliser en partie; les opérations ultérieures de l'armée pourraient nous permettre de l'utiliser, et nos affaires ne seraient pas ainsi suspendues comme à des fils aux éventualités de la coupure des chemins de fer.

Aujourd'hui, avec les armes nouvelles, la tendance est au combat d'artillerie.

La journée du 16 n'a été qu'une bataille à coups de canon qui a commencé à 8 heures du matin et s'est terminée à 7 heures du soir; vous comprendrez facilement à quelle effroyable consommation de munitions à canon on est conduit.

J'ai donné l'ordre aux chefs de corps d'organiser un service pour recueillir toutes les cartouches abandonnées, soit sur le champ de bataille, soit dans les ambulances, mais je doute que je puisse me procurer par là de grandes ressources.

Je vous bénis cent fois, mon cher Susane, pour la simplification que votre dépêche ministérielle du 15 août introduit dans le système impossible de situations à fournir. Depuis que l'armée est en campagne, elle est exténuée de fatigue par les déplacements, les marches et les alarmes de nuit. Il est humainement impossible, dans cet état de choses, où on suffit à peine aux premières nécessités de la vie et du service, de s'occuper de comptabilité et d'établir des états sur un coin de cantine. Je crois donc que tout ce qu'on fera en vue de diminuer cette paperasserie de temps de paix et en vue de se contenter de renseignements sommaires sera un immense service rendu à des *belligérants* toujours en mouvement ou sous les armes le jour et la nuit.

Je vous serai très obligé de me faire savoir dans quelle partie du monde manœuvrent le général Forgeot et le général Liédot. Depuis le passage de l'un à Sarrebourg et de l'autre à Mirecourt, je n'ai rien reçu des 1er et 5e corps. Je suppose que le général de Liégeard est enfermé dans Belfort.

Le général Mitrecé, directeur général des parcs, au général Soleille, à Metz (D. T).

Camp de Châlons, 18 août, 12 h. 22 soir. Expédiée à 2 h. 40.

Ordre du Ministre de vous envoyer objets dont je ne trouve trace aucune gare du réseau.

Je me décide à vous en envoyer environ un quart existant.

Le commandant Portes a dû entrer en relations avec vous. Vous connaissez ses ressources.

Le colonel de Vassoigne, directeur du parc de la Garde, au commandant Maignien, de l'état-major de l'artillerie de l'armée.

Plappeville, 18 août.

Par ordre de S. Exc. le Maréchal commandant en chef, il sera délivré au 6ᵉ corps, sur le reçu du présent avis, quatre caissons modèle 1858, chargés pour canon de 4 de campagne.

Cette mesure est urgente.

En marge, au crayon : Koch, 5º du 13ᵉ, part avec le capitaine de Chalus. Ordre du Maréchal.

Note du maréchal Bazaine au général Soleille.

Nuit du 18 au 19 août.

M. le général Soleille, commandant en chef de l'artillerie de l'armée du Rhin, est prévenu qu'un train de munitions, arrivé aujourd'hui, est en gare Devant-les-Ponts. Il serait urgent de les faire enlever cette nuit même. Les attelages des parcs peuvent servir à cette opération.

Note des munitions délivrées par la Direction d'artillerie de Metz, pendant la journée du 18 août.

	Munitions d'artillerie	
	de 4.	de 12.
Au parc de réserve de la *Garde*............	1,108	»
2ᵉ *corps*. A la 11ᵉ batterie du 5ᵉ d'artillerie.	»	262
4ᵉ — A la 6ᵉ batterie du 8ᵉ d'artillerie..	648	»
Au parc du 4ᵉ *corps*.........................	1,570	482
Totaux........	3,326	744

		Cartouches	
		modèle 1866.	modèle 1863.
Garde...	Au parc de réserve de la Garde....	46,530	»
4ᵉ corps.	Au parc du 4ᵉ corps.............	70,920	»
2ᵉ —	Au 10ᵉ bataillon de chasseurs.....	4,320	»
4ᵉ —	Au 1ᵉʳ régiment de ligne.........	810	»
4ᵉ —	Au 65ᵉ régiment de ligne........	1,080	»
6ᵉ —	Au 28ᵉ régiment de ligne........	1,062	»
6ᵉ —	Au 93ᵉ régiment de ligne........	450	»
4ᵉ —	Au 5ᵉ bataillon de chasseurs à pied.	1,098	»
6ᵉ —	Au 25ᵉ de ligne	981	»
	Totaux.........	127,251	»

Signé : De Girels.

c) Opérations : ordres et comptes rendus.

Ordre du Général commandant l'artillerie de l'armée.

Metz, 18 août.

Après l'expérience de nos premiers engagements, et surtout de la bataille du 16, il ne vous pas échappé qu'il y avait aujourd'hui, dans les deux armées, une tendance très prononcée à engager et à soutenir de loin des combats d'artillerie. Cette manière de combattre, qui n'est pas, en général, suivie d'effets décisifs, peut se prolonger longtemps et a pour résultat le plus certain l'épuisement des munitions des deux côtés. Nous éprouvons péniblement aujourd'hui la difficulté de satisfaire à ces consommations énormes et souvent peu efficaces, surtout lorsque le grand parc de campagne, n'ayant jamais pu être organisé, fait complètement défaut.

Dans cet état de choses, j'appelle très sérieusement votre attention sur la nécessité de réfréner ces tirailleries sans résultat et de faire de la réglementation du tir un des soins, et même un des devoirs les plus sérieux de l'officier d'artillerie.

Vous avez sans doute été frappé comme moi du grand nombre de projectiles qui n'atteignent pas le but sur lequel ils sont dirigés. Certaines batteries de mitrailleuses, surtout, ont fait de leurs munitions un emploi insensé et ont, par suite, privé l'armée du secours qu'elle doit attendre d'une arme aussi redoutable, lorsqu'elle est bien employée.

Faites observer aux commandants de ces batteries qu'un petit nombre de coups atteignant le but, qu'il soit infanterie, cavalerie ou surtout artillerie, suffit pour produire un effet considérable, et cet effet est instantanément relevé par le désordre facilement apparent qu'on peut remarquer dans les rangs de l'ennemi : l'infanterie se couche ou se disperse, la cavalerie s'éloigne, l'artillerie ralentit son feu. C'est à ces signes, et non pas sur une appréciation toujours incertaine de la distance que l'on doit régler les hausses et ce n'est que par quelques coups progressifs, observés avec soin, que l'on arrive à ce résultat.

Ce que je dis ici particulièrement de la réglementation du tir des mitrailleuses, je le dis aussi du tir des autres bouches à feu. Je rappelle que, sur certains terrains, par exemple sur une portion du champ de bataille du 16, le tir sous de très petits angles, donnant un grand nombre de ricochets bas, aurait pu produire des effets utiles. Dans la bataille du 16, en particulier, il s'est produit sur certains points du champ de bataille, après des marches vives en avant, des entassements de batteries, et ces entassements ont sans doute été cause du grand effet produit par le feu de l'ennemi dans ces groupes compacts.

Vous devez recommander qu'en se formant en batterie on prenne de grands intervalles entre les batteries et entre les pièces. Ce n'est qu'en présentant beaucoup de vides au tir si précis de l'artillerie prussienne que l'on parviendra à diminuer les pertes en hommes et en chevaux, et la destruction du matériel.

Pour diminuer le nombre des explosions prématurées et à grande hauteur, si fréquentes à ces grandes distances de combat, recommandez que l'on débouche le moins possible l'évent de 1500 mètres et que l'on s'assure, dans l'examen ordinaire des munitions, que les tampons des évents n'ont pas été ébranlés dans les transports. Dans ce dernier cas, et lorsque vous pourrez et en aurez le temps, faites renouveler le masticage des évents. Ces explosions prématurées sont évidemment un des points faibles de notre système actuel.

Sur certaines parties du champ de bataille du 16, des désordres, des paniques et des charges de cavalerie ont entraîné dans un désordre regrettable des caissons et des avant-trains de pièces. Je saisis cette occasion de renouveler la recommandation que j'ai déjà faite, d'user de la prolonge ou des deux prolonges dans certaines circonstances où des batteries insuffisamment appuyées peuvent être surprises par de la cavalerie. Des pièces ont été perdues par l'omission de cette précaution ; tenons grand compte de l'expérience du présent et du passé.

Je vous invite à généraliser la mesure qui a été prescrite de compléter, après tout engagement, les pièces à un nombre moyen de coups, ainsi que cela a été prescrit après la journée du 16. Ces échanges de munitions doivent avoir lieu entre l'artillerie des différentes divisions du corps, qui sont habituellement inégalement engagées.

Je demande au Maréchal commandant en chef qu'il veuille bien appeler l'attention des commandants de corps sur la nécessité de réglementer le feu de l'infanterie, de manière à combattre la tendance qu'a le jeune soldat à faire du bruit inutile qui l'étourdit et à consommer ses munitions intempestivement.

Vous ne pouvez, il est vrai, concourir, auprès des commandants de corps, au résultat qu'il serait si désirable d'atteindre, que par la voie d'observations et d'insinuations; mais je vous invite à saisir toutes les occasions de le faire. Cette question n'intéresse pas seulement le service de l'artillerie, mais encore, et au plus haut degré, la conduite des opérations, et peut même, dans certains cas, devenir une question de salut pour l'armée.

Le général Soleille au général Canu, commandant la réserve générale d'artillerie.

Camp de Plappeville, 18 août.

Faites partir sur-le-champ dans la direction de Saint-Privat deux des batteries de 12 de votre réserve qui sont rentrées hier à Metz, et faites prendre, au parc sous Plappeville, huit caissons de 4, quatre caissons de 12 et quatre caissons d'infanterie modèle 1827. Les attelages destinés à atteler ces caissons seront fournis par les batteries de votre réserve que vous désignerez.

Un officier de mon état-major, que je vous envoie, guidera la colonne vers le 6e corps qui est actuellement engagé. Ces attelages, comme les caissons qu'ils attellent, rentreront les uns et les autres dans leur position respective, dès que le maréchal Canrobert n'aura plus besoin d'eux.

Le général Soleille au général Canu.

Plappeville, 18 août, 11 heures du soir.

Par ordre du maréchal Bazaine, j'ai l'honneur de vous faire connaître que vous devez suspendre votre mouvement sur le Ban-Saint-Martin et rester dans votre camp, sur le mont Saint-Quentin, pour protéger la retraite du 2e corps, qui doit commencer demain matin, à 4 heures.

Au cas où votre mouvement serait déjà commencé, vous devrez revenir à votre position d'aujourd'hui, avec vos batteries de combat.

Journée du 18 août.

PLACE DE METZ.

a) Journaux de marche.

Journal de la défense de la place de Metz.

18 août.

Ordre d'acheter ou de prendre des bateaux pour assurer les communications dans les fossés pleins d'eau de l'enceinte.

Ordre d'établir une digue en terre en avant du pont des Morts, pour rehausser le plan d'eau entre ce pont et la digue de Wadrineau, et former un obstacle non guéable sur la droite de l'île du Saulcy; de faire un barrage entre la pièce 8 et le chemin couvert de la pièce 47, afin de relever le plan d'eau sous le pont des basses grilles qui ne touchent pas l'eau; de refaire le bourrelet en terre pour rehausser la digue de Wadrineau. (Le Service des ponts et chaussées est chargé de ce travail.)

Le commandant du génie arrête, par ordre du général commandant supérieur, l'établissement d'une ligne défensive entre la Seille et la Moselle. Une forte tranchée-abri reliera la redoute du Pâté à la gorge de la lunette des Sablons. Le chemin couvert qui s'étend de cet ouvrage à la lunette d'Arçon, et qui est actuellement traversé par le chemin de fer, sera réorganisé et palissadé. Il sera fait de même aux caponnières qui assurent les communications des lunettes d'Arçon et Rogniat entre elles et avec la place. Une tranchée sera ouverte au pied des glacis de l'ouvrage à cornes, de manière à battre les abords de la Moselle.

L'armée se replie sous les forts de Queuleu et de Plappeville.

Une compagnie de la 3ᵉ division du 2ᵉ corps quitte le fort Moselle et va occuper l'île du Saulcy.

Journal du général Coffinières.

18 août.

Notre armée s'était solidement établie sur le plateau d'Amanvillers, tandis que l'ennemi appelait à lui tous les renforts possibles. Il nous attaque sur toute la ligne et nous maintenons fermement nos positions.

Cependant, vers la fin de la journée, le 6ᵉ corps, qui formait notre droite, bat vivement en retraite. La Garde, placée en réserve à l'extrême gauche, ne peut arriver à temps pour rétablir nos affaires.

Toutes les troupes de notre droite se précipitent en désordre vers la place.

Le commandant supérieur fait fermer les portes et ne laisse entrer que les blessés.

Dans la journée, deux convois de blessés de 500 malades chacun, sont partis par le chemin de fer de Thionville. Cette ligne étant encore libre, j'envoie un télégramme au Ministre de la guerre pour demander de la poudre et de la farine.

L'intendant général de l'armée écrit à l'intendant de Metz : « Les intendants des corps d'armée devront désormais se ravitailler à Metz ; il a été demandé au Ministre de nouveaux envois par les Ardennes ; fabriquez de votre côté le plus possible ; j'ai besoin de tout votre concours ; le chargement des convois auxiliaires rentré au Ban-Saint-Martin, va être distribué à l'armée. »

Extraits du registre de correspondance du Gouverneur de Metz.

18 août.

Au maréchal Bazaine : « Nous avons 700 prisonniers. Proposer un échange. »

Au colonel Laffitte (1) : « S'entendre avec le commandant de place, pour que la garde nationale mobile et sédentaire assure le service de la place. »

A l'Intendant divisionnaire : « Est invité à délivrer des magasins de la place, les vivres au 6ᵉ corps, pour trois jours. »

Extrait du carnet du service courant du général Mecquenem, commandant l'artillerie de la place de Metz.

18 août.

La 8ᵉ compagnie de pontonniers fournira à chacun des forts de Saint-Julien et de Queuleu un détachement composé de 1 lieutenant, 1 sous-officier, 1 brigadier et 25 hommes.

Ces deux détachements doivent remplacer ceux du 13ᵉ, qui ont reçu l'ordre de regagner leur corps.

---

(1) Commandant de la garde nationale.

Historique du 1ᵉʳ régiment d'artillerie monté (batteries affectées à la défense de la place).

18 août.

Tableau, à la date du 18 août, de la position des différents détachements que le régiment avait dû disséminer sur les remparts et dans les forts.

	BATTERIES.						CADRE du DÉPÔT.	TOTAUX.
	1ʳᵉ princi- pale.	1ʳᵉ bis.	2ᵉ princi- pale.	2ᵉ bis.	3ᵉ.	4ᵉ.		
Au quartier Chambrière	»	»	»	7	34	»	98	139
Au fort Saint-Julien...	»	31	»	»	40	1	»	72
Au fort des Carrières..	»	38	»	»	»	70	25	133
Au fort Saint-Quentin..	»	»	»	»	»	9	45	54
Au fort de Queuleu....	74	41	»	»	2	»	11	128
Au fort Gisors........	»	»	10	10	»	»	»	20
Au fort Belle-Croix ...	»	»	59	29	»	»	»	88
Corps de place	3	11	»	»	4	33	70	121
Lunette de Montigny..	»	»	»	»	5	»	21	26
Ouvrages à Cornes....	»	»	»	4	10	»	15	29
Lunette d'Arçon......	»	»	»	7	12	»	22	41
Lunette Rogniat......	»	»	»	6	10	1	2	19
Totaux.......	77	121	69	63	117	114	309	870

Après le départ des six batteries mobilisées, il restait encore au dépôt du corps près de 700 chevaux ; les moyens de surveillance faisaient à peu près défaut ; les hommes disponibles étaient employés aux travaux d'artillerie ; les ustensiles de pansage manquaient complètement à l'arrivée dans les écuries (du quartier Chambière) des nombreux équipages de la maison de l'Empereur et des états-majors (environ 400 chevaux du régiment). Vers le 3 août, un ordre du Major général de l'armée du Rhin avait désigné le 1ᵉʳ régiment d'artillerie pour faire le service de dépôt de tous les hommes et de tous les chevaux malades des corps de troupes à cheval de l'armée. Après les journées du 14, du 16 et du 18 août, le nombre des hommes et des chevaux mis ainsi en subsistance au corps prend un accroissement considérable et va toujours en augmentant jusqu'au moment de la capitulation. Tous les locaux du quartier sont pris pour le service impérieux des ambulances; les effets de campement manquent et il est impossible de loger les 1700 hommes qui sont mis successivement en subsistance au corps. Le major commandant le dépôt du régiment forme avec tous ces hommes (sous-officiers et cavaliers) un dépôt d'isolés qu'il met sous le commandement de M. Rousset, sous-lieutenant adjoint au capitaine trésorier, seul officier disponible au corps. La surveillance de ce dépôt présente des difficultés inouies, par suite du mauvais vouloir des sous-officiers de cavalerie qui ne prêtent aucun concours à M. Rousset.

1re *batterie et* 1re *bis (fort de Queuleu)*. — La garnison du fort est augmentée. Elle se compose de 2,500 à 2,600 hommes, sous le commandement de M. le colonel du génie Merlin. L'artillerie du fort est sous les ordres de M. le commandant Toussaint.

1re *batterie bis,* 4e *et cadre du dépôt (fort Saint-Quentin)*. — Pendant cette journée, les batteries ont tiré sur des troupes qui s'engageaient dans la vallée de Vaux, cherchant à tourner l'aile gauche de l'armée française par Sainte-Ruffine, et sur une batterie mobile près de ce village, pour appuyer leur mouvement. Puis enfin, sur un bataillon qui vint se déployer en tirailleurs sur la rive droite de la Moselle, à hauteur de Moulins, et dont le feu mit en désordre, pendant un instant, nos convois de blessés qui rentraient à Metz par la route de Verdun.

b) **Approvisionnements.**

Le général Coffinières au maréchal Bazaine.

Metz, 18 août.

Je prends la liberté d'appeler l'attention de Votre Excellence sur deux questions de première importance, celle des vivres et celle des munitions.

Pour l'une comme pour l'autre, j'ai reçu des ordres généraux concernant l'armée entière, et des ordres particuliers de divers corps qui réclament des vivres ou de la poudre pour leur usage propre.

Votre Excellence appréciera si cette manière d'agir ne devrait pas être changée, et si toutes les demandes de cette nature ne devraient pas être centralisées au grand quartier général.

Nos approvisionnements en poudre méritent de fixer très sérieusement votre attention.

La place de Metz ne possède, en ce moment, que 420,000 kilos de poudre et 1,600,000 cartouches. Or l'armement restreint de la place exige, à lui seul:

600,000 à 700,000 kilos de poudre et 12 à 14 millions de cartouches.

Le déficit pour la place est donc énorme; mais, ce qui est plus grave, c'est que nous allons être dans l'impossibilité absolue de nous ravitailler.

J'ai cru de mon devoir de signaler à Votre Excellence la gravité de cette situation :

Approvisionnement de la place de Metz en cartouches modèle 1866 et en poudre à canon, à la date du 18 août.

Cartouches modèle 1866.

Comme place de 1re classe, la place de Metz devrait avoir, pour sa garnison, à raison de 1,000 cartouches par homme..........................		11,730,000
Cartouches nécessaires pour les quatre forts......		2,490,000
Il existe aujourd'hui dans la place....	1,600,000	
Dans les forts.....................	300,000	
Entre les mains des hommes.........	1,080,000	
Totaux.........	2,980,000	14,220,000
Report....................		2,980,000
En déficit pour la place.............		11,240,000

Poudre à canon.

L'armement normal de la place de Metz est de 422 bouches à feu; l'armement transitoire actuel est de 160 et pourra être porté à 300 bouches à feu disposées suivant la marche des attaques.

L'approvisionnement de poudre nécessaire pour l'armement de 300 bouches à feu peut être évalué approximativement, en kilogrammes, à.................		450,000
L'approvisionnement de poudre nécessaire pour l'armement transitoire adopté pour les forts est de......		340,000
Il existe actuellement, tant dans les magasins de la place que dans les forts, en barils et munitions confectionnées, un total de..........	420,000	
Totaux...........	420,000	790,000
Report....................		420,000
En déficit pour la place..............		370,000

RENSEIGNEMENTS

Le Ministre de la guerre au maréchal Bazaine, à Metz (D. T. Ch.).

Paris, 18 août, 1 h. 5 matin. Transmise à Metz à 1 h. 35 matin.

Je reçois les renseignements suivants qui me sont fournis par le préfet de la Meuse, et je vous les envoie parce qu'ils me sont confirmés par ce même préfet :

« Corps d'armée considérable dans les environs d'Apremont. Depuis trois jours, le pays de Vigneulles est envahi ; les communications avec Vigneulles sont coupées. Les télégraphes ne vont plus et l'affluence des ennemis est telle qu'il n'y a plus moyen de passer. Le 15 au soir, 150 à 200 cuirassiers, Garde royale, ont occupé Saint-Mihiel. 5,000 à 6,000 hommes sont à Apremont. Outre lanciers et cuirassiers, 500 hommes d'infanterie ont logé dans la ville ; il y a de l'artillerie derrière. Détachements se trouvent dans presque tous villages autour Apremont. On attend 6,000 à 8,000 hommes devant se diriger sur Bar. Tout le monde dit les troupes d'Apremont démoralisées ; elles seraient commandées par le prince Charles. »

Le Ministre de la guerre au maréchal Bazaine (D. T.).

Paris, 18 août, 10 h. 45 matin. Expédiée à 11 h. 50 matin.

Les renseignements que je vous ai adressés hier, sur une concentration de l'ennemi à Saint-Mihiel, et surtout à Apremont, sont confirmés.

Le préfet de la Meuse est informé de l'arrivée à Void de 120 Prussiens qui se disent suivis du prince Albert et se dirigent sur Châlons.

Le général de Failly me télégraphie qu'un corps prussien considérable a fait séjour, le 16, à Bayon et fait préparer, à Charmes-sur-Moselle, 25,000 rations pour une autre colonne.

Le capitaine Vosseur au Major général, à Verdun (D. T.).

Châlons, 18 août, 9 h. 15 matin. Expédiée à 11 h. 15 matin.

Commercy est occupée par des troupes prussiennes depuis le 16 ; des rassemblements sont signalés à Apremont et Saint-Mihiel et à Gondrecourt, à Bar-le-Duc et à Saint-Menehould ; on organise des guides et des éclaireurs avec agents forestiers ; dernière division de Mac-Mahon arrivée au camp le 17 ; cavalerie Bonnemains et Duchesne arrive à Châlons le 18 ; de Failly est à Vitry le 18.

Le Ministre de la guerre au maréchal Bazaine, à Metz (D. T.).

Paris, 18 août, 3 h. 18 soir. Transmise à Metz, le 18, à 3 h. 25 soir.

Le préfet de la Meuse me transmet les renseignements suivants que je m'empresse de vous faire connaître :

150 Prussiens se trouvent à Bar-le-Duc, 6,000 à Demange-aux-Eaux.

Le Ministre de la guerre au Maréchal, au camp de Châlons, et au maréchal Bazaine, à Metz et à Verdun (faire suivre). (D. T.).

Paris, 18 août, 6 h. 50 soir. Transmise au camp de Châlons, le 18, à 7 h. 46 soir et à Verdun à 7 h. 5 soir.

Le préfet de la Meuse nous fait connaître le fait suivant : 600 à 700 Prussiens sont à Bar, en ce moment ; un plus grand nombre sont attendus.

Il a été fait hier, de Schlestadt, une sortie qui a produit un excellent effet sur les populations.

L'ennemi gagnerait les Vosges, du Bas-Rhin.

Rapport du Commandant du fort Saint-Quentin (1).

18 août.

Mon Général,

J'ai l'honneur de vous rendre compte que rien de nouveau ne s'est passé au fort depuis vingt-quatre heures. Une colonne de 400 Prussiens environ, s'étant avancée vers la ferme de la Maison-Rouge, située à 2,800 mètres du fort, je lui ai envoyé quelques coups de canon, plutôt pour exercer mes hommes et leur faire voir la portée et la justesse de nos bouches à feu, que pour faire du mal à un ennemi si peu nombreux Les coups ont porté dans la maison, à la grande joie et au grand ébahissement de tous.

---

(1) Sans indication de destinataire, — lequel ne peut être que le gouverneur de Metz.

Bulletin de renseignements du 6ᵉ corps.

Saint-Privat, 18 août.

Quatre habitants de Rombas, qui étaient allés en curieux visiter le champ de bataille de Rezonville et avaient été arrêtés par les Prussiens, se sont présentés cette nuit, vers 1 heure, pour traverser nos bivouacs, retournant à Rombas. Ils ont été arrêtés et interrogés; ce sont des hommes connus, qui ont donné des références très complètes et qui éloignent toute idée d'espionnage de leur part.

Ils disent avoir vu se diriger vers Mars-la-Tour des masses considérables de Prussiens. Ils n'ont pas remarqué chez eux des signes de découragement. Il est parvenu à deux d'entre eux une vague rumeur que le Prince royal aurait été tué. Selon ces habitants, les Prussiens attendent encore des renforts.

Vers 6 heures du soir, hier, en prenant possession de mon bivouac de Saint-Privat, j'avais appris qu'un éclaireur ennemi aurait été vu vers l'Orne; cela me paraissait douteux. Sur mon invitation, trois habitants sûrs sont allés, la nuit, dans les villages voisins de cette rivière; ils ont été unanimes pour déclarer que les renseignements recueillis par eux n'indiquent, en aucune façon, la présence de l'ennemi de ce côté. Ils croient la chose impossible, en présence des abatis considérables que l'administration forestière a fait faire (!).

Des prisonniers ont été interrogés par M. Leps, capitaine d'état-major. Il résulterait de leurs dires que nous avons combattu à Rezonville contre six corps d'armée, commandés par le comte d'Alvensleben, le comte de Bittenfeld et le Prince royal.

Ils ne peuvent pas affirmer que Steinmetz soit avec eux.

Une partie des troupes qui se trouvaient à la bataille de Rezonville étaient parties de Berlin quatre jours auparavant et avaient fait une marche de vingt-trois heures pour arriver.

Ils disent qu'il y a du découragement chez les hulans.

Bulletin de renseignements de la Garde impériale.

Quartier général de Plappeville, 18 août, 10 heures du matin.

Le village d'Ars-sur-Moselle est occupé en force par les Prussiens. Leurs avant-postes dépassent le village de Vaux.

Une reconnaissance de cavalerie de la Garde (lanciers) a constaté, ce matin, qu'un escadron de hulans se trouvait entre Vaux et Sainte-Ruffine.

Ce dernier village est occupé par un détachement du 97ᵉ de ligne (français).

Un escadron de chasseurs français est en avant de Sainte-Ruffine, observant les mouvements des hulans.

Le général Blanchard, commandant le grand quartier général, au général Jarras, chef d'état-major général.

18 août.

Un de mes gendarmes, revenu de Metz, rapporte que le Roi et M. de Bismarck seraient arrivés au château d'Aubigny, près Coincy, le 16 au soir.

Le fort de Grimont aurait tiré ce matin, vers 4 heures.

On hâte la défense du fort Bellecroix.

Les blessés sont très bien soignés par les habitants de Metz.

La population de Metz ne paraît pas inquiète; l'impression produite par la bataille du 16 est bonne.

On dit encore que M. de Moltke est arrivé avec toutes les réserves prussiennes, 200,000 hommes.

Comme détail, sur différents points, les Prussiens ont remis des bons contre les vivres qu'ils ont pris.

De l'observatoire de la cathédrale (D. T.).

18 août, 6 h. 15 matin. Expédiée à 6 h. 15 matin.

Les pièces de gauche du Cavalier de Queuleu tirent à 2,200 mètres vers la gauche du château de Mercy-le-Haut. Elles atteindront un escadron de cavalerie masqué par un pli de terrain.

Faire suivre Queuleu.

Le Commandant du fort de Saint-Quentin au général Coffinières, à Metz (D. T.).

Saint-Quentin, 18 août, 6 h. 15 matin. Expédiée à 6 h. 30 matin.

Rien de nouveau cette nuit; capitaine Barbary à la recherche du parc du 2ᵉ corps et du capitaine Poulain. Ne serait-il pas à Metz?

Le Colonel commandant le fort de Saint-Julien au général Coffinières, à Metz.

Saint-Julien, 18 août, 6 h. 15 matin. Expédiée à 6 h. 32 matin.

Nuit très tranquille.

Le Commandant du fort de Plappeville au général Coffinières, à Metz (D. T.).

Plappeville, 18 août, 6 h. 48 matin. Expédiée à 6 h. 50 matin.

Rien de nouveau cette nuit. L'administration me fait prévenir qu'elle ne doit plus m'envoyer de vivres. Je voudrais savoir ce que je dois recevoir, afin de vérifier si les magasins du fort sont au complet.

Le Ier bataillon du 40e est parti hier soir, aussitôt l'ordre reçu. Le régiment voudrait savoir où ce bataillon se trouve actuellement, afin de s'occuper de ses vivres, s'il y a lieu.

Dépêches télégraphiques du poste de la cathédrale.

18 août, 7 h. 15 matin. Expédiée à 7 h. 22 matin.

L'escadron sous Mercy-le-Haut descend vers Ars-Laquenexy, en suivant la haie qui forme la limite du canton (1).

Une colonne de cavalerie passe près de Gros Yeux, se dirigeant vers la Moselle. Vedettes en avant d'Augny.

18 août, 11 h. 45 matin. Expédiée à 11 h. 46 matin.

Un long convoi sur le chemin, allant de gauche à droite, sur le chemin qui passe par Colligny; un poste et des vedettes en deçà d'Ars-sur-Moselle.

18 août, 12 h. 30 soir. Expédiée à 12 h. 35 soir.

Long convoi passant derrière Cuvry et se dirigeant vers la Moselle.

18 août, 1 heure soir. Expédiée à 1 h. 4 soir.

Canonnade sur les plateaux occupés par nos troupes, qui sont en bataille. Le fort de Plappeville tire le canon (2).

Le Commandant du fort de Saint-Quentin au général Coffinières (D. T.).

Saint-Quentin, 18 août, 1 h. 2. Expédiée à 1 h. 7.

Grosse colonne sort d'Ars et paraît se diriger vers Moulins, en suivant

---

(1) Voir la dépêche de 6 h. 15, page 522.

(2) Le fort de Plappeville ne tira pas le 18. Il s'agit certainement de la canonnade du fort Saint-Quentin contre les troupes de la 26e brigade prussienne réunies en avant d'Ars. Voir la dépêche du commandant du fort Saint-Quentin, datée de 1 h. 2.

la Moselle. Elle n'est pas loin de Sainte-Ruffine. Les canons du fort tirent à 3,900 mètres et portent bien.

Le colonel Goulier est au fort.

Cathédrale (D. T.).

18 août, 1 h. 10 soir. Expédiée à 1 h. 11 soir.

La canonnade augmente sur toute la ligne. Bataille générale. Nos troupes font divers mouvements. Colonne considérable de fumée dans la direction de Lessy.

Le Commandant du fort de Saint-Quentin au général Coffinières, à Metz et au Commandant du fort de Plappeville (D. T.).

Saint-Quentin, 18 août, 1 h. 11 soir. Expédiée à 1 h. 17 soir.

Canonnade très vive; vraie bataille engagée sur une ligne partant de la route de Verdun et allant à la traverse de la route de Briey, en avant de fort Plappeville.

Cathédrale (D. T.).

18 août, 1 h. 20 soir. Expédiée à 1 h. 27 soir.

Cordon de fantassins à droite de la route de Sarrebrück et un peu au delà du chemin qui part de l'auberge de Belle-Croix pour aller rejoindre le chemin de Borny à Colombey. Ils semblent se disposer à faire une tranchée ou des batteries.

La canonnade continue sur les plateaux.

Le Commandant du fort de Plappeville au général Coffinières (D. T.).

Plappeville, 18 août, 2 heures soir. Expédiée à 3 h. 40 soir.

Troupes nombreuses à notre gauche, au-dessus de Châtel.

La canonnade commence. Vive canonnade au centre, vers Leipzig, se prolongeant vers Amanvillers.

Cathédrale (D. T.).

18 août, 2 h. 15 soir. Expédiée à 2 h. 27 soir.

La canonnade paraît se calmer ou du moins s'éloigner sur les plateaux. Nos troupes occupent toujours les mêmes positions. Les fantassins groupés entre la route de Sarrebrück et le chemin de Borny à Colombey se sont massés en arrière de l'avenue qui conduit de la route de Sarrebrück à Colombey, après avoir laissé sur le terrain des objets blancs qui semblent dessiner un tracé de batteries. Convois considérables et colonnes énormes d'infanterie passant en arrière de Fleury et se dirigeant vers la Moselle.

18 août, 2 h. 45 soir. Expédiée à 3 h. 25 soir.

Les Prussiens préparent une autre batterie, à gauche du château de Mercy-le-Haut, sur la lisière du bois. Des colonnes de cavalerie défilent derrière Cuvry, se dirigeant vers la Moselle. Des nuages de poussière semblent indiquer des mouvements de troupes par les vallées d'Ars et de Novéant, pour gagner les plateaux. Convois de blessés passant sur le pont d'Ars.

Le Commandant du fort de Queuleu au général Coffinières (D. T.).

Queuleu, 18 août, 3 heures soir. Expédiée à 3 h. 7 soir.

Bataille vue vers Gravelotte; probablement vue et signalée par Saint-Quentin.

Grand convoi vivres marche sans interruption de Sillegny vers la Moselle. Grande poussière se poursuit dans la vallée d'Ars, direction Gravelotte et Rezonville.

Cathédrale (D. T.).

18 août, 3 h. 15 soir. Expédiée à 3 h. 40 soir.

La canonnade reprend assez vivement sur notre gauche, au-dessus de Rozérieulles. Nos troupes occupent toujours à peu près les mêmes positions. A gauche de Borny, un certain nombre de travailleurs, parmi lesquels quelques paysans, semblent commencer une tranchée. Un escadron de cavalerie, traversant la plaine au delà du fort de Saint-Privat, a reçu quelques coups de feu de nos tirailleurs.

Le Commandant du fort de Saint-Quentin au général Coffinières, à Metz (D. T.).

Saint-Quentin, 18 août, 3 h. 38 soir. Expédiée à 3 h. 47 soir.

Nos troupes occupent la ligne de Saint-Privat, Amanvillers, la ferme de Montigny-la-Grange, les fermes de Leipzig, Moscou et le Point-du-

Jour. Probablement, 6e, 3e et 2e corps engagés. Nous ne paraissons pas avoir gagné du terrain.

En ce moment, les Prussiens démasquent batteries dans le bois de Vaux, à gauche de la route de Verdun.

Le combat paraît être une bataille d'artillerie, à part quelques escarmouches de tirailleurs au-dessous de Rozérieulles.

Le Directeur du télégraphe au maréchal Bazaine, à Plappeville.

Metz, 18 août, 3 h. 50 soir. Expédiée à 3 h. 59 soir.

Reçois à l'instant dépêche suivante : « Agent d'Arlon (Luxembourg belge) à Affaires étrangères, Paris : « Troupes prussiennes, landwehr, évaluées 50,000 hommes, passées hier et avant-hier, avec artillerie, par Trèves, vers Sarrelouis, Sarrebruck. »

Ligne défense Argonne emploie ballons captifs utiles découvrir mouvements ennemis. Pourrait peut-être y attacher fil télégraphique.

Communications télégraphiques toujours interrompues entre Thionville, Sierck, Metzerwisse et Kédange. On n'entend rien au sujet de la présence de l'ennemi. Un exprès, de Metzerwisse arrive à l'instant : il n'a rien vu.

Ligne de Metz à Paris, par Briey et Verdun, vient d'être coupée Prussiens sont à Briey depuis 11 heures.

Les communications de Metz par les Ardennes sont toujours bonnes.

Le Commandant du fort de Plappeville au général Coffinières (D. T.).

Plappeville, 18 août, 4 h. 29 soir.

A gauche, une pâle (*sic*) fusillade. Centre fortement engagé. Projectiles ennemis arrivent dans la vallée de Montveau ; à droite, mouvement prononcé en avant.

Cathédrale (D. T.).

18 août, 4 h. 35 soir. Expédiée à 4 h. 45 soir.

Colonnes considérables d'infanterie et de cavalerie passant derrière Marly et se dirigeant vers la Moselle.

Colonne d'artillerie, les pièces attelées de six chevaux, marchant en sens inverse.

La canonnade continue au-dessus de Rozérieulles ; nos troupes paraissent gagner du terrain par leur droite.

18 août, 4 h. 50 soir. Expédiée à 4 h. 52 soir.

La colonne d'infanterie et de cavalerie passe sur le pont d'Ars, pour gagner les plateaux par la vallée d'Ars.

Faire suivre au maréchal Bazaine.

18 août, 5 h. 5 soir. Expédiée à 5 h. 20 soir.

Une colonne d'un régiment d'infanterie passe à Mercy-le-Haut et descend vers Peltre, semblant se diriger vers la Moselle, pour apporter du renfort à la droite prussienne contre notre gauche qui fléchit déjà. Prévenir le maréchal Bazaine. Depuis le 15, de grands mouvements de troupes se font, par les vallées d'Ars et de Novéant, pour gagner les plateaux.

18 août, 5 h. 35 soir. Expédiée à 5 h. 45 soir.

Une colonne d'infanterie prussienne, au pas gymnastique, en avant de la ferme d'Orly, se dirige vers le pont d'Ars.

Cathédrale (D. T.) *au Général commandant supérieur, à Metz.*

18 août, 7 h. 5 soir. Expédiée à 7 h. 5 soir.

Que signifie cette déroute de chevaux et de voitures (1) ? Avez-vous des nouvelles ? Quel point faut-il surtout observer ? On paraît se battre encore vigoureusement du côté des bois de Aulny (2).

Du fort de Queuleu au général Coffinières, à Metz (D. T.).

Queuleu, 18 août, 8 h. 45 soir. Expédiée à 8 h. 50 soir.

Inquiétude sur la bataille d'aujourd'hui. Serait-il possible d'avoir un mot sur le résultat ? Faut-il doubler la garde de nuit ?

Le Commandant du fort de Saint-Quentin au général Coffinières, à Metz (D. T.).

Saint-Quentin, 18 août, 9 h. 20 soir. Expédiée à 9 h. 40 soir.

Bataille continuée jusqu'à la nuit, résultat inconnu ; fusillade continue à cette heure, gros incendie au Nord-Ouest.

---

(1) Il s'agit probablement de la panique qui se manifesta, en effet, sur la route de Saulny vers 7 heures.

(2) Lire : Saulny.

Vers 3 heures (1), fortes colonnes montant vers Vaux et Jussy. Artillerie du fort a ouvert le feu contre elles et batteries d'appui. Prussiens avancés jusqu'à Jussy, ont reculé sur Vaux où batteries de position ont fait feu intermittent; combattus par fort et artillerie de réserve.

A 6 heures, fortes colonnes débouchent d'Augny vers Moselle et poussent détachements et batteries Maison-Rouge. Fort et réserve éteignent feu, éloignent détachements avancés. Toute la journée, batterie à longue portée établie ferme Orly ; troupes d'appui considérables.

Lettre de l'ingénieur Durban, sous-directeur de l'exploitation au chemin de fer de l'Est, adressée au général de Rivière, à Paris.

Paris, 2 septembre 1872.

J'ai l'honneur de vous adresser les divers renseignements que vous m'avez demandés par votre dépêche en date à Versailles du 12 courant.

§ 1er. — *Ligne de Thionville à Metz.*

La voie et le télégraphe ont été coupés par l'ennemi à Uckange, le 16 août, vers 6 h. 30 du soir.

Le 19 au matin, à 9 heures, la voie était réparée par nos agents et un train de blessés, évacués de Metz sur Thionville, partait de Metz vers 6 heures du matin et parvenait jusqu'à Thionville.

La voie était de nouveau coupée ce même jour, à 1 heure de l'après-midi, près de Metz, à Maizières, et un train de Thionville, vers midi, emmenant quelques voyageurs et des militaires isolés allant rejoindre Metz, était forcé de s'arrêter à Hagondange et de rentrer à Thionville.

Le 20, nos agents avaient encore réparé la voie à Maizières. Il était 2 heures du soir. Mais aucun train n'a pu passer, car l'ennemi la coupait encore à Richemont, entre Uckange et Hagondange, et faisait sauter à la fois le pont du chemin de fer et celui de la route latérale.

Depuis le 19 à midi, aucun train n'est donc plus sorti de Thionville du côté de Metz, si ce n'est pour aller jusqu'à Hagondange ramasser le matériel épars dans les gares et sur la ligne et l'empêcher de tomber au pouvoir de l'ennemi.

---

(1) Certainement plus tard, car il s'agit évidemment de la *26e* brigade prussienne.

§ 2. — *Ligne de Charleville à Thionville.*

Le 18 août, à 10 heures du soir, un parti d'éclaireurs ennemis a coupé la voie à Pierrepont.

Le 19 au matin, nos agents l'avaient réparée et tous les trains de la ligne des Ardennes ont pu circuler, depuis 8 heures du matin, entre Charleville et Thionville, dans la journée du 19.

A 3 heures du soir, ce même jour, M. Magnan, aide camp du maréchal Bazaine, revenant du camp de Châlons à Metz par Charleville avec une mission de l'Empereur, est arrivé jusqu'à Thionville, mais apprenant que la voie de Thionville à Metz était coupée, il dut rétrograder jusqu'à Montmédy et de là à Charleville.

Le 20, la circulation est restée libre toute la journée et les trains ordinaires ont eu lieu entre Charleville et Thionville; cependant, la voie a été coupée par l'ennemi dans la matinée à Mainbottel, près Pierrepont, mais elle a été réparée presque aussitôt.

Le 21, le train régulier n° 7 (voyageurs) part de Charleville, à 4 h. 30 du matin, fait la route sans difficultés et arrive à Thionville à 9 h. 10 du matin, son heure réglementaire; mais c'est le dernier train qui passe.

A 8 h. 40 du matin, derrière lui, un groupe de hulans qu'il a rencontré près d'Audun, coupe la voie et le télégraphe; la voie est aussi coupée à Fontoy et les agents de Charleville, qui avaient accompagné ce train jusqu'à Thionville, n'ont pu rentrer à leur poste qu'en passant par la Belgique.

Les communications par voie ferrée ont donc été complètement arrêtées, savoir :

Entre Thionville et Metz, le 19 depuis midi.

Entre Thionville et Montmédy, depuis le 21, à 8 h. 40 du matin.

De ce qui précède il ressort que, dès le 19, il y avait certitude absolue de ne pouvoir arriver jusqu'à Metz, destination définitive des approvisionnements arrêtés sur la ligne de Charleville à Thionville; que si quelques trains ont pu passer de Montmédy à Thionville dans les journées des 19 et 20, ainsi que dans la nuit du 20 au 21, il est certain que les conditions de sécurité étaient nulles.

A chaque instant, dans le périmètre de Longuyon à Thionville, on signalait la présence de partis ennemis et même la voie était souvent coupée. D'un autre côté, si un train composé seulement de quelques voitures, pouvant avancer, reculer, se mouvoir en un mot, avec une rapidité relative, avait quelque chance d'échapper à l'ennemi, il n'en était pas de même de grands et lourds convois de marchandises.

PARIS. — IMPRIMERIE E. CHAPELOT ET Cⁱᵉ, RUE CHRISTINE, 2.

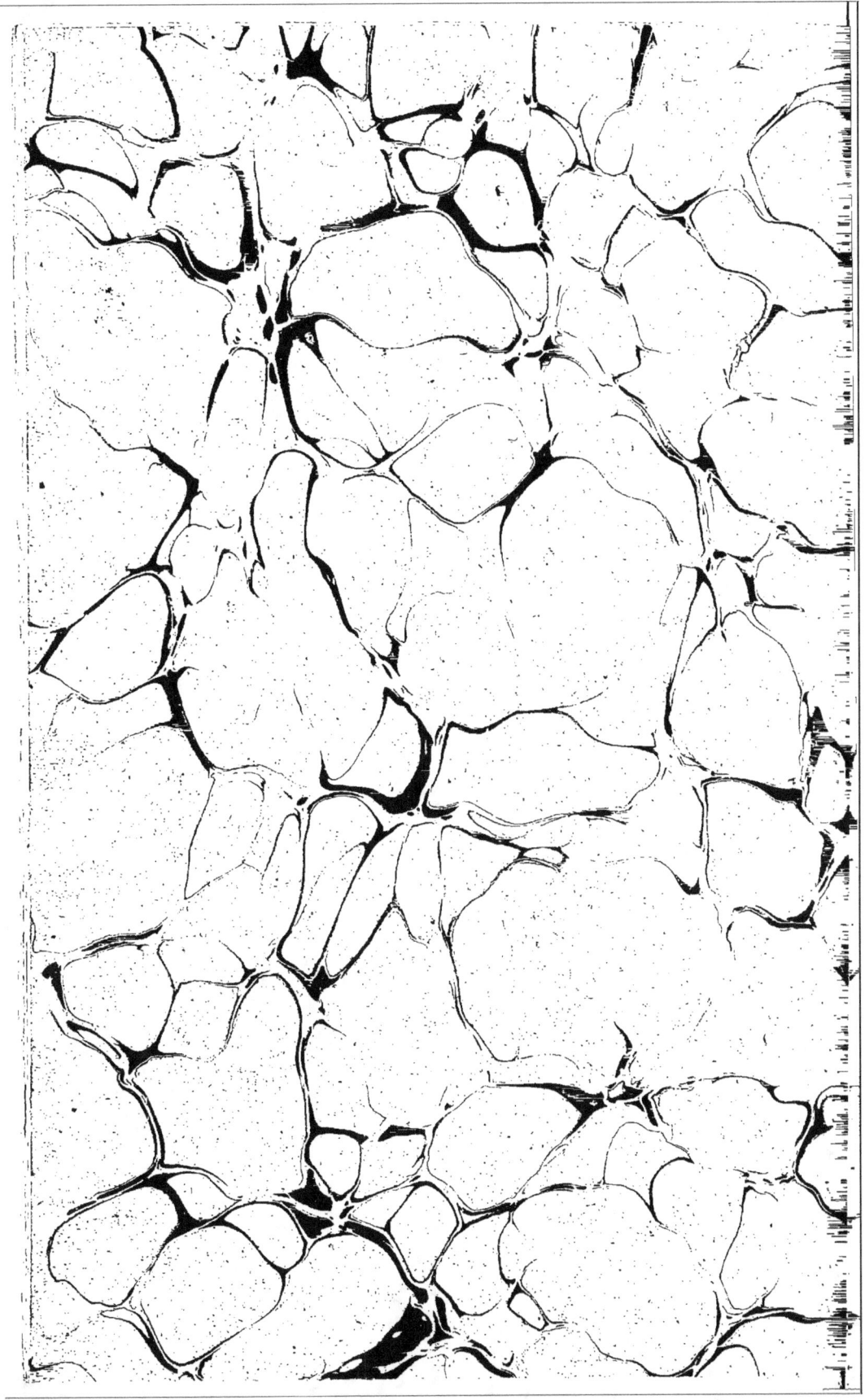

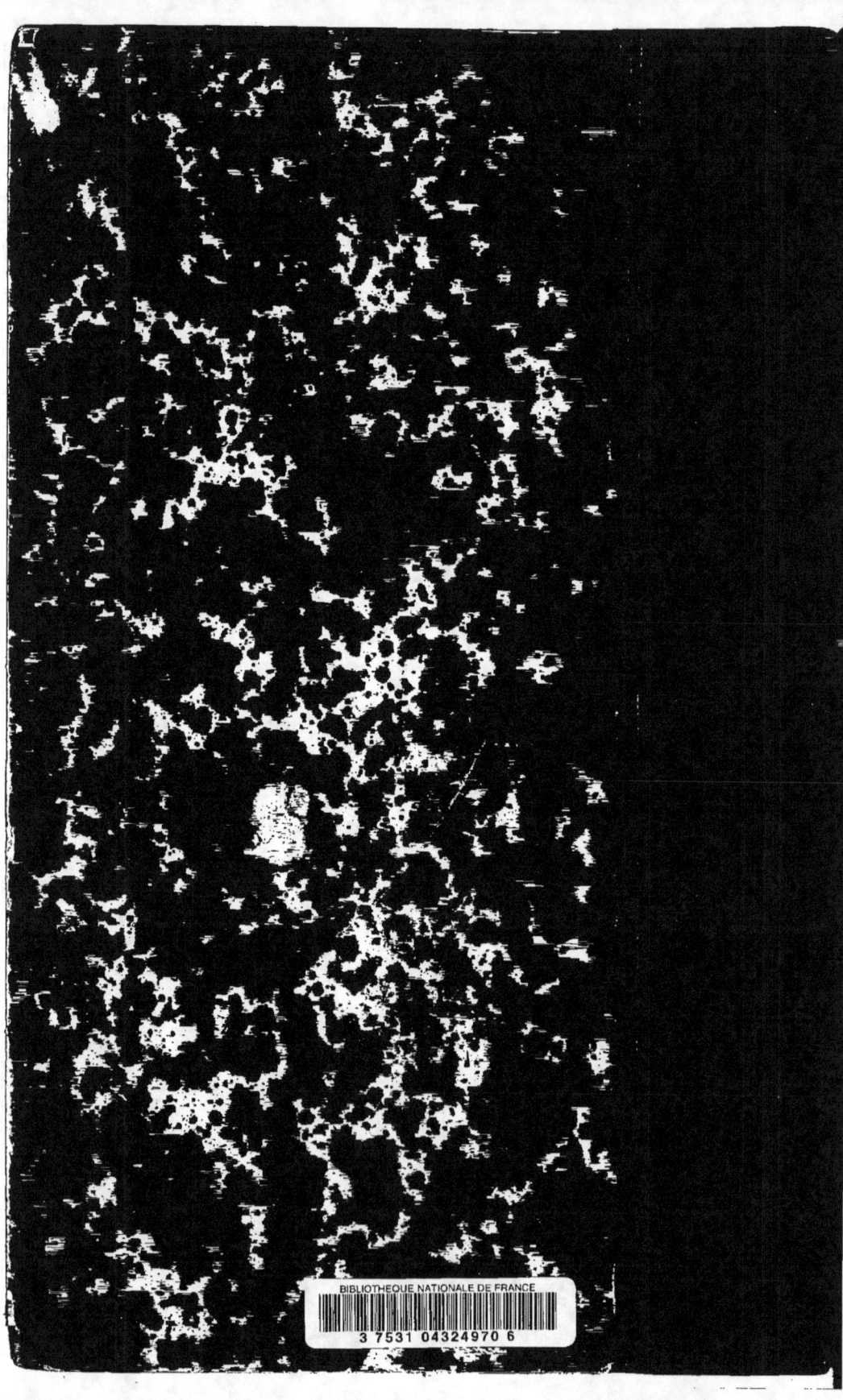